PORT-AU-PRINCE AU COURS DES ANS

TOME III

LA CAPITALE D'HAÏTI SOUS L'OCCUPATION
(1915 - 1934)

Nous remercions le Conseil des Arts du Canada ainsi que la SODEC de l'aide
accordée à notre programme de publication.

COUVERTURE : Mélanie Piard
CONCEPTION TYPOGRAPHIQUE ET MAQUETTE : Stanley Péan

GEORGES CORVINGTON
Port-au-Prince au cours des ans ι *Tome I*

Dépôt légal : quatrième trimestre 2007
Bibliothèque nationale du Québec
Bibliothèque nationale du Canada
ISBN: 978-2-89454-228-6

Les Éditions du CIDIHCA
430, rue Sainte Hélène, bureau 401
Montréal QC
H2Y 2K7 Canada
Téléphone : (514) 845-0880
Télécopieur : (514) 845-6218
Courriel : edition@cidihca.com

Pour les commandes aux Etats-Unis

EDUCA VISION Inc.
2725 NW 19th Street
Pompano Beach, FL 33069
954 968-7433
www.educavision.com

GEORGES CORVINGTON

Port-au-Prince au cours des ans

Tome III

LA CAPITALE D'HAÏTI SOUS L'OCCUPATION
(1915 - 1934)

Édition définitive

LES ÉDITIONS DU CIDIHCA

~ Panorama de Port-au-Prince en 1915 ~

PREMIÈRE PARTIE

LA RAISON DU PLUS FORT

LE HAUT-DE-FORME
ET LES BOTTES DE 1915

Malgré le choc terrible qu'elle vient de subir[1], la nation n'est pas anéantie. Face à la confusion et à l'angoisse, une autorité apparemment légitime arrive à se constituer et tente de prendre en main la situation. Sur elle s'accrochent tous les regards : c'est le *Comité révolutionnaire de Port-au-Prince*, établi le 28 juillet 1915, et mené par des personnalités aussi diverses que Charles de Delva, Charles Zamor, Edmond Polynice, Léon Nau, Ermane Robin, Eribert Saint-Vil Noël et Samson Mompoint.

À l'Arrondissement, s'est installé le général Edmond Polynice. À la Place, les généraux David Vilain et Théomard Lerebours assument le commandement. La police générale et le Bureau du Port sont sous l'autorité du général Ermane Robin.

L'arrondissement de Port-au-Prince a été mis en état de siège et le couvre-feu décrété. Le Corps législatif n'a cependant pas renoncé à ses prérogatives. En raison de la vacance présidentielle et de l'absence du Conseil des secrétaires d'État, il se déclare seul revêtu des pouvoirs constitutionnels et annonce qu'il reprendra ses travaux au rétablissement complet de l'ordre. En attendant, il ordonne un deuil national de neuf jours et informe que des regrets seront officiellement adressés au ministre de France et au chargé d'affaires de la République Dominicaine, en réparation de la violation qui avait été faite du siège de leur représentation diplomatique.

Le mercredi 4 août, le Sénat se réunit pour statuer sur d'importantes décisions à prendre. Au cours de cette séance qui se déroule dans une raideur et une solennité inaccoutumées, le Grand Corps fait savoir sa décision d'assumer le contrôle de la Trésorerie, de la signature des billets de caisse, de la perception des droits ainsi que d'autres volets de l'administration. Les propositions relatives à la situation financière sont envoyées à la Chambre.

Tandis que protégées par une problématique liberté d'action, les autorités constituées haïtiennes font acte de souveraineté, les tentacules de l'intervention américaine s'allongent dans un mouvement irréversible. Aux deux compagnies d'infanterie de marine et trois compagnies de matelots débarquées du *Washington* à Bizoton dans l'après-midi du 28 juillet et totalisant 330 hommes, s'ajoutent bientôt les 67 enrôlés de la 24e compagnie de Marines arrivés par le *Jason* le lendemain et les 500 fusiliers marins transportés par le croiseur *Connecticut*. Ces derniers prennent pied le 4 août, accompagnés d'un impressionnant matériel de guerre, comprenant canons, mitrailleuses et camions militaires.

En plusieurs points de la ville, d'importants cantonnements des forces de débarquement ont été installés, particulièrement à l'École nationale des arts et métiers, non loin du rivage, et au Bureau de l'Arrondissement. Après une brève escale à la halle nord du marché Vallière, les forces américaines font main basse sur la gare du Nord où ils établissent un nouveau campement. Le 4 août, elles s'emparent des casernes Dessalines. Le lendemain, après avoir passé une grande partie de la nuit à recevoir et à déballer des effets militaires, une des brigades de fusiliers marins amenées par le *Connecticut* prend possession des tribunes du Champ-de-Mars. Des postes de moindre importance sont installés au palais des Ministères et dans plusieurs légations et consulats. Dans l'après-midi, le fort National où se trouvait une garnison sous les ordres du général Ducatrel Ducasse[2] est occupé. Le contrôle par les forces d'intervention de tous les points stratégiques de la capitale était désormais consommé. Le contre-amiral William B. Caperton[3], commandant de l'escadre des croiseurs de la flotte américaine de l'Atlantique, et qui, sous prétexte de protéger les ressortissants étrangers établis à Port-au-Prince, avait ordonné le débarquement des troupes américaines, allait poursuivre sa vraie mission qui était — le déroulement des événements le laissait suffisamment entrevoir — la mainmise américaine sur le territoire haïtien et la reconstitution du gouvernement, selon les recommandations du Département d'État.

Toutefois, pour le succès de cette mission, souplesse et diplomatie semblaient les mieux indiquées. Caperton trouvera dans son chef d'état-major et commandant du navire-amiral *Washington*, le capitaine E. Beach, l'instrument idéal qui, par d'adroits chantages, orientera toutes les démarches vers la parfaite exécution du plan préparé de longue date.

Dès les premiers jours du débarquement, dans une mielleuse déclaration au journal *Le Matin*, il affirmait que «des Américains demandent à être considérés comme des frères aînés, comme de bons amis qui, une fois leur tâche remplie, s'en retourneront chez eux en restant toujours les amis d'Haïti»[4]. Cette tâche à remplir n'était autre, bien entendu, que la «protection des vies et des propriétés étrangères». Le gouvernement des États-Unis avait reçu mandat de l'exécuter. La présence américaine n'avait pour objet que «d'éviter les complications internationales».

Pour permettre au capitaine Beach de poursuivre plus commodément sa mission, le chargé d'affaires américain, Robert Beale Davis Jr, sans doute sous l'instigation de Caperton, le relève de ses obligations militaires sur terre et nomme à sa place le colonel Eli K. Cole, de la Marine américaine, qui aura pour devoir «de maintenir le contrôle militaire des États-Unis sur Port-au-Prince et de protéger les vies et les propriétés en maintenant l'ordre». Au capitaine Beach, on confie le soin d'assumer sous la direction de l'amiral, la supervision de tous les services civils sur terre et de se charger «de toutes relations et négociations d'un caractère non militaire» qui pourront avoir lieu entre les autorités haïtiennes et le corps d'occupation...

Si pour éviter les frictions, les Américains ont renoncé aux perquisitions domiciliaires, en revanche, ils poussent activement au licenciement de l'armée haïtienne. Les soldats ou porteurs de carabines, encore revêtus de leurs défroques militaires, sont arrêtés et conduits au prochain poste où ils sont désarmés, déshabillés et renvoyés chez eux.

Cette emprise généralisée de l'élément étranger sur les affaires du pays provoque une véhémente riposte du Comité Révolutionnaire de Port-au-Prince. Dans une adresse au peuple haïtien, il rappelle son opposition formelle, signifiée dès le 30 juillet au capitaine Beach, à toute occupation militaire de la ville et élève ses vives protestations «contre l'attentat inouï qu'une Nation amie civilisée, abusant de sa force, vient de commettre sans aucune provocation, aucun motif légitime, violant ainsi la souveraineté nationale et le droit des gens»[5].

Mais Caperton n'a pas encore renoncé à sa politique de patte de velours. Même s'il n'a rien à craindre d'une réaction du peuple haïtien, toujours sous le coup de l'impitoyable fatalité qui l'a complètement traumatisé, il ne pense pas inutile de lui fournir au moins des explications sur son comportement.

Le 7 août, dans une nouvelle déclaration, Beach justifie la prise de possession des points stratégiques en évoquant la *nécessité militaire*... Car maintenant, pourquoi le cacher ? c'était bien d'une véritable occupation qu'il s'agissait et dont Beach lui-même avouait ignorer la durée. Elle se maintiendrait, assurait-il, tant que «l'établissement d'un ordre de chose stable qui donne aux États-Unis la certitude que l'ère des révolutions est finie» ne serait pas atteint. Quant aux prochaines élections présidentielles, affirmait-il, le gouvernement américain n'avait rien à y voir et souhaitait seulement que l'élu de l'Assemblée nationale fût accepté par tous, afin de clore «l'ère des révolutions et des impositions par la force»[6]...Ainsi donc, le concept étatique était sauvegardé,une voix autorisée en redonnait la garantie, et Haïti ne serait pas tout entière livrée à la domination étrangère ! État d'esprit léthargique qui consolait le peuple haïtien de son infortune et que Caperton crut nécessaire d'entretenir en lançant sa propre déclaration. Le 9 août, il faisait paraître dans les quotidiens de la capitale la proclamation suivante :

> *J'ai reçu par instruction du gouvernement des États-Unis de donner l'assurance au peuple haïtien que les États-Unis n'ont d'autre objet en vue que celui d'assurer, d'établir et d'aider à maintenir l'indépendance haïtienne et l'instauration d'un gouvernement stable et ferme pour le peuple haïtien.*
>
> *Toute assistance sera donnée au peuple haïtien dans son effort pour*

réaliser ces fins. Les forces américaines ne seront retenues en Haïti qu'aussi longtemps qu'il sera nécessaire pour obtenir ces résultats.

W. B. Caperton [2]

La grave question à résoudre, et dont l'impact devait orienter toute la future politique américaine vis-à-vis d'Haïti, était l'élection du prochain chef d'État. Depuis quelques jours, on s'y préparait fébrilement. En dépit des affirmations de Beach, les autorités américaines ne renonçaient pas à s'y intéresser et on se rendait bien compte, par leurs démarches à peine voilées, qu'il y avait pour elles un choix à faire qui n'était pas aisé.

Celui qui apparemment semblait avoir réuni les suffrages du peuple haïtien était Rosalvo Bobo qui avait inauguré dans le Nord la levée de boucliers contre Vilbrun Guillaume Sam et était censé avoir triomphé à Port-au-Prince le 27 juillet. Depuis sa formation, le Comité révolutionnaire n'avait pas cessé de se réclamer de ce chef dont la popularité, surtout dans le Nord, était réelle. Mais les Américains ne tarderont pas à s'apercevoir qu'ils n'avaient rien à espérer d'un nationaliste aussi intransigeant, pour qui la présidence sous la tutelle d'un gouvernement étranger demeurait inconcevable. Après deux entrevues négatives avec Bobo qu'ils avaient invité à venir à Port-au-Prince, la première à Martissant, chez le Dr Henry W. Furniss, ancien ministre des États-Unis à Port-au-Prince[8], l'autre à la légation américaine, en présence du second candidat le plus en vue, le sénateur Sudre Dartiguenave, leur résolution était prise. À leurs yeux le leader nordiste n'était pas éligible et Dartiguenave était le candidat qui bénéficierait de leur patronage une fois qu'aurait été établie sa sincère volonté de coopération.

La condition primordiale prescrite par Washington pour un appui décisif à accorder au candidat qui s'y soumettrait était l'acceptation d'un traité international par lequel le futur président consentirait à assujettir les finances de la République d'Haïti au contrôle américain et acquiescerait à la formation d'une gendarmerie nationale commandée par des officiers américains.

Déposant quelques années plus tard devant une Commission

sénatoriale d'enquête, Caperton révélera que dès ses premiers contacts avec Dartiguenave qui, par parenthèse, ne s'était décidé à poser sa candidature que sur les conseils de son ami et concitoyen Pourcely Faine, il avait décelé l'orientation de l'homme. Sans ambages, Dartiguenave reconnut, en effet, que les conditions exigées par les États-Unis ne pouvaient être que bénéfiques à Haïti. Il renchérit en déclarant à Caperton — c'est ce dernier qui l'affirme — que s'il était élu, il userait «de toute son influence auprès du Congrès haïtien, pour qu'il accepte de pareilles conditions»[9]. On s'explique que dès ce moment Caperton et Beach se soient montrés aussi assidus auprès de Dartiguenave qui occupait alors la haute fonction de Président du Sénat. Leur connaissance assez convenable du français constituait pour eux un excellent atout qu'ils surent utiliser avec astuce et brio.

À côté de l'agissante sympathie des Américains pour la candidature de Sudre Dartiguenave, le Corps législatif lui-même, qui aurait à placer le dernier mot, était loin d'être opposé à l'accession au pouvoir de ce collègue qui avait toujours su avec maestria planer au-dessus des contingences. Dès l'ouverture de la campagne électorale, la majorité de ce Corps s'était résolu à n'élire aucun chef révolution-naire, décision qui n'avait pas manqué de soulever la colère du Comité révolutionnaire, soutien irréductible de Bobo. Après avoir tenté en vain d'obtenir des parlementaires la rectification de leur prise de position, et se rendant compte que le pays s'acheminait résolument vers la perte de son indépendance, le Comité révolutionnaire déclara, dans la matinée du 11 août, veille du jour fixé pour les élections présidentielles, la Chambre et le Sénat dissous. Par le même décret, il convoquait à Port-au-Prince, dans le plus bref délai, les Comités de province pour la formation d'un gouvernement provisoire. Ce gouvernement, composé de sept membres, aurait pour mission de convoquer dans l'immédiat une assemblée constituante qui serait chargée de réviser la charte fondamentale et d'élire le président de la République.

Ce défi, face aux puissantes forces de l'occupation, n'avait bien sûr aucune chance d'aboutir à rien de positif. Invités à se présenter dans l'après-midi à la légation américaine, le Dr Bobo et le Comité révolutionnaire apprennent d'un officier de la Navy que le Comité ayant, par son décret de dissolution des Chambres, perdu la confiance et l'estime de l'amiral Caperton, cessait d'exister. Tandis que décontenancés, les membres du Comité gardaient le silence, Charles de Delva, son Président, se contenta de répondre : «Vous avez gagné !»[10]

Entre-temps, sur demande du sénateur Suirad Villard, s'étaient réunis au théâtre Parisiana, dont il était propriétaire, les membres du Corps législatif. Le but de cette convocation était d'abord de recevoir du capitaine Beach et du chargé d'affaires américain Davis la confirmation que les Chambres n'étaient pas dissoutes et qu'elles étaient soutenues par les États-Unis. Mais ce qu'il importait surtout de faire savoir aux parlementaires, c'était l'ultime avertissement du secrétaire d'État Lansing, transmis par télégramme, et relatif à la supervision des douanes et au contrôle financier de la République que le gouvernement américain attendait du prochain président. Ce désir satisfait, le gouvernement des États-Unis se ferait le devoir, afin de maintenir la paix intérieure, d'aider à la stabilisation du gouvernement constitutionnel haïtien et de le soutenir «aussi longtemps que cela serait nécessaire…»

Aucune objection, nulle motion d'ordre, ne fut soulevée par l'un des cent un membres du Corps législatif présents à la réunion. L'approbation était unanime. De fait, à l'issue de l'allocution de Beach, le champagne se mit à couler et des toasts furent portés au bonheur d'Haïti et des États-Unis.

En dépit de la manifeste évidence du prochain scrutin, l'autorité militaire ne jugea pas inopportun de prendre toutes les mesures de police nécessaires, en vue du déroulement sans heurt des événements. Le même jour, Caperton se hâta de faire main basse sur le Service des télégraphes et ordonna au *Castine* et à l'*Eagle* de se mettre à quai et de débarquer des hommes pour renforcer les troupes à terre.

Le lendemain 12, on constata que les précautions prises au Palais législatif pour protéger les députés et sénateurs étaient exception-nelles. Plus d'une centaine de soldats et marins américains, baïonnette au canon, occupent le bâtiment. Les issues sont étroitement surveillées. «Vêtus de leur costume kaki, le waterproof flottant sur leurs épaules, le revolver à la ceinture et la carabine à la main, prêts à faire feu», les marines patrouillent dans toutes les rues avoisinantes. Les encoignures sont gardées militairement. Ces sévères mesures d'ordre s'étendaient de la rue du Champ-de-Mars à la rue des Miracles...

Luc Dorsinville, directeur du journal *La Lutte* qui soutenait la candidature de Bobo, a donné ses impressions de la mémorable matinée du 12 août. On les reproduit en raison du sortilège poignant qui en émane :

«Ce matin du 12 août 1915, il pleuvait. La ville était comme enveloppée de deuil. Le morne l'Hôpital d'une verdure d'ordinaire si riante, était caché par des flocons de brouillard qui prenaient un ton de linceul. Les eaux de la baie habituellement étincelantes de lumière étaient devenues toutes grises et, accablées d'accalmie, elles semblaient n'avoir plus la force de rien.

«Les rues étaient presque désertes. Les rares passants qui s'y égaraient ressemblaient à des fantômes. La consternation peinte sur leur visage, ils se hâtaient vers des lieux inconnus. Car tous les carrefours étaient gardés par des pelotons de yankees couchés derrière des sacs de terre et le doigt sur la gachette du fusil ou de celle de la mitrailleuse...

«... Je sortis en coup de vent. À la hauteur de la rue Lamarre, je vis des cavaliers américains qui du Champ-de-Mars se dirigeaient vers la place du Panthéon. Derrière eux roulait le landau présidentiel haïtien, et au fond de la voiture, le sénateur Sudre Dartiguenave était assis en habit de cérémonie. Puis venait un autre petit groupe de cavaliers américains. Près de chaque portière chevauchaient d'autres yankees. Couverts de leur pardessus jaune à forme bizarre, ces cavaliers donnaient au cortège un caractère spécial. Ils allaient au Palais législatif.

«L'âme chargée de pressentiments sinistres, je hâtai le pas vers le quartier de mes amis politiques. Drapé dans une redingote noire impeccablement neuve et les deux mains couvertes de gants de soie grise, le Dr Bobo était assis sur un large fauteuil à bras. Sa tête couronnée de cheveux roux, sa face presque pourpre, tachetée de points chocolats, avaient quelque chose de héraldique. Il ne parlait pas.

« Je compris tout le tragique de la situation. À petits pas, comme dans une chambre mortuaire, Charles Zamor s'approcha de moi et me dit : « Il n'y a plus rien à faire »[11].

La dépression atmosphérique annoncée par les stations météorologiques pour la journée du 12 août devait ajouter à l'anxiété du moment. Et ce fut sous une pluie battante, «traversée de brusques rafales qui courbaient les arbres dont les branches de temps en temps se cassaient avec bruit... par un temps épouvantable qui décapuchonnait les maisons et couchait tout le long de la rue des Miracles de grands sabliers aux bras désespérés»[12], que se déroula l'élection du vingt-septième chef d'État haïtien.

À 10 heures 40 s'ouvre la séance. Le capitaine Beach est présent dans la salle. Cédant son fauteuil de président de l'Assemblée Nationale au vice-président Constantin Mayard, Dartiguenave va se mettre parmi ses collègues. Les sénateurs Auguste Durosier et Suirad Villard complètent le Bureau. Sont désignés comme scrutateurs le sénateur Louis Édouard Pouget et le député Stéphen Fils. Les opérations du vote s'écoulent dans le calme. Au dépouillement, Dartiguenave obtient la majorité par 94 voix sur 116 votants[13]. Il est immédiatement proclamé Président de la République par le président de l'Assemblée nationale. Les applaudissements éclatent. En proie à une forte émotion, celui qui va conduire les destinées du peuple haïtien jusqu'au 15 mai 1922, pleure. Reprenant peu à peu le contrôle de lui-même, il prête d'une voix grave le serment constitutionnel. Répondant au discours du président de l'Assemblée, le nouveau chef d'État promet de se consacrer à «réparer les maux». À sa sortie du Palais législatif, les honneurs lui sont rendus par une compagnie de la Réforme, sous le commandement du général Nau. Au fort National, le drapeau haïtien est hissé et une salve de 21 coups de canon salue le nouveau président.

Le cortège présidentiel se mit alors en branle pour une tournée à travers les rues de la capitale jonchées de débris charriés par le mauvais temps. Dans la voiture de tête, aux côtés de Dartiguenave, était assis le capitaine Beach qu'il avait lui-même invité à le rejoindre.

La tournée s'acheva à la résidence du député Osmin Cham, au Chemin des Dalles, où Dartiguenave et Beach furent entourés d'un concert de congratulations par les députés, les sénateurs, les membres de leurs familles et tous les invités haïtiens et étrangers qui, malgré l'inclémence de la nature, avaient entendu fêter dans la joie et l'espérance l'aurore de ce nouveau «règne» placé sous le signe de la collaboration haïtiano-américaine.

Notes

1.   Il s'agit du lynchage du président Vilbrun Guillaume Sam, suivi du débarque-ment, à Port-au-Prince, des troupes américaines. Ce n'est qu'en avril 1918, que les restes mutilés du Président, enterrés dans une fosse extra muros, seront exhumés et, après avoir reçu les honneurs funèbres, placés provisoirement dans le caveau de la famille Larreur au cimetière Extérieur. Seuls furent retrouvés le tronc du défunt ainsi que, détail suggestif, d'innombrables débris de bâtons. Le mois précédent, les restes de Charles Oscar, responsable du massacre du 27 juillet à la prison de Port-au-Prince, avaient été également exhumés et inhumés à l'intérieur du cimetière.

2.   *Le Matin*, 6 août 1915. Selon Roger Gaillard, le fort était plutôt commandé par le général César. Cf.: *Les Cent Jours de Rosalvo Bobo*, p. 135.

3.   Dès janvier 1915, l'amiral Caperton avait été chargé par le gouvernement américain de se rendre dans la région des Caraïbes, pour surveiller les incursions allemandes et étudier «la situation politique dans la Caraïbe et les eaux mexicaines».

4.   *Le Matin*, 31 juillet 1915.

5.   *Le Matin*, 6 août 1915.

6.   *Le Matin*, 7 août 1915.

7.   *Le Matin*, 9 août 1915.

8.   Henry Watson Furniss fut Ministre en Haïti de 1905 à 1913. Ce fut le dernier noir américain à occuper ce poste de Chef de mission chez nous jusqu'à récemment... Sa résidence se trouvait à l'endroit où se dresse l'ancien Simbie Hotel à Martissant. Cf.: R. Gaillard : *Les Cent-Jours de Rosalvo Bobo*, p. 142, Note 248.

9.   *The Nation*, 9 novembre 1921. Reproduit par *l'Essor* du 15 novembre 1921.

10.   Roger Gaillard, *op. cit.*, p. 190.

11.   *L'Essor*, 1er décembre 1921.

12.   *Le Matin*, 13 août 1915.

13.   Le résultat du scrutin fut le suivant : Dartiguenave 94 voix, Luxembourg Cauvin 14, Emmanuel Thézan 4, Rosalvo Bobo 3, Vote nul 1.

ILLUSIONS ET MEURTRISSURES

De haute stature et légèrement voûté, Philippe Sudre Dartiguenave a le physique de l'homme qui est dans la force de l'âge et qui jouit d'une robuste santé. Cheveux grisonnants, front découvert, visage plein, moustaches en croc, il donne l'impression d'un «bon géant tranquille», maître de lui-même, mais qui au besoin peut sans sourciller se départir de son masque d'impassibilité pour faire sentir sa puissance. En résumé, un félin fait homme et que le peuple toujours perspicace désignera par le sobriquet on ne peut mieux approprié de *Tête chatt*.

À 53 ans, il entrait au Palais national, précédé d'une réputation de politicien sans option politique définie, et dont l'apparente neutralité et le soin de s'adapter aux circonstances lui avaient permis de servir une succession de gouvernements sans trop nuire à sa notoriété. De son assez long passage au Parlement et surtout de l'éminente fonction qu'il y avait exercée comme président du Sénat, il avait appris à se maîtriser et à user de patience à l'égard de tous. Modeste et circonspect de nature, il ne se laissera jamais influencer par les flatteries et gardera au milieu des ennuis de toute nature qui ne cesseront de l'assaillir durant son mandat, son amour de la famille et son souci de l'économie qui furent ses qualités dominantes.

On se rendit bien compte de la simplicité du personnage lorsque, quelques jours après son élection, il n'éprouva aucune crainte à s'accorder, en compagnie de deux amis, une promenade à cheval en ville, sans l'appareil extravagant dont s'entouraient en pareil cas presque tous ses prédécesseurs.

On le verra une autre fois, au cours d'une balade à pied qu'il avait entreprise avec son frère, le député Barnave Dartiguenave, et deux aides de camp, s'arrêter au café Beaumont Denis au Champ-de-Mars et offrir des consommations à des connaissances qu'il y rencontra.

Après son élection, il avait dû déloger de sa maison du Chemin des Dalles, la *Villa Peu de Chose*[1], pour se transporter, toujours au Chemin des Dalles, chez son parent Osmin Cham qui s'était empressé de lui céder sa résidence privée, plus spacieuse que la sienne[2]. En attendant l'achèvement des travaux d'aménagement entrepris au Palais national, inoccupé depuis la chute de Vilbrun Guillaume, c'est à la maison Osmin Cham que sera établi le siège de la Présidence.

En décembre 1915, les travaux de restauration ayant pris fin, Dartiguenave prend logement dans sa demeure officielle avec sa soeur Gulna qui tiendra le rôle de première dame. Pas très capable, humble, effacée, ne s'intéressant qu'au ménage, Gulna ne sera d'aucun appui pour le président, lorsque celui-ci, en proie à l'isolement, recherchera en vain ce réconfort moral qu'une épouse peut-être eut pu lui apporter.

Uni à Marie-Luce Pierre Jacques, dite Célianne, et père d'un fils, Clément, Dartiguenave devint veuf peu de temps après son mariage, à la suite du décès de son épouse morte en couches à 25 ans. Ébranlé par ce malheur, il ne voulut plus se remarier. On sait toutefois que son coeur ne demeura pas irrémédiablement insensible aux feux de l'amour et que durant sa présidence, il ne se faisait pas faute de visiter de temps en temps son amie, Lunicia Maignan, qui habitait un modeste logis à Lalue.

Dartiguenave a commencé son mandat sous l'égide du libéralisme le plus sincère. À ses collaborateurs immédiats, il laisse l'entière faculté de nommer à leur département les fonctionnaires de leur choix. Il accorde amnistie pleine et entière à tous ceux qui, mêlés à tort ou à raison, aux événements des dix-huit derniers mois, étaient recherchés pour délit politique. Acquittement qu'il étendra aux troupes révolutionnaires et spécialement aux cacos de toutes nuances.

Si les bandes de Bobo ont été dispersées, si l'ancienne armée gouvernementale de Vilbrun a été en grande partie licenciée par les

Américains, le bataillon de la Réforme en revanche, institué sous Leconte, et qui était arrivé à conserver la discipline que lui avait inculquée son fondateur, a été maintenu sous les armes. Pour combien de temps ?... Ce corps d'élite constitue avec la Musique du Palais et la police haïtienne les seules forces militaires placées sous l'autorité du Président de la République. À la police, d'importantes réformes structurelles ont été entreprises sous la supervision du commandant de l'arrondissement Constant Vieux et d'Auguste Daumec, nommé Secrétaire général de la police. La Musique du Palais a gardé le chef qui avait fait son renom : Occide Jeanty.

En raison des conjonctures particulières qui avaient contribué à le porter à la première magistrature de l'État, le président Dartiguenave ne devait pas s'attendre à voir se rallier sous son leadership la nation entière. Dès le début de son administration, commence à se dessiner une opposition qui, à cause même du grave péril qu'encourait l'avenir du pays, promettait d'être systématique. Ce qui dut l'étonner, ce fut de constater que les adversaires de son régime se recrutaient même parmi ses amis, parmi ceux précisément dont il avait espéré bénéficier de la collaboration pour l'aider à remplir sa délicate mission. Ce radicalisme qui chaque jour se montrait plus irréductible n'allait pas se manifester sous un front uni, trop de divergences de vues l'inspirant. Si dans l'ensemble, l'opposition souhaitait pour la nation un gouvernement capable de s'imposer à l'Américain, un fort secteur de cette opposition repoussait toute forme d'intervention étrangère et rejetait le président lui-même.

À Port-au-Prince, ce nationalisme apparaîtra dans certaines couches de la petite et moyenne bourgeoisie, tandis qu'une fraction non négligeable de la «bourgeoisie argentée» essayera d'arriver au renversement du régime par le biais d'une acceptation apparente de l'intervention. Quant à l'opposition paysanne, elle était mue par des options qui n'avaient rien de bien commun avec les visées citadines. Moins que Dartiguenave, c'est surtout l'Américain qu'elle combattra, pour le travail forcé qu'il imposait aux paysans par le moyen artificieux de la corvée, pour les mauvais traitements subis par ces derniers et pour l'extension, au profit des entreprises ferroviaires et agro-industrielles, de l'aliénation des propriétés rurales affermées de l'État...

Les promesses de Caperton, prodiguées d'abord au peuple haïtien, ensuite à Dartiguenave, pour le développement harmonieux du pays, n'avaient pas cessé d'être séduisantes. Mais il apparaissait nettement que son souci majeur était de poser les assises d'une domination appelée à durer. Ce fut dans cette optique que pour répondre aux instructions du Département d'État relatives à l'expansion progressive de l'occupation, il réclama de la Navy des renforts de l'ordre d'un régiment de marines, d'un bataillon d'artillerie de marine et de trois bateaux de guerre[4]. Ces forces devaient venir à l'appui des deux milliers et plus de marines, du croiseur cuirassé, des deux canonnières et du yatch converti en navire de guerre dont il disposait déjà[5].

Dans le domaine administratif, il se préoccupa de fournir à l'Occupation des cadres civils capables de s'intégrer dans les positions-clés de l'administration haïtienne. Après avoir nommé le capitaine J.A. Rossell administrateur civil de Port-au-Prince, il obtint de la Navy, afin d'organiser le service des douanes, le trésorier Charles Conard qui avait fait ses preuves à Vera Cruz (Mexique), ainsi que dix caissiers. Quelques jours après la signature de la Convention, et en attendant les «nominations régulières» qui seraient effectuées par le gouvernement américain, il proposera le même Conard pour le poste de receveur général, le colonel Beach pour celui de conseiller financier, le colonel Waller comme chef de la Gendarmerie, le lieutenant Oberlin comme ingénieur des Travaux publics et le Dr Garrison comme chef du service de l'Hygiène communale[6]. Ces choix seront tous agréés.

Les structures essentielles mises en place, l'occupation du pays pouvait se poursuivre en toute sécurité. En effet, après Port-au-Prince et le Cap, les marines s'emparèrent sans coup férir de Saint-Marc, Léogane, Pétionville. Bientôt, les dix plus grands ports du pays étaient sous leur contrôle.

Pour la réalisation sans cassure de son plan d'action, Caperton n'avait jamais perdu de vue d'épargner à la population civile des froissements inutiles. Mais se sachant en pays conquis, les marines n'avaient cure de ses atermoiements. Forcer l'entrée des maisons, se servir de leurs armes sans motif valable, provoquer d'honnêtes femmes, voilà de ces actions détestables qu'ils se permettaient de commettre, mais que le commandant des forces maritimes expéditionnaires, le colonel Littleton T. Waller, dut blâmer publiquement en certifiant qu'il serait toujours disposé «à châtier très sévèrement ceux qui s'oublieraient jusqu'à méconnaître les instructions qui leur sont données et à commettre des actes mauvais»[7].

C'est encore dans ce contexte d'apaisement prôné par les autorités militaires que celles-ci, dès leur arrivée, organisèrent une série de concerts pour le plaisir de la population. Chaque soir, de 6 heures à 8 heures, une fanfare venait se produire au kiosque du Champ-de-Mars. La foule qui s'y réunissait, note *Le Matin*, était parfois considérable[8].

La reconnaissance du gouvernement de Dartiguenave par les États-Unis était conditionnée par l'autorisation qui serait donnée au président d'Haïti par les Chambres législatives d'accepter et de signer la Convention appelée à normaliser les relations haïtiano-américaines, que lui soumettrait le chargé d'affaires américain. Cinq jours après l'élection du chef de l'État, Davis présenta au gouvernement le projet de convention qu'il avait rédigé sur les instructions du Département d'État et qui devait être signé sans délai et sans modifications. De vives objections s'élèvent au Conseil des ministres qui déclare inadmissible pareille prétention. Ce fut le premier différend qui éclata entre les Américains et le gouvernement à peine sorti des langes de Sudre Dartiguenave. Il était indéniable qu'un instrument diplomatique d'une si haute importance devait faire l'objet, avant tout acquiescement, d'une étude approfondie. Le gouvernement s'y apprêta. Mais Caperton, estimant que l'examen du texte s'éternisait, autorisa les forces d'occupation à se saisir des douanes de province de la République. L'appareil militaire entra aussitôt en action et tour à tour furent prises en main les douanes du Cap, de Port-de-Paix, de Saint-Marc et celles de toutes les villes côtières qui se trouvaient sous le contrôle des forces occupantes. Au 1er septembre, en dépit des protestations du gouvernement, la totalité des douanes de province était tombée dans le giron de l'occupant.

La douane de Port-au-Prince n'allait pas tarder à subir à son tour le sort qui avait été fait aux douanes de «la côte». Le 2 septembre, à 10 heures, un détachement de marines se présente au directeur Mexile et lui notifie que, conformément aux ordres du chef de l'Occupation, ils prenaient possession de son service. Le ministre des Finances, Émile Élie, averti aussitôt par le directeur, enjoignit à celui-ci d'exprimer son opposition à cet acte arbitraire. Cette formalité accomplie, le directeur, suivi du personnel en entier, se retira, laissant les Américains entamer l'inventaire des marchandises.

Le même jour, dans une proclamation, Dartiguenave éleva de vives protestations contre ce coup de force des autorités américaines, tandis que le département des Finances publiait l'avis suivant :

> *Le chef du département des Finances, de l'avis du Conseil des Secrétaires d'État, informe les fonctionnaires de tout rang qui, en vertu d'une commission régulière, exercent dans les douanes ou dans l'administration financière l'autorité déléguée de son département, qu'il désavoue absolument toute aide ou assistance qu'ils donneront aux agents américains dans l'œuvre d'usurpation violente qu'ils poursuivent pour la perception des taxes douanières au mépris des droits souverains du peuple haïtien.*
>
> *Port-au-Prince, le 2 septembre 1915* [9]

Une justification d'un geste aussi inamical de la part des Américains paraissait obligatoire. Usant de diplomatie, le chargé d'Affaires Davis fit ressortir que l'amiral Caperton s'était trouvé dans la nécessité d'adopter ces mesures de rigueur, par suite du retard mis par le gouvernement haïtien à signer la Convention. Les recettes douanières qui allaient désormais être perçues et jusqu'à nouvel ordre, sous le contrôle des Américains, seraient affectées à l'organisation de la police haïtienne, à l'exécution des travaux publics urgents et au paiement des employés de l'État. Ce contrôle, rassurait-il, n'était que temporaire. Une fois la Convention signée, la comptabilité tenue sous la direction de l'amiral serait remise au gouvernement.

Mais Caperton qui sans doute ne s'était pas attendu à la verte riposte du gouvernement, jugea le moment venu de hausser le ton et de se ganter de fer. Dans une proclamation datée du 3 septembre, il avisait la population que «dans le but de procurer aux habitants de Port-au-Prince et d'autre territoire ci-dessous indiqué, le privilège d'un gouvernement exerçant toutes les fonctions nécessaires pour l'établissement et le maintien des droits fondamentaux de l'homme», il déclarait, en vertu de son autorité d'officier commandant les forces des États-Unis d'Amérique en Haïti et dans les eaux haïtiennes, la *loi martiale* en vigueur dans la ville de Port-au-Prince et dans les territoires occupés par les forces sous ses ordres[10]. Des règlements en vue d'assurer la poursuite normale des activités administratives placées sous le régime de la loi martiale, seraient prochainement adoptés. Le commandant de la force expéditionnaire des États-Unis, le colonel Littleton W. Waller, était investi des pleins pouvoirs pour édicter ces règlements et nommer les officiers chargés de mettre en application la loi martiale et lui donner son plein effet.

Avec une rapidité toute militaire, le colonel Waller s'empressa d'informer les habitants de la ville et de l'arrondissement de Port-au-Prince qu'en raison des nouvelles dispositions, la police de cet arrondissement était désormais directement soumise à l'autorité du grand prévôt. Dans la même proclamation, il annonça la création du Tribunal du grand prévôt et la nomination des capitaines Alexander S. Williams et George Van Orden aux fonctions de grand prévôt et de juge prévôt.

Pour ne pas déroger aux coutumes de son pays, si conscient du rôle important de la presse dans toute société organisée, le grand prévôt, au lendemain de sa nomination, convoqua à son office les membres de la Presse de Port-au-Prince «pour communication concernant leur profession». Il les reçut à l'hôtel où il logeait au Champ-de-Mars[11], l'installation de ses bureaux au siège du Commandant de la Place n'étant pas achevée, et leur certifia que la loi martiale n'aurait pas à intervenir dans les affaires civiles. Il leur donna ensuite la garantie que la liberté de la presse serait maintenue, mais précisa que la licence ne serait pas tolérée.

Ainsi donc, l'amiral qui, dans sa proclamation du 3 septembre, avait dévoilé son absolutisme en déclarant qu'il était investi «du pouvoir et de la responsabilité du gouvernement dans toutes ses fonctions et dans toutes les branches»[12], avait levé le masque, et le pays ainsi que le gouvernement finissaient par réaliser dans quel gouffre ils s'enfonçaient. Car, en dépit des affirmations de Davis, l'administration douanière ne serait pas remise aux autorités locales, et tant que durerait l'occupation, la loi martiale ne serait jamais officiellement rapportée, s'assoupissant en période de calme, mais se redressant, menaçante, dès que la nécessité de bâillonner ou de mater se ferait sentir. Quant aux cours prévôtales qui allaient être établies dans toutes les villes du pays, elles ne seraient rien d'autres que des tribunaux étrangers, fonctionnant sous l'égide de règlements et de lois qui ne seraient jamais rendus publics. Jugeant d'office et condamnant sans recours, elles allaient voir défiler devant elles tous ceux à qui on reprocherait de s'attaquer, par parole ou par écrit, «soit au gouvernement, soit aux fonctionnaires civils ou militaires des États-Unis, soit au président d'Haïti, soit aux autorités haïtiennes ou à leurs agents»[13].

La première sentence du Tribunal prévôtal de Port-au-Prince sera prononcée contre les journalistes Élie Guérin et Félix Viard, du journal de l'oppostion, *Haïti Intégrale*, accusés d'avoir tardé à répondre à la convocation du grand prévôt et d'avoir refusé de déposer après chaque tirage cinq exemplaires du journal à son Bureau. Condamnés à 1000 gourdes d'amende ou à quatre mois de prison, ils furent incarcérés, le premier à la caserne Dessalines, le deuxième à la Prévôté. La collecte de l'amende aussitôt mise en branle parmi leurs amis, la totalité des 1000 gourdes fut remise au capitaine Williams, geste de solidarité qui permit aux journalistes de recouvrer la liberté.

La prise de position ferme et catégorique du gouvernement face aux prétentions du chargé d'affaires américain d'obtenir d'office l'approbation de son projet de convention avait eu son écho à Washington. Le Département d'État avait câblé alors à Davis d'accepter la discussion. Cependant, Pauléus Sannon qui, comme ministre des Relations extérieures, conduisait les négociations, se heurtait à de sérieux obstacles dans l'élaboration des modifications à apporter, «tant dans la forme que dans le fond», au projet de convention. Il dut démissionner et fut suivi par son collègue des

Travaux publics, Antoine Sansaricq, qui partageait ses vues. Louis Borno fut appelé pour le remplacer, et, à Sansaricq, succéda le Dr Paul Salomon.

Le changement de personnes à la tête du ministère des Relations extérieures devait hâter la fin des discussions. Le 16 septembre 1915, le Conseil des secrétaires d'État autorisait Louis Borno à signer la Convention, de concert avec le chargé d'affaires américain, Robert B. Davis Jr.

Au cours de ces laborieuses conversations, les négociateurs haïtiens n'avaient pas essuyé que des refus. Des remaniements assez importants, dans le sens d'une plus grande liberté d'action du gouvernement, avaient été apportés aux clauses concernant les travaux publics à entreprendre, la police à organiser et le mode de nomination du conseiller financier, dont le statut devait être celui d'un fonctionnaire attaché au ministère des Finances. Les journaux proches du pouvoir essayèrent de convaincre l'opinion publique, en insinuant que cet instrument diplomatique était appelé, dans l'esprit de ses signataires, «à mettre fin à l'anarchie haïtienne et à inaugurer une époque nouvelle de paix, de prospérité et de travail»[14].

On comprend que, éblouie par ce mirage, une bonne partie de cette opinion ait manifesté une certaine inquiétude que l'Assemblée nationale ne rejette le Traité qui allait être soumis à sa sanction. Mais Caperton veillait, et pour enlever toute velléité de résistance au Corps législatif et le porter à ratifier la Convention au plus tôt, il fit saisir, avec l'approbation de Washington, un lot de billets de banque du gouvernement non signés et stoppa tout décaissement pour les dépenses publiques. Seules certaines sorties de fonds urgentes furent autorisées peu après, à partir des recettes douanières, mais les paiements en souffrance restèrent bloqués.

En présence de telles pressions, la position de la Chambre devenait critique. Elle se laissa intimider. Le 6 octobre 1915, par 70 voix sur 81, elle sanctionnait la Convention, en y joignant un «commentaire interprétatif» préparé par un comité spécial qui avait travaillé avec le ministre des Relations extérieures. Ce ne fut toutefois pas sans incident que le chef de la diplomatie haïtienne obtint l'agrément de la Chambre. Avant même la mise aux voix, prévoyant le résultat du scrutin, les députés Luc Bréa, Marcelin Jocelyn, Camille Léon, Edgard Néré Numa et Joachim Jean-Baptiste avaient quitté la salle des séances. Le vote annoncé, le Dr Raymond Cabèche, député des Gonaïves, se leva de son siège pour désapprouver publiquement ses collègues.

«Cette convention compromet les droits du peuple, la souveraineté de la Nation, s'écria-t-il. Malgré tout, la Chambre l'a votée. C'est une grave responsabilité qu'elle s'est endossée et que je ne tiens point à partager avec elle.

«Mais quand le peuple haïtien un jour aura à gémir dans les fers que vous venez de lui reforger, que les générations futures auront à exécrer la mémoire de ceux qui en ont été les artisans, je n'entends point qu'il soit dit que j'étais du nombre. Je n'entends pas non plus que mon nom figure au bas du procès-verbal de cette séance où s'est opérée la vente de tout un peuple par 70 des siens sur 81. C'est pourquoi je dépose ma démission de député de la 28e Législature en m'écriant une dernière fois : je proteste au nom du peuple, de ses droits, de sa souveraineté, de son indépendance contre le projet de convention Dartiguenave-Wilson.»[15]

Ces paroles prononcées avec force et indignation, il laissa l'assemblée en lançant au milieu de l'enceinte sa rosette de député[16].

Dans son discours de félicitations à la Chambre pour le vote presque unanime de la Convention, le ministre Borno, comme pour prévenir chez les représentants du peuple tout sentiment de culpabilité et de remords, insista sur le fait que «tout ce qui pouvait être un froissement pour la nation» avait été effacé du document qu'ils venaient d'adopter...

La bataille au Sénat pour emporter le vote semblait devoir être plus âpre. Nonobstant les menaces, un fort pourcentage de sénateurs penchait pour le rejet pur et simple du Traité, tel qu'il avait été élaboré. Dans son rapport, la Commission d'examen du Sénat, tout en adoptant le principe de la Convention, en proposait l'ajournement pour permettre la reprise des négociations sur certains points touchant la souveraineté nationale.

En présence des réticences des pères conscrits, certains secteurs de l'opinion poussent activement au vote. Dans *Le Matin*, Georges O'Callaghan, brillant avocat du barreau de Port-au-Prince, n'hésitait pas à user d'arguments captieux, propres à ébranler les plus solides convictions :

«Quoi, écrivait-il s'adressant aux sénateurs, vous êtes en face d'une occupation militaire, le territoire est occupé, et vous avez la naïveté de parler de souveraineté et de constitution. C'est l'occupation américaine qui a bien voulu vous laisser subsister comme Sénat, c'est elle qui vous a protégés contre les cacos... c'est elle qui a rendu tant de gens si subitement braves... Si réellement elle se manifestait comme elle pourrait bien se manifester, elle ne vous demanderait pas de voter une convention où tous les profits sont pour nous et presque rien pour elle... Ces messieurs de la Commission peuvent dormir tranquilles. Loin de l'avoir trahie, ceux qui auront proposé ce nouvel ordre de choses auront sauvé la patrie haïtienne de sa banqueroute morale et économique, et la postérité leur tressera des lauriers en bénissant leur mémoire»[17].

Le 11 novembre, jour où devaient s'engager au Sénat les discussions finales pour le vote ou le rejet de la Convention, un public énorme s'agglutinait sous les galeries du Palais législatif et dans la salle des délibérations de la Chambre, mise à la disposition du Grand Corps pour cette séance mémorable. Ouverts à 10 heures du matin, les débats allaient se poursuivre jusqu'à 6 heures du soir. Dans le flot d'éloquence qui déferlait sous les lambris de la vaste salle, où chacun se prétendait le défenseur intraitable de la patrie pantelante, la voix du sénateur Louis Édouard Pouget, rapporteur de la Commission, ne s'arrêtait pas d'attaquer la Convention et d'en réclamer l'ajournement.

Au terme des délibérations, on passa au vote. Par 26 voix contre 10, le Sénat repoussa la demande d'ajournement formulée dans le rapport. Ainsi la Convention était ratifiée et avec elle, le «commentaire interprétatif» que la Chambre y avait annexé[18].

Les applaudissements qui crépitèrent alors au sein de l'assistance prouvent que le désir intime, sinon de la nation entière, du moins d'une portion non négligeable des Haïtiens, était de composer avec l'occupant. Par la Convention, pensaient-ils, le moyen régulier et pratique pour y parvenir était désormais mis à leur portée.

Le lendemain, l'amiral Caperton reçut de la Navy un télégramme de félicitations, et le même jour, rendant hommage aux membres du Corps législatif, le Président Dartiguenave énonçait ces propos qui reflétaient sa satisfaction de l' «heureux» dénouement : «Honneur donc à ces sauveurs de la Patrie! Gloire à leur geste dont la magnanimité n'égale que l'héroïsme! Ils ont droit à la bénédiction de la postérité !»[19].

Le Département d'État n'avait cependant pas cru devoir attendre la ratification législative du traité pour admettre l'existence juridique du gouvernement haïtien. En effet, dès le lendemain de la signature de cet instrument diplomatique par le secrétaire d'État des Relations extérieures et le chargé d'affaires américain, le contre-amiral Caperton, entouré de son état-major, s'était présenté au Palais national et avait notifié au président de la République la reconnaissance officielle de son gouvernement par le gouvernement des États-Unis. Une salve de vingt et un coups de canon était partie du navire-amiral à laquelle avaient fait écho les batteries du fort Sainte-Claire.

Le *Te Deum* traditionnel consacrant l'élection du Chef de l'État, et qui pour Sudre Dartiguenave avait été volontairement ajourné, pouvait maintenant être entonné. La cérémonie religieuse se déroula à la cathédrale de Port-au-Prince, le dimanche 26 septembre, en présence de Dartiguenave et de son cabinet, de l'amiral Caperton et de son état-major, de l'archevêque Conan et de son coadjuteur Mgr Pichon et du corps diplomatique. Tournée en ville, réception au Palais, concert au Champ-de-Mars sous la baguette d'Occide marquèrent tour à tour cette journée de liesse...

Ce traité en qui, à l'exception des opposants, Américains et Haïtiens plaçaient tant d'espoir, à quoi se résumait-il ? À un accord international par lequel l'État haïtien cédait aux États-Unis, pour une période de dix ans, la restructuration et le contrôle des douanes, du service d'Hygiène, de l'Agriculture et des Travaux publics d'Haïti et l'organisation d'une force de police locale, sous le commandement de la Navy. La période de dix ans pouvait être prolongée de dix nouvelles années si, selon l'une ou l'autre partie, «des vues et objets de la Convention n'étaient pas accomplis».

Restait, pour qu'il entrât effectivement en vigueur, la sanction du Congrès des États-Unis. Afin de hâter la mise en train de nombreux projets en souffrance, le ministre américain Arthur Bailly-Blanchard, nouvellement retourné en Haïti[20], et le secrétaire d'État Louis Borno, signèrent le 29 novembre un modus vivendi qui rendait la Convention «immédiatement applicable». Pour le règlement, de concert avec le Département d'État, des détails d'exécution de l'acte diplomatique du 16 septembre 1915, le président Dartiguenave forma une commission composée de MM. Auguste Magloire et Pierre Hudicourt et de leurs auxiliaires Léon Déjean et Edgard Laroche, qui s'embarqua pour Washington le 6 décembre. Les délégués devaient rejoindre dans la capitale américaine le ministre plénipotentiaire d'Haïti, M. Solon Ménos, qui présidait la Commission.

Notes

1. Cette maison porte aujourd'hui le n° 22.
2. Ancienne maison du Dr Manès Liautaud, démolie depuis, et dont l'emplacement porte aujourd'hui le n° 76.
3. Immeuble contigu au Collège Saint-Pierre du Champ-de-Mars et où logent de nos jours les bureaux de l'ambassade de France.
4. Roger Gaillard, *Premier Écrasement du Cacoïsme*, p. 46.
5. Deux nouvelles arrivées de troupes américaines amenées par le *Tennessee* avaient eu lieu les 15 et 31 août.
6. Roger Gaillard, *op. cit.*, p. 196.
7. *Le Matin,* 20 août 1915.
8. *Le Matin,* 26 août 1915.
9. *Le Moniteur,* 4 septembre 1915.
10. *Le Moniteur,* 10 novembre 1915, n° 79.
11. Ancien hôtel Excelsior, détruit par un incendie et limitrophe de l'Auditorium adventiste.
12. *Le Moniteur,* 10 novembre 1915, p. 583.
13. Georges Sylvain, *Pour la Liberté,* II, p. 199.
14. *Le Matin,* 16 septembre 1915.
15. *Le Moniteur,* 1er et 4 novembre 1916, n°s 83 et 84.
16. Voici les noms des onze députés qui refusèrent de voter la Convention :

Raymond Cabèche, Marcelin Jocelyn, Edgard N. Numa, Joachim Jean-Baptiste, Offrane Poux, Camille Léon, Luc Bréa, Auguste Garoute, Necker Lanoix, Horace Bellerive, Rameau Loubeau.

17. *Le Matin,* 11 novembre 1915.

18. Les sénateurs qui votèrent contre la Convention sont les suivants : Louis Édouard Pouget, Fouchard Martineau, Dr J.E. Jeanty, Dr D. Désir, Bussy Zamor, Moravia Morpeau, Edmond Roumain, Dr Auguste Hollant, Horatius Baussan, Saint-Louis Thimothée. — Fr. Dalencour, *Précis méthodique d'Histoire d'Haïti*, p. 143.

19. *Le Matin,* 16 novembre 1915.

20. Nommé au poste de ministre des États-Unis en Haïti, Bailly-Blanchard était arrivé à Port-au-Prince sous le gouvernement d'Oreste Zamor, en juillet 1914. Durant son absence lors des événements qui avaient conduit au débarquement des marines, Robert B. Davis l'avait provisoirement remplacé, avec le titre de chargé d'Affaires.

LA DOUBLE RÉACTION

À Port-au-Prince, les jours qui suivirent l'homologation par le Parlement haïtien de la Convention haïtiano-américaine furent marqués par une grande détente. Elle n'était pas seulement due à la victoire diplomatique issue du vote du Traité et qui semblait tant satisfaire les parties en présence, mais aussi aux succès militaires recueillis par les forces de l'occupation dans les provinces où le cacoïsme n'avait pas mis bas les armes. En effet, loin d'adhérer à l'agrément de Quartier-Morin qui avait été signé par trois leaders cacos et consacrait la renonciation par les forces rebelles à toute résistance armée et l'allégeance des cacos au gouvernement établi, le général Pierre Benoît Rameau, qui se déclarait ministre de la Guerre du gouvernement révolutionnaire de Rosalvo Bobo, et contrôlait plusieurs foyers de résistance dans l'Artibonite, n'avait pas cessé d'infliger de sensibles pertes aussi bien au détachement américain envoyé à sa poursuite, qu'aux habitants des régions où il guerroyait. Mais dès la fin de septembre, sévèrement attaquées, ses bandes avaient été décimées. Capturé, il fut envoyé en prison à Port-au-Prince[1].

Dans le Nord, le général Josaphat Jean-Joseph, qui avait dit non à tout accommodement au nouvel ordre de choses, avait dû lui aussi subir les rudes assauts des forces occupantes. La prise par les marines de Fort Capois, puis de Fort Rivière, son dernier retranchement, avait mis fin à la rébellion. Ainsi s'était réalisé le «premier écrasement du cacoïsme».

Propice maintenant paraissait le moment de liquider le litige que la violation de la légation de France, lors des événements de juillet, avait provoqué et dont le règlement était resté en suspens. Le président crut opportun de se présenter lui-même, le 25 novembre, accompagné de son ministre des Relations Extérieures, au siège de la légation. Il reçut les hommages du détachement français qui avait été autorisé par Caperton à débarquer du *Descartes* arrivé en rade de Port-au-Prince le 30 juillet pour protéger la légation. Dans son discours au Ministre de France, M. Pierre Girard, Dartiguenave exprima les regrets du gouvernement haïtien. Une salve de 21 coups de canon fut tirée du fort Sainte-Claire où flottait pour la circonstance le drapeau français, à laquelle répondirent les canons du *Descartes*. Le lendemain, au Palais National, le ministre de France transmettait au président Dartiguenave les félicitations du président de la République française, à l'occasion de son avènement au pouvoir. Ainsi étaient officiellement renouées les cordiales relations d'Haïti avec la France.

Les contraintes physiques et morales, formule idéale des disciples de Machiavel pour s'imposer au peuple, n'impliquaient pas la renonciation à la politique de correction de façade que les Américains avaient essayé d'adopter pour mieux s'infiltrer dans la société haïtienne et se faire pardonner leur présence. Dans *Le Matin* du 28 septembre, on trouve, bien esquissées, ces tentatives intéressées qui n'étaient pas toujours repoussées :

«Les Américains prennent contact avec les éléments les plus remarquables de notre société et se font le véritable devoir de demander à être présentés aux familles haïtiennes honorablement connues. Ils veulent de cette façon écarter les sentiments de méfiance qu'on pourrait nourrir contre eux et par des échanges de vues, font bien connaître les véritables motifs de l'intervention des États-Unis. Ils sont heureux qu'on leur pose des questions auxquelles ils répondent avec courtoisie. Ils espèrent arriver à se faire aimer de la population. Tout dépend de leur ligne de conduite».

Interdiction aux commerçants et aux personnes traitant d'affaires avec les soldats américains de leur accorder aucun crédit, ceci pour prévenir toute contestation, organisation à *Parisiana* par les Américains d'une soirée récréative, au profit des démunis, à laquelle Dartiguenave se fera le devoir d'assister, dîner offert par l'amiral

Caperton au président Dartiguenave et à quelques hautes personnalités haïtiennes et américaines à bord du *Washington* illuminé à giorno, diminution progressive des heures de couvre-feu jusqu'à sa suppression à la fin de l'année, autant d'actions menées par l'occupant avec un art consommé de la mise en scène et qui cadraient avec l'offensive de prestige et de charme où il s'était engagé.

L'euphorie de la ratification allait cependant bien vite s'assombrir par les consignes inattendues adressées la veille du jour de l'An par le Département d'État à l'amiral Caperton, et qui détonnaient avec la politique de la patte de velours que celui-ci avait jugé bon de remettre progressivement en honneur pour le succès de sa mission. Par ces instructions, il lui était ordonné de conserver sous son contrôle les services de l'État pris en charge par les forces américaines et qu'en vertu du modus vivendi, il s'apprêtait à remettre aux autorités haïtiennes. De plus, les appointements des fonctionnaires gelés depuis des mois ne seraient payés que jusqu'à concurrence de 50 000 dollars des fonds en sa possession, la priorité devant être accordée aux petits employés. Enfin étaient suspendus «tous les salaires des militaires, même ceux du Ministre de la Guerre et de la Marine», et devait être dissous sans délai «le corps appelé Garde du Palais»[2].

Le Département d'État avait sans doute de bonnes raisons d'infliger à son «protégé» de si indigestes cadeaux de fin d'année. Toujours est-il qu'à l'annonce de ces nouvelles prescriptions, la déception fut générale, et le gouvernement sombra dans la plus grande perplexité.

En dépit des apparences, la bataille de la Convention n'était pas achevée, car le Sénat américain tardait à l'entériner. Deux mois après l'arrivée à Washington des délégués du gouvernement haïtien, les négociations sur les questions pendantes relatives à l'application du Traité n'étaient toujours pas entamées avec le Département d'État. Après six mois de séjour, le résultat des pourparlers était si mince que le gouvernement dut se déterminer à rappeler la commission. Quant au Traité lui-même, il n'obtint la sanction du Sénat américain que le 3 mars 1916, mais cette ratification ne s'étendait pas au Commentaire interprétatif que le secrétaire d'État Lansing n'avait pas jugé nécessaire de lui soumettre. Or cette annexe, qui comportait les «réserves et explications» du Parlement haïtien, avait conditionné son approbation du Traité. La sanction du Sénat américain n'ayant porté que sur le seul texte de la Convention, le gouvernement américain n'allait pas se trouver concerné par la critique de tout article du Traité que pourrait éventuellement avoir à faire le gouvernement haïtien au moment de son application.

Ce dénouement qui reflétait la politique implacable exercée par les États-Unis à l'endroit de la république d'Haïti fut pour le régime de Port-au-Prince un échec cuisant. Aux yeux des auteurs du Commentaire interprétatif, et en tout premier lieu du secrétaire d'État Louis Borno qui, à l'époque de son élaboration, avait donné l'assurance au Comité spécial de la Chambre de travailler en plein accord avec la légation des États-Unis, cet additif revêtait la plus haute importance. Les causes possibles de mésinterprétation relevées dans le projet avaient été soigneusement éclaircies et précisées, et l'amour-propre de la nation, pratiquement sauvegardé. Dans la perspective d'une sincère volonté de coopération haïtiano-américaine, le Commentaire s'offrait comme une garantie pour y parvenir. Par son élimination, tout devenait possible.

Pour résister à ces heurts incessants provoqués par l'administration supérieure américaine et tenter malgré tout de ménager les apparences, Caperton ne renonçait pas à ses tentatives de séduction, et Dartiguenave, à un accommodement de plus en plus difficile à accepter, sans se diminuer... Pour lui payer de retour la réception qu'il lui avait offerte à bord du *Washington*, le Président donnera en l'honneur de l'amiral un grand dîner au Palais national. Le menu de choix qui fut servi à cette occasion dut contribuer sans nul doute à raffermir momentanément une amitié que les impondérables ne cessaient de saper sans pitié.

Dans le contexte national, ce désir de coopération n'était pas, on l'a vu, l'apanage du Gouvernement, et ceux qui aspiraient à cette collaboration, nécessaire selon eux à la régénération du pays, ne trouvaient nulle humiliation à une coexistence qu'ils ne souhaitaient que pacifique. Au bal travesti du cercle Bellevue de 1916, le gratin port-au-princien ne ressentira le moindre malaise à se livrer à de folles farandoles avec des officiers américains et de hautes personnalités de l'Occupation qui avaient tenu à être présents à ce grand événement mondain... De nombreuses réceptions seront organisées à l'occasion du départ du capitaine Rossell qui, comme administrateur civil, s'était révélé une compétence. Il laissera des regrets partagés par toutes les couches de la population. Il n'y avait pas jusqu'au menu peuple qui, inconsciemment ou non, ne finissait par admettre l'ordre nouveau. On le constatera lorsque, au moment de l'embarquement de la 2ᵉ compagnie d'artillerie américaine, les bonnes gens du marché Vallière, croyant au départ des occupants, seront prises de panique dans l'appréhension d'un retour des cacos.

... Les Chambres haïtiennes, expression de la volonté populaire, n'étaient pas revenues de la mystification que leur avait infligée le Département d'État en écartant délibérément le Commentaire interprétatif. Elles attendaient pour clamer leur désapprobation l'ouverture prochaine de la session législative. Mais dans l'optique gouvernementale, la convocation des Chambres ne pouvait être envisagée qu'au retour de la Commission envoyée à Washington. C'est de cette Commission que le gouvernement attendait la «matière» qu'il aurait à présenter à l'examen du Corps législatif. Elle ne serait évidemment en mesure de la lui fournir qu'à l'achèvement de ses travaux dans la capitale des États-Unis.

Un mois avant la date réglementaire d'ouverture de la session, le sénateur Paul Laraque, président du Comité permanent du Sénat, invite le Corps législatif à se réunir le premier lundi d'avril. Le lendemain, un registre d'inscription est mis à la disposition des parlementaires. Dans un communiqué daté du 10 mars, le secrétaire d'État de l'Intérieur dénie au Comité permanent du Sénat le droit de convocation dans les circonstances présentes et déclare au surplus que le gouvernement n'avait encore en main aucun élément pouvant lui permettre «d'élaborer la législation nouvelle en accord avec la Convention». De ce fait, toute réunion du Corps législatif était prématurée.

Un profond différend semblait s'amorcer entre l'Exécutif et le Législatif. Faisant fi du communiqué, les parlementaires continuent de s'inscrire. Réunis le lundi 3 avril à la Chambre, les députés s'aperçoivent que le quorum n'est pas atteint. Au Sénat, même constatation. Quoique avortée, cette tentative de reprise des travaux législatifs n'en était pas moins une bravade vis-à-vis du gouvernement qui l'avait désapprouvée. Devant la détermination des Chambres de tenir en échec la résolution de l'Exécutif, celui-ci s'empressa, le 5 avril, de publier un décret dissolvant le Sénat et attribuant à la Chambre des représentants le rôle d'Assemblée constituante pour réviser la charte de 1889. Le même jour, un deuxième décret était rendu, instituant un conseil d'État de 21 membres, nommés par le président de la République et chargés «de la préparation des projets de lois et règlements administratifs», avec pour mission essentielle, de rédiger un projet de constitution à soumettre à la ratification de l'Assemblée constituante. Au cas où cette dernière refuserait de se réunir, des élections générales se tiendraient pour une nouvelle Assemblée constituante.

Cette XXVIIIe législature, qui s'était inaugurée en avril 1914, qui avait ratifié trois coups d'État en élisant successivement trois chefs révolutionnaires, et qui, sous l'égide du drapeau étoilé, avait placé Dartiguenave sur le fauteuil présidentiel, n'entendait pas se laisser faire par ce dernier, d'autant plus que la Constitution en vigueur ne reconnaissait pas au président de la République le droit de dissolution des Chambres. Le 7 avril, au nombre de 17, les sénateurs protestent contre le décret inconstitutionnel et adressent au ministre des États-Unis, à l'amiral Caperton, au colonel Waller, au grand prévôt, à la Chambre des députés et au pouvoir judiciaire copie d'un mémoire relatif à leur prise de position. Le même jour, 59 députés, groupés sous la galerie du Palais législatif, rédigent une protestation contre la dissolution du Sénat et déclarent qu'ils n'accepteraient pas de s'assembler en Constituante.

Face à ce grave conflit qui mettait aux prises deux grands pouvoirs de l'État, une explication du président de la République était obligatoire. Dans sa proclamation du 8 avril, Dartiguenave fit de nouveau état de l'impossibilité actuelle où se trouvait l'exécutif de «soumettre aux Chambres aucune solution précise, sinon sur toutes les questions posées au moins sur les questions fondamentales».

Relativement à la mise en veilleuse de la Constitution de 1889, il déclara que «beaucoup de choses découlant de la Convention et en contradiction avec la Constitution justifiaient une révision constitutionnelle» à laquelle la XXVIIIe Législature eut pu se consacrer, si des «intrigues politiques» n'étaient venues ruiner toute entente avec l'Exécutif et porter celui-ci à réagir. Néanmoins, poursuivait-il, les députés étant investis directement par le peuple, le gouvernement leur avait reconnu la mission de réviser la Constitution et avait créé une assemblée consultative appelée à «préparer les éléments des travaux de la Constituante»[5].

Les parlementaires ne s'arcboutèrent pas moins à leur position. Pour eux, la décision de l'Exécutif était entachée d'illégalité. Par ses deux décrets du 5 avril, il avait délibérément substitué la dictature au gouvernement constitutionnel. Leur droit de se réunir restait légal : ils ne reculeraient pas.

Le gouvernement se rebiffa en ordonnant la prise de possession du bâtiment de la Maison Nationale dont les grilles d'entrée furent fermées et cadenassées.

Résolus à remplir malgré tout leur mandat constitutionnel, les députés sollicitent pour leurs délibérations l'hospitalité d'une loge maçonnique qui leur est refusée. Ils décident alors de louer la halle des héritiers Killick, sise à l'angle des rues Pavée et du Peuple. Le 17 avril, sous la présidence du doyen d'âge, le député Edmond Bailly, ils élisent le député Camille Léon président de leur Bureau, et les députés Justin Pescay et Offranne Poux, respectivement premier et deuxième secrétaire. Les sénateurs qui s'étaient rassemblés chez l'un de leurs collègues, le sénateur Latortue, à la rue Magloire-Ambroise, procédèrent à leur tour, le 18 avril, à la formation de leur Bureau. Le sénateur Paul Laraque fut élu président, le sénateur Camille Latortue, premier secrétaire et le sénateur Canrobert Gourgue, deuxième secrétaire. Le même jour, le doyen du Tribunal civil de Port-au-Prince rendit une ordonnance de référé autorisant les députés et sénateurs à faire ouvrir les barrières du Palais législatif pour y reprendre leurs séances. Le colonel Waller s'y opposa péremptoirement.

Le coup de force des parlementaires ne finissait pas de surprendre les citoyens peu habitués à voir un corps de l'État tenir tête à l'Exécutif. Cette situation créait un malaise général qu'entretenaient des rumeurs qui n'étaient pas sans fondement. Des pourparlers patronnés par Caperton lui-même avaient été en effet amorcés entre les deux parties en vue d'arriver à une entente. Mais rien encore n'était conclu.

Le jeudi 27 avril, à la halle Killick, les deux Chambres se réunissent en Assemblée nationale, sous la présidence du sénateur Paul Laraque et la vice-présidence du député Camille Léon. L'appel accuse la présence de 26 sénateurs et de 69 députés. À la fin de son discours, le président Laraque, avec la solennité requise, déclare ouverte la troisième et dernière session de la XXVIIIe législature.

Cependant, la «base d'agrément» qu'on essayait de trouver depuis des jours pour mettre fin au différend se dérobait de plus en plus. Le 29 avril, les discussions étaient pratiquement closes par le rejet des propositions du gouvernement, les sénateurs «tenant à conserver leurs attributions législatives, et les députés tenant à lier leur destin à celui des sénateurs»[4].

Devant l'impossibilité pour gouvernement et parlementaires de se mettre d'accord, Caperton avisa, le 2 mai, les Bureaux de la Chambre et du Sénat qui s'étaient formés en dépit des prescriptions du décret de dissolution du 5 avril que «son devoir de maintenir la paix et l'ordre en Haïti rendait nécessaire qu'il appuie le décret du gouvernement constitué et reconnu d'Haïti». Ce n'était qu'un avertissement que les parlementaires considérèrent plutôt comme une intervention. Ils protestèrent encore une fois. Pour apaiser les esprits, Dartiguenave renvoie le Cabinet, sachant la sourde animosité que nourrissaient les Chambres à l'endroit de certains membres de son Conseil. Les parlementaires demandent alors la reprise des négociations. Mais le choix de Caperton était fait, et il n'entendait plus revenir sur ses récentes déclarations publiquement formulées.

Le 5 mai, tandis qu'ils délibéraient dans la halle Killick, un officier américain se présente et demande aux députés et aux sénateurs de se disperser. Sur la proposition du sénateur Laraque, les parlementaires se rendirent tous au domicile de ce dernier où ils dressèrent le procès-verbal de l'incident. Le lendemain, convoqués par Waller, les présidents de la Chambre et du Sénat furent prévenus que si les membres des deux Chambres persistaient à se réunir, «ils s'exposaient à être expulsés par la force». La lutte devenait inégale. Le dernier mot resta au gouvernement.

L'élimination de la scène politique des membres de la XXVIIIe législature consommée, le gouvernement s'attela à la tâche d'organiser le Conseil d'État, sa création. Le 17 mai, il procède à la nomination des 21 conseillers qui se réunirent le 19 au Palais législatif pour la formation de leur Bureau. Stéphen Archer est élu président. Léo Alexis et Arthur Rameau sont élus secrétaires.

Les attributions de ce nouvel organe d'État se ramenaient, on se rappelle, à «élaborer, de concert avec l'exécutif, les travaux d'ordre législatif, administratif et réglementaire». Ne constituant pas une assemblée de représentants du peuple et se tenant seulement au sommet de la hiérarchie administrative, conjointement avec le Conseil des secrétaires d'État et le pouvoir judiciaire, les conseillers n'étaient que de hauts fonctionnaires dont les séances de travail ne devaient pas être publiques. Cette dernière réglementation ne sera pas unanimement accueillie. Plutôt que d'accepter les audiences à huis clos, le conseiller François Mathon démissionne du Conseil d'État.

Par arrêté en date du 23 juin 1916, l'Assemblée constituante, formée par les représentants du peuple, est convoquée pour le lundi 14 août, aux fins spécifiées par le décret du 5 avril. Entre-temps, au Conseil d'État, la Commission chargée d'élaborer le projet de révision constitutionnelle poursuivait ses travaux qui, une fois adoptés par l'Exécutif, seraient présentés à l'Assemblée constituante. La date de convocation atteinte, et les députés transformés en constituants, refusant de se présenter, le gouvernement décréta, le 22 septembre, des élections législatives pour le 15 janvier 1917. C'est aux mandataires du peuple, issus de cette consultation populaire, qu'il appartiendrait de discuter et de voter la nouvelle charte.

Peu après ces événements tumultueux, le gouvernement procéda à une profonde réorganisation de l'administration. Dans tous les services de l'État, beaucoup de charges inutiles furent supprimées. Les finances publiques s'en trouvèrent assainies, mais le mécontentement monta de plusieurs crans.

... À cette époque, dans le bassin des Caraïbes, l'impérialisme de l'Oncle Sam ne s'exerçait pas seulement sur la République d'Haïti. Très proche d'elle, la République dominicaine, qui était censée partager avec Haïti la souveraineté de l'ancienne Quisqueya, n'avait cessé de subir, depuis bien des années, les assauts répétés de l'Oncle. La condition qui sera faite à ces deux petites républiques semblera à certains moments tellement identique, leurs rapports face à l'occupant et imposés par la réalité géographique, se révéleront parfois si étroites et si chargés de conséquences, qu'une incursion si brève soit-elle, dans l'histoire de cette période de la partie de l'Est, ne paraît pas inutile...

Les multiples démarches du gouvernement des États-Unis pour parvenir au contrôle des finances de l'État dominicain avaient commencé à se manifester, tout comme pour Haïti, dès l'instant où il était apparu évident que la politique d'intervention était la seule valable pour garantir à l'influence américaine, aussi bien qu'à son économie, un développement certain dans la Caraïbe. Après les deux conventions signées en 1905, qui autorisaient le gouvernement américain à prendre en charge l'administration des douanes dominicaines, celle du 8 février 1907 était venue renforcer le régime de contrôle par la désignation de fonctionnaires américains, nommés par le président des États-Unis, pour effectuer le recouvrement des recettes douanières.

Le soulèvement, au début de 1916, du général Désiderio Arias, ministre de la Guerre du président Juan Isidro Jimenez, fut l'occasion pour les États-Unis de justifier l'occupation du pays. En mai 1916, les marines débarquent en République dominicaine. Jimenez se démet. Henriquez y Carvajal qui lui succède est contraint de démissionner à son tour. Le 29 novembre 1916, les États-Unis établissent un gouvernement militaire, présidé par le vice-amiral Harry Knapp et placé sous la juridiction de la Navy. Le nouveau régime qui devait durer jusqu'en 1924, s'il apporta la paix au pays, n'obtint aucun résultat remarquable dans les domaines du développement et de l'accroissement de la richesse nationale. Couvert par la Convention de

1907, il se borna à garantir aux créanciers de l'État, le paiement régulier de leurs dividendes à l'aide du lourd prélèvement de 55 % sur les recettes douanières. Pendant huit ans, placée à l'ombre du pavillon étoilé, la République dominicaine restera rayée du nombre des États indépendants.

Notes

1. Roger Gaillard, *Le Premier Écrasement du Cacoïsme,* p. 124.
2. Roger Gaillard, *op. cit.,* p. 203.
3. *Le Matin,* 10 avril 1916.
4. Roger Gaillard, *La République autoritaire,* p. 64.

L'ARMÉE DE LA CONVENTION

En 1916, des changements importants s'opèrent dans les cadres supérieurs de l'occupation en Haïti. Trois autorités américaines parmi celles qui s'étaient le mieux dévouées pour asseoir l'hégémonie yankee sur la terre d'Haïti sont transférées hors du pays. Première mutation enregistrée, celle du capitaine Beach, chef d'état-major du contre-amiral Caperton et qui, pendant quelque temps, avait occupé la fonction de Conseiller financier. D'abord commandant du navire-amiral *Washington*, le capitaine Beach était devenu le commandant du *Tennessee*, promu navire-amiral en janvier 1916, au départ du *Washington* qui avait été rappelé par la Navy. Obligé de se séparer de Caperton, le *Tennessee* ayant été choisi pour conduire à Buenos-Aires la délégation américaine invitée à participer au congrès commercial qui devait s'y tenir, Beach laissa Port-au-Prince le 24 février 1916, emportant l'estime de Dartiguenave qui avait bien apprécié sa modération et son tact[1].

L'amiral Caperton qui, la veille du départ de Beach, avait transporté son pavillon sur le *Dolphin*, commandé par le capitaine W.D. Leahy, avait dû, le 11 mai 1916, se rendre à Santo-Domingo pour prendre la direction des opérations de débarquement, décidées par le Département d'État. Il remit au colonel Waller le commandement suprême des forces américaines en Haïti. C'est dans la capitale dominicaine qu'il apprit sa nomination comme commandant de la flotte américaine du Pacifique, et son remplacement par le contre-amiral Pond à la tête de l'escadre américaine des Antilles.

Le 18 juillet, au Palais national, il présentait l'amiral Pond au président Dartiguenave, et s'embarquait le même jour pour son nouveau poste. Sa mission en Haïti avait duré environ dix mois. S'il y avait exercé son pouvoir en véritable proconsul, il avait quand même su modérer son action et ne pas tomber dans les abus où se complairont beaucoup de ses compatriotes qui à la suite détiendront l'autorité.

La situation en République dominicaine exigeait désormais la présence permanente à Santo Domingo du plus haut responsable des forces américaines dans les Antilles. C'est pourquoi, sitôt après sa présentation à Dartiguenave, le contre-amiral Pond gagnait la capitale dominicaine. Le 22 novembre 1916, le vice-amiral Knapp viendra le relever de son commandement et s'installera à Santo Domingo comme chef de l'Escadre américaine des Antilles, exerçant également son autorité sur les forces militaires opérant en Haïti et en République dominicaine.

L'année 1916 verra aussi s'éloigner du pays le commandant du corps expéditionnaire, le colonel Waller, qui avait obtenu son déplacement pour raison de santé. Le 10 novembre 1916, il laissait Haïti. Berthomieux Danache, ancien chef du Cabinet particulier du président, a écrit que Waller fut celui qui fit «tomber les premières illusions de Dartiguenave». Au contraire de Caperton et de Beach, Waller se révéla, en effet, durant son passage en Haïti, un véritable reître. Nullement assagi par son âge avancé, dépourvu de courtoisie, toujours prêt à empoigner quiconque paraissait lui faire obstacle, il donnait nettement l'impression de considérer le président de la République comme son subordonné. Son départ fut un soulagement pour tous les Haïtiens. Eli K. Cole, ancien gouverneur militaire du Cap, lui succédera et s'installera le 22 novembre 1916 au quartier général de la rue Cappoix[2]. Détenant forcément les pleins pouvoirs en l'absence du Commandant de l'Escadre des Antilles qui s'était fixé à Santo-Domingo, le colonel Cole sera regardé comme le vrai «Chef de l'Occupation» et sera, ainsi que ses successeurs, effectivement désigné par ce titre.

Autre changement d'importance dans les cadres supérieurs de l'Occupation, cette fois au niveau de la prévôté principale : en septembre 1916, le capitaine Alexander S. Williams cède sa place de grand prévôt au capitaine R.B. Sullivan.

Dans l'ordre civil, de hautes personnalités américaines prennent fonction en juillet de la même année. Elles seront les premiers de ces fonctionnaires omnipotents qu'on se plaira à appeler les «officiels du Traité». C'est d'abord Allison T. Ruan qui, après avoir reçu l'agrément du gouvernement haïtien, est installé comme conseiller financier, puis M. Matthews, nommé secrétaire du Conseiller financier, A.J. Maumus, Receveur général des douanes et G. Oberlin, ingénieur en chef. Ruan et Maumus remplaçaient Conard qui avait été désigné par Caperton comme Receveur général, et qui, au départ de Beach, avait également assumé la fonction de conseiller financier. Malgré les chaudes recommandations de Caperton, il n'avait pas été confirmé par Washington dans ce dernier poste. Pourtant sa gestion de onze mois dans l'administration douanière s'était soldée par des réalisations concrètes : suppression des lenteurs et des fraudes, perception régulière des revenus douaniers, résultats qui avaient permis de payer les salaires, d'exécuter maints travaux publics et d'organiser la gendarmerie d'Haïti.

Oberlin n'occupera que peu de temps sa charge d'ingénieur en chef. Contrarié d'avoir à collaborer avec des ingénieurs haïtiens dont il doutait de la compétence, il préféra démissionner. Jusqu'au vote de la loi de 1919 créant la Direction générale des Travaux publics (D.G.T.P.), le bureau technique des Travaux publics restera sous la supervision d'ingénieurs militaires américains désignés par la Navy.

L'une des raisons de l'impatience qu'avaient montrée les autorités américaines à obtenir des Chambres le vote du Traité, était leur désir d'entamer dans le plus bref délai l'organisation de la police locale qu'avait précisément prévue le projet de Convention, et qui était appelée à seconder l'effort des marines pour le maintien de l'ordre.

Cette dernière obligation devenait, en effet, une lourde charge que le corps des marines avait hâte de réduire. Si dans les villes, la surveillance militaire était plutôt aisée, dans l'arrière-pays, le contrôle du territoire restait précaire, à cause de l'ignorance quasi totale des nouveaux venus de la topographie des lieux. Le temps était arrivé pour eux de disposer d'auxiliaires autochtones instruits et aguerris, à qui ils pourraient faire bien plus confiance qu'aux «natives» civils qui jusqu'ici les avaient seuls guidés dans leurs marches et contremarches à travers bois. Dans un autre ordre d'idée, la République d'Haïti ayant, à défaut de liberté, gardé les structures d'un État libre, il n'était pas admissible qu'elle ne disposât pas d'une force armée, si petite fût-elle. La grande habileté de l'occupant sera de faire de cette organisation militaire, créée pour la défense du pays et du gouvernement, sa propre machine de guerre.

Au début de l'Occupation, après le licenciement de la presque totalité de l'armée régulière, un essai d'organisation d'une police urbaine avait été esquissé à l'initiative des occupants. Entraîné et instruit par des officiers américains, ce corps de police formé de 84 hommes et de 4 officiers, sous le commandement d'Auguste Daumec et du lieutenant Douyon, avait été effectivement mis sur pied. Mais il allait bientôt se dissoudre dans le nouveau corps.

Entre-temps, les Américains, après avoir récupéré les carabines des civils et la plus grande partie des armes de la défunte armée nationale, s'étaient livrés à la destruction de tout ce qui évoquait le souvenir de cette ancienne force militaire. Furent d'abord mis à bas les vieux postes de police. On s'attaqua ensuite aux fortifications qui, à vrai dire, n'avaient plus aucune valeur stratégique. Les démolitions provenant de quelques-uns de ces forts furent utilisées à des fins plus profitables. Les briques et pierres taillées du fort Touron furent remises au père Le Guidec pour l'église de Saint-Joseph; celles du fort Lerebours, au pasteur Lord pour l'église Saint-Paul.

Sous prétexte de ne pouvoir plus rendre les services qu'on attendait d'eux, les navires de l'ancienne flottille haïtienne furent condamnés à leur tour. Le 26 avril 1916, un avis de l'administration principale des Finances annonçait, suivant décision du Conseil des secrétaires d'État, la mise en vente des trois bateaux, le *Nord Alexis*, le *Pacifique* et le *Vertières*, ancrés dans la rade de Port-au-Prince, au prix initial de 11 500 dollars pour l'ensemble. À la vente aux enchères qui eut lieu le 4 mai, par le ministère de Me Suirad Villard, une société américaine intéressée à l'installation d'une ligne de bateaux à vapeur sur les côtes d'Haïti se porta acquéreur des trois navires.

... Quatre jours après la signature du modus vivendi, et avant même la conclusion de l'accord bilatéral mentionné dans la

Convention et qui devait éclairer tous les points relatifs au bon fonctionnement de la Gendarmerie d'Haïti, le colonel Waller confie au major Smedley Butler la mission d'organiser ce corps militaire. Le peu qui restait des anciennes troupes haïtiennes, les deux ou trois compagnies de la Réforme notamment, fut alors désarmé et licencié, la Gendarmerie devenant l'unique force militaire et de police d'Haïti.

À ses débuts, le recrutement des volontaires fut lent. «Il s'accéléra, note un chroniqueur, quand les recrues reçurent leur paie»[3]. On arriva bientôt à former 12 sections de 28 hommes, soit 336 hommes, y compris les sous-officiers.

En attendant la construction des baraquements qui leur sont destinés et qui s'élèveront sur l'emplacement de l'ancienne Prison des Femmes[4], les gendarmes s'installent au campement du parc Leconte. Ils portent pour le moment l'uniforme des fusiliers marins. À ce costume sera bientôt substitué leur propre tenue militaire, confectionnée à la Prison, et comportant culotte de kaki et chemise de même tissu, jambières de Marine Corps doublées de cuir à l'intérieur et chapeau de campagne en toile.

Neuf mois après sa création, la gendarmerie comptait dans ses rangs, en dehors de la troupe, un capitaine, Auguste Daumec, trois lieutenants, Blanchard, Auguste Roux et Duchatellier, et 10 sergents tous formés par des officiers américains. Le plan de Butler était de créer 18 compagnies ayant à leur tête 36 lieutenants nommés selon le mérite et pouvant aspirer au grade de capitaine. Ils devaient constituer le premier noyau d'instructeurs indigènes, appelés à remplacer les officiers américains.

En novembre 1915, le président de la République rend visite à cet embryon d'armée nationale cantonné au parc Leconte et passe en revue la première et la quatrième compagnie commandées par le capitaine Auguste Daumec et les lieutenants Duchatellier et Roux. «Belle allure, note *Le Matin*. Les hommes se tiennent bien et ont gardé pendant le défilé un alignement que pourraient envier les troupes les mieux entraînées»[5].

Le 3 décembre 1915, la gendarmerie d'Haïti qui jusqu'alors relevait du colonel Waller, se libère de la tutelle de l'Infanterie de

Marine. Par la nomination du major Smedley D. Butler au commandement de la gendarmerie, avec le titre de chef de la gendarmerie d'Haïti et le grade de major-général, le nouveau corps est devenu une organisation militaire autonome, dépendant en principe du président de la République. À la même date, le colonel Alexander S. Williams est nommé par le président Dartiguenave sous-chef de la gendarmerie.

Si la petite armée d'Haïti fut redevable à son commandant des rapides progrès réalisés dans le maniement des armes et les opérations tactiques de tous genres, il est regrettable que Butler, par sa rudesse et sa grossièreté n'ait pas porté la population à partager avec ses hommes l'admiration qu'ils lui vouaient. Cet officier d'une endurance et d'une énergie indomptables, qui à ses bons moments se révélait un causeur étincelant, avait de ces sautes d'humeur qui dépassaient les bornes et le plaçaient au rang des plus vulgaires traîneurs de sabre. Au cours d'une discussion au Palais national, ne s'avisa-t-il pas de traiter le président Dartiguenave de «sacré menteur»![6] Ce jour-là, il avait libéré, sans s'en rendre compte peut-être, ses sentiments intimes, car l'homme était un partisan farouche du gouvernement militaire et appelait de tous ses vœux le jour où le Département d'État se déciderait enfin à expulser «d'un bon coup de pied» le président et ses «scélérats ministres»[7].

En attendant, il mettait tout son zèle et la fougue de ses 34 ans à former cette gendarmerie qui vraiment allait être son œuvre, au point que dès le 1er février 1916, il informait le commandant de la force expéditionnaire maritime que «des 1500 hommes de la gendarmerie d'Haïti avaient été répartis entre les 117 postes où il avait été décidé de placer des garnisons».

Au camp du parc Leconte, le confort de la troupe laissait à désirer, les gendarmes ne disposant pour s'abriter que de tentes de kaki. Pour répondre à une meilleure discipline et à un entraînement plus efficace, ils seront, à l'initiative de Butler, provisoirement transférés à la caserne Dessalines où étaient cantonnées différentes unités du Marine Corps.

Le 24 août 1916, à la suite de l'accord signé entre Haïti et les États-Unis, la gendarmerie stabilise définitivement son organisation.

~ Débarquement des Marines à Port-au-Prince ~

~ Convoi de marines laissant la base de Bizoton ~

~ La caserne Dessalines ~

~ Cour intérieure de la caserne Dessalines ~

~ Les Marines à l'exercice dans la cour des casernes Dessalines ~

~ Philippe Sudre Dartiguenave, président de la république d'Haïti (1915-1922) ~

~ La maison Laroche qui fut le siège de la Présidence de 1914 à 1919 et abrita ensuite le Quartier Général du *Marine Corps* ~

~ Un bataillon de la Gendarmerie d'Haïti dans la cour du palais présidentiel ~

~ Quelques officiers et soldats de la garde du président ~

~ Le président Dartiguenave (à droite) et son ministre
des Relations Extérieures Louis Borno ~

~ Le Ministre Plénipotentiare américain M. Arthur Bailly-Blanchard ~

~ Résidence à Peu-de-Chose du colonel Eli K. Cole, Commandant du corps expéditionnaire américain (aujourd'hui siège de l'association culturelle Haïtiano-Allemande) ~

~ Un des anciens corps de garde de police ~

~ L'aviso de guerre haïtien « Vertières » ~

117 Vertière, Bateau de guerre Haïtien. Port au Prince (Haïti)

Cet accord fixait la structure, les devoirs et l'effectif de la gendarmerie qui relevait directement du président de la République et recevait de lui ses instructions. Conformément au nouvel arrangement, l'effectif de la gendarmerie passa à un total de 2 583 enrôlés, commandés par 115 officiers américains portant l'uniforme du corps. Les attributions de Butler furent également renforcées, le commandant des forces américaines en expédition sur le territoire de la république d'Haïti ne pouvant plus désormais intervenir dans l'administration du corps. Dans un communiqué du 1er septembre 1916, en effet, le colonel Waller annonçait que «la gendarmerie d'Haïti étant organisée et ses officiers commissionnés, toutes les communications concernant le service de la gendarmerie, les prisons, les prisonniers, etc. devaient être adressées au Commandant en chef de la gendarmerie d'Haïti, le général de division Smedley D. Butler, au quartier général de la gendarmerie».

Le chef suprême de la nouvelle organisation, en l'occurrence le président Dartiguenave, qui entendait exercer son autorité effective sur le seul corps chargé de sa sécurité, ne se faisait point faute, quand l'occasion s'y prêtait, de parcourir le front des troupes pour se faire voir de ses soldats. On le notera lorsqu'à l'occasion du départ pour Lascahobas de la compagnie de gendarmes à cheval nouvellement formée, il se rendra en personne au Champ-de-Mars pour l'inspecter et la passer en revue.

En dehors de la préservation de l'ordre, de la protection de la propriété et des droits individuels, la gendarmerie se verra chargée d'une infinité de tâches aussi variées que le contrôle des prisons, la répression de la contrebande, la protection des travaux d'irrigation ou la délivrance de permis de voyage à travers la République. En un mot, elle assumait «l'entière responsabilité des devoirs de police». On verra qu'à son impressionnante liste d'activités, elle n'hésitera pas à ajouter la construction de routes, tâche où, à vrai dire, elle se trouvera directement intéressée.

L'équipement militaire qui à l'origine ne comprenait que des massues et de vieilles carabines Gras de l'ancienne armée, récupérées par les Américains, fut remplacé à la fin de 1916, par des fusils Krag vendus par les États-Unis au gouvernement haïtien. Dès ce moment, les gendarmes purent disposer, en dehors de munitions suffisantes, d'une arme vraiment sûre[8].

Jusqu'à la signature de l'Accord du 24 août, l'entretien des hommes, le paiement de leur solde et le fonctionnement de l'organisation étaient supportés par les valeurs tirées des collecteurs américains des douanes par les commandants de garnison. Dans le budget de l'exercice fiscal 1916-1917, on prévit des fonds de fonctionnement et d'entretien qui devaient être mis à la disposition du quartier-maître de la gendarmerie, chargé de les répartir entre les commandants de districts. Une comptabilité adéquate fut adoptée pour le contrôle des fonds et l'enregistrement des dépenses.

La gendarmerie d'Haïti était donc irrévocablement placée sur rails. Mais elle n'allait pas tarder à montrer son vrai visage. Si elle contribua à maintenir sur le territoire un certain ordre qui plus précisément était l'ordre américain, si elle sut préserver la stabilité du gouvernement et lui assurer une protection plutôt humiliante, elle ne demeure pas moins responsable de nombreux actes d'odieuse brutalité qu'on relèvera à son actif. Butler lui laissera pour longtemps une empreinte où se trouveront singulièrement mêlés dévouement et cruauté.

La gendarmerie d'Haïti n'attendra pas la consécration de l'Accord du 24 août pour recevoir son baptême de feu... En dépit de l'écrasement des cacos dans le Nord en novembre 1915, la résistance à l'occupant n'était pas pour autant éteinte, et à l'aurore de l'année 1916, nombreux étaient ceux-là qui ne désespéraient pas de venir à bout du gouvernement et des Américains. Mais par l'absence de vrais leaders capables de grouper des partisans nombreux et décidés, les tentatives de soulèvement demeureront sporadiques et seront vouées à l'échec. Elles ne dénotaient pas moins le refus systématique de nombre de citoyens de courber l'échine devant le maître blanc.

En ces premiers jours de 1916, des Haïtiens exaspérés par les outrances de l'occupation, se concertent pour une prise d'armes. En attaquant simultanément et en neutralisant les points-clés de la présence américaine dans la capitale, c'est-à-dire les casernes Dessalines, le Bureau du grand prévôt, le Bureau du Port, le camp du

Parc Leconte et le quartier général de l'Occupation, les conspirateurs pensent pouvoir mettre un terme à l'intervention et sans doute s'investir ensuite de l'autorité. Deux personnalités sont à la tête du mouvement, Antoine Pierre-Paul, ancien bras droit d'Antoine Simon et ancien administrateur général des Finances sous Davilmar Théodore, et le général Mizael Codio, ex-délégué du gouvernement de Davilmar Théodore dans l'Artibonite et ancien secrétaire d'État de la Guerre et de la Marine sous Vilbrun Guillaume.

Le plan apparemment mis au point, l'attaque est fixée pour la nuit du 4 au 5 janvier 1916. Vers 2 heures du matin, une colonne d'une quarantaine de cacos, foulard rouge au cou et machette au côté, remonte silencieusement la rue des Casernes. Ils pénètrent dans l'immeuble inoccupé de l'ancien Sénat, séparé d'une centaine de mètres du Bureau du grand prévôt, en même temps quartier général de la gendarmerie. Quelques coups de feu partent de l'ancien Sénat. Se rendant compte qu'elle était l'objet d'une attaque, la petite garnison de 7 marines et de 10 gendarmes du Bureau du prévôt éteint les lumières et se regroupe à l'étage.

Enhardis, les assaillants qui jusqu'alors n'avaient fait face à aucune riposte sérieuse, s'approchent du bâtiment. Wildona Charles, dit Ti Wil, leur chef, selon toute apparence, arrive le premier sur la galerie et tire un coup de fusil. Le lieutenant Wedor est atteint au pied. De l'étage, le lieutenant Kenny se met en position et fait feu. Wildona tombe, le crâne fracassé. C'est le signal de la débandade. Les assaillants se dispersent dans la plus grande confusion, poursuivis par les coups de feu des marines[9]. Bilan de l'attaque qui n'avait duré qu'environ trente minutes : du côté des agresseurs, un homme tué et plusieurs blessés; du côté des Américains, un seul blessé, le lieutenant-instructeur Joseph Wedor.

Aucune des autres positions américaines qui devaient subir l'assaut des cacos ne fut attaquée, sauf le camp du parc Leconte qui essuya le feu d'un petit groupe d'insurgés et les casernes Dessalines qui furent la cible de quelques tirs isolés. Certains groupements, désorientés par la trahison qui s'était glissée au sein de la conspiration, n'avaient pas répondu à l'appel. Ainsi, le plan d'attaque s'était-il trouvé perturbé. Pour les séditieux, l'échec était complet.

Quelques jours auparavant, le gouvernement avait été en effet informé de ce projet de soulèvement par un des conjurés, Cicéron Dimanche, et en avait fait part au colonel Waller[10]. Aussi, fut-il aisé au commandant des forces expéditionnaires de perquisitionner durant la journée les maisons où se terraient les révolutionnaires ou leurs amis et de procéder aux arrestations déjà prévues. Fructueuse opération de police qui permit aux forces de l'ordre de découvrir des dépôts d'armes dans plusieurs quartiers de la ville et d'appréhender une trentaine d'individus dont quelques-uns passèrent aux aveux.

Dans un ordre du jour, le colonel Waller félicita les officiers et gendarmes pour leur conduite durant l'agression, et étendant ses propos aux hommes de la gendarmerie, il leur rappela qu'ils travaillaient à sauver leur pays et que «dans l'avenir», ils seraient «des soutiens d'Haïti»[11].

L'enquête menée autour de cette affaire révéla certaines accointances chez les «banquiers» allemands de la place et jusque dans le corps des aides de camp du président. Certains parmi ces derniers s'étaient même trouvés avec les assaillants et avaient regagné le Palais quand ils s'étaient aperçus que le coup avait manqué. Arrêtés par le capitaine William, commandant de la 22e compagnie des fusiliers marins, ils seront destitués et renvoyés de l'armée[12]. Dès ce moment, la garde militaire du Palais fut confiée à un corps d'élite tiré de la gendarmerie haïtienne et le poste de commandant de Place définitivement supprimé.

À la suite de cette équipée qui aurait pu causer de graves désordres si elle n'avait été minée par la traîtrise, le gouvernement américain décida d'augmenter ses troupes en Haïti par l'envoi de 300 nouveaux marines. Sitôt débarqués, ils furent répartis dans les différents postes de la ville.

Cependant, la répression contre les auteurs de l'échauffourée du 5 janvier se poursuivait. D'ordre du grand prévôt, le couvre-feu avait été rétabli à partir de vingt-deux heures et une récompense de 5 000 gourdes avait été promise à qui ferait «capture et remise de Mizael Codio et Antoine Pierre-Paul, recherchés pour tentative de meurtre avec préméditation»[13]. Pierre-Paul, protégé par de puissants amis, s'était mis à couvert la nuit même du raid manqué, mais Codio qui avait été le premier à décamper, avait gagné la frontière et demandé asile à la République voisine. Il n'en fut pas moins arrêté à Las Matas, à sept lieues de Belladère, par les autorités dominicaines et livré aux forces de l'occupation. Gardé à vue à la caserne Dessalines, avec deux autres chefs cacos, les généraux Benoît Jean et Exilhomme Codio, il comparut ainsi que ses deux coreligionnaires devant la Cour martiale siégeant au Bureau du grand prévôt. À Mizael Codio on infligea un châtiment de 15 ans de travaux forcés. Benoît Jean s'en sortit avec 6 ans de travaux forcés et Exilhomme Codio, avec 3 ans de la même peine.

Et pour les badauds, ce fut un bien curieux spectacle que d'observer très souvent l'ancien délégué de Davilmar, «revêtu de son costume de forçat (blouse et pantalon de denim), les cuisses liées par une corde, balayant la rue du Centre, dans les parages du Tribunal de Cassation, devant la Prison»...[14]

Cette agression dont la gendarmerie avait été l'objet, devait se renouveler cinq mois plus tard, et c'est encore le même Codio qui allait s'en faire le héros principal et obliger la jeune organisation militaire à mordre cette fois la poussière.

En plus des postes de police, la gendarmerie avait été chargée de la Prison de Port-au-Prince qui abritait alors environ 500 prisonniers de droit commun et une quarantaine de prisonniers politiques, dont Mizael Codio. Le 30 mai 1916, vers 6 heures du soir, tandis qu'au cimetière de Port-au-Prince où reposaient cinq marines morts en service, les membres civils et militaires de l'occupation participaient à la cérémonie du *Decoration Day*[15], on entendit de divers points de la ville éclater des détonations. Comme par enchantement, il se déclencha aussitôt dans la cité un formidable «couri»[16] qui fit perdre la tête aux plus flegmatiques et permit aux 500 prisonniers qui, par un surprenant coup d'audace, s'étaient libérés de leurs chaînes, de se perdre dans la foule en effervescence et de s'échapper.

Que s'était-il passé au Pénitencier National ?... Comme tous ses compatriotes, le commandant de la Prison était allé, cet après-midi-là, se recueillir sur la tombe de ses frères d'armes au cimetière. Codio et ses amis du dehors qui l'avaient appris et savaient que cette absence pourrait durer, misant sur l'inexpérience des gendarmes livrés à eux-mêmes, s'empressèrent d'exécuter le plan d'évasion des prisonniers préparé à l'avance. Maîtriser les deux gendarmes préposés à la garde des fusils de la garnison, puis s'emparer de ces armes, et dans un tumultueux brouhaha, prendre la clé des champs, ne fut l'affaire que de quelques minutes. Interloqués par ce déchaînement des prisonniers, les gendarmes avaient perdu tout réflexe et ne savaient comment en arrêter le déferlement. Ils devaient payer cher leur égarement. Traduits peu de temps après en cour martiale, ils seront jugés et condamnés pour «lâcheté et désertion».

Au palmarès des pertes enregistrées durant cette soirée d'agitation, on relèvera la disparition du dispensaire de Saint-Joseph, récemment créé par le Dr Garrison. Envahi par des forcenés qu'excitaient des meneurs exaltés, l'établissement fut en quelques minutes dévasté et livré aux flammes. Pendant les quatre mois qu'il avait fonctionné, 535 malades y avaient été soignés et plus de 260 familles y avaient reçu nourriture et médicaments[17].

La réaction américaine fut comme il fallait s'y attendre énergique et rapide. Le lendemain de la bagarre, sur l'ordre du colonel O'Neill, chargé de la prévôté, le couvre-feu était encore rétabli et avancé à dix-neuf heures. Les bars et restaurants devaient fermer leurs portes à 6 heures du soir. Une vague d'arrestations déferla sur la ville. Les agents de l'ordre y mirent tant de zèle, que le colonel Waller dut présenter par la voie des journaux des excuses publiques à MM. Cauvin, Lafontant, Léger, Bailly et Baussan, tous des citoyens d'une grande honorabilité, et qui avaient été arbitrairement appréhendés par des officiers de la gendarmerie.

Des forces assez imposantes furent mises aux trousses de Mizael Codio, déclaré hors la loi et qui, cette fois encore, avait préféré gagner les bois, plutôt que de se mettre à couvert. Le dimanche 4 juin, lui et ses affidés sont encerclés au village de Fond Parisien. N'arrivant pas à s'échapper de la souricière où ils s'étaient fourvoyés, ils se laissèrent massacrer[18]. Quant aux évadés de droit commun, ils furent, selon une source américaine, tous repris au bout de quinze jours, «sauf deux», et réintégrés dans leurs cellules[19].

La gendarmerie pouvait désormais se déclarer dédommagée de l'affront qu'elle venait de subir, et le pouvoir, satisfait de l'effacement d'un chef de bande redouté, pouvait jeter du lest pour s'assurer un peu de tranquillité et chercher avec moins d'anxiété à sortir de l'imbroglio politique où il s'empêtrait. Le colonel Waller ayant donné toutes les garanties voulues à Antoine Pierre-Paul, celui-ci se présenta au bureau du commandant des forces américaines et reçut l'autorisation de vaquer librement à ses occupations. Le lendemain 21 septembre, le président Dartiguenave accordait amnistie pleine et entière à tous ceux qui s'étaient trouvés impliqués dans l'affaire du 5 janvier 1916.

... Au sein de la gendarmerie, de nouvelles organisations militaires sont créées. À la police de la ville, on affecte deux compagnies de soldats que l'on place sous le commandement d'un chef de police, assisté de deux officiers. Plus tard sera organisé le District de la police de Port-au-Prince. Un major de la gendarmerie sera désigné comme chef du district de la capitale, avec pour assistants un capitaine et deux lieutenants. À cette nouvelle structure sera annexé un petit corps de détectives de 6 hommes aidés d'auxiliaires recrutés parmi les buss-men, les marchands, les serviteurs, qui «faisaient relayer leurs rapports» sans jamais se rendre aux postes de police. Ce n'est qu'en 1921 que sera créé le Bureau de recherche et d'identification des criminels.

Des cadres de la gendarmerie sera aussi tiré le personnel des garde-côtes, organisation formée en 1916 et qui succédait à l'ancienne «marine» haïtienne. L'effectif du nouveau corps comprend 6 officiers et 38 enrôlés cantonnés à la base navale de Bizoton qu'ils occuperont de concert avec l'unité aéro-navale rattachée aux forces d'occupation[20].

L'année suivante, les quatre schooners achetés pour le service des garde-côtes arrivent à quai et sont baptisés la *République*, l'*Indépendance*, le *Progrès* et *Haïti*. Un destin malheureux allait s'attacher à ces premières unités de surveillance de nos côtes. Ce fut d'abord la *République* qui, par suite d'un incendie à bord, provoqué par la négligence d'un marin américain, coula près de Saint-Marc. En mai 1918, le *Progrès* heurta un récif non loin d'Aquin et se brisa en deux[21]. Au début de 1920, *Haïti* ayant sans doute été reconnue inapte au service, fut revendue pour 16 000 dollars. Enfin en novembre 1922, tandis qu'on y embarquait une cargaison de gazoline, l'*Indépendance* sautait en rade de Guantanamo. En attendant d'être équipés d'autres vaisseaux de plus fort tonnage, les garde-côtes reçurent pour remplacer les bateaux disparus, quatre chaloupes à moteur de 24 pieds de long, qui eurent pour port d'attache respectif Bizoton, les Cayes, Jérémie et Jacmel.

Si le recrutement des enrôlés pour la gendarmerie d'Haïti n'avait pas posé de problèmes majeurs aux organisateurs américains, en revanche, celui des futurs officiers appelés à encadrer la troupe, ne devait pas s'opérer aisément. En 1916, la première classe de dix jeunes gens «de bonne famille», recrutés comme aspirants-officiers, ne tarda pas à s'effriter, non seulement parce que ces jeunes gens étaient tiraillés par les rebuffades de leurs parents et de leurs amis, mais surtout à cause de l'uniforme d'enrôlé qui leur avait été imposé et qu'ils contestaient. Peu après, quatre enrôlés qui s'étaient signalés par leurs mérites furent retirés des rangs et reçurent le grade de sous-lieutenant. Les rejoignit pour constituer le premier groupe d'officiers haïtiens formés au sein de la gendarmerie, un civil qui s'était distingué dans la lutte contre les cacos.

En octobre 1921, un nouvel essai d'ouverture d'une école militaire sera tenté. On arrivera cette fois à vaincre l'opposition des familles, d'autant plus facilement que les cadets endossaient maintenant un uniforme distinctif, apparenté à celui des officiers. Le prestige militaire dont peu à peu s'auréolait la gendarmerie portera les responsables, en octobre 1922, à augmenter d'une nouvelle classe de 12 cadets cette école à laquelle commençaient à s'intéresser bon nombre de jeunes, en quête d'une occupation lucrative.

Parallèlement à l'École militaire, fut fondée une École d'instructeurs destinée aux officiers américains chargés de l'entraînement des futurs lieutenants de la gendarmerie. Elle prit logement dans un des appartements des casernes Dessalines.

La Musique du Palais avait toujours été considérée comme un des plus beaux fleurons de l'armée haïtienne. Corps plutôt figuratif, il n'avait pas à l'origine excité la convoitise de l'occupant qui l'avait laissé vivoter dans sa pleine liberté, sous la direction de son illustre maestro Occide Jeanty. Mais ce n'était que feinte. De fait, on poussait sourdement à sa désorganisation qui effectivement se poursuivait à petit feu.

Il n'y avait pas que les instruments à se trouver dans un état piteux : même les uniformes des musiciens présentaient un aspect minable. Pour trouver un prétexte à cette élimination enfin décidée, on objecta la rareté des concerts publics offerts par la Musique du Palais et qui s'accentuait de plus en plus. À la vérité, les Américains désiraient simplement rattacher à la gendarmerie ce dernier rameau de l'ancienne armée, tout en le laissant nominalement sous les ordres du chef de l'État. Occide Jeanty qui tenait à son entière liberté d'action s'y opposa catégoriquement. Il fut suivi dans son refus par la plupart des musiciens qui, entre autres objections, n'entendaient pas devoir porter les guêtres de la gendarmerie. À la suite de ce conflit, Occide se vit contraint à démissionner.

C'était précisément à cette fin que tendaient toutes les manœuvres. Dès ce moment, la Musique du Palais fut officiellement incorporée à la gendarmerie, et Montrevil Belliot fut désigné pour en prendre la direction. Le 8 février 1917, la nouvelle Musique du Palais donnait son premier concert au Champ-de-Mars avec 30 exécutants, noyau initial qui dans la suite atteindra l'effectif prévu de 60 musiciens.

Pour être à même de remplir avantageusement sa mission qui était de maintenir l'ordre et, dans une plus large mesure, de défendre le territoire, il était indispensable pour la petite armée d'Haïti de disposer d'un réseau de routes carrossables, propres à faciliter ses déplacements à travers le pays.

En bon chef d'armée, Butler le premier s'était rendu compte de cette urgente nécessité. Mais puisque les Travaux publics ne possédaient ni les fonds nécessaires, ni le matériel adéquat pour une telle entreprise, il songea à utiliser les bras jusqu'ici inoccupés de ces milliers de citadins et de paysans de l'arrière-pays, trop portés à la paresse et au «brigandage». Précisément, un article du Code rural, tombé depuis longtemps en désuétude, semblait l'autoriser à donner suite à son idée. Participer à la construction des routes n'était-ce pas pour les campagnards associer la défense du sol natal à leur propre régénération économique et finalement à celle de la République ?

Sûr de l'invulnérabilité de ce sophisme, Butler, le 16 mai 1916, s'en ouvrit au commandant des forces expéditionnaires, en soulignant à son intention l'éventuel rétablissement de la corvée, si le pays voulait être doté à brève échéance et sans frais supplémentaires, de routes durables. Waller ne manifesta que peu d'enthousiasme pour les arguments du Chef de la gendarmerie. Sa proposition allait d'ailleurs à l'encontre de l'article XIII de la Convention qui prévoyait que la construction des routes serait du ressort des ingénieurs du département des Travaux publics «nommés par le président d'Haïti sur la proposition du président des États-Unis». C'est pourquoi il l'engagea à se rendre aux États-Unis pour exposer son projet au Département d'État et en obtenir autorisation.

Butler se heurta aux vues de Washington qui avait déjà tout mis en œuvre pour passer à l'application de l'article XIII. N'ignorant pas toutefois que depuis le début de l'intervention, les Travaux publics n'avaient cessé, en dépit de la Convention, d'être coiffés par les militaires de l'occupation, Butler s'entêta et résolut de poursuivre son plan. Le 27 juin 1916, au Pont-Rouge, à l'entrée nord de la ville, les travaux de construction du tronçon Port-au-Prince—Morne à Cabris—Lascahobas étaient amorcés.

Le cuisant problème à résoudre était celui de la paie réglementaire des travailleurs. Or aucun fonds, on le sait, n'avait été prévu pour le financement de travaux aussi importants. Obtenir du gouvernement son approbation pour la mise en pratique de ce fameux article 54 du Code rural qui servait si bien ses visées, tel fut dès lors l'objectif de Butler. Le succès lui sourit sans qu'il eut trop à attendre. Le 1er août 1916, en effet, par une circulaire émanée du ministère de l'Agriculture, l'autorisation de «réquisitionner» des travailleurs pour «améliorer et rendre praticables» les routes nationales était donnée aux magistrats communaux... Conscient de l'évidente utilité de voies carrossables dans tout État civilisé, Dartiguenave avait bien voulu y mettre du sien, afin de pousser à leur réalisation. Mais confier aux magistrats communaux le soin de prélever la main-d'oeuvre nécessaire à ces travaux, n'était-ce pas livrer cette main-d'oeuvre à la cupidité de ces fonctionnaires mal rétribués et à la toute-puissance de la gendarmerie, maintenant fermement établie sur la quasi-totalité du territoire haïtien ?

La victoire de Butler allait se consolider après que les autorités supérieures de l'Occupation, qui s'étaient montrées encore si réticentes à confirmer la gendarmerie dans sa tâche de construction et de réparation de routes, finirent par admettre l'opportunité pour le corps de continuer ce travail «vital quant au développement d'Haïti»[22].

Tant d'intrigues, de démarches et de manoeuvres pour aboutir finalement à de bien piètres résultats. Dès novembre 1916 dans un rapport technique adressé au Ministre des Travaux publics Sténio Vincent, l'ingénieur en chef Louis Roy faisait état de routes construites «sans méthode scientifique, sans coordination, sans conception technique». Malfaçons qui s'expliquaient, selon le rapport, par la hâte des «agents de l'Occupation» à «atteindre des objectifs immédiats tant militaires qu'économiques»[23], et aussi par l'ignorance de ces mêmes agents lancés dans une entreprise qui n'était pas de leur compétence.

Ces travaux dont l'ouverture avait été saluée avec enthousiasme par la grande presse de la capitale ne se réalisaient pas, tant s'en faut, dans cette paix propice à l'éclosion d'œuvres de choix. Abandonnés à l'omnipotence de la gendarmerie qui, dans son souci de faire vite, et de n'importe quelle manière, avait découvert dans la plupart des magistrats communaux des alliés accomplis, les travailleurs se trouvèrent bientôt pris entre deux feux. De grosses prébendes seront réalisées à leurs dépens par les maires qui avaient pour tâche de préparer la liste des hommes préposés au travail. L'auteur de l'*Histoire de la Garde d'Haïti* révèle le procédé qu'employaient généralement ces agents du pouvoir central pour extorquer des espèces à ces malheureux sans défense : «Les personnes qui ne voulaient pas travailler, mais étaient en mesure de verser une certaine somme d'argent... écrit-il, n'avaient pour se libérer qu'à payer le montant réclamé par le maire... Quand le travailleur, requis de fournir la preuve qu'il avait déjà payé sa contribution à l'État, tendait sa carte au maire, celui-ci la détruisait si le travailleur ne pouvait payer le montant exigé, et replaçait le nom du malheureux sur la liste de corvée»[24].

Encouragés par des exemples si pernicieux, les gendarmes ne se faisaient pas scrupule pour s'arranger à tirer eux aussi le meilleur parti de la corvée. Acceptation de pots-de-vin, détournement à leurs profits de fonds destinés à la cantine des ouvriers, autant de moyens malhonnêtes qu'ils n'hésitaient pas à utiliser pour arrondir leur magot.

Quant aux officiers, leurs méfaits se circonscrivaient principalement aux abus de pouvoir qu'ils commettaient en exigeant parfois du paysan la prolongation de son temps de service ou en le transférant de force hors du voisinage de sa résidence, contraintes qui bien sûr allaient à l'encontre des prescriptions légales.

Mais ce qui acheva de rendre odieuse la corvée à l'ensemble des travailleurs qui y étaient astreints, ce furent les attentats dont étaient victimes ceux d'entre eux qui essayaient de se soustraire à ce genre d'esclavage. Les transfuges qui, rattrapés par les gendarmes, échappaient par miracle à la mort, étaient sauvagement battus par ces derniers. Aiguillonné par l'opinion publique qui s'indignait de ces actes de barbarie, le ministre de l'Intérieur, Constant Vieux, dans une lettre au colonel Waller, déplorait la voie tortueuse où semblait s'engager la gendarmerie. «Il ne se peut, il ne faut pas, écrivait-il au colonel, que la faillite de la gendarmerie s'accentue davantage. Nous devons enrayer le mal à sa naissance...»[25]

Cahin-caha, cependant, le plan de construction arrêté par Butler s'exécutait comme prévu, ce qui n'était pas sans émoustiller la satisfaction et la suffisance du chef de la gendarmerie. Le samedi 5 janvier 1918, il accompagnait le président Dartiguenave à l'inauguration officielle de la route du Nord. La distance de 175 milles séparant Port-au-Prince du Cap, fut parcourue en 13 heures et 50 minutes après des arrêts dans six localités. Le 22 février suivant, le chef de l'État, toujours en compagnie du général Butler, inaugurait la route Port-au-Prince—Lascahobas par le Morne à Cabris. Ce fut le dernier triomphe de Butler. Le 9 mars, après avoir obtenu le rappel qu'il avait sollicité, prétendument pour raison de santé, il s'embarquait pour les États-Unis, laissant à son second, le colonel Alexander

Williams, les rênes de la petite armée d'Haïti pour l'organisation de laquelle il s'était beaucoup dépensé.

Le 2 mai, Williams était officiellement placé à la tête de la gendarmerie. Le système de corvée, qui n'avait jamais eu la sympathie de Waller, ni celle de Williams, paraissait désormais condamné. D'ailleurs, des modifications survenues dans la nature des travaux qui restaient à exécuter et qui ne pouvaient être confiées qu'à des ouvriers spécialisés, semblaient devoir justifier une suppression après laquelle même des marines n'avaient cessé de soupirer. Le gouvernement de son côté, débarrassé de la présence de Butler, accentuait ses pressions auprès des autorités américaines en vue d'enrayer le travail forcé. Le 2 septembre 1918, dans un ordre du jour aux troupes américaines, le colonel Alexander Williams annonçait l'abolition, à partir du 1er octobre, de l'usage de la corvée sur les routes nationales, sauf le cas où des réparations urgentes dépassant les disponibilités financières rendraient nécessaire son utilisation[26]. Ces réserves devaient contribuer à prolonger la survie d'un système unanimement exécré. Un ordre drastique édicté par l'autorité supérieure, en mars 1919, lui portera enfin le coup de grâce.

Notes

1.   Sa mission en Argentine accomplie, Beach sera rappelé aux Antilles et confirmé commandant du *Memphis*, anciennement *Tennessee*, en station dans les eaux dominicaines. Emporté par un raz-de-marée en août 1916, son navire se brisera contre les récifs. Après avoir été rendu responsable de cette adversité, il sera condamné par une cour martiale, mais sera réintégré peu après dans la marine.

2.   Emplacement occupé aujourd'hui par l'Auditorium adventiste, mitoyen du Ciné-Théâtre Rex.

3.   *Histoire de la Garde d'Haïti*, p. 26.

4.   Ces baraquements seront baptisés «Casernes Dartiguenave». Dans la cour s'élèvent aujourd'hui les bâtiments de l'Hôpital Militaire.

5.   *Le Matin*, 18 novembre 1915.

6.   Berthomieux Danache, *Le président Dartiguenave et les Américains*, p. 60.

7.   Roger Gaillard, *La République autoritaire*, pp. 99 et 100.

8.   L'ancien champ de tir de la Saline, celui des Giboziens, avait été affecté aux exercices de tir des membres du Marine Corps. Le 5 octobre 1921, sur un terrain

mitoyen, sera inauguré, à l'usage de la gendarmerie, un nouveau champ de tir pourvu de toutes les installations nécessaires : signaux, cibles automatiques, etc.

9.   Relation inspirée d'un récit paru dans *Haïti-Journal* du 18 janvier 1944.

10. Ant. Pierre-Paul, *La Première Protestation armée...*, p. 47.

11. *Le Nouvelliste,* 6 janvier 1916.

12. Faustin Wirkus, *Le Roi blanc de la Gonâve*, p. 34.

13. *Le Nouvelliste,* 10 janvier 1916.

14. *Le Matin,* 28 mars 1916.

15. Jour où les Américains commémorent le souvenir de leurs soldats tombés en service commandé.

16. Mot créole signifiant : *panique.*

17. *Le Matin,* 3 juin 1916.

18. Ils furent «enterrés sous un grand arbre à Fond Verrettes» rapporte *Le Matin* du 5 juin 1916.

19. Roger Gaillard, *op. cit.,* p. 88.

20. Le «camp d'aviation» fut établi au dock de Bizoton en mars 1919, dans le cadre de l'accélération de la lutte anti-caco. Au nombre de sept, des hydravions de type amphibie y eurent leur base. À la même époque, des terrains d'atterrissage pour aéroplanes furent aménagés dans les localités proches des régions chaudes. Ces appareils au nombre de 6, et qui avaient également leur base à Bizoton, étaient équipés de mitrailleuses et pouvaient emporter des bombes explosives. En novembre 1921, la base aérienne de Bizoton sera transférée au Bowen Field, à Chancerelles, où avait été construite une piste d'envol.

21. Traduit par devant une cour martiale, le lieutenant Paul L. Edwards fut trouvé coupable d'avoir, par négligence à choisir une route sûre, causé la perte du *Progrès.* Il fut condamné à la révocation. Cf.: *Le Moniteur* du 27 juillet 1918.

22. Roger Gaillard, *Hinche mise en croix*, p. 28.

23. Roger Gaillard, *La République autoritaire*, p. 160.

24. *Histoire de la Garde d'Haïti*, p. 44.

25. Hogar Nicolas, *L'Occupation américaine d'Haïti*, p. 177.

26. Roger Gaillard, *Hinche mise en croix*, p. 176.

LA CONSTITUTION
DES TEMPS NOUVEAUX

L'année 1917 s'ouvre sur de fébriles préparatifs, ceux des élections des députés de la nouvelle Chambre, décrétées le 22 septembre 1916 et fixées au 15 janvier suivant, et sur la disparition, à deux jours d'intervalle, de deux hautes personnalités haïtiennes. Le 11 janvier 1917, à 69 ans, Frédéric Marcelin, homme d'État et écrivain de renom, meurt à Paris, loin de la terre natale où il avait désiré reposer. Le caveau qu'il avait fait ériger au cimetière Extérieur et qui porte son nom en exergue n'a jamais abrité ses cendres qui sont restées en France... Deux jours après, s'éteint en sa résidence de la rue du Magasin de l'État, l'ancien président de la République Davilmar Théodore, le vieux *Frè Da* des temps «haïtiens». Ses funérailles sont célébrées à la cathédrale métropolitaine.

Peu après la consultation populaire du 15 janvier, un événement qui fera date vint bouleverser la monotonie coutumière de la capitale : l'arrivée en rade de Port-au-Prince d'une importante fraction de la flotte américaine de l'Atlantique.

L'escadre, sous le commandement de l'amiral Henry T. Mayo, qui montait le *Pennsylvania*, jeta l'ancre le 25 janvier 1917. Elle comprenait 57 unités, dont 14 dreadnoughts, portant plus de 30 000 hommes. Cette démonstration de l'invincibilité américaine émerveilla le peuple de Port-au-Prince qui pour la première fois contemplait, groupés dans la rade, ces innombrables navires de guerre qui le soir scintillaient des feux de milliers d'ampoules électriques. La visite de cette impressionnante force navale semblait comme la confirmation de l'entente apparemment cordiale qui, ces derniers temps, avait marqué les relations haïtiano-américaines, et c'est pourquoi, voulant se montrer un hôte amical et empressé, le président Dartiguenave n'eut aucune objection à mettre à la disposition de Butler le Palais national en voie d'achèvement, pour servir de cadre à la grandiose réception que le Chef de la gendarmerie et ses officiers comptaient offrir à l'amiral et à son état-major. La future demeure des chefs d'État haïtiens allait ainsi connaître sa première fête officielle.

Pour la circonstance, le rez-de-chaussée de l'aile droite avait été transformé en une immense salle de bal de 150 pieds de long sur 50 de large, donnant sur une rotonde où prendrait place l'orchestre. L'aile est était réservée aux buffets et aux buvettes. Cette soirée de gala se déroula le jour même de l'arrivée de la flotte, peu après que le président Dartiguenave eut reçu à dîner au Palais de la rue Cappoix le commandant Mayo et ses officiers. À ce bal où les épouses des officiers de la gendarmerie, quoique très réservées à l'endroit des invités haïtiens, faisaient «les honneurs avec une grande affabilité», la bonne humeur régna toute la nuit et l'on ne se sépara qu'à l'aube.

Comme par coïncidence, accostait le lendemain au wharf de Port-au-Prince un destroyer américain, ayant à son bord un important personnage du Cabinet de Washington, le Sous-Secrétaire de la Marine Franklin Delano Roosevelt, accompagné du major-général George Barnett, commandant de l'Infanterie de marine des États-Unis, et de John McIllenny, chairman du Civil Service Commission. Il venait, pensait-on, «pour une mise en valeur prochaine de nos richesses agronomiques, forestières et autres»[1]. Au fait, sa visite ne devait être qu'une simple tournée d'inspection, désirée par le titulaire du Département de la Marine, Josephus Daniels, et qui conduisit le futur président des États-Unis, en auto ou à cheval, à travers une bonne partie du territoire.

La flotte américaine leva l'ancre dans l'après-midi du 26 janvier. Ce jour-là, tandis qu'à bord du *Pennsylvania*, le commandant de l'escadre recevait, avant de prendre congé d'eux, le président Dartiguenave et sa suite, un des avions de la flotte survola presque en rase mottes la ville de Port-au-Prince, déclenchant un émoi considérable. C'était la première fois, dira *Le Nouvelliste*, que le peuple haïtien jouissait d'un spectacle aussi «prodigieux». Il ne cacha pas son «enthousiasme» et ne dissimula sans doute pas non plus le respect que tant de puissance ne pouvait manquer d'inspirer.

Au cours de cette même réception à bord, le Chef de l'État avait reçu du commandant de la flotte du Pacifique, l'amiral Caperton, un télégramme le félicitant «du résultat heureux des récentes élections»[2]. Encouragées par certains, vouées aux gémonies par d'autres, comment s'étaient déroulées ces élections desquelles devait sortir la nouvelle charte fondamentale de la nation ?

Si dès la fin d'août 1916, Georges Sylvain et ses amis de l'*Union Patriotique* avaient, au cours d'un meeting à *Parisiana*, recommandé l'abstention à toute nouvelle élection de constituants, en revanche, plusieurs citoyens de valeur, dont le nationalisme était au-dessus de tout soupçon, et parmi lesquels se distinguaient Étienne Mathon, Louis Édouard Pouget, Caius Lhérisson, Jacques Nicolas Léger, H. Pauléus Sannon, Camille Léon... avaient, tout en protestant contre le décret du 22 septembre, chaudement invité la population à s'inscrire, «estimant toute abstention préjudiciable - quant à présent - aux vrais intérêts de la nation»[3].

Leur appel semble avoir été plus entendu que celui des absentéistes, car au 3 janvier, les registres d'inscriptions accusaient déjà plus de 11 000 électeurs inscrits, rien que pour l'arrondissement de Port-au-Prince.

Innovation d'importance, le décret de septembre avait prévu une notable diminution du nombre des représentants du peuple, qui passait de 101 à 36. Les députés élus se réuniraient le premier lundi d'avril et procéderaient à l'élection des sénateurs dont le nombre avait été aussi réduit, soit 15 au lieu de 39.

Le lundi 15 janvier 1917, sous l'oeil impassible des agents de la gendarmerie, les électeurs s'acheminèrent vers les bureaux de vote, seuls ou encadrés par ces inévitables et toujours trop zélés «chefs de bouquement». Ce furent vraiment des élections libres puisque, contre toute attente, la majorité des sièges alla à l'opposition.

Le 15 février, aux chefs-lieux d'arrondissement se réunissaient les membres des assemblées électorales pour l'élection des candidats au Sénat. Le vote devait s'opérer par scrutin uninominal, à la majorité absolue des suffrages. À Port-au-Prince, les opérations se déroulèrent dans la grande salle de l'hôtel de ville. À la liste des élus des assemblées électorales fut jointe celle des candidats de l'Exécutif.

Le 2 avril, les députés procèdent à l'élection des 15 sénateurs, dont 4 pour l'Ouest, 3 pour chacun des départements du Nord, du Sud et de l'Artibonite, et 2 pour le Nord-Ouest. Le Bureau du Sénat est formé le 12 avril. Sténio Vincent est choisi par ses pairs comme président, Necker Lanoix et Adalbert Lecorps comme secrétaires. À la Chambre, sont élus président le député Célicour Léon, secrétaires, les députés Arthur François et Édouard Piou.

La réunion des Chambres en Assemblée Nationale a lieu le jeudi 19 avril. La tâche primordiale dévolue à la nouvelle assemblée était, on le sait, la révision de la Constitution de 1889, suivant le projet déjà élaboré par le Conseil d'État. Aux yeux de l'Assemblée Constituante, que représentait ce projet inspiré par l'Exécutif ? Rien qui répondît réellement aux aspirations de la nation, ou plus exactement, un ensemble de textes où le souci de ne pas déplaire à l'occupant était patent. Cette soumission à l'autorité américaine s'aggravait par les «suggestions obligatoires» apportées par le Département d'État au projet de constitution, et qui ne tendaient, bien entendu, qu'à ménager à l'américain une position encore plus confortable dans le mécanisme de démembrement de la souveraineté nationale.[4]

Le gouvernement qui, quelques semaines auparavant, et contrairement aux stipulations du Commentaire Interprétatif pour le renouvellement du Traité de 1915, a eu la faiblesse d'admettre, «comme une des conditions essentielles de l'emprunt de 30 000 000 de dollars» proposé par les Américains, le principe de la prolongation de cette convention pour une nouvelle période de dix ans, n'entend pas s'enliser davantage dans la compromission. Refusant de prendre la paternité des propositions américaines relatives au projet de constitution, Dartiguenave, le 24 avril, se borna à transmettre, «sans commentaires», à la Commission de Réforme constitutionnelle formée par l'Assemblée Constituante, les «suggestions» que lui avait remises le 11 avril le ministre Bailly-Blanchard.

Trop de calculs équivoques et de pressions occultes avaient présidé à la rédaction du projet du Conseil d'État. Les constituants qui s'en étaient rendu compte décidèrent de l'écarter et de préparer leur propre projet de révision constitutionnelle. La Commission composée de 5 sénateurs et de 10 députés, sous la présidence du sénateur Louis Ed. Pouget, assisté comme rapporteurs des députés Timothée Paret et Georges N. Léger, fut chargée d'élaborer un nouveau projet.

Dès la fin de mai, la Commission avait achevé son travail. Mais contre la prétention des constituants d'oeuvrer selon leurs propres orientations, une âpre hostilité avait commencé à se manifester, tant du côté du gouvernement, défenseur du texte du Conseil d'État, qu'auprès des autorités américaines, déterminées à ne pas accepter le rejet des corrections du Département d'État dont l'une d'entre elles revêtait à leurs yeux une importance considérable : le droit reconnu à l'étranger de posséder des biens immeubles en Haïti.

Le 6 juin, l'Assemblée Nationale se réunit pour prendre connaissance du projet de la nouvelle charte. À la lecture du document, on constata que la Commission n'avait pas craint de battre en brèche l'Exécutif aussi bien que l'Occupation, en ignorant délibérément les souhaits ardents de cette dernière et en enlevant au premier des droits acquis qui lui étaient sacrés. En effet, dans le projet de la Commission, la durée du mandat présidentiel était réduite à 5 ans et cette disposition était immédiatement effective. D'autre part, était maintenu l'article 6 de la Constitution de 1889 qui enlevait à l'étranger le droit d'acquérir en Haïti des biens fonciers.

Dans les jours qui suivirent, les différents articles du projet, mis en discussion, furent votés sans modifications importantes. On s'acheminait au vote final. Le général Eli K. Cole, commandant des forces d'occupation, qui avait succédé à Waller et s'était fait l'âme de la farouche opposition aux menées parlementaires, pensa le moment venu d'utiliser les grands moyens. Il se présenta au Palais national et se heurta à l'incertitude du président Dartiguenave qui hésitait à dissoudre une nouvelle fois les Chambres, comme le lui réclamait le

Chef de l'Occupation. Cole s'obstina. La Constitution que finissait de voter l'Assemblée Nationale était inacceptable pour le Gouvernement américain et les forces d'occupation, proclamait-il. Si le président refusait de signer le décret de dissolution déjà préparé, il se chargerait lui-même de disperser les Chambres et recommanderait l'établissement d'un gouvernement militaire.

Mis au pied du mur, Dartiguenave se résolut enfin à donner cette signature qui, tout compte fait, assurait son maintien constitutionnel au fauteuil présidentiel. Ce fut Butler qui, dépêché au Palais le 19 juin, par le commandant de la Brigade d'occupation, reçut le décret de renvoi signé du président et de ses ministres. Armé du fatal document, il se rendit au Palais Législatif. Lorsque, entouré d'officiers, revolver au poing, il pénétra dans l'enceinte de la Maison Nationale, la Constitution venait d'être votée et proclamée. La séance levée, les parlementaires avaient commencé à quitter la salle. L'irruption intempestive du Chef de la gendarmerie les porta à regagner leur place.

Sur le refus du président de l'Assemblée de recevoir aucune communication d'un militaire, Butler remit le pli officiel au secrétaire-général de la gendarmerie, André Chevallier, qui lui-même le donna à un huissier pour être transmis au président. Celui-ci après en avoir pris connaissance, le retourna au Chef de la gendarmerie en déclarant que le décret qu'on venait de lui remettre, n'ayant pas été communiqué à l'Assemblée Nationale dans les formes réglementaires, était à ses yeux inexistant.

- N'importe, rétorqua Butler, vous êtes dissous !

La rumeur qui couvait éclate, menaçante. De toutes parts, de véhémentes protestations. Les gendarmes ne s'en soucient guère. Sur l'ordre de leurs supérieurs, ils s'emparent des archives, les mettent sous scellés. Traumatisés par ce déploiement de force, parlementaires et assistants ne pensent qu'à se retirer. Mais la porte cochère donnant accès à la cour de l'édifice et les deux petites portes latérales sont encore fermées et gardées par les gendarmes. Le président Vincent réclame à Butler l'ouverture des issues. Celui-ci voulant le narguer, lui répond qu'il n'avait rien à demander, puisqu'il n'était plus président.

- Pas président, mais je m'en fous ! lui jeta à la face Vincent dans un élan de dignité blessée.

À ces mots, l'assistance se sent électrisée. «Et toutes les poitrines de s'écrier : Vive l'indépendance ! Vive la liberté ! Vive le Corps législatif !»[5]. Le lendemain, Butler fit fouiller les archives des deux Chambres et ordonna d'enlever les procès-verbaux du vote de la Constitution mort-née de 1917, qui furent déposés aux Magasins de l'État.

La XXIXe Législature, tout comme l'enfant précoce qu'elle avait mis au monde, avait bien vécu. Si elle fut victime d'une mesure antidémocratique que la fameuse raison d'État peut seule justifier, elle ne fut pas moins fautive pour s'être laissée emporter par l'imprudence et même par la provocation en suspendant l'inamovibilité des juges et en diminuant de deux ans le mandat présidentiel de Dartiguenave, régulièrement élu sous l'empire de la Constitution de 1889. Celui-ci se garda bien de l'exprimer dans les considérants du décret de dissolution, laissant peut-être à la postérité le soin de juger le comportement des constituants de 1917. Ce qui parut plus fondamental de souligner, ce fut le refus par l'Assemblée Nationale «de s'inspirer des idées qui ont donné naissance à la Convention du 16 septembre 1915 et d'offrir au capital étranger la garantie à laquelle il a droit...»[6]. Ainsi, le gouvernement avouait qu'en posant cet acte arbitraire, il n'avait pas eu le choix et déplorait que les constituants n'eussent pas compris la situation qui lui était imposée.

Cette deuxième dissolution parlementaire, à un an et deux mois d'intervalle, ne contribua pas peu cependant à saper l'autorité morale du gouvernement. Un des échos les plus percutants de la réprobation générale, fut la radiation de la Société de Législation de trois de ses membres éminents à qui il était reproché d'avoir, en deux occasions, apposé leur griffe au bas du décret de dissolution du Corps législatif. C'étaient Louis Borno, Léon Audain et Edmond Héraux.

Durant la courte période de paix qui suivit ce dramatique conflit, s'opéra un important changement au sein des forces d'occupation. Le brigadier-général Eli K. Cole est rappelé aux États-Unis et remplacé comme commandant du corps expéditionnaire par le colonel John

Russell. S'ouvrait pour ce dernier une carrière assez mouvementée sur la terre d'Haïti et qui ne s'achèverait qu'avec l'élection d'Eugène Roy à la présidence provisoire.

Si à Port-au-Prince et dans presque toutes les agglomérations urbaines du pays, on essayait de s'accommoder à la dure réalité, beaucoup cependant gardaient au fond d'eux-mêmes un réel sentiment anti-américain. Dans les régions de l'Ouest et de l'Artibonite de l'arrière-pays où les paysans avaient jusqu'ici le plus souffert des dépossessions et de la corvée, ce sentiment s'était rapidement transformé en un irrésistible désir de révolte. Ils n'attendaient qu'un leader. Ils le trouveront en Charlemagne Péralte, grand don du Plateau Central, qui jette dans la bataille tout le poids de son nationalisme et de son irréductible insoumission. Ce soulèvement de 1917, que les Américains voudront assimiler à une nouvelle révolte de cacos, aura des causes et des visées tout à fait autres que celles des traditionnelles prises d'armes du passé. Si dans les troupes de Charlemagne se rencontraient d'indiscutables cacos qui avaient déjà affronté maints combats, ils ne considéraient plus maintenant leurs équipées comme une simple aventure belliqueuse, mais comme une authentique rébellion contre un état de choses dont les paysans supportaient presque tout le poids.

L'insurrection qui avait éclaté le 11 octobre, par l'attaque de la demeure du commandant du district de Hinche, le capitaine John L. Doxey, sera rapidement anéantie. Capturés, Charlemagne et Saül Péralte sont jugés par la Cour prévôtale de Ouanaminthe. Le premier est condamné à 5 ans de travaux forcés, tandis que Saül est acquitté.

... Le souci de doter le pays d'une charte constitutionnelle n'avait pas fini d'obséder le gouvernement aussi bien que les autorités américaines qui avaient hâte d'évoluer dans une ambiance de légalité, si équivoque fût-elle. Les Chambres dissoutes, on recourut au plébiscite pour le vote de la constitution. C'était la première fois que le corps électoral était appelé à se prononcer sur une question aussi délicate : l'adoption d'une constitution de 134 articles dont presque tous méritaient une étude approfondie. Par décret publié au *Moniteur* du 8 mai 1918, les citoyens des différentes communes de la

République furent invités à participer, le mercredi 12 juin, au vote de la Constitution publiée au *Moniteur* de la même date. Le gouvernement insistait pour une participation effective au vote et considérait à l'avance «toute abstention dans une circonstance aussi solennelle... comme un acte anti-patriotique».[7]

Comme prévu, le plébiscite eut lieu le 12 juin 1918. Georges Sylvain fait une relation peu édifiante de cette journée de consultation populaire où pas mal d'illettrés durent jeter dans l'urne des bulletins dont ils ne savaient rien:

«Il n'y avait qu'un seul genre de bulletin avec la mention "OUI", révèle-t-il. Pour donner le change, on distribua quelques bulletins avec la mention "NON", mais à quelques compères payés, afin de laisser supposer que le nombre des opposants était insignifiant. Des espions surveillaient les votes autour des urnes. Quelques fonctionnaires qui, obligés de voter, avaient déposé un vote négatif furent révoqués».[8]

Le résultat de ce plébiscite, largement appuyé dans le sens proconstitutionnel par la gendarmerie, ne surprit que les naïfs. On s'y était préparé à l'avance. Les votes favorables accusèrent 98 294 bulletins et les votes négatifs... 769.[9]

Bien des traditions dans l'ordre politique et administratif haïtien s'étaient vues balayées par la nouvelle Constitution qui portait indiscutablement le sceau de la puissance occupante. La grande victoire pour les Américains était cet article 5 qui enfin consacrait le droit pour les étrangers résidents d'acquérir des propriétés immobilières en Haïti. Aux sociétés formées par des étrangers était accordé le même droit. Autre victoire américaine : la validation et la ratification automatique des actes du gouvernement des États-Unis durant son occupation militaire. Étaient aussi ratifiés tous les actes du Pouvoir Exécutif accomplis jusqu'à la promulgation de la Constitution. De plus, aucunes poursuites civiles ou criminelles ne pouvaient s'exercer contre un Haïtien qui aurait agi en vertu d'un ordre de l'Occupation. Les jugements rendus par les cours martiales, sauf le droit de grâce, n'étaient sujets à aucune révision.

Les innovations concernant plus spécialement la réorganisation des Pouvoirs de l'État portaient sur les points suivants : responsabilité politique du gouvernement reposant entièrement sur le président de la République ; privilège de la révision constitutionnelle réservé au peuple qui le remplirait par voie de plébiscite ; réduction à moins de la moitié du nombre des députés ; élection des sénateurs par voie de suffrage universel et direct ; droit accordé au Conseil d'État d'exercer le pouvoir législatif jusqu'à la reconstitution des Chambres...[10]

Copie défigurée du vieux Droit constitutionnel haïtien et du système présidentiel américain, la Constitution de 1918 sera en fait l'instrument propice qui permettra à chacune des deux puissances en présence de se prévaloir d'une présomption de légalité dans l'exercice de leur autorité. Quelques jours après l'adoption de la nouvelle charte, on verra Dartiguenave, autorisé par la Constitution qui avait suspendu pendant six mois l'inamovibilité des juges, s'empresser de révoquer les magistrats qui avaient manifesté leur indépendance à l'égard du pouvoir. L'aigle du barreau de Port-au-Prince, Léger Cauvin, en sera une des victimes.

La Constitution de 1918 avait apporté des modifications considérables à la structure du Conseil d'État, créé par décret du 5 avril 1916. À ses attributions administratives s'était ajouté, en effet, le droit de légiférer, ce qui faisait désormais de ce corps le représentant attitré du Pouvoir Législatif. Il le sera pendant douze ans. Composé de 21 membres nommés par le président de la République et répartis entre les différents départements géographiques, le Conseil d'État était appelé à seconder l'Exécutif dans ses différentes démarches. Dartiguenave tenait à l'auréoler de prestige en n'y casant que des personnalités probes et dignes. Une fois formé le nouveau Cabinet ministériel, il fit appel à ceux qu'il croyait capables d'occuper avantageusement la fonction de Conseiller d'État et resta sourd aux avis intéressés du Chef de l'Occupation, John H. Russell, hostile à certains choix.

Le 1er juillet 1918, s'ouvre la première session législative du Conseil d'État. François Denis Légitime, ancien Chef du Pouvoir Exécutif, réputé pour sa droiture et son honnêteté, est élu président du Bureau. Stéphen Archer et Denis St-Aude sont respectivement élus 1er et 2ème Secrétaire. Les règlements de l'ancien Sénat sont provisoirement adoptés et son ancien siège est choisi comme lieu de «réunion». Voilà donc mis en place cet important rouage administratif dont le président Dartiguenave est assuré de l'entière collaboration. Le spectre de l'opposition parlementaire éclipsé, le voici disposé maintenant à s'atteler, sous le regard de l'occupant, à l'exaltante besogne de régénération nationale.

Dans l'intervalle s'était produit un incident diplomatique d'une certaine gravité : le torpillage par des sous-marins allemands des steamers *Karnak* et *Montreal* qui transportaient des citoyens haïtiens et des marchandises appartenant à des commerçants haïtiens. Des pressions avaient été exercées sur le gouvernement pour considérer cet acte comme un casus belli. Un rapport d'une Commission spéciale formée par l'Assemblée Nationale avait cependant déclaré qu'il n'y avait «ni opportunité, ni motif suffisant pour déclarer la guerre à l'Allemagne». Autorisation avait seulement été donnée au gouvernement de rompre, le cas échéant, les relations diplomatiques. L'attitude défavorable de l'Empire allemand vis-à-vis des demandes de réparation pour les dommages causés aux Haïtiens amène cette rupture. En réponse à sa note de protestation à la Wilhelmstrasse, le Chargé d'Affaires haïtien à Berlin, Constantin Fouchard, reçoit son passeport. Celui du Chargé d'Affaires d'Allemagne à Port-au-Prince lui est remis le 16 juin. Un communiqué du Ministère des Relations Extérieures, paru au *Moniteur* du 20 juin 1917, annonce la rupture des relations diplomatiques entre Haïti et l'Empire allemand.

Les États-Unis qui, en avril 1917, étaient entrés dans le conflit européen, ne cessaient d'engager le gouvernement haïtien à les suivre dans la même voie. Au moment de l'arrêt du coup de boutoir de Ludendorff sur le front occidental (juin 1918), le Conseil d'État, le 12 juillet 1918, se détermina à déclarer la guerre à l'Allemagne et à ses alliés. Le commerce allemand en Haïti allait profondément s'en ressentir, car sitôt après la déclaration de guerre, tous les ressortissants étrangers ennemis furent appréhendés et internés en partie au Fort National, en partie à la prison du Cap, et leurs biens séquestrés. Un rival de poids du business américain, doublé d'un allié des cacos, était terrassé…

La réaction paysanne de 1917, étiquetée par l'occupant comme caco n'avait pas fini, quoique avortée, d'inquiéter les responsables américains. Malgré la mise à l'ombre de Charlemagne Péralte, l'agitation paysanne dans les régions du Centre et de l'Artibonite, n'avait pas baissé. Toute une suite de désagréments, les uns provoqués par l'occupant, comme la corvée, les sévices, les dépossessions, les taxes, les autres nés d'une situation économique alarmante, telle que la chute du prix des produits agricoles sur les marchés intérieurs et extérieurs, l'arrêt presque complet des expéditions de bois de teinture, la diminution des exportations de café, avaient contribué à entretenir ce climat de fièvre qui pouvait sans surprise déboucher sur une nouvelle insurrection.

Le 3 septembre 1918, Charlemagne Péralte parvient à s'échapper du pénitencier du Cap où il purgeait sa peine. La rébellion a atteint un tel degré de mûrissement qu'en quelques jours 3 000 hommes se présentent à lui. Ce nombre de partisans n'allait cesser de s'accroître jusqu'à atteindre 15 000 insurgés au plus fort de la bataille[12].

Nourri par l'expérience, Péralte organise la lutte et se mue en belligérant déclaré. Il forme un gouvernement révolutionnaire et initie ses hommes à l'utilisation judicieuse de la guérilla comme système de combat. L'armement de ses troupes n'a rien de sophistiqué : vieux fusils, machettes, bâtons, piques aiguisées, auxquels s'ajouteront plus tard certaines armes modernes prises à l'ennemi.

Le 17 octobre 1918, à 10 heures du soir, Hinche est attaquée par une centaine de partisans. L'engagement dure une demi-heure. C'est le début de la nouvelle guerre de guérilla. D'autres attaques sont dirigées contre Maïssade, Cerca-la-Source, Mirebalais, Lascahobas, Pignon, Dessalines. En peu de jours, tout le centre du pays et certains versants des montagnes du Nord sont soumis à l'action des cacos. Débordée, la gendarmerie se voit forcée de solliciter l'appui des marines. Le commandant de brigade se hâte de mettre à sa disposition un millier de marines qui aussitôt entrent en campagne au Centre et au Nord. L'extension du mouvement caco n'est pas arrêtée pour autant. Les partisans arrivent à s'infiltrer jusqu'aux Grands Bois, en lisière de la plaine du Cul-de-Sac.

À Port-au-Prince, l'anxiété grandit. Le gouvernement n'ignore pas la sympathie dont jouit Charlemagne auprès de beaucoup de politiciens de la capitale qui lui envoient argent et provisions et lui fournissent des indications sur la disposition des troupes à Port-au-Prince. Il n'ignore pas non plus les défections qui se sont produites dans les rangs de la gendarmerie et ont sensiblement concouru à la baisse de l'esprit combatif de ce corps. Situation malheureuse qui bien sûr fait l'affaire des rebelles, ces «bandits», comme les désignent avec répulsion américains et gouvernants.

Misant sur l'effet dévastateur que ne manquerait pas de porter au moral du régime une incursion à Port-au-Prince même, Péralte se décide à braver le lion jusque dans sa tanière. Déjà, en maintes régions du Cul-de-Sac, ses partisans se sont déployés, menaçant de couper Port-au-Prince de cette plaine. À l'aube du 7 octobre 1919, environ deux cents d'entre eux arrivent aux abords de la ville. Non loin de l'abattoir, ils se partagent en deux colonnes. L'une enfile la rue du Magasin de l'État, l'autre se risque le long de la Grand'rue. Ce déplacement confus mais silencieux d'hommes armés, foulard au cou, a vite fait de capter l'attention du poste de police du portail Saint-Joseph qui ouvre le feu et donne l'alarme. Tandis que gendarmes et marines se préparent à affronter le commando ennemi, les cacos ont continué d'avancer sans trouver de résistance et se rejoignent à l'intersection de la Grand'rue et de la rue Joseph-Janvier, à deux blocs du portail de Léogane. Une brusque attaque des forces de l'Infanterie de marine et de la gendarmerie les surprend en ce point. Les cacos qui de toute évidence ne s'étaient pas donné pour mission de se mesurer à des forces aussi supérieures, se hâtèrent de se disperser, en prenant la direction du Bel-Air. Cinq d'entre eux sont faits prisonniers, dont trois blessés[13].

Dans la soirée, une patrouille de poursuite de la gendarmerie, sous les ordres du lieutenant Christian, exécute une attaque-surprise dans un camp caco, situé à 15 milles de la capitale, à proximité de la route Port-au-Prince-Saint-Marc. Près d'une trentaine de partisans sont tués. Fusils, épées, chevaux sont emportés. Cette même nuit, les cacos, pour se venger, marchent sur le village de Pont-Beudet et abattent sans sourciller Thomas Price fils, Louis Laforestrie et Luc Pauyo, trois jeunes ingénieurs engagés par le gouvernement dans les travaux routiers et qui vivaient dans une maison isolée...[14].

Comme l'avait espéré Péralte, le raid sur Port-au-Prince avait jeté la panique au sein du gouvernement, affolement que la mort des trois jeunes gens, «membres des familles les plus marquantes de la capitale», n'avait fait qu'accentuer. Un conflit s'ensuivit, où l'efficacité de la défense de la ville fut mise en cause. Dans une lettre à Bailly-Blanchard, Envoyé Extraordinaire et Ministre Plénipotentiaire des Etats-Unis en Haïti, Constantin Benoît, secrétaire d'État des Relations Extérieures, exprime l'alarme de la population en présence du redoublement d'insécurité qui se manifestait à travers le pays et avoue que «ni le Gouvernement, ni la société» ne se sentaient à l'abri du danger. La République d'Haïti «était en droit, ajoutait-il, de se reposer entièrement sur les assurances formelles constamment renouvelées par le Gouvernement des États-Unis, et de croire qu'avec le régime de la Convention, la paix était définitivement rétablie sur son territoire...»[15]

Dans sa réponse au secrétaire d'État, Bailly-Blanchard souligna le caractère nettement exagéré du rapport des faits qui avait été soumis au gouvernement et déclara que le Commandant de la Première Brigade provisoire, en l'occurrence le colonel John H. Russell, lui avait «donné l'assurance que toutes les mesures avaient été prises pour prévenir le retour»[16] de tels événements.

Le prestige de Péralte grandissait et les Américains finissaient par s'apercevoir que pour mettre un terme à la situation explosive qui régnait en Haïti, la disparition du leader caco était nécessaire. Commandant du district de la Grande Rivière du Nord, gros bourg situé dans une région infestée de cacos, le capitaine Hermann Hanneken prépare un plan pour la capture de Charlemagne, mort ou vif. Il s'abouche avec Jean Conzé, originaire du bourg qui, après avoir donné son accord à Hanneken, se fait passer pour chef caco. Simulant la prise par les rebelles de la Grande Rivière sur les forces américaines, il se rend au quartier général de Péralte pour l'en informer. Dans son escorte, armé et déguisé, le capitaine Hanneken. Échappant à plusieurs avant-postes, ils arrivent au rempart de la Ravine Laroche, près du village de Sainte-Suzanne, où Charlemagne a établi son poste de commandement. Brusquement, Hanneken se démasque et tue Péralte à bout portant de deux balles au coeur. Plusieurs compagnons du leader rebelle sont abattus dans l'action[17].

Pour le Gouvernement et pour l'Occupation, la fin de Charlemagne Péralte, à l'aube du 1er novembre 1919, était certainement une victoire. Quoique satisfait, Dartiguenave ne témoigna pourtant d'aucune joie extérieure et refusa même de payer la prime offerte par le gouvernement pour la tête de Péralte.[18] Si dans l'après-midi du 16 novembre 1919, il dut se prêter, devant les Tribunes du Champ-de-Mars, à la cérémonie de remise de décorations aux militaires qui avaient eu raison du meneur caco, c'est que sa fonction de Chef du Pouvoir Exécutif le lui commandait et que la collaboration haïtiano-américaine, consacrée par la Convention de 1915, l'exigeait. Victime d'une situation dramatique où l'hypocrisie devait faire bon ménage avec la sincérité, Dartiguenave dut ressentir bien douloureusement ce dualisme doublé d'ambiguïté. Pénible eut-il été de croire qu'un esprit aussi réfléchi que Dartiguenave, et sans nulle doute aussi patriote, ne sut admettre que celui qui se dresse face à un envahisseur, ne peut être qu'un héros. Son refus de verser la prime paraît le prouver.

Notes

1. *Le Nouvelliste,* 29 janvier 1917.
2. Roger Gaillard, *La République autoritaire,* p. 190.
3. *Le Nouvelliste,* 3 novembre 1916.
4. Envoyé à Washington pour examen, le projet de constitution, après avoir reçu de légères modifications du Ministre d'Haïti près la Maison Blanche, M. Solon Ménos, avait été soumis pour approbation au Sous-Secrétaire de la Marine, Franklin D. Roosevelt. Ce dernier y ajouta quelques articles dont l'un d'eux, en homologuant les actes déjà accomplis par l'Occupation, assurait à l'intervention américaine une bonne conscience rassurante et enlevait à la République d'Haïti toute velléité de protestation ou de réclamation contre les torts que l'Occupation pourrait lui avoir causés. On s'abuse en pensant que ce projet fut entièrement rédigé par Franklin D. Roosevelt. Il l'a lui-même démenti (voir Revue SHHG, N° 214).

5.   *La Relève,* Nos 9-10-11,. Mars à Mai 1936. Relation du député Abdelkader Accacia, présent à cette séance.

6.   Considérant du décret de dissolution.

7.   Georges Sylvain, *Pour la Liberté,* II,. p. 177.

8.   Georges Sylvain, *op. cit.,* p. 177.

9.   *Le Moniteur,* 19 juin 1918, No 36.

10.   C'est aussi avec la constitution de 1918 que le français devint langue officielle de la République d'Haïti.

11.   Logé d'abord provisoirement au local de l'ancien Sénat, à l'étage du Palais Législatif, le Conseil d'État, à la réunion des Chambres en 1917, s'était transporté dans un immeuble de la rue Pavée. Les Chambres dissoutes la même année, il s'était encore réuni au Sénat. Quatre ans plus tard, sur la proposition du conseiller Charles Rouzier, il ira tenir ses séances au rez-de-chaussée du Palais Législatif, siège de l'ancienne Chambre des Députés.

12.   Kethly Millet, *Les Paysans haïtiens et l'Occupation américaine,* p. 95.

13.   Rapport du colonel Russell à la Légation américaine - *Documents Diplomatiques,* 1921, p. 184.

14.   À l'intersection de la Nationale No 1 et du Carrefour Bon-Repos et en contrebas de la chaussée, se dresse une stèle élevée en mémoire des trois victimes. Elle est formée d'une grosse pierre granitique sur laquelle est fixée une plaque de bronze qui porte leurs noms.

15.   *Documents Diplomatiques,* Affaires diverses, 1921, p. 181.

16.   *Idem,* p. 182.

17.   Relation parue dans le *Temps-Revue,* 4 novembre 1939.

18.   Le chef de la gendarmerie payera lui-même la récompense à l'aide des fonds de roulement de la gendarmerie. Cf. *Histoire de la Garde d'Haïti,* p. 60.

UN GOUVERNEMENT
À LA MERCI DE SES FONCTIONNAIRES

Dans cette capitale meurtrie, où règne le malaise, les rapports entre Américains et population civile, entre Officiels du Traité et Gouvernement témoignent-ils de quelque considération réciproque ? Quatre ans se sont écoulés depuis que la République d'Haïti a pratiquement perdu sa souveraineté. Durant ce laps de temps, l'occupant n'a jamais cessé de se tenir pour le vrai maître et ne s'est embarrassé de rien pour le faire ressentir. Cette omnipotence, on la perçoit dans maints domaines, et tant pis si les susceptibilités doivent en souffrir. C'est ce marin ivre qui voulant à tout prix s'offrir un siège gratuit à *Parisiana*, se jette sur le vendeur de billets, lui assène deux coups de poing, puis se rue sur la porte d'entrée et se collette au portier. On finira par avoir raison du garnement. Mais sa conduite sera jugée par ses supérieurs comme une frasque sans importance[1]... C'est l'attitude irrévérencieuse de quelques marines à l'endroit de l'hymne national haïtien, à l'issue d'un concert donné au Champ-de-Mars par la Musique du Palais. Aux blâmes que leur adresse le maestro Belliot, ils ripostent en essayant de l'assaillir. Belliot les tient en respect. Le rapport de l'incident transmis au président de la République n'aura aucune suite[2]... C'est un directeur d'opinion, Hénec Dorsinville, qui est convoqué au Bureau du grand prévôt pour s'entendre dire par celui-ci de «mettre l'Occupation au-dessus de toute discussion, sous peine d'être frappé d'amende et de voir supprimer le journal»...[3] C'est M. Price-Mars, ancien Ministre Plénipotentiaire d'Haïti à Paris, appréhendé par deux gendarmes près de sa maison de

Pétionville pour le service de la corvée et qui sera simplement relaxé... après identification. Ces accrocs sont symptomatiques du climat de l'époque.

Le Gouvernement, allié forcé de l'occupant, n'est pas mieux traité. Durant les trois premières années de l'occupation, le Ministère, accaparé par des conflits d'ordre politique, s'était trouvé dans l'impossibilité de travailler au développement du pays. Le vote de la Constitution de 1918, qui satisfaisait si pleinement les desseins de l'autorité occupante, semblait devoir ouvrir une ère de collaboration loyale et fructueuse. Mais dès les premiers sondages en vue de la formation de son Cabinet de redressement national, Dartiguenave qui désirait faire appel à des personnalités intègres et compétentes, hors de la politique, se trouva en butte avec le Ministre américain Bailly-Blanchard et le Conseiller financier a.i. A.J. Maumus qui insistaient pour le retour du Dr Edmond Héraux aux Finances. Trop lié aux Américains celui-ci, pensait Dartiguenave, n'avait pas sa place dans un Cabinet à caractère nationaliste. Ce refus du président devait lui coûter cher, car sitôt sa formation, le Cabinet du 24 juin 1918 se heurta à la profonde animosité des autorités américaines.

La plupart des projets élaborés par le nouveau Ministère, dans le but «d'améliorer la situation matérielle et morale» du peuple haïtien furent, en effet, impitoyablement boycottés par les officiels du traité. L'important projet sur l'organisation rurale, présenté par le ministre Dantès Bellegarde en août 1918, ne devait jamais aboutir, par suite de l'hostilité du Chef de la gendarmerie, le colonel Williams, qui prétendait, sans pouvoir le prouver, que ce projet était contraire à la Convention de 1915. Prenant pour prétexte la diminution des revenus, consécutive à la baisse du prix du café et à la réduction des importations, le Conseiller financier s'opposa à toutes les tentatives du gouvernement pour mettre un terme à la pénible situation où végétait depuis des années l'Enseignement national à tous les niveaux.

Qui étaient vers la fin des années dix ces pseudo-partenaires qui faisaient la pluie et le beau temps et, tout en jouant double jeu, entendaient toujours avoir raison ?... Dans l'ordre militaire, en premier lieu, le colonel John Russell, commandant des forces des États-Unis en Haïti et qu'on désignait aussi sous le titre de Chef de l'Occupation. Simple, l'air bonhomme, il paraissait plutôt conciliant. S'il se montra étonnamment agressif lors d'un conflit qui mit aux prises gouvernement haïtien et autorités de l'occupation, c'est vraisemblablement parce que le staff américain au complet s'y était jeté tête baissée et qu'il n'avait eu d'autre alternative que de l'appuyer jusqu'au bout. Ses bonnes dispositions à l'égard du pays étaient réelles. En d'autres temps, il se fut révélé un collaborateur éminent et dévoué.

Sa femme, qui parlait très bien le français, contribuait par son tact et sa cordialité, à faire des époux Russell un couple plutôt avenant. «Le président Dartiguenave la voyait toujours avec le plus grand plaisir, relate Berthomieux Danache. Elle se gardait certes de jeter un regard indiscret dans le domaine aride de la politique. Elle ne venait en effet au Palais qu'en période de beau temps, où l'atmosphère était sereine : alors, elle était ouverte, cordiale, indicatrice presque et, par de petites questions adjacentes, surtout par ses exclamations, elle laissait deviner bien des choses[4]». Elle ne dédaignait pas la compagnie des dames haïtiennes, et contrairement à ses compatriotes, leur manifestait la plus grande affabilité.

Retranchés derrière leur devoir, le colonel Alexander Williams et son successeur le lieutenant-colonel Frédérick Wise, qui commanderont la gendarmerie d'Haïti de 1918 à 1920, ne seront que de froids soldats, voués au soutien inconditionnel des moindres requêtes de l'occupation.

Dans l'ordre civil, le Ministre plénipotentiaire des États-Unis en Haïti occupait le premier rang. Désigné à ce poste délicat après une assez longue carrière diplomatique en Extrême-Orient, Arthur Bailly-Blanchard était un désabusé, diminué par l'abus de l'alcool, et qui se souciait très peu de sa mise. «À le considérer avec son corps vide de chair, vide de muscle, dit de lui Berthomieux Danache, on avait l'impression d'avoir devant soi un sybarite qui connaissait le secret de toutes les voluptés, mais qui, desservi par l'âge, n'en avait gardé qu'une seule, la seule qui lui fut permise, celle d'ingurgiter petit verre après petit verre, tout en racontant ses inépuisables souvenirs de voyage[5]». Fonctionnaire sans grand esprit d'initiative, toujours enfermé dans les instructions du Département d'État, il ne devait marquer sa mission en Haïti par aucune démarche brillante. Sans être réellement un ennemi du pays, son comportement de blasé et d'irresponsable, en plus d'une circonstance, le laissera néanmoins croire.

Le rôle du Conseiller financier, clairement défini dans le Commentaire Interprétatif, se limitait à prêter son assistance au secrétaire d'État des Finances. Le Département d'État tolérera cependant que ce fonctionnaire se place au-dessus de l'Exécutif et du Corps législatif. Nommé à ce poste, Addison T. Ruan se trouvera à l'aise pour y faire valoir sa mégalomanie native. S'inquiétant peu de ses devoirs, on le verra prolonger sans raison son absence aux États-Unis, bien qu'il sût que ses recommandations étaient attendues au Département des Finances, avant la présentation du budget au Conseil d'État. Au reste, vaniteux et incapable, ses bévues administratives étaient monnaie courante. Une fois, le Receveur général des douanes dut lui-même reconnaître l'inexactitude des chiffres envoyés comme prévisions budgétaires par le Conseiller financier au Ministère des Finances[6].

Si l'administration douanière haïtienne est redevable à A. J. Maumus, Receveur général des douanes, et à son assistant W.S. Matthews, de son heureuse réorganisation, ces derniers n'usèrent pas toujours de leur influence pour appuyer auprès de leurs collègues les légitimes sollicitations du gouvernement haïtien. Agents officiels du Département d'État, bien plus que fonctionnaires nommés par le gouvernement haïtien, ils ne s'appliquèrent qu'à l'accomplissement consciencieux de leur tâche, se préoccupant peu de l'ambiance délétère où ils évoluaient et qu'un bon mouvement de leur coeur eut pu rasséréner.

Ainsi donc, en dépit de toutes les déclarations fallacieuses des autorités américaines, la République d'Haïti était bel et bien sous la botte, et l'épisode dramatique qu'elle vécut vers la fin de l'année 1918, est une illustration supplémentaire du profond mépris dont la couvraient les officiels du Traité.

Le 12 octobre 1918, le Conseiller financier Ruan qui, par son éloignement du pays, avait été la cause du retard apporté dans le vote du budget, retournait au Ministre des Finances le projet de budget qui lui avait été communiqué, en notifiant à celui-ci les changements qu'il entendait opérer dans l'estimation des voies et moyens et dans l'application des valeurs assignées aux départements ministériels. À cette note, il annexa un projet de loi qui devait être voté dans le plus bref délai et qui lui donnait les pouvoirs d'un contrôleur-général de la République. Faisant fi de la misère du peuple et des difficultés économiques du moment, Ruan avait établi de nouveaux impôts directs qu'il avait arbitrairement fait figurer dans les voies et moyens du budget. «Aucun gouvernement conscient de ses responsabilités, écrivit M. Borno, secrétaire d'État des Relations Extérieures et des Finances, au Ministre des États-Unis Bailly-Blanchard, ne peut accepter les yeux fermés de pareils impôts[7]». La session législative touchait à sa fin, et le gouvernement, toujours ferme dans sa détermination de ne pas entériner les initiatives financières osées de Ruan, se borna à des essais de conciliation qui n'eurent aucune suite.

La veille de la clôture de la session parlementaire, le 30 octobre 1918, le Conseiller financier informa le Ministre des Finances que le délai pour le vote du budget était arrivé à expiration et que les dispositions devaient être adoptées pour que ce vote intervienne avant la levée de session. C'était ignorer l'existence de l'article 114 de la Constitution qui prescrit le vote article par article de chaque département ministériel, tâche qu'il eut été matériellement impossible d'accomplir en un jour. Une convocation à l'extraordinaire du Conseil d'État était la seule solution admissible en la circonstance. M. Borno le notifia à Ruan.

Le 13 novembre, le colonel Russell annonçait par lettre au président de la République, qu'en vertu des pouvoirs que lui conférait la loi martiale, il avait ordonné à la Banque nationale de ne tirer sans son autorisation aucune valeur au crédit du gouvernement, y compris les fonds des taxes intérieures que le traité lui réservait. Suivant la phraséologie traditionnelle, cette mesure extrême était prise, expliquait le Chef de l'Occupation, dans l'intérêt du gouvernement haïtien, puisqu'elle avait pour objet de hâter la mise en vigueur des lois de finance présentées par le Conseiller financier et l'acceptation par le gouvernement du contrôle de ses fonds par le même conseiller.

Le lendemain, Borno remit une énergique note de protestation à Bailly-Blanchard, rejetant sur Ruan la responsabilité du retard dans le vote du projet de budget et soulignant le refus de celui-ci à toute collaboration avec le Ministère des Finances. En sa qualité de Ministre des Relations Extérieures, il adressa le même jour un télégramme au Département d'État où il dénonçait «la tyrannie injuste et vexatoire des fonctionnaires américains» dont les injonctions impératives étaient inspirées «par des sentiments de caractère personnel où les intérêts supérieurs des deux pays n'étaient pas considérés».[8]

La situation s'envenimait. Sollicité par les multiples problèmes de l'après-guerre, le Département d'État ne crut pas propice de s'embarrasser de nouveaux soucis. Pour amener la détente et apaiser les récriminations de la petite république enchaînée, il se détermina à opérer des changements dans le staff américain en Haïti. Le premier muté fut Ruan dont la nouvelle du prochain rappel ne tarda pas à parvenir aux autorités américaines[9]. Un scénario est aussitôt échafaudé par Bailly-Blanchard, Ruan et Russell pour perdre Borno, responsable selon eux du déplacement du Conseiller financier. Adroitement, la nouvelle est communiquée au quotidien *Le Nouvelliste* qui la publie sous le titre *M. Ruan rappelé.* Cette information qui n'émanait d'aucune source officielle fut jugée tendancieuse et rangée au nombre des délits de presse.

Pour épargner au directeur du journal, M. Henri Chauvet, les sanctions qui l'attendaient, les autorités américaines lui proposèrent subtilement de désigner Borno comme étant l'auteur de l'entrefilet. Le refus de Chauvet de se livrer à un tel chantage «sauva, dit Bellegarde, l'honneur du journalisme haïtien, préserva M. Borno de la prison, mais ne put lui conserver son portefeuille[10]». En effet, cédant aux pressions de Bailly-Blanchard et de Russell qui réclamaient à Dartiguenave l'effacement de son Ministre des Finances, parce que, à leurs yeux, il s'était révélé un partenaire impossible, Borno démissionna le 23 novembre 1918, précédant de deux mois, jour pour jour, le propre départ de Ruan.

Avant son retour aux États-Unis, celui-ci eut la satisfaction de savourer un beau succès : la reconnaissance par le gouvernement haïtien des droits de contrôleur général, qu'en dépit du texte du Traité de 1915, s'était octroyé le Conseiller financier. Dans une note du 3 décembre 1918, Constantin Benoît, qui avait remplacé Louis Borno, informait, en effet, Bailly-Blanchard que le gouvernement acceptait que les paiements pour compte de l'État haïtien fussent au préalable communiqués au Conseiller financier et revêtus de son visa. Le gouvernement s'était vu acculé à renoncer encore un peu à ce qui lui restait de souveraineté pour sauver de la faim les employés publics dont les appointements avaient été bloqués, sur instructions de Ruan. À cette occasion, Benoît ne manqua pas, tout comme l'avait fait Borno dans son télégramme du 14 novembre, de dénoncer une nouvelle fois au Département d'État «la tyrannie injuste et vexatoire des fonctionnaires américains». Le 4 décembre, le budget revu par Ruan était voté par le Conseil d'État, et le 7 décembre était repris le paiement des fonctionnaires et employés du gouvernement.

Peu de jours après la démission de Borno, le 1er décembre 1918, le Département de la Marine donnait à Russell un successeur dans la personne du général Albertus W. Catlin, ancien commandant du VIème régiment de l'Infanterie de marine sur le front français. Les divers notes et mémoires du gouvernement haïtien au Département d'État, joints aux démarches à Paris du Ministre d'Haïti en France, Tertulien Guilbaud, auprès du président Wilson et du secrétaire d'État Lansing, ne paraissaient pas avoir été inutiles. Russell et Ruan rappelés, on était désormais en droit de s'attendre à un prochain changement dans les relations haïtiano-américaines.

De fait, dès les premiers jours de son installation, le nouveau commandant de la Brigade d'occupation fit montre, par son humanité et sa modération, d'une réelle sympathie pour Haïti et son peuple. Le chef de la gendarmerie, le général Williams, s'étant oublié jusqu'à intervenir en faveur d'un citoyen américain appelé devant les tribunaux haïtiens, le général Catlin le blâma sévèrement en lui rappelant la soumission aux lois de l'État haïtien à laquelle était astreint tout individu résidant en Haïti, à l'exception des agents étrangers militaires ou diplomatiques[11].

Informé des abus abominables perpétrés par la gendarmerie dans le Nord et le Plateau Central, il se rendit personnellement sur les lieux, afin de vérifier le rapport qui lui avait été fait de ces graves irrégularités. Après avoir visité les régions dévastées de Hinche, Saint-Michel, Maïssade, il arrêta, sitôt son retour à Port-au-Prince, une série de mesures propres à réprimer les excès et à protéger la population. Les officiers Wells, Williams et Lavoie, qui avaient maints forfaits à leur actif, furent rappelés à Port-au-Prince avant d'être renvoyés aux États-Unis. Instruit, distingué et de plus guidé par un esprit d'ordre et de justice, Catlin fût parvenu à bien des redressements si sa santé le lui eut permis. Souffrant de troubles divers et se sentant incapable de commander plus longtemps «aux brutes dont il avait trouvé une si belle collection en Haïti»[12], il demanda son rappel. En juin 1919, le lieutenant-colonel McCarthy Little le remplaçait à la tête de la Brigade d'occupation.

Sur le plan civil, la nomination de John McIlhenny au poste de Conseiller financier, n'apporta pas de résultats aussi heureux que ceux qu'on avait enregistrés dans le haut commandement militaire. Passant outre à la demande du gouvernement qui l'avait formulée pour une meilleure compréhension entre les parties, le Département d'État avait désigné pour cette délicate fonction un personnage qui ne parlait pas français et dont le curriculum vitae ne comportait rien de remarquable. Bien au courant des désaccords qui avaient été à l'origine du rappel de son prédécesseur, McIlhenny fit preuve, à son arrivée, d'un vif désir de collaboration. Mais à son retour d'un voyage aux États-Unis, on nota dans son comportement un changement radical. Déjà influencé par ses compatriotes en Haïti qui n'approuvaient pas ses amicales dispositions envers le peuple haïtien, et par les «mauvais génies» du terroir dont les avis n'étaient rien de moins que désintéressés, McIlhenny avait rencontré à Washington des affairistes de Wall Street qui s'étaient appliqués à le transformer en serviteur dévoué de la National City Bank. Tout comme les autres agents du gouvernement des États-Unis, il allait désormais se prêter en entier à la poursuite de l'exécution du plan de vassalisation économique de la République d'Haïti, depuis longtemps mis au point par ce puissant établissement financier.

Étant à New York, il se livra par l'entremise de la National City Bank, à une transaction financière qui occasionna au pays la perte de plusieurs millions de francs. Les autorités américaines ayant décidé, en octobre 1919, de reprendre le paiement des annuités de la dette extérieure, le Conseiller financier avait été chargé de convertir en francs au meilleur taux et dans le meilleur temps possible, la valeur de 3 000 000 de dollars tirée de la réserve de 3 566 117,64 de dollars affectée à la garantie des emprunts 1875, 1896 et 1910. Sacrifiant les intérêts de la République d'Haïti, la National City Bank, à qui avait été confiée l'affaire, exécuta, avec l'approbation de McIlhenny, la conversion au taux de 9 francs 20 pour un dollar. Quelques jours après, le franc tombait à 17. Cette opération malhonnête, si elle causa de grands torts au peuple haïtien, contribua en revanche à placer bien haut le Conseiller financier dans l'estime du monde américain des affaires.

S'étant lié à des personnalités aussi influentes, McIlhenny ne pouvait plus éprouver à l'égard des fonctionnaires haïtiens le même désir de coopération qu'il leur avait exprimé aux premières prises de contact. De nouveau en voyage aux États-Unis pour ses affaires personnelles, il prolongea outre mesure son séjour, se moquant des devoirs de sa charge et ne s'inquiétant pas du retard que son absence apportait au vote du budget de l'exercice 1920-1921. À la suite de diverses interventions du Ministre des Finances, il accepta enfin de regagner son poste.

Dantès Bellegarde qui à ce moment était Ministre de l'Instruction Publique, de l'Agriculture et des Cultes, a laissé la relation d'une séance de discussion du projet de budget. Elle illustre la désinvolture qu'affichait McIlhenny envers les autorités haïtiennes.

«Il fallait voir, écrit Bellegarde, avec quelle superbe, au cours des séances tenues au Ministère des Relations Extérieures pour la discussion du budget, il accordait ou refusait les crédits demandés par les Secrétaires d'État pour le fonctionnement des Services publics ou les réformes à réaliser... Assis à l'un des bouts de la table et aux trois-quarts tourné sur la chaise, il regardait dans la rue, vers la place Pétion, et sans ôter sa pipe de sa bouche, prononçait des arrêts comme ceux-ci : *I cannot* ou *Allowed.* Cette attitude arrogante m'exaspérait à un point que je ne saurais dire. Nous avions l'air de demander l'aumône...».[13]

Chargé des importants départements ministériels de l'Instruction Publique et de l'Agriculture, Dantès Bellegarde s'était évertué à élaborer un séduisant programme d'action gouvernementale, appelé à régénérer le pays par l'éducation et le travail. C'était méconnaître les vues secrètes de la Légation des États-Unis et du Conseiller financier qui entendaient mettre en échec tout effort valable du gouvernement dans ces domaines, afin de motiver, le moment venu, la prise en charge par Washington de l'éducation du peuple haïtien et de son développement agricole. Le passage de Bellegarde au ministère fut pour ce citoyen honnête et patriote un long et impitoyable combat. Pendant deux ans, il dut faire face à l'opposition acharnée du ministre Bailly-Blanchard et à celle non moins intraitable du Conseiller financier Ruan et surtout de son successeur McIlhenny. Qu'il s'agisse de l'enseignement agricole et rural, de l'enseignement secondaire, de l'enseignement technique et professionnel, de l'enseignement supérieur, de l'inspection des écoles ou de l'éducation des masses populaires et paysannes, Bellegarde buta partout contre les difficultés dressées sur sa route. S'il parvint, en dépit de cette hostilité systématique, à obtenir quelques résultats heureux, on le doit à son courage et à sa probité qui, en certaines circonstances, forcèrent le respect de l'Américain.

L'un des incidents qui dans cette lutte constante aviva au plus haut point le courroux de McIlhenny, ce fut l'affaire des ratiers. Sur la recommandation du Chef du Service d'Hygiène qui désirait caser deux de ses compatriotes, McIlhenny engagea deux experts ratiers américains chargés de procéder à la dératisation de la République d'Haïti, sous prétexte qu'un cas de peste avait été signalé en Louisiane. Alors qu'il venait d'opposer son veto à la nomination de professeurs agrégés français pour la préparation des futurs maîtres de nos lycées, prétextant l'alarmante situation des finances qui ne permettait pas de répondre à de nouveaux débours, il avait pu s'arranger pour trouver les fonds nécessaires au paiement des deux ratcatchers. Mettant le plus grand zèle à l'accomplissement de leur tâche, ces derniers commencèrent par acheter toutes les ratières qu'ils trouvèrent dans les magasins et invitèrent la population à participer activement à la campagne. Suivant sa grosseur et sa longueur, le rat mort qu'on leur apportait était payé dix ou vingt centimes. Pendant des semaines, on se gaussa de ces mascarades.

Quand il fallut régulariser les pièces afférentes au paiement des deux spécialistes, le gouvernement refusa d'y acquiescer, pour n'avoir pas été avisé de ces nominations. Devant cette résistance inattendue, la colère du Conseiller financier s'enflamma. Le gouvernement saisit l'occasion pour lui faire la leçon et lui rappeler «que cette coutume de prendre l'initiative de faire préalablement des dépenses pour ensuite en demander la régularisation est contraire à la loi des finances et à la Convention[14]». Cette revanche à l'actif du gouvernement devait lui être funeste. Dès ce moment, en effet, l'opposition aux démarches du Ministère s'amplifia. On sentit dans cette zizanie incessante l'action de McIlhenny cherchant à se venger de l'humiliation que le gouvernement lui avait infligée...

L'un des objectifs de la National City Bank, pour parvenir à l'absolu contrôle des finances d'Haïti, était de substituer «à la créance française en francs à 5% une créance américaine en dollars à environ 8%» et d'extérioriser «la dette haïtienne à 6% par un emprunt aux États-Unis à 7 1/2%»[15]. Ces transactions devaient s'opérer en même temps que serait décrété, en faveur de la Banque Nationale de la République d'Haïti, sa filiale, le monopole de l'importation des monnaies d'or.

En dehors de leur caractère arbitraire, ces visées choquaient profondément le traditionnalisme haïtien en la matière, qui s'était toujours opposé à la réalisation d'un emprunt aux États-Unis, par peur de «l'impérialisme du dollar». Pour renflouer ses caisses trop souvent délestées, la République d'Haïti avait toujours préféré recourir aux emprunts intérieurs ou s'adresser à la France, certaine de n'avoir à redouter de son ancienne métropole aucune tentative d'assujettissement politique ou économique.

La première proposition d'emprunt avait été formulée par Ruan, le 30 septembre 1916. En vue de revigorer l'économie nationale déficiente et lancer le pays sur la voie du progrès, l'émission d'un emprunt d'une certaine importance avait été chaudement recommandée et jugée indispensable par les officiels américains. Toutefois, pour gagner la confiance des prêteurs éventuels, toujours hésitants à engager leurs capitaux sans de solides garanties, il avait été demandé au gouvernement de donner son agrément à la condition posée par ces derniers : la prolongation pour une nouvelle période de dix ans de la Convention de 1915. Malgré l'insistance du Conseiller financier, le gouvernement demeura ferme dans sa détermination de ne pas souscrire à un acte qui, sans parler des conséquences imprévisibles qu'il pouvait entraîner, hypothéquait dix nouvelles années de souveraineté nationale. Ruan se fit alors menaçant et avertit le gouvernement de la prochaine suspension de tous les paiements budgétaires, si sa demande n'était pas satisfaite.

Le 28 février 1917, le gouvernement capitule. Effrayé par le spectre de bouleversements incontrôlables brandi à sa face, le Conseil des Secrétaires d'État, à sa réunion de ce jour, vote à faible majorité un protocole qui adoptait le principe de la prolongation du Traité, lié à l'émission d'un emprunt de 30 000 000 de dollars.[16] Poussant encore plus loin la pusillanimité, le secrétaire d'État des Relations Extérieures et des Finances, M. Louis Borno, signe, le 28 mars 1917, de concert avec le Ministre des États-Unis Bailly-Blanchard, le document secret dit *Acte Additionnel*, par lequel le gouvernement haïtien approuvait l'emprunt de 30 000 000 de dollars à contracter aux États-Unis et acceptait à titre de garantie aux créanciers, de renouveler pour une période de dix ans le Traité de 1915.

Voici quelle était la teneur de ce document :

ACTE ADDITIONNEL

La République d'Haïti, ayant reconnu comme urgente la nécessité d'un emprunt à terme de plus de dix années, destiné à l'amélioration de sa situation financière et économique, considérant dès maintenant cette nécessité comme une raison précise susceptible de donner à la Convention du 16 septembre 1915 une durée de vingt ans, et désirant en conséquence exercer le droit qu'elle tient de l'Article XVI de cette Convention.

Et les États-Unis d'Amérique, se conformant à l'Article 1er de ladite Convention et assurant ses bons offices pour en accomplir pleinement les vues et objets.

Ont décidé de conclure un Acte Additionnel à cette Convention, en vue de faciliter la prompte réalisation de l'emprunt et d'offrir aux capitalistes la sérieuse garantie qu'ils réclament d'une stabilité indispensable au développement des richesses de la République d'Haïti.

Et ont été nommés comme Plénipotentiaires,

Par le président des États-Unis d'Amérique,

Monsieur Arthur Bailly-Blanchard, Envoyé Extraordinaire et Ministre Plénipotentiaire des États-Unis d'Amérique,

Par le président de la République d'Haïti,

Monsieur Louis Borno, secrétaire d'État des Relations Extérieures et des Cultes,

Lesquels, s'étant communiqué leurs pleins pouvoirs respectifs trouvés en bonne et due forme, ont convenu de ce qui suit :

Article 1er. - Les deux Hautes Parties Contractantes déclarent admettre la nécessité urgente d'un emprunt à terme de plus de dix ans au profit de la République d'Haïti comme une des raisons précises indiquées à l'Article XVI de la Convention du 16 septembre 1915, et conviennent de fixer à vingt années la durée de ladite Convention.

Article II. - Le présent acte sera approuvé par les Hautes Parties Contractantes conformément à leurs procédures respectives établies, et les approbations en seront échangées dans la ville de Port-au-Prince aussitôt que possible.

Signé et scellé en double en Anglais et en Français, à Port-au-Prince, Haïti, le 28 mars 1917.

A. BAILLY-BLANCHARD
LOUIS BORNO[17]

Pas plus que le protocole du 28 février, l'acte du 28 mars n'avait de valeur légale, puisqu'il était en contradiction avec l'article XVI du Commentaire Interprétatif, annexé par le parlement haïtien à la loi de sanction de la Convention, qui déterminait les conditions de son renouvellement. De plus, fait remarquer judicieusement Dantès Bellegarde, l'Acte Additionnel «ne fut jamais présenté au Corps législatif haïtien, ni d'ailleurs au Sénat américain, et il n'y eut pas d'échange de ratifications, comme cela avait été prévu dans l'Acte lui-même. Aucune mention n'en fut faite dans *Le Moniteur* ou dans le *Bulletin des Lois et Actes*, cette publication étant obligatoire pour l'exécution officielle de tous actes officiels...».[18]

Les tractations du Conseiller financier ne prévinrent pas l'échec. Ruan ne trouva aux États-Unis aucun prêteur, ce qui prouve que ses affirmations selon lesquelles les capitalistes américains avaient conditionné leur acceptation de l'affaire à la prolongation du Traité n'avaient aucun fondement. Pourtant, ses démarches ne devaient pas se solder par des résultats entièrement négatifs. Plus astucieux que le ministre haïtien des Relations Extérieures qui avait si imprudemment apposé sa signature au bas de l'Acte Additionnel, le gouvernement américain n'allait pas manquer de se saisir de ce document pour motiver la présence de ses troupes sur le territoire haïtien après le 3 mars 1926, date d'expiration du traité de 1915, ratifié en 1916. Mais dès juin 1922, ayant découvert l'existence de l'Acte Additionnel, restée jusque-là confidentielle, les Haïtiens apprendront, non sans stupeur, qu'en votant la Constitution de 1918 qui validait tous les actes accomplis par l'Occupation et par l'Exécutif, ils avaient aussi voté pour dix ans le prolongement de leur asservissement.

Octobre 1919. Nouvelle proposition. Le protocole prévoyant un emprunt de 40 000 000 de dollars est présenté au Ministre des Relations Extérieures, M. Constantin Benoît. De bonnes raisons semblent militer en faveur de l'émission de ce nouvel emprunt destiné à liquider dans des conditions favorables la dette extérieure haïtienne placée en France et à payer l'équipement nécessaire au développement économique du pays. Le Cabinet de 1919 donna son accord au protocole avec d'autant plus d'empressement qu'aucune mention de prolongation du Traité de 1915 n'y avait été faite.

Comme en 1917, l'emprunt de 1919 fut un insuccès. Malgré ses efforts, McIlhenny n'arriva pas à convaincre les souscripteurs américains du crédit qu'ils pouvaient faire au gouvernement de Port-

~ L'aviso de guerre haïtien « Le Pacifique » ~

~ Le Camp des Marines du parc Leconte ~

~ La section d'artillerie du Camp du parc Leconte ~

~ Visite de Dartiguenave au Camp militaire du parc Leconte ~

~ La première et la quatrième compagnie de soldats de la gendarmerie d'Haïti ~

~ Le président Dartiguenave et sa suite regardant les manœuvres des gendarmes au Camp du parc Leconte ~

~ Un bataillon de la Gendarmerie d'Haïti présentant les armes dans la cour de la caserne Dartiguenave. ~

~ La prison de la rue du Centre après son agrandissement par l'incorporation de l'ancien bâtiment du commandant de l'arrondissement ~

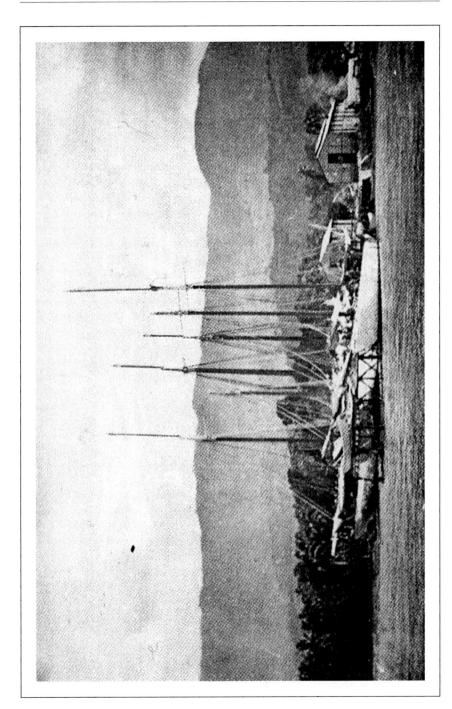

~ Les schooners « Le Progrès », « L'Indépendance » et « Haïti » ancrés à la base aéro-navale de Bizoton ~

~ Hydravion de la base aéro-navale de Bizoton ~

~ Le nouvel Orchestre du Palais sous la direction de Montrevil Belliot ~

~ L'escadre formée de navires de la flotte américaine de l'Atlantique dans les eaux de Port-au-Prince ~

~ Des rebelles cacos sous la surveillance de gendarmes haïtiens ~

~ Le président Dartiguenave et quelques-uns de ses proches collaborateurs à son bureau du palais présidentiel de la rue Cappoix. ~

au-Prince. Dans un rapport à la Chancellerie, le Ministre d'Haïti à Washington, M. Albert Blanchet, attribuera à la politique imprécise et boiteuse du gouvernement fédéral à l'égard du gouvernement haïtien la raison principale de la réticence des hommes d'affaires de Wall Street à engager leurs capitaux en Haïti.

... Si la mort de Charlemagne Péralte avait été un rude coup porté au mouvement de revendication paysanne, les cacos n'avaient pas pour cela abandonné le combat. Certes, dans le Nord, un grand nombre d'entre eux, traumatisés par cette disparition inopinée, avaient mis bas les armes, et c'est pourquoi Benoît Batraville qui avait ramassé le flambeau tombé des mains du Chef, avait jugé préférable de transporter dans la région du Plateau Central le quartier général des forces rebelles.

À la fin de 1919, l'étendue du territoire où évoluent les bandes cacos est encore importante. On pourrait la limiter, à partir de la frontière, aux deux points avancés de Saint-Michel de l'Attalaye et de Saut d'Eau. Mais l'effectif des combattants a considérablement décru et est passé de 15 000 à environ 3,000 hommes. Pourtant, Batraville n'est pas démoralisé. Il a foi dans la justice de la cause qu'il défend et apprécie qu'il soit soutenu dans son action par de nombreux citoyens de la capitale qui semblent avoir lié leur cause à la sienne et l'approvisionnent en argent, en équipements militaires et en munitions. Les forces d'occupation n'ignorent pas cette connivence, et c'est pourquoi le Chef a.i. de la gendarmerie, le colonel Little, a augmenté le nombre des patrouilles qui font la ronde de nuit dans les rues de la capitale.

Des contacts établis ont révélé à Batraville l'existence d'une conspiration qui se trame à Port-au-Prince et dont des patriotes de haut rang tiennent en main les ficelles. On réclame sa collaboration pour en finir avec ce gouvernement de défaitistes et de lâches et s'imposer à l'Américain. Batraville promet son concours. Le jeudi 15 janvier 1920, il dépêche contre Port-au-Prince un contingent de 300 cacos qui, guidés par un émissaire des hommes de la capitale, parviennent au Portail Saint-Joseph vers 3 heures du matin.

À ce moment, le détachement se sectionne en trois colonnes, dont l'une s'engage dans la Grand'rue, tandis que les deux autres, empruntant un étroit corridor, gravissent le Bel-Air et sont rejointes par une poignée de conspirateurs de la ville.

Averti par la présence insolite d'un flot de suspects qui se sont infiltrés dans la capitale, l'officier de garde des casernes Dessalines où logent les marines, met immédiatement sur pied une patrouille de dix hommes qui se précipite vers l'entrée nord de la ville. À la Grand'rue, non loin du marché Vallière, le détachement tombe sur une bande d'une centaine d'individus qu'il identifie aussitôt avec les cacos. La patrouille ouvre le feu. Servis par un armement de qualité, les marines couchent sur le sol plusieurs rebelles. Ce que voyant, leurs compagnons encore debout, armés de leurs machettes et de leurs vieux fusils, se jettent en force sur la petite troupe dont ils seraient peut-être venus à bout, si celle-ci ne s'était trouvée subitement appuyée par une autre patrouille qui, avertie par la fusillade, s'était portée à son secours. À ce moment, la contre-attaque des marines se déchaîne. Plusieurs cacos s'effondrent, anéantis par la puissance de feu des brownings et des krags. C'en est fait. Ce qui reste de la colonne se replie en désordre.

Entre-temps, le colonel Russell[19], instruit de la gravité de la situation, avait envoyé sur les lieux, vers 4 heures du matin, un important contingent formé de soldats de la gendarmerie et de l'Infanterie de marine, avec un matériel anti-guerilla comprenant plusieurs *machine-guns*.[20] À pleine allure, le commando se dirige droit sur le Bel-Air, car il a été prévenu de la présence au coeur de la butte de l'autre groupe de rebelles qui s'y est retranché. L'attaque se déclenche, rapide et foudroyante. Les cacos s'écroulent. Désorientés par la violence de la charge, ils battent en retraite, non sans avoir au préalable allumé le feu dans une masure à l'ouest du Calvaire. Le bloc entier, comprenant une quarantaine de maisonnettes, est en moins de rien la proie des flammes[21]. Sur le terrain, on releva 66 cadavres de rebelles et on inventoria pour l'équipement laissé par eux 16 fusils, 23 machettes, 9 épées, 1 revolver, 10 baïonnettes, 42 cartouches et un clairon[22]. Dans les rangs des marines, on ne dénombra qu'un tué et quelques blessés.

Tout comme la précédente, cette deuxième incursion des cacos à Port-au-Prince avait échoué par carence d'organisation et méconnaissance des réalités stratégiques et politiques qui prévalaient à la capitale. Consternés par cette défaite et encouragés par la promesse d'amnistie qui leur avait été faite s'ils se rendaient, beaucoup de cacos se livrèrent aux forces occupantes. Encadrés de gendarmes, carabine au poing, on les obligea à défiler dans les rues de la capitale, sous le regard intrigué des Port-au-Princiens.

Restait à porter le dernier coup au mouvement caco, en s'assurant de la personne de son ultime chef, Benoît Batraville. Par proclamation en date du 20 janvier, une prime de 5 000 gourdes avait été offerte à celui qui fournirait des informations sur l'endroit où il se cachait. Les forces d'occupation apprirent ainsi qu'il campait, bien gardé, au lieu-dit Petit Bois Pin, section rurale de Savanette, dans un décor de «grands rochers couverts de buissons et de halliers». Le 19 mai 1920, une patrouille de marines, sous le commandement du capitaine Jesse L. Perkins, pénètre dans le bois et surprend Batraville. Il se défend avec courage, mais finalement, est atteint par le sergent Taubert qui le foudroie d'un coup de revolver. Dans la soirée, cinq prisonniers, conduits par un marine et un gendarme, transportèrent le corps au cimetière de Mirebalais où, après identification, il fut enterré au pied d'un tamarinier[23].

Familiarisées, à la lutte anti-guérilla, les forces américaines déclenchèrent une campagne de démantèlement de ce qui demeurait de petits groupes rebelles. Cette pacification ne s'opéra pas sans excès. Beaucoup de paysans innocents furent sauvagement abattus et leur bétail sacrifié. Peu à peu, la paix s'installa dans les régions qui avaient été le théâtre de la rébellion caco. Celle-ci était définitivement matée. Mais à quel prix ![24]

On assista à cette époque à une forte recrudescence de l'exode des paysans haïtiens vers la République dominicaine et surtout vers Cuba. Accablés de taxes et sans espoir de récupérer les propriétés qu'ils occupaient et dont ils avaient été dépossédés au profit des grandes industries agricoles américaines établies dans le Cul-de-Sac, le Nord-Est et la Vallée de l'Artibonite, ils n'avaient plus d'yeux que pour ces terres promises où le travail était garanti et bien rémunéré. Pendant la seule année 1920, 30 722 Haïtiens s'embarquèrent pour Cuba et 10 000 autres se rendirent en République Dominicaine.[25] Ce phénomène de transplantation devait finir par éveiller l'intérêt des Américains. Mesurant l'importance du profit qu'ils pouvaient en tirer, ils l'organisèrent à leur avantage.

Notes

1. *L'Essor,* 7 janvier 1918.
2. *L'Essor,* 25 avril 1921.
3. *L'Essor,* 27 janvier 1918.
4. Berthomieux Danache, *op. cit.,* p. 126.
5. Berthomieux Danache, *op. cit.,* p. 124.
6. Berthomieux Danache, *op. cit.,* p. 85.
7. Dantès Bellegarde, *Histoire du Peuple Haïtien,* p. 273.
8. Dantès Bellegarde, *op. cit.,* p. 273.
9. Georges Sylvain, *Pour la Liberté,* II, p. 199.
10. Dantès Bellegarde, *Pour une Haïti Heureuse,* II, p. 89. Déposé en prison, Henri Chauvet fut amené devant le grand prévôt qui le condamna à 300 dollars d'amende et à la fermeture de son journal pendant trois mois. Il paya l'amende, ce qui lui permit de sortir de prison, mais *Le Nouvelliste* resta suspendu pour le temps fixé.
11. Dantès Bellegarde, *Histoire du Peuple Haïtien,* p. 277.
12. Dantès Bellegarde, *Pour une Haïti Heureuse,* II, note de la page 109.
13. Dantès Bellegarde, *op. cit.,* II, p. 119.
14. Dantès Bellegarde, *op. cit.,* pp. 189, 190, note.
15. Dantès Bellegarde, *op. cit.,* p. 118.
16. À la suite de cette décision, le Ministre de l'Intérieur et des Travaux publics, Sténio Vincent, démissionna en signe de protestation.
17. F. V. Jean-Louis, *Recueil de Lois du S.N.D'H.,* 1930, p. 74.
18. Dantès Bellegarde, *Un Haïtien parle,* p. 199.
19. Il était retourné en Haïti le 1er octobre 1919 et avait réintégré son ancienne charge de Commandant de la première Brigade.
20. Nom vulgaire des autos-mitrailleuses.
21. Une médaille d'or, portant d'un côté : *Ville de Port-au-Prince et de l'autre, Hommage au commandant Luders Moïse 1920,* fut décernée par le Conseil communal à M. Luders Moïse, commandant de la Compagnie des Pompiers Libres, en hommage «au dévouement, à l'activité et au courage» montrés par les pompiers de la capitale en cette pénible circonstance.
22. *Histoire de la Garde d'Haïti,* p. 62.

23. *Le Temps-Revue*, 18 mai 1935. - Article du Dr Garnier sur Benoît Batraville.

24. L'auteur de l'*Histoire de la Garde d'Haïti* dresse ainsi le bilan de la campagne : Du côté de la gendarmerie : Morts, 5 officiers et 27 gendarmes. Blessés, 45 gendarmes. Du côté des cacos (chiffres approximatifs) : Morts (1915) : 212 - (1916) : 50 - (1917) : 2 - (1918) : 35 - (1919) : 1861 - (1920) : 90. Au total : 2 250 tués. *Histoire...* pp. 64 et 65. Il ne fait pas mention de ceux qui moururent dans la prison du Cap et dans les camps de concentration, particulièrement celui de Chabert, dans le Nord, et dont le nombre élevé souleva la réprobation internationale.

25. Kethly Millet, *op. cit.*, p. 109.

ÉPREUVE DE FORCE

Dans le processus d'assujettissement économique et financier de la République d'Haïti, mis en train par les autorités américaines, le monopole de l'importation de l'or monétaire à imposer au pays par le biais de la Banque Nationale de la République d'Haïti, filiale de la National City Bank of New York, demeurait l'un des points déterminants. Certes, les potentats de la finance n'escomptaient aucun gain substantiel de ce privilège. Le Département d'État en revanche y voyait une des plus efficaces formules pour l'aider à pousser plus en avant sa politique d'asservissement.

Le 6 février 1920, pour le gouvernement américain, un important pas est franchi... À l'issue de la deuxième Conférence financière panaméricaine qui s'était tenue à Washington du 19 au 26 janvier 1920, le Ministre des Finances d'Haïti, M. Fleury Féquière, président de la délégation haïtienne, avait été invité à discuter le projet de modification de dix articles à insérer dans le contrat de transfert de la Banque Nationale de la République d'Haïti, société juridiquement française, à la National City Bank of New York. Plus théoricien des sciences financières qu'habile financier, Féquière, se fiant à son «jugement personnel» et aux avis du Ministre d'Haïti à Washington, M. Charles Moravia, entièrement dévoué à l'Occupation, avait accepté de signer la convention ad referendum, bien qu'il n'eût reçu aucun mandat du gouvernement pour traiter d'une affaire aussi sérieuse.

À son insu, un amendement relatif à la «prohibition de l'importation de monnaies non haïtiennes», que l'article 15 de la Convention du 12 avril 1919 avait éventuellement prévue, est ajouté à l'article 9 du document. En l'apprenant, Féquière décline toute responsabilité du paragraphe truqué. Ce qui n'empêcha pas le Conseiller financier, M. John McIlhenny, de se référer à la Convention du 12 avril 1919 et à celle du 6 février 1920 pour demander au Gouvernement d'arrêter la libre introduction de monnaie étrangère en Haïti et de décréter, au profit de la Banque Nationale, le monopole de l'importation des monnaies d'or.

La convention du 6 février, explique Berthomieux Danache, impliquait «l'exécution immédiate de l'article XV de la Convention signée le 12 avril de l'année précédente par le Gouvernement haïtien avec la Banque Nationale d'Haïti», prévoyant qu'afin «d'éviter les possibilités d'une crise monétaire pendant la période du retrait du papier-monnaie, et aussi longtemps que (durerait) ce retrait, le Gouvernement (s'engageait) à prohiber l'importation ou l'exportation de toute monnaie non haïtienne, sauf celle qui serait nécessaire pour les besoins du commerce dans l'opinion du Conseiller financier».[1]

Or, déjà sollicité par le Conseiller financier d'appliquer l'article XV, le gouvernement avait fait savoir son point de vue à ce sujet et indiqué, par lettre du 30 janvier 1920 au Conseiller financier a.i. A.J. Maumus, que le dollar américain étant «profondément entré dans la vie économique de la nation», conjoncture qui avait permis d'enrayer la crise monétaire, le Conseil des Secrétaires d'État estimait que «l'opportunité (était) plutôt favorable au maintien de la situation actuelle» et qu'il était «toujours prêt à se rendre aux vues de l'article XV, dès que la nécessité s'en présentera».[2]

Acculé à démissionner, Féquière dont la part de responsabilité dans cette situation était grande, se retira non sans éclat, laissant le Gouvernement dans de gros embarras. Car en dépit de ses engagements, l'État haïtien pouvait-il, en permettant à la B.N.R.H. de régler à sa façon l'importation de l'or, placer le commerce national et étranger sous l'entière dépendance de cette institution bancaire ? Par ailleurs, en accordant ce monopole, n'était-ce pas livrer la Banque Royale du Canada et la Foreign Banking Corporation, qui venaient de s'établir à Port-au-Prince, aux caprices de la Banque Nationale, désormais maîtresse du marché monétaire intérieur ?

Se hâtant de soutenir leurs compatriotes menacés, les gouvernements français, anglais et italien formulèrent, par le truchement de leur légation à Port-au-Prince, d'énergiques réserves sur les exigences du Département d'État, exigences qu'ils n'hésitèrent pas à qualifier de «contraires aux principes de la liberté économique» et hostiles aux intérêts de leurs ressortissants. De leur côté, les «banquiers», industriels et commerçants de la place, dans une lettre collective, firent ressortir le danger que présentait pour le peuple haïtien, ainsi que pour le commerce et l'industrie, l'application du monopole.

Un moment, ennuyée par cette vague de récriminations, la National City Bank qui déjà avait le contrôle financier de la B.N.R.H., parut vouloir se désintéresser du transfert. Mais les omnipotents fonctionnaires du Traité n'étaient pas gens à se laisser influencer par de vaines protestations. Estimant le moment venu d'utiliser une nouvelle fois la manière forte, le Conseiller financier avisa le Ministre des Finances, le 12 juillet 1920, de sa décision de cesser toute étude du budget de l'exercice 1920-1921, tant que ses recommandations au gouvernement haïtien ne seraient pas appliquées. Elles se résumaient en sa demande d'interdiction de l'importation de la monnaie d'or et en l'abrogation de la loi conditionnant le droit de l'étranger à la propriété immobilière en Haïti. Ainsi, se départissant de toute retenue, le Conseiller financier, fonctionnaire attaché au Département des Finances, osait adresser un ultimatum au Gouvernement !

Le lendemain, encore sous le coup de l'exaspération après un tel affront, le président Dartiguenave apprend, en pleine séance de Cabinet, que l'amiral Thomas Snowden, gouverneur américain de la République Dominicaine, de passage à la capitale pour quelques heures seulement, s'était amené au Palais et désirait le saluer. Il se rendit avec ses ministres à la rencontre de l'amiral qui était accompagné du Ministre des États-Unis, M. A. Bailly-Blanchard, et lui fit un accueil plein de courtoisie. S'excusant brusquement auprès de l'amiral d'aborder une question qui ne le concernait pas, Dartiguenave se tourna vers Bailly-Blanchard et lui manifesta son ressentiment d'avoir été la veille aussi cavalièrement traité par le conseiller financier de son gouvernement. Dantès Bellegarde assistait à la séance. Dans *Pour une Haïti Heureuse*, il reproduit en substance les paroles du président qui, après avoir rappelé l'insistance de McIlhenny à lui extorquer la prohibition de la monnaie d'or, poursuivit d'un ton frémissant :

«Mes mains, ces mains que vous voyez, vous pouvez les couper : elles ne signeront pas un tel acte. J'ai signé des actes graves qui engageaient l'honneur et l'avenir de mon pays. Je les ai signés le coeur déchiré, parce que j'ai cru qu'ils étaient nécessaires pour le bien d'Haïti ou pour lui épargner un plus grand mal. Mes compatriotes n'ont pas compris mon douloureux sacrifice : ils ont attribué à des motifs égoïstes ce que j'accomplissais dans la souffrance et surtout dans la révolte de mon patriotisme. J'ai eu confiance dans le gouvernement américain : j'ai été souvent trompé. Maintenant, c'est fini, j'ai trop souffert. Si vous voulez le pays, prenez-le. Prenez-le par la force. Vous avez la puissance des armes. Mais je ne vous le donnerai pas. Vous voulez notre terre ? Prenez-la. Qui peut résister à vos canons ? Mais je ne vous la donnerai pas...»

«... La voix du président roulait comme un tonnerre sous la voûte du Palais national, continue Bellegarde. L'amiral Snowden était d'une pâleur livide. Surpris, interdit, tremblant, M. Bailly-Blanchard, debout - je n'invente pas ceci - faisait le geste machinal de relever son pantalon qui tombait. Et je vis ce jour-là que le courage et l'indignation patriotiques pouvaient élever le Chef d'un petit État faible et désarmé au-dessus des représentants de la plus grande puissance du monde...»[3]

Pour un fonctionnaire comme Bailly-Blanchard, défenseur tout aussi zélé de la politique impérialiste du Département d'État que des intérêts de la National City Bank, cet involontaire retour sur soi-même ne pouvait être que passager. On le vit bien lorsque, environ quinze jours après le déroulement de cette scène pathétique, escorté du colonel John Russell, Chef de l'Occupation, il se présenta au Palais national pour notifier à Dartiguenave les désidérata du Département d'État. Dans une note en trois points, il était demandé au président de faire voter la loi interdisant l'importation de l'or et celle abrogeant la loi du 16 juillet 1920 qui restreignait le droit de l'étranger à la propriété immobilière, et de renvoyer le Cabinet[4].

Dartiguenave ne se laissa pas désarçonner. La riposte arriva, cinglante : la retenue par le Receveur général, sur l'ordre de Bailly-Blanchard, des indemnités de juillet du président de la République, des Secrétaires d'État, des Conseillers d'État, et de l'interprète-traducteur du Palais.

Face à cet indigne procédé dont les «maîtres du Trésor haïtien» s'étaient arrogé le droit d'user et qui cependant avait eu l'approbation du Département d'État, Dartiguenave adressa, le 6 août, un message personnel au président des États-Unis, M. Woodrow Wilson, pour protester contre cet acte de violence qui était «une atteinte faite à la dignité du Gouvernement et du peuple haïtien». Sans doute, gêné par la conduite trop pragmatique des officiels du Traité, ses créatures, Wilson ne voulut pas lui-même répondre au message de son homologue haïtien. Il le fit par l'entremise du Département d'État qui transmit ses instructions au Ministre des États-Unis.

Par note verbale remise le 19 août au président de la République, Baillly-Blanchard formula les regrets du Gouvernement américain pour la «grave détermination» que l'Envoyé Extraordinaire et Ministre Plénipotentiaire s'était trouvé obligé de prendre. Le Département d'État engageait celui-ci à limiter «par déférence» la saisie des émoluments à un mois, s'il pensait «qu'une telle mesure conduirait à un meilleur accord». Le Ministre des États-Unis se déclarait disposé à donner suite à cette suggestion du Département d'État, si le gouvernement haïtien s'obligeait à rapporter les onze lois votées en violation de l'Accord du 24 août 1918[5] et à adopter quatre projets de loi présentés par le Conseiller financier[6].

Bien résolu à ne pas céder, le président Dartiguenave, par l'intermédiaire du Département des Relations Extérieures, se contenta de faire savoir à la Légation américaine que «les indemnités du mois de juillet étant légalement dues aux membres du Gouvernement et du Conseil d'État, le paiement de ces indemnités ne pouvait être subordonné à aucune condition»[7]. En réponse aux instructions du Département d'État transmises par le Ministre des États-Unis, le

Gouvernement rédigea un mémoire, véritable réquisitoire contre le Conseiller financier et le Ministre américain, où il lui fut aisé de réfuter les manquements qui lui étaient reprochés, tout en établissant le bien-fondé de sa position[8].

La querelle paraissait sans issue.

Désirant se faire l'avocat de la nation haïtienne en allant jusqu'à Washington plaider sa cause, Dartiguenave essuya la désapprobation du Département d'État. Nullement désemparé, il chargea de cette mission M. Auguste Bonamy, président du Tribunal de Cassation, et Me Seymour Pradel, avocat du barreau de la capitale, choix qui reçut l'adhésion quasi unanime des différents secteurs de la population. Ce fut la première délégation envoyée à l'extérieur pour éclairer l'opinion étrangère sur la réelle situation qui prévalait en Haïti. Appuyée par le Chargé d'Affaires haïtien, M. Albert Blanchet, son action intelligente auprès du Département d'État et de la presse américaine fut des plus fructueuses. Les résultats ne devaient pas se faire attendre.

Entre-temps, le gouvernement fédéral multipliait ses ultimes tentatives pour arriver, même par l'intimidation, à vaincre l'entêtement du Gouvernement haïtien. La bombe que constituait la lettre du Major-Général George Barnett, alors Chef de l'Infanterie de Marine des États-Unis, au colonel Russell à propos des paysans haïtiens massacrés par les troupes d'occupation, avait soulevé d'indignation l'opinion américaine et plus particulièrement les milieux militaires des États-Unis. C'était un atout qu'en cette période d'active campagne présidentielle, les républicains et leur candidat Warren Harding exploitaient à plaisir pour dénigrer la politique de Wilson aux Antilles. Une rectification obligée de cette politique était attendue.

Le 4 septembre, accompagné du général Smedley Butler, ex-commandant de la gendarmerie, le général John Lejeune, Commandant en chef du Corps des Marines, arrive à Port-au-Prince et sollicite une entrevue avec le président de la République. Quoique privée, expliqua-t-il au Chef de l'État, sa visite ne revêtait pas moins une extrême importance. Profitant de sa tournée d'inspection, il avait cru utile de venir l'avertir du malheur dont était menacée la République d'Haïti - en l'occurrence, la substitution du gouvernement civil haïtien par un gouvernement militaire américain - si ses dirigeants s'obstinaient à ne pas décréter la prohibition de l'or. Plus expérimenté dans les choses haïtiennes que son frère d'armes, Butler essaya lui-même de convaincre le président. Il ne recueillit de ses efforts qu'une médaille militaire pour «services exceptionnels rendus à la gendarmerie d'Haïti»[9].

Quelques jours plus tard, nouvelle visite de haut-gradé américain. Le lundi 13 septembre, le croiseur *Minnesota* ayant à son bord l'amiral Knapp, mouille dans la rade de Port-au-Prince. Récemment nommé Représentant militaire des États-Unis en Haïti, l'ancien gouverneur américain de la République Dominicaine avait été spécialement chargé de «résoudre le conflit qui divise le Gouvernement haïtien et les autorités américaines depuis deux mois»[10]. Mis au courant de «l'organisation des services et des questions pendantes entre les deux administrations», Knapp se décida, cinq jours après son arrivée, à ouvrir enfin le dialogue avec les responsables haïtiens. Messager du Gouvernement américain, déclara-t-il, il apportait au Gouvernement haïtien l'assurance des bonnes intentions du Département d'État et sa décision de ne plus insister sur le monopole de l'or en faveur de la Banque Nationale, ni sur le transfert de cet établissement bancaire français à la National City Bank of New York. En revanche, le Gouvernement haïtien devait montrer sa bonne foi en acceptant de reconsidérer, sur la base de l'Accord Borno-Blanchard, les lois désapprouvées par la Légation américaine.

L'aigle desserrait les griffes et se prêtait à l'accommodement. Le Gouvernement comprit qu'il ne fallait pas sous-estimer la portée éventuelle de telles dispositions. Pour lui, le moment était venu de jeter du lest. L'épreuve de force enfin fléchissait.

Le 21 septembre, le Ministre des Relations Extérieures avisa le Chargé d'Affaires d'Haïti à Washington qu'à la suite de l'entretien du président de la République et de l'amiral Knapp qui s'était déroulé en présence du ministre A. Bailly-Blanchard, le Gouvernement consentait à rapporter les lois critiquées par la Légation américaine et à reprendre avec elle la discussion de ces lois. Il annonça aussi son intention d'élargir le sens qui avait été donné à l'article constitutionnel relatif à la propriété immobilière et de le rendre plus favorable aux étrangers.

Informé des dernières décisions du gouvernement haïtien et voulant souligner la position de champion de la coopération qu'il se donnait maintenant, le Département d'État envoya ses instructions au Ministre plénipotentiaire pour notifier au secrétaire d'État des Relations Extérieures la détermination du Gouvernement fédéral de limiter ses demandes aux seules modifications à apporter aux lois «votées en violation de l'Accord du 24 août 1918»[11]. Du coup étaient classés le contrat de concession de la Banque et son accessoire le monopole de l'importation de l'or étranger, devenu sans objet. Instruction fut passée au Receveur général de débloquer les chèques du président, des Ministres et des Conseillers d'État qui effectivement purent toucher leurs indemnités avec trois mois de retards accumulés[12].

Plus une solution de compromis qu'une réelle victoire, ce dénouement ne fut pas moins pour le Gouvernement haïtien la raison d'une légitime satisfaction. S'appuyant sur le droit qui était son unique arme, il était parvenu, en se soumettant il est vrai aux injonctions de l'Accord controversé du 24 août, à porter le Gouvernement des États-Unis à renoncer à ses exigences[13]. Sa seule opiniâtreté, n'eut cependant pas eu beaucoup de chance d'ébranler le géant américain, si les révélations de Barnett et la vigoureuse campagne de presse menée aux États-Unis, principalement par *The Crisis* et *The Nation*, n'étaient venues lui apporter un inestimable appui. Et cette généreuse campagne, soutenue principalement par le publiciste Herbert J. Seligman et l'écrivain américain de couleur James Weldon Johnson, était le fruit de l'enquête conduite par ceux-ci en Haïti et des démarches de la mission Bonamy-Pradel qui s'était appliquée à «attirer l'attention du public américain sur le genre de civilisation que les marines étaient en train d'imposer» à Haïti.

Conscient du violent mouvement anti-impérialisme qui, en cette période d'après-guerre, s'était déjà manifesté dans diverses républiques latino-américaines, le Gouvernement des États-Unis n'avait pas pu se permettre d'ignorer les critiques soulevées au sein même du territoire américain et qui accusaient les gros bonnets de la Finance alliés au Département d'État, d'être les profiteurs de la mainmise sur Haïti[14]. Face à cet irrésistible courant d'opinion, la National City Bank, aboutissement des menées ourdies contre la petite république antillaise, avait dû, cette fois, malgré sa toute-puissance, baisser pavillon.

Notes

1. Berthomieux Danache : op. cit. p. 93.
2. Roger Gaillard : Le président d'Haïti vainqueur ou vaincu - Le Nouveau Monde des 9 et 10 juillet 1983.
3. Dantès Bellegarde : op. cit., pp. 122 à 124.
4. *Documents Diplomatiques,* 1921, p. 71.
5. Par lettre du 24 août 1918, le Ministre des Relations Extérieures, M. Louis Borno, accordant trop de confiance à ses partenaires américains, s'était entendu avec le Ministre des États-Unis pour que «tout projet de loi portant sur l'un des objets du Traité» soit «avant d'être présenté au Pouvoir Législatif d'Haïti, communiqué au Représentant des États-Unis pour l'information de son Gouvernement et, s'il est nécessaire, pour une discussion entre les deux gouvernements». Ce gentlemen's agreement d'une si grande clarté devait pourtant être à l'origine de grosses difficultés. Dans le dessein inavouable de mettre l'activité gouvernementale à la merci des autorités occupantes, Bailly-Blanchard, interprétant le texte de l'accord à sa façon, prétendit que la soumission à l'examen de la Légation américaine devait s'étendre à tout projet de loi, quelle qu'en fût la nature. Le Département d'État se rangea à l'avis de son ministre à Port-au-Prince. Plus tard, pour motiver cette interprétation, la Légation américaine fit état d'un *modus operandi* du 18 novembre 1918, par lequel le Gouvernement haïtien, renforçant l'Accord Borno-Blanchard, s'était engagé à «communiquer à la Légation des États-Unis, tout projet de loi avant son vote et, la loi votée, à la transmettre à ladite Légation avant sa promulgation». Démentis par M. Justin Barau, Ministre des Relations Extérieures, le Département d'État, ainsi que la Légation américaine furent incapables de prouver l'existence de ce prétendu *modus operandi*. Cf. Dantès Bellegarde : Pour une Haïti Heureuse, II, pp. 143-144.
6. *Documents Diplomatiques, Affaires Diverses,* 1921, pp. 81 à 83.
7. *Documents Diplomatiques,* 1921, p. 81.
8. *Documents Diplomatiques,* 1921, pp. 83 à 92.
9. Dantès Bellegarde, *op. cit.,* p. 146.
10. Roger Gaillard, *La Guérilla de Batraville,* p. 218.
11. *Documents Diplomatiques,* 1921, p. 142.

12. Roger Gaillard : *La Guérilla de Batraville*. Note de la page 226.
13. À noter que les modifications demandées par le Gouvernement américain ne furent jamais faites, du moins par le gouvernement de Dartiguenave. Cf Dantès Bellegarde, *Pour une Haïti Heureuse*, II. p. 151.
14. Dantès Bellegarde, *op. cit.*, p. 142.

LA RONDE DES ENQUÊTEURS

L e respect de l'opinion est le principe qui fournit sa vitalité à la démocratie. Préoccupée durant la Grande Guerre par le développement des opérations militaires en Europe, l'opinion publique américaine avait, depuis l'armistice, recommencé à diriger ses antennes sur tous les faits d'actualité dignes d'éveiller son attention. Les amis d'Haïti aux États-Unis n'ignoraient pas combien son point de vue sur les affaires collectives finissait toujours par influencer le comportement des responsables. Jouer sur cette corde, c'était mettre la chance de leur côté, en vue d'arriver à l'amélioration du sort de ce malheureux petit pays.

Dès le début de 1920, intriguée par les rumeurs qui commençaient à courir autour de la gestion plus que tracassière des Américains, l'Association pour l'avancement des Hommes de couleur avait envoyé en Haïti l'écrivain nègre de renom, M. James W. Johnson, et le journaliste blanc, M. Herbert Seligman, pour enquêter dans la plus grande discrétion sur la situation haïtienne. C'est à leur retour aux États-Unis que Seligman et Johnson avaient publié dans la revue libérale *The Nation* la relation de leurs «expériences» en Haïti, écrits qui allaient secouer puis révolter une bonne partie de l'opinion publique américaine. À la suite d'Herbert Seligman dont le texte, «La conquête d'Haïti», paru dans *The Nation*, avait «éclaté comme un coup de tonnerre»[1], Johnson avait entamé la publication dans la même revue d'une série de quatre articles où il dévoila l'action néfaste des grands financiers liés à la National City Bank et au Département d'État et révéla le rôle important qu'avait joué Roger L. Farnham, représentant de la National City Bank en Haïti, lors des manoeuvres occultes qui avaient abouti à l'occupation. En définitive, avait conclu Johnson, la vraie mission du Marine Corps en Haïti, n'était que de protéger et de défendre «les grands intérêts financiers des États-Unis».

Assez paradoxalement, on verra à cette époque le président du Conseil d'Administration de la Haytian American Sugar Company (HASCO), M. Elliott lui-même, accabler dans un rapport «les agents que les États-Unis avaient déversés sur les finances et les douanes d'Haïti»[2].

Mais ce qui détermina le Département de la Marine à nommer une commission militaire pour investiguer en Haïti, ce fut la lettre du général George Barnett à Russell où le Commandant du Marine Corps dénonçait au Commandant de la Brigade d'occupation la «tuerie sans discernement» qui s'était produite pendant la répression de la révolte des paysans haïtiens. Cette correspondance gardée secrète durant un an avait été remise par erreur, semble-t-il, à la Presse par la Navy... Maintenant que le voile était soulevé, que des atrocités commises par les forces d'occupation étaient étalées en pleine lumière, il y allait du prestige de l'armée américaine de satisfaire l'opinion publique indignée, en faisant le jour sur de si graves accusations.

Le 8 novembre 1920, le croiseur *Niagara* jette l'ancre dans les eaux de Port-au-Prince. Il portait la Commission navale d'Enquête, instituée par M. Josephus Daniels, Secrétaire de la Marine des États-Unis. Présidée par l'amiral Henry T. Mayo, ancien commandant de la flotte américaine de l'Atlantique, elle comprenait le contre-amiral James H. Oliver, le major-général Wendell C. Neville, U.S.M.C. et le major Jesse F. Dyer, accusateur militaire.

Le lendemain de son arrivée, après avoir pris contact avec le gouvernement haïtien, la Cour Navale d'Enquête fit savoir au public le but de sa présence : investiguer «sur la façon dont les forces d'occupation s'étaient acquittées de leurs tâches, afin de fournir au Secrétaire de la Marine des renseignements complets à ce sujet»[3]. Elle se réunit à la caserne Dessalines et le 11 novembre, à 10 heures du matin, commença ses travaux, sans avoir estimé nécessaire de fournir aucune information quant au lieu et aux jours où elle tiendrait ses séances, ni d'offrir des garanties aux citoyens haïtiens qui, en dépit de la loi martiale en vigueur depuis plus de cinq ans, auraient à témoigner sur des faits reprochés à des officiers détenant encore l'autorité militaire. La seule personne admise à déposer ce jour-là fut le président Sudre Dartiguenave. Ce geste devait lui attirer les plus vertes critiques des opposants à son régime et même de ses amis qui déclarèrent que sa présence devant une commission militaire étrangère avait été une mortification pour le pays.

Une formidable opportunité s'était présentée pour le président de dénoncer publiquement la duplicité des officiels du Traité : la présence à Port-au-Prince de nombreux représentants de la presse américaine, venus suivre le déroulement de l'enquête, et qui n'allaient certainement pas refuser de se faire porte-parole de ses déclarations.

Le 23 novembre 1920, il accorda aux journalistes américains une interview qui restera une des pièces capitales produites par le Chef de l'État pour exposer à la face du monde la situation d'Haïti en regard de l'Occupation américaine. Des nombreux griefs énumérés par le président et qui découlaient tous de l'inexécution ou de la mésinterprétation des termes de la Convention de 1915, il s'appesantit sur l'absence d'aide pour le développement agricole et industriel et le retard mis à assainir les finances et à augmenter les recettes. Pas de méthode perfectionnée pour encaisser les revenus. Suppression de la Chambre des Comptes avec pour résultat l'impossibilité de contrôler la gestion des finances assumée par les fonctionnaires américains. Il insista sur le caractère arbitraire des rapports du Conseiller financier avec les membres du Gouvernement et cita des espèces où son despotisme était mis à nu. Il conclut en déclarant que le Gouvernement haïtien était «sous une tutelle humiliante» et que ses efforts pour collaborer de bonne foi avaient toujours été «vains, dédaignés et repoussés»[4].

Dix-neuf jours après avoir tenu sa première séance, la Commission navale n'avait pratiquement enquêté que sur les forfaits imputés aux lieutenants Freeman Lang et Dorcas L. Williams. Alors que de nombreux citoyens s'apprêtaient à faire leurs dépositions sur les cas de meurtres, de vols, de sévices et d'incendies dont étaient accusés des membres de la gendarmerie et du Corps des Marines, on apprit non sans surprise que dans la soirée du 30 novembre, le *Niagara* avait levé l'ancre avec les membres de la Commission d'enquête à son bord. C'est alors qu'on découvrit que cette Cour Navale, présentée aux États-Unis comme étant «la plus grande commission militaire instituée depuis celle qui avait été chargée d'enquêter sur les conditions de la bataille de Santiago de Cuba», n'avait été formée en réalité que pour «laver le linge sale en famille». Cette tâche se révélant impossible, à cause des nombreux crimes qu'il lui aurait fallu ignorer ou absoudre, la Cour avait préféré se retirer, sacrifiant l'impartialité qui aurait dû être sa boussole à l'esprit de corps.

Le 2 décembre, pour mettre un terme à l'indignation qu'avait suscitée cette farce, le Secrétaire de la Marine, Josephus Daniels, en réponse au câblogramme que lui avaient adressé quelques personnalités marquantes de Port-au-Prince, fit connaître au peuple haïtien la mission qui avait été dévolue au vice-amiral Harry Knapp, représentant militaire américain en Haïti, de «mener toute investigation estimée nécessaire et qui concerne les Marines des États-Unis»[5].

La déception cette fois fut encore plus profonde, car non seulement l'amiral Knapp ne fit aucune déclaration sur la tâche qui était censée lui avoir été confiée, mais encore il ne fit appel à aucun témoin et resta à savourer la brise marine à bord de son navire ancré dans la rade de Port-au-Prince.

Du résultat de l'enquête de la Commission Mayo, on n'aurait pas su grand'chose, si le navire de guerre *Annapolis*, mouillé dans les eaux de la capitale, n'avait capté de Washington la dépêche annonçant que le 21 décembre, elle avait remis son rapport au Secrétaire Daniels qui l'avait approuvé. Seulement deux cas «d'homicides injustes» perpétrés par deux membres du Marine Corps et seize cas «d'actes de violences sévères» avaient été relevés par la Commission, depuis l'intervention du 28 juillet 1915. En conclusion, la Cour Navale d'Enquête reconnaissait «qu'il n'existe aucune consistance dans les déclarations qu'il y aurait des tueries sans raison de natifs, comme on a eu à le dire, d'après la lettre du général Barnett au colonel Russell». Elle trouvait au contraire «remarquable que les offenses soient si peu nombreuses» et considérait «les accusations qui ont été publiées comme regrettables et irréfléchies contre une partie des Marines qui remplit actuellement en Haïti un devoir difficile, dangereux et délicat, d'une façon qui, au lieu d'apporter des intrigues, aurait dû mériter les hautes considérations»[6].

La volonté en haut-lieu d'étouffer le scandale qui avait éclaté à la suite de la divulgation des remarques pertinentes du général Barnett était patente. L'honnêteté du Commandant de l'Infanterie de Marine devait être «récompensée» par sa mutation au poste de Commandant de la Zone du Pacifique.

Bien que n'ayant absolument rien fait de ce qui lui avait été confié, l'amiral Knapp, de son côté, ne crut pas devoir garder le silence. Ayant appris qu'un houngan avait été récemment condamné pour anthropophagie, il en fit le pivot d'un mémoire destiné à Washington et y dénonça le cannibalisme de la plus grande partie du peuple haïtien et son inaptitude à se gouverner seul...[7] La mystification était totale. Et c'était en définitive non seulement le peuple haïtien qui se trouvait la victime de ce scénario, mais encore le peuple des États-Unis qui, dans la conjoncture présente, avait hautement manifesté son désir de justice et de vérité.

La situation resta donc inchangée, et le malaise créé par l'existence de nombreux délits perpétrés par les membres de l'Occupation et de la gendarmerie et volontairement méconnus, ne fit qu'empirer. Le plus sûr moyen de s'en sortir était de provoquer une nouvelle enquête dont, cette fois, l'initiative partirait de la plus haute instance des États-Unis, le Congrès américain.

L'*Union Patriotique*, cette association politique qui venait d'être reconstituée sur les suggestions de James W. Johnson, avait dépêché aux États-Unis une délégation formée de M. H. Pauléus Sannon, ancien Ministre d'Haïti à Washington, de M. Sténio Vincent, ancien président du Sénat et de M. Perceval Thoby, avocat du barreau de Port-au-Prince. Elle arriva à New York vers la fin de février 1921 et entama immédiatement ses interventions en faveur de la cause haïtienne. Le projet d'enquête parlementaire qui venait d'être lancé aux États-Unis rencontra auprès d'elle l'appui le plus chaleureux.

Comme tous les Haïtiens, et peut-être plus que beaucoup de ses concitoyens, le président Dartiguenave avait ressenti l'amertume qu'avait causée la prétendue enquête de la Commission Mayo. Après les déclarations retentissantes faites aux journalistes américains, et qui avaient eu un écho considérable sur les consciences américaines, Dartiguenave trouva qu'il ne devait pas abandonner la croisade entreprise pour faire éclater la vérité. Puisque les destinées de la nation américaine venaient d'être confiées à Warren G. Harding, et en attendant son entrée en fonction, le Chef d'État haïtien prit le parti de lui envoyer un mémoire pour lui exposer les problèmes de la nation et les desiderata du gouvernement et du peuple haïtiens. Il ne doutait pas que Harding qui, pendant sa campagne électorale, s'était érigé en défenseur de la république d'Haïti, n'eût à coeur, une fois à la Maison Blanche, de donner suite à ses promesses. Dans l'esprit de Dartiguenave, son message au président élu des États-Unis était destiné à servir d'assise à une action future en faveur d'Haïti.

La lettre du 24 juin 1921 à Harding et l'interview du 23 novembre 1920 accordée aux journalistes américains constituaient les pièces maîtresses du procès que Dartiguenave osait entreprendre contre l'Occupation. En termes mesurés mais formels, le président d'Haïti, dans son mémoire, retraça pour Harding le sombre tableau de l'action américaine en Haïti depuis l'intervention de juillet 1915 et résuma en 7 points les griefs les plus sérieux relevés contre l'Occupation, avec les solutions satisfaisantes qui s'imposaient pour les contrer. Il ne recula pas pour déclarer sans ambages que «les Haïtiens désirent unanimement le retrait de l'Occupation et la fin du régime exceptionnel que sa présence impose à la nation», ajoutant que la gendarmerie devait cesser d'être une force «ne reconnaissant d'autre autorité réelle que celle du Chef de l'Occupation», afin de permettre au Gouvernement d'assurer, avec sa coopération, l'ordre public et le maintien de la paix.[8] Jamais le président n'avait été si loin dans le courage et l'abnégation.

... En dépit des échecs subis par Ruan et McIlhenny dans leurs désirs d'imposer un emprunt à la République d'Haïti, le programme de domestication économique par le capital, qui est celui de tout pays capitaliste, n'avait pas pour cela été mis en veilleuse par le Département d'État. Son objectif pour l'instant se limitait à observer les conditions du marché financier américain, pour relancer au moment favorable le projet d'emprunt.

Dans les premiers jours de février 1921, la nouvelle s'ébruite qu'un ancien Sous-Secrétaire américain du Trésor, M. Cosby, était arrivé en Haïti dans le dessein de proposer au Gouvernement un emprunt de 4,000,000 de dollars. On ne tarda pas à y voir la main du Département d'État. L'opinion craignait à juste titre que cette valeur ne servît à couvrir les créances de la Banque Nationale et celle de Roger L. Farnham, président de la Compagnie Nationale des Chemins de Fer d'Haïti.

La faction libérale de la presse s'empressa aussitôt de prendre position pour mettre en garde le gouvernement contre toute velléité de donner suite à cette ouverture. En grandes manchettes, *l'Essor* titra qu'à la veille du départ de Wilson de la présidence, il n'était pas admissible pour le gouvernement de se compromettre en acceptant les soumissions de Crosby[9]. Ne mâchant pas ses mots, *Haïti-Commerciale*, de son côté, estimait qu'il ne fallait «accepter aucune avance du gouvernement démocrate de Wilson» et qu'avant «tout emprunt de liquidation», on devait obtenir «la révision de la Convention de 1915».[10]

Mais dans l'intervalle, le Gouvernement haïtien s'était ravisé... Comprenant ce que dissimulaient d'inavouable les démarches réitérées des autorités américaines pour amener son administration à recourir à un emprunt, Dartiguenave avait pris l'énergique résolution de ne plus s'ouvrir à aucune offre en matière d'obligation financière. Quelques jours après l'arrivée de Crosby, on apprenait le rejet par le Cabinet de Port-au-Prince de la proposition d'emprunt de 4,000,000 de dollars.

Après ce nouvel échec, la camarilla blanche qui prétendait décider presque unilatéralement de tout ce qui touchait au sort de la nation haïtienne, ne se tint pas pour battue. Dans son optique, aucune trêve ne devait être accordée au Gouvernement dans les efforts pour aboutir à la réalisation d'un placement financier de n'importe quel montant.

L'article 6 du protocole du 3 octobre 1919 avait prévu l'invalidité automatique de cet acte, au cas où, deux ans après sa signature, l'emprunt de 40 000 000 de dollars n'aurait pas été souscrit. Refusant de tenir compte de cette clause, le Département d'État recommença à user de pressions pour porter le gouvernement haïtien à contracter un emprunt aux États-Unis, suivant les prescriptions du protocole périmé. Le Ministre des Relations Extérieures, M. Justin Barau, essaya mais en vain de persuader le Ministère américain des Affaires Étrangères qu'en vertu de la caducité du protocole du 3 octobre, toute nouvelle proposition d'emprunt devait faire l'objet d'un autre accord. Le Département d'État rejeta ces objections.

Jusqu'à la veille des élections présidentielles d'avril 1922, tractations et discussions autour de la question d'emprunt se poursuivront, sans arriver à rien de concret. Ce que ne pardonnera pas à Dartiguenave le général Russell[11], nommé Haut Commissaire, qui lui refusera tout appui dans ses tentatives pour briguer un nouveau mandat présidentiel.

... Au début de 1921, l'opinion publique américaine est déjà bien renseignée sur la situation haïtienne. La lettre du major-général Barnett au colonel Russell, la mission Bonamy-Pradel, l'enquête de l'Association pour l'avancement des gens de couleur, la campagne du périodique *The Nation*, l'interview accordée par Dartiguenave à l'*Associated Press*, les déclarations de commerçants et industriels étrangers confirmant la dénonciation des actes reprochés aux Américains, tout cet ensemble de faits qui ont concouru à dresser le dossier de l'occupation, ont permis aux citoyens des États-Unis de juger de l'efficacité de la méthode utilisée par leurs dirigeants dans l'administration d'un petit pays occupé par l'armée américaine.

Le 21 janvier 1921, le sénateur Hiram Johnson pose devant le Sénat américain le principe d'une enquête à entreprendre en Haïti et en République Dominicaine sur la participation américaine aux affaires gouvernementales de ces deux pays. Lorsque les délégués de l'*Union Patriotique* arrivent aux États-Unis et prennent contact avec les amis d'Haïti, particulièrement avec les leaders du parti Républicain, ce projet d'enquête a déjà fait du chemin, le comité des Affaires Étrangères du Sénat ayant donné son accord à la demande du sénateur Johnson. Griefs et revendications du peuple haïtien sont consignés dans un mémoire que les délégués déposent devant le Congrès et le Gouvernement fédéral et qui viendra grossir l'ensemble des doléances établies par la République d'Haïti pour l'édification du Gouvernement et des citoyens de la République étoilée...

Face à la confusion devant laquelle s'était trouvé le peuple haïtien à la suite du divorce spectaculaire et inopiné de Dartiguenave d'avec les autorités occupantes, l'*Union Patriotique* s'était donné pour tâche d'éclairer la population qui avait soif de lumière, de lui imprimer une direction morale, de «former un faisceau compact de bonnes volontés qui s'ignoraient». Elle s'y dévouait avec ardeur.

À Port-au-Prince, meetings populaires se succèdent, attirant des milliers d'auditeurs de toutes les couches sociales communiant dans une même ferveur patriotique. De nouveaux comités surgissent en province. Tous les espoirs sont placés dans le président des États-Unis, Warren Harding, qui, à propos du différend entre Panama et Costa-Rica, a catégoriquement affirmé «la ferme volonté de son gouvernement de revenir à la politique traditionnelle des États-Unis, franchement amicale envers les autres pays d'Amérique, respectueuse de leurs droits»[12]. Pour l'*Union Patriotique*, jamais le pays n'a eu «tant de motifs de croire au triomphe prochain» de sa cause.

Le mardi 29 novembre 1921, à 5 heures du matin, le transport *Argonne* accoste au wharf de Port-au-Prince. À son bord, les membres de la Commission Sénatoriale d'Enquête, ainsi que diverses notabilités américaines, représentants de journaux et d'associations. À 8 heures, la Commission met pied à terre. Plusieurs milliers de personnes, certaines avec des pancartes portant des inscriptions revendicatrices, se sont assemblées sur le quai et font aux congressmen une formidable ovation.

Le même jour, à 2 heures 45 de l'après-midi, la Commission ouvre ses travaux à l'étage de la Légation américaine de la rue Bonne Foi. Le sénateur Medill McCormick la préside, assisté des sénateurs Atlee

Pomerene, Tasker L. Oddie et Andrieus A. Jones. Walter Bruce Howe fait office de conseiller juridique. M. Clément Toussaint et le capitaine Laitch ont été désignés comme interprètes. À la séance d'ouverture, on notera la présence de nombreux journalistes haïtiens et étrangers et celle d'une délégation de l'*Union Patriotique*, accompagnée de Me Ernest Angell, avocat de l'association et de la Société pour l'Indépendance d'Haïti et de Saint-Domingue.

Contre toute attente, la Commission n'allait passer que trois jours à Port-au-Prince, se refusant d'interroger des plaignants qui désiraient déposer et leur demandant de le faire par écrit. Relatant au directeur du *Courrier des États-Unis*, le séjour de la Commission d'enquête, Georges Sylvain, administrateur-délégué de l'*Union Patriotique*, écrivait : «Les Commissaires ont donné trois jours à Port-au-Prince, moins d'un jour à Hinche et à Maissade. Ils ont traversé en courant Saint-Marc, Gonaïves, Cap-Haïtien, sans y interroger publiquement aucun témoin. Puis, ils ont passé dans la République dominicaine où ils ont séjourné une semaine, avec la même précipitation...»[13].

Malgré sa hâte inexplicable à abattre la besogne, la Commission avait quand même eu le temps de recueillir un certain nombre de dépositions susceptibles de la convaincre de la véracité des méfaits portés à sa connaissance. Grand fut alors le désappointement, lorsque, vers la fin de décembre, on apprit que dans un rapport préliminaire adressé au Congrès, la Commission Sénatoriale d'Enquête avait lavé de toute accusation le Marine Corps et la gendarmerie d'Haïti et recommandé le maintien de l'occupation. Les Haïtiens en furent abasourdis. Après les décevantes expériences de Mayo, de Knapp et maintenant de McCormick, pouvaient-ils encore croire au sérieux des investigations américaines ?

Dans le cercle des amis d'Haïti aux États-Unis, la déconvenue ne fut pas moins profonde. Dans une déclaration publique, la Société pour l'Indépendance d'Haïti et de Saint-Domingue ne craignit pas d'affirmer que «le Rapport est une honte pour les États-Unis», puisqu'il considérait «comme une partie intégrante de la politique des États-Unis, l'asservissement par la force des armes des nations petites et faibles»[14]. James W. Johnson, le dévoué secrétaire de l'Association pour l'avancement des Gens de couleur, qui s'était déjà si dépensé pour la reconnaissance des droits du peuple haïtien, s'empressait d'écrire à l'administrateur-délégué de l'*Union Patriotique* pour exhorter au courage les patriotes d'Haïti et leur apprendre que son association s'était décidée, à la suite des conclusions négatives du rapport préliminaire de la Commission d'enquête, de porter la question haïtienne devant le président Harding personnellement. Invitant lui aussi le peuple haïtien à la fermeté et à la vaillance, Ernest Angell assurait Georges Sylvain que très bientôt, muni de nouveaux éléments, il allait poursuivre la lutte en faveur d'Haïti auprès du Département d'État.

L'annonce de la présentation au Sénat américain de la motion King, réclamant le retrait des forces expéditionnaires et l'abrogation de tout traité ou protocole justifiant l'intervention américaine dans les affaires d'Haïti et de la République Dominicaine, apporte au coeur du peuple haïtien un gros regain d'espoir. Qui était donc ce sénateur King, qui avait eu le mâle courage de s'élever contre l'impérialisme de son propre pays ? Le même qui naguère avait sévèrement blâmé Wilson pour l'intervention armée des États-Unis en Haïti et en République Dominicaine et qui, plus récemment, comme membre de la Commission d'enquête sénatoriale, avait participé aux investigations aux États-Unis, mais s'était «abstenu» de suivre la Commission à Port-au-Prince.

De toute évidence, les appréciations ne paraissaient pas unanimes au Sénat, quant aux conclusions du rapport préliminaire. Une rude bataille sur la question haïtiano-dominicaine semblait s'y préparer. Au lendemain de la Grande Guerre où tant de sang avait coulé pour la défense du droit des peuples, le Sénat américain pouvait-il délibérément se placer «du côté du militarisme réactionnaire mondial et de la doctrine de la force primant le droit»?

Notes

1.   Voir cet article publié intégralement par Roger Gaillard dans *La Guerilla de Batraville*, pp. 185 à 193.

2. Georges Sylvain, *Pour la Liberté,* I, p. 69.

3. Georges Sylvain, *op. cit.,* p. 178.

4. *L'Essor,* 24 novembre 1920.

5. Georges Sylvain, *Pour la Liberté,* II, p. 181.

6. *L'Essor,* 21 décembre 1920.

7. *L'Essor,* 31 janvier 1921.

8. Dantès Bellegarde, *Pour une Haïti Heureuse,* II, pp. 163-164.

9. *L'Essor,* 12 février 1921.

10. *L'Essor,* 21 février 1921.

11. En tant que Commandant de la Première Brigade Provisoire stationnée en Haïti, le colonel Russell avait le grade de Brigadier-Général.

12. Georges Sylvain, *Pour la Liberté,* II, p. 102.

13. Georges Sylvain, *op. cit.,* II, p. 32.

14. Georges Sylvain, *op. cit.,* II, p. 18.

COMMENT ON FAIT UN COUP D'ÉTAT

Une des plus pressantes recommandations de la Commission d'enquête parlementaire au gouvernement des États-Unis avait été de créer en Haïti un poste de Haut Commissaire. Celui-ci aurait pour fonction de contrôler tous les services civils administrés par l'Occupation, ainsi que les différentes organisations militaires. Cette supervision générale s'était avérée opportune eu égard au manque de coordination qui avait été relevé au niveau de la bureaucratie américaine. Représentant spécial du président des États-Unis, le Haut Commissaire aurait pour mission primordiale de veiller au maintien d'une étroite collaboration entre les deux gouvernements et de renseigner directement la Maison Blanche sur toutes les questions à résoudre. Nommé avec rang d'ambassadeur, il n'annulerait pas pour autant les services de la Légation, mais les tiendrait sous son contrôle. Bref, un vrai proconsul, nanti de tous les droits aptes à lui permettre de resserrer, comme de rien, l'étau du pouvoir protecteur établi depuis six ans en Haïti.

Le choix du président Harding pour ce poste de confiance allait se porter sur le brigadier-général Russell qui jusqu'alors occupait la fonction de Commandant de la Brigade d'occupation[1]. Le colonel Kane viendra bientôt le remplacer à la tête de la Brigade. Le 11 mars 1922, une salve de 21 coups de canon, tirée du fort National, annonce le retour de Russell qui s'était rendu aux États-Unis pour recevoir les instructions d'Harding. Quelques avions vrombissent dans le ciel port-au-princien. Sur le quai, le Haut Commissaire, vêtu d'un veston de flanelle bleu marine, d'un pantalon blanc du même tissu, le chef couvert d'un canotier, reçoit les salutations empressées du maire de la ville, M. Edmond Mangonès. En route pour sa résidence, il est suivi de plusieurs automobiles où ont pris place des membres de la colonie américaine, et qui font allègrement résonner leurs klaxons.

Ses lettres de créance, comme représentant du président Harding auprès du président Dartiguenave, présentées le 13 mars, Russell se lance en plein dans la campagne présidentielle qui, depuis le départ de la Commission d'enquête, s'était vigoureusement mise en train. Dartiguenave n'ayant pas jugé opportun de décréter les élections législatives, il était évident que les élections présidentielles ne pourraient se faire que par le truchement du Conseil d'État. Il avait cru trouver de bonnes raisons pour ne pas se conformer au prescrit de l'article C des dispositions transitoires de la Constitution de 1918 : d'abord l'état de conflit ouvert qui dès la fin de 1919 avait marqué les relations haïtiano-américaines, ensuite les rebondissements imprévus de la guerre des cacos et puis aussi, - c'est l'ancien Chef de son Cabinet particulier qui l'avoue - sa secrète aspiration à rester encore quelques années au pouvoir, avec le concours de ses amis du Conseil d'État qu'il croyait avoir «bien en mains»[2].

On ne peut toutefois passer sous silence les démarches engagées par le gouvernement en juin 1921 pour tenter de reconstituer les Chambres. La note relative aux élections législatives qu'il avait alors décidé d'organiser, et qui avait été déposée au Département d'État, n'obtint pas de réponse. Ce qui parut excuser l'empêchement où s'était trouvé Dartiguenave de ne rien entreprendre pour agencer cette consultation populaire[3].

Vers la fin de 1921, quelques pétitions d'employés publics et des lettres d'agents diplomatiques avaient formulé le souhait que le Chef de l'État garde le pouvoir. Mais une voix autorisée, celle du sénateur McCormick, avait plus que toutes les autres, porté Dartiguenave à considérer que son maintien à la première magistrature de l'État pourrait être bénéfique à la nation. «Dans l'état d'anarchie morale où se trouve votre pays, lui avait dit le sénateur en prenant congé de lui, votre conscience de patriote vous commande de faire le sacrifice de votre repos en acceptant un nouveau mandat présidentiel»[4].

Optant pour l'opinion désintéressée de son ami Berthomieux Danache qui l'avait conseillé de ne pas briguer un second terme, Dartiguenave un certain temps resta sourd aux sollicitations et se détermina à offrir son concours à son ancien ministre des Relations Extérieures, Louis Borno, qui s'était officiellement déclaré candidat à la présidence et avait démissionné comme directeur de l'École de Droit et comme membre de la Cour permanente d'arbitrage de La Haye, afin de mener plus librement sa campagne...

Dartiguenave a promis à Borno de réformer le Conseil d'État afin d'y nommer des amis sûrs qui l'éliraient sans problème. Mais la candidature de l'ex-ministre des Relations Extérieures et des Finances est combattue avec violence, et Dartiguenave se rend compte qu'il ne peut continuer à patronner un candidat dont l'impopularité est manifeste. Entre-temps, avaient posé leur candidature, les citoyens Auguste Bonamy, Justin Barau et Louis Roy. Dartiguenave se trouva fort embarrassé sur le choix qu'il aurait à faire d'un de ces candidats, en vue de l'épauler.

De son côté, l'opposition bougeait et n'était pas décidée à se laisser conduire. Un de ses plus virulents griefs était la désignation qui avait été faite du Conseil d'État pour procéder aux élections présidentielles. Selon elle, ce corps doté d'attributions législatives, n'avait pas la compétence de l'Assemblée Nationale, seule apte à élire le Chef de l'État. L'unique solution pour sortir de l'impasse, proposait Me Laventure dans *l'Essor*, était la formation d'un gouvernement provisoire où seraient représentés tous les partis et toutes les tendances, et qui se chargerait d'organiser les élections[5].

On laisse l'opposition s'empêtrer dans ses considérations byzantines. Cependant, l'orientation de la lutte électorale ne s'est toujours pas dessinée. Dartiguenave semble hésiter sur le parti à prendre face à la prochaine vacance présidentielle. Après s'être déterminé à ne pas se présenter devant le Conseil d'État, il se ravise et avoue ses aspirations, encouragé en cela par de nombreuses personnalités haïtiennes et américaines qui n'ont cessé de le harceler pour qu'il brigue un nouveau terme. Brusquement il se rétracte en lançant une proclamation où il décline l'honneur d'être réélu, fait ses adieux définitifs à ses collaborateurs et... pardonne à ses ennemis.

Il semble que l'action de Mme Russell pour le porter à revenir une nouvelle fois sur sa décision et à accepter un second mandat ait été déterminante. Quelques semaines avant les élections d'avril, il fait connaître ses intentions de se mettre dans les rangs. Les pressions pour l'acceptation d'un emprunt public, qui s'étaient assoupies devant son incertitude, s'intensifient soudainement. Marchandage électoral adroitement combiné par le Haut Commissaire, et auquel le président sortant eut dû accorder toute son importance, s'il souhaitait rester au Palais national... Se croyant maître de la situation, Dartiguenave tergiverse et multiplie les faux-fuyants.

Le moment décisif approchait cependant, et pour en avoir le coeur net, Russell imagina de réunir, le samedi 8 avril, au local de la Croix-Rouge américaine, le président de la République et les Conseillers d'État. À cette réunion, il dirait aux Conseillers le prix que le Gouvernement américain attachait à la réélection et les engagerait à voter pour Dartiguenave. Le déroulement du scénario tel que conçu restait bien sûr fonction du consentement qui serait publiquement donné par Dartiguenave au projet d'emprunt.

Mis au courant de la combinaison, ce dernier continue ses tergiversations, s'enfermant dans son éternel *On verra*, formule qu'il avait adoptée comme moyen dilatoire. Néanmoins, à la date fixée, il se rend à la Croix-Rouge américaine. Trois jours le séparaient des élections. Au champagne, le Haut Commissaire lui demande s'il n'avait rien à déclarer. Sur sa réponse négative, Russell reprend : «Moi non plus!»[6].

Sa détermination était prise de le laisser tomber.

Plein d'illusions sur le loyalisme de ses amis du Conseil d'État, Dartiguenave avait cru pouvoir se passer du patronage du Haut Commissaire. Pour manoeuvrer le Conseil et rallier ses suffrages, il comptait beaucoup sur Stephen Archer, le président de ce corps qui s'était montré jusqu'ici un de ses partisans les plus fervents. Mais adoptant à l'égard des conseillers un comportement dont on s'étonne de la part d'un politicien de si longue expérience, il n'avait trouvé nécessaire ni de les amadouer, ni de leur faire des promesses, ni de se montrer généreux à leur égard. Ce n'était certes pas une façon de se les attacher. D'autre part, le lâchage ostensible du Haut Commissaire avait eu son impact. Abandonné des puissants du moment, Dartiguenave n'était déjà plus la personnalité transcendante que le pouvoir auréole et que ses partisans admirent.

Ce même samedi, voulant supputer les chances de Dartiguenave, Stephen Archer convoque ses collègues chez lui pour l'après-midi, en vue d'un scrutin préliminaire. Déjà une certaine confusion avait commencé à régner au sein du Conseil. Pour l'élu du 12 août, les chances se diluaient. Après deux tours infructueux, les conseillers se retirèrent et se rendirent en la résidence de leur collègue Léo Alexis où cette fois, le scrutin accusa 5 voix pour Dartiguenave. Ainsi était mise en minorité la candidature du Chef de l'État. Une délégation composée de Stephen Archer, Constantin Mayard, Charles Rouzier et Léo Alexis alla au Palais lui annoncer la nouvelle. Il apprit sa défaite avec sa placidité coutumière et pria les membres de la délégation de dire à ses amis et au peuple qu'il n'était plus candidat et ne désirait pas un seul vote en sa faveur dans l'urne du 10 avril[7].

Ce fut une grande satisfaction pour le président du Conseil d'État d'entendre sortir ces propos amers de la bouche du président. Il n'avait jamais cessé intérieurement d'aspirer à la première magistrature de l'État. La déclaration publique de Dartiguenave le déliait maintenant de toute fidélité à son endroit. Il entra aussitôt en campagne, face à Antoine Sansaricq, Joseph Justin, Osmin Cham et Louis Borno dont la candidature était appuyée par plusieurs conseillers.

La journée du 10 s'annonçait chaude. Les partisans de Stéphen Archer paraissaient sûrs de la victoire. Une épineuse affaire de nationalité avait été en effet soulevée contre son concurrent le plus sérieux, Louis Borno, et rien ne laissait voir comment s'en sortirait celui-ci.

Ce fut précisément sur cette question que le 10 avril, à 11 heures du matin, le président Stéphen Archer, ouvrant la séance pour l'élection présidentielle, déclara que, conformément à l'article 73 de la Constitution, les bulletins de vote en faveur d'un candidat dont le père n'était pas Haïtien seraient annulés d'office... Brouhaha parmi les membres de l'assemblée et même dans l'auditoire. À ce moment, Borno paraît dans l'enceinte. Il est ovationné ainsi que Sansaricq.

Sur l'intervention d'Arthur Rameau, Archer qui s'était officiellement porté candidat, cède la présidence du Conseil au premier Secrétaire Léo Alexis qui prend siège. On passe au vote. Les conseillers appelés par ordre déposent leurs bulletins dans l'urne placée sur la tribune. Alexis invite les conseillers Rouzier et Sansaricq à procéder au dépouillement et rappelle à l'assemblée que les bulletins portant le nom d'un candidat né d'un père étranger seront déclarés nuls. Les protestations fusent de nouveau. Alexis fait appel à la police. Le major Rupertus s'amène accompagné d'officiers et de gardes.

Le calme rétabli, Rameau propose au président de soumettre à l'assemblée la question de l'éligibilité du candidat Borno. Il passe outre. Se tournant vers ses collègues, Rameau leur demande d'en décider d'office. La majorité des conseillers se met debout en faveur de l'éligibilité...

Estimant que le dépouillement de l'urne devait être subordonné à la question préjudicielle, Sansaricq et Rouzier ont regagné leurs sièges. J.M. Grandoit et Jean Thomas, désignés pour les remplacer, adhèrent à leur tour au point de vue de la majorité. Enfin Hénoch Désert et Constantin Mayard donnent leur accord. Ils se lèvent et s'approchent de l'urne. Le tumulte se déchaîne. Au milieu des protestations et des cris, le conseiller Arthur Rameau se précipite sur l'urne et l'emporte. On dresse procès-verbal contre Rameau. De nouvelles protestations s'élèvent contre ce procès-verbal. Dans l'impossibilité de ramener la paix, Alexis suspend la séance, après avoir déclaré la permanence de l'Assemblée Nationale et fixé à 3 heures de l'après-midi la reprise de l'audience. Sur la proposition de Sansaricq, les conseillers gagnèrent l'étage du Palais Législatif pour se prononcer dans le calme sur les décisions à prendre en fonction des difficultés qui s'étaient présentées.

4 heures avaient déjà sonné que les portes du Palais Législatif étaient encore fermées. Passant par la cour arrière, quelques jeunes audacieux parviennent à les ouvrir. Une foule dense se précipite dans la salle des délibérations. Quatorze conseillers prennent siège. Pendant

ce temps, les partisans d'Archer tentent un dernier essai pour faire échec à la candidature de Borno, en sollicitant l'intervention du Haut Commissaire. Celui-ci se retranche derrière sa déclaration à la presse du 8 avril dernier, selon laquelle il n'épouserait la cause d'aucun candidat.

Au Conseil, les discussions s'éternisent. Les conseillers se sont rendus encore une fois à l'étage pour délibérer à huis clos. Mais 7 heures sonnent que rien de concret n'est encore sorti des discussions. L'auditoire s'énerve. Quelques conseillers âgés et malades abandonnent l'Assemblée.

Désespérant de gagner le Conseil à leurs vues, Stéphen Archer, Constantin Mayard et Léo Alexis se séparent de leurs collègues, après que le président eut fixé pour le lendemain 10 heures la reprise de l'audience. S'apercevant qu'ils formaient la majorité constitutionnelle des deux tiers, les autres conseillers déclarent eux-mêmes rester en séance et se réunissent au rez-de-chaussée. En raison de l'absence du président de l'Assemblée et du premier Secrétaire, le Bureau est présidé par le deuxième Secrétaire, le conseiller Alfred Nemours. Il est assisté des conseillers Delabarre Pierre-Louis et Charles Fombrun. Les secrétaires-rédacteurs étant partis avec le président Alexis, Hermann Pierre-Antoine, Granville B. Auguste et P.D. Plaisir, choisis dans l'auditoire, sont désignés pour les remplacer ad hoc. En hâte, le Bureau ordonne de faire chercher dans le voisinage de quoi écrire, plumes et papier étant restés enfermés dans les armoires.

Quelques coups de sonnette. Nemours déclare ouverte la séance pour l'élection du président de la République. La majorité de 14 conseillers constatée, il choisit Antoine Sansaricq et Louis Guillaume comme scrutateurs. Au premier tour, Borno obtient l'unanimité des quatorze voix[8]. Il est aussitôt proclamé président de la République pour 4 ans. Applaudissements frénétiques de l'auditoire, qui se répercutent jusque dans la rue.

Le Chef de la gendarmerie, le général Douglas C. McDougal[9], se présente dans la salle et invite le président élu à venir prendre place avec lui dans son automobile. Sur tout le parcours et jusqu'à sa maison privée du Champ-de-Mars[10], Borno est acclamé par le peuple. Chez lui, les toasts se succèdent. Quelqu'un crie : Vive la coopération franche et loyale ! Le président se retourne et sourit en signe d'approbation. Les vivats éclatent. C'était l'aube d'une «ère nouvelle», et sans le savoir, cet enthousiaste partisan venait de résumer en quelques mots ce qui, pendant huit ans, allait être le souhait majeur et la flèche de direction du nouveau pouvoir.

Du côté du Conseil d'État, tout n'était pas consommé cependant. S'étant présenté le lendemain au Palais Législatif, afin de reprendre la séance qui avait été ajournée, Léo Alexis rédige une protestation contre la «prétendue séance» de la veille au soir et déclare que l'ensemble des actes accomplis à cette occasion constituaient «une série de manoeuvres révolutionnaires qui, comme telles, ne peuvent avoir aucun effet»[11]. Faute de majorité, il renvoie l'élection présidentielle au lendemain 12 avril.

Pas plus qu'à la séance du 11, le quorum, à celle du 12, ne fut évidemment pas atteint. Le Conseil d'État était-il devenu un corps bicéphale ? Cette anarchique situation ne pouvait pas se perpétuer.

Le 13 avril, réunis au Palais Législatif, les quatorze conseillers qui s'étaient désolidarisés de Stephen Archer et de son groupe formulèrent une déclaration par laquelle ils réaffirmèrent la régularité de l'élection présidentielle du 10 avril qui, selon eux, s'était déroulée conformément à la Constitution. S'élevant contre la protestation du 11 avril de Léo Alexis, ils demandèrent que les actes dressés par celui-ci ne soient pas publiés au *Moniteur*. Le même jour, ils révoquèrent le mandat de Stéphen Archer et de Léo Alexis comme président et premier Secrétaire du Conseil d'État. Le nouveau Bureau fut formé du conseiller J.M. Grandoit, président, et des conseillers Delabarre Pierre-Louis et Charles Fombrun, premier et deuxième Secrétaire.

L'élection de Borno était loin d'avoir rallié l'unanimité des voeux du peuple haïtien. L'aptitude légale du nouveau Chef d'État à occuper le fauteuil présidentiel ne finissait pas de défrayer la conversation. Si le nouvel élu pouvait se réclamer d'une filiation dont les origines remontaient aux premières luttes pour notre liberté[12], les aléas de l'existence l'avaient pourtant fait naître à un moment où son père avait la nationalité française. Ses adversaires disposaient donc de bonnes raisons pour contester cette élection réalisée par une assemblée qui s'était abusivement octroyée les attributions de l'Assemblée Nationale et qui, de plus, avait donné son vote à un candidat constitutionnellement inéligible.

De manière assez inattendue, se rangeait parmi les plus tenaces protestataires, le gouvernement lui-même. Cette prise de position de Dartiguenave cadrait bien sans doute avec ses devoirs de défenseur de la Constitution; mais en dessous, le dépit d'avoir été évincé par celui-là même qu'il avait cru au début pouvoir patronner, n'avait-il pas aussi sa place ?...

À la suite d'une consultation que lui avait donnée le président du Tribunal de Cassation, Me Auguste Bonamy, et Me Seymour Pradel, avocat de renom, le Haut Commissaire Russell avait, le 18 avril au nom de Gouvernement américain, reconnu Louis Borno comme président d'Haïti. Le Gouvernement et la minorité du Conseil d'État se hâtèrent de protester. Pensant obtenir des pièces authentiques dont la publication amènerait l'annulation des élections, le Conseil des Secrétaires d'État sollicita de la Légation de France des informations relatives à la nationalité de Louis Borno. Ces renseignements parvinrent, le 24 avril. Ils révélèrent que «Eugène Robert Borno, père du président élu, né à Pointe-à-Pitre, Guadeloupe, fut immatriculé comme Français à la Légation de France et se considéra tel jusqu'en 1874, époque où il renonça à sa qualité d'étranger pour se naturaliser Haïtien». Venu au monde avant la naturalisation de son père, Louis Borno restait «inéligible à la présidence d'Haïti, aux termes de l'article 73 de la Constitution de 1918»[13].

Ces précisions reçues du Ministre de France établissaient clairement l'inconstitutionnalité de l'acte du 10 avril. Elles furent transmises au Haut Commissaire par le Secrétaire d'État des Relations Extérieures M. Justin Barau. Ce fut en vain. Russell s'arma de l'opinion exprimée par la majorité du Conseil d'État sur la question de l'éligibilité à la séance du 10 avril au matin et des propres déclarations de Barau qui, antérieurement, avait qualifié ces élections d'anormales plutôt que d'illégales.

Adoptant le point de vue du Représentant du président des États-

Unis, le secrétaire d'État Hughes reconnut valide l'élection de Borno et déclara la question «souverainement» et «définitivement» résolue.

Il ne restait plus à Dartiguenave qu'à se préparer à quitter le Palais national. Le désappointement pour lui était complet. Il s'en allait avec le mépris de l'Américain et l'inimitié de celui contre lequel il avait coordonné ses efforts pour lui barrer le chemin de la présidence. Cette surprenante volte-face, qu'il dut assimiler à une flagrante trahison, Borno ne devait pas l'oublier. S'appuyant sur la faculté qui était laissée au gouvernement de liquider ou non la pension des anciens présidents, il n'intervint pas auprès du Conseiller financier Pixley qui avait décidé de ne pas régler à Dartiguenave les 150 dollars mensuels prévus pour les anciens Chefs d'État.

Dartiguenave entra dans la retraite, insatisfait de lui-même et dégoûté de tout. Aux souffrances morales qui avaient jalonné son septennat, s'ajoutaient maintenant les douleurs physiques d'un mal incurable qui allaient faire de lui un martyr[14]. Retiré dans sa villa de l'Anse-à-Veau, il y rendra le dernier soupir, à l'aube du 8 juillet 1926, après d'épuisants et vains efforts pour obtenir la guérison. Il n'avait pas tout à fait 64 ans.

Notes

1.   Il commanda la First Brigade USMC en Haïti du 28 novembre 1917 au 6 décembre 1918 et du 2 octobre 1919 au 14 janvier 1922.
2.   B. Danache, *op.cit.*, p. 135. - La Constitution de 1918 avait prévu que les élections législatives ne pourraient être décrétées qu'au mois d'octobre d'une année paire pour avoir lieu en janvier de l'année suivante.
3.   Dantès Bellegarde, *op.cit.*, II, pp. 165-166, note.
4.   Berthomieux Danache, *op.cit.*, p. 140.
5.   L'Essor, 26 janvier 1922.
6.   Berthomieux Danache, *op.cit.*, p. 150.
7.   *L'Essor,* 9 avril 1922.
8.   Voici les noms des 14 conseillers qui accordèrent leur vote à Louis Borno : Antoine Sansaricq, Estimé Jeune, James Thomas, Arthur Rameau, Ducasse Charles-Pierre, Charles Fombrun, Charles Bouchereau, J.M. Grandoit, Charles Rouzier, Hannibal Price, Jules Bance, Delabarre Pierre-Louis, Alfred Nemours, Louis Guillaume.

9. Le nouveau Chef de la gendarmerie, le lieutenant-colonel McDougal, était arrivé en Haïti le 15 avril 1921.

10. Immeuble en bois situé sur la façade nord du Champ de Mars, non loin du ciné Paramount, et qui portait le numéro 50, aujourd'hui démoli.

11. *Le Moniteur,* No. 25, 12 avril 1922.

12. Dans son arbre généalogique figuraient, du côté paternel, Déléard Borno et Marc Borno qui s'étaient signalés dans les luttes pour la liberté et l'indépendance et du côté maternel, Delphine Borgella, son arrière-grand'mère, soeur de Jérome Maximilien Borgella, l'un des grands noms de l'Histoire d'Haïti.

13. Hogar Nicolas, *L'Occupation américaine d'Haïti,* pp. 216-217.

14. Il était atteint d'un cancer à la langue.

DEUXIÈME PARTIE

LES TRAVAUX
ET LES JOURS D'UNE
MÉTROPOLE OCCUPÉE

PHYSIONOMIE DE PORT-AU-PRINCE DANS LES ANNÉES 1915 À 1922

La présence américaine à Port-au-Prince n'a pas enlevé à la capitale le cachet de ville provinciale qu'elle a toujours gardé au cours des ans. L'occupation n'a en rien modifié les traits de sa physionomie qui sont demeurés ce qu'ils étaient il y a cent ans. Si la capitale s'est développée, si elle compte maintenant des quartiers résidentiels dont les maisons ont de la prestance, ses anciens quartiers sont encore là, insalubres, peuplés d'immeubles à l'aspect minable, mais animés comme depuis toujours par une population remuante, enjouée, pittoresque, à laquelle se mêlent aujourd'hui, sans y prendre garde, des jouvenceaux au teint rosé, costumés de kaki, l'air apparemment bon enfant, et qui ne semblent pas trop dépaysés par le décor exotique qui les entoure.

Dans cette foule trépidante qui s'écoule par des rues cahoteuses, bordées de ruisseaux fangeux, et dont quelques-unes ont récemment reçu un revêtement en béton, se profilent d'autres figures nouvelles, représentation vivante de personnages tirés d'une aquarelle orientale. Pas longtemps depuis qu'ils ont commencé à essaimer sur le sol d'Haïti, ces fils du Céleste Empire. Et pourtant, il est aisé d'observer que le pays, et plus particulièrement sa capitale, «se chinoisent» de plus en plus. Actifs, laborieux, ils s'adonnent à des occupations diverses et lucratives. L'un d'eux cultive à Martissant de superbes légumes. Un autre, établi au Chemin des Dalles, excelle dans la fabrication de pains croustillants et dorés. À la rue Bonne Foi, un troisième apprête des mets vraiment délicieux. Enfin d'autres, en différentes zones de la ville, blanchissent le linge avec un art inimitable. Extraordinairement assimilables, plusieurs d'entre eux ont déjà acquis la nationalité haïtienne et sont en train de se créer une famille dans leur pays d'adoption.

Les moins intéressants de cette population des rues, ce sont sans conteste les mendiants qui, dans la capitale, ont toujours eu droit de cité. Aujourd'hui, le grand repaire des pouilleux, des infirmes, des vauriens crapuleux, c'est l'immeuble abandonné du Service Accéléré, à la rue du Quai.

Est-ce à la misère qu'il faut attribuer la prolifération des mendigots ? Sans doute, car la misère, elle est vraiment réelle, et on ne sait plus que faire pour la combattre, sinon pour la terrasser. Certains, obsédés par la hantise de mener une vie moins piètre, se sont hardiment lancés à la recherche des trésors enfouis, de ces «jarres» merveilleuses bondées de doublons et de joailleries, héritage inespéré des anciens colons français.

L'un de ces magots, le trésor du gouverneur comte d'Ennery, évalué à plusieurs millions de dollars, a éveillé la convoitise de quelques pauvres hères qui, armés de plans et de documents que leur a fournis un ancien consul-général d'Haïti au Havre[1], ont fébrilement entamé des fouilles devant le site de l'ancien Hôtel de la Marine, non loin de la cathédrale. Cette tentative n'aura pas de lendemain. Après quelques jours de travaux infructueux, les excavations déjà creusées seront comblées.

En ces temps de vaches maigres, il n'était pas facile d'échapper à l'obsession d'une alléchante fortune. En 1921, c'est une société coopérative qui se formera, en vue de découvrir le trésor du comte. Abandonnant le premier site, elle entreprend les fouilles sur la place de la Terrasse. Après huit mois d'efforts acharnés et d'espoirs tendus, car plusieurs «indices» avaient été trouvés, elle met un terme aux recherches, contrariée par les grosses difficultés rencontrées.

Ce n'était pourtant pas la fin de toute espérance, et Horatius Trouillot, le responsable des travaux, se fit fort d'aboutir aux fins escomptées, si seulement l'État lui accordait une équipe de dix terrassiers durant quinze jours. Tout laisse à penser qu'il ne parvint pas à communiquer sa confiance aux bureaux de l'administration, car les travaux d'excavation ne furent jamais repris, et il fallut bien, après un certain temps, obturer les cavités restées béantes et laisser en paix le trésor du comte qui, s'il revenait sur terre, aurait sans doute été le premier étonné d'apprendre l'existence de sa fabuleuse fortune.

Mais l'affaire la plus extraordinaire touchant à cette psychose des richesses cachées, et qui eut dans tout le pays un retentissement énorme, ce fut celle dite de la Main noire. De nombreuses personnes, et pas des moindres, désireuses de goûter aux joies d'une existence dépourvue de soucis matériels, se laissèrent gruger par un escroc cubain qui s'était échappé de son pays, après avoir été accusé de vol et de faux en écritures commerciales. Mêlant habilement superstition et supercherie, Juan Batista Davis réussit à spolier environ 150,000 dollars d'hommes d'affaires, de médecins, d'avocats et même d'officiels du gouvernement à qui il avait promis les millions enfouis dans le sol de Saint-Domingue au moment du massacre des familles françaises. Ces rocambolesques aventures devaient trouver leur épilogue devant les assises criminelles du Tribunal de 1ère Instance de Port-au-Prince, ouvertes en juillet 1922. Des révélations sensationnelles furent apportées au cours de ce procès qui se déroula aux tout premiers jours de l'administration du président Borno.

C'est peut-être dans l'optique de cette même hantise que des énergumènes, sous le couvert de la nuit, violèrent le caveau du président Tirésias Simon Sam qui venait de mourir, dans l'espoir sans doute d'y trouver quelque chose de son hypothétique fortune. Déçus dans leur attente, ils se contentèrent des vêtements du cadavre[2].

Provinciale et par conséquent pudibonde, la capitale se laisse pourtant aller parfois à des audaces qu'un clergé attentif et rigoriste se hâte de réprimer. Dans sa tâche de défenseur de la morale, le clergé était encouragé par les familles qui étaient les premières à se plaindre d'un certain relâchement des moeurs. Elles se récriaient surtout contre les propriétaires de salles de spectacle qui parfois exhibaient sur leurs écrans des scènes selon elles nettement «en opposition avec la morale publique». Prêtres et parents déploraient l'absence d'une censure ou d'une police des théâtres qui aurait pu constituer une garantie contre la perversion...

Le grand souci des familles, c'est de s'épargner la honte d'une conduite blâmable de leur progéniture. Vigilantes au dernier point, elles ne tolèrent le flirt que s'il doit déboucher sur la bénédiction du curé et les compliments du magistrat communal. Bien entendu, l'atmosphère à Port-au-Prince n'est pas nécessairement conventuelle, et les plaisirs et divertissements qu'on peut s'y offrir sont parfois goûtés jusqu'à satiété.

Provincial encore, ce Port-au-Prince de Sudre Dartiguenave, et donc friand de ragots, comme il convient à toute ville où chacun se connaît et où le moindre scandale dégénère en affaire d'État. Que de salives coulèrent autour de cette mésaventure survenue à une haute personnalité de la ville, accusée à tort ou a raison, d'avoir abusé de la fille d'un grand du régime, au retour d'une kermesse au lycée ! L'affaire prit de telles proportions que ce personnage dut démissionner de sa fonction... C'étaient de ces cancans dont on aimait s'entretenir et qui donnaient occasion aux moralisateurs d'afficher leur vertu et aux tolérants d'étaler leur complaisance.

Au temps des chaleurs estivales, c'est pour ceux dont les moyens autorisent ces fugues, l'irruption dans les régions suburbaines, réputées comme lieux de villégiature idéale. Si Pétionville attire plutôt les nantis, les grands espaces verts qui s'étendent de Martissant à Mariani voient à cette époque de l'année se déverser, à l'ombre de leurs riches frondaisons, des familles de la moyenne et petite bourgeoisie pour qui un séjour en ces lieux enchanteurs est la réalisation de rêves nourris pendant des mois. Ceux qui ne peuvent y séjourner durant la saison ne ratent pas le dimanche. C'est un vrai plaisir, ce jour-là, observe *l'Essor*, «de voir les quatre cars et les wagons de la P.C.S. chargés de passagers qui vont se reposer soit à Bizoton, soit à Thor, soit à Carrefour, soit enfin à la Rivière Froide... C'est bien là où on se sent réellement à la campagne, sans luxe tapageur. L'eau y abonde et les arbres sont nombreux, qui entretiennent une température fraîche et agréable à toutes les heures»[3].

Notes

1. *Le Nouvelliste,* 4 août 1917.
2. *Le Matin,* 14 juin 1916. Dans son *Journal,* Georges Sylvain rapporte que le gardien du cimetière avait démenti la nouvelle... Était-ce pour écarter sa responsabilité ?...
3. *L'Essor,* 6 août 1917.

URBANISME, PLACES PUBLIQUES ET MONUMENTS

Cette petite capitale trop longtemps réfractaire au progrès et qui aujourd'hui subit la mainmise étrangère, va-t-elle, sous le double pouvoir qui assume maintenant les destinées du pays, sortir enfin de sa laideur et de sa crasse pour se parer, à l'instar de ses soeurs d'Amérique, de ces agréments tellement indispensables à la santé corporelle et à l'harmonie de la vie psychique des habitants d'une ville ?

Sans doute, avec la présence américaine en Haïti, les méthodes urbanistiques employées aux États-Unis vont trouver sur le territoire un excellent champ d'application. Si les résultats ne se révélèrent pas sensationnels, ils mirent du moins en relief la nécessité d'utiliser des techniques judicieuses et sûres pour un urbanisme bien pensé.

À Port-au-Prince et dans les autres parties du pays, la prise en charge étrangère de l'aménagement des villes ne s'étendra pas à tous les secteurs, et les administrations communales en particulier auront toute liberté de prendre les initiatives qu'elles jugeront nécessaires, dès lors que celles-ci ne heurtaient pas les conceptions urbanistes prônées par l'occupant.

Le gouvernement de Dartiguenave profitera très peu des lumières que la technique américaine aurait pu lui apporter dans le domaine de l'urbanisme. L'instabilité politique que connaîtra le régime, surtout à ses débuts, les revers économiques et les conflits financiers qui l'agiteront sans cesse en seront les principales causes. Mais dès 1915, des structures d'essai seront établies qui aboutiront à la loi du 2 juin 1920, organisant, selon les directives de l'article XIII de la Convention de 1915, la *Direction Générale des Travaux publics*. Au lieu des trois fonctionnaires sous les ordres de qui avait été placée l'organisation à l'origine, la loi de 1920, pour obvier aux inconvénients qui en résultaient, désigna un responsable, le premier ingénieur du Traité, qui reçut le titre d'Ingénieur en Chef et eut pour obligation de renseigner le secrétaire d'État des Travaux publics sur la marche du service fonctionnant sous sa direction. Les bases rationnelles étaient jetées. Mais il faudra attendre les beaux jours de la collaboration «franche et loyale» pour voir se matérialiser dans les différents secteurs du génie municipal, des édifices publics et des communications téléphoniques et radiotélégraphiques, des applications de la technique américaine qui marqueront un tournant dans l'aménagement de l'habitat urbain à Port-au-Prince.

Au début de l'occupation, la capitale d'Haïti couvre une superficie d'environ sept kilomètres carrés. La ville s'est agrandie à l'est, s'aménageant de nouveaux quartiers résidentiels pour la partie aisée de sa population. La région de Pacot, spécialement, est en plein développement. De nouvelles rues ont été tracées, qui escaladent la colline jusqu'à proximité du chalet de Gustav Keitel[1], enfoui dans le maquis. Au nord, un notable essor a commencé à se dessiner au quartier de Saint-Antoine, au point qu'on éprouve déjà quelque difficulté à y acheter une propriété. La principale route qui le dessert, et que le Conseil communal de Port-au-Prince baptisera en 1921 du nom de Monseigneur Pouplard[2], ancien curé de la Cathédrale, n'est encore qu'un sentier dont les riverains réclament l'élargissement. À l'autre bout de Port-au-Prince, les Travaux publics ont entrepris, sous la direction de l'ingénieur Hermann Doret, la construction de l'importante voie destinée à relier Bolosse à Peu-de-Chose. Travail malaisé, laborieux, que l'entrepreneur mènera à bonne fin.

Un essai d'urbanisation est tenté dans la zone de Pont-Rouge. Cinq nouvelles rues y ont été percées du nord au sud et de l'est à l'ouest, et l'espace environnant a été déboisé en vue de l'aménagement de nouvelles voies pouvant donner accès au Bel-Air par le bois Saint-Martin. L'emplacement rendu disponible peut accommoder plus d'une centaine de maisons.

En 1915, s'est amorcée une vaste campagne d'assainissement des quartiers populeux, par la démolition des masures qui y proliféraient. Les bicoques qui ceinturaient l'ancienne Prison des Femmes, celles qui s'étendaient le long de la rue Saint-Honoré et fleurissaient au faubourg Salomon sont impitoyablement abattues Les cabanes du marché Saint-Louis, au delà du Bord-de-Mer, connaîtront le même sort. Mais leurs propriétaires, plus heureux que ceux des autres bidonvilles démolis, recevront en échange de leurs masures détruites, des maisonnettes érigées par la Commune, de l'autre côté du Pont-Rouge[3]. Contre les propriétaires fortunés, réfractaires à toute restauration, et dont les immeubles constituaient une menace pour la sécurité publique, la Mairie s'armera d'un arrêté communal de 1894 pour les citer en justice à fin de condamnation.

Au centre commercial, l'opération «assainissement» montra son ardeur en déplaçant définitivement, à la grande satisfaction des voisins, le sordide parc communal de la rue du Centre, en démolissant le Bassin Cheval qui s'était transformé en un dangereux réceptacle d'ordures et en démantelant le vieux fort Sainte-Claire, parure insalubre et inesthétique du littoral de la capitale.

Parmi les architectes de renom qui, dans les quartiers résidentiels, trouveront à illustrer leurs connaissances et leur art, se détachent Léon Mathon et Joseph Eugène Maximilien, de l'École spéciale d'Architecture de Paris, et William Mc-Intosh, établi à Port-au-Prince en 1911. On leur doit la construction de splendides villas, dans le goût du jour, de maisons de commerce au style élégant et de quelques beaux édifices religieux. À Peu-de-Chose, se dresse le chef-d'oeuvre de Maximilien, cette étonnante villa Cordasco, ancienne propriété de Clara Ewald Gauthier, dont la savante et gracieuse architecture fait encore aujourd'hui l'admiration des esthètes.

Malgré l'ouverture à travers la ville de nombreux chantiers de construction, la crise de logement, déjà vieille de plusieurs années, ne s'est pas affaiblie. Dans sa livraison du 27 septembre 1919, *l'Essor*, en trace un bien inquiétant tableau : «On désespère de pouvoir trouver un logement. Les grandes maisons sont aussi rares que les petites. D'autre part, les loyers sont excessifs. Les appartements de maison qu'on louait 30 à 35 gourdes, 4 à 5 pièces, se louent actuellement 25 à 30 dollars, eau et électricité à part. On attend en vain l'arrivée des compagnies de construction dont on parle»... En dehors de l'émigration des provinces qui déjà s'ébauchait, la présence à Port-au-Prince de la nombreuse colonie américaine drainée par l'occupation, avait aussi sa part, cela va sans dire, dans l'aggravation du problème du logement.

En 1921, les rues de la capitale ont atteint un développement de 78 km., avec une largeur moyenne de 11 mètres. Elles sont désignées par les noms que leur a légués la colonisation française ou que leur a conférés toute une succession d'administrations communales. En 1915, les rues des Casernes, Normandie, Tirremasse, Réservoir, Front-Forts voient par arrêté communal leurs appellations changer en celles de Enélus Robin, Oswald Durand, Justin Lhérisson, Docteur-Aubry, Thomas Madiou, tous des patronymes de citoyens émérites. La rue à l'ouest du cimetière reçoit le nom du poète Fleury Battier et celle longeant au sud le Parc de l'État, est baptisée du nom de l'éminent docteur Jean-Baptiste Dehoux. Le Parc de l'État lui-même devient officiellement le *Parc Leconte*.

Le 3 mai 1918, obéissant sans nul doute à une injonction des autorités occupantes, l'Administration communale de Port-au-Prince prend un arrêté qui bouleverse toutes les traditions établies, relativement à la désignation des noms de rues. Sous prétexte d'adopter «un mode nouveau tout à fait moderne et plus propice par conséquent à faciliter le fonctionnement des services publics et voitures de louage», elle décide que les rues longitudinales, allant du sud au nord, seront numérotées et les rues transversales, allant de l'ouest à l'est, seront désignées par une lettre alphabétique. La nouvelle route de Bolosse à Peu-de-Chose, marque le point de départ du numérotage des rues et avenues de la capitale et devient la rue 1, tandis que la rue du Quai est baptisée rue A.

Ce nouveau système d'indication des rues avait été institué surtout pour faciliter les étrangers et les membres de la colonie américaine qui étaient parfois embarrassés pour trouver leur chemin à travers la ville. Les Port-au-Princiens ne réussiront jamais à s'habituer à ce

~ Le président Dartiguenave et les membres de son Cabinet sur les marches du Palais National entourés d'officiels et de militaires américains ~

~ Participants à la manifestation organisée à l'occasion de l'arrivée de la Commission McCormick ~

~ La Commission McCormick au Palais National ~

~ Accueil au quai de Port-au-Prince du Haut Commissaire américain
John Russel par le maire de la capitale, M. Edmond Mangonès ~

~ Vue aérienne du secteur Est de la ville de Port-au-Prince en 1920 ~

~ La route de Martissant au temps de la présidence de Dartiguenave ~

~ Les sous-bois de Mariani dans les années vingt ~

~ Le quartier de Bolosse en 1915 ~

~ La villa Morel à Peu-de-Chose (architecte Léon Mathon) ~

~ La villa Cordasco à Peu-de-Chose (architecte Eugène Maximilien) ~

~ La rue Courbe dans les années vingt ~

~ La rue Bonne-Foi, secteur du marché en Haut, après bétonnage ~

~ La rue Bonne-Foi sous Dartiguenave, secteur centre ville ~

~ La rue des Miracles nouvellement bétonnée ~

changement et continueront à désigner par leurs anciens noms les rues de la capitale. Des vestiges de cette nomenclature à l'américaine sont toutefois parvenus jusqu'à nous. Les avenues M, N, O, les rues 3, 4, 5 perpétuent le souvenir d'une tentative qui n'eut pas de lendemain.

La réfection de la voirie de Port-au-Prince, confiée à la Compagnie Haïtienne de Construction, et commencée en 1911, a connu de nombreux aléas. Contrariés par l'instabilité politique et les «révolutions» incessantes, les travaux souvent interrompus ont avancé au ralenti, au point qu'à l'arrivée des marines, très peu de rues avaient reçu leur couche de béton. Trop heureuses de se décharger de la voirie du quartier commerçant, les autorités américaines ne résilient pas le contrat qui lie Henry Berlin, président de la Société haïtienne de Construction, à l'État haïtien. Le Bureau de Génie créé par elles en 1915, et dont elles ont confié les rênes au lieutenant de vaisseau Oberlin, bornera ses activités à l'entretien de la voirie des quartiers de résidence : Turgeau, Bois Verna, Peu-de-Chose...

Au début de 1916, la Compagnie haïtienne de Construction reprend ses travaux avec beaucoup d'allant. La réfection de la Grand'rue, des rues Pavée et des Miracles est entamée. L'année 1917 voit le bétonnage du secteur de la cathédrale et de différents tronçons du bas de la ville. Ces travaux ne s'exécutent pas sans récriminations. Des propriétaires, victimes des impératifs de l'alignement, ont vu, non sans maugréer, leurs maisons se raccourcir par la suppression d'un perron ou d'un escalier extérieur... Refusant d'admettre l'impossibilité d'épargner les arbres malencontreusement plantés au tiers d'une rue et qui, ainsi, frustraient la voirie de trop d'espaces inutilisés, de nombreux citadins s'élèvent contre l'abattage de ces «compagnons fidèles» qui prodiguaient à tous un ombrage appréciable. Autre désaccord et qui entretiendra l'éternel discorde du Service des eaux d'avec la Voirie : des rues à peine bétonnées sont défoncées pour les nécessités de l'hydraulique urbaine !

Se l'imagine-t-on ? Les habitants des rues nouvellement revêtues et qui jouissent maintenant de chaussées larges, nettes et propres, ne se déclarent pas satisfaits. Ils se plaignent de la chaleur qui rayonne des voies bétonnées et leur rend la vie pénible. Approuvant leurs doléances, *Le Matin* suggère, pour apaiser la canicule devenue subitement insupportable aux Port-au-Princiens, l'arrosage quotidien des rues aux environs de midi.

Un nouveau procédé de revêtement, mis au point depuis plusieurs années aux États-Unis, la voie bitumée, est appliqué en Haïti par les soins du Bureau de Génie. D'une conductibilité calorifique beaucoup moindre que le béton, le bitume devait emporter la préférence de presque tous et voir son utilisation se généraliser dans la suite. En octobre et novembre 1917, les premiers essais d'asphaltage, sollicités par l'Administration communale, s'opèrent à l'intersection de la rue Grégoire et de l'avenue Magny. Les résultats s'étant révélés satisfaisants, le tronçon du Chemin des Dalles compris entre le Petit Four et l'avenue Boyer est asphalté. Reçoivent aussi leur couche de bitume, l'avenue Lamartinière au Bois Verna, l'avenue Magny, menant du Champ de Mars au Petit Four, l'allée intérieure nord et la chaussée périphérique est de la place du Champ-de-Mars[4].

En 1917, le Cimetière Extérieur s'étend par l'annexion du Cimetière des Varioleux dont il était mitoyen. L'année suivante, l'Administration communale apporte au champ des morts d'autres améliorations, en construisant de nouvelles allées macadamisées et en abattant la Grande Croix qui se dressait à proximité de l'entrée principale et était la cause de manifestations superstitieuses. Sur les restes de Mme Louis Hartmann qui avait été la donatrice de la grille de l'entrée principale de la nécropole, on élève un monument en souvenir de son geste généreux.

Peu d'embellissements aux places publiques qui ne profitent que de nettoyages sporadiques, lorsque la végétation luxuriante qui s'y plaît commence à devenir trop exubérante. À la place du Panthéon, cependant, où sera placé le monument de Toussaint Louverture, de sensibles améliorations sont apportées. Les allées sont bordées de palmiers, en attendant d'être garnies de petites grilles en fer ouvragé. Non loin de l'ancien Bureau de la Place, des colombiers sont installés pour abriter les «pigeons de la ville».

Le monument de Toussaint Louverture était une conception de Caïus Lhérisson qui avait pensé qu'après Dessalines et Pétion, le

Précurseur avait droit lui aussi à un témoignage de la reconnaissance nationale. En 1919, le comité formé par Louis Borno, Clément Magloire et Caïus Lhérisson s'était aussitôt mis à l'oeuvre pour la collecte des valeurs destinées à la réalisation du projet. Un contrat est passé avec le sculpteur Normil Charles pour l'exécution du buste de Toussaint et d'un esclave le contemplant et lui offrant une palme. Envoyé à Paris pour être coulé en bronze aux ateliers du Maine des frères Montagutelli[5], le monument est expédié à Port-au-Prince à la fin de l'année 1921. En raison des travaux d'encadrement qui n'étaient pas achevés, son inauguration aura lieu sous la présidence de Borno.

Sera aussi dévoilé sous Borno, le monument du docteur Dantès Destouches, auquel travaillait Normil Charles depuis de longs mois à son atelier de la rue de la Réunion.

Sans conteste, en cette deuxième décennie du XXème siècle, où l'urbanisme à Port-au-Prince est encore à ses balbutiements, on ne peut pas, à côté des verrues, dénier à la capitale d'Haïti tout progrès urbain. Les citadins de l'époque étaient les premiers à s'en apercevoir. On ne refusera pas au lecteur cette description pleine d'enthousiasme qu'un collaborateur de *l'Essor* donnait d'un secteur de la ville qui lui paraissait avoir atteint les limites de la beauté et du confort :

«Un quartier qui s'embellit, c'est celui de la cathédrale. Si l'on se rappelle l'état déplorable de ce quartier il y a quelques années, où l'on pataugeait dans la boue ou dans la poussière, selon le temps qu'il faisait... l'on est heureux de constater le progrès réalisé par là. En passant par exemple entre la cathédrale et le presbytère, le coup d'oeil est charmant. Aujourd'hui, ce sont des fleurs qui ornent les abords de la basilique, comme pour reposer la vue du bétonnage un peu trop sec, trop dur et trop chaud, mais très utile en temps de pluie.

«À quelques pas de là, c'est le square du lycée, et plus loin, celui de l'abreuvoir, si vert, si artistique, si élégant. Et à la place du légendaire Bureau Central (actuel Centre de Santé), c'est la maison paisible du Service hydraulique, devenu plus jeune et plus propre.

«Dans un avenir que l'on souhaite prochain, le Palais de l'Archevêché qui fera pendant avec le Lycée, achèvera de faire de ce quartier l'un des plus beaux coins de Port-au-Prince.».

Et de prévoir que, continuant sur cette lancée, la capitale serait «une bien belle ville dans moins de vingt ans»[6]. Malgré les désenchantements de l'heure, le vent semblait à l'optimisme.

Notes

1.   Aujourd'hui propriété de M. Larry Peabody.
2.   Il remplaça Mgr Gentet à la cure de la cathédrale le 14 janvier 1894 et démissionna en septembre 1911. Il mourut en France en 1919, à l'âge de 67 ans.
3.   *Le Matin,* 27 mars 1916.
4.   *Bulletin de l'Administration Communale de Port-au-Prince* du 24 avril 1918 au 31 mars 1919.
5.   *L'Essor,* 29 décembre 1921.
6.   *L'Essor,* 19 novembre 1917.

ÉDIFICES PUBLICS

Si dans le domaine de la voirie et de l'édification des maisons particulières on constate un progrès marquant, dans celui de l'érection des édifices publics par contre, on n'enregistre aucune évolution. La raison, c'est que la construction du Palais national absorbe tous les fonds disponibles et oblige les Travaux publics à n'envisager que pour l'avenir la mise en chantier des édifices dont la construction fait grand besoin.

L'Hôtel de Ville restait l'un de ces bâtiments publics qu'il était urgent d'ériger, l'Administration communale se plaignant d'être forcée de changer constamment de locaux, eu égard aux inconvénients qu'on finissait toujours par découvrir dans les immeubles inadéquats où tour à tour elle élisait domicile. Durant la seule année 1916, la Mairie avait dû en deux fois déplacer ses bureaux et se transporter de la maison du Dr Aubry, rue du Réservoir, à l'ancien café Dereix, rue Républicaine, où elle ne s'éternisa pas non plus. Le maire était partisan d'un bâtiment imposant, digne d'une capitale en voie de développement et «sur lequel on n'aurait pas à revenir dans le futur».

Pour répondre à ses souhaits, l'architecte américain, Hermann Lee Meader, avait préparé un projet grandiose, dont le coût d'exécution se chiffrait à 400,000 dollars. Une longueur de 60 mètres était prévue pour la façade principale de l'édifice, dont la largeur serait de 15 mètres et la hauteur de 25 mètres. Des professionnels haïtiens, particulièrement les ingénieurs Charles Azor et Pierre Ethéart, ayant de leur côté proposé d'autres plans du même édifice, une commission de techniciens fut chargée d'examiner ces différents projets. Elle conclut à la mise au concours de la construction.

Le choix du site de l'Hôtel de Ville s'était fixé, après bien des hésitations, sur l'emplacement des tribunes de courses du Champ-de-Mars. En décembre 1920, un comité d'éminents ingénieurs composé de Léon Mathon, Georges Baussan, Eugène Maximilien, Léonce Maignan et Charles Azor fut formé en vue de superviser les différentes phases d'exécution du plan qui avait été agréé. L'indisponibilité de fonds ne permit pas de matérialiser ce hardi et utile projet.

Plus aisé à résoudre s'avéra le problème de l'hébergement du Service des Archives Nationales qui n'avait toujours logé que dans des locaux nullement appropriés... Depuis sa désaffectation, le grand bâtiment de l'ancien marché du Poste Marchand était resté inutilisé. En septembre 1919, on fit choix de cet immeuble pour abriter les Archives. On entama l'année suivante les travaux d'aménagement, et au début de 1922, le service des Archives vint y prendre logement. Nulle méthode ne présida à l'agencement des différentes sections de cet important service de l'État. Malgré l'espace, alors suffisant, les Archives demeurèrent un fouillis où le chercheur dut s'armer de courage pour s'y retrouver.

Victime des nombreux soubresauts qui avaient agité le pays, l'érection du Palais national, entamée en 1914, n'avait pas progressé : à l'arrivée des Américains, seulement le quart du plan de l'édifice avait été exécuté. Après un temps d'arrêt de plus d'une année, les travaux reprennent en 1916, sous la direction de l'architecte Georges Baussan. Ils n'iront pas plus rapidement, les fournisseurs se voyant obligés, à cause de la conflagration internationale, de réclamer de leurs clients des délais toujours plus longs pour la livraison des matériaux de construction.

En août 1918, l'arrivée à bon port d'un important volume de matériaux divers permet une sérieuse reprise des travaux. Ils ne s'arrêteront qu'à l'achèvement du bâtiment. Mais bien avant, Dartiguenave, au cours du mois de mai 1919, viendra, sans bruit ni trompette, s'installer dans la splendide demeure officielle des Chefs d'État haïtiens, en occupant les appartements de l'aile est. En attendant la remise en état des bâtiments de l'arrière-cour que n'avait pas renversés l'explosion du 8 août 1912, les soldats de la Garde présidentielle prirent logement au sous-sol du Palais.

En août 1921, l'aile droite terminée, les travaux de décoration et de boiserie du bâtiment, confiés d'abord au décorateur italien Merli puis à l'américain Anton Kneer, entièrement achevés, le Département des Relations Extérieures qui logeait au Palais des Ministères s'y transporta, laissant ses anciens locaux au Département des Travaux publics. Le 24 septembre 1921, les entrepreneurs remettaient officiellement le bâtiment au Gouvernement haïtien[1]. Dans le Rapport annuel du Département des Travaux publics pour l'exercice 1920-1921, l'ingénieur en chef américain, A.L. Parsons, informe que le coût réel de l'édifice a dépassé de 130,000 dollars le prix contractuel qui avait été fixé à 349,000 dollars. Cette sensible majoration était due principalement à la hausse inattendue du prix des matériaux de construction, provoquée par les opérateurs du marché noir qui avaient profité des circonstances particulières, nées de l'état de guerre, pour s'infiltrer partout.

On nous permettra de citer ce texte de l'ingénieur-architecte Michel Carré, description sobre et précise du monument :

«De structure régulière et symétrique, le Palais national évite, cependant, l'uniformité et la monotonie, grâce à de simples mouvements de façade.

«Au centre, se détache en avant-corps la partie principale, d'allure classique. Des deux côtés se développent les ailes terminées en légère saillie, et flanquées de terrasses circulaires. Exhaussé d'un soubassement, ce bel ensemble porte trois dômes à base carrée. Un élégant campanile domine celui du milieu.

«Un large escalier de vingt marches donne accès à l'édifice. Au niveau du seizième degré, il est interrompu par un léger palier, d'où s'élancent les quatre colonnes du péristyle. Cylindriques, sans cannelure, elles s'appuient sur un piédestal rectangulaire; des moulures alternativement plates et rondes, ornent leur base; un chapiteau, enlacé de volutes et s'inspirant, pour la partie supérieure, de l'abaque corinthien, termine leur sommet.

«Remarquable de simplicité, l'entablement. L'architrave et la frise s'y présentent sans ornement; et la corniche étend avec sobriété, sur toute la longueur de l'édifice, ses grandes lignes horizontales. Sur cette ordonnance sévère repose le fronton triangulaire, dont le tympan - magnifique pièce de sculpture - porte au centre les armoiries de la République.

«Des balcons, soutenus par de gracieuses consoles, surplombent la façade, tandis que les baies des portes et des fenêtres s'égaient de moulures. D'autres moulures contournent les dômes latéraux, et se courbent autour des oeils-de-boeuf, pour en accentuer la forme elliptique.

«Le Palais national de Port-au-Prince témoigne d'une architecture de transition. Il réalise des formes anciennes à l'aide d'un matériau nouveau, le béton armé, doué d'une souplesse merveilleuse qui permet de donner corps aux conceptions architecturales les plus osées.

«Harmonie et beauté, mais aussi compacité et force statique, telle est l'impression générale qui se dégage de notre "Maison Blanche", habitée par l'âme de la patrie»[2].

Il est curieux de constater que cet édifice majestueux, qui est demeuré le plus vaste et le plus architectural d'Haïti, n'a pas eu les honneurs d'une inauguration officielle. Le peuple haïtien n'apprit l'emménagement du président de la République au Palais national, que lorsqu'il vit flotter le drapeau bleu et rouge au frontispice du monument. Déçu dans ses espérances, violenté dans ses inclinations, le Chef de l'État n'avait peut-être pas cru nécessaire de célébrer son installation dans ce Palais flambant neuf où il savait que ne l'attendaient que de nouvelles amertumes.

Notes

1.   Rapport annuel du Département des T.P., pour l'ex. 1921-1922.
2.   Joseph Foisset, c.s.sp.: *Textes français expliqués*, III, 1947, pp. 241-242.

ÉCLAIRAGE ET DISTRIBUTION DE L'EAU

Pas de progrès dans le système d'éclairage de la ville qui s'avère plutôt défectueux. Les coupures de courant sont fréquentes. Un quotidien du temps signale que «des lampes électriques sont comme des lucioles : elles brillent et s'éteignent à leur façon»[1].

Dans l'après-midi du 15 décembre 1921, un grave accident se produit à l'usine électrique de Bizoton : une des chaudières fait explosion, tuant 8 personnes, dont M. Philipp Helburg, citoyen anglais qui occupait le poste de deuxième mécanicien. L'enquête menée par le Service technique des Travaux publics conclut à «une malfaçon probable à la charge des constructeurs».

La ville ne resta pas longtemps plongée dans le blackout qui avait suivi l'accident. Grâce à l'apport des dynamos de l'usine sucrière de la Hasco, dès le lendemain, le courant électrique était rétabli chez les particuliers, et le surlendemain, les rues étaient de nouveau éclairées.

M. Bléo, ancien superintendant de la Hasco, et qui depuis avril 1918 avait été nommé au même poste à la Compagnie Électrique, s'empressa d'adopter les mesures que réclamaient les circonstances. À la mi-juin furent mis en service à Bizoton un générateur et une nouvelle chaudière. Un système de roulement fut établi qui permit à la ville d'être alimentée en énergie électrique tour à tour par Bizoton et la Hasco.

L'accident du 15 décembre avait remis en question un problème sur lequel s'étaient déjà penchés les responsables de l'usine : la source d'énergie la mieux appropriée au fonctionnement d'une centrale thermique que la Compagnie projetait de construire pour remplacer l'usine de Bizoton actionnée à la vapeur. Le moteur à huile lourde du type diesel fut à ce moment adopté. Des plans furent arrêtés pour le montage sur le terrain vague voisin du fort Sainte-Claire d'une usine propulsée par des moteurs diesel. La puissance de l'installation à l'origine serait de 550 kilowatts, avec possibilité d'atteindre 1,100 kilowatts. On fixa à janvier 1924 la mise en marche de la nouvelle centrale.

Avec la nomination en 1916 du capitaine Upsher à l'administration des travaux communaux, une attention particulière est accordée à l'hydraulique urbaine La ville est déjà assez bien approvisionnée en eau potable. Elle reçoit le précieux liquide de cinq sources situées en des points assez éloignés les uns des autres : les sources Plaisance et Cerisier, entre Port-au-Prince et Pétionville et dont le débit respectif est de 40 et 30 litres à la seconde, celle de Chaudeau à Bizoton qui débite 50 litres seconde, celle de Leclerc à Martissant, 35 litres seconde et celle de Turgeau, 45 litres seconde.

Environ 3,500 abonnés bénéficient de l'eau courante à domicile. Dans les quartiers populeux, 16 fontaines publiques offrent leurs eaux limpides aux pauvres gens qui ne peuvent se payer un abonnement d'eau. À travers la ville, 66 bouches d'incendie, alimentées par des conduites spéciales, répondent de la protection de la capitale contre le feu.

En attendant l'ouverture des travaux de captage de la source de Diquini destinée à desservir Port-au-Prince, on procède au remplacement de la grosse tuyauterie de Turgeau dont l'encrassement par le calcaire nuisait considérablement à l'alimentation normale du réservoir du Sacré-Coeur qui approvisionnait le vaste quartier du Bois de Chênes, le Chemin des Dalles et le Bas-Turgeau. 24 tuyaux de 8 pouces sont posés pour remplacer les anciennes conduites avariées.

Dans l'aire de déversement de la source de Turgeau, des puits sont creusés et réunis par des galeries en vue de capter les eaux qui se perdaient en profondeur par infiltration.

En décembre 1919, sous la direction de Thomas Price, ingénieur en chef du Service hydraulique, les travaux de captage de Diquini débutent.

Ils dureront environ deux ans. À la fin de 1921, l'aqueduc de Diquini est mis en service, et les eaux de la source livrées à la consommation.

Notes

1. *Le Nouvelliste,* 13 décembre 1917.

LE TRANSPORT

Dans cette ville qui s'étend chaque jour et réclame pour ses habitants des moyens de locomotion propres à leur permettre de parcourir sans ennui les distances qui s'allongent, le transport est encore à l'état embryonnaire. La voiture hippomobile de place, vulgairement appelée *buss*, est encore le mode de transport le plus répandu et le plus utilisé. On estime à près de mille les buss et buggies qui circulent à travers la ville et se répartissent en voitures privées (740) et voitures publiques (170). Les cochers engagés par les propriétaires de voiture sont enregistrés à l'Administration communale. Fait curieux, sur les 220 à 230 «bussmen» inscrits à la Commune, plus de 150 sont originaires de l'arrondissement de Nippes.

Le prix des courses est le gros écueil contre lequel viennent toujours se heurter passagers et cochers des voitures publiques. Le tarif officiel n'a jamais pu recevoir une sérieuse application. N'obéissant qu'à leur fantaisie, les chevaliers du fouet exigent ce qu'ils veulent du passager et refusent même de le recevoir à bord de leur guimbarde, si tel est leur bon plaisir.

Si l'on considère les données statistiques fournies par l'Administration communale, on peut déduire que le tramway de Port-au-Prince, malgré ses défaillances, est assez largement utilisé par la population. Elles accusent pour l'année 1918 un total de 258,729 voyageurs, ayant parcouru dans les 9 cars de la Compagnie, 62,990 kilomètres en 12,398 trajets[1]. Environ 720 personnes emploient donc chaque jour le tramway pour leur déplacement. Si ce chiffre n'est pas énorme, il indique au moins que les cars ne roulaient pas à vide.

L'occupation qui a frayé la voie aux hommes d'affaires américains, a rendu possible la création d'un puissant consortium, *The Haytian American Corporation*, qui contrôle l'usine sucrière de la Hasco, la Compagnie d'Éclairage Électrique, la Compagnie haïtienne du Wharf et la Compagnie des Chemins de fer de la Plaine du Cul de Sac (PCS) dont le Service des Tramways de Port-au-Prince est un embranchement.. De toutes ces entreprises, celle du transport par voie ferrée paraîtra offrir le moins d'intérêt aux gestionnaires. Ce désintéressement tenait en grande partie au délabrement du matériel d'exploitation qui était tombé dans un état tel qu'ils hésitaient à le renouveler, se demandant si le jeu en valait la chandelle. Trop souvent, hélas, on assistera, désarmé, aux conséquences regrettables de cette situation.

Dans un rapport rédigé en août 1917, les ingénieurs Eugène Maximilien, Pierre Ethéart et Louis Malval signalaient la vétusté du matériel roulant de la Compagnie et les lourdes charges qu'entraînait son entretien. «Ce matériel est déjà ancien, disaient-ils, et nécessite de nombreuses réparations qui viennent gonfler le budget de la Compagnie. Le compte des Réparations et Ateliers occupe la seconde place dans les dépenses générales. Dans ces conditions, le budget est toujours dépassé, mettant ainsi la Compagnie dans l'impossibilité de renouveler le matériel usé et de faire sur la voie les travaux urgents que nécessite son exploitation».[2]

De 6 heures du matin à 7 heures du soir, le tramway circule à travers la ville et utilise deux voies : celle reliant la station centrale du Champ-de-Mars à la rue du Quai, et celle qui raccorde la même station centrale à la gare du Nord. Elles totalisent environ 3 kilomètres. Les cars sont censés partir des stations chaque trois quarts d'heure. En réalité, cet horaire n'est pas respecté, à cause des multiples impondérables qui se présentent quotidiennement.

Un tel état de choses n'était pas pour satisfaire la clientèle des tramways, et on comprend l'irritation d'un passager qui, exaspéré par les incessantes frustrations dont il était victime, clamait ainsi son courroux : «Si vous avez à faire le trajet de la ville au Champ-de-Mars, c'est-à-dire une dizaine de minutes de marche, il faut sacrifier au moins une heure pleine. Jusque à quand en vérité, se moquera-t-on aussi impunément du public ?... Le plus fort, c'est qu'on encaisse vos dix centimes, et une minute après le train est bloqué : il faut perdre une heure de station inutile ou descendre en perdant son argent. L'administration responsable tolérera-t-elle longtemps encore un tel m'en foubinisme[3]?».

Un moment, la PCS pensera à mettre à exécution le contrat d'électrification du réseau, voté en 1912, et dont elle était concessionnaire. En janvier 1916, elle obtiendra du Gouvernement une prolongation de deux ans du délai qui lui avait été accordé. Inutilement, car les travaux ne devaient jamais démarrer.

L'automobile qui, sous le gouvernement d'Antoine Simon, avait fait son apparition en Haïti, allait connaître à la fin de la première guerre mondiale, et avec la présence de l'occupant, une vogue méritée. Alors que de 1915 à 1918, le nombre de voitures automobiles à Port-au-Prince n'était passé que de 10 à 32, dès 1919, 144 autos privées de marques différentes, sans parler des autos officielles, étaient enregistrées.

Un très valable effort d'organisation du transport en commun par automobile, puis par autobus, avait été tenté en 1913. Les perturbations politiques profondes qui à partir de l'année suivante commencèrent à ébranler les assises du pays, et de plus, les difficultés à s'approvisionner en pièces de rechange pendant la guerre, semblaient avoir porté un coup mortel à ces initiatives. Toutefois, l'arrêté communal d'avril 1919, fixant le tarif des courses des voitures automobiles démontre qu'il existait à cette date un service public de transport par automobile qui sans doute fonctionnait d'une façon très irrégulière.

Reprenant la tentative de Clément Élie et de Maurice Laporte, Sténio Vincent en 1919 soumet à l'Administration communale le projet d'établissement pour 20 ans d'une ligne d'autobus devant desservir Port-au-Prince et sa banlieue. Le contrat y relatif est agréé et signé. Il n'aura cependant pas l'approbation du Conseiller financier Maumus qui le déclara «préjudiciable aux intérêts de la Commune». Ce ne sera que deux ans plus tard, que par lettre en date du 17 novembre 1921, le Magistrat Communal, Dr Annoual, annoncera à M. Sténio Vincent que son contrat était approuvé et lui souhaitait d'établir la ligne dans le délai convenu. Voeu qui, pour la déconvenue des piétons, ne se réalisa pas, car Sténio Vincent ne parvint jamais à réunir le capital nécessaire pour la mise sur pied de son utile projet.

Le développement rapide de l'automobile comme mode de locomotion exigeait de nouveaux règlements de la circulation. Ils furent édictés par le Chef de la Police, le capitaine W.W. Buckley. Aux «conducteurs d'autos», il était demandé «d'aller doucement quand ils passent une rue transversale», de «corner très fort quand ils s'approchent des encoignures et quand ils passent une autre voiture se dirigeant dans le même sens que la leur»... Si un accident survenait, le conducteur devait être en mesure «de prouver qu'il a suivi les présents règlements ou qu'il fut obligé par la force des choses de les violer»[4].

Dès cette époque, les amendes pour infraction aux règlements de la circulation sont sévèrement infligées. Les agents placés sur la route de Pétionville étaient sans pitié pour les automobilistes qui «ne se donnaient pas la peine de corner dans les tournants».

Pour desservir la banlieue sud de Port-au-Prince, la plus peuplée et la plus commerçante, le mode de déplacement couramment employé est le chemin de fer. La ligne est desservie par le même matériel esquinté de la PCS, toujours en réparation et retombant toujours en panne une fois remis sur rails. Malgré tout, les usagers ne sont pas fâchés d'emprunter ses services, car le parcours, à travers une nature luxuriante, est pittoresque et le confort relatif dont ils jouissent à bord, appréciable.

Hélas ! le dimanche 4 novembre 1917, le deuil frappe avec violence des centaines de passagers de cette ligne qui n'avaient jamais pensé qu'une catastrophe ferroviaire fût possible sur le parcours si peu accidenté de Port-au-Prince à Carrefour...

Ce 4 novembre, c'est la Saint-Charles, patron de la bourgade de Carrefour. Tôt le matin, la locomotive a quitté la gare du Nord, traînant, bondés de pèlerins, quatre wagons de première classe, un wagon de deuxième et un fourgon de marchandises chargé de 80 sacs de café en cerises. Au portail de Léogane, des centaines de personnes se pressent en bordure de la chaussée, qui réclament en vain d'être admises dans les voitures.

Sur la suggestion du Commissaire du Gouvernement près de la PCS, M. Louis Malval, qui, pour la circonstance s'était rendu sur la ligne de Carrefour afin de constater le fonctionnement du service des trains, la Direction dépêche un nouveau wagon de première classe et deux fourgons de deuxième. À leur arrivée, ils sont attelés au train. Les pèlerins s'y ruent. La capacité maximale de 50 personnes des wagons de première classe est bientôt atteinte et largement dépassée. On s'agglutine partout, dans les voitures, dans les couloirs et jusque sur les plateformes.

Inquiets de cet encombrement tumultueux et prévoyant une issue fatale, plusieurs voyageurs, parmi lesquels le père Le Guidec, curé de Saint-Joseph, le frère Archange, directeur de Saint-Louis de Gonzague, regagnent leurs demeures.

Un coup de sifflet. Avec peine, la locomotive reprend sa course. Il est 8 heures et près de deux heures se sont écoulées depuis le départ de la gare du Nord. À la station de Bizoton, peu avant la rampe assez rude qui conduit à Carrefour, le convoi s'arrête. Au grand désappointement d'une partie des pèlerins - et pour leur bonheur ! - deux wagons de première et un de deuxième sont laissés sur la voie. Allégée, la locomotive démarre avec plus d'allant. Le train est formé de 4 voitures et d'un fourgon qui se suivent dans l'ordre suivant : une voiture de deuxième classe, le fourgon de sacs de café et trois wagons de première.

«À peine la machine avait-elle dépassé le pont de Thor, relate *l'Essor*, qu'elle se met à haleter bruyamment, à trépider, car en cet endroit il y a une montée absolument raide. Elle va comme une tortue, dépasse l'hôtel Saint-Charles, s'agrippe à la rampe péniblement. Bref, elle est en face de l'asile d'aliénés[5], c'est-à-dire qu'elle va finir avec la montée. Un effort, le suprême, elle le donne...»[6]. Malheur ! La brusque traction exercée pour la remise en marche a rompu les anneaux d'attache qui reliaient le fourgon de café aux voitures de première. Alors commence le dévalement des trois wagons surchargés de passagers. La descente s'opère, vertigineuse. Les essieux gémissent, les roues grincent. Cris de femmes et d'enfants. Au virage du pont de Thor, le wagon de queue saute hors de la voie et jette bas la clôture de la propriété Mirambeau; le deuxième entraîné dans la même direction, déraille à son tour et va se briser sur le premier. Arrêté dans sa course folle par l'obstacle constitué par les deux voitures renversées, le troisième bascule dans la rivière. Il est 8 heures 45.

Pourquoi ce terrible accident, alors que le plus difficile semblait avoir été surmonté ? ... L'enquête révélera que l'attelage qui rattachait le fourgon de café aux voitures de première classe était en très mauvais état et aurait dû être retiré du convoi. Par ailleurs, aucun serre-frein ne se trouvait dans les voitures, et y en eut-il, qu'ils eussent été embarrassés dans leurs manoeuvres par le grand nombre de voyageurs encombrant les voitures et les plateformes. Ainsi donc, la catastrophe était inévitable, et la responsabilité de la Compagnie, entière et flagrante[7].

«On tire des morts. Ils sont quelques-uns asphyxiés, broyés, éventrés. D'autres ont le crâne écrasé : ils sont méconnaissables... Beaucoup de blessés sont transportés au dock de Bizoton», transformé en poste de secours et en chapelle ardente. Parmi les morts, Charles Millery, notaire, Charles Dehoux, agronome, Soeur Marie Éménilde, des Filles de la Sagesse, Marcel Pétrus, élève de Saint-Martial...

«À Port-au-Prince, la détresse est sur toutes les faces. Le malheur dépassait en tragique toutes les horreurs passées... et quand les morts et les blessés furent transportés à l'hôpital, Port-au-Prince s'y rendit, les larmes aux yeux, les cris dans la gorge»[8].

Le drame du pont de Thor, dans la matinée du 4 novembre 1917, fit 50 morts et plus de 150 blessés, bilan jamais dépassé en Haïti par celui de nul autre accident de la route. S'associant au malheur des familles éprouvées, le Gouvernement convia la population à assister en nombre au service funèbre commandé pour le repos de l'âme des disparus. À cette émouvante manifestation religieuse prirent part le président de la République et son Cabinet, le clergé, le corps diplomatique, les officiels de l'Occupation et de la gendarmerie, les élèves des écoles, les Pompiers libres et toute une foule de citoyens. Le panégyrique de circonstance fut prononcé par Mgr Pichon. Cafés et cinémas fermèrent en signe de deuil.

À l'encoignure de la route menant aux dépôts de gazoline de la Shell et de la Texaco, là où, essoufflée, la locomotive de ce Saint-Charles noir panachée de vapeur, était arrivée, se dressait naguère une stèle en marbre qui avait été érigée à l'initiative de la presse quotidienne de Port-au-Prince, en souvenir des victimes du déraillement. Ce modeste monument inauguré le 30 août 1918, en présence des Secrétaires d'État Barnave Dartiguenave, Dantès Bellegarde et Louis Roy, n'existe plus. Placé trop en bordure de la voie, il pâtit plus d'une fois des excès de vitesse des chevaliers du volant. Les mains pieuses qui, après chaque commotion subie par le monument, le reconstituaient patiemment ont depuis renoncé à se prêter à cette tâche décevante. Il n'en reste plus que la base.

À la suite de l'accident de Thor, la presse fut unanime à demander à l'État de dénoncer l'exploitation devenue dangereuse de la ligne du Sud par la PCS.[9] Pour l'opinion publique, il n'existait le moindre doute sur la culpabilité de la Compagnie, seule responsable du drame, pour avoir accepté trop de passagers sur des wagons vétustes, tirés par une machine «qui ne tenait que par la volonté de ses propriétaires».

Comme pour confirmer la justesse de ces accusations, les déraillements, depuis cette matinée de cauchemar, se multipliaient. Le 8 novembre, à Martissant, non loin de la propriété Manigat, la chaîne d'attache du train de Bizoton cède une nouvelle fois. Le drame est évité grâce à l'absence de pente en cette section de la voie ferrée. Quatre jours plus tard, nouveau déraillement à la gare de Léogane, puis au Morne à Bateau...

Une commission formée de M. Louis Roy, chef du Service technique du Département des Travaux publics, et de M. Eugène Maximilien, inspecteur des Chemins de Fer, fut chargée d'enquêter sur l'accident. Dans son rapport, elle conclut à l'imputabilité de la PCS dans la catastrophe du pont de Thor et insista pour que, du breakman au superintendant, la justice se prononçât d'une façon exemplaire[10].

Sur réquisition du Département de la Justice, le Parquet mit l'action publique en mouvement. Le juge Désir fut désigné pour connaître de l'affaire. Mais le procès finit en queue de poisson. Les parents des victimes furent plus ou moins dédommagés. Et tout rentra dans l'ombre.

Depuis la cessation des activités du Service Accéléré, aucun homme d'affaires du terroir n'a été tenté de suivre l'exemple de Bienaimé Rivière. Les quatre navires de la compagnie défunte, ancrés comme des bateaux fantômes dans la rade, subissent depuis quinze ans une désagrégation mortelle. Les héritiers Rivière ont été priés par les autorités portuaires d'en débarrasser le port.

Un consortium américain, acquéreur des trois navires de l'ancienne flotille haïtienne, le *Nord Alexis*, le *Pacifique* et le *Vertières*, a fondé la *Compagnie haïtienne de Navigation à vapeur*. Ces navires qui devaient prendre frêt et passagers et voyager sous pavillon haïtien, devaient également assurer le service postal régulier entre les Antilles, l'Amérique, l'Europe et Haïti. Cette ligne de navigation dont les agents étaient la Roberts, Dutton et Co. parvint-elle à satisfaire les besoins du commerce et des voyageurs, à ce moment où la guerre européenne avait rendu si précaire le transport par voie maritime ? Il n'est pas certain qu'avec des navires aussi antiques et si peu appropriés à ce genre de trafic, la Compagnie ait jamais offert un service satisfaisant. L'installation à Port-au-Prince des deux lignes de navigation américaines, la Raporel Steamshisp Line Inc. et la Panama Railroad Steamship Line, saluée avec enthousiasme par le monde des affaires, prouve que malgré la création de la Compagnie haïtienne de Navigation, le transport des passagers et des marchandises par mer avait alors atteint une côte alarmante. Seule avait continué à desservir régulièrement les onze ports d'Haïti, la Royal Dutch West India Mail, sans pouvoir néanmoins répondre à toutes les demandes de frêt et passagers.

À la fin de la guerre, le trafic revint à la normale. Une des premières compagnies de navigation dont les navires, dès 1919, recommencèrent à fréquenter les ports d'Haïti, fut l'ancienne et très fidèle Royal Mail Steam Packet Co., représentée à Port-au-Prince par la maison Roberts, Dutton et Co. On vit s'augmenter le nombre de steamers de la Royal Dutch West India Mail et se rétablir sa prépondérance dans le transport de la plus grande partie des marchandises tant à l'import qu'à l'export. Fut repris par elle le service de passagers de première classe entre New York et les Antilles, et retrouva son enviable réputation de confort et d' «insurpassable cuisine» le steamer *S.S. Orange Nassau* qui avant la guerre avait accueilli à son bord bien des célébrités.

Enfin, avec le retour dans les eaux haïtiennes des bateaux de la *Hamburg Amerika Linie* et de la Compagnie Générale Transatlantique, le trafic maritime retrouva son ancienne stabilité, et le commerce national sa quiétude.

En ces temps où l'aviation cherche encore sa voie, la commercialisation du transport aérien demeure toujours dans le domaine de la fiction; mais l'existence des «machines volantes» n'est pas inconnue des Haïtiens. On devine le spectacle prodigieux que fut pour le peuple de Port-au-Prince le premier survol de la ville par un hydravion. Cet événement mémorable se passa le 26 janvier 1917, lors de l'escale de la flotte américaine de l'Atlantique dans la baie de la Gonâve. Assez souvent dans la suite, les Port-au-Princiens assisteront au passage dans leur ciel azuré de ces «poissons volants», mais ce n'était plus d'innocents appareils, fiers d'exhiber leurs performances aux badauds, mais des engins de mort allant mettre au pas la rébellion paysanne.

On verra à cette époque s'amorcer un système d'organisation de courrier aérien. C'est l'*Essor* qui apprend que «hier matin, un avion tournoyait très bas sur le Champ-de-Mars. Il venait de la direction du nord et transportait un sac de correspondance qu'il laissa tomber dans la cour des casernes. Puis il repartit».[11] On suppose que ce courrier était plutôt destiné aux membres de l'occupation. Mais déjà étaient posées les prémices d'un mode de distribution rapide de la correspondance qui connaîtra quelques années plus tard une pleine vogue. En décembre 1918, on note l'installation au centre d'affaires et dans les quartiers populeux de douze boîtes postales par l'Administration générale des Postes. Elles étaient desservies par un agent qui avait pour tâche de vendre les timbres et d'affranchir les lettres recommandées.

Pratiquement inexistant jusqu'en 1918, le Service des Télégraphes et Téléphones reprend vie le 1er février 1918, avec sa prise en main par les ingénieurs du Traité. Commencèrent aussitôt les travaux d'installation d'un système de téléphone automatique pour 700 appareils qui, à sa mise en service en octobre 1922, ne pourra toutefois desservir que 350 abonnés. La République d'Haïti se plaçait ainsi parmi les tout premiers pays à adopter ce nouveau et rapide système de communication téléphonique. Il remplaçait l'ancien réseau manuel qui longtemps encore sera le seul utilisé dans de nombreux pays, et qui obligeait l'abonné à passer par le central pour ses appels téléphoniques.

Parallèlement, sont entrepris la rénovation et la modernisation du système de communication télégraphique. Au Câble transatlantique français qui était le seul moyen de communication entre la capitale et l'étranger, s'ajoute la station de radiotélégraphie de Port-au-Prince. Cette station installée d'abord à Pétionville, place Boyer, sera ensuite transportée au sommet des tribunes du Champ-de-Mars, avant d'être définitivement établie au bois Saint-Martin, dans le quartier qui dès lors s'appellera *Sans Fil*. Équipée de ses deux immenses pylones métalliques, la station est ouverte au trafic public le 4 février 1919. À partir de 1920, elle donnera l'heure de midi du 75ème fuseau horaire, en laissant tomber, du haut de la tour est, une boule de 4 pieds de diamètre.

Notes

1. *Bulletin de l'Administration communale de Port-au-Prince* (Section statistiques municipales) 24 avril 1918 au 31 mars 1919.
2. *L'Essor,* 22 août 1917.
3. *Le Nouvelliste,* 12 janvier 1917.
4. *L'Essor,* 23 juillet 1917.
5. Aujourd'hui École Mixte de Thor.
6. *L'Essor,* 5 novembre 1917.
7. Rapport du 7 novembre 1917 de l'architecte Eugène Maximilien, inspecteur Général des Chemins de Fer, au secrétaire d'État des Travaux publics, publié dans

Le Moniteur des 7 et 10 novembre 1917, Nos 88 et 89.

8.   *L'Essor*, 5 novembre 1917.

9.   Plus tard, pour se venger du long martyrologe attribuable à la Compagnie, le public persifleur désignera le sigle PCS par Pour Catastrophe Seulement.

10.   *L'Essor*, 12 novembre 1917.

11.   *L'Essor*, 19 septembre 1919.

LES INCENDIES

À l'avènement de Dartiguenave, la Compagnie des Pompiers Libres est toujours le seul corps à Port-au-Prince chargé de combattre les incendies. Mais son matériel est dans un état d'extrême vétusté, et le corps lui-même n'arrive pas à échapper aux dissensions périodiques qui l'affaiblissent et le minent. En 1918, une nouvelle crise le secoue dangereusement. Élu en octobre 1918 président des Pompiers Libres, Luders Moïse est forcé de démissionner une semaine après, l'Administration communale qui a droit de regard sur les activités du corps, ayant déclaré nulle cette élection faite par acclamations. Le mois suivant, l'assemblée électorale remet Luders Moïse à la tête de la Compagnie des Pompiers par 84 voix sur 133 votants.

Ces troubles n'atteignent pas l'esprit du corps. Dans la lutte contre les sinistres, les pompiers libres déploient toujours le même dévouement, cette même ardeur que jadis leur avait inculqués le père Weik, leur fondateur. De nouvelles directives ont été édictées pour leur faciliter la tâche. La ville a été divisée en trois sections, et le signal d'alarme est donné par la sirène de la Glacière. Il est de plusieurs coups rapides, suivis d'un nombre de coups plus longs, correspondant à la section où a éclaté l'incendie.

En dehors du délabrement du matériel contre incendie dont disposait la Compagnie des Pompiers Libres, le nombre restreint de sapeurs-pompiers (25) demeurait l'une des principales causes de son insuffisance. Il était bien difficile à ces dévoués agents bénévoles si peu nombreux et presque sans moyens d'actions valables, de tenir tête à un sinistre que le grand nombre d'immeubles en bois alimentait comme à plaisir. On le constatera au cours de l'incendie du 16 septembre 1918 qui compte parmi les grands sinistres dévastateurs de la ville de Port-au-Prince.

Peu avant minuit, ce 16 septembre, le feu se déclare dans une maison située presque à l'angle sud-est des rues de l'Abreuvoir et des Miracles. La lutte contre le fléau est engagée aussitôt. Après quatre heures d'un combat sans répit que la forte brise matinale rendait encore plus épique, l'incendie était maîtrisé. Mais que de ruines, que de pertes ! Au total, 85 maisons disparues, et pas des moindres. Dévastées les façades sud et nord de la rue des Miracles, de l'épicerie Alexis Laroche au Bureau de l'Enregistrement, et de Brutus St-Victor à la halle Bijou. Ravagées les façades est et ouest de la rue de l'Abreuvoir, de la rue des Miracles à la maison Adelina et du Bureau de l'Administration (maison Dr Aubry) au Bureau de l'Inspection scolaire. Détruites enfin les façades est et ouest de la rue du Peuple, de la maison Dupont Day à celle de la dame Achille, et du collège Louverture au vide Laborde. Parmi les victimes, le jeune Charles Pierre-Antoine qui devait convoler en justes noces le lendemain et a vu tous ses meubles et effets dévorés par les flammes.

Comme en d'autres circonstances tout aussi malheureuses, un grand mouvement de solidarité et d'entraide se propagea à travers la ville. Une souscription publique fut ouverte par la Commune et des quêtes furent prescrites dans toutes les églises en faveur des sinistrés. À Parisiana, une grande soirée de gala fut offerte à leur intention. Le Conseil d'État, limité dans ses moyens, ne put mettre à la disposition des victimes que la mince valeur de 10 000 gourdes[1].

Dans la nuit du samedi 21 au dimanche 22 février 1920, un autre gros incendie éclate rue du Fort-Per, dans l'atelier du tailleur Thomas Burke. Malgré l'averse qui survient peu après, le feu se propage dans tout le bloc compris entre les rues des Miracles et du Fort-Per et les rues Américaine et du Magasin de l'État. Plus d'une quinzaine de grands immeubles en bois abritant magasins, restaurants, cabinets d'avocats et ateliers divers disparaissent dans les flammes. Au nombre de ceux qui sont le plus touchés par le sinistre, on relève les noms de

Jules Phipps et Louis Borno, des familles Delva et Mc-Guffie, de maîtres Bonamy et Morel.

L'enquête qui suivit dévoila que l'incendie avait été allumé par un jeune ouvrier de 19 ans, Robert François, que le tailleur Burke avait renvoyé pour vol. S'étant promis de se venger, il avait tenu parole. Il sera condamné à quinze années de travaux forcés.

Toujours au Bord-de-Mer, à quelques mois d'intervalle, un nouvel incendie est localisé, vers 4 heures 30 de l'après-midi, à la Grand'rue, dans le grenier de la maison Luce Laforest habitée par Me Volel. Une bonne partie de la Grand'rue et de la rue des Miracles est consumée, tandis qu'à la rue du Centre, beaucoup d'immeubles sont abattus pour enrayer la propagation du feu. Les pertes sont considérables, et on compte parmi les victimes de l'atroce fléau, les commerçants Charles Gauthier et Nicolas Vitiello, MM. Baker, Borno et Marcel Robin. L'hôtel de ville, sis à la rue des Miracles, a été également la proie des flammes. Ont pu être sauvés, les archives de la Commune, ainsi que les registres, documents et actes de l'état civil. Les bureaux de l'Administration communale seront provisoirement transférés au sous-sol des Tribunes de course du Champ-de-Mars, naguère occupé par le Ciné Variétés.

Deux jours après, le 25 juin 1920, en pleine nuit, retentit une nouvelle fois le son lugubre de la sirène de la Glacière. C'est à la rue des Miracles, dans les démolis de la maison Wéber Francis, que le feu s'est déclaré. Les bureaux du *Courrier du Soir* sont les premiers attaqués par les flammes qui continuent leur oeuvre de destruction jusqu'à proximité du garage Pawley, à quelques mètres de la rue Pavée. Entre autres immeubles, sont entièrement consumées les maisons Jackson, Brice, Guatimozin Boco, Bouzon, Dr Holly et la clinique des docteurs Roy et Domond. Par la rue Pavée, de Pawley à l'Externat des soeurs, plusieurs constructions ont été abattues, afin de circonscrire le feu.

Ces destructions énormes qui désolaient la cité et accentuaient la détresse, provoquaient d'amères réflexions. «Quand on pense aux pertes incalculables qu'éprouve chaque fois la population que la misère étrangle... se lamentait *l'Essor,* on reste vraiment consterné devant l'indifférence de ceux qui ont la responsabilité du pays et ne tranchent d'une façon définitive la question des pompiers et la question d'eau. À chaque incendie, les pompiers s'en prennent au Service Hydraulique et vice versa : mais cela ne console guère des pertes éprouvées»[2].

Une autre anomalie dangereuse que les journaux ne cessaient de dénoncer, c'était la prolifération des entrepôts de gazoline et de kérosène dans plusieurs quartiers de la ville. Un arrêté communal interdisant d'établir, à partir du 1er octobre 1921, aucun dépôt de carburant en ville, «sinon dans les bâtiments à l'épreuve du feu», paraîtra satisfaire les légitimes appréhensions. La mesure cependant était insuffisante, et l'avenir devait le prouver.

Devant la patente médiocrité des ressources mises à son service pour remplir efficacement sa mission et l'échec humiliant essuyé lors des derniers incendies, le commandant Luders Moïse avait remis sa démission. Le 2 août 1920, le Conseil de la Compagnie des Pompiers Libres informait le Magistrat Communal qu'en raison de la profonde désorganisation contre laquelle se débattait le corps, celui-ci avait pratiquement cessé d'exister...

Cependant, les dévastations périodiques auxquelles était livré le quartier commerçant avaient fini par secouer l'apathie des clercs. Le 22 juillet 1920, MM. Bléo, Hipwell, Sells, Darton, Baldwin, Gébara, Constantin Mayard, Eugène de Lespinasse et Raphaël Brouard se constituaient en «Comité Exécutif», ayant pour but de «recueillir des ressources destinées à l'achat du matériel nécessaire pour défendre contre le feu la propriété à Port-au-Prince».

À la réunion du 25 juillet qui a lieu au Ciné Variétés, le Comité Exécutif rend public son plan d'action. 40,000 dollars sont prévus pour l'acquisition du matériel contre incendie, dont 20,000 dollars seront fournis par souscription publique et le solde par le Gouvernement, avec l'accord du Conseiller financier. Le matériel acquis sera livré à la gendarmerie qui formera un corps de pompiers salariés. Quant à la Compagnie des Pompiers Libres, elle continuera à prêter ses services, mais restera indépendante du corps des pompiers annexé à la gendarmerie. Elle bénéficiera de l'aide de ce dernier corps, principalement en instructeurs et en prêts de matériel.

Une perche était tendue au vieux Corps des Pompiers Libres pour l'empêcher de s'engloutir. Il ne la refusa pas. En septembre 1920, le Conseil était reconstitué, et la compagnie placée sous le commandement d'Eugène Dégand. Le lieutenant Walker, de la gendarmerie d'Haïti, fut désigné comme instructeur des pompiers libres. En attendant l'organisation du nouveau corps de pompiers salariés, ils restèrent les seuls investis de la redoutable mission de défendre contre l'incendie cette ville de Port-au-Prince si vulnérable au feu.

Dans sa détermination de doter la capitale d'une protection sûre contre le feu, le Comité Exécutif présidé par M. E. Bléo mena son action avec foi et célérité. Fut placée aux États-Unis la commande d'un appareillage moderne contre incendie. Un système de protection utilisant l'eau de mer et destiné à desservir la partie commerciale de la ville est achevé et mis en service, grâce à la participation aux frais d'installation des citoyens de Port-au-Prince groupés autour du Comité Bléo[3].

Insensiblement, la gendarmerie, encouragée par les autorités occupantes et les citoyens de la ville traumatisés par les dommages considérables qu'entraînait chaque apparition du fléau, prenait la relève de la Compagnie des Pompiers Libres. À la Police, une puissante sirène d'alarme contre incendie avait été mise en place et essayée pour la première fois dans l'après-midi du 27 août 1920. C'est la même sirène qui jusqu'au début de l'administration du Dr François Duvalier ponctuait chaque jour le coup de midi, et qu'on n'entend plus maintenant qu'à l'ouverture des festivités carnavalesques.

En juin 1921, le sous-chef de la gendarmerie d'Haïti, J.J. Meade, publiait de nouveaux règlements qui donnaient au sous-chef de la gendarmerie, désigné comme «Fire Marshall», et au chef de la Police, son assistant dans cette fonction, la responsabilité totale de l'organisation des secours en cas d'incendie à la capitale. L'annonce de tout sinistre était le signal d'une mobilisation quasi générale des organisations militaires de Port-au-Prince qui devaient être prêtes à se rendre sans délai sur le théâtre de l'incendie et à se mettre à la disposition de l'officier le plus gradé présent. Seraient appelés dans l'ordre suivant par le Fire Marshall : les pompiers salariés, les pompiers libres, les gendarmes et les marines. Ils devaient se munir autant que possible de seaux, haches, échelles, extincteurs, produits chimiques...

Au corps de Police était confié le soin d'établir un cordon autour de la zone incendiée et d'empêcher quiconque d'y pénétrer; au quartier-maître, celui de former une garde de gendarmes chargés de surveiller tous objets sauvés des maisons en flammes.[4] Cette prise en charge du service d'incendie fut sans doute l'une des rares mainmises de l'occupant contre laquelle personne ne trouva à murmurer.

Assez singulièrement, le coup de grâce aux pompiers libres devait être porté par l'Administration communale elle-même qui, pour mettre fin à l'état de malaise dû aux crises continuelles qui sévissaient au sein du corps, décida de fonder sa propre compagnie communale de pompiers. Mais dans les considérants de l'arrêté du 6 janvier 1922, créant le nouveau corps, on ne signala, pour justifier la mesure adoptée par le Conseil communal, que l'incapacité où était tombée la Compagnie des Pompiers Libres «de rendre aucun service à la population, à cause de l'état de vétusté de son matériel»[5]... Une belle page frémissante de dévouement et d'abnégation était tournée.

L'incendie du 22 avril 1921 qui éclata place du marché de la cathédrale, aux environs de 11 heures 30 du soir, fut le dernier auquel la Compagnie des Pompiers Libres livra un combat inégal. Rapidement, le feu se communiqua aux immeubles de la rue du Peuple et de la rue des Fronts-Forts, dont une trentaine furent réduits en cendres. L'action des 15 sapeurs-pompiers libres qui s'étaient courageusement présentés sur le lieu du sinistre s'était avérée encore une fois décevante. Pour eux heureusement, c'était l'ultime épreuve.

Notes

1.   *L'Essor,* 17 septembre 1918.
2   *L'Essor, 24 juin 1920.*
3.   Voir le *Rapport annuel des Travaux publics. Exercice 1921-1922* pour la description de ce système.
4.   *L'Essor,* 2 juin 1921.
5.   *Bulletin Communal,* octobre 1921 au 16 janvier 1922, p. 33.

HYGIÈNE ET SANTÉ PUBLIQUE

Dans le contexte psychologique où s'était retrouvée la nation haïtienne au lendemain du débarquement des marines, la tendance, on le sait, était d'approuver tacitement cette violation du territoire et de considérer les occupants comme les sauveurs d'une situation inextricable. Aussi, n'était-il guère choquant de trouver dans la presse d'alors des entrefilets de ce genre :

«Ce matin, on a pu voir au Champ-de-Mars les soldats américains, manches retroussées et la pelle à la main, faire la toilette de la partie de l'espace où un de leurs officiers vient d'installer son état-major. Ainsi a commencé sans débats parlementaires et sans interpellation de ministère, la solution du problème de l'hygiène à Port-au-Prince»[1].

De fait, c'est dans le domaine de l'hygiène que l'action des États-Unis se révélera le plus bénéfique. De tous les membres de l'Occupation, les médecins, sauf de rares exceptions, seront ceux qui, par leur dévouement et leur désintéressement, sauront le mieux s'attirer le respect et la gratitude de la population.

Les tristes événements qui avaient précédé et suivi le lynchage de Vilbrun Guillaume Sam avaient laissé la capitale dans un état d'incroyable saleté. Pour se reconnaître dans cet imbroglio que constituait l'assainissement de la ville, il fallait des structures qui n'existaient pas. L'amiral Caperton créa la fonction d'Administrateur civil de la Commune de Port-au-Prince, qu'il confia au capitaine Rossell. Au Service d'Hygiène communale, fut délégué le médecin militaire Dr Garrison.

En vue d'assainir tous les secteurs de la ville, en particulier les quartiers excentriques, et de les débarrasser des répugnantes ordures qui s'y étaient accumulées, une solution expéditive et sûre est adoptée : la construction de fours incinérateurs. On ne tarda pas cependant à se rendre compte de l'ennui qu'ils causaient aux gens de leur voisinage : fumée constante et détritus de ménage répandus sur le sol avant d'être brûlés. La mise en service en novembre 1917 de camions automobiles, destinés à charroyer le «fatras» permit au Service d'Hygiène d'éliminer quelques-uns de ces fours disgracieux et incommodes. On les remplaça deux ans plus tard par des boîtes à immondices, qui rappelaient les anciennes poubelles-Mathon, et qui furent placées aux encoignures des rues.

Une brigade de 842 hommes, dont 720 cantonniers, sous la surveillance de 72 chefs d'équipe, fut aussi constituée et répartie dans les différentes zones.

Les marchés publics furent l'objet de mesures hygiéniques spéciales. À l'aide d'une pompe, on procéda à la désinfection au formol du marché Vallière, puis au lavage à grande eau des dalles de granit et des murs. Dans les autres centres d'approvisionnement, le nettoyage se circonscrivit à l'enlèvement des tas de détritus et au drainage adéquat du terrain.

Autre conquête de l'hygiène : en 1919, le premier égout sanitaire du pays, construit par les Travaux publics, est mis en état de fonctionner. Il dessert encore aujourd'hui le Palais national et les Casernes Dessalines.

Ce fut surtout dans les secteurs où l'occupant exerçait un contrôle direct que les miracles opérés par l'assainissement furent étonnants. On ne nous en voudra pas de reproduire ici la relation d'une visite effectuée par un groupe de journalistes au Pénitencier National, établissement jadis réputé pour sa crasse et ses incommodités :

«Nous sautons le seuil de la grande barrière grillagée, propre et modern'style, qui a remplacé l'autre, dépeint le reporter de *Bleu et Rouge*. La première chose qui nous prend, c'est une propreté "blanche". Toute cette partie occupée par la Conciergerie est carrelée en briques jaunes. Repeinte, celle-ci loge le personnel d'administration... Précédés d'un sergent, nous longeons le long couloir qui borde les trois carrés... Dans le premier, comme dans tous les autres d'ailleurs, la propreté est la première chose qui attire l'attention. Les chambres ont chacune de 18 à 25 lits en couchettes, style cabine; le béton a remplacé le parquet en planche peint de sang de punaises et de carangues. Des portes dont les grilles sont distantes les unes des autres de six pouces au moins, laissent, la nuit, pénétrer le fluide rafraîchissant.

«Deuxième carré : même disposition que pour le précédent...

«Troisième carré : même disposition. La rangée nord des chambres est surmontée de quatre nouvelles chambres presque achevées. Douches dans chacun de ces trois carrés.

«Au civil, même ordre et propreté. Chambres à portes grillagées et couchettes. Une théorie de 6 à 7 douches surmontent le bassin du second plan... Les anciennes fosses d'aisance y sont encore, mais entretenues comme celles d'un château de roi. En face, se poursuit la construction d'un nouveau W.C. modern'style. Le contenu liquéfié aboutira à la mer par un conduit spécial. L'eau y abonde.

«Nous voici à la Salette. Avant de visiter les cinq chambres que se partagent les recluses, on nous fait passer à l'infirmerie. C'est un petit pavillon de deux pièces : une salle de pansements, et l'autre abritant des impotents étendus dans des lits en fer aux matelas recouverts de draps d'une blancheur laiteuse. Une dame nous ouvre des buffets où nous constatons l'existence d'une bonne provision d'articles pharmaceutiques. C'est la pharmacie. À quelques pas se trouve le bain des femmes. En face de la chapelle est l'atelier photographique. Nous visitons les chambres où les femmes gisent pêle-mêle; la dernière est devenue chambre des aliénées. Point de lits dans aucune de ces chambres.

«Nous passons dans un pavillon nouvellement construit. Sur deux rangées, une vingtaine de tables, et sur chacune d'elles, une double rangée de plats creux accompagnés chacun d'une cuiller. Nous sommes donc au réfectoire. À celui-ci sont attenantes la cuisine et la boulangerie. Pains et repas des prisonniers sont préparés par des prisonniers...

«Enfin, nous arrivons aux ateliers. Ils comprennent la coupe, la cordonnerie, la menuiserie et la mécanique... À la coupe se font des costumes portés par les gendarmes et les condamnés. On y confectionne parfois des dolmans et pantalons d'équitation. La main-d'œuvre est payée et l'argent gardé en dépôt à la disposition du condamné...»[2].

... Que dans la première ville du pays ne se trouvât un hôpital pourvu de l'équipement approprié devant lui permettre de répondre à ses fins, voilà qui, pour les Américains, était inconcevable. Comme il n'était pas question dans l'immédiat de construire un établissement hospitalier de ce type, Rossell tourna ses regards vers le vieil Hôpital militaire dont l'agonie traînait depuis des années. Désirant disposer d'un espace suffisant, capable d'absorber les différentes sections médicales qu'il se proposait de créer, il commença par mettre la main sur l'Hospice Saint-Vincent de Paul, contigu à l'Hôpital militaire, qui était en voie de réorganisation et en confia la direction au Dr Bruno. Peu après, il se saisit de l'Hôpital militaire qu'il incorpora au domaine de l'Hospice, après avoir fait abattre la clôture qui séparait les deux établissements. Ils ne furent plus alors désignés que sous l'appellation unique de *City General Hospital*.

Refusant de se soumettre à cette annexion, le Dr François Dalencour, chirurgien en chef à l'Hôpital militaire, se retira, suivi de presque tout le personnel hospitalier. Par contre, à la Maternité qui, elle aussi, avait été rattachée au nouvel Hôpital Général, les docteurs Jeanty et Lysius continuèrent leur service. Acceptèrent aussi d'exercer à côté des médecins américains, les docteurs Bruno, Casséus, Gaveau et Léon Moïse[3].

Le Dr Williams, chirurgien en chef de l'escadre opérant dans les eaux haïtiennes, à qui avait été remise la direction du General Hospital, entreprit promptement les améliorations qui s'avéraient indispensables : construction de hangars autour de la Maternité, érection de la salle d'électrothérapie et du pavillon des bébés, création des services de laboratoire et de radiologie. Dans le champ de la pratique médicale, le Dr Williams se livra à des interventions chirurgicales de toute nature, se rapprochant ainsi du Dr Léon Audain qui tenait toujours fermement le flambeau de la haute chirurgie.

Après seulement quelques mois d'administration, le Dr Williams avait pu obtenir pour l'établissement confié à ses soins des résultats vraiment satisfaisants. «Les hospitalisés sont proprement vêtus, bien nourris, abondamment pourvus de médicaments, témoignait un organe de presse de l'époque dont l'appréciation ne paraît pas dénuée d'objectivité, et le Dr Williams, secondé par les dévouées Filles de la Sagesse, donne les meilleurs soins aux malades qui depuis, n'ont plus l'horreur de "l'hôpital" de jadis, car ils achèvent leur convalescence dans un décor de jardins et de verdure qui font aujourd'hui de l'Hôpital Général un lieu d'agrément»[4].

L'arrivée en 1916 du Dr Norman T. McLean comme ingénieur chargé d'organiser les nouveaux services sanitaires prévus par l'article 13 du Traité de 1915, marque une dégradation dans la sincère collaboration qui s'était établie entre les médecins américains et la plupart de leurs confrères haïtiens. L'Occupation trouva en McLean le personnage qui lui convenait pour opérer dans son ressort cette américanisation qu'elle souhaitait implanter dans toutes les sphères. Aux premiers contacts, McLean n'éprouva aucun embarras à manifester son inimitié au personnel médical haïtien et son ferme propos de n'appeler à la tête des services médicaux que des médecins américains. Directeur effectif du Service d'Hygiène, selon le voeu de la Convention, il rejeta le projet d'organisation d'un Service National d'Hygiène publique, préparé par une commission de médecins haïtiens, se réservant d'élaborer son propre plan, conformément aux buts qu'il désirait atteindre. Comportement négatif qui détermina certains médecins haïtiens, dont le Dr Jeanty, à cesser leurs services à l'Hôpital Général.

L'Hospice Saint-François de Sales resta pour ces derniers le centre hospitalier où ils purent en toute tranquillité prodiguer leurs soins aux malades et en même temps éprouver leurs connaissances médicales. La grande chirurgie en particulier y enregistra des progrès tangibles. Après le départ pour l'Algérie, en janvier 1918, du Dr Léon Audain qui s'était fourvoyé dans les arcanes de la politique, le Dr Gesner Beauvoir, rentré en Haïti la même année, reprit le flambeau tombé des mains du Maître. Il accomplit à Saint-François des interventions chirurgicales des plus délicates. Le docteur Paul Salomon le suivit dans la même voie. À Saint-François se répandirent l'usage du microscope et, par ricochet, les recherches de microscopie clinique.

Après quatre ans de gestion, l'œuvre accomplie par les Américains à l'hôpital de Port-au-Prince était déjà considérable. Sur la vaste propriété, plusieurs bâtiments avaient été érigés dont ceux du service administratif, du laboratoire, de la pharmacie, du garage et de l'École des Infirmières. Les salles pour abriter les malades, au nombre de 8, comportaient chacune 40 lits; celle des enfants, à la Maternité, 10 lits. On retrouvait dans la presse cet enthousiasme qui avait salué les débuts de la nouvelle administration et que semblait partager la population : «J'ai vu des salles propres, des lits blancs comme la neige, des malades qui n'exhalent aucune odeur désagréable, une sélection méthodique des cas, une séparation rigoureuse des sexes, des bouquets de fleurs sur les tables des salles, des demoiselles haïtiennes... qui se dévouent à l'humanité souffrante...»[5].

L'abattoir de la Saline est encore le seul lieu où s'opère l'abattage des animaux de boucherie. A-t-il bénéficié de cette bienfaisante prophylaxie qu'on paraissait vouloir étendre partout ? Les pièces officielles consultées et les échos de journaux retenus ne fournissent pas de précisions là-dessus. Ce qui est plus certain, c'est le peu de confiance, au point de vue de la propreté, qu'inspiraient les cabrouets du service de transport de la viande, dirigé par M. Alexandre Brutus. Au dire de certains, les «bacs» utilisés par des bouchers pour transporter leur viande étaient encore plus hygiéniques que les tombereaux de Brutus[6].

Les abatteurs clandestins qui opéraient dans certains recoins de la ville sont sévèrement traqués par la Commune. Un avis du maire, Dr Auguste Lechaud, approuvé par l'administrateur civil de la Commune, le capitaine John Marston, rappelle l'interdiction d'abattre ailleurs qu'à l'abattoir, les animaux nécessaires à la grande et à la petite boucherie, sous peine pour le contrevenant «d'être frappé d'une amende... sans préjudice de la peine d'emprisonnement, en cas de récidive».

... Les rapports entre le médecin-ingénieur américain, directeur du Service d'Hygiène, et les médecins haïtiens ne s'étant pas améliorés, ces derniers, à l'appel du Dr Paul Salomon, fondent en janvier 1918 un Syndicat du Corps Médical, dont le Dr Daniel Domond est élu président... Les pharmaciens, les dentistes, les sages-femmes formèrent à leur tour des syndicats qui se groupèrent sous le nom d'*Union Syndicale du Corps de Santé*.

En 1919, McLean soumet au Département de l'Intérieur son projet d'organisation du Service d'Hygiène qui «visait à lui conférer l'autorité souveraine» sur toutes les branches de la santé et de l'hygiène en Haïti. Modifié par le Conseil d'État, le projet est voté le 24 février 1919 et devient la loi instituant au Département de l'Intérieur le *Service National d'Hygiène Publique*. Placé sous la direction de l'ingénieur nommé en vertu de l'article 13 de la Convention, le nouveau service avait «la surveillance et la direction de tous les services publics d'hygiène, de santé, de quarantaine, des hôpitaux et des services d'assistance publique»[7] et même des hôpitaux privés.

Cette loi portait un rude coup à une des plus vieilles institutions haïtiennes, le Jury Médical, qui se voyait enlever, au profit du nouveau Service, l'essentiel de ses attributions : le contrôle de l'hygiène publique et de la police sanitaire. Il continua cependant à survivre, en limitant ses activités aux fonctions qui lui avaient été laissées. En novembre 1919, le gouvernement de Dartiguenave essaya même de le régénérer en nommant le Dr Félix Coicou, président du Jury Médical central. Assisté de collaborateurs éminents, le Dr Coicou réveilla la vénérable institution de la torpeur où elle s'enlisait. Il ne craindra pas dans la suite d'attaquer ouvertement le Service d'Hygiène, chaque fois que la défense des droits de la corporation le réclamait.

Si la loi du 24 février qui avait restructuré le Service d'Hygiène et l'avait placé sous une direction étrangère offrait des inconvénients, elle ne réunissait pas moins les éléments fondamentaux pour une organisation sérieuse de la santé publique. Elle demeure sans conteste l'une des plus utiles prescriptions légales inspirées par l'occupation.

Sitôt reconstitués, le Service d'Hygiène et le Jury Médical se trouvèrent en présence d'une sérieuse épidémie dont la vraie nature allait créer au sein du monde médical d'irréductibles divergences. Ce désaccord n'empêcha pas les deux institutions de combattre énergiquement le fléau et de rendre à la population affolée d'appréciables services.

Le 22 septembre 1920, dans une maison sise à la rue de l'Enterrement, en face de l'Hospice Saint-François de Sales, et habitée par la dame Alice, un enfant d'une douzaine d'années, portant sur le corps des boutons suspects, éveille l'attention de quelques voisins. Averti, le Jury médical délègue le Dr Lamartine Camille chez la dame Alice pour examiner le cas. À sa grande surprise, il constate qu'en dehors de l'enfant, quatre autres personnes habitant la même maison étaient atteintes du même mal[8].

Dans l'après-midi, le directeur du Service sanitaire, accompagné du docteur Léon Moïse, s'amena à son tour et s'étant rendu compte de la nocivité de la maladie, plaça aussitôt la maison en quarantaine et fit poster deux gendarmes à la porte d'entrée. Ces mesures radicales plongèrent le quartier dans un profond émoi.

Le lendemain, les cinq malades sont transportés à l'Hôpital Général. On procéda ensuite à la désinfection totale de l'immeuble où ils logeaient et à la vaccination de tous les habitants du voisinage. Par un avis qui fut le jour même publié dans les journaux, le Service d'Hygiène annonçait la réapparition de la petite vérole, et recommandait les précautions à prendre pour s'en préserver... Allait-on revivre les sombres jours de l'année 1882 ? Ce fut une consternation générale.

Un certain scepticisme commença cependant à s'élever sur la nature réelle du mal, quand on s'aperçut que le Service d'Hygiène qui avait été le premier à diagnostiquer la variole, semblait maintenant douter de sa déclaration en répandant des extraits d'une étude sur l'alastrim, ou variole africaine, qui différait de la variole commune par son faible taux de mortalité.

Au Jury Médical, le Dr Félix Coicou, son président, avait été catégorique. Il s'agissait non pas de la variole, mais d'une fièvre éruptive contagieuse, plus spécifiquement connue sous le nom de varicelle à forme intense, qu'on devait combattre par la vaccination pour en enrayer la propagation. Ce n'était pas l'opinion de son collègue du Jury Médical, le Dr Lamartine Camille, qui confirma le diagnostic déjà formulé par le Service d'Hygiène, à savoir que le mal qui s'était manifesté à Port-au-Prince ne pouvait être que la petite vérole.

Une scission venait de se produire au sein du Jury Médical. Le Dr Salomon se rangea à l'avis du Dr Coicou, tandis que le Dr Camille gagnait à sa cause ceux qui penchaient pour la variole franche. Brochures, articles de journaux traitant du caractère de la mystérieuse affection et signés de médecins aussi réputés que les docteurs Mathon, Dalencour, Salomon, Holly, Lescouflair, voient le jour.

Pendant que se donnaient libre cours les divergences d'opinions, la maladie ne s'endormait pas. D'abord bénigne, l'épidémie commençait à montrer une assez forte vitalité. Le nombre de porteurs de boutons hospitalisés à l'Hôpital Général ne cessant de se multiplier, on finit par se dire dans le grand public que ce mal tant redouté était bien la variole. L'inquiétude ne fit que grandir.

Déjà, au Service National d'Hygiène, un début de panique se manifestait, que traduisaient certaines mesures malheureuses prises à l'instigation de McLean. Les docteurs Annoual, Lechaud et Salomon sont cités en justice, sous l'inculpation de n'avoir pas signalé au Service d'Hygiène «des cas de maladies contagieuses trouvés dans leur clientèle». Le juge de paix ne put que surseoir à tout jugement, jusqu'à ce que le Jury Médical se prononçât sur l'épidémie. Dans un communiqué paru dans la presse, l'Union Syndicale du Corps de Santé protesta énergiquement contre le procédé employé envers des praticiens qui logiquement ne pouvaient pas déclarer une maladie dont la nature demeurait encore incertaine.

Comme pour calmer les alarmes, le Dr Coicou, dans une lettre au journal *l'Essor*, réitéra son diagnostic en déclarant que le mal en présence duquel on se trouvait n'était autre que l'alastrim. «L'éruption, d'après lui, n'avait ni l'allure clinique, ni la malignité que revêtait la variole dans une agglomération non vaccinée. Les recherches de laboratoire étaient d'ailleurs venues confirmer la clinique»[9].

Dans la première quinzaine de novembre, 200 cas de contaminés avaient été repérés à Port-au-Prince. Un avis du Service National d'Hygiène demandait de lui signaler les cas qui parviendraient à la connaissance de chacun et engageait les malades à se rendre à l'hôpital pour y recevoir les soins appropriés.

La campagne de vaccination entamée avec timidité, se développait graduellement. Par groupes de 75, les élèves des écoles se rendaient à l'Hôpital Général pour se faire immuniser. L'épidémie ne fléchissait pas pour autant. Fin novembre, elle gagnait les hauts quartiers. Troublée par son évidente expansion, l'Administration Communale décidait d'entreprendre à bref délai l'assainissement de la ville et la vaccination de toute la population. Mais déjà, un important problème, celui de l'hébergement des contaminés, était apparu dans toute son acuité. L'hôpital regorgeant de malades, on projetait d'aménager des camps de secours au Parc Leconte et dans les locaux de l'École du Bâtiment installée à l'ancienne Fonderie. Mais où trouver le personnel éprouvé pour assurer le fonctionnement normal de ces nouveaux centres ? ...

En dépit du désarroi quasi général, les frictions ne s'étaient pas assoupies. En réponse aux accusations de l'amiral Knapp, relatives à la croissance du mal et aux méthodes employées pour le combattre, le Jury Médical et le Syndicat des Médecins de Port-au-Prince avaient crû devoir bâtir un mémoire qui fut livré à l'attention du public. L'amiral Knapp, Représentant militaire des États-Unis en Haïti, s'était fait l'avocat du Service d'Hygiène dont la prise de position contre le Jury Médical s'était accentuée depuis l'explosion de l'épidémie. De troublantes révélations furent apportées par le mémoire. On sut que le médecin haïtien qui offrait son temps et sa maison, pour vacciner gratuitement n'obtenait du Service d'Hygiène que quelques tubes de vaccin, souvent inopérants, alors que «chaque Américain, chaque employé du Service d'Hygiène, chaque gendarme même» avait à sa disposition autant de tubes qu'il désirait. Gagnés par l'amour du lucre, des médecins américains avaient même osé vacciner «à prix d'or», à l'aide de tubes qu'ils savaient avariés. Le mémoire signala l'hospitalisation déplorable offerte aux malades, la promiscuité dangereuse qui les accablait, les soins détestables qui leur étaient donnés, autant de faits pertinents qui dénonçaient les moyens mis en œuvre par le Service d'Hygiène pour circonscrire l'épidémie[10].

Des déclarations aussi graves, en pleine lutte contre le fléau, n'étaient certainement pas faites pour aider à une étroite collaboration. Les deux institutions restèrent sur leurs positions, et puisqu'en dépit de tout, l'éradication d'un mal dont tout le monde était menacé demeurait le but primordial à atteindre, elles se confinèrent chacune dans ses propres démarches.

Au début de l'épidémie, sur l'intervention du Jury Médical, les malades des familles aisées avaient été autorisés à se soigner chez eux. Un petit pavillon jaune bien en évidence sur la façade principale, désignait les demeures infectées dont les occupants ne devaient avoir aucune communication avec ceux des maisons voisines. Par contre, dans les quartiers populeux, de véritables battues étaient organisées pour dépister les malades. «Le docteur Wade pénétrait partout, suivi de son camion sanitaire, enlevant brutalement les cas suspects. La terreur en fit empirer un grand nombre»[11].

Dans les camps d'hospitalisation établis à l'Hôpital Général et sur la cour de l'École des Sciences Appliquées, les malades vivaient sous la tente, dans un pêle-mêle horrible, et se couchaient sur des lits de camp mal abrités. Après une averse, ils pataugeaient littéralement dans la boue et devaient pour s'en préserver, rester allongés sur leurs «cadres», en pleine humidité. Les malades graves étaient gardés à l'hôpital, dans une salle isolée. Il s'en dégageait une odeur insupportable de chairs putréfiées.

À cause du nombre élevé de patients, l'attention médicale à accorder à chacun d'eux ne pouvait être que sommaire. Le Service d'Hygiène n'était pas en mesure de traiter tant de cas. Les malades se voyaient livrés aux soins d'auxiliaires inexpérimentés, et de surcroît bourrus, placés sous la supervision du fameux Gombo, véritable mouche du coche, qui devait finir par être renvoyé, à cause de sa brutalité et de ses excès de langage. L'assistance médicale fournie par ces agents de santé se réduisait à «des bains pris au bord d'une piscine commune, suivis d'onctions de vaseline boriquée», administrées «aux femmes aussi bien qu'aux hommes»...[12]

Les efforts déployés et poursuivis dès l'apparition de l'épidémie, n'avaient pas vaincu le fléau qui, au contraire, s'était répandu depuis aux quatre coins du pays et devenait meurtrier. Vers la fin de décembre, le navire-hôpital américain, *Solace*, fut dépêché à Port-au-Prince pour aider le Service d'Hygiène dans sa lutte contre la maladie. Le concours de ce navire-hôpital fut en la circonstance des plus opportuns.

Partout cependant, on s'interrogeait sur les raisons de l'opiniâtre résistance du mal. Bien sûr, la grande misère où était plongé le pays, les privations qu'elle imposait, augmentaient la réceptivité aux germes pathogènes des organismes affaiblis et diminuait la vigueur de leurs réactions protectrices. Mais ce qui désormais apparaissait encore plus nettement, c'était la carence des responsables de l'hygiène publique à pouvoir enrayer la contamination, vraie responsable de la pérennité du mal. Dans un rapport sur la petite vérole, le Dr Bruno poussait ce cri d'alarme :

«La contamination bat son plein. Il n'y a pas de quartiers ou d'îlets indemnes. La ville est infectée jusque dans ses lieux de campagne, jusqu'au sommet des collines voisines d'où lui viennent ses légumes, ses fruits... Qui n'a vu passer sur les grandes routes des paysannes couvertes de boutons encore suintants, allant au marché ? Qui ne croise pas à chaque pas dans les rues des varioleux incomplètement guéris ? Si l'on ne fait l'aveugle, peut-on dire que l'on n'a pas une infinité de fois coudoyé des gens malades aux églises, dans les tramways, dans les bureaux publics, partout enfin où on ne devrait pas les rencontrer ? Les cochers, pour la plupart, les cuisinières, les colporteurs des rues, les mendiants en haillons, la foule interlope et suspecte qui habite généralement les banlieues insalubres, points faibles de la défense sanitaire de toute ville hygiénique, ne véhiculent-ils pas constamment les germes vivaces de l'épidémie en les semant sur leurs parcours.»...[13]

À ces causes de l'extension de l'épidémie, il ajoutait l'utilisation par certains contagieux des voitures publiques pour se rendre à l'hôpital, la négligence apportée à la mise en quarantaine des quartiers infectés, l'écoulement par les rues Penthièvre et Saint-Honoré des eaux contaminées venant de l'hôpital.

Dans la première quinzaine de janvier 1921, on comptait plus de

1,600 alastrimés hospitalisés à l'Hôpital Général. Beaucoup de décès causés par l'épidémie avaient déjà été enregistrés. En raison des perturbations causées par le fléau, on dut modifier l'horaire des bureaux publics. Le licenciement des écoles ordonné en décembre fut prolongé jusqu'à la fin de janvier. La Musique du Palais reçut l'ordre de suspendre ses concerts. Les malades qui jusque là avaient été autorisés à se soigner à domicile furent contraints, au grand désespoir de leurs familles, à se rendre à l'hôpital. Les opposants au régime rejetèrent sur le président Dartiguenave la responsabilité de cette mesure injustifiée.

À l'initiative du quotidien *L'Essor*, la Presse mit en circulation des listes portant en-tête de chaque journal en vue de réunir des fonds pour combattre l'épidémie. Les valeurs récoltées étaient versées au commerçant Simon Vieux, trésorier de l'œuvre, et gardées à la disposition du Jury Médical.

Un avis du Département de l'Intérieur, paru le 7 janvier 1921, fit obligation à tous les citoyens de se faire vacciner «sous peine de poursuites, conformément à la loi». Pour répondre à l'augmentation subite du nombre des candidats à l'immunisation provoquée par cette injonction officielle, de nouveaux centres de vaccination furent établis en plusieurs points de la ville. Le Dr Périgord s'installa à la clinique Saint-Joseph , les docteurs Annoual et Rigaud allèrent vacciner à la Commune. Avec le concours de la Compagnie des pompiers, l'Administration communale se décida à passer enfin à l'exécution de son plan d'assainissement de la ville, projeté depuis deux mois.

Si les désolations engendrées par l'épidémie n'étaient pas comparables aux calamités causées par celle de 1882, elles n'appelaient pas moins l'intervention du ciel. À la chapelle Saint-François du Bel-Air, des neuvaines sont faites pour l'enraiement du mal. Le dimanche 16 janvier, sous la direction du Secrétaire de l'Archevêché, le père Jean-Marie Jan, un pèlerinage est entrepris de la cathédrale à la chapelle de Delmas, sur un parcours de plusieurs kilomètres. Le produit de la quête est remis au Comité de la Presse pour la désinfection de la ville.

Devant les ravages de l'épidémie, le Jury Médical et le Service d'Hygiène avaient enfin compris que la trêve était nécessaire, qu'il y allait de l'intérêt national. McLean, entre-temps, avait été rappelé et remplacé par le Dr J.M. Minter : la détente entre le Service d'Hygiène et les médecins haïtiens était devenue possible. Pour arriver à épurer la ville, le Jury Médical, après accord avec le Service d'Hygiène, procéda à la délimitation de cinq zones qui furent placées chacune sous le contrôle d'un de ses membres. Immédiatement fut entreprise la fumigation au souffre des quartiers les plus contaminés. Des auxiliaires dûment mandatés par le Jury Médical, allaient de maison en maison, invitant les habitants à se conformer à la vaccination obligatoire. En trois jours, plus de 3,000 personnes furent vaccinées par les médecins du Jury Médical et ceux du Corps de Santé. Cet élan ne fut pas arrêté et se soutint dans tout le pays, même lorsque tout danger était déjà écarté.

En effet, vers la fin de février, on constatait à Port-au-Prince et en province une baisse sensible de l'épidémie. Elle déclina rapidement. Au début d'avril, aucun cas nouveau de contamination n'était mentionné sur les registres de l'Hôpital Général. Le fléau était vaincu.

Le corps médical haïtien pouvait prétendre avoir rempli honorablement son devoir. Mais aux États-Unis, McLean et ceux qu'il avait circonvenus continuèrent à lui contester tout mérite. Ils s'entendirent pour proclamer l'insuffisance des médecins haïtiens et leur peu de connaissances pratiques en matière médicale...[14] Propos passionnés qu'explique le préjugé racial dont souffrait le Dr McLean, mais qui n'eurent jamais aucun écho auprès des autres médecins américains envoyés pour travailler, en collaboration avec leurs confrères haïtiens, à la régénération de la santé publique en Haïti.

Notes

1. *Le Matin,* 4 août 1915.
2. *Bleu et Rouge,* 5 juillet 1917.
3. Catts Pressoir, *La Médecine en Haïti,* pp. 140 et 141.
4. *Le Nouvelliste,* 25 novembre 1916.
5. *L'Essor,* 23 septembre 1919.
6. *L'Essor,* 24 septembre 1917.

7. Dr Rulx Léon : *Législation de l'Hygiène...* Fascicule V, p. 3.

8. D'après le Courrier Haïtien, cité par Catts Pressoir in *La Médecine en Haïti,* p. 163, «la maladie aurait été introduite en Haïti par un jeune homme contaminé qui laissa la Jamaïque... et vint à Port-au-Prince». Une femme arrivant de Cuba vers la même époque et atteinte du même mal, fut autorisée à débarquer, «malgré la protestation du médecin du port, le Dr Fleury, un Haïtien».

9. *L'Essor,* 30 octobre 1920.

10. *L'Essor,* 7 décembre 1920.

11. Catts Pressoir : *op. cit.,* p. 168.

12. Catts Pressoir : *op. cit.,* p. 168.

13. *L'Essor,* 11 janvier 1921.

14. La réplique fut donnée à McLean par le Syndicat des Médecins et par le docteur Nérette Saint-Louis dont la riposte, claire et cinglante, parut dans le N°1 (Mars 1923) de la revue *Les Annales de Médecine Haïtienne.*

L'ENSEIGNEMENT

Jusqu'à l'arrivée de Dantès Bellegarde au Ministère de l'Instruction Publique, le 20 juin 1918, aucune réforme de base sérieuse de l'enseignement haïtien n'est entreprise sous le gouvernement de Dartiguenave. Utopistes ou conservateurs, la plupart des Secrétaires d'État qui se succèdent à ce poste, se renferment dans un traditionalisme déroutant, s'ils ne satisfont pas leur vanité dans l'élaboration de projets qu'ils savent parfaitement irréalisables. Cet enseignement national jusqu'ici boiteux, recueilli des gouvernements d'avant l'Intervention, ils ne se sentaient guère de taille à le remodeler, rejetant tantôt sur le climat de l'époque, tantôt sur la guerre mondiale la raison de l'immobilisme où ils se figeaient.

Certes, avant l'occupation, l'enseignement prodigué dans certains collèges et dans certaines écoles publiques, comme le lycée Pétion, avait, au dire même de Mrs. Helen Hill-Weed, une blanche américaine, atteint «un degré d'instruction supérieur à celui de maints États de l'Amérique du Centre et de l'Europe»[1]. Ce qui faisait bomber le torse au bourgeois qui prétendait, grâce à ces résultats satisfaisants, mais tellement limités, pouvoir classer la République parmi les «nations policées». Au fait, ce n'était qu'une façade trompeuse qui aveuglait et cachait l'indigence quasi totale de l'enseignement primaire et secondaire et la pratique inexistence de l'enseignement professionnel.

Fort judicieusement, l'Américain estima le système scolaire haïtien trop académique, mais pêchera par excès en n'envisageant pour l'instruction des habitants d'un pays comme Haïti que l'enseignement professionnel. Cette carence chez l'occupant des réalités culturelles haïtiennes, joint à son secret dessein de torpiller tout progrès non revêtu de son sceau, le portera à refuser son accord à toutes les décisions gouvernementales qui tendaient à satisfaire au moins en partie à cette politique d'éducation professionnelle qui s'identifiait avec son propre plan de réforme éducative. Il considérera la fraction instruite des Haïtiens comme si négligeable et si peu qualifiée pour apporter au pays les structures qui convenaient à sa rééducation, qu'il ne s'embarrassera d'aucune gêne pour porter le gouvernement à nommer au poste de Superintendant de l'Instruction Publique, un jeune Louisianais, Lionel Bourgeois, qui, selon Dantès Bellegarde, «n'avait rien à enseigner, mais tout à apprendre»[2]. Conscient de ses insuffisances, il borna ses activités à celles, routinières, d'un Directeur de l'Enseignement, et meubla fort heureusement ses moments libres en prenant des cours par correspondance de l'Université de Chicago et en s'initiant à la science juridique, à l'École de Droit de Port-au-Prince.

Son seul mérite fut d'avoir su admettre le bien-fondé de certaines réclamations du gouvernement dans le domaine de l'Instruction publique et d'avoir déterminé les autorités américaines à y satisfaire. Mais sa présence restait gênante au sein du ministère, et profitant d'un incident, le gouvernement, dont il était le fonctionnaire, se hâta de le remercier.

Par la profondeur de ses vues, la logique de ses décisions et son indomptable courage, Dantès Bellegarde devait se révéler l'un des plus grands réformateurs de l'Enseignement national. Son mérite fut d'autant plus exceptionnel, qu'il ne pouvait compter que sur ses seules forces pour mener à bien une réforme intelligente qu'une opposition bornée et des fonctionnaires étrangers à l'esprit étroit, prenaient plaisir à critiquer et à contrarier. En d'autres temps, les changements qu'il tenta d'apporter au système éducatif haïtien se fussent traduits par des résultats étonnants.

À son entrée au ministère, la fréquentation scolaire à Port-au-Prince est estimée à près de 14,000 élèves. Au moins 8,000 enfants sont privés des bienfaits de l'instruction. Le premier souci du nouveau ministre sera d'augmenter le rendement de ces scolarisés, ainsi, bien entendu, que ceux de la province, de réduire sensiblement le nombre des non scolarisés et d'aborder les innovations indispensables.

Pour l'enseignement primaire déjà assez bien structuré, le problème essentiel résidait dans la formation de maîtres capables et suffisamment rémunérés. La loi du 28 juillet 1919, sur le recrutement et les conditions d'avancement des instituteurs publics, apporta une solution satisfaisante à cette question capitale.

D'importants changements s'opérèrent dans l'enseignement secondaire, dont le programme fut divisé en deux cycles, l'un s'échelonnant de la sixième à la quatrième, l'autre, de la troisième à la philo, sanctionnés tous deux par un certificat de fin d'études secondaires, premier ou deuxième degré.

En instituant pour les lycées de la République ce système d'enseignement et en centralisant à celui de Port-au-Prince l'enseignement des humanités, Bellegarde avait réalisé le tour de force de ravir à l'Américain l'enseignement secondaire que celui-ci voulait supprimer et de mettre fin au travestissement des études humanitaires dans les lycées de province qui n'étaient pas «outillés matériellement et moralement pour donner l'enseignement secondaire intégral». Fut dès lors entreprise l'organisation sérieuse des études du premier cycle, en attendant que les disponibilités en personnel et en argent permissent d'instituer dans les lycées provinciaux le programme du second cycle. Un système de bourses fut établi au bénéfice des élèves de province, détenteurs du certificat du premier degré, qui désiraient poursuivre leurs études classiques à la capitale.

Là où le ministre Bellegarde donna toute la mesure de sa capacité de réformateur, ce fut dans la réorganisation sur des bases solides de l'enseignement professionnel. Quelques mois après sa nomination, il créait deux écoles professionnelles, l'École du Bâtiment et l'École Industrielle dont le fonctionnement fut assuré par les économies réalisées sur le budget de l'Instruction Publique. Pour faire face au problème des locaux et du mobilier, Bellegarde confia à l'École des Sciences Appliquées la mission de les organiser. Les deux établissements furent alors annexés aux Sciences Appliquées, et placés sous la direction d'un Conseil d'Administration. Ils prirent logement dans les deux halles en fer de l'ancienne Fonderie nationale, à proximité des Sciences Appliquées.

L'utilité de ces deux écoles était incontestable. Elles répondaient à l'urgent besoin de mettre à la disposition des jeunes Haïtiens des écoles professionnelles pouvant leur permettre de devenir des ouvriers qualifiés ou d'habiles contre-maîtres et de bons conducteurs de travaux. De fait, ces deux institutions devaient si rigoureusement remplir leur programme, que plusieurs élèves de l'École du Bâtiment purent, à la fin de leurs études, entrer à l'École des Sciences Appliquées et conquérir le diplôme d'ingénieur.

Fondées en dehors de l'occupation américaine, ces écoles ne pouvaient plaire aux fonctionnaires du Traité. Au cours des discussions du budget révisé de l'Exercice 1918-1919, le Conseiller financier Ruan se déclara hostile à la création de ces deux établissements et demanda de les supprimer. Il fallut l'entêtement du ministre intérimaire des Finances, M. Louis Roy, qui menaçait de se joindre au ministre Bellegarde et de démissionner avec lui, pour le porter à «laisser vivre» ces écoles. Encore ne daigna-t-il y consentir - il le dit lui-même - qu'à cause de Roy ![3].

C'est le même Ruan qui plus tard devait opposer un refus catégorique à l'application de la loi du 30 juillet 1919, créant des sections professionnelles dans les principales écoles primaires-supérieures et qui encore sabota la loi instituant des cours normaux pour la préparation des instituteurs ruraux. Nullement découragé, Bellegarde parvint à faire inscrire au budget 1919-1920 les crédits nécessaires pour l'institution d'une section spéciale ménagère à l'École Élie-Dubois. Il fit élever, à droite du bâtiment principal, un élégant pavillon où, le 3 février 1920, furent inaugurés les cours de cette section. Ce fut la première de ces «sections ménagères et agricoles» qui, dans son plan d'action, devaient couvrir toute la République, mais qui ne purent voir le jour.

À l'École Secondaire Spéciale, le ministre Arthur François avait annexé, par arrêté du 11 juillet 1916, une section professionnelle que le ministère de l'Instruction Publique ne s'était pas trouvé en mesure d'organiser. Se suppléant à l'État, le directeur de l'École, Joseph

~ La rue Traversière après bétonnage ~

~ L'avenue Magny, ancien chemin de Fresnel, nouvellement revêtue d'asphalte ~

70. — HAITI — PORT-AU-PRINCE
Rue Magny et Légation de Cuba
Magny Street and Légation of Cuba

~ Le Champ-de-Mars dans les années vingt ~

~ L'avenue N à Peu-de-Chose en 1920 ~

~ Le Palais National en construction ~

~ L'érection du Palais National dans sa phase finale ~

~ Le Palais National achevé ~

~ Le chemin de fer desservant la banlieue de Port-au-Prince ~

~ La station de chemin de fer de Bizoton ~

~ La catastrophe ferroviaire de Thor ~

~ La station de radiotélégraphie installée au sommet des tribunes du Champ de Mars ~

~ Le pavillon de chirurgie de l'Hôpital Général au début de l'occupation ~

Dr M. Minter
Novembre 1920 – Mai 1923

Dr N.T. McLean
Janvier 1917 – Août 1920

~ Le docteur N.T. McLean, premier directeur du Service d'Hygiène et son successeur, le docteur J.M. Minter ~

~ L'École professionnelle Élie Dubois ~

Chancy, avait à ses frais mis sur pied quelques ateliers que fréquentaient enfants et adultes. Bellegarde loua cette initiative et, armé de la loi du 5 août 1919 qui avait créé l'enseignement primaire-supérieur avec section professionnelle, il décida de transformer l'École Secondaire en établissement primaire-supérieur. Son dessein était de développer les ateliers existants et d'ajouter de nouvelles sections. Encore une fois, il lui fallut soutenir un combat acharné avant que l'Office américain qui d'abord avait réclamé la suppression des ateliers, voulût bien les agréer. Mais toutes les demandes formulées dans la suite pour apporter des améliorations à certains cours, se heurtèrent auprès des autorités américaines, à un refus formel[4].

L'ancienne école nationale dite «secondaire», convertie en école primaire-supérieure professionnelle, put ainsi ouvrir ses portes à la rentrée d'octobre 1919, sous le nom d'*École J. B. Damier*, en hommage à cet ancien ministre de l'Instruction Publique qui, sous Geffrard, avait créé l'enseignement primaire-supérieur. À la tête de chacun des ateliers, Bellegarde plaça des professeurs compétents - Arthur Isidore à la typographie, Joseph Duclos à la reliure, Jacques Lubonis à l'ébénisterie, St-Léger Fortin à la comptabilité, M. Nazon au dessin et à la technologie - qui consacrèrent la renommée de cette utile institution.

Durant son passage au ministère, Bellegarde qui se révélait un fervent défenseur des valeurs nationales conçut l'heureuse idée de faire de chaque école publique la «pupille d'une famille ou d'un groupe de familles haïtiennes». Aux écoles primaires qui jusqu'alors n'étaient désignées que par des numéros d'ordre, il donna le nom d'anciens maîtres qui s'étaient dévoués pour la cause de l'éducation nationale, et les plaça sous la protection de leurs familles. Tous ces éducateurs chevronnés, du plus humble au plus prestigieux, de Daguesseau Lespinasse, Darius Denis, Guillaume Manigat, Pierre Ethéart à Richard Azor, Argentine Bellegarde, Mme Belmour Lépine, Coriolan Dessources, tous réunis «dans le même hommage de gratitude rendu à leur mérite», eurent leurs noms portés au frontispice des écoles publiques. Les descendants de plusieurs d'entre eux acceptèrent bien volontiers de s'intéresser aux écoles placées sous le patronage de leurs célèbres parents et les soutinrent effectivement.

À la même époque et dans le même contexte, l'école des frères de la Grand'rue, dite École Frères Théâtre, changea son nom baroque contre celui beaucoup plus approprié du deuxième archevêque de Port-au-Prince, Mgr Jean-Marie Guilloux, et l'Externat des soeurs de Saint-Joseph de Cluny devint l'École Mère Louise.

On doit encore à Dantès Bellegarde l'institution de la fête de l'Université qui fut célébrée pour la première fois le 18 mai 1920, date anniversaire de la création du drapeau. C'est l'une des rares créations de cet excellent réformateur à avoir survécu à son administration.

... La plus ancienne et la plus renommée des écoles d'enseignement supérieur, l'École de Médecine, est soumise, dès le début de l'occupation, à des tracasseries administratives suscitées par les nouveaux maîtres qui essayaient de «faire croire au monde entier qu'ils allaient tout apprendre aux Haïtiens». La mainmise de l'occupant sur l'Hospice Saint-Vincent de Paul, puis sur l'Hôpital militaire, devait entraîner de profonds changements structurels au sein de l'École. Les services cliniques qui dépendaient de l'École de Médecine ayant été centralisés à l'Hôpital Général, les médecins de ce centre hospitalier furent les seuls aptes à y soigner. Professeurs et étudiants n'eurent plus accès à l'hôpital, et ainsi se trouvèrent compromises les épreuves de dissection que ces derniers avaient à subir à la fin de l'année scolaire.

Face au désarroi qu'avaient causé les nouvelles mesures, le Dr Williams, directeur de l'hôpital, accepta, à la rentrée d'octobre 1916, de mettre à la disposition des professeurs de clinique un certain nombre de lits pour les besoins de l'enseignement médical. Mais quand le directeur de l'École constata que seulement 25 lits sur 400 avaient été réservés à l'enseignement pratique des étudiants, il adressa un rapport au Conseil des Secrétaires d'État au sujet de cette anomalie. Simple formalité administrative dont il n'attendait aucune suite. Le problème se trouva en partie résolu, grâce à l'obligeance de la direction de l'Hospice Saint-François de Sales qui ouvrit toutes grandes les salles de cet établissement hospitalier pour les cours de clinique de l'École de Médecine.

Celle-ci n'était cependant pas au bout de ses revers. En effet, le dessein, à peine voilé, des autorités occupantes était la fermeture provisoire de l'École de Médecine et sa réouverture avec une direction et un personnel américains. McLean, arrivé en Haïti en 1916, comme ingénieur sanitaire chargé de la création des services prévus par la Convention et qui, en mars 1919, allait être nommé Chef du Service d'Hygiène, était l'agent exécuteur de ce complot.

Une circonstance idéale pour disloquer l'institution s'était présentée lorsque, à la suite du refus de six professeurs de l'École de voter la Constitution de 1918, l'ordre de les révoquer avait été donné par le président Dartiguenave[5]. Ce ne fut pas sans peine que Bellegarde obtint du président leur réintégration. Celui-ci, pressé par McLean qui insistait auprès de lui, afin de ne pas rappeler les professeurs destitués, avait dû se faire violence pour donner satisfaction à son ministre.

L'École des Infirmières, récemment fondée, n'avait pas encore de local. Ce fut l'occasion pour l'ingénieur McLean de jeter son dévolu sur le bâtiment construit avant l'occupation pour l'École de Médecine, et qui se trouvait dans l'enceinte de l'hôpital. Comme la direction de l'École ne paraissait pas décidée à céder aux sollicitations de McLean, celui-ci résolut de prendre possession manu militari des bâtiments après avoir «fait jeter dans la cour de l'établissement mobilier, matériel, pièces anatomiques, livres...»[6]. Était-ce cette fois la fin de la vieille Alma Mater ?... Dantès Bellegarde qui était encore à la tête du ministère de l'Instruction Publique, se raidit devant la menace. Le jour même, il réinstalla l'École de Médecine dans l'édifice en ruine du Palais de l'Exposition qui l'avait logée un certain temps, et qui pour le moment abritait l'école nationale dirigée par David Desrouleaux.

Loin des machinations et des intrigues, l'École de Médecine connut une période de paix. Apaisement toutefois relatif, car abandonnée à son sort, sans aucun soutien matériel de l'État, il lui eut été difficile de survivre si, grâce aux démarches du ministre Bellegarde, son corps professoral ne s'était enrichi de savants et dévoués professeurs, tels que les docteurs Dorsainvil, Jean-Louis,

Coicou, qui «acceptèrent d'y faire des cours à titre honorifique». Pendant qu'à l'Hospice Saint-François se donnaient les cours de clinique, Bellegarde obtint le concours de laboratoires et cliniques privés, comme ceux des docteurs Coicou et Ricot, où les étudiants purent s'exercer aux expériences et aux recherches dans des domaines aussi variés que l'ophtalmologie, la parasitologie, l'hématologie ou l'urologie.

Au portail Saint-Joseph, le Service d'Hygiène, avec l'aide de la Croix Rouge américaine, avait fondé un dispensaire dont McLean voulut remettre le fonctionnement aux professeurs et aux étudiants de l'École de Médecine. C'était sa façon de dédommager les étudiants des cours de clinique à l'Hôpital Général qu'il avait abolis. Quoique dépourvu du matériel médical indispensable à l'accomplissement d'une action bénéfique, le dispensaire était une œuvre d'assistance populaire, et c'est pourquoi le Dr Horace Périgord, directeur de l'École, consentit à y envoyer ses étudiants; mais la clinique officielle de l'École de Médecine continua à se faire à l'Hospice Saint-François de Sales.

Au cours de l'épidémie d'alastrim qui s'était déclarée vers le dernier trimestre de 1920, l'École de Médecine fut encore victime des manœuvres du Service d'Hygiène. Sous prétexte d'établir un camp de secours pour soulager l'Hôpital Général dont la capacité d'hospitalisation était largement dépassée, le Palais de l'Exposition fut réquisitionné afin d'être converti en hôpital. Courageusement, les étudiants durent se soumettre à ces nouvelles tribulations et interrompre leurs cours. La fin de l'épidémie n'apporta aucun changement à la situation. Voyant que le Service d'Hygiène n'était pas décidé à remettre le local, le Dr Périgord fit forcer l'entrée du bâtiment, y réinstalla l'École et ordonna la reprise des cours.

Bien chimérique paraissait l'élimination tant souhaitée par les occupants de la vénérable institution nationale. S'en rendant compte, ils se déterminèrent à composer avec elle. En 1921, sur l'intervention du ministre J.C. Pressoir, le Conseiller financier Maumus voulut bien accorder les crédits nécessaires pour l'acquisition de pièces «d'anatomie plastique et pour un petit laboratoire d'hématologie et de bactériologie, le premier qu'ait possédé l'École»[7]. En juin 1922, un accord entre les Départements de l'Intérieur et de l'Instruction Publique autorisa la reprise des cours de clinique à l'Hôpital Général. Si en encourageant cet accord, les autorités américaines avaient désiré faire échec au projet de Mgr Pichon d'ouvrir à Saint-François de Sales une école libre de médecine, elles avaient également voulu marquer la détente qu'elles souhaitaient et qu'avaient amenée le rappel de McLean, remplacé par l'ingénieur J.M. Minter, et surtout le départ de la présidence de Sudre Dartiguenave qui si souvent leur avait tenu tête.

L'École de Médecine sortait victorieuse de ses épreuves. Elle poursuivit son exaltante tâche de former des médecins de valeur qui, dès la fin de la grande guerre mondiale, prirent l'habitude de se rendre en Europe en vue de perfectionner leurs connaissances médicales. Les simples cabinets de consultation firent place à des cliniques bien outillées. L'usage du microscope se généralisa. La pratique de la science d'Esculape se maintint dans les principales villes du pays à un niveau satisfaisant.

Pour permettre aux femmes d'être admises aux sections de Pharmacie et d'Art dentaire de l'École de Médecine qui n'étaient accessibles qu'aux candidats munis du baccalauréat 1ère partie, Bellegarde, dans les nouveaux règlements du 5 février 1920, ouvrit les portes de ces sections aux aspirants porteurs du brevet supérieur. Bénéficiaire de cette heureuse mesure, Elvire Aurel Bayard, aux examens de juillet 1921, sera proclamée lauréate de l'École de Pharmacie.

L'École des Gardes-Malades demeure une des utiles créations de l'administration américaine dans le domaine de l'enseignement supérieur. Ouverte aux jeunes filles de 18 à 30 ans, l'École assurait l'hébergement des élèves-infirmières. Une valeur de 20 gourdes par mois leur était allouée pour leurs menues dépenses. Inaugurée en octobre 1918, l'École, l'année suivante, comptait 23 étudiantes placées sous la direction d'une infirmière américaine parlant français, miss Lincoln.[8]

Ignorée par les autorités occupantes, l'École de Droit n'est victime d'aucune brimade. Bénéficiant des lumières d'éminents professeurs, elle continue sans bruit de façonner de jeunes esprits dans la science juridique. Un ennui majeur : l'inexistence d'un bâtiment à elle. D'où des déménagements fréquents. En octobre 1916, l'École de Droit, dont les cours se donnaient rue Geffrard, maison Ménélas Alphonse, est transférée à l'angle des rues Lamarre et John Brown, maison Bauduy.

Oubliée également des Américains, l'École des Sciences Appliquées, qui, sous la direction du mathématicien Horace Ethéart, persévère dans sa noble entreprise de préparer les hommes appelés à constituer «l'équipe technique du pays». À partir de 1922 cependant, une certaine désobligeance de la part des autorités américaines semble se manifester. À plusieurs reprises, elles menacèrent de supprimer la subvention mensuelle de 1,200 gourdes qui avait été accordée à l'École par la loi Féquière de 1906. Les choses en restèrent là.

Dans l'enseignement commercial, aucun empiètement des maîtres de l'heure. La première et la plus ancienne école de commerce, celle de Gabriel E. Pierre, fondée en 1900, donne ses cours à la rue des Césars. À la fin de l'année scolaire, le gouvernement confère le grade universitaire aux élèves qui ont subi avec succès l'examen officiel. À cette époque fonctionnaient également l'École de Commerce de M.E Lacroix et celle de M. Robin qui aura une longue et brillante carrière. Établi à la Grand'rue sous le nom d'«École Spéciale de Sténographie et de Dactylographie de Marcel Robin», l'établissement comptait en 1920 plus d'une cinquantaine d'élèves qui suivaient des cours s'échelonnant de 6 heures du matin à 9 heures du soir. À la suite de l'incendie qui détruisit l'École, Marcel Robin transféra son établissement en face de l'immeuble incendié, à l'étage de la maison Smith. En dehors de ces écoles de commerce, des cours pratiques de dactylographie, dispensés par Mme Jeanne Demartin, sténo-dactylo attachée au Département des Travaux publics, se donnaient au siège de ce Département, trois fois par semaine, de 8 heures à 10 heures[9].

Deux écoles professionnelles publiques, l'École Centrale des Arts et Métiers, dirigée par M. Jacob, et la Ferme-École de Thor[10], dirigée par M. Bailey, qui avaient été placées sous le contrôle du major Burwell, officier-conseil de la Commune de Port-au-Prince, passent en 1919, par décision du Chef de l'Occupation, le général Catlin, sous le contrôle respectif des Départements de l'Instruction Publique et de l'Agriculture. Embryon de la future École Nationale d'Agriculture, la ferme-école de Thor profitera de l'attention spéciale de tous ceux qui, à tour de rôle, exerceront sur elle leur surveillance. En 1921, une exposition agricole où seront présentés de beaux spécimens de volailles et d'animaux de boucherie, ainsi qu'une riche variété de produits agricoles, fera l'admiration des centaines de visiteurs qui n'avaient pas hésité, pour cette édifiante visite, à se payer le déplacement.

Une nouvelle Académie d'Art, fondée par le sculpteur Normil Charles, ouvre ses classes en décembre 1915. Les cours de sculpture et de moulage sont donnés par Normil Charles lui-même et ceux de peinture et de dessin par le peintre Eugène Vientejol[11]. Zélateur de l'art classique, Normil Charles orientera son enseignement selon les critères de ce style. Seuls parmi ses élèves arriveront à percer, Hubermann, son fils, qui se perfectionnera dans la sculpture du marbre, et André Lafontant, dans la sculpture sur bois.

Fonctionnait aussi, en ce temps-là, une autre école d'art d'agrément, le Cours de Piano de Justin Élie. Parlant de cette école, Constantin Dumervé dit que Justin Élie était parvenu à «dominer ses élèves à un point tel que pour la technique et l'interprétation, leur jeu se rapprochait beaucoup de celui du maître»[12].

Un très ancien établissement scolaire, sis à la rue des Miracles et fondé par Alexandre Pétion, le Pensionnat National de Demoiselles, d'où étaient sorties tant de jeunes filles remarquables, et auquel Mme Argentine Bellegarde avait pendant longtemps attaché son nom, est fermé en 1916, suivant la décision du Département de l'Instruction Publique. Dirigée par Mme Siméon Salomon, l'école ne comptait plus qu'une centaine d'élèves, effectif insignifiant qui ne justifiait pas, aux yeux des responsables de l'enseignement public, les dépenses de fonctionnement assez élevées de cet établissement. Une belle page de l'éducation scolaire féminine était tournée.

Au lycée Pétion, des maîtres attentifs et capables essaient de maintenir au sein de l'institution sa réputation de centre d'enseignement didactique. Efforts que ne semblent pas comprendre les potaches qui remplissent les salles de classe, car l'écho de leur indiscipline se répercute jusque dans les salles de rédaction de journaux: «Qu'y a-t-il au Lycée ? se demandait *l'Essor*. Il nous revient que la discipline y est quasi inexistante, que les élèves ne respectent pas les maîtres, que le désordre y est à son comble...»[13]. Peut-être ne s'agissait-il... que de péchés de jeunesse !

Une tradition pieusement maintenue au lycée, celle de la distribution solennelle des Prix. Elle a lieu, chaque année, fin juillet, à la proclamation des grandes vacances.

En 1917, un vent mauvais commence à souffler sur les écoles congréganistes masculines de la capitale. En raison de la notable réduction de son personnel, dont plusieurs de ses membres avaient dû répondre à l'appel du drapeau, le Petit Séminaire-Collège Saint-Martial se voit forcé, pour la rentrée d'octobre, de fermer les cours primaires et de ne conserver que les classes secondaires. Dans les familles, c'est le désarroi : toute une réadaptation à imposer à de jeunes cerveaux pas toujours très malléables. Le pire se produit lorsque, vers la fin de juin 1919, le bruit circule que le Séminaire allait définitivement fermer ses portes.

En réalité, l'établissement se trouvait en pleine crise, une crise particulièrement grave qui avait sa source non seulement dans la situation financière aiguë à laquelle il faisait face depuis plusieurs années et qui maintenant semblait avoir atteint le point de non retour, mais aussi dans le manque de professeurs religieux que la Maison-Mère de la rue Lhomond à Paris était dans l'impossibilité de lui envoyer. Les lois scolaires françaises avaient, en effet, lourdement atteint la congrégation dans son recrutement, et le peu de sujets qu'il lui restait était réclamé par le gouvernement français pour ses anciennes et nouvelles colonies. Qu'avait à faire la Congrégation, sinon à remettre l'œuvre à l'Archevêché ?

Devant cette angoissante éventualité, les consciences se réveillent. Pour conjurer la crise de professeurs, des personnalités marquantes s'offrent à donner des cours sans rémunérations. On s'attaque à la crise financière en faisant partout circuler des listes de souscription qui se couvrent en moins de rien de centaines de noms de donateurs. Dans le dessein d'épauler le mouvement, le ministre de l'Instruction Publique, Dantès Bellegarde, propose aux spiritains de se charger du cours normal destiné à préparer les instituteurs ruraux de la circonscription de Port-au-Prince. La Légation des États-Unis et le Conseiller financier opposent leur veto à cette offre et saisissent l'occasion pour rejeter une fois pour toutes le projet de création de cours normaux à travers la République.

En présence de l'indifférence des occupants pour le péril qui menaçait une institution depuis longtemps considérée comme nationale, l'élan redouble. Meetings et campagnes de presse se multiplient. «Les pères se virent entourés d'une atmosphère de chaude affection. Ils purent mesurer à quel point ils étaient aimés, et cela leur fut un premier réconfort»[14].

En novembre, la rentrée avait lieu avec tous les cours, sauf la rhéto et la philo... L'abnégation du peuple haïtien avait sauvé le Séminaire de la catastrophe.

Restait à raffermir cet heureux dénouement par des actes tangibles. Déjà était parvenue à Saint-Martial la garantie formelle du Conseil de la Congrégation du Saint-Esprit de faire les sacrifices voulus pour le maintien du collège. À la suite d'une convention entre l'Archevêché de Port-au-Prince et la Congrégation du Saint-Esprit, celle-ci obtint la propriété définitive de l'établissement qui resta toutefois le petit séminaire officiel de l'archidiocèse. Par la loi du 2 juillet 1920, le gouvernement de son côté concéda à la Congrégation du Saint-Esprit tous les droits que possédait l'État «sur le terrain où s'élève l'ensemble des constructions et des dépendances qui constituent le Petit Séminaire-Collège Saint Martial»[15]... La crainte de porter à l'Église catholique en Haïti un «préjudice irréparable» par le départ des spiritains, avait opéré le miracle de la renaissance de Saint-Martial.

C'est vers la même époque que la Congrégation des Frères de l'Instruction Chrétienne s'achoppa à une situation tout aussi inquiétante. Obligé de répondre à des engagements importants en Europe et au Canada, le Conseil de la Congrégation s'était vu contraint à ne pas pouvoir répondre aux demandes pressantes de la Mission d'Haïti. Se trouvaient ainsi menacées l'Institution Saint-Louis de Gonzague et plusieurs écoles de frères de province. Pour parer au malheur de fermetures désastreuses et répondre aux vœux des populations de la capitale et de l'arrière-pays qui n'avaient jamais cessé de placer leur confiance dans la méthode d'enseignement et d'éducation des frères, Dantès Bellegarde prépara une convention qui accordait 50 dollars par mois aux instituteurs religieux des écoles primaires publiques tenues par eux et des appointements convenables aux instituteurs laïcs employés dans leurs écoles.

Comme il fallait s'y attendre, McIlhenny se dressa contre la convention. Le frère Archange, directeur principal des Frères, dut lui-même affronter sa hargne pour plaider la cause de la Mission d'Haïti qui était aussi, en définitive, celle de toutes ces écoles nationales de frères répandues à travers le pays. De guerre lasse, le Conseiller financier donna son accord. Cette convention qui «déterminait les droits et les obligations des deux parties», permit à la Mission de stabiliser sa situation et d'envisager pour l'avenir l'extension de son œuvre d'éducation populaire[16].

Aucun bouleversement de cet ordre dans les congrégations enseignantes féminines. Chez les soeurs de Sainte-Rose de Lima, un simple déménagement à signaler. En avril 1916, leur Externat de la rue du Centre est transféré dans l'immeuble de l'ancienne pharmacie Albertini-Ewald, à l'angle de la Grand'rue et de la rue Pavée.

De façon assez inattendue, le vieux projet de doter le Bel-Air d'une école congréganiste de filles prend corps, grâce au marasme qui afflige le pays. À l'ouest de la chapelle de Saint-François, l'Église possédait une propriété rectangulaire provenant d'acquisitions diverses, qui était venue s'ajouter au don de Ney Carré de 1876. Vers 1917-1918, atteints par la mauvaise situation économique, de pauvres gens dont les petits biens se trouvaient dans le même voisinage, se dépouillèrent de leurs propriétés. L'Église en fit l'acquisition d'une huitaine, ce qui permit de disposer d'un terrain assez spacieux pour l'érection d'une grande école.

La direction du futur centre d'enseignement est proposée aux

Filles de Marie Paridaens[17] qui acceptent l'offre et décident de prendre à leur charge la construction du bâtiment, la Maison-Mère de Belgique s'étant déclarée prête à supporter la plus grosse part des dépenses. Les travaux commencent le lundi de Pâques de 1921 et s'achèvent en janvier 1922. En février, l'école est ouverte, avec deux classes et une centaine d'élèves. Un an après l'inauguration des travaux de construction, Mgr Fioretti, Chargé d'Affaires du Saint-Siège, escorté d'un nombreux clergé, bénit la nouvelle école.

L'établissement offre un très bel aspect. Long de 21 mètres et large de 12, il est construit en béton armé et en maçonnerie, et comprend un sous-sol, un rez-de-chaussée, un étage et une terrasse couverte. De spacieuses galeries de 2 mètres 50 sont ménagées sur trois façades. Le bâtiment est déjà en mesure de recevoir toute la population scolaire féminine du quartier, mais faute de personnel, l'ouverture de nouvelles classes se fera par étapes.

Notes

1. Dantès Bellegarde, *Un Haïtien parle*, p. 249.
2. Dantès Bellegarde, *Pour une Haïti Heureuse, II*, p. 238.
3. Dantès Bellegarde, *op. cit.*, p. 211.
4. Dantès Bellegarde, *op. cit.*, p. 214.
5. Ces six professeurs étaient les docteurs Brun Ricot, Lissade, Civil, Charles Mathon, Rivière, L.Baron. (*L'Essor*, 15 juin 1918.)
6. Dantès Bellegarde, *op. cit.*, p. 216.
7. Catts Pressoir, *op. cit.*, p. 151.
8. *L'Essor*, 22 septembre 1919.
9. *Le Moniteur*, 11 octobre 1916.
10. La Ferme-École de Thor était logée dans le bâtiment construit sous Nord-Alexis pour servir d'Asile d'aliénés. Il abrite aujourd'hui l'École Nationale Mixte de Thor.
11. *Le Matin*, 24 décembre 1915.
12. Constantin Dumervé, *Histoire de la Musique en Haïti*, p. 258.
13. *L'Essor*, 27 juin 1919.
14. Mgr Jean-Marie Jan, *Port-au-Prince. Documents pour l'Histoire religieuse*, p. 244.
15. *Bulletin de l'Association Amicale du Petit Séminaire Collège Saint-Martial*, No. 2.
16. Dantès Bellegarde, *op. cit.*, pp. 198-199.
17. Haïti fut le premier pays à l'étranger à accueillir les Filles de Marie.

ASSOCIATIONS ET INSTITUTIONS

La présence de troupes étrangères sur le sol de la Patrie et d'une administration bicéphale dont il était difficile de savoir dans quelle forme de gouvernement la classer, ne pouvait manquer de provoquer l'apparition d'associations politiques, s'interrogeant sur le sort de la nation. La plus importante de ces associations, l'*Union Patriotique*, prend naissance quelques semaines après l'intervention des États-Unis, à peu près à la même époque que la *Ligue des Patriotes*, association qui n'aura ni le dynamisme, ni le renom de la première.

Dans la matinée du 10 août 1915, sur la convocation de Maître Georges Sylvain, ancien Ministre plénipotentiaire d'Haïti à Paris, se réunissent dans son cabinet de la rue Pavée[1], en vue de fonder l'association *Union Patriotique*, MM. Charles Bouchereau, Dr. Carré, Victor Cauvin, Fleury Féquière, Dr S. Holly, Occide Jeanty, Edmond Laforest, Lys Latortue, Caïus Lhérisson, F. Porsenna, Joseph Sylvain et Georges Sylvain[2]. Est formé le Comité de Direction, avec Georges Sylvain comme président, Léo Alexis, Trésorier, F. Porsenna, Secrétaire, L.C. Lhérisson, Edmond Laforest, Fleury Féquière, Lys Latortue, Conseillers.

Que se proposait la nouvelle association ? «Défendre la souveraineté nationale et l'intégrité territoriale de la République d'Haïti par tous les moyens de propagande, notamment par la création d'organes de publicité qui auraient pour tâche à l'étranger de renseigner sur la situation vraie de notre République; dans le pays de travailler à l'éducation patriotique du peuple haïtien»[3]. Programme excellent que réclamaient avec insistance les nécessités de l'heure.

Porte-parole de l'Opposition ? L'Union Patriotique ne promet pas de l'être. Bien au contraire, dans la déclaration du 21 août, le Comité fait savoir qu'il ne marchandera pas son concours au gouvernement comptant que celui-ci «y puisera sa force morale» et ne prendra pas à mal «les critiques et les avertissements que l'association arrivera de lui adresser». Hommes de principe et de bonne volonté, ils ne renoncent pas de croire à la «force du droit» et veulent pacifiquement mais énergiquement contribuer au relèvement de la nation éplorée.

L'organe de l'Union Patriotique, *La Patrie*, fondé par Georges Sylvain, Edmond Laforest, Marcelin Jocelyn... paraît le 21 août 1915. Georges Sylvain y tient la rubrique «Bulletin Politique». Dans une prose claire, précise, musclée et d'une implacable logique, il dénonce les manoeuvres et crie sa déception face à l'escalade impérialiste des États-Unis.

Après le vote de la Convention, *La Patrie* cessa de paraître. Estimant préférable de se mettre en retrait pour mieux observer le nouvel ordre de choses qu'apportait l'instrument diplomatique voté le 11 novembre 1915, par le Sénat, Sylvain rentra dans la vie privée et la ligue s'ajourna pour des temps plus favorables.

La percutante déclaration du président Dartiguenave, en novembre 1920, aux correspondants de journaux étrangers qui avaient suivi à Port-au-Prince la Cour Navale d'Enquête présidée par l'amiral Mayo, avait eu un écho éclatant qui s'était répercuté jusqu'à Washington. Les amis de la cause haïtienne aux États-Unis, particulièrement l'écrivain de couleur James W. Johnson, pressaient les nationalistes haïtiens de se constituer en association, pour mieux canaliser leurs revendications. L'atmosphère était à la lutte. Sylvain et ses amis décidèrent de reprendre la marche au combat.

Le 17 novembre 1920, dix-huit citoyens haïtiens se rassemblent au cabinet d'avocat de Georges Sylvain à la rue Pavée. La situation politique ne se présentant plus dans la perspective de celle de 1915, ils choisissent de fonder une nouvelle association qui portera le nom de l'ancienne, et dont le but essentiel sera de «relier l'action des patriotes haïtiens à celle des groupements qui à l'étranger ont saisi l'opinion publique de la question haïtienne et s'occupent de lui assurer une solution conforme à notre intérêt national»[4]. Le siège provisoire du Bureau est fixé au cabinet de Me Sylvain.

Le lundi 22 novembre, une Résolution signée de 26 membres et précisant «des vues pratiques et les raisons de l'action» de la nouvelle ligue est votée, consacrant la renaissance officielle de l'*Union Patriotique*. Représentée par un Comité central d'action et de propagande, l'association est administrée par un Bureau dont font partie Horatius Baussan, Moravia Morpeau, F. Luxembourg Cauvin, Edmond de Lespinasse, David Jeannot, D. Bourand, Sténio Vincent, Price-Mars, Perceval Thoby, Léon Liautaud. À l'unanimité, Georges Sylvain est nommé Administrateur-Délégué et reçoit de ses collègues le mandat de parler en leur nom.

Le 5 décembre 1920, à 10 heures du matin, au Théâtre Parisiana, a lieu la séance d'inauguration de la nouvelle *Union Patriotique*. L'assistance déborde : plus d'un millier de personnes venues apporter leur appui à la lutte pour le retour à la souveraineté nationale. L'administrateur-délégué prononce un discours souvent interrompu par des applaudissements nourris et qui s'achève par l'audition du poème de Georges Sylvain «Ode à la Délivrance», qui plonge l'auditoire dans un émoi indescriptible. Tous les vœux proposés sont votés d'enthousiasme et par acclamations. Après la séance, chacun se retire aux cris de : Vivent la Souveraineté et l'Indépendance nationales ! Vive Haïti !

Les desiderata de l'association dont les points fondamentaux étaient la dénonciation de la Convention de 1915 et le retrait dans un court délai de l'occupation militaire des États-Unis, sont rendus publics. Ils vont constituer le cheval de bataille que l'*Union Patriotique* ne s'arrêtera pas d'éperonner, en plein accord avec l'opinion publique haïtienne.

Quelques mois après la reconstitution de l'association et la formation des comités de province, on pouvait évaluer à 16,000 le nombre d'adhérents à l'*Union Patriotique*. Fait surprenant, le président Dartiguenave, répondant à l'appel de quelques promoteurs de l'Union qui désiraient voir se constituer un front uni, gouvernants et gouvernés, contre l'envahisseur, avait donné son accord à ce souhait et s'était déclaré disposé à verser jusqu'à 1.000 dollars, «comme sa contribution personnelle aux frais d'installation de l'Union Patriotique»[5]. Ne pouvant figurer comme membre au sein de l'association, il avait proposé son chef de Cabinet, Berthomieux Danache, pour le représenter. Influencés par le refus systématique de l'irréductible Louis Édouard Pouget qui n'entendait pas exposer la liberté d'action de l'association en permettant au pouvoir de s'associer avec elle au sauvetage national, les initiateurs de cette démarche, qu'ils avaient cru patriotique, y renoncèrent. Ainsi fut ravie au pays l'expérience d'une alliance politique qu'il eut été passionnant d'observer.

Pour le Bureau, la question de fonds devait s'avérer l'un des problèmes les plus ardus à résoudre. Elle portera bien souvent au découragement les responsables de l'association. Frais intérieurs, frais de publicité aux États-Unis, frais d'envoi de délégués à l'étranger, autant de dépenses à couvrir et qui exigeaient de gros débours. Les quêtes et souscriptions publiques récoltées au sein de la population ne permettaient de faire face qu'à certaines obligations. De novembre 1920 à décembre 1921, les fonds recueillis par le Comité central pour la propagande et l'action à l'extérieur s'élèveront à 23,000 gourdes pour Port-au-Prince et 25,611 gourdes pour la province[6].

La forme de combat préconisée par l'association était la lutte non armée contre l'occupation. Si elle ne fut pas aussi violente que celle où s'étaient engagés Charlemagne Péralte et Benoît Batraville avec une optique et des moyens différents, elle ne fut pas moins acharnée et contribua à créer chez les Haïtiens un état d'esprit protestataire et à l'étranger un fort courant de sympathie pour la cause haïtienne. Cette action devait compter dans l'évolution des idées et des faits et elle aura sa part dans le déclenchement des événements qui aboutiront à l'éclosion de la seconde Indépendance. Dans sa lutte pour la défense de la nationalité haïtienne, l'*Union Patriotique* sera épaulée par plusieurs grandes associations du pays dont elle avait ravivé la flamme civique. La Ligue du Drapeau, l'Association du Corps enseignant, le Syndicat des Médecins, l'Ordre des Avocats, la Ligue du Bien Public, l'Union des Sociétés Sportives haïtiennes... viendront se ranger à ses côtés, pour clamer avec elle les droits du peuple haïtien.

L'envoi de délégués à l'étranger avait été considéré par l'Union comme un des moyens les plus efficaces pour motiver sa campagne nationaliste. «Mieux informés de la question haïtienne, ceux-ci pouvaient mieux défendre la cause» de la nation. Pour l'assister et la conseiller, l'association avait fait appel à un avocat de renom, Me Ernest Angell, résidant à New York, et entretenait des rapports très étroits avec la «Société pour la Défense d'Haïti et de Santo Domingo», établie aux États-Unis.

En 1921, l'*Union Patriotique* délègue à Washington trois de ses membres éminents, MM. Sténio Vincent, Pauléus Sannon et Perceval Thoby. Dans un rapport daté du 9 mai, ils dénoncèrent au gouvernement des États-Unis les abus perpétrés par les autorités de l'occupation, tout en exprimant les desiderata du peuple haïtien. Ils reçurent un cordial accueil des défenseurs de la cause haïtienne, et particulièrement de Oswald Garrisson Villard qui leur ouvrit les portes de *The Nation*, une des revues les plus considérées aux États-Unis.

L'action à l'extérieur de l'*Union Patriotique* ne resta pas sans suite. Soutenue par les groupements qui, sur la terre d'Abraham Lincoln, avaient déjà soumis à la conscience américaine l'examen de la question haïtienne, et par les nombreux amis d'Haïti en France, au Canada, aux Antilles françaises, en République Dominicaine, à la Jamaïque, elle aida au renforcement à l'étranger du mouvement pro-haïtien dont les clameurs contribuèrent pour beaucoup à l'envoi, à la fin de 1921, de la Commission d'enquête parlementaire, présidée par le sénateur Medill McCormick.

Au moment de l'ouverture de la campagne présidentielle de 1922, l'association concentra tous ses efforts sur la violente bataille qu'elle déclencha contre la candidature de Louis Borno. Plus partisan de la réélection de Dartiguenave dont la politique tendait ouvertement désormais à libérer le pays du protectorat américain, elle ne pouvait, explique Danache, «fonder les mêmes espérances sur un autre candidat qui, pour assurer son succès, serait forcé de transiger avec les Américains»[7]. Cette prise de position n'eut pas beaucoup d'effets sur les autorités américaines qui s'étaient chargées d'organiser les élections, et dont le candidat ne pouvait être évincé.

Malgré son action bénéfique et le stimulant qu'elle imprima au nationalisme haïtien, l'*Union Patriotique* ne resta pas à l'abri des critiques. Certains lui reprochaient d'être «un centre de personnalisme outrancier» où des membres, candidats plus ou moins déclarés à la présidence, ne travaillaient que pour leurs seuls intérêts. L'œuvre certes n'était pas parfaite, mais on ne peut lui refuser d'avoir été un moment considérable dans la lutte pour la libération du territoire national, lutte qu'elle allait d'ailleurs poursuivre sous le gouvernement de Borno. C'est surtout cela, sans doute, qui restera de ses nobles démarches.

Parallèlement à l'*Union Patriotique*, avait vu le jour à la fin de 1915, une association de jeunes que les tristesses et la déliquescence du moment avaient amenée à naître. Réveiller de son engourdissement l'âme haïtienne en lui faisant prendre conscience de son identité et de ses possibilités, agiter les problèmes sociaux liés au bonheur du peuple haïtien et à la prospérité de la patrie, sauvegarder en un mot le patrimoine intellectuel et spirituel de la nation face aux prétentions de l'occupant, tels étaient les buts généreux visés par ces jeunes, et qui s'apparentaient à un «nationalisme culturel» que des maîtres de la pensée haïtienne devaient plus tard reprendre et développer. Né d'un besoin économique et social, ce mouvement demeure le premier à avoir, quoique timidement, orienté la résistance haïtienne sur le plan ethnique.

Le 4 novembre 1915, la *Ligue de la Jeunesse Haïtienne* est donc fondée. Elle s'est donné pour président M. Georges N. Léger, avocat du barreau de Port-au-Prince. Autour de lui, des professeurs, des médecins, des avocats, des commerçants, des industriels, tous animés du désir de ne rien abandonner de leur identité culturelle et raciale et d'œuvrer pour le bien de la jeunesse et l'avenir du pays. De beaux projets en perspective, parmi lesquels, la création d'une Faculté libre des Lettres et des Sciences. En attendant, l'association prépare sa série de conférences que M. Edmond de Lespinasse inaugure avec brio. Ces causeries de la Ligue, suivies par un public avide de s'informer et de se distraire, se donnaient surtout à Parisiana et au cercle Bellevue. En été, l'association mettait sur pied toute une variété de programmes littéraires qu'elle offrait aux villégiaturistes de Pétionville, dans la grande salle du presbytère. Sa principale création reste sa revue, dénommée *Revue de la Ligue de la Jeunesse Haïtienne*, qui véhiculait les idées originales de ce jeune mouvement d'avant-garde.

En octobre 1916, une association plutôt politique, le *Parti Progressiste*, est fondé par Georges N. Léger. Son objectif : «la coopération franche et loyale avec les États-Unis, pour l'application de la Convention»[8]. Ce parti présidé par Horatius Baussan et Léon Louhis, et dont le siège provisoire se trouvait au cabinet de Me Baussan à la rue du Centre, n'eut qu'une mince audience dans le public, et son action, comme organisation politique, exerça peu d'influence. Il en sera de même du *Bloc National*, une association à action politique, sociale et religieuse, qui fut fondée en juin 1921, et dont le président était M. Edmond Polynice.

Dans la catégorie des associations mondaines, on retrouve le vénérable *Cercle de Port-au-Prince* de la rue du Magasin de l'État, dont la longue agonie se poursuit par suite de l'abandon progressif de ses membres. En novembre 1915, un appel extraordinaire est lancé en vue de l'élection d'un nouveau comité qui, en dépit de sa bonne volonté, n'arrivera pas à freiner le déclin du vieux cercle. L'année suivante, cependant, son président, M. Bonnefil, dans une ultime tentative pour le ranimer, signe un accord avec le pianiste Paul Volcy pour la présentation d'une série de concerts, avec le concours d'artistes réputés, et l'organisation d'attractions pour enfants.

Pendant quelques mois, ce fut pour le Grand Cercle le retour des beaux jours de jadis, avec tout ce monde élégant qui recommençait à se presser dans ses salons lambrissés, et cette cohorte d'enfants turbulents, égayant le vieil immeuble de leurs rires éclatants. Ce réveil marquait pourtant l'épilogue d'un passionnant roman mondain. Peu à peu, le silence revint s'installer dans les vastes salles au plafond marqueté. En mars 1917, Clara Rousseau, fondatrice d'une société cinématographique signait avec les gérants du Cercle un contrat l'habilitant à transformer l'ancien siège du Cercle de Port-au-Prince en salle de spectacle. C'était la fin : le Grand Cercle avait vécu !

Bellevue, le club mondain du quartier du Sacré-Cœur de Turgeau, qui portait la responsabilité de la décadence du Cercle de Port-au-Prince, célèbre en 1915, sous la présidence de Fernand Dennis, le dixième anniversaire de sa fondation. À la grande soirée offerte à cette occasion, l'orchestre du *Washington*, gracieusement mis à la disposition des membres de l'association par l'amiral Caperton, joue ses plus belles partitions... En 1919, faisaient partie du Bureau, Étienne Mathon comme président, Frédéric Gaetjeans, trésorier, Richard Mc-Guffie, Georges Baussan, Frédéric Doret, conseillers.

Cédant au désir de se grouper, de se réunir à leurs heures de loisir, pour bavarder et s'adonner à des jeux divers, les occupants qui formaient déjà une colonie assez nombreuse à Port-au-Prince, fondent en août 1917, l'*American Club of Port-au-Prince*. Le but principal de cette association était de «développer la connaissance et l'amour des sports et des jeux de toutes sortes, d'acquérir des terrains et immeubles nécessaires à cette fin, de favoriser des relations sociales entre ses membres»[9]. Eli K. Cole est élu président du Conseil d'Administration et Allison T. Ruan, vice-président. L'ouverture de ce cercle à Turgeau ne contribua en rien au rapprochement social des Haïtiens et de leurs protecteurs. Un incident survenu à Bellevue devait même avoir sa répercussion au Club américain et causer l'élargissement du fossé qui sur bien des points séparait la nation des occupants. Des officiers américains, priés à une réception au Cercle Bellevue, avaient refusé de saluer M. Guerlach, membre fondateur du cercle, à cause de sa nationalité allemande. Les membres de l'association se sentant solidairement atteints par cette incongruité, prirent la résolution de ne plus les inviter à aucune réunion mondaine du cercle. Ripostant à cette décision, le Club américain ferma ses portes à tous les Haïtiens, quelque fût leur rang. Le président de la République lui-même n'y sera jamais convié.

Un autre cercle mondain, haïtien celui-là, et qui se posera comme l'émule du cercle Bellevue, naît l'année suivante. Le 13 janvier 1918, en effet, des jeunes gens de la classe aisée de la capitale fondent le *Cercle Port-au-Princien*, pour la distraction mutuelle des membres et le resserrement «entre eux et leurs familles des liens d'amitié et de solidarité». Ils élisent respectivement président, trésorier et secrétaire du Comité d'Administration, MM. Abel Léger, Ernst Ewald et Arnil St-Rome fils. Frémy Séjourné et Emmanuel Ethéart sont élus conseillers. Un «Conseil d'Honneur» est formé, composé de MM. Charles de Delva, Horace Ethéart et Edmond de Lespinasse.

La jeune association s'installa à l'ancien siège du défunt Club allemand, sis à l'angle de la rue Cappoix et de l'avenue Magny, dans une confortable villa entourée d'une cour plantée d'arbres majestueux[10]. Et le dimanche 31 mars 1918, c'était l'ouverture des salons du nouveau cercle par une soirée dansante qui connut un grand éclat.

Deux ans plus tard, en janvier 1920, le Conseil Abel Léger fait l'acquisition d'une propriété au sud du Champ-de-Mars, en bordure de la rue Cappoix, pour l'érection des futurs locaux du cercle. Le 24 février suivant, afin de se procurer les fonds nécessaires à la construction, le Conseil fonde, au sein de l'association, une société civile par actions rapportant 6% l'an, dénommée «Syndicat de Construction du Cercle».

Pendant plus d'un demi-siècle, les habitués feront du Cercle Port-au-Princien le havre où, dès l'après-midi, ils se retrouvaient pour causer et discuter ou se livrer à d'interminables parties de poker, de bridge ou de bête. Les soirées dansantes du club, et surtout ses bals travestis, attiraient dans sa salle de danse aux proportions imposantes, toute une jeunesse ardente et trépidante, happée par la joie de vivre. Harmonieusement administré par un Comité de Direction secondé par un Conseil de Discipline, le Cercle Port-au-Princien maintiendra sous tous les régimes politiques sa renommée et son prestige, se démocratisant peu à peu, mais conservant jalousement les règles de «d'honneur, de la bienséance, de la gentilhommerie et du savoir-vivre» qui avaient présidé à sa naissance.

À Lalue, dans l'immeuble appartenant au Dr Ricot, un nouveau club mondain, le *Cercle Haïtien*, est fondé en juin 1920. Arthur Rameau préside à sa destinée, avec Chrysostome Rosemond comme vice-président.

Moins actifs et plus fermés, les petits clubs de quartier qui contribuent toutefois à entretenir, par ces temps maussades, la vie de société. Parmi les plus représentatifs, le cercle *Bagatelle*, présidé par Émile Prézeau, le *Petit Club* que préside Raoul Rouzier, le *Cercle Syrien*, installé à Turgeau...

Dans le domaine des activités intellectuelles, la *Société Internationale des Conférences* tient sa séance solennelle d'inauguration à Parisiana, le dimanche 12 octobre 1919. En mars de l'année suivante, est fondée *Printania*, association littéraire dont le but est de développer les facultés intellectuelles de ses membres. Elle se signalera par la maturité précoce de ses adhérents, tous des jeunes frais émoulus du collège. Le Comité de direction est formé de Faine Lévy, président, Auguste Bellegarde, vice-président, Antonio Vieux, premier secrétaire, O. Cameau, secrétaire-adjoint, A. Frédérique, Trésorier, Camille Large, Ducasse Jumelle et G. Dorismond conseillers.

Très attentif à profiter de l'expérience des devanciers, *Idéal des Jeunes* qui, en 1919, fêtait son quatrième anniversaire, avait groupé autour de lui toute une pléiade d'intellectuels, semeurs et propagateurs de nobles et saines idées : Bellegarde, Morpeau, Duvigneaud, Laleau, Destouches, Rameau. Sans dédaigner les attraits de la vie matérielle, ces jeunes mettaient surtout en évidence leur goût pour les valeurs esthétiques et morales.

La même tendance se retrouvait dans la *Ligue Catholique de la Jeunesse Haïtienne*, fondée en janvier 1920, et dont le but était de travailler à la régénération de la jeunesse, en offrant à ses membres des moyens de saine distraction et d'évolution morale.

La même année fait irruption sur la scène port-au-princienne, un groupe de jeunes contestataires, décidés à tout remettre en question, surtout sur le plan artistique et littéraire, et qui se donnent pour nom *Les Treize*. Ils étaient 13 en effet : Léon Laleau, Alfred Nemours, Henry Durand, Ludovic Lamothe, Justin Élie, Frédéric Duvigneaud, Ernest Chauvet, Félix Viard, Georges Léger, ALphonse Henriquez, Thomas Lechaud, Clément Magloire, Bance, auxquels plus tard viendra se joindre Constantin Mayard. Leur dessein visait principalement à réagir contre l'attitude des générations précédentes qu'ils nommaient ironiquement «l'école de l'encensement mutuel», en leur opposant la manière du «dénigrement réciproque et systématique» qu'ils ne craignaient pas pour eux-mêmes. Cénacle sympathique et séduisant, qui savait garder la courtoisie dans l'effronterie, et dont l'un des membres les plus marquants, Léon Laleau, a brossé un portrait fort suggestif de son style :

«Nous moquâmes la poésie à culotte et à jabot de Damoclès Vieux. Nous lardâmes de traits démouchetés la philosophie du grand philosophe de *L'Effort*. Quant à la prose en bras de chemise et en pantoufles éculées de Fernand Hibbert, je ne sais comment elle résista à la cruauté de nos boutades juvéniles.

«... Duvigneaud avec une gravité savamment forcée mit consciencieusement en pièces l'un de mes deux romans de jeunesse et ridiculisant le titre du premier, se demanda comment après Valéry j'allais m'y prendre pour faire danser des vagues...

«Nos mots étaient méchants mais nos cœurs pleins de tendresse... Et si en littérature, pas plus qu'en art, nous n'apportâmes rien de bien neuf, avec pourtant en nous la prétention de tout renouveler, du moins imposâmes-nous la mode du smoking blanc, ce qui, comme on le voit en pays tropical, est une conquête précieuse»[11].

À la suite du grand mouvement d'entraide qui avait sauvé le collège Saint-Martial de l'effondrement, les anciens élèves, désirant se solidariser davantage à l'œuvre des Pères du Saint-Esprit et permettre aux amis d'y adhérer, fondent le 7 décembre 1919, l'*Association Amicale du Petit Séminaire-Collège Saint Martial* qui succédait à l'Association Amicale des Anciens Élèves du Séminaire créée le 11 mars 1888. Le même jour sont élus : Edmond de Lespinasse, président, Frédéric Doret, vice-président, J. Eug. Paul, trésorier, Auguste Magloire, secrétaire-général, Hermann Corvington, archiviste.

Le 13 avril 1920, naît une association similaire, celle de l'*Amicale du Lycée Pétion*, constituée par les anciens élèves du plus vieux lycée de la République. Elle sera le dépositaire des multiples aides qu'on voudra bien parfois prêter à l'établissement pour son rayonnement et son fonctionnement régulier.

Quelques jours après la fondation de l'Amicale, la place Élie-

Dubois désaffectée, et qui fait face au lycée, est concédée à l'association pour la construction d'une bibliothèque publique. La mise à exécution du projet ne traînera pas. Dès décembre 1920, le Dr Ricot, président de l'Amicale, donnait son approbation pour l'ouverture des chantiers. Le dimanche 26 a lieu la cérémonie de la pose de la première pierre de la bibliothèque. Assistance nombreuse. Dans les appartements et la grande cour du lycée, kermesse, bal, loterie vont leur train. Parmi les parrains et marraines, le président de la République donnant le bras à Mme Agel, épouse du Ministre de France... Sous la direction des ingénieurs Brun et Azor, les murs sortent de terre. Mais bien des années allaient s'écouler avant que s'achèvent entièrement les travaux.

Quelques années auparavant, en 1916, avait été fondée par le docteur Hector Paultre une *Association des Étudiants en Médecine* très animée. «C'est là, dit le Dr Catts Pressoir, que le Dr Maurice Éthéart, alors étudiant aussi, conçut l'idée de la Ligue de la Jeunesse haïtienne»[12].

Toujours en 1916, sous l'impulsion du Dr Paul Salomon, avait été instituée l'*Association des Médecins de l'Assistance médico-chirurgicale de l'Hospice Saint-François de Sales*, présidée par son initiateur le Dr. Salomon, administrée par Mgr Jules Pichon et placée sous la présidence d'honneur du Dr Léon Audain.

Vers la fin de 1921, prendra naissance une nouvelle corporation médicale aux idées plus ambitieuses : la *Société de Médecine de Port-au-Prince*. «Apporter sa part d'efforts et d'observations au progrès de la médecine et nouer des relations confraternelles et scientifiques avec des sociétés nationales ou étrangères poursuivant le même objectif»[13], tel était le but que prétendait atteindre la Société. Formaient le Bureau le Dr Bruno, président, le Dr Dorsainvil, secrétaire-général, le Dr Lechaud, trésorier. Au Conseil, plusieurs praticiens, dont les docteurs Domond, Roy, Civil, Salomon, Mathurin, Périgord... Il n'est pas aisé de se faire une opinion sur les travaux et observations accomplis par la Société. Ils n'ont pas été réunis en volumes et les études publiées sont restées éparpillées dans les journaux et périodiques de l'époque.

Motivés sans doute par la présence de l'occupant dont l'intérêt des professionnels n'était pas le souci majeur, certains d'entre eux s'unissent en syndicat.

En 1917 avait été créée la *Mutualité Ouvrière de Port-au-Prince*, présidée par Georges H. Jacob, directeur de l'École Centrale des Arts et Métiers. Plus tard sera constituée l'*Association nationaliste des ouvriers et salariés haïtiens*. De l'une et l'autre de ces associations, on connaît peu de choses.

Le dimanche 22 février 1920, l'*Union des Syndicats du Corps de Santé* tient sa première séance à l'Asile Français, sous la présidence du Dr Domond. Une semaine auparavant, le dimanche 15 février 1920, 56 chevaliers du volant s'étaient réunis à Ciné-Variétés pour la fondation du *Syndicat des Chauffeurs*. Un bureau provisoire présidé par Jules Héraux avait été constitué.

Syndicalisme embryonnaire dont l'action évoluera dans un champ très limité. Sans influence, ces syndicats n'en portaient que le nom, et leurs recours dans la défense des intérêts professionnels de leurs membres ne seront presque jamais pris en considération.

En 1919 a lieu la première tentative pour la création en Haïti du *Rotary Club*. Cette association philanthropique, fondée à Chicago, par Paul Harris, au début du siècle, et dont l'idéal professé se résume dans le mot «servir», s'était déjà ramifiée dans maintes parties du monde. Les fins que se proposait d'atteindre le *Rotary Club de Port-au-Prince*, étaient de travailler au développement de Port-au-Prince et à l'éclosion de rapports plus étroits entre Haïtiens et Américains et autres étrangers. Un Bureau est formé que préside M. Elliott, de la Hasco, assisté d'un Conseil de 17 membres. Le mardi 18 novembre, les rotariens, presque tous des hommes d'affaires du Bord-de-Mer, se réunissent au nombre de 48, à l'Hôtel de France pour leur premier dîner hebdomadaire.

Moins de deux ans après sa fondation, l'association qui, malgré ses efforts, n'avait pas pu obtenir la reconnaissance du siège international, influencé qu'il était par le racisme de quelques-uns de ses membres, se séparait de l'Association mère et prenait pour nouvelle dénomination *Capitol City Club de Port-au-Prince*... Le bilan de réalisations de la société ne paraît pas avoir été très éloquent. On lui doit cependant un essai assez fructueux de rapprochement social qui prouve que sa présence dans le milieu ne fut pas entièrement sans effet.

À l'initiative du pasteur haïtien Edgar B. Jones, de l'Église Épiscopale, le *Scoutisme*, association d'entraide collective, mais plus spécialement destinée aux jeunes, prend pied à Port-au-Prince en 1919. Un Bureau est formé, présidé par Edgar Jones, secondé par deux vice-présidents, Arthur Stines et Gesner Laroche. Dans un immeuble de la rue de la Réunion, on installe le quartier général scout. Les idées préconisées par Robert Baden-Powell, fondateur du Scoutisme, et qui exaltent «le caractère, la santé, le savoir-faire, le service du prochain et la recherche de Dieu» ne semblent pas avoir beaucoup enthousiasmé les jeunes. Ils se désintéressèrent du mouvement qui quelques années plus tard sera ranimé par d'autres zélateurs.

Deux sociétés théâtrales, la *Renaissance* et *Comœdia*, qui auront chacune un destin bien différent, voient le jour. Le 16 juillet 1918, Joseph Sylvain, Gustav Kolbjorsen et Edgard Laforest fondent *Comœdia*, société artistique qui se proposait d'exercer l'art théâtral et d'encourager les dramaturges haïtiens. Sa devise : *Castigat ridendo Mores*. Quatre grandes représentations artistiques étaient prévues pour l'année. L'association n'a cependant laissé que très peu de traces, et ses activités qui promettaient d'être méritoires n'ont guère eu d'échos.

En revanche, la *Renaissance*, fondée vers la fin de 1917 par Christian Coicou, neveu de Massillon Coicou, allait connaître un rayonnement qui devait la classer parmi les sociétés théâtrales les plus appréciées du public. Elle prenait la relève du Théâtre Haïtien du regretté Massillon Coicou, et son premier souci fut bien sûr de former une troupe théâtrale. Les répétitions avaient lieu chez Christian Coicou, à la deuxième avenue de Bolosse, et les pièces étaient presque toujours présentées à Parisiana ou à Variétés.

La première représentation théâtrale de la Renaissance est donnée à Parisiana le 29 décembre 1917, au profit de la stèle qu'on se proposait d'élever à Thor, à la mémoire des victimes de la catastrophe ferroviaire. En décembre 1919, le Comité Directeur du Cercle

Renaissance était formé de Christian Coicou, président, C. Augustin, vice-président, Félix Diambois, secrétaire, Théophile Salnave, secrétaire-adjoint, P.D. Plaisir, trésorier et A. Roy, archiviste.

Nouvelle initiative prise dans un autre champ de l'art, celle du pianiste Justin Élie qui, en octobre 1918, fonde la *Société des Concerts*. Son dessein était de répandre le goût de la haute musique et de divulguer les œuvres les plus remarquables du répertoire national. Avec le concours de l'artiste Belliot, il constitua un petit orchestre symphonique qui pendant un certain temps gratifia les mélomanes d'auditions vraiment délectables.

Sur le plan sportif, un *Country Club* est créé et s'établit dans le cadre verdoyant de Mariani, sur la propriété Ducasse. En juillet 1921, les terrains de jeu sont ouverts aux membres. Au comité de Direction du cercle, Georges de Lespinasse et Jules Phipps occupent respectivement la présidence et la vice-présidence. Richard Mc-Guffie est le trésorier et Jules Faine le secrétaire-général.

Après la disparition de l'Hospice Saint-Vincent de Paul, l'hospice Saint-François de Sales était resté le seul établissement hospitalier patronné par une association haïtienne, les *Dames de Saint-François de Sales*. Les difficultés de l'heure n'abattent pas l'esprit d'entreprise des responsables de l'œuvre. En 1917, l'hospice est pourvu d'une salle d'opération, réalisation de l'ingénieur Léon Mathon, une des plus coquettes constructions du groupe de pavillons de Saint-François.

En août 1918, a lieu la cérémonie d'installation de la branche port-au-princienne de la *Croix-Rouge américaine*. Cette institution rendra de signalés services aux communautés, avant de se transformer, bien des années plus tard, en organisme national.

Ému par le nombre croissant de mendiants et de déshérités qui déambulaient à travers la ville, le Conseil communal, présidé par le magistrat Annoual, se résout à mettre à exécution le projet de construction d'un *hospice communal*, en ébauche depuis des années. L'ingénieur Adrien Scott donne le plan du bâtiment principal, avec deux salles de 120 lits chacune, et celui des bâtiments annexes : salle de garde, dispensaire, ateliers...

Pour la commodité des futurs pensionnaires et la bonne marche de l'institution, on avait envisagé l'achat d'un terrain de 2,000 mètres carrés de superficie, situé non loin de la station radiotélégraphique de Sans Fil, et appartenant aux Chrisphonte. Au cours des pourparlers en vue de l'acquisition, on se heurta à des difficultés inextricables. Ce qui détermina le magistrat communal à porter son choix sur la partie est de l'ancien Parc de l'État pour y ériger l'hospice. À la suite des violentes protestations de l'Union des Sociétés Sportives Haïtiennes qui n'entendait pas être dessaisie d'une partie du terrain qui lui avait été déjà concédé, le Conseil communal se rabattit sur une propriété du bois Saint-Martin, encore appelé bois John, appartenant à M. Ménélas. En août 1921, la Commune devenait propriétaire de ce terrain assez vaste sur lequel commencèrent à se dresser les murs de l'Hospice communal de Port-au-Prince.

Une œuvre de grande pitié sociale, *La Crèche*, est fondée en 1921, au bénéfice des enfants nécessiteux. Sollicitée par un groupe de dames de la société port-au-princienne, en vue d'établir une pouponnière pour les enfants indigents, la population de la capitale avait généreusement répondu à leur appel. Le 15 août 1921, l'œuvre commençait à fonctionner, en recevant les enfants pauvres dont les parents étaient obligés de se rendre au travail. Il fallut bientôt héberger définitivement un certain nombre d'entre eux et même accepter des bébés au berceau et les garder jusqu'au certificat d'études primaires.

Le nom de Mme Vve Georges Sylvie, de nationalité française, reste soudé à cette institution humanitaire. Elle en fut l'initiatrice et en garda la direction jusqu'à sa mort, apportant à son fonctionnement un dévouement inlassable. Parmi ceux qui les tout premiers adhérèrent spontanément à ce mouvement d'entraide en faveur de l'enfance nécessiteuse, il faut citer au nombre des dames, Mesdames Tancrède Auguste, Michel Oreste, Jacques Nicolas Léger, Edmond de Lespinasse, Edmond Mangonès, Louis Borno, Édouard Caze, Edmond Roumain... et parmi les hommes, Dantès Bellegarde, Pierre Hudicourt, Dr Paul Salomon, Louis Borno, Seymour Pradel, Alexandre Villejoint...

Dons de particuliers, contributions du public, subsides de certains services de l'État, telles seront les sources de revenus de La Crèche qui pendant de longues années occupera la grande propriété Baussan, au bas de Turgeau, et où plus tard sera construit l'hôtel Sans Souci[14]. Elle tracera pour de nombreuses générations d'enfants déshérités le chemin de la liberté et de la vie.

Bien d'autres œuvres de bienfaisance et de solidarité sociale au profit de l'enfance scolaire malheureuse verront le jour à cette époque. En juillet 1917, le Comité Haïtien de l'Alliance française lance à Port-au-Prince la belle œuvre du *Vêtement scolaire*. À l'Hôtel communal est inaugurée en décembre 1918 la *Caisse des Écoles de Port-au-Prince*, première étape d'une œuvre dont les bienfaits devaient s'étendre au bénéfice de toutes les communes. Conçue par le secrétaire d'État de l'Instruction Publique, M. Dantès Bellegarde et présidée par le maire Alphée Alphonse, son but était de «faciliter la fréquentation des classes par des secours aux élèves indigents et peu aisés». Les ressources de la Caisse devaient être alimentées d'abord par les subventions communales. Ceux qui s'intéressaient à l'œuvre et avaient donné leur adhésion purent eux aussi participer à son approvisionnement en versant leurs cotisations. Quelques semaines après sa constitution, la Caisse des Écoles de Port-au-Prince était en mesure d'entamer les distributions. Des centaines d'écoliers indigents de la ville reçurent gratuitement vêtements, chaussures, livres scolaires et fournitures classiques.

L'action du ministre Bellegarde en faveur des élèves infortunés se porta encore sur le volet alimentation qu'il avait dû considérer pour parfaire son plan de fréquentation et d'assistance scolaires. Par l'entremise de la Caisse des Écoles, il projeta d'établir dans les quartiers pauvres de la ville des *cantines scolaires* destinées à assurer aux écoliers dans la nécessité une distribution gratuite de nourriture. L'idée trouva auprès du magistrat Alphonse un écho favorable. Dès le 1er juillet 1919, huit cantines furent ouvertes au Morne à Tuf, au Bel-Air, au Poste Marchand et à la Croix-des-Bossales, pour les élèves indigents des deux sexes. Plus de 400 d'entre eux reçurent durant le mois de juillet un copieux repas, ration qu'il fallut doubler à la rentrée d'octobre. Commerçants, boulangers, épiciers avaient accepté de bon cœur de contribuer au ravitaillement des cantines scolaires. Ainsi s'était réalisé le désir de Bellegarde «d'intéresser le plus grand nombre possible de personnes à l'éducation populaire et à la fréquentation de nos écoles»[15].

Presque à la même époque était fondée à l'école Richard Azor, une association ayant à peu près les mêmes visées que les deux précédentes, mais elle-même, d'initiative privée, *La Mutualité scolaire du Bel-Air*. Son objectif était «d'aider au développement de la fréquentation scolaire et de l'éducation des enfants de la région, venir en aide aux enfants nécessiteux et encourager les enseignants qui se signalent par des actes de dévouement»[16]. À la tête du Comité de direction est placé Antoine Innocent, un des notables du Bel Air. L'école de la Mutualité, inaugurée en avril 1920, demeure la principale réalisation de l'association. Dirigée par Mme Eunys Barau, elle comptait l'année suivante 119 élèves, dont 56 filles et 63 garçons. Ce petit centre d'enseignement, quoique sommairement meublé, rendit de notables services à la population scolaire de la butte.

Notes

1. La petite «halle» qui servait à la fois de cabinet d'avocat de Georges Sylvain et de bureau central de l'Union Patriotique, à la rue Pavée, est occupée aujourd'hui par la blanchisserie Immaculée Conception. Elle porte le Numéro 21 et est située non loin de l'ancien Curaçao Trading (Renseignement obligeamment fourni par MM. Marcel et Henri Sylvain).
2. Neuf sur les vingt appelés n'avaient pu répondre à la convocation, mais avaient donné leur adhésion à l'idée. C'étaient MM. T. Guilbaud, A. Villejoint, E. Morel, D. Bellegarde, J. Lizaire, Georges et Charles Régnier, C. Benoît, Léo Alexis - Georges Sylvain, *Pour la Liberté, I*, p. 4.
3. *Le Matin*, 14 août 1915.
4. *L'Essor*, 29 novembre 1920.
5. Berthomieux Danache, *op. cit.*, p. 101.
6. Georges Sylvain, *Pour la Liberté, I*, p. 160.
7. Berthomieux Danache, *op. cit.*, p. 145.
8. François Delancour, *Précis méthodique d'Histoire d'Haïti*, p. 147.
9. *L'Essor*, 23 août 1917.
10. Cet immeuble fut longtemps occupé par l'entreprise de pompes funèbres «Pax Villa».
11. *Haïti-Journal*, 29 janvier 1949.

12. Catts Pressoir, *La Médecine en Haïti,* p. 153.
13. *L'Essor,* 30 décembre 1921.
14. Siège, de nos jours, du Ministère de la Justice.
15. Dantès Bellegarde, *op. cit.,* p. 395.
16. *L'Essor,* 8 mars 1920.

COMMERCE ET INDUSTRIE

Deux des funestes effets pour Haïti du conflit armé où s'étaient engagés les États-Unis en Europe, par suite de la guerre sous-marine «sans discrimination» déclenchée par l'Empire allemand, avaient été la chute des exportations de café vers la France et la restriction des importations des produits de première nécessité, à partir des États-Unis. Cette condition peu réjouissante s'aggrava lorsqu'on apprit que la Compagnie Hollandaise, la seule dont les bateaux continuaient d'assurer le service New York - Port-au-Prince allait à son tour cesser le trafic, la plupart de ses navires ayant été réquisitionnés à New York. Le commerce national se trouva subitement mis en présence d'une situation dramatique, conséquence des «défauts de la structure économique d'Haïti», et contre laquelle on semblait n'avoir aucune voie de sortie.

À Parisiana, devant un auditoire attentif et silencieux, Dantès Bellegarde fit le procès du système haïtien de monoculture. Après avoir démontré que rien ne justifiait l'insuffisance de la production locale, il jeta le cri : En avant pour une plus grande production ! La *Ligue d'Action agricole* était née. On en confia la présidence à Fleury Féquière et immédiatement fut entreprise auprès des intéressés l'indispensable campagne de motivation.

Les résultats furent simplement surprenants. Par son action méritoire, la Ligue réussit non seulement à provoquer l'intensification de la production vivrière, mais décupla celle du maïs en particulier, en faisant passer l'exportation de cette denrée de 298,391 kilos en 1916-1917 à 9,040,306 kilos pour le premier semestre de l'exercice 1917-

1918. Elle s'intéressa au développement de la petite industrie en encourageant «des expériences faites pour la panification de certaines matières farineuses et pour l'extraction d'huiles comestibles de diverses plantes oléagineuses... La cassave soigneusement préparée connut la plus grande vogue à Port-au-Prince, et... l'huile de "benn-olive" produite par le docteur Édouard Roy parut aussi fine et délicieuse que les fameuses huiles d'Aix. Le directeur de la Banque Nationale, M. Oscar Scarpa, s'intéressa vivement à ces recherches. Il fit établir par l'agronome belge Van den Bergh une petite fabrique d'huile de coton comestible. On sait que cette industrie a pris depuis une très large extension»[1].

Intensification des relations commerciales avec Cuba, grâce à l'exportation des vivres et des graines, création d'une société civile immobilière par actions, en vue de réunir les capitaux pour l'établissement d'une institution de crédit agricole, autant de résultats à mettre à l'actif de la Ligue. Elle se préoccupa aussi du sort des agriculteurs lésés par les abus de la corvée et s'entremit en leur faveur. Mais ses interventions trop fréquentes finirent par contrarier les autorités militaires américaines, et surtout le général Butler, obsédé par le seul souci de disposer d'un matériel humain capable de lui construire, sans bourse délier, ses routes stratégiques. À la suite d'une algarade de ce dernier avec un commissaire de la Ligue venu lui soumettre de nouvelles doléances, Féquière et ses collègues comprirent qu'aucune action efficace en matière de développement agricole ne pouvait se poursuivre sans la protection et la collaboration de l'autorité militaire. Ce malheureux incident mit fin aux activités de l'association.

Les démarches de la Ligue s'étaient exercées dans un domaine limité. Elles n'avaient pas prétendu bien sûr, enrayer la régression économique qui était apparue en 1915 et reposait sur des facteurs qu'il n'était pas du ressort de l'association de contrecarrer.

Jusqu'en 1919, le commerce et l'industrie sont littéralement perturbés par la guerre européenne dont les incidences sur l'importation et l'exportation se révèlent désastreuses et aussi par la guerre des cacos qui accentue, dans les régions où elle se déroule, l'insuffisance de la production agricole. De 40,742,263 kilos en 1913-1914, les exportations de café tombent à 23,617,06 kilos en 1916-1917. L'année suivante, la valeur totale des exportations s'élèvera à 6,276,321 dollars, contre 17,285,485 dollars pour l'exercice fiscal 1911-1912. 19,000 tonnes de café seront seulement vendues cette année-là, pour une valeur de 4,016,844 dollars, contre 38,900 tonnes pour l'année fiscale 1911-1912. Quant aux importations, victimes de la sensible diminution du tonnage marchand, elles atteignent leur niveau le plus bas.

Le boom du campêche en 1916 sauve l'économie haïtienne d'une terrible catastrophe. 115,629,446 kilos de cette essence sont vendus aux États-Unis. On n'avait jamais atteint une aussi forte expédition. Mais à partir de 1918, le bois de campêche qui représentait près de 10% de la valeur totale des exportations des produits agricoles, tombait à 5.1% et à 2.9% en 1919.[2] Les effets sur le commerce d'une situation aussi alarmante étaient tragiques. Le prix des produits de grande consommation devint inabordable, et il fallut à chacun se plier aux rigueurs de la «vie chère».

La fin de la guerre provoque une flambée d'espoir. On apprend que le café qui était coté à 7 dollars les 100 livres fait 13 dollars 1/2 avec tendance à la hausse. Des firmes danoises, hollandaises, italiennes se seraient adressées à la Chambre de Commerce dans le dessein d'établir des relations plus suivies et plus étendues avec le marché haïtien. Entre Haïti et les États-Unis, une certaine tendance vers l'extension des échanges paraît se manifester. Vaines espérances, car les prix se maintenaient à la hausse, prolongeant le coût élevé de la vie, auquel était venue s'ajouter une crise de logement sans précédent. Le plus curieux, remarquait l'*Informateur Haïtien*, c'est que pour des bicoques sans aucune commodité, que les propriétaires prétendaient louer au prix fort, «on se bat littéralement pour les habiter»[3].

Sans moyen de faire front à une crise si aiguë, le consommateur n'achetait pas. Frappées par la mévente, certaines maisons du Bord-de-Mer s'acheminaient résolument vers la faillite. Ce marasme des affaires avait pourtant ses causes. Il était lié à une crise financière qui paraissait laisser indifférent le gouvernement. Si la rareté du numéraire demeurait une réalité préoccupante et qui tendait à empirer, c'est qu'on avait jusqu'ici négligé de la combattre en réagissant contre ce qui, en dépit de la fin des hostilités, concourait à la perpétuer, c'est-à-dire la baisse de la production caféière, la chute du franc, l'arrêt du paiement des intérêts de la dette intérieure et de ceux de la dette flottante et la suppression par les banques des crédits accordés au commerce. Réunie à l'extraordinaire le 6 novembre 1920, la Chambre de Commerce, après analyse approfondie des raisons de la crise commerciale, exprimait le voeu que le gouvernement «prenne toutes les mesures économiques utiles commandées par la situation actuelle».

Engagé dans la voie des emprunts, jugée par les Américains comme l'unique solution à la crise, le gouvernement se voyait condamné à rester dans l'expectative, attendant la réalisation d'un de ces projets d'emprunt qu'on lui présentait régulièrement, mais qui n'aboutissait à rien. Pendant ce temps, au Bord-de-Mer, le krach des maisons de commerce continuait à semer la panique. En mars 1921, deux nouveaux établissements commerciaux, les maisons Salamé frères et Léonce Fils-Aimé, font faillite. La hausse miraculeuse du café en 1922 atténuera dans de larges proportions cette dégradation économique ; mais parvenu au terme de son mandat présidentiel, Dartiguenave n'en profitera pas.

... Dans le secteur bancaire, la *Banque Nationale de la République d'Haïti* reste le principal établissement de crédit du pays. Banque d'État, trésorière du Gouvernement haïtien, elle est maintenue dans une situation assez paradoxale. Ancienne filiale de la Banque de l'Union Parisienne, et placée depuis avril 1919 sous le contrôle financier de la National City Bank of New York, par l'acquisition faite par celle-ci des intérêts des porteurs français, elle demeure néanmoins une société juridiquement française, ayant son siège social à Paris !

En 1918, s'installe à la rue Roux la *Foreign Banking Corporation*, société bancaire américaine. La précarité du marché financier la portera, au bout de quelque temps, à cesser ses opérations et à transférer ses affaires à la Banque Royale du Canada.

Un arrêté du Gouvernement haïtien, daté du 21 août 1919, avait autorisé la société anonyme, *La Banque Royale du Canada*, à établir une succursale à Port-au-Prince. Le 1er octobre de la même année, la nouvelle banque ouvre ses guichets, rue du Magasin de l'État, à côté de la Banque Nationale, dans l'ancienne maison Madsen. À M. W.A. Clarke est confiée la direction de la succursale. M. Oswald J. Brandt, qui a déjà occupé en Haïti des postes bancaires assez importants, est nommé sous-directeur. En août 1921, la Royal Bank transférera ses bureaux dans un local plus spacieux, sis à l'angle des rues Courbe et Roux, et appartenant aux Simmonds. Ayant réussi à s'adapter au mouvement des affaires, elle ouvre peu après cinq agences de province.

L'investissement en Haïti de capitaux étrangers, surtout américains, amorcé au début du XXème siècle, devait naturellement s'accroître avec l'occupation, grâce aux garanties apportées par la Convention de 1915 et renforcées plus tard par la Constitution de 1918. Comme cette consolidation de l'oligarchie capitaliste se limitait presque exclusivement au secteur agricole et était conditionnée par le bail à vil prix d'immenses étendues de terres cultivables, elle n'apporta aucune amélioration à l'économie nationale et constitua une grave menace pour la paysannerie.

Dès 1916, la *Haytian American Sugar Company* (HASCO) s'installe dans la plaine du Cul-de-Sac, aux portes de Port-au-Prince, et la *Haytian Products Company* dans l'Artibonite. De 1922 à 1927, quatre autres compagnies agro-industrielles, jouissant de concessions de baux à très longs termes, viendront tenter leurs chances sur le sol d'Haïti.

De toutes ces compagnies qui connurent des fortunes diverses, seule la HASCO, vulgairement dénommée SUGAR, allait s'enraciner et parvenir à surmonter «des difficultés considérables tenant à la structure agraire du pays». Cette raffinerie ne représentait qu'une des nombreuses sphères d'activités où la *Haytian American Corporation*, puissant consortium formé par des banquiers de New York et de Chicago, se préparait à déployer son dynamisme, par l'acquisition qu'elle allait faire de l'usine électrique, du wharf, des tramways de Port-au-Prince, ainsi que du chemin de fer de la P.C.S. S'étant assurée, pour l'approvisionnement de la centrale, de la récolte de nombreux planteurs du Cul-de-Sac dont deux d'entre eux étaient propriétaires «d'habitations» assez étendues, et s'étant elle-même constituée un important domaine de 15,000 acres dans les plaines du Cul-de-Sac et de Léogane, par l'achat des capitaux d'une société allemande[4], la Haytian American Corporation autorisa ses mandataires à faire enregistrer en l'étude du notaire Louis H. Hogart les documents relatifs à la constitution de l'entreprise sucrière et à la fixation de ses statuts. Onze jours après, par arrêté présidentiel du 11 septembre 1916, autorisation était donnée à la Haytian American Sugar Company d'exercer ses activités sur le territoire national.

Comme pour toute implantation d'industries nouvelles, l'établissement de la Hasco fut accueilli par la population avec un enthousiasme d'autant plus fervent que cette installation avait été accompagnée dans les journaux, de réconfortantes annonces : investissement prochain par la Haytian American Corporation, de plus de 18,000,000 de dollars dans ses entreprises en Haïti, création par le même consortium, de plus de 50,000 emplois dans différentes spécialités...

Saluée comme «une des plus grandes raffineries de sucre au monde», l'usine de la Hasco était en réalité une entreprise relativement modeste, comparée aux «ingenios» cubains. De plus, note Moral, son installation «n'allait pas beaucoup modifier la physionomie du Cul-de-Sac»[5]. Si l'accord entre les grands domaniers de la plaine et la puissante entreprise américaine devait enfin se réaliser, les petits exploitants indépendants demeurèrent, eux, les plus frappés par le monopole de la Hasco.

À la fin de 1916, les premiers éléments de l'usine, expédiés par la West Menagment Co qui avait obtenu le contrat pour la fabrication du matériel estimé à 1,800,000 dollars, arrivaient à pied d'œuvre. Les terrains contrôlés par le consortium, et évaluées à 7,000 carreaux, étaient mis en culture. Était de même entamée la construction des 30 kilomètre de voies de pénétration prévues pour desservir les régions que la compagnie se préparait à exploiter. Un matériel ferroviaire, comprenant 5 locomotives et 200 fourgons, allait être affecté à ce service. Logements, restaurant, hôpital étaient envisagés pour la commodité du personnel.

Après deux ans d'un minutieux montage de pièces, l'érection de l'usine était achevée. En janvier 1919, inaugurant la première «roulaison», le staff de la Hasco lançait l'ordre de démarrage.

Avec la fondation de cette usine sucrière, un prolétariat industriel prenait naissance qui, en attendant de pouvoir défendre ses droits, ne craindra pas de s'affirmer en s'opposant à des exigences injustifiées du patronat. Et c'est à la Hasco que pour la première fois se manifestera cette prise de conscience... Victimes d'une diminution de salaires et d'une augmentation d'heures de travail ordonnées sans préavis par la direction, des ouvriers de l'usine décrètent la grève et gagnent les rues[6]... Six mois plus tard, nouveau différend : refusant de se soumettre à un changement d'horaire décidé par la direction, deux ouvriers de l'entreprise cessent le travail. Étiquetés comme «perturbateurs», ils sont arrêtés et acheminés au Tribunal de Paix[7]... Ces conflits inégaux, d'où la compagnie sortit certainement victorieuse, mettaient déjà en évidence la nécessité d'organiser la protection de l'ouvrier.

Tandis que se manifeste l'expansion industrielle américaine par l'installation sur le territoire d'un équipement moderne et coûteux, les petites fabriques locales, disséminées à travers le pays, réussissent tant soit peu à se maintenir, quelques-unes à se développer. Usines pour la préparation du café «gragé», du cacao ou pour la fabrication du sucre brut, du chocolat, de l'alcool, fabriques de boissons gazeuses, usines à glace, toutes ces industries modestes mais dynamiques sont spécifiques de l'esprit d'initiative d'une bourgeoisie laborieuse qui ne veut pas déchoir de son rang. Les risques sont toutefois gros et souvent la faillite est la seule récompense à couronner les efforts. À Port-au-Prince, on a vu successivement s'éclipser du marché la Savonnerie, la Brasserie, la fabrique d'allumettes, établissements qui paraissaient solides, mais que des débouchés incertains avaient condamné à l'étranglement.

Ces échecs ne refroidissent pas cependant ceux qui placent leur foi dans l'industrialisation. La distillerie Barbancourt, fondée en 1880, et dont le dépôt central est à la rue des Césars, continue de produire le rhum le plus fin, le plus populaire et le plus estimé des Caraïbes. En 1919, la maison Simmonds inaugure au portail de Léogane une grande scierie à vapeur. Elle aura la commande de la boiserie du nouveau Palais national. Les propriétaires de la Glacière sont remis en possession de leur entreprise dont l'exploitation, jusqu'au 1er février 1922, avait été assurée par la Direction générale pour le compte des Séquestres. La reprise a lieu sans heurt, l'usine ayant été consciencieusement gérée durant la période de mise sous séquestre.

... Si la Grande Guerre, par ses remous divers, affecte dangereusement l'économie nationale et suscite dans le commerce des crises irrémédiables, elle provoque en revanche chez certains industriels un essor inespéré. Pantaléon Guilbaud, un Jérémien homme d'action, qui s'était d'abord essayé dans la fabrication de la poudre à tirer et des allumettes, s'est mis, comme plusieurs autres, à produire avec du tabac local des cigarettes roulées à la main. Il s'agissait pour lui de satisfaire le besoin des fumeurs haïtiens privés du scaferlati français ou «petit caporal» qui avait leur faveur. Les amateurs découvrent dans les cigarettes de Guilbaud un arôme qui leur est propre. On va s'en approvisionner jusqu'à sa manufacture rudimentaire de la Croix-des-Bossales. La clientèle augmente. La production la suit de près.

La vieille halle de la Croix-des-Bossales est alors abandonnée pour une position plus centrale. Bientôt la petite entreprise devient la grande manufacture de la Grand'rue, située à un bloc de la gare du Nord, et qui, grâce à ses machines perfectionnées, fait le bonheur des fumeurs par la variété des produits de qualité dont elle inonde le marché : les élégantes Port-au-Princiennes, les Caporal, les Vèvès, les Londres baguées d'or. *La Manufacture Haïtienne de Tabac* prend l'allure d'une grosse affaire. Le 15 septembre 1920, l'Exposition de Milan décerne à Guilbaud un diplôme de première classe et une médaille d'or. C'est la consécration. Ce succès est fêté par une grandiose réception à l'usine même et par une tournée en automobile des 78 ouvrières à travers la ville. Sur le parcours, l'argent est jeté à profusion. Partout les cris de *vive Pantal !...*[8].

Parallèlement à l'industrie capitaliste de l'Oncle Sam, prend également pied, mais plus timidement, le négoce américain. En 1915, E.P. Pawley ouvre à Port-au-Prince un établissement commercial s'occupant d'importation et d'exportation. Quelques années plus tard, cette entreprise se transforme en société par actions sous la raison sociale *The West Indies Trading Co* et la présidence de E.P. Pawley. Elle s'imposera comme la plus importante firme commerciale américaine de Port-au-Prince. Représentante des automobiles des marques Ford, Hudson, Essex, des phonographes Victor, des machines à coudre Singer, des pneus Goodyear, elle annexera au magasin principal un garage moderne, le premier en date de la capitale[9].

En dépit de la baisse généralisée des affaires, le commerce n'est pas mort. Au Bord-de-Mer, le quartier traditionnellement commerçant de la ville, nombreuses sont les maisons de commerce qui parviennent à faire face à leurs obligations et à parer à l'effondrement. Fait curieux, certains étrangers, bravant le marasme, s'établissent sur le marché. On les retrouve dans l'import-export où bien vite ils feront figure de grands négociants.

Parmi les maisons les plus représentatives de cette catégorie, implantées avant l'intervention américaine, la maison Joseph L. Dufort, sise à l'angle des rues Courbe et des Césars, occupe un rang honorable. En 1916, Louis Preetzmann Aggerholm transfère à la rue du Quai son établissement de l'île de Saint-Thomas. Agent de nombreuses firmes américaines, françaises, anglaises, scandinaves, la maison Aggerholm prend bientôt rang parmi les plus connues de la place. La même année, Joseph Fadoul fonde à la rue Traversière la firme Joseph Fadoul et Co qui deviendra une des premières maisons d'import-export. Ancien commis d'une maison allemande fermée à cause de la guerre, Marius Berne ouvre en 1918 son propre négoce à la rue du Quai. Son entreprise ne tardera pas à dépasser en importance celle de ses anciens patrons. À l'Artibonite Trading Co, constituée par Joseph Fraenckel en 1915, succède en 1919, la Société Commerciale d'Haïti fondée par le même homme d'affaires. Les opérations de la nouvelle société embrassent plusieurs branches de l'activité commerciale. Elles atteindront un degré si avancé de développement, qu'il arrivera à la maison de pouvoir expédier d'un seul coup 40,000 sacs de café à destination des États-Unis, record jamais établi par aucune autre maison d'exportation de la place.

Dans le négoce des matériaux de construction, la maison Édouard Estève et Co, fondée en 1909, à l'angle des rues du Quai et Traversière, occupe une des premières places. Un des grands magasins de quincaillerie, de mercerie et de verrerie est celui de Charles Mevs et Co dont la fondation remonte à 1909. La maison s'est spécialisée dans le commerce encore tout neuf des pièces de rechange pour automobiles. Chez Mme Joseph Jolibois fils à la rue Traversière, la gazoline est débitée à 7 dollars 50 la caisse.

Dans la «marchandise fine», la maison Paul E. Auxila, établie en 1905, à l'angle des rues Traversière et du Magasin de l'État, demeure «le rendez-vous du monde élégant de Port-au-Prince». Au coin opposé, le Paradis des Dames de A.L. Guérin qui date de 1879 reste fidèle à son souci de n'offrir à ses clients que de la marchandise de première qualité. À la rue Courbe, le magasin H. Silvera, fondé en 1898, maintient sa renommée dans le monde chic. Ses rayons de dentelles et de broderies anglaises, sa vraie spécialité, lui assure une nombreuse et fidèle clientèle.

Pour la bijouterie, la joaillerie, l'argenterie, c'est toujours la vieille maison A. de Matteis et Co qui tient le haut du pavé, suivie de près par la maison Russo, fondée en 1898, et installée à la rue Roux, et par la maison O. Balloni, établie en 1897 à l'angle des rues Courbe et Bonne-Foi. À la place Geffrard, le magasin de nouveautés de Michel Velten est assorti d'un rayon de bijouterie et de bimbeloterie d'une grande variété qui fait son renom.

Le secteur de la cordonnerie est encore en majeure partie contrôlé par les ressortissants italiens. G.B. Pétoia, établi en 1896 à la rue Républicaine, est le propriétaire d'un des plus prestigieux magasins de cordonnerie du Bord-de-Mer. Son assortiment de chaussures de haute qualité satisfait les goûts les plus divers. Parmi les bottiers haïtiens se distinguent Hyppolite Jeudy, propriétaire de la Cordonnerie Mont-Carmel, Ernest Camille, propriétaire de la cordonnerie À la Conscience et Hermann Camaré, tous les trois établis à la Grand'rue.

Coiffeurs, tailleurs, pharmaciens sont aussi des commerçants dont l'activité professionnelle ajoute à l'image de marque du négoce port-au-princien. Deux des meilleurs et des plus hygiéniques salons de coiffure de la ville sont certainement ceux de Jose San Millan, le Salon du Louvre, situé à la Grand'rue, et de Pablo Torrès, le Bon Goût, établi en 1914 à la rue du Magasin de l'État. Dans le domaine de la coupe pour hommes, le tailleur L. Hodelin, installé à la rue Bonne-Foi, règne en maître. Par son affiliation à la Société philanthropique des maîtres-tailleurs de Paris, il est régulièrement informé des derniers perfectionnements apportés à la mode. Sa coupe élégante, son travail soigné assoient sa réputation... Déjà pourvu de nombreuses et coquettes pharmacies, Port-au-Prince se trouve gratifié en 1918 d'un nouveau centre de vente de médicaments, la grande pharmacie Joseph Bourraine, installée rue Républicaine. Elle se classera immédiatement parmi les plus belles et les mieux approvisionnées de la place.

Une branche commerciale assez particulière, mais qu'on ne peut omettre, celle des pompes funèbres. Trois entreprises de pompes funèbres et de louage de voitures de gala à traction animale fonctionnent à Port-au-Prince. On est unanime à reconnaître à l'entreprise des frères Georges et Antoine Audain, fondée en 1890 et située à la Grand'rue, une technique plus avancée dans l'organisation des funérailles.

Si dans les classes nécessiteuses *la bobotte minan*, ces excellents biscuits pommés et fermes, fait le bonheur de familles entières qui ne mangent pas d'autres pâtes, il existe en revanche, pour les gens aisés, ou qui désirent s'offrir une délectation gustative plus variée, d'assez nombreux magasins de produits alimentaires. La maison Simon Vieux, fondée en 1908, et établie à la rue du Magasin d'État, reste l'une des mieux assorties en provisions alimentaires reçues des États-Unis ou d'Europe. En 1917, le fils de Simon Vieux, Alfred, fondera rue Traversière, un établissement similaire qui se classera parmi les plus importantes de sa catégorie. Tout aussi bien pourvus, la Maison du Mont-Liban, de Boulouze et Nagib Sada et Co, établie en 1902 à la rue Républicaine, le Bazar Métropolitain, à l'angle des rues du Peuple et Pavée, et la maison Annibal Bolté, à l'intersection des rues du Magasin de l'État et des Césars, cette dernière propriétaire à Martissant de la Boulangerie Saint-Antoine, réputée pour la saveur de ses produits.

Pour la préparation du repas quotidien de famille, on continue à se ravitailler dans les marchés, ces centres d'approvisionnement où règne le tohu-bohu et où les règles de l'hygiène sont superbement méconnues. Toutefois, la profanation dominicale n'y est pas tolérée. Un avis du 12 mai 1917 de la Commune rappelle «pour la dernière fois aux marchands et marchandes que les marchés publics qui se tiennent les dimanches sont interdits»[10]. Pour compenser son impuissance à mettre de l'ordre dans ces lieux où se débitent les denrées alimentaires, l'Administration communale s'en prendra aux vendeurs installés sous les galeries et aux abords des marchés en Haut et en Bas. Défense leur sera notifiée d'y dresser leurs éventaires. Les agents communaux chargés de faire respecter la décision municipale n'iront pas de main morte pour faire table rase des étals visés[11].

Dans leur souci de prouver à leurs administrés qu'ils n'étaient pas inconscients de leur devoir d'apporter des améliorations aux centres d'approvisionnement, les échevins de la capitale s'attaqueront à un plan de déplacement de certains marchés publics, malheureusement peu rationnel. C'était selon eux faire du même coup œuvre d'urbanisme en modifiant le visage traditionnel des vieux quartiers de la ville. Au marché en Haut, ils butent sur l'opposition des nombreux commerçants établis en bordure de la place, et qui réclament protection du gouvernement, devant la détermination de l'Administration communale de les acculer à la ruine. On surseoit à l'exécution du projet.

Par contre, le transfert du marché de la Croix-des-Bossales, à la place Saint-Louis, communément appelée Whaf Zhèb, s'opère sans histoire. Mais l'expérience se révèle décevante. Deux ans après, le marché réintègre son ancienne position. La population de la Croix-des-Bossales ovationne le magistrat Annoual et son Conseil venus procéder à la réouverture du marché.

Dans l'intervalle, le grand hangar en briques, érigé au Poste Marchand en 1905 par les soins du maire Adolphe Sambour, avait été rendu à son affectation première. En mars 1916, on y avait établi un marché public... Destin étrange de cette maussade bâtisse qui, même abritant plus tard les Archives générales de la République, restera... un marché.

... La question syrienne, assoupie en raison des bouleversements apportés par l'occupation américaine, est brusquement remise à l'ordre du jour. En juillet 1916, le secrétaire d'État de l'Intérieur, le général Constant Vieux, adresse aux magistrats communaux une circulaire par laquelle il leur rappelle que la loi du 13 août 1903, interdisant aux Syriens l'entrée du territoire et ne reconnaissant à ceux qui s'y étaient déjà fixés que le statut de négociant consignataire, n'avait pas été rapportée et qu'elle devait au contraire être «rigoureusement appliquée»[12]. En effet, profitant des troubles, plusieurs Syriens s'étaient illégalement introduits dans le pays pour s'adonner au commerce.

Au Bord-de-Mer et dans les villes de province, la circulaire du ministre est accueillie avec la plus grande satisfaction. Des pétitions sont adressées au général Vieux pour lui demander de tenir «ferme et bon». La consultation du bâtonnier de l'Ordre des Avocats, Léonce Viard, sollicitée par quelques membres de la colonie levantine, arrive comme un cheveu sur la soupe. Se référant à des considérations d'ordre juridique, le bâtonnier conclut que «le Syrien est sur le même pied d'égalité que tous les étrangers qui font le commerce en Haïti, que par conséquent il doit jouir des mêmes droits civils que la constitution accorde aux étrangers». Muni de sa licence, «il est libre d'exercer le commerce dans les conditions que les lois haïtiennes prévoient»[13].

Forts de l'appui gouvernemental, les détaillants haïtiens ne se laissent pas ébranler. Pour eux, cette lutte contre l'élément levantin était un impératif auquel ils ne pouvaient se dérober, sans s'exposer à une concurrence déloyale et à la dégradation de leur modeste négoce. Dans la presse, le ton monte en leur faveur : «Ce sont les Syriens qui sont cause que quelques petites maisons de commerce sont tombées en faillite, dénonçait dans *Le Matin*, Zulema, "haïtienne pur sang". Voyez-les au portail Saint-Joseph... Voyez-les sur la place Vallière, tout pour eux, rien pour les Haïtiens. Quand ils importent, ils débitent à leurs compatriotes au prix coûtant, et aux Haïtiens, ils doublent presque le prix. Voilà les Syriens en Haïti»[14].

Les autorités américaines n'avaient, bien sûr, aucun motif de considérer la question syrienne sous l'angle des réclamations haïtiennes. Les Syriens le savaient et en étaient d'autant plus conscients qu'un certain nombre d'entre eux avaient acquis la nationalité américaine. De fait, malgré protestations et récriminations du côté haïtien, les Américains couvriront de leur protection les ressortissants levantins. Le 29 janvier 1920, un communiqué du Quartier Général de la gendarmerie, signé de R.S. Hooker, chef par intérim de ce corps, informait le public que les rumeurs tendant «à faire accroire que les Syriens et d'autres étrangers seraient expulsés du territoire haïtien» étaient sans fondements. «Ces rumeurs contre les étrangers amis du pays... poursuivait le communiqué, ont été certainement lancées par des individus sans scrupule, dans le but de faire une propagande à leurs affaires ou à d'autres combinaisons»[15].

Bénéficiant de ce précieux soutien, on s'explique que les Syriens se soient improvisés les protagonistes de l'ordre nouveau. En janvier 1921, dans une pétition signée de 46 d'entre eux, les bienfaits de l'occupation étaient évoqués dans les termes les plus obséquieux et sa prolongation hardiment sollicitée[16].

La campagne ne cessa pas pour autant, mais n'atteignit point ses objectifs. À l'ombre du drapeau étoilé, les Syriens s'enracinèrent plus profondément dans la terre haïtienne, tout en se préservant d'une assimilation restée prudente.

Notes

1. Dantès Bellegarde, *Un Haïtien parle,* pp. 118-119.
2. Kethly Millet, *Les Paysans haïtiens et l'Occupation américaine (1915-1930),* pp. 63-64.
3. *L'informateur Haïtien,* 5 août 1919.
4. Paul Moral, *Le Paysan haïtien,* p. 64.
5. Paul Moral, *op. cit.,* p. 64.
6. *L'Essor,* 17 février 1919.
7. *L'Essor,* 25 septembre 1919.

8. *L'Essor,* 24 septembre 1920.

9. La West Indies est l'ancêtre de la SHASA. Elle s'était établie à l'angle des rues Pavée et du Centre, dans le building, réaménagé depuis, occupé aujourd'hui par cette société. Le garage donnait sur la rue du Centre.

10. *Bulletin de la Commune de Port-au-Prince,* Janvier à Mars 1917.

11. *L'Essor,* 23 novembre 1918.

12. *Le Matin,* 23 juillet 1916.

13. *Le Matin,* 25 juillet 1916.

14. *Le Matin,* 7 août 1916.

15. *L'Essor,* 29 janvier 1920.

16. Voir la pétition reproduite dans «*Les États-Unis et le Marché haïtien*», par Alain Turnier, pp. 190 à 194.

LA PRESSE

Si l'intervention armée des États-Unis apporte à la généralité des Haïtiens la satisfaction de voir se produire le brusque arrêt de l'anarchie où se débattait le pays depuis quatre ans, elle va bien vite dessiller les yeux aux moins complaisants, sitôt que l'aide amicale et pacifique promise par l'onctueux capitaine Beach se révélera finalement un protectorat qu'il faudrait à la nation accepter dans toute sa rigueur. Devant cette cruelle évidence, les patriotes s'exaltent, des groupements se forment, une presse nationaliste naît qui va se lancer vaillamment dans la lutte pour la reconquête des droits souverains du pays, violés par une puissance étrangère.

Le 18 août 1915, paraît la première feuille à lever l'étendard de «la révolte par la plume», *Haïti-Intégrale*, «organe de la protestation nationale et de la défense des intérêts haïtiens». C'est un bi-hebdomadaire que dirige son fondateur Élie Guérin, assisté d'un administrateur-général, Félix Viard. Hénec Dorsinville et Louis Morpeau en sont les principaux collaborateurs. Moins de deux mois après sa parution, le journal est supprimé par suite de «l'omission opiniâtre et continuelle de ses directeurs responsables d'exécuter l'ordre du grand prévôt d'envoyer à son bureau un exemplaire de chaque numéro paru». À cause de ce refus, Guérin et Viard sont de plus condamnés à 1,000 gourdes d'amende ou à 4 mois de prison. Ordre formel est passé aux imprimeries de ne plus éditer *Haïti-Intégrale* ou tout autre journal placé sous la direction de M. Élie Guérin, sous peine de «poursuites sévères de la part des autorités militaires».

La Patrie, organe de l'Union Patriotique, entre dans l'arène le 21 août 1915. À la direction politique se trouve M. Georges Sylvain, fondateur de l'Union. Au poste de rédacteur en chef, un poète dont la sensibilité n'éclipsait pas le patriotisme, M. Edmond Laforest, et parmi les rédacteurs, Marcelin Jocelyn, fougueux journaliste. Durant trois mois près, le journal mène la bataille avec bravoure et détermination, s'exposant à toutes sortes de tracasseries. L'entérinement par le Corps législatif du Traité entre Haïti et les États-Unis amène l'effacement provisoire de l'Union. *La Patrie*, porte-parole de l'association, doit, elle aussi, renoncer à sa mission.

Une troisième feuille de défense avancée, *La Ligue*, organe de la Ligue des Patriotes, paraissant tous les samedis, avait également vu le jour durant l'été 1915. Dirigé par Furcy Chatelain et Chrysostome Rosemond, le journal aura une brève existence.

Éphémère aussi, l'*Écho Patriotique* de Luc Dorsinville, fondé en 1915, et qu'un communiqué du Département de l'Intérieur vouera à la disparition.

À côté de ces organes d'expression qui s'étaient résolument engagés dans la défense des droits essentiels du peuple haïtien, *La Plume* de Charles Moravia, écrivain distingué, poète et dramaturge de talent, et *Bleu et Rouge* de Louis Callard, font cavaliers seuls, par la tendance nettement «collaborationniste» de leurs éditoriaux. Fondée le 2 mai 1914, *La Plume* après une éclipse, avait reparu le 25 août 1915. La même année, elle cesse encore de paraître. *Bleu et Rouge*, créé en 1915, aura une plus longue carrière. Durant toute la présidence de Dartiguenave, il s'érigera en défenseur résolu de la politique du gouvernement.

Une autre feuille d'obédience gouvernementale, le bi-hebdomadaire *Évolution*, est lancée en 1916. Dirigée par Arthur Rameau, elle deviendra la cible préférée des flèches de la presse d'opposition.

En 1916, *La République* prend la relève des organes nationalistes qui prématurément avaient disparu dans la tourmente. Elle est dirigée par une phalange de journalistes intransigeants et intègres : Alphonse Henriquez, Louis Édouard Pouget, Horace Pauléus Sannon, parmi lesquels on retrouve Élie Guérin. Georges Sylvain, Étienne Mathon y prêtent leur collaboration. Après la dispersion des Chambres, le journal déclenche une ardente campagne pour la reconstitution du pouvoir législatif. Sans moyens financiers, il est forcé d'entrer dans l'ombre.

Paraît la même année *Le Quotidien*, dirigé par Christian Régulus, qui mènera de concert avec *La République*, le combat pour le recouvrement des droits de la nation. Comme cette dernière feuille, et certainement pour les mêmes raisons, il disparaît l'année suivante.

L'année 1916 voit également la naissance de la *Revue de la Ligue de la Jeunesse haïtienne*, fondée en février, et qui, avec ses idées libérales, forcément colorées de nuances politiques, éveillera l'intérêt de bien des lecteurs. Toute la jeunesse intellectuelle du pays collaborera à ce mensuel littéraire, et parmi les meilleures plumes, Frédéric Duvigneaud, Dr Léon Audain, T.C. Brutus, Justinien Ricot, Léon Laleau, Justin Bouzon, Luc Grimard, Léon Louhis, Thomas Lechaud, Félix Courtois, Damoclès Vieux, Victor Mangonès... Happée par les incontrôlables remous de l'époque, la revue cesse de paraître à son dix-septième numéro. Les membres de la ligue la suivent dans sa retraite.

Au lendemain de la dissolution du Sénat de la République, paraît *Le Constitutionnel*, «journal officiel du Corps législatif», dirigé par Léon Louhis, qui ne durera que le temps de la crise parlementaire de 1916.

Le 13 mars 1917, bravant l'occupation, Élie Guérin qui s'était retiré de *La République*, fonde *La Nation*. Il lui transmet le souffle patriotique qui avait animé *Haïti-Intégrale*. Après quelques mois, des difficultés rencontrées avec son imprimeur le portent à suspendre la publication du journal. *La Nation* reparaîtra en 1920, au premier rang dans la bataille pour la victoire nationaliste.

L'année suivante vient au jour une feuille, *Le Courrier Haïtien*, propriété du virulent polémiste Joseph Jolibois fils, qui entre de plain pied dans une systématique opposition à l'occupation. Pour mener avec lui le combat, Jolibois s'est entouré de collaborateurs sûrs, totalement dévoués à la cause nationaliste : Constant Vieux et Joseph Lanoue, qu'il place à la direction du journal, et parmi les rédacteurs, Georges Sylvain que l'on retrouve sur la brèche, Élie Guérin l'intraitable, Victor Cauvin l'irréductible, Georges J. Petit, alors tout à ses débuts dans la carrière.

La prochaine arrivée de la Commission présidée par l'amiral Mayo avait été le ressort qui avait déterminé Jolibois à créer ce quotidien que tous les patriotes attendaient. De fait, par son action courageuse, *Le Courrier Haïtien* sut «faciliter la déposition de tous ceux qui avaient à se plaindre... et canaliser la masse d'accusations contre le corps d'occupation»[1]. À la suite de la publication de faits révoltants relevés à la charge des forces américaines, la vie de Jolibois se trouva menacée. Au Ciné-Variétés, il est provoqué un soir par le colonel Hooker, sous-chef de la gendarmerie. L'incident n'eut pas de suite, mais il était symptomatique de ce qui se mijotait contre la presse indépendante.

Au départ de Constant Vieux de la direction du journal, Jolibois fils et Joseph Lanoue en deviennent les directeurs. Appréhendés pour avoir publié deux notes assorties de phrases en pointillés, ils sont jugés militairement et condamnés à 6 mois de travaux forcés et à 300 dollars d'amende. Leur peine purgée, ils quittent la maison d'arrêt le 4 décembre 1921. À ce moment, Lanoue laisse Jolibois seul à la barre. La campagne patriotique qui avait été entreprise dès la parution du journal reprend, plus ardente. Les abus perpétrés par la gendarmerie et le Marine Corps sont dénoncés sans répit. À ces attaques, les autorités d'occupation répondent par d'inqualifiables procédés d'intimidation. Lors d'un séjour de Jolibois à l'étranger, le gérant du *Courrier Haïtien*, Philéas Lemaire, est déféré à la Cour martiale et condamné à 6 mois de travaux forcés et 300 dollars d'amende, sous le prétexte de n'avoir pas pu «prouver un fait pourtant vrai auquel le journal avait donné publicité»[2].

La prise de position du *Courrier Haïtien* contre toute élection présidentielle par le Conseil d'État fut la dernière grande bataille à laquelle se livra le journal sous le régime de Dartiguenave. On sait que cette campagne, appuyée par de tumultueuses manifestations de rues, n'eut pas de résultats. Mais soutenu par sa passion nationaliste, Jolibois se prépara à jeter le gant au nouveau gouvernement.

En dehors de cette presse frondeuse, agressive, ou franchement gouvernementale, voici la presse conservatrice où l'on retrouve des

~ Première promotion de l'École des Gardes-Malades ~

~ Façade du bâtiment principal du Pétit Séminaire-Collège Saint-Martial en 1920 ~

~ Local du Cercle Port-au-Princien à l'époque de sa fondation ~

~ Les entrepôts de la Douane à la rue du Quai ~

~ Une expédition de bois de Campêche en 1916 ~

~ Le siège de la Banque Royale du Canada en 1921 ~

~ La centrale sucrière de la HASCO à son achèvement ~

~ L'édifice de la West Indies Trading Co et le garage annexe ~

~ Le Grand Hotel de France de la rue du Quai ~

~ Le Grand Hotel de France : vues intérieures ~

~ L'église Saint-Joseph reconstruite ~

~ Le ciné-théâtre Parisiana : vue de la salle et de la scène ~

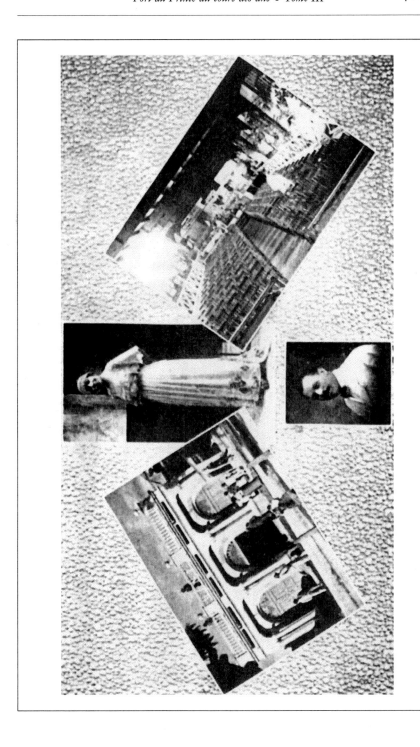

~ Le Ciné-Variétés et ses fondateurs ~

~ La Fête des fleurs à Port-au-Prince en 1916 ~

feuilles qui s'efforcent de tenir un rang honorable. La plus ancienne, *Le Ralliement*, fondée en 1890 et dirigée par Léonidas Laventure, ne paraît que par intermittence. Après un long sommeil, elle rentre en scène en janvier 1922. Le 20 novembre 1915, le même Laventure avait lancé un quotidien politico-économique, *Haïti*, qui ne dura guère et qui, en fait d'action politique, s'était évertué de garder le juste milieu.

Né deux ans avant la fin du siècle du romantisme, *Le Nouvelliste* reste le quotidien le plus lu et le plus répandu d'Haïti. Parlant de ce journal, comment ne pas évoquer le nom d'Henri Chauvet qui en fut l'un des fondateurs et le dirigea d'une main ferme et adroite. Diplômé de New York où il passa deux ans au Brooklyn Daily Eagle, pour étudier le mécanisme d'un journal moderne, Ernest Chauvet, son fils, personnage pittoresque et plein de flair, est à la tête du bureau de rédaction. Progrès notable, le quotidien de la rue Pavée[3] comporte une section comique agrémentée de caricatures, et une section anglaise pour le plaisir de ceux qui possèdent la langue de Shakespeare ou que les circonstances du moment poussent à s'y intéresser.

Au *Matin*, Clément Magloire, ce journaliste né, l'Amiral, comme on se plaît à l'appeler, tient la barre de ce journal qui est sa passion et qu'il a fondé en 1907. Tout un groupe d'écrivains remarquables, qui ne dédaignent pas de se muer en journalistes à l'occasion, lui prêtent une étincelante collaboration : Sténio Vincent, Abel Nicolas Léger, Fernand Hibbert, Léon Laleau, Félix Courtois, Thomas Lechaud, Thalès Manigat, Placide David, Alfred Nemours, Amilcar Duval... Journal d'une influence incontestable, au service de l'ordre établi, on notera toutefois dans son allure, à partir de janvier 1921, un ostensible virage vers l'opposition, à la suite d'un malheureux incident qui avait déterminé Clément Magloire à démissionner de sa fonction de maire de la capitale.

En 1917, Hénec Dorsinville lance le quotidien *L'Essor* qui succède à la revue littéraire du même nom qu'il avait fondée en 1912. Par la variété de ses informations, l'intérêt de ses reportages sur les questions d'actualité, le journal prend promptement place parmi les feuilles les plus répandues.

La même année paraît *Le Courrier du Soir*, dirigé par Vaugirard

Pierre-Noêl, assisté d'Étienne Carmant comme administrateur. Journal d'informations et d'annonces, *Le Courrier du Soir* n'aura pas longue vie. Moins de trois ans après sa première livraison, il cessait de paraître.

Toujours en 1917, une nouvelle feuille, *L'Informateur Haïtien,* est lancée par Thomas A. Vilmenay, publiciste plein de passion et de parti pris. Doté d'une équipe rédactionnelle très brillante, où l'on remarque Louis Morpeau, Constantin Mayard, Pierre Bréville, pseudonyme de Dominique Hyppolite, Félix Courtois, Étienne Bourand, Léon Laleau, Thomas Lechaud, les docteurs Catts Pressoir et J.C. Dorsainvil... ce journal ne tardera pas à se hisser au rang des feuilles les mieux rédigées du pays. Cependant, pas du tout fait pour diriger un organe de presse, Thomas Vilmenay vit l'un après l'autre ses collaborateurs se séparer de lui. Le journal qui était né sous d'heureux auspices cessa bientôt d'exister.

Dans la presse spécialisée, il faut d'abord citer la *Gazette des Tribunaux* parce que, fondée en 1884, c'est le journal le plus ancien de Port-au-Prince. Bimensuelle, la gazette connaîtra des périodes d'interruptions et cessera définitivement de paraître en 1920. Auguste A. Héraux, son propriétaire, compétent avocat du barreau de Port-au-Prince, dirigeait cette feuille austère, restée longtemps célèbre dans le monde de la magistrature et de la basoche.

Comme l'indique son nom, *Haïti Commerciale, Industrielle et Agricole* s'intéresse à tous les faits relevant de l'activité et du développement économiques de la République. Fondée en juin 1917 par MM. Frédérick Morin et Joseph Sylvain, la revue, durant son éphémère existence, s'acquit une certaine popularité, par l'intérêt qu'elle suscitait en renseignant le lecteur sur la vie économique du pays.

Le *Journal Médical Haïtien* paraît le 1er mars 1920. Son fondateur, le Dr François Dalencour, médecin réputé doublé d'un esprit encyclopédique, est aussi son directeur scientifique. «Revue générale du mouvement médical haïtien», le *Journal Médical* ne s'est effectivement jamais départi du rôle que lui avait assigné son fondateur. Dans ce périodique, dit le Dr Catts Pressoir, «Dalencour a formé comme un dossier des questions médicales haïtiennes, par la reproduction de tout ce qui a été publié sur elle depuis 1915»[4]. De nombreux médecins du corps médical haïtien ont prêté à cette revue une savante et profitable collaboration.

Enfin, voici *L'Humour,* hebdomadaire littéraire et bien entendu... humoristique, qui reparaît en 1917, dix ans après sa première apparition sous le patronage de Seymour Pradel. Refusant de s'anéantir dans «le trop triste aujourd'hui», ses rédacteurs, tous de jeunes talents, ont fait leur la devise de Santeul et se délectent à «corriger les mœurs en riant». Funch et Flach, en l'occurrence Félix Viard et Thomas Lechaud, dirigent ses destinées et sont assistés d'un comité de rédaction dont les histoires, tantôt piquantes, tantôt touchantes, font le plaisir des résignés de la grande ville.

Presse dans l'ensemble vivante, mais où la bataille des idées frise souvent le galvaudage... Pour se défendre des multiples abus dont ils ne cessaient d'être victimes, les confrères réunis lors du banquet d'adieu offert en août 1920 à Henri Chauvet, doyen de la presse haïtienne, lanceront le projet d'une association des journalistes. Les choses en resteront là. Par ces temps troublés, l'idée était prématurée.

Si la partie cultivée de la population s'intéresse aux journaux du terroir et fait sa proie des articles percutants et des informations sensationnelles qu'elle y trouve, elle se régale aussi des prestigieux quotidiens et périodiques de Paris, *Le Matin, Le Monde Illustré, Le Petit Journal, la Revue des Deux Mondes, L'Illustration,* que la Librairie-Papeterie de Mme Ducis Viard, établie en 1910, à l'angle des rues du Centre et des Casernes, et sa succursale tenue, rue des Miracles, par Raoul Montrosier, lui servent régulièrement. Livres et journaux étrangers s'achètent aussi à la Librairie du *Matin* et dans quelques «dépôts» de la ville.

Notes

1. Georges Sylvain, *Pour la Liberté, II,* p. 204.
2. Georges Sylvain, *op. cit.,* p. 205.
3. *Le Nouvelliste* logeait auparavant dans un immeuble sis à l'angle des rues Férou et du Centre.
4. Catts Pressoir, *La Médecine en Haïti,* p. 177.

LE CULTE CATHOLIQUE

Tout entier attelé à son travail d'évangélisation entrepris dès la découverte de l'île, le clergé catholique, apostolique et romain voit se renforcer les liens qui depuis 1860 unissent la République d'Haïti au Vatican. Le 28 février 1916, en effet, venant de Santo-Domingo, le Nonce Apostolique, Mgr Cherubini, accompagné de son secrétaire, l'abbé Fioretti, arrive à Port-au-Prince par la voie ferrée. Le Délégat est accueilli à la gare du Nord par Mgr l'Archevêque Julien Conan, et reçu officiellement à la cathédrale le dimanche 5 mars. Le lendemain au Palais national, il remet ses lettres de créances[1].

Deux mois plus tard, le 7 mai 1916, à la cathédrale de Port-au-Prince, nouvelle manifestation de la vitalité de l'Église en Haïti. Sous les voûtes du nouveau sanctuaire, se déroulent pour la première fois les cérémonies du sacre d'un évêque. Mgr Ignace Le Ruzic, préconisé Évêque des Cayes, reçoit en effet, ce jour-là, la consécration épiscopale de Mgr Cherubini, assisté de Mgr Conan et de Mgr Morice. Dans le chœur, Mgr Kersuzan et Mgr Pichon. À son trône, le président de la République et dans la nef, la foule des grands jours.

Le 12 août 1918, fête de Sainte Claire, patronne des Tertiaires, Émilie Séguineau, présidente du Tiers-Ordre de Saint-François depuis sa fondation, disparaît après avoir pendant toute sa vie «donné à Port-au-Prince l'exemple de toutes les vertus». Son grand désir de s'endormir au pied de l'autel de Notre-Dame du Perpétuel Secours n'ayant pu se concrétiser, on l'enterre au porche de l'église Saint François, devant la porte qui fait face à l'autel de Notre-Dame. Pendant 35 ans, elle en avait été la sacristine.

Animatrice des bonnes œuvres de la paroisse, Émilie Séguineau s'était consacrée l'ange gardien de tous les prêtres sans exception. «Combien de nuits blanches passées au chevet des missionnaires malades! Dieu le sait! Dès qu'un de nos prêtres était atteint d'une maladie grave, quelle qu'elle fût: fièvre jaune, typhoïde, etc. aussitôt un mot partait tout seul : Émilie, où est Émilie ? Et la sainte fille venait, laissant là sa petite librairie catholique, passait ses jours et ses nuits à soigner le père jusqu'à ce qu'elle l'eut sauvé ou lui eut fermé les yeux...»[2].

Le souvenir de sa légendaire silhouette gravissant, toujours joyeuse, les pentes du Bel-Air, a longtemps hanté l'esprit des habitants de ce célèbre quartier populaire qui lui vouaient une profonde et respectueuse admiration...

À Pâques 1920, par décrets de l'archevêque et du gouvernement, la chapelle du Sacré-Cœur de Turgeau qui desservait ce quartier en pleine évolution, est érigée en paroisse. Immense, cette nouvelle circonscription ecclésiastique. Elle est bornée à l'est par la paroisse de Pétionville; au sud, par le versant sud du Morne l'Hôpital, de la rivière Froide à la rencontre de la paroisse de Pétionville; à l'ouest, par le Chemin des Dalles, de Lalue au Petit-Four, et par le Champ-de-Mars, de l'extrémité de l'avenue Magny à l'extrémité de la rue Cappoix; au nord, par Lalue, du Chemin des Dalles à la ruelle Cameau, au Bois Verna[3].

Le père Joachim Guillas, secrétaire-général de l'archevêché, est nommé curé fondateur de la paroisse. Il y trouve une belle et grande église érigée par le père Jan, curé de la cathédrale, et un confortable presbytère, achevé en 1916 par les soins du père Benoît, alors aumônier de la chapelle. Dans l'après-midi du dimanche de Pâques, à la vive satisfaction de la population, Mgr l'Archevêque procède à son installation.

L'église paroissiale de Saint-Joseph, incendiée le 27 décembre 1897 et qui depuis se relevait de ses ruines, est enfin entièrement reconstruite. En 1919, on la pourvoit de ce qui lui manquait encore, un clocher de 32 mètres de haut que couronne une délicate niche où doit prendre place la statue du Père nourricier du Christ. Achevé, le nouveau sanctuaire ne retrouvera jamais la splendeur de l'ancienne église dont «d'ameublement, les peintures, les autels magnifiques, son peuple de statues» faisaient de ce lieu saint un «vrai bijou». Il s'identifiera davantage au quartier laborieux où il se dressait et dont l'indigence ne faisait que s'accentuer.

La chapelle de Saint-Louis roi de France, fondée par les familles Horelle et Lespinasse en 1879, et qui dessert tout le quartier du Haut-Turgeau, est en pleine décrépitude. Une bonne partie des ressources et des quêtes a fui vers la chapelle du Sacré-Cœur, et c'est pourquoi l'aumônier, le père Schneider, de l'ordre des spiritains, s'inquiète de cette situation. L'alarme donnée, les dames et demoiselles du quartier s'érigent en comité de dames patronnesses, en vue de réunir les fonds. Par leurs soins, des fêtes de charité seront organisées, dont les bénéfices ne permettront qu'une superficielle restauration du saint lieu.

En mars 1917, le clergé catholique prend possession de la chapelle de la Croix des Martyrs reçue par donation de feu Alexandre Brutus, et qui auparavant, était entretenue par des particuliers. Elle est confiée aux prêtres de la paroisse de Sainte-Anne et est officiellement placée sous le vocable du saint patron de son constructeur.

La chapelle de l'ancien hospice Saint-Vincent de Paul est démolie en 1916. Dans la cour de l'Hôpital Militaire, la grotte de Lourdes, édifiée par les Filles de la Sagesse, est bénite le dimanche 13 février de la même année.

La mise en chantier du nouvel archevêché de Port-au-Prince a lieu en 1915. En dépit du marasme de l'heure qui obligeait le gouvernement à n'avancer des fonds qu'avec parcimonie, le bâtiment sera achevé au bout de deux ans et remis au clergé.

En 1920, une aurore merveilleuse se lève pour l'Église d'Haïti. À la réunion des évêques au Cap, le plan proposé en 1895 par Mgr Tonti, alors archevêque de Port-au-Prince, pour la formation à l'état ecclésiastique des enfants du pays, est repris et adapté aux conditions nouvelles. Le dimanche 30 mai, par lettre pastorale de Mgr Conan, l'annonce de la fondation à Port-au-Prince de l'École Apostolique Notre-Dame est publiée. Celle-ci sera placée dans un des bâtiments de l'archevêché qui recevra des aménagements pouvant permettre de recevoir 27 petits séminaristes, dont 10 pour l'archidiocèse et le diocèse des Gonaïves et 5 pour le diocèse des Cayes. Au pavillon qui avait abrité l'ingénieur Perraud lors de l'édification de la cathédrale, les travaux sont entrepris. Afin de disposer d'un plus grand espace pour l'École, Mgr Conan obtient du Département des Travaux publics la fermeture de la ruelle dite «derrière cathédrale». L'ancienne église métropolitaine est ainsi incorporée à la propriété de l'archevêché. À la rentrée d'octobre, l'établissement accueille le premier noyau du futur «clergé indigène».

Il faudra du temps à l'ensemble des fidèles catholiques haïtiens, travaillés par des motivations pernicieuses, pour admettre que leurs compatriotes doués d'une solide vocation religieuse, pouvaient comme les prêtres étrangers, participer avec succès à l'œuvre d'émancipation spirituelle de la nation. Pour beaucoup à l'époque, l'ouverture de l'École Apostolique était une gageure.

Religion de la grande majorité des Port-au-Princiens qui l'aiment, le respectent, sans vraiment le pratiquer comme il convient, le Catholicisme poursuit, avec le soutien d'un clergé dévoué et qui «considère comme une injure d'être appelé étranger», sa difficile mission de prêcher l'Évangile du Christ à toutes les couches de la population. Période de quiétude pour une Église fermement enracinée dans le sol d'Haïti, dont l'autorité de ses responsables n'est pas contestée par les prêtres ou les fidèles, et dont l'avenir paraît plutôt prometteur.

Cette description d'un dimanche de Pâques, tirée du journal *l'Essor*, illustre l'intégration de l'Église catholique dans les mœurs port-au-princiennes du temps. Elle montre combien était naturelle sa participation aux activités sociales, et combien, malgré la vie chère, on ne regardait pas de trop près pour l'aider matériellement à l'occasion :

«Hier, fut une journée de gaieté pour Port-au-Prince, lit-on dans *l'Essor*. Dans les rues, sur les places publiques, dans les maisons, les toilettes claires reflétaient la joie, le bonheur de vivre.

«Il y a déjà quelques années depuis qu'en ce jour la messe pontificale n'amène tant de monde à l'église, que dans les familles, les agapes ne réunissent autour des tables garnies des amoureux de la vie et que des couples ne tournoient au son de la valse qui grise, dans les salons parfumés... Ce peuple ne veut pas mourir : l'espérance étoile en lui la fleur bleue du bonheur qu'il retrouvera.

«L'après-midi, le Champ-de-Mars vit de nombreuses promenades, et pendant que le carrousel fonctionnait, fiévreux, à l'hôtel Bellevue, la charité port-au-princienne versait sans compter l'argent qu'il faut pour l'église du Sacré-Cœur. De son côté, Parisiana eut un triomphe avec ses films, notamment les scènes poignantes de la *Passion du Christ...*»[4]

Les adversaires de l'Église catholique d'Haïti, ceux qui entendent lui ravir sa prééminence, en particulier les protestants, ne constituent pas encore pour elle un danger évident. Quant au Vaudou, cette religion qu'on prétend être celle des Haïtiens et qui paraît invincible, l'Église trouvera dans le Gouvernement et l'Occupation des alliés d'envergure qui, en le combattant pour des raisons différentes, fortifieront, sans tout à fait le désirer, l'emprise et le prestige de la religion officielle.

En décembre 1915, une circulaire de Me Auguste Montas, commissaire du Gouvernement près le Tribunal civil de Port-au-Prince, recommande aux membres du corps judiciaire de prêter main forte à l'exécution des articles 405 et 406 du Code Pénal, relatifs au Vaudou, assimilé purement et simplement à la superstition. «L'ignorance et la superstition étant les deux maux qui ont empêché le peuple haïtien d'évoluer, disait le commissaire dans sa circulaire, de sages et énergiques mesures doivent être mises en œuvre pour les combattre et les extirper du sein de la masse»[5].

L'année suivante, Étienne Dornéval, Ministre de la Justice et des Cultes, ordonne, sans trop se prendre au sérieux, de renverser «tous les autels du fétichisme». Interdiction sera plus tard faite aux bandes de «rara» de circuler dans les rues de la capitale le Vendredi Saint.

Du côté des Américains, la lutte contre le Vaudou apparut plus positive et plus violente. En effet, ce n'était pas seulement parce que «religion du diable» qu'ils lui déclarèrent la guerre, mais surtout parce que, motif de réconfort pour des milliers de paysans qui dans le Centre et l'Artibonite avaient sonné l'hallali du pouvoir blanc.

Beaucoup d'objets de culte furent impitoyablement détruits et les danses vaudouesques interdites[6]. Jusqu'à la pacification de 1920, à partir de laquelle les autorités d'occupation commencèrent à se montrer moins agressives vis-à-vis du Vaudou, les célébrations de ce culte se pratiqueront dans la clandestinité. Ce ne sera qu'au départ des Américains que, dépouillé de son caractère illicite, il retrouvera son entière liberté.

En tant qu'organisation structurée et hiérarchisée, exerçant son influence religieuse sur des milliers d'individus, l'Église d'Haïti ne pouvait rester indifférente aux perturbations diverses engendrées par l'occupation. Obligée à la prudence en raison du caractère universel du Catholicisme, ses prises de position, quoique minutieusement étudiées, ne seront jamais catégoriques mais toujours nuancées. Elles lui vaudront de se trouver parfois dans des situations équivoques et de s'attirer le blâme de nombreux Haïtiens qui l'accusaient de sympathiser avec l'occupant.

En fait, le clergé pactisa-t-il avec l'Occupation sous le régime de Dartiguenave ?

Le 30 décembre 1920, dans une lettre signée par Sténio Vincent, David Jeannot, Félix Viard, P. Lavelanet, Victor Cauvin, E. Carrié, l'Union Patriotique demande à Mgr Conan, archevêque de Port-au-Prince, «son concours et celui de son clergé, afin de recouvrer la souveraineté nationale pleine et entière». La contribution de l'Église à la souscription ouverte en faveur de la délégation qui devait bientôt se rendre aux États-Unis était en même temps sollicitée. À Georges Sylvain qui était venu lui faire visite, Mgr Conan déclare qu'en répondant à l'appel de l'Union, association politique, et en se faisant inscrire sur ses listes de souscription, ce serait enfreindre à la défense faite à l'Église de se mêler de politique. L'action de celle-ci en faveur de la libération du pays, ajoutait l'archevêque, pouvait s'exercer sur son propre terrain, et parallèlement à celle de l'Union Patriotique.

Cette réponse de Mgr Conan déconcerta les membres de l'Union qui y virent un aveu à peine dissimulé de la connivence qui liait le clergé à l'occupant. Cependant, dès les premiers abus de l'occupation perpétrés dans le Nord, l'évêque du Cap-Haïtien, Mgr Kersuzan, avait adopté un comportement qui était loin d'être une adhésion à la tournure qu'avaient donnée aux événements les autorités occupantes. Devant l'impitoyable répression exercée par les Américains contre les paysans révoltés, il s'était hâté de venir en aide aux victimes et avait recommandé à son clergé toute l'assistance à procurer aux populations sinistrées. Dans un rapport au secrétaire d'État, Robert Lansing, il avait dénoncé la corvée comme la principale cause de friction entre Haïtiens et Américains.

En 1918, jugeant la situation intolérable, il s'était décidé à se rendre aux États-Unis, «pour porter devant les évêques américains surtout, l'exposé de la grande misère qui (s'était abattue) sur son diocèse et sur le pays et solliciter aide et protection de tous ceux qui (pouvaient) leur porter secours»[7]. Il trouva en M. Fenlon, docteur en théologie et directeur spirituel du Séminaire de l'Université catholique de l'Amérique, l'appui providentiel qui l'amena jusqu'aux bureaux du secrétaire d'État Lansing et à ceux du chef de division au Département d'État pour l'Amérique Latine.

Dans le rapport que lui avait demandé Lansing, il fit une longue analyse de la situation en Haïti, soulignant l'approbation quasi générale qui avait salué l'intervention américaine et établissant les raisons qui avaient conduit au revirement du peuple haïtien contre l'occupation. Ces causes, avait-il déclaré, il fallait les attribuer à l'institution de la corvée, à la discrimination qui avait présidé à la réquisition de ceux qui étaient astreints à cette prestation, à l'inobservance par le gouvernement haïtien et par les autorités d'occupation des prescriptions de la Convention, ce qui avait déterminé entre les deux pouvoirs une mésentente presque chronique, enfin au manque d'unité au sein de l'administration américaine établie en Haïti. La réponse du secrétaire d'État avait été une invitation à l'espoir : «Soyez assuré, avait-il déclaré à Mgr Kersuzan, que tout ce qui peut être fait par ce Gouvernement pour supprimer les causes de mécontentement de la part du peuple en Haïti sera fait. Notre désir principal est de travailler à ses intérêts pour le mettre dans la voie de la prospérité, du progrès intellectuel, et ainsi au bonheur de la nation»[8].

De retour en Haïti, Mgr Kersuzan avait poursuivi ses démarches auprès des autorités américaines locales. Reçu par le Chef de l'Occupation, le colonel John Russell, il insista auprès de lui sur la nécessité pour le Gouvernement des États-Unis de créer une unité de commandement, principalement dans les services civils dirigés par les Américains, pour mettre fin au désordre et aux conflits de compétence qui souvent surgissaient entre eux et causaient tant de torts aux intérêts de la République d'Haïti.

La lettre pastorale de l'évêque du Cap pour le Carême de 1919, parue le 21 janvier, réduit presque à néant les sentiments d'admiration et de reconnaissance que ses requêtes en faveur du peuple haïtien avaient fait naître. Dans sa pastorale, Mgr Kersuzan se révèle un partisan de l'occupation, dont il admet certes le caractère humiliant pour les Haïtiens, mais qu'il invite à considérer comme un mal nécessaire, propre à apporter au pays une profitable régénération. Prêchant délibérément le défaitisme, il rejette l'entière responsabilité de l'intervention étrangère, non sur les Américains, mais sur les révolutionnaires et les fauteurs de troubles et sur l'oubli par la nation de Dieu et de sa loi : «Croyons-le avec une entière confiance, proclama-t-il, la grande Puissance qui est venue, que nous avons provoqué à venir nous imposer la paix et l'ordre, veut servir vos intérêts, c'est son suprême désir : elle veut fixer nos pas dans la voie de la prospérité et du progrès intellectuel, elle veut notre bonheur comme nation. En voulons-nous davantage ? Pour cette grande œuvre, on demande notre collaboration loyale, en retour, on nous garantit le concours loyal de l'Occupation»[9].

Erreur psychologique lamentable qui surprend chez une personnalité qui avait toujours fait montre de clairvoyance et de sagacité, qui de plus possédait une grande expérience des choses haïtiennes, mais que sa confiance dans la bonne foi de l'occupant avait résolument aveuglée. Cette pastorale de 1919, dont l'essentiel sera pourtant adopté par l'ensemble du clergé, sera à l'origine de la crise larvée entre l'Église et le peuple haïtien qui sévira jusqu'à la grève estudiantine de 1929.

Devant la Commission McCormick, l'évêque du Cap essaya

d'effacer ce que son mandement de 1919 avait provoqué de déception, de réprobation et d'irritation au cœur des Haïtiens. Il accepta de passer l'éponge sur les forfaits des militaires qui, selon lui, s'étaient amendés, mais se montra très sévère pour les civils américains qui, déclara-t-il, étaient «la peste». Il se plaignit amèrement de l'arbitraire arrogant du Conseiller financier et de la présence inutile de cette légion de fonctionnaires américains qui coûtaient cher au pays. Après avoir justifié la révolte caco par l'injustice et les mauvais traitements dont les paysans s'étaient trouvés les pauvres victimes, il demanda de supprimer ou tout au moins d'alléger la loi martiale. Il se déclara contre l'adoption de l'impôt foncier que suggérait la Commission, mais partisan d'un emprunt dont les conditions devaient être fixées de concert avec le gouvernement haïtien. Abordant la question religieuse, il accusa le ministre Bailly-Blanchard d'être hostile au Concordat, en refusant «de poser un acte qui donnerait une situation privilégiée à l'Église catholique, en face des autres dénominations religieuses». Il mit également en cause le Secrétaire de la Marine Edwin Denby qui, dans une lettre au Dr E.O. Watson, représentant du Conseil fédéral des Églises, avait incité les organisations religieuses protestantes des États-Unis à envoyer leurs missionnaires en Haïti[10].

La déposition toute de sincérité et d'objectivité de Mgr Kersuzan ne parviendra pas à ramener l'entière confiance des Haïtiens dans leurs directeurs spirituels. Le refus de Mgr Conan de contribuer à la souscription lancée par l'Union Patriotique, avait ajouté au malaise. Il persistera et même s'amplifiera à l'arrivée au gouvernement de M. Louis Borno, aussi fervent catholique que partisan résolu de la collaboration haïtiano-américaine.

Notes

1. En 1874 avait été instituée une délégation apostolique comprenant Haïti, la République dominicaine et le Vénézuéla qui en 1916 sera érigée en internonciature d'Haïti et de la République dominicaine. La nonciature d'Haïti sera établie en 1930.
2. Mgr Jean-Marie Jan, *Port-au-Prince*, Documents, p. 242.
3. *La Petite Revue* (Avril 1920).

4. *L'Essor,* 21 avril 1919.

5. *Le Matin,* 13 décembre 1915.

6. Kethly Millet, *op. cit.,* p. 70.

7. Mgr Jean-Marie Jan, *Collecta, III,* p. 323.

8. Mgr Jean-Marie Jan, *op. cit.,* p. 331.

9. Mgr Jean-Marie Jan, *op. cit.,* p. 337.

10. Mgr Jean-Marie Jan, *op. cit.,* pp. 340 à 346.

LES RELIGIONS RÉFORMÉES

J usqu'à l'établissement du protectorat américain sur le territoire de la République d'Haïti, le protestantisme n'avait constitué aucune menace pour l'avenir du catholicisme dans ce pays. Après plus de cent ans d'évangélisation, les sectes protestantes s'étaient développées lentement et n'étaient pas arrivées à exercer leur attraction sur les masses haïtiennes restées dans leur majorité très attachées à la foi catholique. C'est ce qui surprit le Secrétaire de la Marine, M. Edwin Denby qui, après un voyage d'inspection en Haïti en mars 1921, avoua qu'il n'y avait rencontré «un seul missionnaire ou ouvrier évangélique venu des États-Unis». Ce mépris des organisations religieuses américaines pour un champ d'apostolat si prometteur le choqua. Ayant reçu entre-temps une lettre du Conseil fédéral des Églises de Christ en Amérique, qui désirait connaître son opinion sur l'éventuelle extension des missions chrétiennes en Haïti, il s'empressa d'envoyer au Dr E.O. Watson, représentant du Conseil, son entière approbation, l'assurant de la coopération du Département de la Marine à ce projet, et soulignant le rôle des missionnaires appelés à être non seulement les propagateurs de la Bonne Nouvelle, mais aussi les précieux agents du rapprochement haïtiano-américain.

«Les relations d'Haïti avec les États-Unis sont une question vitale pour nous, écrivait le Secrétaire Denby. Tout ce qui pourra être fait pour encourager les sentiments d'amitié avec le peuple d'Haïti à notre égard doit être fait, et les églises et sociétés missionnaires à mon avis peuvent être d'un secours très réel»[1].

C'était élaborer en quelques lignes le plan de tout un vaste programme «d'évangélisme ardent», assaisonné d'impérialisme américain. Les protestations du père John J. Burke, secrétaire-général du National Catholic Welfare Council n'eurent aucun effet. Usant de sophisme, le Secrétaire de la Marine affirma au père Burke qu'il était prêt à «écrire une pareille lettre à la demande du N.C.W.C. si le Conseil le désire ou pour toute organisation catholique qui envoie des missionnaires en Haïti...» Peu de temps après, un Comité fut dépêché en Haïti par le Conseil fédéral «pour examiner sur place les conditions de l'établissement de missions en cette République». Une ère d'évangélisation active par les sectes protestantes d'obédience américaine s'ouvrait pour Haïti. Appuyées par le Gouvernement américain et soutenues par les puissantes et généreuses Églises des États-Unis, elles n'allaient pas tarder à se répandre sur tout le territoire haïtien et à se multiplier avec les années.

En attendant, les anciennes Églises réformées qui avaient été les premières à essaimer sur la terre d'Haïti, persévéraient dans leur pénible travail d'évangélisation. La mort, le 13 mars 1911, à l'âge de 82 ans, de Jacques Holly, évêque de l'Église Orthodoxe Apostolique Haïtienne, le plus considérable des groupements protestants fondés en Haïti, avait marqué pour cette église le début d'une période difficile. Aucun consensus n'arriva à se réaliser pour trouver un successeur à l'évêque Holly. Après deux ans de tergiversations, les dirigeants de l'église se tournèrent vers l'Église Protestante Épiscopale des États-Unis pour lui demander, en dépit de la désapprobation de nombreux fidèles, de reprendre dans son sein l'Église orthodoxe. La Convention Générale de l'Église Protestante Épiscopale, accueillit volontiers cette requête. Elle conféra à l'Église orthodoxe d'Haïti le statut de district missionnaire et la pourvut de nouveaux canons[2]. Le 22 février 1915, Charles B. Colmore, évêque de Puerto-Rico, vint présider à l'inauguration du nouveau régime.

Au culte du dimanche, s'amenaient de nombreux officiers de l'occupation qui, détenteurs du pouvoir, attiraient à eux beaucoup de ceux qui désiraient les approcher. On vit nombre de catholiques, bravant les foudres du clergé romain, prendre l'habitude de fréquenter cette église schismatique, rien que pour se donner la satisfaction de voir de près les «maîtres du moment».

Le 6 février 1916, en présence d'Étienne Dornéval, secrétaire d'État des Cultes, et du ministre Annulysse André, représentant du président de la République, on pose la première pierre de la nouvelle église Saint-Paul, de la Mission méthodiste épiscopale africaine, qui remplaçait l'ancienne construction détruite par l'explosion d'août 1912. Le pasteur Churchstone Lord avait lui-même dessiné le plan de son église, dont l'exécution fut confiée à l'architecte L. Armand. Jusqu'à la fin des travaux, on continua à se rassembler dans le presbytère, lui-même assez endommagé, pour la célébration du culte.

En 1916, une grave crise ébranle l'Église Méthodiste Wesleyenne jusque dans ses assises. Entre les deux pasteurs qui à cette époque dirigeaient l'église de Port-au-Prince, Arthur Parkinson Turnbull, débarqué en Haïti en 1900, et Henri Arnett, arrivé en 1912, éclate un conflit qui tenait à une certaine ambition que les amis d'Arnett, gagnés par ses manières aimables et sa parfaite connaissance du français, avaient suscitée en lui, en le poussant à convoiter la congrégation de langue française, la principale, jusque là placée sous la responsabilité de Turnbull. Ce dernier venait pourtant de rendre d'éminents services à la Mission. Au lendemain de l'incendie de juillet 1908 qui avait détruit la totalité des établissements wesleyens, il s'était courageusement attelé à la tâche de reconstruction. Aidé du Comité de Londres, du gouvernement haïtien et de centaines de souscripteurs, il avait réussi, dès l'année suivante, à bâtir l'école de garçons qui servit à la célébration du culte, en attendant l'édification d'un nouveau temple. Un imposant presbytère pour loger le pasteur et le collège Bird avait été mis en chantier par ses soins et achevé au bout de deux ans.

Se sentant vieillir, le président du district d'Haïti, le pasteur Picot, s'était retiré à la Jamaïque, abandonnant pour ainsi dire ses pouvoirs à Turnbull. Le comportement à peine dissimulé d'Arnett éveilla les soupçons de son confrère, et au synode réuni à Port-au-Prince en juin 1916, Turnbull et la majorité du Comité de Port-au-Prince mirent Arnett en accusation. Par manque de preuves, l'imputation est rejetée par le Synode où siégeait Picot dont l'attitude vis-à-vis de Turnbull était restée «très réservée». Turnbull accepte le verdict, mais est tout étonné de recevoir, peu de temps après, l'ordre du Comité de Londres de regagner l'Angleterre et de remettre la direction de l'Église de Port-au-Prince au pasteur John Du Feu de Jérémie. Le rapport de Picot au Comité de Londres n'était, bien sûr, pas étranger à cette décision. Soutenu par le Comité de Port-au-Prince, Turnbull préféra se démettre. Un nouveau câble du Comité des Missions de Londres lui apprend sa radiation du cadre des pasteurs wesleyens. La réaction du Comité de l'Église de Port-au-Prince est brutale. Le 7 avril 1917, il proclame son indépendance de l'Église de Londres et remet au pasteur Turnbull la charge de diriger l'Église Méthodiste Wesleyenne Indépendante[3]. Aucune des églises méthodistes de province ne se rallia au schisme. Elles restèrent sous l'obédience du pasteur Du Feu qui avait été désigné par Londres pour remplacer Turnbull.

Handicapé par les problèmes financiers créés par le blocage des fonds du Comité missionnaire de Londres destinés à l'Église de Port-au-Prince, Turnbull se tourna de plus en plus vers les Églises américaines et vers les autorités d'occupation pour obtenir leur aide pécuniaire. Les membres du Comité de l'Église s'en offusquèrent. Ce comportement du pasteur s'abaissant devant l'occupant pour tirer de lui des avantages matériels heurtait leurs sentiments de patriotes et de chrétiens. Turnbull qui s'en apercevait prit l'habitude de ne pas les consulter. Un choc se produit à propos du collège Bird que dirigeait Mme Henri Bonhomme. Celle-ci se plaint des interventions trop répétées de Mme Turnbull dans la discipline de l'école. Le pasteur donne raison à sa femme. Le Comité de l'Église, qui a été saisi de la question, lui démontre son erreur. Turnbull regimbe. Il est blâmé par le Comité, mais Mme Bonhomme est forcée de se retirer. Une grave déchirure venait de se produire. Plus jamais la confiance et l'estime ne règneront entre le pasteur et les membres du Comité : un nouveau schisme entrait en gestation.

Chez les Baptistes, les difficultés dans l'accomplissement de leur mission d'évangélisation se sont aggravées avec la sensible diminution de l'aide que leur prêtait la Jamaica Baptist Missionnary Society. Le pasteur Ton Evans fit appel à la Lot Carey Convention de Washington qui accepta de donner son concours aux églises baptistes haïtiennes, soutien qui dans la suite se révéla plutôt dérisoire. Il s'adressa alors à la American Baptist Home Mission Society qui voulut bien envoyer un enquêteur. Son rapport présenté en 1918 était favorable à l'extension en Haïti du champ d'action de la Home Mission. Il faudra pourtant attendre sept ans avant qu'elle ne se détermine à dépêcher ses missionnaires en Haïti.

C'est en 1916 que l'Adventisme fait ses premiers pas à Port-au-Prince[4]. Dans son édition du 14 novembre 1916, *Le Matin* signalait que «l'attention de tout le monde a été attirée par la hutte en forme de cône, élevée récemment en marge de la place du Panthéon, au voisinage de la maison de M. J.C. Laferrière...»[5]. Qui était venu planter là sa tente? demandait le journal. Cinq jours plus tard, *Le Matin* informait que c'était le pasteur Curdy, envoyé par le Comité des Missions adventistes des États-Unis, dans le dessein de propager en Haïti la foi nouvelle. Adroit et expérimenté, il ne dévoilera pas immédiatement le but de sa présence. Se disant docteur en philosophie, il annonça par la voie des journaux une série de conférences d'allure philosophique qu'il se proposait de faire sous sa tente. La première fut donnée le mercredi 22 novembre à 7 heures du soir avec pour sujet: «Le militarisme sera-t-il bientôt écrasé ou la guerre actuelle sera-t-elle la dernière?[6]» Ces causeries où le pasteur, comme si de rien n'était, distillait son enseignement, avaient lieu les lundis, mercredis et vendredis. Elles attiraient sous la tente un assez grand nombre de personnes.

Petit à petit, Curdy démasquait sa vraie mission. Il s'attaqua bientôt à la religion catholique avec un tel emportement, que le journal *La République* dut le rappeler à plus de modération. «Il arriva, dit Catts Pressoir, à fonder une Église adventiste à la capitale qui compta en peu de temps une cinquantaine de membres, communiants». Ce nombre allait avant longtemps s'accroître considérablement.

Notes

1. Mgr Jean-Marie Jan, *op. cit,*. p 351 et note du Courrier des États-Unis du 10 juin 1921, reproduite dans *l'Essor* du 1er juillet 1921.

2. Catts Pressoir, *Le Protestantisme Haïtien,* Vol. II, p. 49.

3. Catts Pressoir, *op. cit.,* Vol. I, p. 357.

4. Le centre de gravité de l'Adventisme se trouvait alors dans le Nord, où, en 1905, était arrivé le premier missionnaire adventiste, le pasteur W. Tanner, envoyé par la «Conférence Générale des Adventistes».

5. Cet emplacement était occupé naguère par le Quartier Général des Forces Armées d'Haïti.

6. *Le Matin,* 21 novembre 1916.

7. *Le Nouvelliste,* 28 février 1917.

8. Catts Pressoir, *op. cit.,* Vol. II, p. 313.

LES BEAUX-ARTS

Les sept premières années de l'occupation américaine sont pour la peinture qui, au reste, n'avait jamais connu aucune efflorescence particulière, une période réellement creuse. Le seul artiste digne d'être retenu : Édouard Goldman, que son échec sur les planches contraint pour vivre à recourir à la peinture et au dessin. «Les épreuves de la patrie, dit de lui Rulx Léon, lui commandèrent d'exalter les héros haïtiens». Il fixa «sur de petits rectangles d'acajou» les portraits de nos illustrations du passé. C'est à ce moment qu'il peignit sur bois un tableau «représentant le fleuve Artibonite vu de la Crête-à-Pierrot», qui devint la propriété du Dr Rulx Léon. Celui-ci en fit don en 1942 à la Bibliothèque du Congrès de Washington[1].

Autre artiste de l'époque, Saint Géraud, auteur d'un beau portrait du capitaine Rossell, ancien administrateur civil de la commune de Port-au-Prince qui, dans l'exercice de sa fonction, avait fait preuve d'intelligence et de dynamisme.

Le seul «musée d'art» de la ville semble bien être l'ancienne cathédrale de Port-au-Prince qui, en dehors de la vingtaine de statues polychromes dont elle est peuplée, est ornée de quinze peintures religieuses, abîmées pour la plupart, et dont la valeur tient beaucoup plus à leur ancienneté qu'à leur touche artistique. Dans cette galerie figure le «baron Colbert de Lochard», avec sept toiles, toutes signées et datées.

À droite de la nef, se succèdent, accrochés vaille que vaille aux parois latérales, «Notre-Dame du Mont-Carmel», de Colbert Lochard, «Notre-Dame de Montserrat», copie de l'image découverte en 880 dans les montagnes de la Catalogne et exécutée par J. Torrento, la

«Fuite en Égypte», peinture anonyme, «Saint-Louis, roi de France», «Éducation de la Vierge», «Baptême de Jésus», ces trois dernières toiles, de Colbert Lochard.

À gauche, l'on remarque «La Vierge Noire», «Notre-Dame de Montligeon», appelée encore «Notre-Dame de la Délivrance», «Saint-Justin», pape et martyr, «Saint Dominique», les quatre œuvres, sans nom d'auteur, puis le tableau le plus coloré du vieux sanctuaire, «Saint-Jacques le Majeur», œuvre d'Alcide Barreaux[2]. Un peu à l'écart, trois autres productions de Colbert Lochard: «L'Assomption de la Vierge», «Saint Faustin» et «Sainte Hélène», et une peinture anonyme, «Notre-Dame du Rosaire».

En août 1918, grâce aux démarches du père Jean-Marie Jan, le célèbre tableau de Léthière, don du gouvernement haïtien à la cathédrale métropolitaine, et qui depuis quatorze ans était resté au Palais du Centenaire des Gonaïves, retrouve sa place à la nouvelle cathédrale.

Dans le domaine de la sculpture, Normil Charles est encore le seul à s'adonner à cet art si séduisant. Dans son atelier de la rue de la Réunion, est exposée une de ses œuvres récemment achevée, «Dans le rêve», qui témoigne de ses hautes qualités de statuaire. Deux autres productions sculpturales, également réussies, sortiront bientôt de ses mains habiles : le Christ du calvaire de l'Arcahaie et le Saint Michel de l'église du Sacré-Cœur qui sera bénit le dimanche 16 novembre 1919, en présence du président de la République et de Mgr Jules Pichon, évêque coadjuteur.

Notes

1. Rulx Léon : Goldman peintre et acteur, in *Les Cahiers de la SNAD*, «Entracte», N° 2, décembre 1951.
2. *L'Essor*, 18 mai 1918.

LA VIE SPORTIVE

Aux premiers jours de l'occupation, le parc Leconte, le principal centre d'attractions et de compétitions sportives de la capitale, est réquisitionné pour raison stratégique et transformé en camp militaire. En compensation, l'Union des Sociétés Sportives Haïtiennes est autorisée à transférer le land de foot-ball au Champ-de-Mars, sur le grand espace vide qui fait face aux tribunes de courses. L'état pitoyable du terrain, les dépenses qu'allaient nécessiter son nivellement et l'érection des installations sanitaires et sportives indispensables, semblent avoir dissuadé l'U.S.S.H. qui préféra se rabattre sur l'ancien land Dessalines du Pont-Rouge. Après l'abandon en 1916 du parc Leconte par la gendarmerie, le terrain resta sans affectation, sans pour autant que l'U.S.S.H. fût autorisée à s'y installer de nouveau.

C'est donc le land Dessalines qui durant quelques années sera le théâtre des manifestations sportives et des matches de foot-ball de toutes catégories. Des clubs au passé déjà brillant, le *Bois-Verna Athlétique Club* (B.V.A.C.), l'*Union Sportive Haïtienne* (U.S.H.), d'autres frais émoulus, mais pleins d'avenir, le *Jeunesse Athlétique Club* (J.A.C.), l'*Olympique*, le *Violette Athlétique Club* (V.A.C.), le *Tivoli Athlétique Club* (T.A.C.), s'y affrontent en des matches passionnants.

Chacune de ces équipes aligne dans ses rangs des joueurs de valeur qui émerveillent la galerie groupée tout autour du terrain ou juchée sur les arbres du voisinage. Alfred Delva, Paul, Jean et Maurice Élie, Fritz Dupuy, Paul Chenet, Marcel Duchatelier comptent parmi les joueurs les plus admirés du B.V.A.C. À l'U.S.H., c'est Rony Chenet qui, aux yeux du public, détient la palme. Le Jeunesse Athlétique Club,

341

fondé en 1914 par un groupe de lycéens, possède des joueurs de talent, parmi lesquels Albert Émile, François Clément, Volcy Bernadotte. À l'Olympique, récemment fondé par Emmanuel B. Armand, brillent d'un éclat particulier le même Emmanuel Armand et ses coéquipiers Albéric Cassagnol, Émile Sanz, Arsène Coicou... Le Violette Athlétique Club, né le 15 mai 1918, rue du Peuple, non loin de l'encoignure de la rue des Césars , dans les salons de Mme Pétion Moscowa, groupe des éléments que le public considère déjà comme des virtuoses du ballon rond. Ils se nomment Ludovic Blain, Georges Scott, Germain Mitton, Hosner Appollon, Ludovic Jean-Baptiste...

Au Tivoli Athlétique Club, le plus jeune des clubs de Port-au-Prince, fondé en 1921, Sylvio Cator, Philippe Cham, René Ethéart, Justin Sam, Léon Chipps, Lucien Régnier, Albéric Cassagnol font montre d'un jeu intelligent et souple qui leur vaudra en peu de temps l'admiration du grand public.

Grâce à cette jeunesse sympathique et généreuse, guidée par des aînés dévoués et courageux, le foot-ball se maintient en belle forme. En mars 1918, se déroule au land Dessalines une rencontre qui fera époque, celle opposant la coalition B.V.A.C. et U.S.H., menée par Jean E. Élie à l'Olympique, conduit par son capitaine Emmanuel B. Armand.

En ces années difficiles où les activités quelles qu'elles soient, doivent avoir la sanction de l'occupant, Emmanuel Armand se révèle le principal animateur des sports, celui qui est parvenu à maintenir l'enthousiasme et la foi au sein des sportifs de toutes les disciplines. Athlète parfait, il a déjà à son actif des succès remarquables. En 1916, à la réunion d'athlétisme organisée au Champ-de-Mars sous la présidence d'honneur de Dartiguenave, il décroche toutes les premières places en gagnant tour à tour la course des 100, 400 et 1,500 mètres plats et en sortant vainqueur des épreuves de sauts en hauteur, en longueur et à la perche.

En 1918, c'est sur son intervention que l'U.S.S.H. qui languissait, sans pouvoirs et sans moyens d'action, est reconstituée. Alphonse Henriquez est élu président du Comité de Direction et Emmanuel Armand Vice-président. Deux ans plus tard, celui-ci est placé à la tête du Comité. Des pourparlers en vue du retour du parc Leconte à l'Union sont engagés et se poursuivent inlassablement. En avril 1921, l'ancien camp militaire est remis à l'U.S.S.H. Succès éclatant que des fanatiques du sport-roi s'empressent de couronner en versant des valeurs appréciables pour la réhabilitation du parc délabré. On enregistre avec satisfaction le don généreux de 250 dollars du fils de M. Celestino Bencomo, Chargé d'Affaires de Cuba en Haïti, valeur qui sera affectée aux travaux de clôture du parc, et le geste non moins libéral du Chargé d'Affaires lui-même qui déclare prendre à son compte une commande assez importante d'articles de sport.

Nouveau jalon posé par l'U.S.S.H. Dans une lettre de l'association du 28 septembre 1921, adressée aux membres des sociétés sportives, Emmanuel Armand, président de l'U.S.S.H. annonce que «grâce à la bonne volonté du ministre de l'Intérieur et de tous les membres du Conseil des Secrétaires d'État, grâce à la vigilance du président de l'Union et de M. André Chevallier, membre du Conseil, le parc Leconte est resté entre nos mains et un nouveau bail de neuf ans a été passé entre le président de l'Union et le ministre de l'Intérieur». Ainsi était mis au rancart l'hypothétique projet de construction d'un stade athlétique sur le terrain des tribunes du Champ-de-Mars, offert en 1915 à l'U.S.S.H.

Le foot-ball n'est pas la seule des disciplines sportives à captiver la jeunesse. En janvier 1918, Joseph Barthe rouvre la Salle d'armes Saint-Michel où, dans un passé récent, s'étaient exercés d'habiles escrimeurs, comme Robert Duplessy, Dr André Corvington, Emmanuel Moïse, Alexis Mallebranche... C'est aussitôt une nouvelle fournée d'escrimeurs jeunes et vibrants d'ardeur, ambitionnant de devenir de fines lames. Parmi eux, Clément Coicou, Lys Dartiguenave, Léon Laleau, Ulrick Duvivier, Henri Adam Michel, Moravia Morpeau...

Au critérium athlétique de l'U.S.S.H., organisé au parc Leconte le dimanche 26 juin 1921, de jeunes athlètes, jusque là ignorés du public, mettent en évidence leur magnifique performance. À ces épreuves, Louis Déjoie est proclamé champion du saut à la perche...

À la suite de l'écho formidable qu'avait eu en Haïti le sensationnel match de boxe Jack Dempsey - Georges Carpentier, joué le 2 juillet 1921 à New Jersey , devant plus de 100 000 spectateurs, Grant, ancien officier de la gendarmerie d'Haïti, relance la boxe, sport violent, exigeant courage et endurance, et qui était apparu à Port-au-Prince au début du siècle.

La reprise des matches de boxe aura lieu à Ciné-Variétés. Ils se disputeront ensuite au Ciné-Galant de Fernand Crepsac, qui un certain temps, sera considéré comme le quartier général de la boxe. Ils ne seront toutefois pas nombreux, les jeunes Haïtiens que la boxe alléchera. Influencés surtout par leurs parents qui réprouvaient ce sport brutal, ils laisseront le champ libre aux étrangers qui effectivement seront presque toujours les seuls à s'affronter sur le ring.

Notes

1. François Hérard, Maurice et François Avin furent parmi les fondateurs du V.A.C. Voici par ailleurs quelle était la composition de cette équipe en 1919 : Buts : Ludovic Blain - Arrières : Georges Scott et Steven Bordes - Demis : Robert Vieux, Edgard Charles, Germain Mitton - Avants : Saint-Surin Pierre-Pierre, Thomas Verdieu, Hosner Appollon, Raoul Coicou, Ludovic Jean-Baptiste.

HÔTELS, BARS ET RESTAURANTS

L'industrie hôtelière avait beaucoup souffert de l'instabilité politique qui avait précédé le débarquement des forces américaines. Plusieurs hôteliers et même des tenanciers de bars s'étaient trouvés contraints d'enlever leurs enseignes et d'attendre patiemment le retour d'une situation moins scabreuse. La paix revenue, une relance appréciable des affaires dans cette branche d'activités commerciales se produit. En 1920, on compte à Port-au-Prince cinq hôtels de classe, une quinzaine de bons restaurants et de nombreux bars.

L'hôtel le plus ancien de la capitale, l'*Hôtel Bellevue*, sis au Champ-de-Mars[1], a été entièrement restauré en 1917. Il fonctionne maintenant sous la direction de M. Shea, propriétaire de l'hôtel Montagne. Sa cuisine haïtienne et française a gardé son légitime renom. C'est un établissement sélect, où les voyageurs disposent de chambres propres et aérées et sont heureux de jouir de la fraîcheur d'une vaste cour où s'épanouissent des arbres aux frondaisons vigoureuses.

Le *Grand Hôtel de France* de la rue du Quai, dont le propriétaire est Pierre Paul Patrizi, fait toujours de bonnes affaires. Ce n'est pas seulement sa position, en plein centre commercial, qui lui vaut sa grande vogue, mais aussi son ameublement moderne, sa cuisine française et les multiples commodités dont jouissent les voyageurs. En 1919, pour répondre à une clientèle toujours plus nombreuse, Patrizi ajoutera un deuxième étage à son hôtel.

Pas très loin du kiosque du Champ-de-Mars, le français Bentolila fonde en 1916, l'*Hôtel Central*, pendant qu'au Chemin des Dalles, les frères Audain procèdent à la réouverture de l'*Hôtel Américain*. En 1921, François Jean-Charles comble le voeu de ses amis en remettant sur pied l'*Hôtel Saint-Charles* de Bizoton-les-Bains qui avait connu une si grande faveur avant l'occupation.

Le goût de se désaltérer dans les cafés, en compagnie d'amis aux penchants identiques, est resté très prononcé. Aussi, malgré l'universelle détresse, la plupart des tenanciers tiennent le coup, même si les plus anciens parmi eux doivent s'accommoder d'une clientèle qui n'est pas celle qui avait fait leurs beaux jours. À l'ancien bar Fin de Siècle, démocratiquement appelé aujourd'hui *Bar de l'Union*, on vient toujours pour bien boire et bien manger, mais la qualité des consommateurs a fait place à la quantité.

En revanche, le *Café Saint-Louis* de Mme Hilger Peters au Petit-Four semble avoir gardé sa classe. Transféré non loin de son ancien site, dans un immeuble entre cour et jardin du Chemin des Dalles, l'établissement s'est depuis agrandi, embelli. On y a joint un restaurant qui commence à se faire apprécier.

Place Geffrard, à l'ancien casino-cinéma d'Arnoux, le français Louis Bonté a ouvert un charmant bistrot qu'il a baptisé du nom un peu bizarre de *Ba-Ta-Clan*. Des concerts quotidiens, sous la direction du pianiste Jules Héraux, sont offerts aux consommateurs toute l'après-midi et jusque assez tard dans la soirée. L'année suivante, Bonté annexera à son établissement une section balnéaire pour les baigneurs et les amateurs de promenades sur mer. Ces efforts pour allécher la clientèle ne semblent pas pourtant avoir été couronnés de succès. Moins de deux ans après l'ouverture, Bonté vendait l'installation à un autre étranger qui plaça le nouveau café sous une dénomination plus dans le vent : *Marine and Navy Bar*.

À la même époque, à l'angle des rues Roux et du Magasin de l'État, le café-concert *High-Life Bar* ouvre ses portes aux consommateurs qui bien sûr ne se recrutaient pas que dans le grand monde. Malgré ses prétentions aristocratiques, il accueillera volontiers, sans distinction et avec un égal empressement, tous les amants de la bouteille et de la musique.

Certainement plus sélect le nouveau et chic café-restaurant installé au Champ-de-Mars, villa Claude Bernard. Il draine chaque soir sous ses lustres de cristal les promeneurs de la grande place, oisifs et ennuyés, pour qui siroter un verre de fine demeure la plus agréable des distractions.

Profitant de l'ère de paix relative apportée par l'occupation, le *Café du Port* lance sur le marché un type de consommation qui fera le bonheur des enfants. De coquettes petites voitures blanches, traînées par des garçons non moins coquettement costumés, se mettent à sillonner les rues de Port-au-Prince, débitant à une clientèle tapageuse de la crème glacée en bâton. Cet engouement se soutint-il?...

Vers la fin du régime de Dartiguenave, Mme Bertlet inaugure à la Grand'rue, à côté du café Dereix, un coquet café-restaurant-hôtel, le *El Misterio Bar*. Les habitués étaient enchantés d'y goûter à des choses qui n'étaient pas seulement de gueule. On ne prisait que davantage l'établissement de l'exquise Mme Bertlet.

Notes

1. Reconstruit depuis, cet hôtel porte aujourd'hui le nom de «Le Plaza».
2. Ba-Ta-Clan, tout comme Parisiana tenaient leur appellation de deux cafés-concerts parisiens du même nom, très en vogue au début du siècle.

LES DIVERTISSEMENTS BOURGEOIS

L a capitale est occupée, mais le Tout-Port-au-Prince qui tient à ses traditions mondaines n'a pas renoncé au cercle où ont repris les tournois de bridge et où se retrouvent aussi pour les grands bals de saison les snobs de notre société. À Bellevue, ce haut-lieu de la mondanité port-au-princienne, les jours gras sont comme à l'accoutumée, joyeusement fêtés, et la présence des officiers américains à ces manifestations organisées, paraît-il, sous la bannière de l'entente cordiale, loin de créer la gêne, semble au contraire en rehausser l'éclat. Au bal masqué donné à Bellevue, le dimanche 5 mars 1916, l'invité d'honneur, l'amiral Caperton, est l'objet des plus chaleureuses attentions, non seulement des dirigeants du cercle, mais aussi de tous ces gens du monde qui n'ont d'yeux que pour lui et brûlent de lui être présentés.

Les classes intermédiaires affectent elles aussi d'oublier les heures tristes que traverse le pays et ne se refusent guère de s'offrir, à l'occasion, un «suiyé pied» où on essaie du mieux que l'on peut, d'apporter la gaieté et l'entrain. À ces sauteries, les jeunes filles dansent le fox-trot, le one-step, sous une toilette de «soierie ou de satin, de charmeuse, de popeline, de bengaline, de suzette, de francy-demisette», tenues légères qui contrastent avec le pesant accoutrement des messieurs, de rigueur à toutes les soirées mondaines. Une subtile campagne contre le «vêtement assassin», amorcée par les membres de la gentry, prônait la substitution du smoking blanc au costume noir. La presse était entrée en lice et, soutenant le point de vue des mondains, ridiculisait les vêtements qui ne conviennent pas aux tropiques... «Et s'appesantissent sous des hardes lourdes, nos grâces d'éphèbes qui si bien évolueraient dans des costumes légers»...[1], se lamentait un esthète dépité.

Aux réunions mondaines, l'insouciance et la joie ne rayonnaient pas invariablement, et il eut été difficile de savoir si les jours sombres qu'on vivait en étaient réellement la raison. Évoquant les bals d'autrefois et les comparant à ceux de son temps, un observateur constatait : «On s'amusait beaucoup alors, beaucoup. On ne voyait pas, comme maintenant, des jeunes hommes s'appuyer du coude au chambranle des portes, le pouce aux entournures du gilet et le regard ailleurs, et la pensée au loin, méprisant gravement la compagnie des jeunes filles, traîner leur conversation au buffet et l'arroser sans cesse d'alcool»[2].

Le divin attribut de la musique d'adoucir les mœurs et de bercer les cœurs devait contribuer, durant les premières années de l'occupation, à une relance de l'art musical. Plus que jamais, le moment se prêtait à cette sorte d'exaltation qui aidait à supporter la dureté des temps.

En novembre 1915, l'éminent virtuose, Justin Élie, qui, comme son émule Ludovic Lamothe, avait depuis longtemps cessé de régaler le public, donnait une remarquable audition au cercle Bellevue où, pour la première fois, il offrait aux mélomanes quelques-unes de ses «danses tropicales» dont la teinte locale apportait à son œuvre une indéniable note d'originalité. Voulant conférer à la musique haïtienne «un caractère à la fois ethnique et national», il allait se lancer plus profondément dans l'étude de notre musique populaire où les thèmes vaudouesques côtoient les richesses mélodiques de nos chants et légendes. Cette exploration de notre fonds ancestral allait lui demander plusieurs années d'études. Parvenu au but, dominant cette musique originale décantée de ses imperfections, Justin Élie traduira dans des compositions d'une forte inspiration mystique les thèmes ethniques qu'il avait patiemment recueillis. Mais pour s'épanouir, il lui fallait mieux que les horizons bornés de son pays d'origine. En 1922, il décidera de se fixer à New York avec sa famille. Il y connaîtra une brillante notoriété.

Ses laborieuses études musicales ne l'empêchent pas toutefois de donner dans l'une ou l'autre salle de la capitale des galas qui n'attirent fort souvent, hélas, qu'un public peu nombreux, mais choisi. En février 1916, son concert à Parisiana avec le concours de la violoncelliste Mme Clara Rogers et du violoniste Gabriel del Orbe n'obtient, malgré sa qualité, qu'un succès d'estime. Ce sera surtout à Bellevue, dans une salle toujours comble, que l'éminent pianiste cueillera ses plus beaux lauriers.

Le 1er décembre 1917, son grand concert annuel de Bellevue lui vaut des ovations nourries. La soirée avait débuté avec le chansonnier montmartrois Charles Perval qui, dans un monologue local assaisonné de sel gaulois, déchaîna le fou rire. Attala de Pradines le suivit dans l'exécution des plus beaux airs de «Faust» de Charles Gounod. «C'était si suave, si ailé, si jovial et chanté avec tant de grâce...», rapportait *l'Essor*, pas toujours généreux en compliments. Au cours de cette soirée, Justin Élie présenta à son auditoire la musique de scène adaptée au deuxième tableau de «Cléopâtre» de son cousin Henri Durand. C'était la première pièce maîtresse de son œuvre d'inspiration vaudouesque. Interprétée par de fort jolies voix accompagnées tour à tour au piano par Mme Charles Vorbe et messieurs F. Gordon et E. Laforest, cette production du maître est saluée par d'enthousiastes applaudissements. Justin Élie mit le point d'orgue à la fête, en exécutant avec une rare maîtrise la «Rhapsodie hongroise» de Franz Liszt. «Salle splendide où brillaient les élégances mondaines, décrit *l'Essor*, voix argentines de la chair, et frémissantes, faisant scintiller les notes musicales avec maestria et vous emportant dans le beau pays des rêves. Ce fut une soirée où triomphèrent Attala de Pradines et Justin Élie»[3].

Dans la «Bacchanale», jouée pour la première fois au cercle Port-au-Princien, le 15 février 1919, Justin Élie touche à la plénitude de cette forme musicale qu'il avait créée et qui repose sur les désirs et les tourments de l'âme populaire. De cette œuvre puissante, écrit Seymour Pradel, célèbre avocat de la capitale, mais aussi poète et critique musical à ses heures, «il se dégage une impression d'ordre, de beauté, d'harmonie : éléments d'un art qui a su choisir, grouper, extraire des choses frustres toute la qualité esthétique qu'elles renferment»[4].

Ce virtuose du piano qui avait ouvert un Cours de Musique, donnait aussi parfois, toujours au cercle Bellevue, une audition de ses élèves. C'était alors un double succès, celui du professeur sévère et méticuleux, et celui de ses élèves rivalisant d'émulation et de talent. Toute une pléiade de jeunes filles suivaient assidûment les savantes leçons dispensées avec dévouement par ce maître du clavier.

Justin Élie avait réussi à secouer le joug de la musique européenne pour donner une impulsion nouvelle à la musique haïtienne, en faisant appel aux thèmes populaires. Il avait tracé la voie à bien des musiciens de talent qui cherchaient désespérément à s'échapper du moule de la musique traditionnelle. L'un de ces artistes, Franck Lassègue, puisant dans le folklore des motifs d'inspiration, compose les «Dix Bacchanales», pièce musicale fortement teintée de thèmes vaudouesques. Le jeudi 29 janvier 1920, à Parisiana, devant une salle clairsemée, Lassègue présente sa pièce aux rythmes étranges, charriant les frémissements de l'âme populaire. Les talentueux artistes Mmes Gamm et Valério Canez, avaient pour la circonstance prêté leur concours au pianiste-compositeur. Cet accueil plutôt froid du public fut pour lui une déception. Et c'est à l'étranger que, comme Justin Élie, il atteindra sa plénitude.

Si les mélomanes existent, on ne peut pas dire que la population se passionne pour ses gloires musicales. On le verra lorsque Occide Jeanty, le célèbre compositeur qui depuis 1892 dirigeait la Musique du Palais, après avoir rendu sa baguette de maestro, pour ne pas se placer sous les ordres de l'occupant, se trouva tout à coup dans un grand dénuement. À Parisiana, le festival organisé à son profit par les soins de M. et Mme Justin Élie, de Mlles Rolande Séjourné et Hilda Price, d'Henri Gardère, de l'artiste Goldman et sa troupe, connaît un certain succès. En revanche, le concert offert au cercle Port-au-Princien par l'artiste lui-même n'accuse la présence que de 167 personnes. Les recettes de la soirée n'atteignent pas 35 dollars[5]. En 1921, décimé par la maladie, le grand artiste national doit s'aliter à l'hospice Saint-François de Sales. Secouant l'indifférence du milieu, l'Union des

Sociétés Sportives lance en sa faveur une souscription publique qui rapportera quelque argent. Au cercle Intimité, les artistes Margron, Romain, Jules Héraux, Valério Canez donnent un concert pour lui venir en aide... Cette situation précaire où l'avait plongé sa patriotique intransigeance eut raison de son talent. Il cessa de produire, et en attendant les jours meilleurs, meubla ses heures d'ennui en initiant de jeunes élèves aux secrets du solfège.

La chanson satirique quoique très prisée, n'a jamais eu de nombreux interprètes à la capitale. Histoire peut-être de ne pas s'adonner à un genre qui, pour s'épanouir, réclame une certaine stabilité démocratique, pas toujours très affectionnée de nos régimes politiques. Plus que jamais, en ces temps particuliers, où le gouvernement traditionnel était doublé d'une autorité occupante, fallait-il observer la plus grande prudence, s'esquiver de la scène ou se mettre délibérément au pas. C'est cette dernière voie que choisira Auguste Linstant de Pradines, dit Candio, l'amusant chansonnier qui s'était déjà acquis une forte notoriété. Dès octobre 1915, il mettait son talent au service de la collaboration. À l'hôtel Bellevue où il offre un récital, sa nouvelle composition, «Autour de la Convention», chantée en créole, est chaudement ovationnée. Au dernier refrain, rapporte *Le Matin*, la foule en délire bisse le célèbre chansonnier. Il doit céder. Cette fois, on l'arrache de l'estrade. Il est porté en triomphe. On monte sur les chaises pour mieux l'applaudir[6].

Beau succès que durent certainement apprécier les tenants du pouvoir et de l'ordre nouveau. Candio s'en tiendra à son choix, et sous l'administration de Dartiguenave, nul n'osera diriger ses flèches contre la personne du président ou celle de l'une ou l'autre autorité locale. Ceux qui n'avaient pas le cœur à chanter les louanges de «d'ère nouvelle» préféreront se cantonner dans la chanson comique où se produira excellemment le désopilant Alain Laraque.

L'art vocal n'est pas non plus mis en veilleuse. Revenus de la stupeur de l'intervention, les mélomanes reprennent goût aux auditions harmonieuses dont depuis quelque temps les avaient sevrés ces artistes du chant qui s'étaient taillés une si belle renommée. Cédant à leur désir, la cantatrice, Mme Gamm, offre un concert à Parisiana, avec le concours d'artistes de talent, les violons Alphonse Jean-Joseph et Valério Canez, la pianiste Mlle F. Léon et les chanteurs Henri Gardère et M. Stempel. Cette soirée des plus réussies soulève un enthousiasme qu'on avait cru perdu. Dans la suite, Mme Gamm donnera d'autres concerts qui récolteront une égale ferveur.

Clorinde Malval, autre cantatrice de renom, recueille elle aussi de beaux lauriers au cours des auditions offertes par la pianiste Hermine Faubert. Au Cercle de Port-au-Prince, à Parisiana, elle demeure l'âme de ces soirées agréables au cours desquelles, assistée d'artistes réputés, elle fait vibrer les cœurs sensibles. Également choyée des passionnés du chant, Attala de Pradines, la cantatrice à la voix d'or, dont tous les récitals sont un éclatant succès. La panoplie de ces brillants représentants de l'art vocal serait incomplète, si l'on ne mentionnait encore Mme Louis Auguste dont la voix, au dire de *l'Essor*, était de pur cristal. Elle connaîtra un grand triomphe au gala artistique offert à Variétés, le 25 octobre 1921, gala que présidait le ministre de France, à cause de la présence sur scène des chansonniers français Charton et Guitton. Accompagnée au piano par Hermine Faubert, la cantatrice fut, ce soir-là, chaudement ovationnée.

Et avant de clore cette liste des virtuoses du chant, comment ne pas nommer Thérèse Vieux, la cantatrice à la voix pleine et pure, qui se produisait surtout aux grandes cérémonies religieuses. À la messe de minuit de la Noël 1915 au Sacré-Cœur, elle entonne un «Minuit Chrétiens» que les fidèles ont toutes les peines du monde à ne pas applaudir, à cause de la sainteté du lieu. Au concert spirituel donné en la même église, le 2 mars 1918, elle triomphe dans l'impeccable interprétation de la «Vierge Sainte» d'Edmond Missa, et, avec le concours des violonistes, Mlle C. Lacombe et M. Jean-Joseph, dans l'exécution sans faille des deux célèbres morceaux, l'«Ave Verum» de Josquin des Prés et l'«Ave Maria» de Charles Gounod.

À l'instar de ces séances récréatives qui ne s'embarrassaient guère de la présence américaine pour apporter aux Port-au-Princiens la diversion qu'ils recherchaient, l'art théâtral reprend ses droits. Contre toute attente, la capitale va vivre une renaissance théâtrale qu'alimenteront de prestigieux dramaturges, au nombre desquels il faut citer Léon Laleau, Étienne Mathon, Fernand Hibbert, Vergniaud Leconte, Charles Moravia, Louis Henri Durand, et le plus grand de tous, Dominique Hyppolite.

Seule salle de spectacle digne de ce nom, Parisiana reprend son activité en accueillant sur sa scène, pour une soirée au bénéfice des pauvres, une petite troupe d'acteurs bénévoles qui parviennent à distraire les spectateurs en interprétant la spirituelle farce d'Henri Chauvet et Georges Sioen, TOREADOR PAR AMOUR et AU CLAIR DE LA LUNE, féerie de Charles Moravia. En décembre 1915, l'acteur dramaturge, Étienne Bourand, présente deux de ses œuvres, MÉNAGE DE POÈTE, lever de rideau en un acte en vers et LE COEUR DÉCIDE, pièce en trois actes et en prose. Efforts méritoires que le public applaudit de bon cœur.

Mais pour l'épanouissement d'un art aussi exigeant et subtil que le théâtre, l'absence de troupes théâtrales organisées demeurait un sérieux handicap. Plusieurs zélateurs de la scène le comprennent. L'un d'eux, l'acteur-peintre Édouard Goldman, dont la compagnie théâtrale créée en 1912, avait un certain temps obtenu quelques succès, décide de lui redonner vie. Il rassemble les acteurs de sa troupe que les événements avaient dispersés. Le vendredi 25 août 1916, c'est sa grande première qui marque sa remontée officielle sur les planches. Sur la scène de Parisiana, il présente ce soir-là trois pièces que les acteurs de sa compagnie jouent avec brio. Se succèdent devant les spectateurs, la comédie en un acte de Paul Bilhaud et Maurice Hennequin, LE GOÛT, puis la désopilante farce de Guénée Delacour et L. Théboust, UNE FEMME QUI SE GRISE, et enfin LES PEITES MAINS, comédie d'Eugène Labiche et Ed. Martin.

Ce succès n'est pas renouvelé. Goldman ne sent pas le soutien des spectateurs qui s'amènent peu nombreux aux représentations qu'il donne dans la suite. Est-ce par dédain pour les pièces de Labiche qui constituent le fonds de son répertoire ? ... Avant de se retirer une dernière fois de la scène, il lance au public un suprême appel :

«Une incroyable force de volonté nous maintient encore sur la brèche. C'est à vous, bon public, notre meilleur juge, à venir résolument nous encourager et nous soutenir contre les défaillances et les désillusions amères. En face d'un avenir sans joie, sans but, élevons nos cœurs, allons de l'avant... Que le théâtre nous serve d'encouragement... soit un dérivatif à nos cuisants maux. Nous vous attendons. Pas d'indifférence. Tout pour l'art !»[7]

Poignantes exhortations qui pourtant laissent indifférent le public. C'est un rude coup pour Goldman qui décide de prendre sa retraite. Le 20 octobre 1917, sur la scène du Ciné-Variétés, à la soirée théâtrale organisée par quelques artistes pour fêter le couronnement de sa carrière, on présente en lever de rideau LE CYCLOPE, comédie en un acte, dont le rôle principal est tenu par Goldman. C'est son chant du cygne. Il ne reparaîtra plus sur les planches.

Le flambeau n'est par pour cela éteint. L'année précédente, deux amateurs de choses théâtrales, André Chevallier et la talentueuse comédienne Lily Taldy, rescapée de la troupe Antignat, et qui avait connu de si beaux succès sur la scène de Parisiana, se sont associés pour créer une nouvelle salle de spectacle. Ayant obtenu de l'Administration communale la concession du rez-de-chaussée des Tribunes du Champ-de-Mars, ils l'aménagent en une salle spacieuse, aérée, pouvant contenir 300 spectateurs, qu'ils baptisent du nom évocateur de *Ciné-Variétés*. Le dimanche 21 mai 1916, la nouvelle salle est inaugurée avec la projection de trois bandes cinématographiques, dont «Mourir pour la Patrie», le morceau de résistance. Mais le public est sceptique quant aux chances laissées aux propriétaires par la guerre européenne de s'approvisionner en films... L'énergie de Taldy, le sens avisé des affaires de Chevallier, joints au goût sûr et au zèle infatigable de Darras, leur représentant auprès de la maison Pathé, auront raison de ces doutes.

Le septième art n'était pas l'unique point de mire des fondateurs de *Ciné-Variétés*. Leur souci était aussi et surtout de pousser à la reprise théâtrale, en organisant eux-mêmes des représentations dramatiques et en accueillant dans leur établissement artistes et comédiens désireux de se produire.

Le dimanche 22 octobre 1916, Ciné-Variétés ouvre la série de ses représentations théâtrales, avec le poignant drame d'Henri Bataille, LE VOLEUR. Dans les décors de Louis Bonté, évoluent sur la scène des acteurs auxquels le public s'accorde à reconnaître du talent. À Lily Taldy, Marthe Ryter, Mme Arnoux, Eugène Le Bosse, Max Morin, Alphonse Henriquez, Luc Pratt, il ne ménage pas des applaudissements mérités.

Un procès peu banal s'ensuit. Par ses avocats, Luc Théard et Ernest Antoine, Suirad Villard intente une action contre Lily Taldy qui, selon les termes de son contrat, n'avait pas le droit de paraître sur une scène autre que celle de Parisiana. S'étant produite à Ciné-Variétés, Villard lui réclame 10,000 francs de dommages-intérêts. Défendue par Me Abel N. Léger, l'actrice rétorque que le contrat n'ayant pas été respecté à son endroit, elle n'était pas obligée d'y souscrire sans réciprocité... Différend assez émoustillant, qui donnera lieu à quelques amusantes plaidoiries et s'assoupira de lui-même.

Un genre tout à fait nouveau en Haïti, la revue théâtrale, voit le jour à la salle des Tribunes. En collaboration, Léon Laleau, André Chevallier et Ernest Chauvet écrivent la revue SINÉ-PRÉTENTION, satire du milieu social et politique haïtien en l'an de grâce 1917, qu'ils présentent à Ciné-Variétés le 21 décembre. La réussite est totale. Le public manifeste le plus grand plaisir à assister à la «revue» de l'actualité nationale, à voir camper sur la scène les personnages de notre milieu, avec leurs goûts souvent bizarres. Il ovationne Lily Taldy, Eugénie Fougère, Maurice Laudun, Louis Laudun, Emmanuel Tribié, Yvan Fouché, Pierre Bailly qui tous ont parfaitement joué leur personnage. La presse n'a que des éloges pour les auteurs qui ont osé porter sur la scène «da satire par la prose parlée».

«Nous souhaitons, écrit *l'Essor*, que les revuistes nous apportent assez souvent ces comédies-bouffes. C'est le genre qu'il faut à cette heure à notre théâtre encore à son enfance, quoiqu'en pensent les docteurs de notre littérature. La revue contribuera à policer nos mœurs, à nous donner plus de sociabilité...»[8].

Les appréciations, certes, ne sont pas toutes pareilles. Granville Bonaparte Auguste, une personnalité très connue du milieu port-au-princien, mécontent de s'être reconnu, à tort ou à raison, dans le personnage de Bonaparte Rampan, s'en prend à Léon Laleau à la sortie de la représentation. Chevallier intervient. Soutenu par des amis, il maîtrise l'agresseur et met fin à l'esclandre.

Rejouée, la pièce soulève cette fois la colère des «têtes couronnées». Accusé d'irrévérence à leur endroit, Léon Laleau est révoqué de son poste aux Relations Extérieures. C'était payer bien cher une initiative innocente et somme toute profitable. Trop avancé pour nos mœurs, SINÉ-PRÉTENTION est relégué dans les coulisses.

Les spectacles de choix offerts à la clientèle, la fidélité toujours croissante de cette clientèle qui répond bien aux attentions dont elle est l'objet, ont fait le succès de Variétés. Deux ans après son installation sous les Tribunes, l'établissement change de local et va loger, façade nord du Champ-deMars, dans un coquet édifice en maçonnerie, qui ouvre ses portes le vendredi 19 décembre 1919.[9] C'est un charmant théâtre de poche, dont la salle bien ventilée et d'une décoration exquise peut contenir 600 personnes. Loges circulaires. Éclairage abondant... Plus confortablement logé, Variétés reprend son envol.

Menacé par le cinématographe qui lui dame le pion, le théâtre tient bon cependant. Et c'est à lui qu'on s'adresse quand on veut revêtir les manifestations sociales d'un éclat séducteur. Pour récolter des fonds au profit de l'église du Sacré-Coeur, c'est une œuvre théâtrale, l'ESSAYEUSE, comédie en un acte de Pierre Weber, où Mme Simonetti, Félix Viard et son épouse Jeanne Wiener jouent les premiers rôles, que l'on donne à Bellevue. À l'occasion des vingt-cinq années de prêtrise du grand prédicateur et supérieur de Saint-Martial, le père Jean-Marie Lanore, c'est le beau drame en trois actes et un tableau du père Henri Goré, SAN SALVADOR, que l'on présente à la salle de théâtre de l'établissement. Et pour amuser les estivants de Pétionville, ce sont souvent des pièces légères, aptes à les détourner agréablement de leur oisiveté, qu'on aime jouer pour leur délectation. Aux grandes vacances de 1917, la troupe Goldman fait salle comble à l'hôtel Ermitage pour la représentation de LA FEMME QUI SE GRISE et de l'hilarante comédie de Henri Chauvet et Georges Sioen, LE BON À MARIER.

Vers la fin de 1917, une compagnie théâtrale, la *Renaissance* prend la relève de la troupe Goldman et plus particulièrement du Théâtre

Haïtien, cette société d'art dramatique à caractère nationaliste, créée par Massillon Coicou en 1904, et qui, après le drame du 14 mars 1908, avait disparu avec son fondateur. La nouvelle compagnie était une initiative de Christian Coicou, neveu de Massillon. Dans le groupe on comptait Pollux Paul, Sterne Rey, Normil Charles, Georges Honorat, P.D. Plaisir, Clément Coicou, Carl Isidore, Mercédès Jeanty, Félix Diambois, Émile St-Lot, Léonie Coicou... Fortement teintée de nationalisme, comme la défunte compagnie de Massillon Coicou, au point que Christian Coicou voudra un certain moment troquer le nom de la nouvelle société théâtrale contre celui de Théâtre National , la Renaissance donnera nettement la préférence aux pièces locales. Dans la lutte contre l'occupation américaine, elle saura jouer sa partition avec le même brio que sur la scène[10].

Plus prisé que les autres dramaturges, Pollux Paul sera l'auteur le plus joué par la Renaissance. En 1919, trois comédies de Pollux Paul, LES HOMMES NOUVEAUX, FLAGRANT DÉLIT et LA BELLE-SOEUR DE MON FRÈRE, sont représentées sur la scène de Parisiana. En 1921, la Renaissance présente du même auteur AVANT... ET PENDANT, comédie en deux actes, et la saynète UNE AUDIENCE. Après la reprise le 17 octobre de l'EMPEREUR DESSALINES, drame en deux actes en vers de Massillon Coicou, avec Georges Honorat, dans le rôle de Dessalines, elle donne le 13 décembre la comédie locale en deux tableaux de Pollux Paul, UN CANDIDAT SÉRIEUX.

À ce renouveau de l'art dramatique, participe une autre société théâtrale, l'*Élan*, qui n'aura cependant ni le renom, ni la popularité de la Renaissance. Sa présence sur scène n'est que sporadiquement signalée par la presse. Le mardi 6 décembre 1921, elle joue LA DOT FATALE, comédie locale, et la comédie en deux actes, LES EXTREMES[11].

Parmi les mieux cotés des auteurs dramatiques de l'époque, Isnardin Vieux occupe une place enviable. Sa pièce, LA MORT D'OGE ET DE CHAVANNES, jouée à Parisiana, est bien reçue du public. Mais c'est surtout son grand drame historique, MACKANDAL, qui lui vaudra des éloges unanimes. Donné à

Parisiana en 1917, MACKANDAL est rejoué à guichets fermés à la même salle le 18 mai 1921, avec une distribution réunissant Georges Honorat, Emmanuel Simon, Horelle Hérard, Félix Diambois, P.D. Plaisir, Paul Savain, B. Sauvignon, Mercédès Jeanty, Renée Lavaud. De nombreuses reprises consacreront la valeur de cette pièce qui eut le mérite de déclencher, face à l'occupant, «un grand mouvement d'enthousiasme patriotique».

QUAND ELLE AIME, pièce en un acte en vers de Dominique Hyppolite, alias Pierre Bréville, représentée pour la première fois en 1917, classe son auteur dans la lignée des grands dramaturges des débuts de l'occupation. La première du BAISER DE L'AÏEUL, joué à Ciné-Variétés, le mardi 11 octobre 1921, et excellemment interprétée par Lily Taldy, H. Pierre-Antoine, D. Lerebours, Attala de Pradines, Théophile Salnave, Paul Savain, Pierre Noisette, M. Desrouleaux et Mercédès Jeanty, sanctionne définitivement la renommée de l'auteur. «De toutes les pièces de mœurs écrites jusqu'à ce jour, la meilleure», n'hésite pas à proclamer le critique de *l'Essor*[12].

Le plus abondant auteur dramatique de cette période, avant de se hausser au rang de nos grands poètes contemporains, Léon Laleau, présente en 1916 ses deux premières pièces écrites en collaboration avec Georges N. Léger, UNE CAUSE SANS EFFET et AMITIÉS IMPOSSIBLES. La première est jouée au Ciné-Variétés et la seconde à Parisiana. Suivront jusqu'en 1920, écrites par Léon Laleau seul, huit pièces de valeur inégale, mais rappelant toutes le théâtre de Musset, par les problèmes soulevés et l'esprit de l'auteur[13]. LA PLUIE ET LE BEAU TEMPS, jouée à Variétés le 4 mai 1919, et où triomphent Maurice Laudun et Lily Taldy tour à tour séductrice et féline, et LE TREMPLIN, interprété par Lily Taldy, Lerebours et Maurice Laudun, et représenté à la même salle, le 6 novembre 1921, lui vaudront de chaleureux témoignages d'admiration.

Aussi féconds que Laleau, mais moins appréciés du public, Duraciné Vaval et Étienne Bourand composent plusieurs pièces de théâtre qu'ils font jouer aux deux principales salles de spectacle de Port-au-Prince. Représentée à Parisiana, le 4 juillet 1916, la comédie en quatre actes de Duraciné Vaval, MADEMOISELLE MICHOT, obtient un succès qui ne se prolongera pas outre mesure. Dans la distribution, des noms dont la renommée grandira avec le temps : Jacqueline Wiener, Félix Viard, Emmanuel Thézan, Paul Savain. Se rapprochant de Laleau par le côté mondain de ses pièces et leur fond psychologique, Étienne Bourand présente en 1920 à Parisiana L'IMPRÉVU et LE GOÛT DU FARD. Préoccupée comme son époux par les conflits du cœur, Mme Étienne Bourand, qui signe Annie Desroy, donne à la même salle, le dimanche 20 novembre 1921, ET L'AMOUR VINT, comédie en 3 actes en prose que le public accueille avec plaisir.

Le 7 mars 1922, Charles Moravia présente pour la première fois sur la scène de Variétés, LE FILS DU TAPISSIER, poème dramatique en un acte et en vers. Avantageusement connu pour son drame, LA CRÊTE-À-PIERROT créé en 1907, l'auteur recueille les plus vifs éloges pour sa nouvelle pièce qui est allègrement enlevée par Montrosier Déjean et Maurice Laudun. Traduisant l'enthousiasme général, l'Essor émet cette flatteuse appréciation : «Ce simple dialogue entre deux personnages a fait passer le frisson de la grande beauté dans l'âme collective d'un millier de spectateurs»[14].

Fernand Hibbert, l'heureux auteur de «Séna» et des «Thazar», délaissant un instant le roman, donne le 19 février 1916, sur la scène de Parisiana, sa comédie en deux actes, LA RÉCLAMATION HOPTON, jouée par des membres de la Ligue de la Jeunesse haïtienne. Le 5 novembre 1921, il présente à Variétés UNE AFFAIRE D'HONNEUR, en un acte, où se distinguent par leur jeu nuancé Lily Taldy, Attala de Pradines, Paul Savain, H. Pierre-Antoine...

Parmi les dramaturges de moindre envergure, dont les pièces affronteront les feux de la rampe, citons André Chevallier, avec sa comédie en un acte, LA MARQUISE DE PÉRIGNY, représentée en 1918 au Ciné-Variétés, et DAMBHALA-OUEDO, comédie en deux actes, jouée à la même salle l'année suivante, mais qui ne tardera pas à s'évader de la scène, à cause de sa trop hâtive composition; Dantès Rey, avec son drame en un acte en vers, ENTRE ESCLAVES, et sa comédie, LES DEUX MASQUES, jouée à Parisiana en 1921, et Théophile Salnave, avec sa comédie locale, L'ACTUALITÉ, donnée la même année à Variétés.

Paradoxalement, le plus grand triomphe théâtral de ces années sombres reviendra à un nouveau venu parmi les dramaturges, Alphonse Henriquez, alias Jehan Ryko, qui, en collaboration avec Charles Perval, compose la revue LES CAS QU'AU EN CAS QUI, pièce dont le but était, entre autres, de tourner en dérision la «bicéphalie» administrative et militaire de l'heure. Assez curieusement encore, la pièce soumise à l'approbation de Dartiguenave, reçoit l'agrément du Chef de l'État qui, au cours de la lecture que lui en fait Charles Perval, ne cesse de rire des charges dont elle est tissée. Après avoir pris connaissance du livret de la revue, la gendarmerie donne aussi son acquiescement, en déclarant que «ce serait très bien que la pièce soit jouée telle quelle»[15].

Le samedi 15 juin 1918, à Parisiana, le rideau se lève devant la plus belle salle du Tout-Port-au-Prince. Durant près de trois heures, les acteurs jouent le jeu avec le piquant requis, mais sans tomber dans l'excès. La pièce en deux actes et trois tableaux, parée des décors de Bonté, soulève une explosion d'enthousiasme. Dans *l'Essor*, Thomas Lechaud ne tarit pas d'éloges :

> «...*Voici surtout les exquis petits shines*, écrit-il...
> *Oh ! ces petits shines de qui la chanson preste,*
> *fine et friponne, et si profonde pourtant,*
> *sera un des plus grands succès de cette revue,*
> *les petits shines qui,*
> *sans égard pour la coloration,*
> *se servent de toutes les pâtes,*
> *et c'est tant mieux,*
> *car en Haïti, ce qui gâte*
> *toutes les plus belles intentions*
> *c'est pâte jaune, c'est pâte noire...*»[16]

Plusieurs fois reprise à Parisiana, la revue au titre provocateur bénéficiera à partir d'octobre du même engouement à la salle de Ciné-Variétés.

Les artistes étrangers qui, avant l'occupation s'étaient plu, durant leur passage, à agrémenter les soirées port-au-princiennes de charmants spectacles, reprennent le chemin de nos rives. En novembre 1917, la renommée artiste parisienne Eugénie Fougère, fait ses débuts à Ciné-Variétés par une pantomime de sa création, «La Poupée mystérieuse». Se produisent avec elle sur la scène, l'excellent danseur cubain Henriquez Ruiz, qui dans des costumes typiques enlève tous ses numéros de danse, et le chanteur mexicain, José Santa Maria, qui est applaudi pour l'interprétation sans bavure de la «Traviata», la «Paloma» et le «Guitarico». En 1919, on le reverra sur la scène de Parisiana où, avec l'artiste Madrid, il se surpassera dans l'exécution de monologues, de duos, de romances et de danses.

La même année, les artistes Bray et Emma Muller, interprètent à Parisiana des numéros de chants et d'«excentricités» qui sont très applaudis. Le concert offert, également à Parisiana, par le violoniste polonais Robert Perutz, accompagné tour à tour au piano par Justin Élie et Mme Lily Élie, lui vaut l'adulation de l'auditoire. À cette soirée, Lucile Élie, remporte un brillant succès, pour l'irréprochable interprétation des «Contrebandiers» de «Carmen» et de la «Chanteuse d'areytos».

En septembre 1921, arrivent à Port-au-Prince deux artistes de France, Georges Charton et Maxime Guitton, à la fois poètes, compositeurs et chansonniers. Ils débutent le mardi 4 octobre à l'hôtel Bellevue par un gala de la chanson française dont le public se montre enchanté. Pour répondre à l'attente des spectateurs, ils se transportent sur les scènes de Variétés et de Parisiana. Ce sera dès lors pour ce public port-au-princien si friand du parfum de Paris «qui fait toujours frémir», toute une suite de soirées merveilleuses avec Charton et Guitton dans leurs incursions à travers la chanson française. À *Sea-Side-Inn*[17], ils monteront un cabaret montmartrois avec chants, danses et illuminations, qui obtiendra un franc succès.

Le 13 novembre, à Variétés, ils inaugurent, en collaboration avec Lily Taldy, un nouveau genre de spectacle, la revue montmartroise. « La paix chez soi », de Georges Courteline, interprétée par Guitton et Taldy, est donnée ce soir-là, ainsi que l'adaptation d'une musique de Charton à la production cinématographique, «La Xème Symphonie».

Durant trois mois, pots-pourris d'opérettes françaises, airs célèbres du riche répertoire des chansons de France, tels que la «Fille de Mme Angot» ou les «Cloches de Corneville», revues sarcastiques, comme l'étourdissant « Vous dites », de Charton et Guitton, duos allègres de Titine et Totor, en l'occurrence Taldy et Serge Vaillant, entretiennent l'enchantement du public, ce public pour qui assurément, selon l'entraînante ritournelle,

Taldy, Charton, Guitton - ah! le drôle de trio ! -
(Formaient) la trinité
Du Ciné-Variétés...

Les prestidigitateurs, ces créateurs d'illusions, dont la technique étonnante avait toujours fait l'admiration des Port-au-Princiens, continuent à visiter sporadiquement la capitale. Les professeurs Coranck et Albert Neckelson donneront, le premier au Grand Cercle de Port-au-Prince, le second à Parisiana, des scènes d'illusionnisme très courues.

Tout comme les prestidigitateurs, les forains, si prisés avant l'occupation, avaient retrouvé le chemin de la capitale d'Haïti. En 1919, l'équilibriste Bido et son épouse danseuse débutent à Variétés le lundi 10 novembre et durant tout leur séjour offrent des programmes d'une réelle qualité. Mais c'est surtout la Compagnie des Variétés de Sanchez Neldini, troupe d'acrobates composée de dix artistes de la corde raide, sous la direction de Alberto Latore, qui verra affluer à ses représentations un grand nombre de spectateurs. La troupe fait ses débuts le 26 février 1920 à la salle de Ciné-Variétés. Parmi les numéros extraordinaires qui soulèvent des bravos nourris, Felipito, l'enfant désossé, les poupées articulées et l'homme de fer supportant sur sa poitrine une pierre de 500 livres que trois colosses armés de massues réduisent en morceaux.

Se fera également applaudir le Grand Cirque Équestre des frères Saenz, dirigé par Joseph Riviera, et composé de quarante artistes des deux sexes, qui débutera à Variétés en mars 1920.

La guerre européenne freine pour un temps le développement extraordinaire enregistré dans le cinématographe. En 1915, trois salles de cinéma fonctionnent à Port-au-Prince : Parisiana, le Cinéma-

Bellevue de l'hôtel Bellevue et le Cinéma-Casino de la place Geffrard. Le départ d'Arnoux, appelé sous les drapeaux, entraîne la fermeture de cette dernière salle, ainsi que celle du Cinéma-Casino de Pétionville, propriété du même Arnoux. Après une éclipse de quelques mois, le Cinéma-Bellevue qui fonctionne dans la cour de l'hôtel, reprend ses activités en août 1916 et obtient un gros succès de foule avec la projection de «La Passion du Christ». Cependant, les difficultés d'approvisionnement en films s'accentuant, cette salle sera forcée de fermer pour de bon.

Malgré vents et marées, Parisiana, puis Variétés tiennent le coup. Pas sans peine d'ailleurs, ni sans heurts entre les deux salles qui se font une concurrence sans merci. Aux propriétaires de Ciné-Variétés, la direction de Parisiana reproche de «faire des rapports mensongers à la maison Pathé frères», dans le dessein de recueillir des avantages de cette agence, au détriment de Parisiana. Lutte sourde et opiniâtre qui finira par s'estomper, lorsque Parisiana obtiendra de la Maison Aubert le monopole pour la projection de ses productions cinématographiques.

Pendant que Chevallier et Taldy inauguraient leur nouvelle salle du Champ-de-Mars, Suirad Villard lançait l'idée de la «Société nationale du Théâtre Parisiana», pour une relance de la production théâtrale. Entre-temps, la propriété de Parisiana est passée à Édouard Estève qui accepte de garder Villard à la direction du ciné-théâtre. Si finalement, Parisiana triomphera des épreuves inhérentes au milieu, elle le devra, moins au factice engouement du public pour le théâtre, qu'au succès que lui valait la présentation de bandes cinématographiques vraiment de taille, parmi lesquelles, «Sans Famille», «L'Aiglon», «Marc-Antoine et Cléopâtre», «Les mystères de New York»... La projection en 14 épisodes sur l'écran de Parisiana de ce dernier film, éblouissante adaptation du roman de Pierre Decourcelle, sera considérée comme «d'événement cinématographique» de l'année 1916. D'autres bandes tout aussi remarquables, reçues de la maison Aubert, «Les Parias», «Le Farceur», «Les Tares Sociales», «Le Mystère de la Villa des Pins»... apporteront à Parisiana de fructueuses recettes.

Les spectateurs savaient gré à la direction de cette sympathique salle de tout le plaisir qu'elle leur procurait, gratitude qu'une admiratrice, Luce Archin Lay, traduisait en ces termes dans *l'Essor* : «Parisiana charme et réjouit, Parisiana est une école de moralité, d'élégance, de bonnes mœurs, de bon ton : Parisiana sent bon»[18].

L'intérêt du public pour les productions de choix présentées à Variétés n'était pas moins grand. «Le Comte de Monte-Cristo», «Les deux Gosses», «Mères Françaises», «Les Misérables», «Le Roi de l'Air», sont plébiscités les plus beaux films de la salle des Tribunes.

En 1917, débarque inopinément de France l'impresario Albert Rousseau qui s'était révélé avant l'occupation, l'un des plus zélés protagonistes du septième art en Haïti, mais qui, poursuivi par la malchance, avait dû s'éloigner des rives du pays. De nouveau plein d'enthousiasme, et nanti d'une représentation de la maison Italo Film, Rousseau ouvre aux Gonaïves un cinéma-théâtre et installe une succursale à Saint-Marc. L'année suivante, il met le cap sur Port-au-Prince et s'établit au local du Cercle de Port-au-Prince dont sa soeur Clara, avait obtenu la concession. C'est dans ce vieil immeuble de la rue du Magasin de l'État, où la jeunesse dorée d'avant 1915 s'était offert tous les enchantements du flirt, que l'infatigable Rousseau reprendra pour les cinéphiles de la capitale, ces «fêtes cinématographiques» qui, dans le passé, lui avaient valu tant d'hommages.

Cet acharnement des directeurs de salles à sauver le cinématographe de la disparition rejoint l'attachement du public pour une distraction dont il ne peut plus se passer. La satisfaction n'est pourtant pas générale, et en ces temps où la pudibonderie coiffe les rapports sociaux et s'accommode on ne peut mieux aux vertus bourgeoises, on ne s'explique pas que des salles se permettent d'exhiber sur leurs écrans des films propres à choquer les convenances ou d'accueillir sur leurs scènes des artistes qui se fichent des bonnes mœurs... Ému par les protestations de certaines familles, l'archevêque de Port-au-Prince émet un communiqué où il déclare que «l'Église met en garde les familles chrétiennes contre le danger que font courir tant à l'innocence des enfants qu'à la morale publique des représentations ou exhibitions du genre de celles qui font l'objet de ces plaintes...»[19]

Les réactions individuelles contre les spectacles «osés» sont encore plus vives. Opinant dans *l'Essor* sur le relâchement des mœurs à cet égard, Henri Phelps écrit : «Il est temps que des pères de famille, passant pour des gens de haute moralité, s'abstiennent d'aller voir, quand l'occasion se présente, ce que les journaux appellent des "spectacles éminemment... parisiens" où on leur sert, disons crûment les choses... de la saleté. Oui, de la saleté de l'avis même des plus corrompus... La pornographie tend à faire chez nous de rapides progrès. Alerte ! L'heure est venue de lui barrer la route !»[20]

La paix sociale apportée par l'occupation pousse plusieurs hommes d'affaires à créer pour une population qui trop souvent se morfond, de nouveaux centres de distractions. En 1916, Eugène Maximillien obtient de la Commune la concession d'un assez vaste emplacement à l'est du Champ-de-Mars, pour l'érection d'un parc d'attractions comprenant café, restaurant, salle de concert, manège de chevaux de bois... Ce charmant coin de la place publique la plus étendue de la ville est baptisé «Au Vert Galant». La même année, l'immeuble inachevé du Grand Orient d'Haïti, à proximité de la nouvelle cathédrale, est affermé pour quinze ans à un commerçant qui le transforme en un centre de divertissements. L'idée d'un hippodrome à Chancerelles est lancée. Le projet prévoit l'aménagement du champ de courses sur le terrain attenant à celui du Pont-Rouge destiné à servir d'aérodrome au camp d'aviation de Bizoton.

Dans cet ordre d'idées, l'Administration communale ne se laisse pas devancer. Le 1er mai 1916, pour la Fête des Fleurs, elle organise, face aux Tribunes du Champ-de-Mars, un défilé de voitures décorées, auquel participe le corps de musique des Marines. Dans la loge officielle, d'importantes figures de personnalités haïtiennes et américaines. La voiture de Maurice Hogart enlève le premier prix.

Pétionville n'est pas oubliée. Sur un terrain boisé et admirablement situé, propriété du Dr Armand, on érige un petit casino qui est inauguré aux grandes vacances de 1920. Ouvert chaque jour pendant la saison, le casino, dont les habitués se recrutaient surtout dans la classe aisée, sera désigné comme «le cercle Bellevue de la Coupe».

Notes

1. *L'Informateur Haïtien,* 20 mai 1919.
2. *Le Matin,* 27 décembre 1916. - Tiré du conte de Léon Laleau, «Un Célibataire».
3. *L'Essor,* 3 décembre 1917.
4. *Le Matin,* 8 juin 1920.
5. *Le Matin,* 30 avril 1917.
6. *Le Matin,* 15 octobre 1915. - Voir dans *Le Premier Écrasement du Cacoisme* de Roger Gaillard, la reproduction, pp. 148 à 151, de cette chanson créée pour défendre la Convention.
7. *L'Évolution,* 28 avril 1917.
8. *L'Essor,* 22 décembre 1917.
9. Emplacement actuel de Paramount.
10. La Renaissance s'allia au mouvement nationaliste et clandestinement transmettait, au cours de ses tournées en province, les mots d'ordre de l'opposition.
11. *L'Essor,* 25 novembre 1921.
12. *L'Essor,* 13 octobre 1921.
13. Cf. Pradel Pompilus et Raphaël Berrou, *Histoire de la Littérature Haïtienne, II.* p. 741.
14. *L'Essor,* 10 janvier 1918.
15. *L'Essor,* 10 janvier 1918.
16. *L'Essor,* 18 juin 1918.
17. Café-restaurant très couru, ouvert à Martissant en bordure de la mer, et qui connaîtra sa plus grande vogue durant les années vingt.
18. *L'Essor,* 14 décembre 1917.
19. *L'Essor,* 4 décembre 1917.
20. *L'Essor,* 31 décembre 1917.

LES DIVERTISSEMENTS POPULAIRES

Sur les divertissements plus spécifiquement populaires, la présence étrangère n'a pas non plus d'impact réel. On essayera tout au plus de les ordonner. Prisés bien sûr par le peuple, et pas du tout dédaignés par la bourgeoisie, ils rempliront simplement leur rôle qui est d'amuser et de détendre.

Plus affecté que les autres délassements populaires par les troubles continuels qui avaient précédé l'occupation, le carnaval, libération par excellence des instincts refoulés, s'est transformé en pures bacchanales qu'un publiciste, Odilon Charles, dénonce avec véhémence dans *Le Matin* :

«De nos jours, écrit-il, le carnaval se traduit par une bande de haillonneux sans vergogne qui s'ébattent pour tromper sans doute la faim qui les tenaille, par un fourmillement humain qui hurle des chansons bacchiques, par une foule en délire qui, dans une atmosphère de poussière, aux sons d'une musique endiablée, s'enlace et se confond en des déhanchements et des contorsions de reins d'une impudeur rare... Il n'est plus qu'une occasion de dévergondage et d'orgies, une école de vices et d'immoralités...»[1].

La gendarmerie tente de modérer ces ardeurs excessives. Dans un communiqué daté du 15 février 1917, le major Butler, Chef de la gendarmerie, informe le public qu'aucune «allure indécente ou scandaleuse ne sera permise de la part de quelque personne que ce soit, masquée ou non, à aucun moment et en aucun lieu». De plus, obligation est faite aux bandes de suspendre tout chant et toute danse, et à la musique de cesser de jouer dans le voisinage de la cathédrale et des autres églises. Enfin, «aucune parade ou mascarade» n'est autorisée en dehors des trois jours gras[2].

Ces prescriptions ne semblent pas avoir été sur tous les points respectées. Dans son mandement pour le Carême de 1918, l'archevêque de Port-au-Prince demandait aux magistrats communaux de prendre des mesures pour que les bandes carnavalesques ne déambulent pas trop près des églises et pour que le carnaval ne soit pas prolongé jusqu'au mercredi des cendres. Toutefois, les scènes regrettables, reflétant d'anciennes rivalités entre «bandes» ,sont énergiquement réprimées par la police. Les «mardigras» accoutrés de déguisements jugés impudiques sont appréhendés sans pitié.

L'Administration communale essaie d'apporter une note artistique au carnaval port-au-princien en organisant en 1917 un concours de voitures décorées et un second concours où entreront en compétition cavaliers et groupes à pied. Les défilés ont lieu devant les Tribunes du Champ-de-Mars.

Intimidation d'une part, embourgeoisement de l'autre, tout cela ne paraît pas répondre aux aspirations de l'authentique carnaval populaire. L'année suivante, on observe une absence presque totale des masques dans les rues. Cependant, dans certains quartiers comme le Bel Air, lieu de rendez-vous traditionnel des bandes carnavalesques, le peuple se donne à coeur joie à sa distraction favorite.

S'il n'est pas mort, le carnaval haïtien, il n'est plus que la caricature du carnaval pailleté et multicolore d'antan. «Il est tout aussi laid qu'est devenue laide la vie de chaque jour»[3], remarque *l'Essor*. «C'est à peine, constate par ailleurs la *Petite Revue*, si ces rois-diables, ces macaques, savent maintenant quels rôles ils ont à jouer». Et que penser, continuait la revue, de «cette multitude qui les suit pour l'unique plaisir de se grouiller au son de la fanfare et ne s'est pas mise en frais comme autrefois, n'a pas travaillé pendant des mois pour préparer le déguisement qui lui valait une légitime admiration du public». Elle «ne se contente plus des chansons spirituelles où l'on frondait les gouvernements qui faisaient semblant de ne pas comprendre, afin de n'avoir pas à se fâcher, quand tout le monde riait»...[4].

Contre cette désagrégation d'une des traditions haïtiennes les plus enracinées, une réaction inattendue se produit. Au carnaval de 1922, les bandes prennent possession du pavé, nippées cette fois de leurs plus étincelants atours. Dans leurs rangs, ce n'est que paillettes, couleurs et gaieté. Lafleur et Résigné, les rois-congos qu'une vieille histoire d'influence et de sympathie avait divisés, se montrent la main dans la main, dansant et gesticulant à la tête de leur groupe. Même entrain et même jovialité au sein de la bande Méringue dont le roi Chrysostome s'est paré des brillants attributs de sa royauté. Égal enthousiasme chez Hérode et Zoule, chefs des Zizipans, qui évoluent au milieu d'une foule mouvementée, leur costume scintillant de cristaux. Leur passage déclenche une formidable houle où se laissent prendre dames et demoiselles de la haute, affranchies un instant des contraintes conventionnelles. Dans la soirée, à Bellevue, à Port-au-Princien, au Cercle Syrien, au Petit-Club, à Bagatelle, à la Renaissance, attifées de leurs riches déguisements et admirées des soupirants de leur monde, elles participeront plus à l'aise à la grande fête populaire en virevoltant joyeusement jusqu'à l'aube.

Le goût pour le cinématographe, on l'a vu, était définitivement entré dans les moeurs. Sa démocratisation, interrompue par les événements, reprend avec allant. Le samedi 24 février 1917, Fernand Crepsac inaugure le *Cinéma-Gaieté*, dans la salle des Fêtes du Cercle de Port-au-Prince. Le mois suivant, l'établissement se transporte rue du Peuple, sur une spacieuse propriété en plein air, et s'ouvre au public le samedi 31 mars. C'est un cinéma populaire, dont le prix d'entrée, fixé à cinquante centimes, est à la portée des petites bourses.

Délassement de l'esprit, mais également activité commerciale, le cinéma populaire ne tarde pas lui aussi à susciter la concurrence. En septembre 1919, un nouveau cinéma au titre symbolique, *Rapoursuivre*, ouvre ses portes, à l'angle des rues Pavée et Montalais, sur l'ancienne propriété Faubert. Pour vingt centimes de gourde, le spectateur peut s'offrir une séance comprenant jusqu'à sept films d'une durée totale de deux heures. Le programme des projections est renouvelé tous les deux jours. Les séances débutent à 7 heures du soir, «qu'il pleuve ou non». Efforts épuisants que le jeune établissement à ciel ouvert, malgré son transfert à la rue du Peuple, tronçon compris entre les rues

Pavée et des Miracles, ne pourra soutenir. En janvier, les représentations sont ramenées à trois par semaine. Le mois suivant, Rapoursuivre cesse de fonctionner.

Toujours plein d'entrain et de dynamisme, Fernand Crepsac monte à la Grand'rue, sur le terrain de la maison Astrel Laforest qui avait disparu dans un incendie[5], un nouveau centre de divertissements avec cinéma, bar et attractions diverses. La salle de spectacle, en plein air, est pourvue d'une scène couverte et garnie de gradins. Au parterre, des bancs solides, sans doute, mais peu confortables. Pour la rendre accessible à tous, on fixe l'entrée de la nouvelle salle à cinquante centimes. Le lundi 21 septembre 1921, *Ciné-Galant* ouvre ses portes au public qui, en plus d'un grand film d'aventures, est gratifié ce jour-là d'un récital de Candio dans ses nouvelles compositions.

Vrai foyer de détente, Ciné-Galant accueillera dans son enceinte les attractions les plus variées. Candio, Charly Gaetjens, Attala de Pradines s'y feront souvent applaudir. Le dimanche 11 décembre, y sera joué par un «groupe d'acteurs» l'ORACLE de Massillon Coicou. En janvier, la troupe du professeur Georges Grant s'y produira dans des numéros fort goûtés de prestidigitation, d'acrobaties, de gymnastique, d'hypnotisme.

À l'angle des rues du Peuple et des Fronts-Forts, est inauguré à la même époque, plus précisément le 1er décembre 1921, un autre cinéma populaire, le *Ciné-Populo*. Propriété de Marceau Désinor, la nouvelle entreprise cinématographique entre dans l'arène avec une formule inédite : la chaise réservée, dont le prix est porté à cinquante centimes, tandis que le billet d'entrée générale est fixé à trente centimes.

On mettra à profit l'intérêt qu'avait éveillé dans toutes les couches sociales la magie du septième art en gratifiant de représentations gratuites ceux qui ne pouvaient se payer une entrée dans les salles populaires. Une fois par mois, le Ciné-Variétés donne une séance de «cinéma gratis» devant les Tribunes du Champ-de-Mars. Aux casernes Dessalines, la gendarmerie offre gracieusement au public trois représentations cinématographiques hebdomadaires. Les condamnés

~ Mardigras dansant au son des vaccines ~

~ Un Roi de carnaval et sa suite ~

~ La foule s'amenant devant les tribunes un jour de fête ~

~ Une fête populaire devant les tribunes du Champ-de-Mars ~

~ Panorama de Port-au-Prince en 1928 ~

~ Louis Borno, président de la République d'Haïti (1922-1930) ~

~ La président Borno se rendant à la Cathédrale après sa prestation de serment ~

~ Les abords du Palais National le 15 mai 1922 ~

~ Les invités se dirigeant vers le Palais pour la cérémonie de la passation des pouvoirs ~

~ Bataillon de la Garde d'Haïti en formation dans la cour de la caserne Dartiguenave ~

~ Le Corps de police de Port-au-Prince ~

~ Le dock de Bizoton, quartier général des Garde-Côtes ~

~ Canot à moteur des Marines, en patrouille dans la rade de Port-au-Prince ~

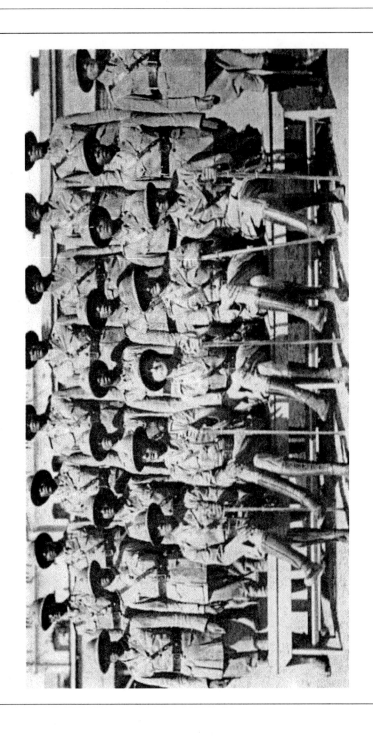

~ La promotion de 1926 de l'École Militaire ~

ne sont pas négligés. À la prison de Port-au-Prince, tous les mercredis, durant deux heures, des films instructifs et amusants sont projetés à leur intention.

Au Champ-de-Mars, le manège de chevaux de bois a recommencé à tourner à la grande joie des enfants de toutes les conditions sociales. C'est à l'époque des fêtes de fin d'année que le «carrousel» connaît sa plus grande vogue. En janvier 1916, Jules Gornail installe son manège non loin du kiosque à musique. En décembre 1921, Emilio Cuebas qui avait obtenu de l'Administration communale, moyennant cinq gourdes de taxe par représentation et dix dollars mensuels de location, l'autorisation de monter son manège à la façade nord du Champ-de-Mars, récoltera de fructueuses recettes.

Une autre sensationnelle attraction populaire, la Ola Giratoria, ou Houle Giratoire, fait son apparition à Port-au-Prince en mars 1917. C'est, renseigne *Le Matin*, «un appareil doué d'un mouvement giratoire et ondulant qui donne la sensation d'être dans une barque soulevée par une grande vague»[6]. La curieuse machine qui pouvait accueillir jusqu'à 80 personnes sur ses banquettes, est installée place du Panthéon.

En 1921, sur l'impulsion des occupants, reprend pied à Port-au-Prince une attraction relevant plutôt du sport de combat, la boxe. À Variétés se déroule, en mars de cette année, le premier match de boxe organisé depuis l'arrivée des Américains. Le ring aménagé sur la scène accueille les boxeurs Parker et Grant qui vont disputer un match en dix rounds. À la 6ème reprise, Grant est mis knock-out par un coup à la mâchoire.

Dans la suite, le Ciné-Galant semblera détenir le monopole des combats de boxe. En décembre 1921, à la finale de boxe jouée dans cette salle devant une foule considérable, Joseph Viard, dit Gogo, est proclamé champion de boxe 1921, après avoir battu par knock-out son adversaire Patrix. Plus de mille gourdes sont engagées pour le match de revanche du dimanche suivant... Mais quelqu'un qu'on n'attendait pas et qui n'est autre que le propre père du champion, met fin à la fête en blâmant son fils d'avoir accepté un pari de boxe et en s'opposant à ce qu'il recommence, «ce jeu public ne lui plaisant pas»[7].

Un des plus sensationnels matches de boxe de l'époque, auquel le Ciné-Galant servit de cadre, fut celui qui le 5 mars 1922 opposa le boxeur haïtien Sylvio Cator au boxeur jamaïcain Moses Daily. «C'était la première fois que dans cette discipline allait se discuter en Haïti, au cours d'un match de 7 rounds, de 2 minutes chacun, un championnat international... L'enceinte du cinéma déborde d'une foule dense et animée. Au coup de 5 heures, les deux boxeurs montent sur le ring. Il n'y aura cependant ni vainqueur, ni vaincu, aucun des deux compétiteurs n'ayant mis hors de combat son adversaire à la septième reprise. La déception est générale. Dans le public et dans la presse, on s'accorde à reconnaître que par sa performance nettement supérieure à celle de son partenaire, Sylvio Cator eut été vainqueur si la lutte n'avait pas été limitée à sept rounds.

D'autres rencontres tout aussi formidables, comme celle du dimanche 16 avril 1922, arbitrée par Yves Clainville Bloncourt, et qui opposa le champion américain John Brown, 26 ans, à Henry Clay, 22 ans, se dérouleront sur le ring de Ciné-Galant, jusqu'au jour où, lassé par certaines immixions trop intéressées des Américains, Crepsac par mesure de prudence, fermera son entreprise.

Le vieux maestro Louis Astrée père était demeuré un de ceux qui avaient le plus travaillé à l'éducation musicale du peuple. En dépit de son âge, il n'avait pas renoncé à la mission qu'il s'était assignée. S'étant adapté aux temps nouveaux, il avait courageusement repris la série de ses fameux concerts publics. En novembre 1915, on le retrouve, baguette à la main, au kiosque métallique du Champ-de-Mars, entouré de centaines d'auditeurs, réunis pour écouter leurs morceaux préférés. En juin 1919, il est chaudement ovationné à l'issue d'un concert qu'il avait offert au même kiosque, à l'occasion de la Fête-Dieu. «On voit bien, remarquait *l'Essor*, que les ongles du vieux tigre valent encore quelque chose».

À la suite de la réforme opérée au sein de la Musique du Palais, les concerts publics du célèbre ensemble orchestral, qui avaient été discontinués, reprennent sous la direction d'un nouveau chef, le maestro Montrevil Belliot. Trois fois par semaine, la Musique du Palais donne des récitals tour à tour au Bel-Air, à la place Sainte-Anne et au Champ-de-Mars. La place Geffrard, presque entièrement délaissée, ne bénéficie qu'à l'occasion d'auditions musicales. Aux fêtes de l'Assomption, par exemple, elle est toujours heureuse de recevoir sous ses opulents sabliers, la Musique du Palais qui fait revivre pour elle l'époque pas trop lointaine, où elle était l'unique lieu de rencontre des musiciens et mélomanes de la ville.

En 1920, Luc Jean-Baptiste qui, durant de longues années, se fera une renommée à la tête de la Musique du Palais, forme un ensemble musical de 20 exécutants. Il secondera en maintes circonstances la formation orchestrale du Palais.

On ne saurait clore la nomenclature des divertissements populaires port-au-princiens dans les premières années de l'occupation américaine, sans ne pas mentionner les réjouissances des 1er et 2 janvier. Fêtes essentiellement nationales, puisqu'elles commémorent l'indépendance du pays, elles devaient être convenablement solennisées, l'occupant ayant bien voulu laisser à l'Haïtien l'illusion de se croire un citoyen libre et indépendant... Les célébrations débutaient le 31 décembre, au soir, par un bal populaire au marché Vallière. Le lendemain, le Te Deum à la cathédrale était suivi d'une réception au Palais national.

À 3 heures de l'après-midi au Champ-de-Mars, le «carrousel» commençait à fonctionner. À 4 heures, la fanfare du père Astrée se mettait de la partie, avant d'être relayée, aux environs de 7 heures, par la Musique du Palais. La journée s'achevait par une séance gratuite de cinéma offerte à Parisiana par le Gouvernement à la population de la capitale, tandis qu'au marché Vallière, danses et «coudiailles», interrompues à l'aube, reprenaient de plus belle.

Moins chargé était le «jour des Aïeux» où, pendant la matinée, on se reposait des fatigues du «jour de l'an». Cependant, dès 3 heures, le «choual bois» du Champ-de-Mars recommençait sa course circulaire, au grand ravissement des enfants. Les festivités se clôturaient par une représentation cinématographique gracieusement donnée à Variétés par la Commune de Port-au-Prince.

~ * ~

Avril 1922. Les jeux sont faits. Avec l'élection du nouveau Chef d'État, la politique de collaboration inconditionnelle réclamée par la Convention de 1915 autant au gouvernement d'Haïti qu'aux officiels de l'occupation, prend le dessus. Elle produira des fruits qui combleront les aspirations de beaucoup d'Haïtiens assoiffés de progrès, mais hypothéquera dangereusement l'avenir par les contraintes financières qu'elle imposera au pays.

Née de la réaction au déshonneur de l'occupation et aux sévices exercés par les envahisseurs, la résistance ne désarmera pas. Elle créera pour le régime une instabilité politique que le soutien des forces occupantes lui permettra un certain temps de surmonter, mais à laquelle il ne pourra finalement pas résister. Plus combattu que les Américains, le gouvernement de Borno devra se courber devant les impératifs du soulèvement de 1929 qui, après quatorze ans de souffrances et de luttes, amènera le retour aux normes démocratiques et préparera la nouvelle indépendance. La capitale d'Haïti vivra alors des moments d'exaltation exceptionnels qui conduiront, étapes par étapes, au triomphe final de 1934.

Notes

1. *Le Matin,* 22 février 1916.
2. *Le Matin,* 17 février 1917.
3. *L'Essor,* 14 février 1920.
4. *La Petite Revue,* 1920, p. 849.
5. Emplacement actuel de la «Scotiabank».
6. *Le Matin,* 24 mars 1917.
7. *L'Essor,* 27 décembre 1921.

– TROISIÈME PARTIE–

JEU DE DUPES

LES MIRAGES DE LA COLLABORATION

L a présidence de Louis Borno, s'ouvre, le 15 mai 1922, sur un spectacle que n'a jamais encore contemplé aucune foule port-au-princienne : la transmission pacifique des pouvoirs présidentiels. La matinée est tiède et ensoleillée. Sur tout le parcours menant de la demeure du président élu[1] au Conseil d'État, beaucoup de badauds et de partisans venus de très tôt et qui s'apprêtent à lui prodiguer leurs applaudissements.

Aux environs de 9 heures, encadré de ses aides de camp, Borno impeccablement costumé, la poitrine barrée par une écharpe aux couleurs nationales, laisse sa maison du Champ-de-Mars dans un landau des entreprises Audain frères[2]. Par la place Louverture, la rue de l'Égalité, la rue Pavée et la rue de la Révolution, le cortège se dirige vers le Palais Législatif et s'immobilise devant la belle grille en fer ouvragé de l'édifice. Le président, heureux et souriant, traverse la foule qui l'applaudit et répond aux vivats en saluant de son haut-de-forme. Dans la grande salle du Conseil d'État où va se dérouler la cérémonie de la prestation de serment, il est accueilli par le président Grandoit qui proclame ensuite l'ouverture de la séance. Après avoir remercié le président du Conseil d'État des vœux formulés pour la prospérité de la République et son bonheur personnel, Borno fait une esquisse de son programme de gouvernement. Des ovations nourries saluent les propos du chef de l'État.

À la fin de la séance, le cortège se reforme pour se rendre à la cathédrale. Les abords de l'église regorgent d'une foule enthousiaste qui se presse jusqu'à l'intérieur du saint lieu. Dans la pompe des grands jours, le *Te Deum* est entonné.

C'est ensuite la tournée à travers les rues du quartier commerçant. Assis aux côtés de Borno, le président du Conseil d'État, M. J.M. Grandoit. Entre une double haie humaine criant sa sympathie, le landau présidentiel longe la rue des Fronts-Forts, puis la rue du Quai, remonte par la rue Bonne-Foi, bifurque à la Grand'rue, s'engage dans la rue Pavée, suit la rue Geffrard et débouche enfin sur la place Louverture, noire de monde.

Seul sur le péristyle du Palais National, Dartiguenave, sombre et taciturne, attend son successeur. Le cortège a franchi les grilles du Palais et s'est arrêté au bas de l'impressionnant escalier. Suivi de ses aides de camp, Borno s'avance vers Dartiguenave. Les deux présidents se saluent et se serrent la main. Dartiguenave souhaite la bienvenue au nouveau mandataire de la nation et lui adresse ses vœux. Le président Borno, un peu ému, exprime le souhait que le président sortant ne lui marchandera pas son assistance pour lui faciliter la tâche. Dartiguenave acquiesce volontiers. Se tournant face aux troupes rangées en ordre de bataille dans la cour du palais présidentiel, ils reçoivent leur salut.

Pour Dartiguenave, le moment semble venu de prendre congé de Borno. Mais celui-ci, apparemment cordial, l'invite à pénétrer avec lui dans le vestibule. Dartiguenave accepte. À côté de son ancien ministre des Relations Extérieures, il gravit une dernière fois l'escalier conduisant au salon diplomatique. Il est convié à vider une coupe de champagne. Mais l'ancien président se dérobe, prétextant les soins à apporter à l'embarquement, ce matin même, de ses effets personnels. Borno essaie de le retenir et finalement lui demande de le rejoindre au salon diplomatique, une fois terminés ses préparatifs de départ.

Dartiguenave se rend dans ses appartements, en ressort quelques instants après, et par un escalier de service, gagne la sortie. Une voiture l'attendait dans la cour arrière. Il s'y affale lourdement. Le véhicule s'ébranle, suivi d'une autre voiture où se sont entassés les membres de sa maison militaire. Sur le quai où l'attendaient ses anciens ministres, il fait ses adieux à son chef d'état-major, le capitaine

Doublette, puis serre cordialement la main à ses anciens collaborateurs et au petit groupe d'amis qui avait tenu à l'accompagner jusqu'au wharf. Ces civilités accomplies, il s'embarqua à bord du chasseur de sous-marin américain No. 227 qui mit le cap sur l'Anse-à-Veau, sa ville natale.

La dérobade de l'ex-président ne parut pas surprendre Borno. Très flegmatique, il descendit au rez-de-chaussée entouré de ses partisans pour aller seul passer en revue les six compagnies de gendarmes alignées sur la pelouse du palais. Il regagna ensuite le salon diplomatique où il se donna tout entier à la réception organisée en son honneur. À son retour à sa maison privée, il dut se prêter aux congratulations de tous ceux de ses admirateurs qui n'avaient pas pu l'approcher au palais.

Les festivités allaient se poursuivre dans l'après-midi et jusque très tard dans la soirée. Carrousel, bals populaires, retraite aux flambeaux créèrent dans la ville une animation et une liesse auxquelles il était difficile de ne pas s'associer. Au Champ-de-Mars, sur le grand terrain vague qui fait face au Ciné-Variétés, une foule innombrable se délectait des scènes hilarantes du « cinéma gratis », offert par le chef de l'État, tandis qu'à quelques pas, de sa maison illuminée à souhait, jaillissaient des feux d'artifice qui éclataient en jets multicolores sur la place enfiévrée. Occide Jeanty qui pour la circonstance avait reçu de Montrevil Belliot la baguette de la Musique du Palais, recueillit ce soir-là un succès éclatant.

Contrairement à son prédécesseur, Borno avait tous les dehors de l'homme du monde, aux manières avenantes et distinguées. « De moindre stature qu'on ne le pouvait présumer d'après ses photographies, dit de lui William Seabrook, M. Louis Borno était un petit homme d'un certain âge, bien découplé, d'une élégance presque recherchée, avec une tête qui exprimait une fière intelligence. Si le front proéminait dans ses photographies, c'étaient les yeux qui chez l'homme lui-même dominaient : ils étaient profonds et regardaient fixement derrière le pince-nez au cordon flottant. M. Borno était un pâle mulâtre, rasé, à l'exception d'une petite moustache coupée de près. Ses traits n'avaient presque rien de ceux du nègre. Son épaisse chevelure gris de fer, frisée, mais non crépue, laissait à découvert un front haut.

« Il y avait en lui une assez forte dose de pédanterie, une teinte professorale trop marquée. Mais il ne montrait dans la conversation aucune froideur académique. Il manquait d'humour, et bien que j'aie dû plus tard réviser cette opinion, il me sembla aussi manquer de chaleur »[3].

Madame Borno, née Hélène Saint-Macary, était selon Seabrook, « la femme la plus primesautière et la plus spirituelle » qu'il eut jamais rencontrée. Voiler le trop apparent soutien que prêtaient à son époux les springfields américains, en raillant à l'envi le pays de Lincoln et les yankees, animer cet immense Palais National où pendant trois ans s'était morfondu, amer et solitaire, le président Dartiguenave, tels seront les charmants artifices dont aimera user Madame Borno pour essayer d'apporter au président un peu de cette popularité qu'il désirait ardemment.

Dès les premiers jours du nouveau régime, on la verra instituer les cinq à sept du Palais National qui avaient lieu les premiers et troisièmes jeudis du mois et réunissaient dans les jardins du palais les fonctionnaires et les amis du couple présidentiel. Elle instaurera également les soirées cinématographiques du Palais qui donnaient occasion aux invités d'assister dans une atmosphère détendue aux grands succès du septième art.

Malgré sa douce apparence d'homme d'études et ses façons irréprochables, Borno n'entend pas laisser l'administration publique se complaire dans le laisser-aller qui s'y était subrepticement introduit durant les derniers mois du gouvernement de Dartiguenave. Quelques jours après son installation, il effectue une visite-surprise au palais des Ministères et ordonne de pratiquer la retenue légale d'un trentième de ses appointements sur tout employé, à quelque degré de la hiérarchie qu'il appartienne, qui ne se serait pas rendu au travail à l'heure réglementaire...

Cependant, la grosse question, celle qui avait fait l'objet de tant d'infructueuses tentatives sous le gouvernement de Dartiguenave, la question d'emprunt, réclamait une décision finale que seul le nouveau régime devait pouvoir prendre. Dans le secret des tractations électorales, les prémisses en avaient été posées et nul ne s'étonna lorsqu'on apprit, quelques jours après la prestation de serment du président Borno, que le Haut Commissaire Russell avait, par l'intermédiaire du ministre des Relations Extérieures, Léon Déjean, transmis au gouvernement haïtien les modalités de l'emprunt en séries de 40,000,000 de dollars, prévu par le protocole de 1919.

Le 26 juin 1922, le Conseil d'État vote la loi qui autorisait un emprunt de 16,000,000 de dollars, première tranche de l'emprunt de 40,000,000 de dollars. L'existence de l'Acte Additionnel, signé par le ministre Borno le 28 mars 1917 et fixant à vingt années la durée de la Convention, est alors révélée au grand jour. Pour la première fois il est mentionné dans un acte public. L'emprunt conclu, l'accord qui avait permis sa réalisation en offrant « aux capitalistes la sérieuse garantie qu'ils réclamaient d'une stabilité ininterrompue indispensable au développement des richesses de la République d'Haïti », ne pouvait continuer, en effet, à rester sous le boisseau. La surprise n'en fut pas moins générale, l'Acte Additionnel n'ayant jamais été ratifié par les Chambres et n'ayant jamais été publié. Son apparente ratification par la Constitution de 1918 qui, dans un article spécial, déclarait que « les actes du Pouvoir Exécutif jusqu'à la promulgation de la présente Constitution sont ratifiés et validés » demeurait une interprétation abusive de l'esprit de la charte qui ne pouvait décemment consacrer un acte illégal. Le Traité de 1915 valable pour dix ans, toute prolongation de l'Occupation basée sur un accord qui n'avait fait l'objet d'aucune négociation publique et d'aucune homologation parlementaire restait entachée de nullité.

En dépit des apparences, cet emprunt de 1922 que ses promoteurs avaient présenté comme le point de départ de la régénération économique d'Haïti n'était en réalité qu'un emprunt politique, appelé à justifier la présence américaine sur le territoire national jusqu'en 1936. Destiné principalement à racheter les emprunts 1875, 1896 et 1910, il ne faisait que transférer la dette extérieure haïtienne des marchés français où elle avait été contractée aux marchés américains qui prétendaient l'amortir à leur profit. De l'ensemble des fonds apportés par les trois émissions de titres d'Haïti, une mince part, moins de 2,500,000 dollars, devait être consacrée « à des travaux publics ou à des entreprises productives »[4]. Tout le reste fut utilisé à satisfaire des créances que le gouvernement haïtien, maître de ses moyens, eût pu liquider dans des conditions plus avantageuses pour le pays.

En effet, du montant nominal de $ 16,000,000 de l'emprunt de 1922, série A, la République d'Haïti ne reçut que $ 14,741,920, après que la National City Bank eut réalisé $ 444,321.12 de profit brut sur l'achat des titres portant intérêt de 6%. « Cette somme, dit Dantès Bellegarde, servit en grande partie à payer des créances américaines que le gouvernement haïtien ne fut pas admis à discuter»[5]. À la seule Compagnie des Chemins de Fer d'Haïti, dont le président Roger Farnham cumulait les fonctions de vice-président de la National City Bank et de vice-président de la Banque Nationale de la République d'Haïti, 2,160,857 dollars furent comptés comme intérêts arriérés dus à cette compagnie américaine. Sur les instructions du Conseiller financier, une forte réserve créditée en son nom, fut placée dans les coffres de la National City. Un taux d'intérêt de 2 1/2% fut généreusement octroyé au gouvernement haïtien, tandis que ce même établissement financier plaçait à son seul bénéfice sur le marché new-yorkais les fonds mis à sa disposition, à un taux beaucoup plus élevé, allant jusqu'à 6, 7 et même 8%.

L'émission des titres de la série B, opérée l'année suivante par l'intermédiaire de la N.C.B. pour un montant nominal de $ 4,234,041 fut affectée à la conversion des emprunts intérieurs 1912, 1913, 1914 dont les créances avaient été reconnues par la Commission des Réclamations.

Les titres de la série C émis en 1926 par le gouvernement pour un montant nominal de 2,658,160 dollars serviront à désintéresser les actionnaires de la Compagnie des Chemins de Fer du Nord. Par cette transaction, l'État se substituait à la compagnie, qui se trouvait ainsi déchargée « de toute obligation vis-à-vis des porteurs de titres ».

L'émission des titres supplémentaires permettant d'atteindre le montant prévu pour l'emprunt ($40,000,000), ne devait pas se réaliser, la dépréciation du franc ayant amené une notable réduction de la dette extérieure haïtienne qui sera payée en dollars. D'autre part, beaucoup de créances incertaines produites contre l'État haïtien avaient été écartées par la Commission des Réclamation, ce qui contribua à une diminution importante du montant de la dette intérieure. Les trois émissions avaient donc largement suffi à opérer le rachat de la dette publique, but recherché et poursuivi par les autorités américaines.

L'emprunt 1922, premier acte important du gouvernement de Borno, n'infligea pas que des déboires au peuple haïtien. Très judicieusement Joseph Châtelain énonce les avantages que ces opérations de conversion apportèrent à l'économie publique. « Elles contribuèrent, dit-il, à l'amélioration de la situation financière haïtienne désormais clarifiée, soulagée de dettes pour la plupart immédiatement exigibles et d'un montant disproportionné avec les revenus courants auxquels étaient substituées des charges nouvelles réduites et réparties sur une longue période »[6]. Il ne fut pas moins combattu par l'opposition haïtienne qui ne considéra cette opération financière que comme « une manœuvre habile du gouvernement américain pour prolonger la Convention jusqu'en 1936 et même jusqu'en 1952 »[7].

Aux États-Unis également, des voix autorisées s'élèveront pour condamner la réalisation dans des conditions si peu équitables, de l'emprunt 22. Avant même le vote de la loi autorisant cet emprunt, le sénateur King était intervenu pour dénoncer le principe du prêt, approuvant Dartiguenave qui avait refusé de signer le contrat d'emprunt et déclarant que pas un dollar ne devait « être utilisé dans le but de maintenir nos marines en Haïti et à Santo Domingo »[8]. Contre les opérations financières découlant de l'emprunt, d'éminents économistes américains ne craindront pas d'apporter de sévères critiques. Dans *Occupied Haïti*, le professeur Dr Paul H. Douglass démontrera l'iniquité de l'usage qui avait été fait des fonds de l'émission des titres série C au profit de la Compagnie des Chemins de Fer du Nord, compagnie qui financièrement était une faillite et devait finalement coûter au peuple haïtien « au moins 8,330,000 dollars »[9].

La Commission Forbes de 1930 de son côté réprouvera dans son rapport l'emploi qui dans certains cas avait été fait du produit de l'emprunt. La réduction de la dette, « au moyen de recettes excédant le montant déterminé par le plan d'amortissement » qui avait été obtenu par le dépôt dans les coffres de la N.C.B. de valeurs qui faisaient si grand besoin à Haïti, lui parut nettement contestable.

Pour les autorités d'occupation, une ardente et rude bataille n'avait pas moins été gagnée. Libéré de son côté du spectre de luttes stériles qu'il n'aurait pas à mener contre le grand protecteur, son vœu suprême ayant été comblé ; satisfait d'autre part de l'appréciable économie de fonds publics qu'allait réaliser la conversion de la dette haïtienne, le gouvernement voyait se lever une aurore chargée de promesses, prélude à une régénération nationale tant attendue. La politique de coopération « franche et loyale » prenait pour les deux partenaires un tournant décisif.

Une nouvelle situation se crée dans les rapports entre gouvernement haïtien et officiels du Traité. Les relations deviennent apparemment plus cordiales. Mais si le Président de la République, détenteur constitutionnel de l'autorité politique, administre, c'est plutôt le Haut Commissaire, représentant le Président des États-Unis et de plus agent diplomatique du gouvernement américain et chef du corps d'infanterie de marine stationné en Haïti, qui détient les leviers de commande et décide en dernier ressort. Cette omnipotence se précisera après que l'occupant, en accord avec les vœux du Traité et l'approbation du gouvernement haïtien, se sera installé dans les secteurs de l'administration où jusqu'alors il n'avait pu prendre pied.

Plus estompée que les marques extérieures de souveraineté dont le gouvernement aimera s'entourer, la toute-puissance américaine ne sera pas moins effective et réelle. Situation équivoque qui, en permettant au gouvernement des États-Unis de s'ingérer impunément dans les affaires intérieures de la République d'Haïti, donnera naissance à ce régime bicéphale qui reste la caractéristique du gouvernement de 1922. En fait, l'Exécutif était conscient de ce que la renonciation à une large part de son autorité suprême pouvait lui susciter de profonds embarras et d'irréductibles inimitiés. Cette dépendance s'imbriquait cependant dans un système politique dont le chef de l'État attendait sincèrement des résultats tangibles. Serait-il de taille à imposer à ses concitoyens tellement pénétrés du concept d'indépendance des vues si ambiguës et en si complet désaccord avec le tempérament haïtien ?

Sur le général John Russell qui durant la présidence de Borno exercera un pouvoir quasi absolu sur les affaires de l'État, William Seabrook qui séjourna en Haïti dans les années vingt, émet une opinion plutôt avantageuse : « J'appris, écrit-il, que le général Russell qui tient en Haïti le rang d'ambassadeur, avait décidé de ne jamais porter son uniforme du corps colonial. Il me sembla, au cours de notre premier et bref entretien, que son esprit était moins brillant que solide, qu'à défaut d'une transcendante intelligence, il avait du caractère et beaucoup de bon sens. Impressions que je n'eus pas à modifier dans la suite »[10].

Deux mots très durs de Russell pour l'amour-propre national ont largement contribué à le classer au nombre des détracteurs du pays. Pourtant, en qualifiant l'Haïtien de « peuple hystérique » et de « peuple à mentalité d'enfant de sept ans », il n'avait fait que se référer aux pitoyables acrobaties politiques dont il était journellement témoin et que l'inconsistance congénitale du régime paraissait encourager. Ce mépris du Haut Commissaire, à l'endroit du peuple haïtien et surtout de la faune politique de ces années cruciales se justifiait donc, au moins en partie.

Sous la houlette du général Russell, l'armée de la Convention se développe et progresse. En vue de pourvoir la Brigade de Marine d'un centre d'entraînement dans une position privilégiée, un camp militaire dénommé « Camp général Russell » avait été établi sur la route du Morne à Cabris, à quelques kilomètres de la Croix-des-Bousquets. En 1925, la Gendarmerie prendra possession de ce camp que venaient d'abandonner les marines. Il deviendra pendant quelque temps le principal centre d'entraînement des recrues de la Gendarmerie.

Une forte impulsion est donnée à la pratique généralisée du tir au fusil. En 1922, le caporal Astrel Roland gagne le championnat individuel placé sous le patronage du Président de la République.

L'année suivante, promu entre-temps sergent, il gagne encore ce championnat par 234 points sur 250. Pleinement satisfait, le président Borno lui offre une montre en or[11]. En 1925, parvenu au grade d'adjudant, Astrel Roland qui, l'année précédente, aux compétitions de tir qui s'étaient déroulées au stade de Reims, avait remporté une médaille d'or, établit à Jérémie un score de 243 points sur 250, exploit qui depuis semble n'avoir été renouvelé par « aucun autre tireur du monde »[12].

Le 1er février 1925, le Service des phares et bouées est transféré du département des Travaux Publics aux Garde-Côtes. Le vapeur *l'Éclaireur* et son équipage de 19 hommes employés pour l'inspection et la réparation des phares furent également remis aux Garde-Côtes.[13].

Un progrès remarquable fut enregistré dans le fonctionnement et l'entretien des phares érigés le long du littoral. Les 15 phares à acétylène et à kérosène furent au fur et à mesure remplacés par des phares automatiques du plus récent modèle. La pose de bouées qui requérait de la part des marins mécaniciens beaucoup d'habileté et d'endurance fut menée à bonne fin. En 1928, trente bouées posées dans les conditions les plus difficiles dans différents ports haïtiens fonctionnaient régulièrement.

Des canots à moteur utilisés pour l'inspection, le contrôle et la réparation des phares furent progressivement mis à la disposition des Garde-Côtes. Ils avaient pour ports d'attache Pointe-à-Raquette, Jacmel, Petit-Goâve, Jérémie, les Cayes, Port-de-Paix et Cap-Haïtien. À la base navale de Bizoton, une nouvelle caserne fut érigée, les murs de clôture construits et des allées bétonnées.

À l'angle sud-est de la caserne Dartiguenave est inauguré en 1927 l'hôpital de la Gendarmerie, pourvu de salles pour l'hospitalisation d'une vingtaine de malades et de deux chambres privées pour les officiers. L'établissement était encore doté d'un laboratoire, d'une salle de rayons X et d'une salle d'opération.[14].

La loi du 2 août 1922 met un terme à la situation confuse où se trouvait la Musique du Palais depuis le départ d'Occide Jeanty. Par cette prestation légale, l'Orchestre est définitivement placé sous la juridiction de la Gendarmerie. Ami personnel du président Borno,

Occide Jeanty à qui avait été remise la direction de l'orphéon de Petit-Goâve, est rappelé par celui-ci, en décembre 1922, à la tête de la Musique du Palais. Il y restera jusqu'en 1934.

Le programme de formation des officiers indigènes de la nouvelle armée se poursuit activement. En décembre 1924, au cours d'une cérémonie de graduation organisée au Palais National, le Président de la République délivre leurs diplômes aux cadets de la troisième promotion. Certains d'entre eux, tout en remplissant leurs devoirs d'étudiants, avaient été déjà requis pour prendre service comme aides de camp du chef de l'État[15].

Une quatrième classe de 17 cadets de la Gendarmerie est recrutée à la caserne Dartiguenave en octobre 1925. En tenant compte des enrôlés qui, jusqu'en 1921, avaient été promus au grade de sous-lieutenant après l'échec enregistré en 1916, lors de la première ouverture de l'École Militaire, le nombre des officiers haïtiens à cette date se chiffrait à 53. Deux des enrôlés commissionnés sous-lieutenant en août 1919, Démosthènes P. Calixte et P. Jules André, allaient, au départ des Américains, s'élever aux échelons supérieurs en devenant tour à tour le premier et le deuxième commandant de la petite armée d'Haïti.

Dans l'après-midi du 4 septembre 1925, une cérémonie significative a lieu au Champ-de-Mars, à l'occasion de la remise, par le Président de la République, accompagné de ses ministres, des conseillers d'État, des officiers de sa maison militaire et des hauts gradés de l'Occupation, d'une décoration au lieutenant D.P. Calixte. La foule des grandes circonstances était présente et dut éprouver une bien vive émotion au moment où le chef de l'État épinglait sur la poitrine du jeune officier la médaille de « service distingué ». C'était la récompense que ses supérieurs avaient voulu lui décerner « pour ses efforts personnels, son attention et son dévouement au service dans les moments difficiles de l'organisation de la Gendarmerie et pour l'intelligence et le tact qu'il a montré comme professeur à l'École Militaire ». Durant ses années de service à la capitale, il avait su mériter l'estime de tous et reçu plusieurs lettres d'éloges du chef de la Gendarmerie[16].

En novembre 1928, une autre classe de 18 étudiants-officiers sera constituée à l'École Militaire qui continuait à loger à la caserne Dartiguenave... Pour les jeunes des couches moyennes et supérieures, la carrière militaire avait fini par obtenir ses lettres de noblesse, et la Gendarmerie se voyait désormais revêtue d'un certain prestige qui ne pouvait inspirer qu'une légitime fierté à ses fondateurs et à ses chefs.

Profitant de la révision constitutionnelle de 1928, les gouvernements haïtien et américain décident de désigner sous une appellation plus rationnelle la jeune armée d'Haïti. Le 1er novembre 1928, la Gendarmerie d'Haïti deviendra la Garde d'Haïti. Ainsi sera effacée la dénomination qui jusqu'alors tendait à assimiler l'organisation militaire haïtienne à un simple corps de police.

Tandis qu'en Haïti se raffermit le concept d'occupation étrangère, que ce concept semble même se légitimer par l'approbation formelle donnée par le gouvernement national à cette situation de facto, en République Dominicaine, la politique d'intervention prend une autre tournure. Après huit ans d'administration militaire, les États-Unis se déterminent à retirer leurs troupes du territoire dominicain et à remettre le pouvoir au gouvernement national restauré. Le 12 juillet 1924, le président élu Horacio Vasquez est installé à la tête du nouveau gouvernement dominicain. Ce recouvrement de la souveraineté dominicaine n'est pourtant qu'apparent, car pour garantir les émissions faites par le régime militaire américain et celles prévues pour permettre au nouveau gouvernement de poursuivre le programme des travaux publics, l'administration Vasquez a accepté de prolonger la Convention de 1907 qui autorisait le gouvernement américain à assumer la perception des recettes douanières par des fonctionnaires américains désignés par le président des États-Unis...

Dès l'installation du gouvernement de Borno, l'opposition prend une nouvelle forme. Principalement anti-américaine sous l'administration précédente, elle se mue, en une opposition purement nationaliste, le nouveau gouvernement s'étant solennellement déclaré celui de la collaboration haïtiano-américaine « franche et loyale ». Négligeant les problèmes économiques et financiers autour desquels s'était surtout concertée l'opposition des années 15 à 22, la contestation nationaliste sous Borno se bornera à mener le combat presque uniquement sur le plan politique. Elle dirigera ses feux non seulement sur l'occupant, mais surtout sur le gouvernement et son œuvre de « démolition nationale ». S'appuyant sur la pureté de ses intentions, le gouvernement réagira par l'édiction de lois restrictives de la liberté d'association et de réunion et soumettra la presse à des limitations exorbitantes. Ces atteintes aux libertés essentielles soulèveront au sein de l'opposition une sourde exaspération...

L'hostilité anti-gouvernementale n'était pas entretenue seulement par les journalistes indépendants, mais aussi par des citoyens dont les actes ou le comportement exprimaient leur réprobation d'une situation qu'ils jugeaient inacceptable et encore par les associations politiques dont l'action énergique et méritoire devait déboucher sur des résultats positifs.

Pour la première fois en 1924, le marxisme fait son apparition sur la scène politique haïtienne et prend rang dans l'opposition. À l'initiative d'un « petit bourgeois agité, fruit sec et transfuge de l'Élite » et porte-parole du groupement dit « Association des Ouvriers », paraît dans *La Poste* un « appel » politique aux « camarades ». La presse conservatrice réagit avec fermeté. « L'Internationale est chez nous », alerte *l'Essor*. Et de mettre en garde l'opinion publique contre « ceux-là de la bourgeoisie qui trompent les gens du peuple depuis cinquante ans » et aujourd'hui « rédigent pour eux des adresses politiques en leur demandant de jouer un rôle qu'ils ne sont pas préparés à remplir... Ces corrupteurs classiques qui apparaissent sous un nouveau masque, poursuivait le journal, on ne les désignera jamais assez à la vindicte des honnêtes gens »[17].

Aux antipodes de ce mouvement d'extrême-gauche, le cercle Bellevue, siège de la mondanité port-au-princienne, tolérera que dans son sein s'installe un actif foyer d'opposition anti-gouvernementale. Le département de l'Intérieur réagira brutalement en ordonnant, le 30 janvier 1928, la fermeture du cercle.

Comme on avait pu le constater sous Dartiguenave, l'opposition ne limita pas son action au seul plan intérieur. Dans maintes contrées étrangères, particulièrement aux États-Unis, en République

Dominicaine, en France, à Genève, des voix haïtiennes s'élèveront pour éclairer l'opinion internationale sur le caractère anti-national du régime de Port-au-Prince et protester contre l'occupation arbitraire du pays par les troupes américaines. De zélés patriotes, tels un Pierre Hudicourt, un Joseph Jolibois fils, un Christian Morpeau, un Pierre Morpeau, se feront les défenseurs passionnés d'Haïti en République Dominicaine et en Amérique Latine, tandis qu'en Europe, Dantès Bellegarde arrivera à obtenir pour la cause haïtienne le concours et l'appui de grandes associations internationales.

Cette opposition agressive, souvent même excessive, aidera la nation à mieux se reconnaître dans le mécanisme de démoralisation générale entrepris par l'occupation américaine. L'âme nationale se sentira moins abandonnée et plus fortifiée dans ses aspirations. Ce sentiment d'hostilité vis-à-vis de l'occupation et du gouvernement qui en était le protégé permettra au pays d'échapper à une vassalisation grandissante que nombre de dispositions ou de projets gouvernementaux paraissaient favoriser. Si elle ne fut pas toujours juste, si parfois elle frisa la calomnie, l'opposition ne rendit pas moins d'éminents services à la nation haïtienne en la préservant du désarroi et de la détresse et en hâtant sa délivrance.

Deux des plus dévoués apôtres de la défense nationale, Georges Sylvain, administrateur-délégué de l'Union Patriotique, et le pasteur Auguste Albert, fondateur au Cap de la Ligue du Bien Public, n'auront pas la satisfaction de savourer l'aboutissement de leurs efforts. Le 2 août 1924, le premier rendait l'âme, épuisé par une lutte sans merci. Moins de deux ans plus tard, « abreuvé de dégoût et écœuré de tant d'abaissement moral », le pasteur Auguste Albert expirait à son tour, le 18 avril 1926, dans la ville du Cap...

Notes

1 Immeuble en bois de la façade nord du Champ de Mars, portant le numéro 50, aujourd'hui démoli.
2 Par convenance personnelle, Borno avait refusé le landau officiel envoyé par Dartiguenave.

3 William Seabrook : *L'Île Magique*, p. 175.

4 Rapport de 1930 de Sydney de la Rue, conseiller financier américain. cf. Dantès Bellegarde : *Histoire du peuple Haïtien*, p. 285.

5 Dantès Bellegarde : *La Résistance haïtienne*, p. 128.

6 Joseph Châtelain : *La Banque Nationale, son histoire...*, p. 149.

7 La période de remboursement des obligations de l'emprunt 1922 avait été fixée à 30 ans, la possibilité de remboursement anticipé n'étant toutefois pas exclue.

8 Hogar Nicolas : *L'Occupation Américaine d'Haïti*, p. 221.

9 Dantès Bellegarde : *La Résistance haïtienne*, p. 130.

10 William Seabrook : op.cit., p. 145.

11 *Histoire de la Garde d'Haïti*, p. 93.

12 *Haïti-Progrès*, 20 au 26 mai 1987. « Lettre d'Astrel Roland au directeur du journal.

13 « L'Éclaireur s'était distingué en 1904 dans un sauvetage héroïque pendant un ouragan et avait reçu de la ville de Calveston un aigle en or qui était resté sur le bateau ». *L'Essor*, 6 juillet 1923.

14 L'hôpital des Marines, le Field Hospital, aménagé d'abord dans un immeuble du Bas-Turgeau avait été transféré, vers le début de 1921, au domaine de Démosthènes Sam à Peu de Chose (Hôtel Oloffson). Il y restera jusqu'à la fin de l'Occupation (Précision aimablement fournie par le Dr Ary Bordes).

15 Se signaleront au cours de leur carrière militaire :Franck Lavaud, Gustave Laraque, Philippe Cham, Luc B. Oriol, de la promotion de 1923 et Durcé Armand, Louis Th. Romain, Roche B. Laroche, Georges Dupuy, de la promotion de 1924.

16 *L'Essor*, 5 septembre 1925.

17 *L'Essor*, 22 décembre 1924.

LES FRUITS DE L'ALLIANCE

En attendant la reconstitution des Chambres Législatives, le Conseil d'État, nommé par le chef du pouvoir exécutif, continue, sous le nouveau régime, à exercer le pouvoir législatif. Pour récompenser ce corps docile qui l'a conduit à la magistrature suprême et lui garantir son attachement, le président Borno a octroyé à chacun des vingt-et-un membres du Conseil des frais de représentation de 100 dollars. Beaucoup de fonctionnaires, futurs adhérents au Parti Progressiste Haïtien, groupement politique qui sera créé par le gouvernement, bénéficient eux aussi d'appréciables augmentations d'appointements.

Les séances du Conseil d'État qui ont lieu au Palais Législatif de la rue de la Révolution ne sont pas publiques. Les conseillers n'étant pas représentants du peuple, il est bien logique qu'elles soient secrètes et que le peuple n'ait rien à y voir. M. Emmanuel Cauvin, qui fut conseiller d'État durant presque toute la présidence de Louis Borno, a révélé, devant la Commission Forbes, la technique qui était courante pour l'élaboration et le vote de la matière législative[1]. L'acceptation par le Président de la République d'un projet de loi équivalait à son vote. Le rapporteur d'une loi n'avait souvent, pour préparer son rapport, que les notes du ministre intéressé.

C'est pour mettre un terme à cette parodie des institutions démocratiques que le 30 septembre 1923, réunis au théâtre Parisiana sur convocation du Comité Central de l'Union Patriotique, des centaines de citoyens de Port-au-Prince résolurent de confier audit Comité la prise en charge des mesures propres à assurer, le 10 janvier

1924, le déroulement normal des élections législatives par les assemblées primaires qui seraient convoquées à cet effet[2].

Le 4 octobre, un communiqué du département de l'Intérieur informe que le gouvernement haïtien, après échange de vues avec le gouvernement américain, avait décidé de ne pas décréter les élections législatives le 10 janvier 1924. Déterminé à exercer jusqu'au bout le mandat qui lui avait été donné à la réunion du 30 septembre, le Comité Central de l'Union Patriotique, considérant le refus de l'Exécutif comme un abus d'autorité, prit la résolution de porter la question devant les tribunaux.

Un premier différend s'était produit lorsque les deux greffiers des tribunaux de paix, sections nord et sud, avaient refusé de recevoir la déclaration de candidature de MM. Antoine Pierre-Paul et Victor Cauvin. Saisi de l'affaire, le doyen du Tribunal Civil de Port-au-Prince, Rodolphe Barau, statuant en état de référé, avait décliné sa compétence tout en prenant position « sur le fond du litige en faveur des demandeurs ». Par devant la juridiction ordinaire où Antoine Pierre-Paul et Victor Cauvin avaient intenté une action, le juge Léon Pierre, après avoir rejeté la question de compétence soulevée par le ministère public, prouva dans une succession de « considérants » aussi pertinents que courageux, combien était « erronée, fausse, abusive » l'interprétation qui tendait à accorder au chef de l'État un pouvoir discrétionnaire quant à la nécessité de décréter ou non les élections législatives. Entaché « des inconstitutionnalités ci-dessus relevées », concluait le juge Pierre, le communiqué du département de l'Intérieur ne pouvait avoir « d'effet en droit »[3]. Injonction fut faite aux greffiers de recevoir les déclarations de candidature des demandeurs. Faute par ceux-là d'y souscrire, les candidats feraient « constater ce refus par un notaire dont le procès-verbal tiendrait lieu d'acte déclaratif de candidature. »[4].

Protégée par un jugement révolutionnaire qui fortifiait ses revendications, l'opposition nationaliste se jeta dans la bataille électorale, sous la bannière du retour à l'ordre légal, consacré par le droit constitutionnel haïtien. Sur toute l'étendue du territoire, les meetings rassemblent des centaines d'électeurs, accourus pour entendre les orateurs nationalistes les entretenir de leurs droits et de leurs devoirs envers le pays. Des citoyens, parmi lesquels Antoine Pierre-Paul, Élie Guérin, Joseph Jolibois fils, Georges Petit, appréhendés sous la prévention de « diffamations et d'outrages envers le Président de la République » sont jetés en prison et mis au secret. Ces procédés d'intimidation n'empêchent pas les assemblées primaires pour les départements du Sud, de l'Ouest, de l'Artibonite et du Nord-Ouest de conférer, le 10 janvier 1924, le mandat de sénateur de la République aux citoyens N. Sandaire, F.L. Cauvin, F.B. César, Catinat Honoré, Georges Sylvain, Antoine Télémaque, Joseph Glémaud, Pierre Hudicourt et Alcius Charmant, et celui de député à quelques élus de certaines circonscriptions électorales.

Le 7 avril 1924, la majorité constitutionnelle requise pour la validité des délibérations du Sénat, soit 8 membres sur 15, étant constatée, les nouveaux pères conscrits réunis, rue Pavée, au siège provisoire du Sénat, procèdent à la formation du Bureau provisoire. Le doyen d'âge, N. Sandaire, est désigné comme président. Aux deux plus jeunes membres de l'Assemblée, MM. Pierre Hudicourt et Joseph Glémaud, sont confiées les fonctions de secrétaires. De nouvelles requêtes sont adressées au Secrétaire d'État de l'Intérieur pour la mise à la disposition des sénateurs de l'immeuble affecté officiellement aux délibérations du Sénat. Vainement. À la suite de quoi les pères conscrits se déterminèrent à continuer à se rassembler au siège provisoire de la rue Pavée.

À la séance du 9 avril, les rapports des comités de vérification des élections sénatoriales sont présentés à l'Assemblée et votés à l'unanimité[5]. On procède ensuite à la formation du Bureau définitif. Élu président, le sénateur Cauvin déclare ne pouvoir se rendre au désir de ses collègues et désigne le sénateur Sylvain comme étant celui à qui cette fonction revenait de droit. À la reprise de la séance dans l'après-midi, le sénateur Georges Sylvain est effectivement élu président du Sénat à l'unanimité des suffrages, moins un vote blanc. Les sénateurs Hudicourt et Glémaud sont maintenus à leurs postes respectifs de premier et deuxième secrétaire.

Aucune possibilité de se réunir ne s'était présentée pour la

Chambre des Députés, neuf citoyens seulement étant parvenus à se faire élire représentants du peuple. Par le fait même, aucune session législative requérant la réunion de la Chambre et du Sénat n'était à envisager, tant que de nouvelles assemblées primaires ne seraient pas convoquées par le Président de la République, selon le vœu de la Constitution, en vue de procéder à des élections complémentaires. L'attitude adoptée par le gouvernement dès l'ouverture de la bataille pour la reconstitution des Chambres législatives laissait suffisamment entrevoir qu'en dépit des injonctions du jugement rendu par le magistrat Léon Pierre en audience publique extraordinaire, nulle convocation d'assemblées primaires ne devait être attendue de l'Exécutif. À la même réunion du 9 avril, le président du Sénat, après avoir constaté l'empêchement où se trouvait le Grand Corps de procéder aux travaux législatifs, présenta aux membres de l'Assemblée un projet de Résolution qui, mis en discussion, fut finalement voté à l'unanimité. Par cette Résolution, le Sénat protestait contre « la prolongation d'un état de fait... qui est la négation de l'ordre légal » et déclarait ajourner ses travaux, « en attendant que les assemblées primaires puissent compléter les élections législatives »[6].

Dans une adresse au peuple, adoptée dans l'après-midi du même jour, le Sénat invitait les citoyens à user « de tous les moyens pacifiques pour que la puissance législative soit exercée, comme le veut la loi, par les mandataires de la nation » et terminait en leur rappelant que le bulletin de vote, «sanction de (leur) droit incoercible de suffrage » était leur arme et qu'ils ne devaient tous avoir qu'un mot d'ordre : les élections complémentaires ![7]

Subrepticement et pour ne pas paraître contrecarrer des efforts qu'il savait stériles, le gouvernement avait laissé s'amorcer la tentative de reconstitution des Chambres. En ignorant souverainement tous les actes accomplis à cette fin et en laissant sans réponse les communications à lui adressées par le Sénat, l'Exécutif n'avait désiré qu'acculer au pourrissement cet embryon de la représentation nationale. La tactique avait donné, car le gouvernement, en définitive, sortait victorieux de la lutte et plus déterminé que jamais à laisser au Conseil d'État les attributs législatifs. Aussi résolue cependant restait l'opposition dans sa volonté de poursuivre le combat et d'affirmer « la fermeté de ses revendications ». Les obstacles dressés par l'Exécutif pour contrarier les efforts de restauration du Parlement ne constituaient, selon elle, qu'un épisode d'une guerre pacifique qui devait continuer sans relâche jusqu'à la réalisation des desiderata nationaux.

Fonctionnaires révocables, nommés par le Président de la République, les conseillers d'État manifesteront, sauf de rares exceptions, la plus prudente docilité dans leurs rapports avec l'Exécutif. Dans le combat sans trêve que lui imposait l'opposition, le gouvernement, pour se cuirasser contre les attaques impétueuses et trop souvent excessives de ceux qui se réclamaient du plus pur nationalisme, décrétera une série de lois prohibitives que le Conseil d'État n'aura aucune hésitation à entériner.

En 1928, le régime ne craindra pas de s'attaquer à la Haute Cour de Cassation, à la suite de l'acquiescement qu'elle avait donné à entendre en sections réunies une requête « en déclaration d'inconstitutionnalité des amendements à la Constitution et du plébiscite »[8] du 10 janvier. La loi élaborée pour la circonstance par le Conseil d'État assimilera à une « coalition de fonctionnaires » toute tentative des juges de statuer sur l'inconstitutionnalité des lois… Auquel cas, ils devaient se considérer comme démissionnaires, « sans préjudice de l'application des peines prévues par l'article 93 du Code Pénal »[9].

De ces lois draconiennes aux abus que causait leur application, le pas était vite franchi. Et ce seront les journalistes indépendants, accusés de délit de presse, qui en seront les principales victimes. On verra le directeur du *Courrier Haïtien*, Joseph Jolibois fils, conduit jusqu'à huit fois à la maison d'arrêt, sous la prévention d'infractions diverses. Pour les détenus politiques, les rigueurs de la prison préventive étaient assimilables aux peines d'une condamnation définitive. Dans une lettre au juge d'Instruction Emmanuel Beauvoir, les avocats d'Antoine Pierre-Paul, Georges Petit, Élie Guérin, Jolibois fils, dénonçaient les mesures rigoureuses dont pâtissaient leurs clients incarcérés au Pénitencier national : « Ils ne peuvent, se plaignaient-ils, recevoir ni papier, ni plume, ni encre et se trouvent ainsi privés de tout moyen de correspondre, soit avec leurs avocats... soit avec leurs parents ou amis... On leur refuse même des livres pour se distraire... »[10].

Le gouvernement n'entendait pas bien sûr se borner à être le limier des « mal intentionnés ». Le désir du chef de l'État d'œuvrer pour le bien-être collectif était réel. Il avait, pour y parvenir, fait choix de moyens peu orthodoxes pour beaucoup d'Haïtiens. Il n'espérait pas moins par des efforts énergiques et constants, prouver sa bonne foi et aboutir à des résultats effectifs.

Jouissant d'un pouvoir apparemment absolu, le Président de la République, dans l'exercice de ses fonctions, n'était pas moins soumis, on l'a vu, à une autorité supérieure qui, en se tenant volontairement dans les coulisses, exerçait néanmoins sur les affaires de l'État une influence prépondérante. Arthur C. Millspaugh, ancien conseiller financier du gouvernement, résume ainsi l'emprise du Haut Commissaire dans l'administration de la chose publique haïtienne :

« ... Par le fonctionnement des services du traité et par le droit de veto du Haut Commissaire sur toute la législation, les fonctionnaires américains exercent pratiquement un pouvoir absolu en ce qui regarde le maintien de l'ordre public, les finances, l'économie, la santé publique et le programme d'extension agricole. Nominalement, les fonctionnaires du Traité sont responsables vis-à-vis du président et des ministres de qui relèvent leurs services; en fait, ils sont dirigés par le Haut Commissaire qui... non seulement met son veto aux lois haïtiennes, mais les rédige. Il négocie les contrats avec les compagnies américaines... s'intéresse en personne aux détails des réclamations, à la perception des revenus, à la construction des routes, aux questions d'agriculture, d'éducation et d'hygiène... »[11].

Pour parvenir à un équilibre entre ces deux pouvoirs, était-il indispensable que l'autorité la plus faible, en l'occurrence le Président de la République, s'astreignît à une totale coopération avec le pouvoir qui, en fait, menait la barque de l'État. Le président Borno ne paraissait pas embarrassé par cette situation humiliante, ayant fait de la collaboration le pivot de son action gouvernementale. Le peuple haïtien par contre ne supportait qu'avec peine cette bicéphalie mortifiante qui le déroutait et le portait à vouer au chef de l'État qui l'avait acceptée, une antipathie d'autant plus profonde que c'est par cet étrange système de gouvernement que celui-ci se maintenait au pouvoir et manifestait son autocratie. Le progrès matériel patent que l'on constatait dans bien des domaines et qui était le fruit de cette coopération sincère, ne pouvait compenser la présence permanente de l'étranger sur le sol national, ni décharger le double pouvoir de la responsabilité des lois restrictives et des multiples atteintes à la liberté qui entretenaient au sein de la nation un insidieux malaise.

La réalisation de l'emprunt avait été le mécanisme qui avait ouvert la voie aux grandes réformes souhaitées autant par le Palais National que par la Maison Blanche. S'agissant du domaine financier, le plus important pour la bonne marche de la machine administrative, le Traité de 1915 avait déjà défini les principes de politique financière à mettre en application en vue d'un changement favorable. Pour conduire cette réforme, les officiels du Traité étaient les seuls désignés. Par voie de conséquence, ils seront les seuls qualifiés pour assurer la direction des services nouvellement mis en place.

La plus importante de ces créations sera l'Administration Générale des Contributions fondée en 1924 et chargée de la perception des recettes « internes ». Ce service doté d'un système de recouvrement moderne et efficace apporta la régularité dans la collecte des impôts[12]. En 1923-24, note Joseph Châtelain, les recettes perçues représenteront un accroissement de 46% par rapport à l'exercice antérieur et de 306% par rapport à l'exercice 1911-1912 »[13], sans pour autant que la taxation en vigueur eut subi de modifications. L'organisation de ce nouveau service sera complétée en 1928 par la modification du régime de taxation qui, tout en contribuant à accroître le rendement des revenus internes, soulèvera cependant les protestations de l'opposition, à cause des conséquences néfastes qu'elle entraînera pour le commerce et les activités industrielles des petits producteurs.

En plein accord avec le gouvernement haïtien, les fonctionnaires du Traité s'attaqueront ensuite à l'autre volet des revenus de l'État, les droits de douane. En 1926, le vieux et inadéquat tarif douanier haïtien sera entièrement remanié et modernisé. Il s'ensuivit une taxation plus équilibrée des droits de douane dont les résultats pour le commerce extérieur haïtien furent bénéfiques.

Dans d'autres domaines administratifs, des créations aussi utiles qu'impérieuses verront également le jour. En 1924, on crée le département du Travail. La loi du 22 décembre 1922 fonde, au département de l'Agriculture, le Service Technique de l'Agriculture et de l'Enseignement Professionnel qui, pourvu d'un personnel technique presque entièrement américain, ne commencera à fonctionner effectivement que deux années plus tard. À ce niveau, tout était à faire. Néanmoins, les réalisations ne seront pas aussi sensationnelles qu'on l'avait laissé prévoir. Le pays se trouvera nanti d'une organisation agricole et d'un service d'éducation rurale et professionnelle qui, bien administrés, eussent pu rendre d'appréciables services à la communauté. Mais la direction du nouveau service se laissa trop dominer par l'impérieux désir d' «asseoir l'emprise américaine » sur la jeunesse haïtienne. Des critiques virulentes s'élèveront qui déboucheront sur la grève historique des étudiants de l'École Centrale d'Agriculture, fleuron du Service Technique.

Notes

1 Hogar Nicolas : op.cit., pp. 229-230.

2 En son article 107, la constitution de 1918 prévoyait que les assemblées primaires se réuniraient dans chaque commune le 10 janvier de chaque année paire, « selon qu'il y a lieu », pour l'élection des membres du Corps Législatif. Le Pouvoir Exécutif, seul apte à désigner l'année paire, n'avait pas jugé opportun de convoquer les assemblées primaires, ni en 1920, ni en 1922.

3 Georges Sylvain : *Dix années de lutte pour la liberté*, II, pp. 83 à 86.

4 Georges Sylvain : op. cit., II, p. 86.

5 La plupart des fonctionnaires préposés à la garde des procès-verbaux de vote et de recensement avaient refusé de les communiquer aux élus du 10 janvier. Sollicité d'adresser au Sénat les procès-verbaux des bureaux de recensement et de vote, le Secrétaire d'État de l'Intérieur n'avait lui-même pas daigné répondre au message de la Chambre Haute. Pour exercer son contrôle légal, le Sénat avait dû se contenter

des quelques procès-verbaux qui lui avaient été délivrés et des actes notariés dressés au moment des opérations électorales.

6 Georges Sylvain : op. cit. II, p. 109.

7 Georges Sylvain : op. cit. II, pp. 112-113.

8 Hogar Nicolas : op. cit. p. 232.

9 Hogar Nicolas : op. cit. p. 232

10 Georges Sylvain : op.cit. II, p. 97.

11 Hogar Nicolas : op.cit., pp. 227-228.

12 Outre l'administration douanière déjà sous contrôle américain, et le service des Contributions, la nouvelle administration financière sera complétée par la création des sections de contrôle et d'inspection des recettes et par celle du service de la comptabilité publique. L'ensemble de ces services sera placé sous la dépendance du conseiller financier qui, depuis 1922, cumulait ses propres fonctions et celles du receveur-général.

13 Joseph Châtelain : *La Banque Nationale...*, p. 151.

RÉÉLECTION ET OFFENSIVES DIPLOMATIQUES

En dépit de ses attaques violentes et parfois même intempestives, l'opposition n'est pas parvenue à enlever au gouvernement sa sérénité. Persuadé d'être dans la bonne voie, le président Borno entend, malgré vent et marée, poursuivre sa politique de régénération nationale que son mince mandat de quatre ans ne pourra évidemment pas lui permettre d'exécuter jusqu'au bout. Dès juillet 1925, commencent à circuler des adresses, signées de fonctionnaires, réclamant la réélection. C'est l'amorce de l'ouverture d'une campagne présidentielle qui ira en s'amplifiant et pour l'aboutissement de laquelle le principal intéressé usera de tout son pouvoir et de toute son habilité à manœuvrer les hommes.

L'article 72 de la Constitution de 1918 n'interdisait pas la réélection, et c'est pourquoi l'opposition ne fut guère surprise des velléités du chef de l'État. Mais elle se prépara à lui faire une guerre sans merci, afin de le contrecarrer dans ses intentions.

La campagne contre le renouvellement du mandat du président Borno sera principalement soutenue par la presse anti-gouvernementale, et en particulier par *La Poste* qui ne cessait depuis des mois de sonner le glas du régime, en notifiant à chaque livraison du journal, le nombre de jours qui restait à Louis Borno «pour déménager du Palais National ».

À mesure qu'on approchait du 12 avril 1926, date fixée pour l'élection du Président de la République, des candidatures vraiment surprenantes se dévoilaient et allaient sembler renforcer et approuver

Borno dans sa volonté de continuer à assigner au Conseil d'État les attributions de la représentation nationale. En septembre 1925, Pauléus Sannon démissionne del'Union Patriotique pour se livrer à sa campagne présidentielle. Le rejoindront dans le même choix des nationalistes aussi intransigeants qu'un Étienne Mathon, un Sténio Vincent, un Edmond Lespinasse qui pourtant avaient conspué le Conseil d'État et n'avaient cessé de réclamer la reconstitution des Chambres législatives. À la veille des élections, près d'une vingtaine de personnalités avaient fait acte de candidature, parmi lesquelles Adalbert Lecorps, Edmond Dupuy, Emmanuel Thézan, Constantin Mayard, Malherbe Pressoir, J.M. Brédy, Suirad Villard, Dantès Bellegarde, Charles Sambour, Jérémie, Otanès Duplessy, Auguste Albert Héraux, Louis Roy... Ce fut pour l'opposition nationaliste une profonde déception. Ceux parmi les opposants qui n'avaient pas renoncé à leurs convictions, désapprouvèrent la faiblesse de ces clercs qui, par leur hantise d'occuper le fauteuil présidentiel, et sans s'inquiéter de l'ambiguïté du corps appelé à le leur donner, étaient tombés dans un véritable piège et avaient finalement fait le jeu du gouvernement.

Au sein du Conseil d'État cependant, l'unanimité en faveur de la réélection n'était pas faite et les principaux manœuvriers de l'effacement de Borno n'étaient autres que le conseiller Ernest Rigaud, récemment élu président de l'Assemblée et son collègue le conseiller Amilcar Duval. Le plan de Rigaud pour faire échec à la réélection de Borno et favoriser l'élection de Sténio Vincent, son candidat, était de soulever des objections au sein de l'assemblée le jour des élections et provoquer une confusion qui emporterait Borno au profit de Vincent. Pour la réussite de son projet, Rigaud misait beaucoup sur l'impopularité de la réélection, défiance populaire à laquelle il souhaitait rallier les conseillers. Il pensa amener le trouble en exprimant péremptoirement son refus de diriger les travaux de l'Assemblée Nationale, suivant l'ordre du jour arrêté à la séance du 9 avril et qui comportait l'élection présidentielle. Les conseillers, tous fervents du pouvoir, ne parurent pas ébranlés par cette prise de position inattendue. Par contre, la nouvelle de la dissidence qui s'était produite au sein du Conseil, rapidement colportée aux quatre coins de la cité, détermina chez les opposants une forte montée de tension.

La veille des élections, des individus entassés dans des automobiles parcourent la ville en vociférant : À bas la réélection ! Ils sont traqués par la police et plusieurs d'entre eux mis sous les verrous. Dans la presse, on s'élève contre les dispositions adoptées à l'occasion des élections du 12 avril et qui ne tendent qu'à décourager le public à se rendre à la séance.

Tôt dans la matinée de ce 12 avril, les conseillers se sont réunis à huis clos au Palais Législatif pour une séance extraordinaire. Le Conseil présidé par le doyen d'âge James Thomas, assisté de ses collègues Emmanuel Destin et Louis Lizaire, statue sur la décision du conseiller Rigaud de ne pas présider la séance du jour. À l'unanimité, les membres présents, considérant l'attitude du président comme revêtant un «caractère de cause grave», décident de révoquer son mandat. Puis ils procèdent à l'élection d'un nouveau Bureau. Emmanuel Cauvin est élu président, le docteur Gesner Beauvoir et Hermann Pasquier sont élus respectivement premier et deuxième secrétaire[1].

Entre-temps, convoqué au Palais aux environs de 7 heures du matin par le président lui-même, Rigaud qui s'y était rendu essuie les amers reproches de Borno qui l'informe qu'il était destitué comme président du Conseil d'État et de l'Assemblée Nationale et lui demande sa démission comme conseiller. Sur son refus, il lui déclare qu'il saurait s'en passer.

À 10 heures, le Conseil d'État se réunit en Assemblée Nationale pour l'élection du Président de la République. Lecture est donnée de la liste des candidats déclarés. Ils sont au nombre de dix-neuf. Ce premier point de l'ordre du jour épuisé, le conseiller Amilcar Duval demande la parole. Elle lui est refusée par le président Cauvin, rien n'étant en discussion. Duval insiste. Le président est forcé de le menacer de peines disciplinaires.

Le dépouillement de l'urne assuré par les conseillers Damase Pierre-Louis et Léopold Pinchinat accuse 20 bulletins, dont un blanc et dix-neuf en faveur de Borno[2]. Celui-ci est aussitôt proclamé

Président de la République pour une période de quatre ans. À ce moment, le conseiller Duval se lève et déposant sa cocarde de conseiller d'État sur son bureau, se retire en annonçant sa démission.

À la fin de la séance, une fusillade nourrie éclate aux abords du Palais Législatif. Ce sont les gendarmes affectés au service de sécurité qui, constatant le mauvais accueil que des manifestants rassemblés dans la rue se préparaient à faire aux conseillers d'État, se sont mis à tirer en l'air dans le dessein de disperser la foule. Une panique s'ensuit. Le calme revint, mais il fallut durant plusieurs jours garder militairement la demeure des conseillers.

Cette élection telle qu'elle s'était déroulée ne reflétait guère les vœux de la nation. Et pour s'assurer une popularité qu'il appelait de tous ses souhaits et mettre en évidence son pouvoir qui hélas ne reposait que sur les baïonnettes de l'occupant, Borno crut opportun, après le renouvellement de son mandat, de tendre le rameau d'olivier - il n'avait pas le choix - sans pour autant renoncer à son absolutisme.

«Je resterai inébranlable à mon poste d'honneur et de péril, s'écria-t-il en terminant sa proclamation du 14 avril, oublieux des injures dont j'ai été abreuvé, toujours prêt à signer la paix, mais toujours résolu, avant tout, à accomplir, sans aucune défaillance, avec l'aide de Dieu, mon devoir envers le Pays, notre Pays qui a tant besoin d'amour, d'union, d'abnégation»[3].

Faisant fi de leurs intérêts personnels et ne considérant que la valeur des principes, plusieurs fonctionnaires du gouvernement, pour protester contre la mystification de la réélection, abandonnent leur poste. À l'École de Droit, les professeurs Vilius Gervais, Christian Laporte et Hermann Mallebranche, ce dernier avocat-conseil du Service Technique d'Agriculture, résignent leurs fonctions. Le Dr Ludovic Rigaud, préfet de Léogane, renonce à sa charge. En fait de même Leroy Chassaing, chef du service des Domaines. À l'U.S.S.H.,le délégué Alphonse Henriquez donne sa démission, à cause de «da présidence effective d'André Chevallier et la présidence d'honneur de Louis Borno». Les protestations se répercutent jusqu'au sein des églises où certaines chorales refusent, à la fin de la grand'messe dominicale, de chanter la prière pour le Président de la République[4].

Nouvelle figure de l'opposition, l'ancien conseiller Ernest Rigaud décide de partir pour Washington afin d'expliquer «des événements de Port-au-Prince au peuple américain». Une souscription est ouverte pour payer ses frais de voyage[5].

Ces agitations ne mettent aucun obstacle au déroulement normal du rituel de la prestation de serment. Le 15 mai, le nouvel élu se rend devant l'Assemblée Nationale. Il est reçu au Palais Législatif par le colonel Nemours qui avait remplacé comme président du Conseil d'État Emmanuel Cauvin nommé Secrétaire d'État de la Justice. Pour la circonstance, un haut-parleur avait été installé au marché de la place de la cathédrale pour permettre au peuple d'entendre les discours qui seraient prononcés au palais de l'Assemblée Nationale. Les manifestations officielles se déroulèrent tel que prévu au protocole. Ainsi était inaugurée dans l'équivoque et le mécontentement cette nouvelle présidence qui allait avoir tant à lutter pour se faire accepter de la nation.

La lutte, Borno ne l'avait jamais repoussée, et il ne s'était non plus guère illusionné sur les contestations diverses que sa présence à la magistrature suprême devait provoquer. «L'histoire de ma présidence est dans la première semaine de mon élection, avait dit ce mystique au cinq à sept organisé en avril 1924, à l'occasion de l'anniversaire de son élection. Je fus élu le premier jour de la semaine douloureuse, le lundi-saint... Mon élection est un symbole. J'ai accepté la présidence avec la certitude que j'allais avoir à lutter... J'ai lutté, je lutte encore, car si on comprend de plus en plus qu'on perd son temps dans les chicanes, si l'on s'assagit, je ne considère pourtant pas la bataille comme ayant pris fin. Je lutte dans la certitude de triompher»[6].

Voici donc ce lutteur investi d'un nouveau mandat de quatre ans. Ces quatre années décisives doivent consacrer ses efforts de chef responsable d'un petit pays qui depuis sa naissance n'a cessé de se débattre pour sortir de l'ornière du sous-développement. Déjà assuré de la sympathie et du soutien du gouvernement américain, il veut maintenant aborder de vive voix avec les officiels de Washington et les chefs des grandes entreprises industrielles et commerciales américaines certains problèmes vitaux concernant la politique, l'administration, le développement et dont la solution était appelée à combler les légitimes aspirations du peuple haïtien. Cette nouvelle bataille qu'il a décidé d'engager, il est sûr de la gagner.

Pour la première fois dans la vie nationale haïtienne, un chef d'État va s'absenter momentanément du pays. Avant son départ pour les États-Unis, Borno délègue le ministre de l'Intérieur, Charles Fombrun, pour présider le Conseil des Secrétaires d'État chargé en son absence de l'autorité exécutive. Le 6 juin 1926, accompagné de Madame Borno, du conseiller financier Cumberland, de Léon Déjean, Secrétaire d'État des Relations Extérieures et Madame et de deux aides de camp, le capitaine Roche B. Laroche et le lieutenant Philippe Cham, il s'embarque pour New York à bord du *SS Ancon* de la Panama Line. Un détachement de marines avait pris position aux abords du wharf pour tenir en respect les ennemis du pouvoir qui s'étaient promis de venir manifester bruyamment au moment de l'embarquement du chef de l'État.

À son arrivée à New York le 12 juin, Borno est reçu par M. Wright, assistant Secrétaire d'État, qui lui souhaite la bienvenue au nom du président Calvin Coolidge, et par les propriétaires de firmes industrielles et commerciales en relations d'affaires avec Haïti. Deux jours plus tard, il prenait le train pour Washington où l'attendaient à la gare le Secrétaire d'État Kellog entouré des représentants du Secrétaire de la Navy, du directeur général de l'Union Panaméricaine et d'autres officiels. Un bataillon du Marine Corps formait la haie. Les honneurs furent rendus par un escadron de cavalerie qui escorta le président et sa suite jusqu'à l'hôtel Mayflower.

L'accueil à la Maison Blanche du couple présidentiel haïtien par Mr et Mme Coolidge fut des plus cordiaux. Peu après, le président des États-Unis et son épouse retournaient sa visite au chef d'État haïtien, au siège de la représentation diplomatique d'Haïti. Un long et fructueux entretien devait plus tard avoir lieu entre le président Borno et le ministre de l'Agriculture américain, conversation qui eut pour thème le développement des ressources d'Haïti.

Ce séjour du président Borno au pays de Lincoln fut aussi marqué par sa visite au Capitole où il fut chaudement accueilli par le vice-président Dawes et d'autres membres du Congrès. À Chicago, il assista à l'ouverture du Congrès Eucharistique et prit beaucoup d'intérêt à visiter l'Exposition de Philadelphie. Le dîner offert par le Metropolitan Club, au cours duquel le président d'Haïti et sa suite reçurent les hommages de nombreux banquiers, financiers et directeurs de firmes, fut l'une des dernières étapes du périple de Borno aux États-Unis.

L'accueil de la foule, au cours de ses multiples déplacements, avait été plutôt sympathique. Le président n'eut pas moins à essuyer les avanies des manifestants haïtiens de New York que la police, en plus d'une occasion, dut repousser. Le 5 juillet, il était de retour à la capitale.

Environ un an après cette rencontre au sommet des présidents des deux plus anciens États du Nouveau Monde, une autre rencontre de chefs d'État avait lieu à Port-au-Prince, à l'initiative du président de la République Dominicaine Horacio Vasquez, désireux de trouver une solution à l'épineuse question des frontières. Réalisant les retombées politiques positives qu'un accord sur les frontières ne manquerait pas d'entraîner pour son gouvernement, le président Borno se prépara à recevoir avec solennité son collègue de l'Est.

Dans la presse gouvernementale, ce fut alors l'orchestration d'une préparation méthodique des esprits : «Cette visite, lisait-on dans *l'Essor*, ne sera pas une promenade protocolaire et de convenance. Ce voyage de Vasquez, accompagné des plus hautes personnalités politiques, financières et mondaines de son pays, sera le départ d'une union sincère profitable aux deux nations qui se partagent Haïti...»[7].

Dans l'après-midi du vendredi 29 juillet 1927, le président Borno, qui est allé à la rencontre du premier mandataire de la nation dominicaine, l'accueille à Damien sous une pluie battante, dans le magnifique bâtiment flambant neuf de l'École Centrale d'Agriculture. Les deux présidents s'embrassent en signe de confraternité. Au vieil arc de triomphe dressé à l'entrée de la ville, le maire Charles de Delva prononce son discours de bienvenue. Le cortège formé de plus d'une centaine de voitures s'engage ensuite dans les rues pavoisées de la capitale. Dans la Packard présidentielle, à côté de son hôte familier et souriant, le président Borno grave et solennel. Dans une autre voiture, les deux premières Dames de la République, la Senora Doña Trina Moya de Vasquez et Madame Louis Borno. Malgré l'averse, la foule est assez compacte sous les galeries et ne ménage pas ses applaudissements. Le cortège emprunte la Grand'rue, la rue Pavée, la place Louverture, le Champ-de-Mars pour s'engager au Bois-Verna où se dresse l'hôtel de la Légation Dominicaine[8]. Dans la soirée, concert au Champ-de-Mars par la Musique du Palais, illuminations, feux d'artifices...

Le lendemain à 10 heures, le président Vasquez était reçu par le président Borno au salon diplomatique du Palais National. Environ une heure après la réception, ce dernier rendait sa visite à Vasquez à la légation dominicaine. Dans l'après-midi, devant les tribunes du Champ-de-Mars où avaient pris place les deux présidents, la Garde Dominicaine, en grande tenue, défila sous les accents martiaux de sa musique militaire. Les spectateurs en grand nombre sur les tribunes et autour de la place couvrirent d'applaudissements les savantes évolutions des soldats de la jeune armée dominicaine.

Un banquet de 200 couverts réunissait dans la soirée, à la salle des fêtes du Palais National, magnifiquement décorée, le monde officiel haïtien et dominicain. D'éloquents discours furent échangés en la circonstance entre les présidents Borno et Vasquez. Le bal qui suivit se prolongea jusqu'à 2 heures du matin.

À la grand'messe solennelle du lendemain dimanche, les deux présidents et leurs épouses étaient accueillis au porche de l'église métropolitaine par le curé de la cathédrale, le père Richard. À la fin de la cérémonie religieuse, le public ovationna Vasquez qui donnait le bras à Madame Borno, tandis que Borno donnait le sien à Madame Vasquez.

Dans les vastes appartements de la Présidence se déroulait dans l'après-midi un grandiose cinq à sept où se coudoyait le Tout-Port-au-Prince élégant et chic. À un certain moment, sur l'invitation de Borno, Vasquez s'avança vers un des balcons du Palais pour assister à la revue militaire qu'allait offrir en son honneur la Gendarmerie d'Haïti. La journée se clôtura par un beau concert donné au Champ-de-Mars par la fanfare militaire dominicaine et par une brillante réception organisée au Club syrien pour fêter les hôtes dominicains.

Au programme de la matinée du lundi étaient prévus des exercices de tir de la Gendarmerie et la visite de différents chantiers de construction d'édifices publics. Le président Vasquez s'y conforma avec sa bonne grâce coutumière. À 1 heure, c'était à l'hôtel *Mon Repos* le banquet offert par le Conseil d'État en l'honneur des quatre sénateurs et des sept députés de la suite présidentielle dominicaine, tandis qu'à la même heure, les officiers de la Maison militaire du président d'Haïti recevaient à l'hôtel Excelsior les aides de camp du président Vasquez et qu'au café-restaurant *Sea-Side-Inn* les officiers de la Gendarmerie d'Haïti fraternisaient dans la plus franche cordialité avec ceux de la *Guardia* dominicaine.

Un peu plus tard, on se retrouva une nouvelle fois devant les tribunes du Champ-de-Mars pour un match de polo auquel assistèrent les présidents Vasquez et Borno. Cette troisième journée de la visite du chef d'État dominicain devait se terminer par le six à huit donné par le Secrétaire d'État des Relations Extérieures et Mme Camille Léon en leur résidence de Turgeau. Les deux présidents ne prirent congé de leurs hôtes qu'aux environs de vingt-et-une heures. C'était pour se rendre au grand bal de la légation dominicaine qui ne s'acheva qu'assez tard dans la nuit.

Un malheureux incident allait forcer le président Vasquez à abréger ce séjour qui jusque là l'avait comblé de satisfaction. La nouvelle du décès inopiné de l'épouse du Secrétaire d'État de l'Hygiène et de la Bienfaisance, M. P.A. Ricart, qui faisait partie de l'escorte présidentielle, était parvenue à Port-au-Prince, et Vasquez s'était vu obligé de retourner sans délai à Santo Domingo pour assister aux funérailles. Le 2 août, à 1 heure de l'après-midi, les hurlements de la sirène du quartier général de la Police et une salve de vingt-et-un coups de canon tirée du fort National annonçaient le départ du Président de la République Dominicaine et de Madame Vasquez qui s'étaient rendus auparavant au Palais National pour prendre congé du président et de Madame Borno. Massée sur le passage du cortège, la population fit au président dominicain et à sa nombreuse suite une ovation des plus enthousiastes.

À Beudet, sur la route de Mirebalais, le Secrétaire d'État des Relations Extérieures, M. Camille Léon, accompagné de M. Clément Magloire, préfet de Port-au-Prince, saluait, au nom du Président de la République d'Haïti le Président de la République Dominicaine et lui renouvelait une dernière fois les remerciements du gouvernement pour sa première visite. Mais la prise de congé finale ne devait avoir lieu qu'au village dominicain de Commendador, sur la frontière, où le Secrétaire d'État de l'Intérieur, M. Charles Fombrun, présenta les ultimes hommages du gouvernement et du peuple haïtiens au Président et à Madame Vasquez[9].

Les convenances protocolaires exigeaient que le président et Madame Borno rendissent dans un délai normal leur visite au président et à Madame Vasquez. En décembre, les préparatifs de voyage du président Borno en République Dominicaine allaient leur train. Un cortège assez nombreux d'officiels et d'amis du gouvernement devait accompagner le chef de l'État à Santo Domingo. Le déclenchement d'une virulente campagne de presse menée contre Borno dans la république voisine et encouragée par l'opposition haïtienne, allait contraindre ce dernier à ajourner son voyage. Ne doutant nullement de la loyauté de Vasquez, il ne voulait pas obliger ce dernier à prendre des mesures coercitives contre les journalistes dominicains qui le vilipendaient, particulièrement dans *Informacion*. Cependant à Port-au-Prince, Ernest Chauvet et Frédéric Duvigneaud, co-directeurs du *Nouvelliste*, étaient arrêtés sous l'inculpation de troubler les relations entre les deux pays.

Le 9 décembre, la mission spéciale composée de Camille Léon, Secrétaire d'État des Relations Extérieures, Clément Magloire, préfet de Port-au-Prince et du docteur Paul Salomon, directeur de l'École de Médecine, partait pour la capitale voisine. Elle était chargée de remettre au général Horacio Vasquez «la lettre autographe de Borno contenant l'expression de ses sentiments à l'occasion de la remise de la visite de ce magistrat à l'État dominicain»[10]. Pourtant, les attaques de la presse dominicaine avaient commencé à se relâcher, ce qui rendit plus sereine l'atmosphère en pays voisin et désormais possible le déplacement du président Borno.

Le 17 décembre, le président d'Haïti et son épouse prenaient le chemin de la frontière, accompagnés d'une suite dont le nombre de personnes prévu antérieurement pour en faire partie avait été considérablement diminué. Elle se composait, en dehors des officiers de l'état-major présidentiel, du Secrétaire d'État des Relations Extérieures et Mme Camille Léon, du chef du Protocole, M. Abel Théard, de l'administrateur général des Postes, M. André Chevallier et Madame, de M. et Mme Fernand Dennis, de MM. Pierre et Albert Ethéart et de Mesdemoiselles Adeline Maximilien et Anne-Marie Roumain.

Grâce aux mesures de police sévères, le séjour de Borno à Santo Domingo ne fut marqué par aucun incident fâcheux. Les réceptions, au dire de l'Essor, «furent somptueuses et les fêtes splendides»[11]. Le 21 décembre, le président Borno regagnait la capitale haïtienne, heureux de s'être acquitté d'un devoir qui ne s'était pas imposé à lui sans d'angoissantes interrogations.

La solution du problème des frontières, dont ces visites de bon voisinage avaient été le prélude, allait causer une blessure au nationalisme haïtien. Présenté comme un accord définitif appelé à mettre fin aux controverses qui avaient dans le passé divisé les deux États se partageant le territoire de l'ancienne Hispaniola, le Traité conclu et signé à Santo Domingo le 21 janvier 1929 entre la République d'Haïti et la République Dominicaine, concernant leurs frontières, se révélera une transaction boiteuse qui sanctionnera l'annexion par l'État dominicain de près de 50,000 carreaux de terre réputée haïtienne et consacrera la renonciation par Haïti au vieux contentieux financier relatif aux débours consentis par la République d'Haïti pour la sauvegarde de l'indépendance dominicaine.

Les négociations entamées et poursuivies en territoire dominicain n'avaient été menées que par un unique plénipotentiaire haïtien, le ministre d'Haïti à Santo Domingo, M. Léon Déjean, qui s'était trouvé en présence de six plénipotentiaires dominicains, parmi lesquels le Dr Manuel J. Troncoso de la Concha, les licenciés Francisco Peynado et Manuel Arturo Peña Batlle, personnalités qui devaient se poser dans la suite en pires dénigreurs de la République d'Haïti. Cette solitude explique le désarroi que dut éprouver le négociateur haïtien, face à ses homologues dominicains, tatillons et retors. Et c'est peut-être là et aussi sans doute dans la carence d'informations sûres mises à sa disposition, qu'il faut trouver la cause des concessions regrettables accordées à la République Dominicaine par le Traité des frontières de 1929.

Notes

1 *Le Moniteur*, 19 avril 1926.

2 Ont voté la réélection de Borno : Damase Pierre-Louis, Léopold Pinchinat, James Thomas, Louis Prophète, Emmanuel Destin, Emmanuel Tribié, Joseph Lanoue, Charles Rouzier, Dr Arthur Lescouflair, ,Dr Darius Calixte, Justin Salgado, Dieudonné Charles, Louis Lizaire, Marcel Prézeau, Nemours Edmond Montas, Hermann Pasquier, Dr Gesner Beauvoir et Emmanuel Cauvin.

3 *Le Moniteur*, 12 et 15 avril 1926.

4 *La Petite Revue*, mai 1926.

5 *La Petite Revue*, mai 1926.

6 *L'Essor*, 11 avril 1924.

7 *L'Essor*, 25 juillet 1927.

8 Cet immeuble est situé à l'angle de l'avenue Lamartinière et de l'impasse Lavaud. Il porte le numéro 39 et abrite de nos jours le Collège mixte Jonas Augustin.

9 Durant son séjour à Port-au-Prince, l'épouse du président dominicain s'était intéressée aux œuvres sociales. Parmi celles qui bénéficièrent de la générosité de la première Dame dominicaine, l'orphelinat de la Madeleine qui reçut 800 dollars, la Crèche, 200 dollars, l'Association des Boys-Scouts, 200 dollars, l'USSH, 200 dollars. - *La Petite Revue*, septembre 1927.

10 *L'Essor*, 16 décembre 1927.

11 *L'Essor*, 21 décembre 1927.

LA GRÈVE ÉMANCIPATRICE

Entre la visite du président Vasquez à Port-au-Prince et celle du président Borno en République Dominicaine s'était produit un fait politique de la plus haute importance : l'amendement de la Constitution de 1918. En dépit des raisons évoquées par l'Exécutif pour justifier les modifications apportées à la charte fondamentale, le peuple haïtien, à côté des changements structurels qui renforçaient l'autorité exécutive, ne retint surtout que l'article 72 amendé qui disait clairement : « Le citoyen qui a rempli la fonction de Président n'est rééligible qu'après un intervalle de six ans à partir de l'expiration de son premier mandat. Et si deux fois il a été élu Président et a exercé son mandat, il ne sera plus éligible à cette fonction »[1]. Ainsi donc, la convoitise d'un troisième terme était d'ores et déjà repoussée, et il n'est pas improbable que cette disposition n'ait été inspirée par le Département d'État très informé du degré d'impopularité du président Borno et conscient des troubles profonds qu'une deuxième réélection eût entraînés.

Admis comme lois le 5 octobre 1927 par le Conseil d'État, les 13 amendements sont ratifiés par plébiscite les 10 et 11 janvier 1928[2]. Tout comme celui de 1918, le référendum de 1928 fut une opération maladroitement montée par le gouvernement pour obtenir la ratification d'une réforme d'État où l'avenir du pays et les revendications nationales n'étaient pas concernés. En recourant à la consultation populaire pour atteindre son but, le président Borno s'attira le reproche d'avoir sollicité les suffrages d'une multitude d'analphabètes, alors que dans sa fameuse circulaire d'octobre 1925 aux préfets d'arrondissements, il avait lui-même reconnu qu'en raison de son ignorance, la grande majorité du peuple haïtien restait « incapable d'exercer le droit de vote et serait la proie inconsciente de ces spéculateurs audacieux dont la conscience ne répugne à aucun mensonge »[3].

La Constitution amendée de 1918, tout en étendant les pouvoirs du chef de l'État, avait amoindri ceux de la magistrature en soumettant l'inamovibilité des juges « aux dispositions des lois spéciales déterminant les causes susceptibles de mettre fin à leurs fonctions ». Le corps judiciaire, en effet, était jusqu'ici resté seul à oser tenir tête à l'occupation et aux décisions de l'Exécutif attentatoires au droit de la défense individuelle ou à la liberté de la presse. Dans un rapport, le conseiller financier Cumberland dénonçait en ces termes la justice haïtienne : « Tout marche à souhait hormis elle; le seul mal à relever dans l'état de nos affaires vient de cette justice qui y met des entraves compromettantes pour la prospérité publique. Son mépris pour nous n'est plus dissimulé »[4]. Les nouvelles dispositions constitutionnelles apportaient à cette situation des correctifs que l'Occupation et l'Exécutif n'avaient pris que trop de temps à adopter...

La loi fondamentale de 1918, amendée par le plébiscite des 10 et 11 janvier 1928, avait formellement interdit toute nouvelle élection d'un président qui aurait déjà exercé deux mandats. Le président Borno, de ce fait, n'était plus éligible. Cependant les subtilités procédurières pouvaient faire admettre qu'à défaut de troisième terme, le chef de l'État était habile à bénéficier d'une prolongation de son mandat afin que celui-ci corresponde à la nouvelle période fixée par la Constitution pour la fonction présidentielle, c'est-à-dire six ans. On ne fut donc pas surpris d'apprendre en juillet 1929 que des adresses envoyées des provinces commençaient à arriver à la capitale, réclamant la prolongation du mandat présidentiel et le maintien du Conseil d'État comme unique assemblée législative d'Haïti. Il s'avéra peu à peu que les ambitions des tenants du pouvoir allaient bien delà d'une simple prolongation de mandat, et que le troisième terme restait pour le président Borno une option sur laquelle il était en droit de s'arrêter, sans le moindre accroc à la Constitution.

C'est dans le numéro du 2 octobre 1929 du journal pro-gouvernemental *Le Matin* que l'éventualité d'un troisième mandat est formellement évoquée. Usant d'arguments apparemment péremptoires, Philippe Sterlin échafaude une thèse qui va soulever le tollé dans les rangs de l'opposition.

« Il n'y a pas de doute, déclare-t-il, que l'article 72, tel qu'il avait été ratifié par la consultation populaire de 1918, ne laisserait aucune porte ouverte à des manoeuvres tendant à un renouvellement de mandat. Et bien certainement, personne n'essaierait d'attenter à la volonté souveraine. Mais une autre volonté non moins souveraine s'y est substituée. Par la suite de son amendement en janvier 1928, l'article 72 est devenu un nouvel instrument, créant un nouveau privilège qui s'étend par conséquent à tous les citoyens, quelle que soit d'ailleurs leur position politique du moment. Avant la ratification, le citoyen Louis Borno se trouvait lié par une prescription formelle. Cette prescription abrogée, il s'est transformé en une personnalité nouvelle, apte à aspirer aux droits et privilèges nés avec elle.

« Que dit, en somme, l'article en question ? ... Le Président de la République est élu pour six ans, il n'est pas immédiatement rééligible.

« Or le chef de l'État n'a jamais reçu un mandat sexennal, donc il n'est point sous le coup de la condition prohibitive. Et s'il croit devoir entreprendre sa campagne électorale, comme tout citoyen libre et indépendant, le Conseil d'État siégeant en Assemblée Nationale est obligé de lui donner acte de sa déclaration et d'envisager sérieusement sa candidature »[5].

Trois jours après cette fracassante déclaration, et comme pour confirmer les tendances qui semblaient mijoter, le président Borno adressait aux préfets une circulaire qui allait déclencher un vaste mouvement de protestation et marquer le début d'un véritable soulèvement populaire pour le rétablissement de l'ordre constitutionnel. Dans sa circulaire, le président Borno s'exprimait en ces termes :

« Dans un message adressé au Conseil d'État en avril de l'année dernière, je n'ai pas hésité à envisager comme possible, en 1930, l'éventualité du fonctionnement des Chambres Législatives.

« Mais j'étais en droit d'espérer, comme le pays tout entier, que la sagesse de l'opposition aurait aidé à hâter ainsi l'heure où il paraîtrait possible au Président de la République d'exercer l'importante prérogative commise à son patriotisme, à son jugement, à sa conscience.

« Vain espoir. Dans les groupes opposants, des politiciens aveugles condamnés à rester esclaves de leurs passions, ont continué à travestir les initiatives les plus louables du Gouvernement et ont créé par leurs machinations dans les milieux impressionnables et crédules un état d'esprit dangereux, propice aux pires impulsions du désordre.

« En présence d'une telle situation, j'ai le devoir impérieux de considérer uniquement, comme toujours, les intérêts supérieurs de la République et de décider que les élections du 10 janvier 1930 seront exclusivement communales.

« Je n'ai absolument aucun souci des criailleries et des déclamations hypocrites des démocrates d'occasion qui se figurent qu'ils peuvent encore se jouer du Peuple quand ils poussent l'audace jusqu'à prétendre parler en son nom, après avoir été dans le passé les spoliateurs avérés de ce peuple.

« Je compte sur votre patriotisme éclairé, Monsieur le Préfet, pour faire observer ma décision dans toute l'étendue de votre circonscription...[6].

Ainsi donc, peu satisfait des agissements politiques de l'opposition, Borno pour la punir s'était autorisé à rejeter une nouvelle fois les souhaits ardents du peuple haïtien qui depuis treize ans ne cessait de réclamer la reconstitution du Parlement.

La bravade présidentielle détermine une réaction énergique. Une nouvelle association politique, la « Ligue Nationale d'Action constitutionnelle », est fondée, qui se lance aussitôt dans la bataille pour le respect des prescriptions constitutionnelles concernant l'Assemblée Nationale et le rejet du troisième terme. Dans ses rangs, des citoyens éminents et connus pour leur dévouement à la cause patriotique : Seymour Pradel, Sténio Vincent, Pierre Hudicourt, Victor Cauvin, Dantès Bellegarde... Entre les journaux de l'opposition et ceux du gouvernement, la polémique autour de la prochaine élection présidentielle tourne à la virulence. À Port-au-Prince et dans certaines villes de province, particulièrement à Jacmel, des meetings sont tenus où des orateurs au timbre enflammé discutent de la situation politique faite au pays. En présence de l'ébullition croissante, et pensant calmer les esprits, le président Borno qui jusqu'alors ne s'était pas exprimé sur la question de sa rééligibilité, déclarait publiquement qu'en dépit de nombreuses sollicitations déjà formulées pour son maintien au pouvoir, il n'était pas candidat pour un nouveau terme.

Dans cette ambiance survoltée éclate un incident qui va occasionner un revirement de la situation et provoquer une dégradation politique dont le gouvernement ne se relèvera pas.

À l'École Centrale d'Agriculture de Damien, le 31 octobre 1929, l'heure de la reprise des cours de l'après-midi va bientôt sonner. Les étudiants groupés sur le campus devisent entre eux. Brusquement survient un de leurs camarades qui, la mine renfrognée, leur apprend que la Direction venait de prendre la décision de réduire le nombre de bourses affectées aux étudiants.

La mesure en elle-même n'était pas injuste. Elle projetait d'aider les étudiants peu doués qui n'avaient pas pu bénéficier de bourse, en organisant à leur intention, avec les fonds ainsi constitués, des travaux manuels qui leur seraient payés. Les nouvelles dispositions sont vertement critiquées par les étudiants qui les jugent capables d'entraver la poursuite des études de beaucoup d'entre eux. Ils délèguent séance tenante six de leurs camarades auprès du directeur américain George Freeman pour protester contre cette décision.

Assez cavalièrement reçue par le directeur qui, tout en établissant le bien-fondé de la récente mesure, n'a pas hésité à inviter ceux qui n'étaient pas d'accord à abandonner l'École, la délégation quitte le carré de Freeman et va faire son rapport aux étudiants qui s'étaient réunis à l'auditorium. Déçus dans leur attente et attribuant la réduction des bourses à la nécessité pour Freeman de trouver des fonds pour assurer le paiement des experts américains récemment nommés par lui, les étudiants refusent de reprendre leurs cours et unanimement décrètent la grève. Le matériel de classe à leur portée est saccagé ou brisé. S'en prenant avec véhémence au directeur Freeman qui à leur gré avait traité la délégation d'une manière inconvenante, ils gagnent la sortie de l'École et, à pied, s'engagent sur la route nationale en direction de Port-au-Prince.

Ce n'est pas la première fois que l'École Centrale d'Agriculture qui, depuis sa fondation en février 1924, jouissait auprès de la jeunesse intellectuelle d'un prestige considérable, se trouvait être le théâtre d'une grève estudiantine. En mars 1926, un pareil mouvement de protestation s'était déclenché à Thor, mais tout s'était arrangé par la soumission des grévistes. Il semblait que cette fois l'état d'esprit chez les étudiants était différent et que l'ambiance protestataire qui régnait dans le pays n'était pas étrangère à leur intransigeance. Satisfaits de leurs professeurs américains dont ils se plaisaient à louer la compétence et le dévouement, ils ne se fussent peut-être pas rebellés si le directeur Freeman s'était montré moins arrogant à leur égard. Mais sachant l'hostilité que le Service Technique d'Agriculture, dont l'École Centrale était la parure, avait provoqué au coeur des nationalistes haïtiens qui lui reprochaient le « matérialisme anglo-saxon » trop poussé de son système d'enseignement, les grévistes avaient, pour fortifier leur position, joué sur la sympathie de tous ceux qui, sans être essentiellement anti-américains, condamnaient la substitution de la culture anglo-saxonne à la culture latine. Loin d'être une grève politique dirigée contre le gouvernement ou contre l'occupation, la prise de position initiale des étudiants de Damien n'avait d'autre fin que le maintien du mode de répartition des bourses, tel qu'il avait été institué.

La rencontre du Comité de Grève avec le ministre de l'Instruction publique, de l'Agriculture et du Travail, Charles Bouchereau, le 4 novembre, débouche sur une impasse. Celui-ci tient, avant toute discussion, à ce que les étudiants reprennent leurs cours. Condition que ces derniers assimilent à une demande de capitulation. Les ponts semblent coupés. Un communiqué émané du Comité de Grève et diffusé le même jour par les journaux proclame officiellement l'entrée en grève de l'École Centrale.

~ Façade sud-ouest du Palais National en 1925 ~

~ Palais National : coin d'un des salons ~

~ Palais National : la salle du Conseil des conseillers d'État ~

~ Palais National : le salon privé de Madame la Présidente ~

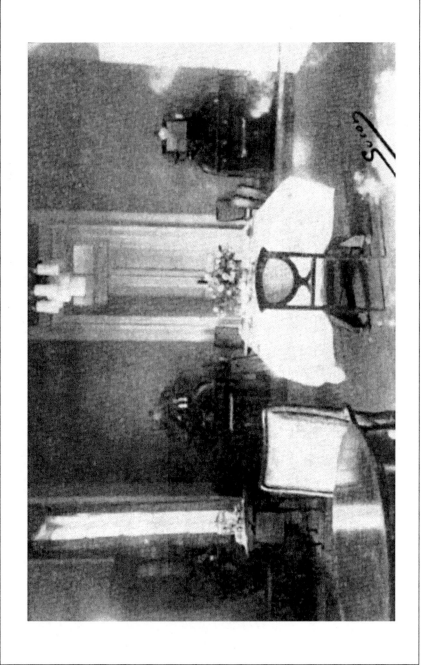

~ Palais National : la salle à manger ~

~ La compagnie de la Garde du Palais présidentiel (18ᵉ compagnie) ~

~ Le président Borno et le haut commissaire Russell en conversation
avec des amiraux de la flotte américaine ~

~ Le président Vasquez à l'issue de sa visite au Mausolée des Pères de la Patrie ~

~ Les grévistes de Damien regagnant Port-au-Prince à pied ~

~ Manifestation des grévistes devant le monument de Dessalines ~

~ La foule massée sur le port, dans l'attente de la Commission Forbes ~

~ À la rue du Quai la foule attendant le passage des membres de la Commission Forbes ~

~ Manifestants brandissant des pancartes à l'arrivée de la Commission Forbes ~

~ Halte de la Commission Forbes à la légation des États-Unis, rue Bonne-Foi ~

L'avis du 6 novembre du département de l'Agriculture, invitant les étudiants à se présenter aux cours le lendemain, sous peine d'être considérés « comme ayant décidé volontairement de ne pas faire partie de l'École » est une des dernières tentatives des responsables pour sauver la situation. Les étudiants n'ayant donné aucune suite à cette injonction, le département, par un nouvel avis, notifie sa décision de les considérer effectivement « comme ne faisant plus partie de l'établissement » et annonce l'ouverture d'un registre pour de nouvelles inscriptions.

Les grévistes, dans l'intervalle, n'étaient pas restés inactifs. Toutes leurs démarches tendaient à se faire des alliés parmi les étudiants des autres établissements scolaires. En effet, le mouvement ne tarde pas à s'étendre aux écoles supérieures. Le 7 novembre, les étudiants de l'École de Droit, par solidarité avec leurs camarades de Damien, se déclarent en grève. Ceux des Sciences Appliquées, puis de l'École de Médecine, pour appuyer les étudiants de l'École Centrale, se mettent aussi en grève. Un Comité général des grévistes, formé des comités de toutes les écoles supérieures en grève et placé sous la présidence de l'étudiant M. Dasque, est constitué, qui va prendre la direction du mouvement.

L'agitation fait tache d'huile. Les élèves des classes supérieures des écoles secondaires décrètent à leur tour l'arrêt des cours. Le mouvement s'étend bientôt aux lycées de province. Entre-temps, la liste des desiderata s'est allongée. On ne réclame plus seulement le maintien des bourses, mais la consécration par un diplôme, de la fin des études agronomiques, la garantie d'un emploi après les études, la renonciation aux sanctions disciplinaires.

Les manifestations de rues des grévistes se multiplient. Au Petit-Four, un groupe de manifestants venus jusqu'aux abords de la résidence de Freeman pour le conspuer aux cris de *À bas Freeman ! À bas les experts !* est dispersé par la police qui opère des arrestations. Le dimanche suivant, à l'issue de la grand'messe, une foule de plusieurs centaines de grévistes, réunis place de la cathédrale, s'ébranle en direction du parc Leconte. En tête du cortège, des élèves de l'École Normale d'Institutrices portant cette inscription sur calicot :

LES ÉTUDIANTS UNIS RÉCLAMENT LEURS DROITS

Beaucoup d'adhérents au mouvement se mêlent aux étudiants. La manifestation prend fin au Parc Leconte, par une courageuse allocution de l'étudiant Justin D. Sam.

Dans le monde des écoles, les adhésions à la grève se poursuivent. Après les élèves des classes supérieures du Petit Séminaire, du lycée Pétion, de Saint-Louis de Gonzague et du collège Louverture, ceux de l'annexe de l'École Normale, des institutions Marat Chenet et Tippenhauer, d'Élie Dubois et des classes principales de Sainte-Rose de Lima envoient au Comité Central des adresses de sympathie.

Les politiciens de l'opposition qui n'ignorent pas ce qu'un tel mouvement de rébellion peut apporter à l'aboutissement de leurs propres revendications soutiennent les grévistes en les aidant pécuniairement sans qu'ils le sachent. Par contre, certains groupements politiques n'hésitent pas à manifester ouvertement en leur faveur. La filiale de Petit-Goâve de la Ligue de la Jeunesse patriote leur adresse une lettre de félicitations tout en les assurant de sa sympathie. Au ministre de l'Instruction publique et de l'Agriculture, la Ligue des Droits de l'Homme demande un examen équitable du différend. Menée clandestinement ou à visière levée, l'action de l'opposition devait contribuer au maintien de la grève.

Attentif aux remous de la situation et considérant la pente dangereuse où elle paraissait vouloir s'engager, le président Borno qui n'avait jamais douté du rôle des opposants dans l'opiniâtre résistance des grévistes, se résout à leur porter un grand coup. Le 18 novembre, il prend un arrêté qui notifie que le nombre des bourses serait maintenu, que les études seraient couronnées par un diplôme d'ingénieur agricole ou industriel, que la formation d'un comité d'étudiants appelé à coopérer avec la direction de l'École serait autorisée, de même que celle d'une association générale des étudiants, qu'enfin les étudiants de Damien et ceux des autres écoles seraient relevés de toutes les mesures disciplinaires qui avaient été prises contre eux à l'occasion de la grève.

Satisfaction semblait avoir été donnée aux étudiants et le gouvernement pouvait espérer avoir mis fin à la perturbation estudiantine. C'était sous-estimer les menées occultes de l'opposition qui s'empara de certaines restrictions maladroites de l'arrêté roulant sur le pourcentage de bourses, les règlements futurs de l'École et les peines disciplinaires pour prouver aux grévistes que l'arrêté du 18 novembre était inacceptable. Le général Evans, chef de la Garde d'Haïti, voulut bien se charger de transmettre au président les observations des grévistes concernant l'arrêté. Mais celui-ci, rejetant tout nouveau pourparler, annonça pour le lendemain la fermeture de l'École si l'ordre n'était pas rétabli.

Les étudiants se raidissent. Le maintien de la grève est décidé et la révocation de Freeman réclamée...

Pour maîtriser l'effervescence, le gouvernement ne pensait pas avoir épuisé tous ses moyens. Un changement de personnes à la tête du département de l'Éducation Nationale, de l'Agriculture et du Travail paraissait, dans les conjonctures présentes, une tentative à faire. La réforme du cabinet ministériel opérée le 25 novembre place comme titulaire de ce ministère M. Hannibal Price, figure transcendante et jouissant d'une enviable réputation. Sitôt installé, celui-ci invite le Comité général des grévistes à prendre contact avec lui. Des longues conversations engagées entre le ministre et le sous-comité délégué par le Comité général, on aboutit à l'acceptation par le gouvernement de tous les desiderata, sauf ceux relatifs à la révocation de Freeman. Les étudiants insistaient d'autre part pour la confirmation des nouvelles dispositions par arrêté présidentiel.

Les limites des concessions admissibles étaient cette fois atteintes, et les grévistes pouvaient crier victoire, alors même que l'effacement de Freeman leur avait été refusé. Était-il en effet raisonnable de croire que le gouvernement, limité dans ses actions par la présence des troupes d'occupation et par les clauses formelles de la Convention de 1915, irait jusqu'à relever de ses fonctions, pour contenter des grévistes alliés aux forces d'opposition, un des plus hauts cadres américains envoyé en Haïti par le gouvernement des États-Unis ? Le Comité général cependant, travaillé par des incitations souterraines, ne s'estimera pas satisfait. Il ne fit aucune réponse au mémorandum du ministre où les concessions accordées avaient été mentionnées : on était dans l'impasse.

Les tentacules du débrayage s'allongent et atteignent maintenant des services publics placés sous la direction de Freeman. Prétextant la présence d'experts qui ne connaissaient pas le français ou n'avaient aucun titre universitaire, et l'inéquitable répartition des appointements aux différents degrés de la hiérarchie, le personnel du Service Technique s'était en effet mis en grève.

Un incident survenu le 2 décembre à la douane de Port-au-Prince et causé sans doute par l'effervescence des esprits, bascule dans les rangs des grévistes une autre des plus importantes administrations dirigées par les Américains. À la suite d'une altercation avec un employé de la douane, Antonio Hyacinthe, le directeur Perkins Johnson lui assène une gifle que l'employé lui rend sur le champ. Esclandre dans les différents services. En signe de protestation, le personnel abandonne les bureaux. Sur l'intervention des ministres Sansaricq et Salgado et du conseiller financier Colson, les employés du Bureau Central que coiffait la même direction américaine renoncent à quitter leurs bureaux du Palais des Finances, mais décrètent une suspension de travail d'un jour, en signe de solidarité avec les employés de la douane. La même résolution est prise par le personnel de la Banque Nationale.

La situation s'envenimait. Gouvernement et officiels de l'occupation comprenaient qu'on était désormais en présence d'un vrai soulèvement qui pouvait sans faute déboucher sur l'insurrection. Tandis que dans les organisations militaires l'état d'alerte est décrété, que des patrouilles de marines commencent à circuler en ville, le gouvernement dans un communiqué émis le 3 décembre fait un dernier appel « au bon sens des grévistes et à la conscience des pères et mères de famille » pour un retour à la paix publique. « Passé le lundi 9 décembre courant, avertissait le communiqué, le Gouvernement se considérera délié des engagements pris en son nom par le Secrétaire d'État de l'Agriculture et du Travail, et d'ores et déjà, il décline toute responsabilité dans l'application des mesures qu'imposeront les circonstances, notamment celles garantissant l'ordre public que menace la grève dont la physionomie actuelle, à peine dissimulée, n'échappe pas à la vigilance de la Police ».

Les autorités américaines de leur côté, conscientes du danger que faisait courir l'extension de l'insubordination à la stabilité sociale, décidaient le recours à l'arme qui avait si bien servi leur politique d'asservissement : la loi martiale. Par une proclamation en anglais du colonel R. M. Cutts, commandant de la première Brigade des forces des États-Unis en Haïti, la loi martiale était proclamée et le couvre-feu mis en vigueur de 9 heures du soir à 5 heures 30 du matin.

Les réactions à l'encontre de cette décision ne se font pas attendre. « Dans l'incertitude des limites fixées au droit d'écrire », plusieurs journaux indépendants ou de l'opposition, parmi eux *Le Nouvelliste*, *Le Temps*, *Le Courrier Haïtien*, *La Presse*, cessent provisoirement de paraître. Sur l'invitation du colonel Cutts, et après que celui-ci aura précisé que les mesures policières contre la presse ne visaient que les articles « incendiaires » et « violents », ils reprendront leur tirage après une éclipse de neuf jours. Plus de deux cents avocats du Barreau de Port-au-Prince signent la résolution de « s'abstenir de plaider devant les tribunaux... par suite du déploiement de la force armée qui a jeté l'agitation dans la ville de Port-au-Prince » et « considérant que cette brutale intervention en présence des réclamations justifiées et pacifiques du peuple haïtien est de nature à troubler la tranquillité ».

Le 9 décembre, aucun des étudiants grévistes n'a regagné ses cours. Du Palais National, le président Borno lance une proclamation au peuple haïtien, par laquelle il rend responsable de « l'agitation politique camouflée sous de prétendues revendications scolaires... ces ambitieux impénitents » qui s'étaient « follement imaginés que les forces de l'occupation militaire américaine se rendraient complices de leurs machinations » et accuse les agents secrets des politiciens de provoquer « la désertion des Bureaux » pour aboutir « à la paralysation complète des Services de l'État ». L'ordre public se trouvant par le fait de l'opposition « dangereusement menacé», ajoutait-il, le pays devait s'attendre à « des répressions énergiques » dont seuls les leaders de l'opposition porteraient « devant la Nation et devant l'histoire la grave responsabilité »[7].

Sensiblement, la situation évoluait vers une nouvelle phase, celle de la réaction gouvernementale non plus contre les étudiants grévistes pour qui désormais les jeux étaient faits, mais contre l'opposition qui plus que jamais, par la parole et par l'action, semblait vouloir acculer le gouvernement à ses derniers retranchements.

La fête de l'indépendance nationale trouve le pays plongé dans un profond malaise. La réception traditionnelle des fonctionnaires au Palais est décommandée. Au beau milieu d'une manifestation patriotique qu'ils avaient organisée pour le 1er janvier, les étudiants qui s'étaient groupés sous une bannière portant l'inscription :

LA JEUNESSE UNIVERSITAIRE HONORE

LES FONDATEURS DE L'INDÉPENDANCE

sont dispersés par la police. Ils n'ont que le temps de déposer une gerbe de fleurs devant le monument de Dessalines et d'écouter l'allocution patriotique du président du Comité général de la Grève, Justin D. Sam. Ils se retirent aux cris de : *À bas la tyrannie ! Vive la liberté ! Vive l'indépendance !*

Parallèlement à l'incident qui s'était produit à la douane de Port-au-Prince, un événement bien plus tragique s'était déroulé dans la plaine des Cayes, qui avait déterminé dans tout le pays un violent redoublement de la résistance nationaliste contre l'occupation et le pouvoir établi...

Les régions des Cayes, de Torbeck, de Ducis, de Petit-Goâve, de Léogâne, de Jacmel et du Cul-de-Sac avaient été particulièrement affectées par la loi du 14 août 1928 qui avait créé une taxe sur l'alcool et le tabac, bien trop lourde pour les petites industries locales. Depuis, le mécontentement s'était répandu parmi les paysans et les propriétaires de guildives dont plusieurs s'étaient vus contraints de fermer leurs entreprises. Les pressions subversives exercées par les grévistes de la capitale et qui s'étaient répercutées jusqu'aux Cayes où les élèves des écoles s'étaient jetés dans les rues en clamant *À bas Freeman !* les encouragent à produire leurs plaintes.

Réunis sur l'habitation O'Schiell, des paysans incités par des politiciens, tentent une première fois de pénétrer dans la soirée aux Cayes pour réclamer l'abolition des taxes sur l'alcool et le tabac. Ils sont repoussés. Un autre groupe venu de la plaine de Torbeck et formé de distillateurs auxquels s'étaient joints de nombreux paysans se transporte aux Cayes pour protester contre l'arrestation de deux femmes accusées d'avoir vendu du tabac en fraude. Ils sont bloqués au lieudit la Croix-Marchaterre où les marines avaient établi un poste protégé par des mitrailleuses.

Quelques personnalités cayennes, Me Edmond Sylvain fils, commissaire du gouvernement, Me Victor Delerme, bâtonnier de l'Ordre des Avocats, et Me Duclervil viennent à la rencontre des manifestants et finissent par obtenir qu'ils se disperseraient après la libération de trois d'entre eux qui avaient été appréhendés. Ces discussions orageuses et prolongées exaspèrent les marines qui avaient le doigt sur la gâchette. Brusquement, ils ouvrent le feu sur les manifestants[8]. Plus d'une vingtaine parmi eux tombent foudroyés. On relève 51 blessés...

Cette boucherie, ajoutée à tant d'autres, ne pouvait avoir que des répercussions désastreuses, non seulement en Haïti, mais dans tous les pays où la cause haïtienne comptait des apôtres fervents qui n'avaient cessé depuis le début de l'occupation d'oeuvrer pour la libération du territoire.

Aux États-Unis, le sénateur William H. King, à qui l'accès du sol haïtien avait été refusé, s'érigeant une nouvelle fois en défenseur résolu des intérêts de la République d'Haïti, demande le rappel du Haut Commissaire Russell, le retrait des marines et l'organisation des élections législatives. Alerté par l'opinion publique américaine, Randolph Perkins, membre du Congrès des États-Unis, se rend en Haïti. Au cours du dîner offert en son honneur à Pétionville par Ernest Chauvet, il a la satisfaction d'entendre Seymour Pradel, Pierre Hudicourt, Pauléus Sannon, Dantès Bellegarde, Jacques Roumain, Dr Price Mars, Charles Moravia, Emmanuel Rampy, Constantin Mayard, Antoine Pierre-Paul, Victor Cauvin, Schiller Nicolas, J.P. Mexile, personnalités parmi les plus marquantes de la résistance haïtienne.

Notes

1 *Le Petit Samedi Soir*, No 578, p. 29. Un siècle de Constitutions haïtiennes, 1888-1983.

2 Selon les procès-verbaux, recueillis des divers bureaux de recensement, le nombre total de votes obtenus pour l'ensemble des 13 amendements à la Constitution proposés à la ratification populaire s'est chiffré à : OUI : 2,306,674 – NON : 49,392 – *Le Moniteur*, 23 janvier 1928.

3 *Le Moniteur*, 8 octobre 1925.

4 Hogar Nicolas : op.cit., p. 231.

5 *Le Matin*, 2 octobre 1929.

6 *Le Matin*, 5 octobre 1929.

7 *Le Moniteur*, 9 décembre 1929, No 98.

8 *La Petite Revue*, janvier 1930 – Relation tirée du journal *Justicia* des Cayes, dirigé par Jh. Victor Delerme.

EFFONDREMENT D'UN SYSTÈME

Mû par la nécessité d'opérer une nouvelle orientation de la politique des États-Unis vis-à-vis des pays du continent américain, le président Herbert Hoover, dès le début de décembre 1929, avait nourri l'intention d'envoyer, avec l'approbation du Congrès, une commission pour examiner la situation haïtienne. Il comptait ainsi « arriver à une politique plus définie que celle qui existe ». La grève de Damien et les remous sociaux qu'elle avait provoqués, particulièrement le drame de Marchaterre, portent le Congrès américain à accorder au président Hoover l'autorisation de nommer une commission d'enquête.

Le vendredi 28 février 1930, à 2 heures de l'après-midi, le croiseur *Rochester* jetait l'ancre au wharf de Port-au-Prince avec à son bord les membres de la commission. Présidée par M. Cameron Forbes, ancien gouverneur général des Philippines, elle était formée de M. Henry P. Fletcher, ancien fonctionnaire du Département d'État, de M. William Allen White, écrivain et historien, de M. James Kerney, écrivain et journaliste, et de M. Élie Vézina, avocat et docteur en médecine. Ils étaient accompagnées de cinq correspondants spéciaux, représentant respectivement l'*Associated Press*, la *United Press*, le *N.C.W.C. News Service*, le *New York Times* et le *Baltimore Sun*.

Pour la composition de cette commission, le président Hoover s'était appliqué à prendre en considération les différentes tendances de l'opinion publique. Assez judicieusement équilibrée, la commission dont les membres comprenaient et parlaient le français, pouvait prétendre à la confiance des Haïtiens.

Accueillie par une affluence considérable brandissant pancartes et drapeaux, mais qui s'était donné pour consigne de ne pas applaudir, la commission présidentielle américaine est saluée sur le quai par les membres de la Commission communale présidée par le docteur Arthur Lescouflair. Après une première halte rue Bonne-Foi, au siège de la Légation Américaine[1], le cortège se dirige vers le Champ-de-Mars. Devant le monument de Dessalines, M. White embrasse un drapeau haïtien. La foule l'ovationne. Les commissaires prirent ensuite la direction de l'hôtel *Excelsior*[2] qui leur avait été réservé et devant lequel une foule immense s'était massée avec des pancartes réclamant la désoccupation. Un peu plus tard, accompagnée du Haut Commissaire Russell, la commission était reçue en audience privée au Palais National.

Las des investigations périodiques américaines qui s'étaient toujours terminées en eau de boudin, les leaders de l'opposition n'étaient pas disposés à prendre trop au sérieux la commission Forbes. Une délégation de journalistes se porta à l'hôtel Excelsior dès le lendemain de l'arrivée des commissaires et leur déclara que l'engagement pris par eux « d'entendre tous ceux qui désiraient leur soumettre leurs vues » était insuffisant et que le peuple haïtien attendait d'eux la promesse qu'à l'issue de leur enquête, des mesures seraient prises pour mettre fin à la dictature et restaurer le gouvernement représentatif.

Les pouvoirs de la commission étaient limités et ne l'autorisaient pas à intervenir dans des questions aussi délicates. Il lui fallut s'en référer par câble au président des États-Unis et surseoir à toute amorce d'enquête.

L'atmosphère resta imprégnée d'inquiétude.

Le lendemain marquait le début des festivités carnavalesques. Ne voulant pas se prêter à une dramatisation de la situation, le gouvernement s'était résolu à patronner, comme les années précédentes, cette grande fête populaire. Ce fut un échec. Le défilé ne put avoir lieu, la reine élue du carnaval, Mlle Delna Thébaud, ayant préféré rendre sa couronne de souveraine à la Commission communale. En revanche, à l'église paroissiale du Sacré-Coeur de

Turgeau se déroulait le même jour une grandiose manifestation patriotique organisée par les femmes de la capitale pour prier Dieu d'illuminer l'esprit des membres de la commission. L'initiative en revenait à Mme Perceval Thoby qui, devant le refus du chef de la Police d'autoriser la réunion, s'était adressée à la commission qui lui avait donné satisfaction.

À l'issue de la cérémonie au cours de laquelle Mme Maurice Clesca (Thérèse Vieux) avait arraché des larmes à l'assistance par le chant envoûtant du cantique *Pitié, mon Dieu, sauvez Haïti*, la foule qui débordait largement dans les rues avoisinantes se forma en cortège et, bannières au vent, avec des invocations au Sacré-Coeur et à la Vierge Marie, se dirigea dans l'ordre le plus parfait vers le Champ-de-Mars. Après avoir longé l'hôtel Excelsior, la foule se rassembla au pied de la statue du Fondateur où elle groupa ses bannières et fit le serment de prêter son plus large concours à la commission d'enquête pour l'aider à « débarrasser Haïti des maux que l'occupation américaine y avait apportés ». Deux membres de la commission, MM. William Allen White et Élie Vézina, ainsi que les correspondants, avaient assisté à la cérémonie. Ils en furent fort impressionnés.

La commission avait dans l'intervalle reçu de Washington l'autorisation de préciser sa mission d'oeuvrer au rétablissement du gouvernement représentatif. Ce fut donc dans la satisfaction de la confiance retrouvée que le lundi 3 mars, à 9 heures du matin, la commission d'enquête présidentielle ouvrit ses travaux à son siège de l'hôtel Excelsior. Pour lui faciliter son travail et lui permettre de mieux appréhender la situation haïtienne, les associations politiques et patriotiques s'étaient, depuis le 20 février, constituées en « Comité fédératif des Groupements patriotiques d'Haïti ». Ce comité était présidé par Me Antoine Rigal, avec Jean Brierre pour secrétaire et Me Georges Léger comme délégué spécial et permanent. Ce sera effectivement ce dernier qui , au nom du Comité fédératif, plaidera devant la commission la cause de l'opposition haïtienne.

Néanmoins, beaucoup d'autres citoyens, tant du parti gouvernemental que de l'opposition, seront admis à présenter leurs doléances ou leurs desiderata. De hautes personnalités haïtiennes et américaines viendront également témoigner. Le 6 mars, les commissaires se rendirent au Palais National pour recevoir à huis clos la déposition du Président de la République. Le Haut Commissaire Russell ne comparut pas, mais envoya sa déclaration sous la forme d'un volumineux mémoire qui réfutait toutes les accusations portées contre lui et contre l'occupation.

Dans une lettre datée du 7 mars 1930, Dantès Bellegarde, secrétaire de la Chambre de Commerce d'Haïti, signala à l'attention des commissaires que « seul un gouvernement national, issu des suffrages des représentants élus du peuple » aurait « l'autorité nécessaire pour régler avec le gouvernement américain les détails de la désoccupation militaire et civile de la République d'Haïti » et entreprendre une oeuvre de réforme capable d'assurer l'élévation du « standard moral et matériel de la nation », ainsi que son « développement économique et commercial »[3].

Comprenant que le moment était venu pour elle de « mettre en pleine lumière sa position et d'ouvrir les yeux aux plus prévenus », l'Église d'Haïti de son côté prépara une déclaration par laquelle le clergé catholique affirmait se solidariser avec le peuple d'Haïti, dans ses revendications pour la liberté. Au nom de l'Épiscopat, l'archevêque de Port-au-Prince, Mgr Julien Conan, remit cette déclaration à la Commission.

Des nombreux témoignages de nationalistes portés devant la commission, il apparut que le Haut Commissaire Russell était la personnalité américaine la plus attaquée. Incarnation de l'occupation, on lui reprochait sa dictature et ses méthodes de gouvernement qui lui avaient permis de « se servir de Borno comme instrument ». Son rappel était unanimement réclamé. Russell avait demandé que son mémoire qui était sa déposition en même temps que sa défense fût rendu public. La commission préféra le garder secret, estimant « qu'une pareille publication pourrait augmenter la haute tension qui existait parmi les Haïtiens ». En réalité, la crainte d'embarrasser Washington semble avoir été le motif principal qui empêcha la divulgation de ce document. Dans presque toutes les circonstances, Russell n'avait agi qu'en « service commandé ». Le rendre responsable des mesures qu'il avait prises était retourner sa responsabilité sur Washington qui les avait d'abord édictées ou permises. Il parut plus sage à la commission de mettre à l'abri cette pièce « chargée de dynamite ».

La commission présidentielle, au cours de son enquête menée à Port-au-Prince, ne manqua pas de déceler, chez nombre de personnalités politiques haïtiennes, un comportement qui n'était pas celui de patriotes voués inconditionnellement au salut de leur pays. Un fort courant d'individualisme animait beaucoup d'entre eux, candidats plus ou moins déclarés à la présidence. Certains allèrent même jusqu'à solliciter secrètement l'appui de la commission[4]. Faiblesses morales qui, ajoutées à bien d'autres manoeuvres louches, portèrent plus d'une fois les membres de la commission à s'interroger sur la sincérité des leaders de l'opposition. Arbitrairement, ils les mettront dans le même sac...

Au moment de la formation du Comité fédératif, il avait été convenu que dans chaque chef-lieu d'arrondissement serait choisi par les notables non fonctionnaires un délégué dit délégué d'arrondissement qui se joindrait aux autres délégués pour prendre contact avec la commission présidentielle américaine. Celle-ci ayant terminé son enquête, elle présentera le 9 mars aux leaders de l'opposition un plan qui avait déjà eu l'acquiescement du président Borno et du président Hoover et qui était destiné à assurer l'accession normale à la présidence de la République du successeur de Borno. Il prévoyait la formation de deux listes préparées respectivement par l'opposition et le parti gouvernemental, comportant le nom de cinq personnalités neutres. Si le nom de l'un des neutres apparaîssait sur les deux listes, il serait le candidat appelé à succéder temporairement au président Borno. On s'efforcerait dans le cas contraire d'obtenir l'agrément sur le nom de l'un ou l'autre candidat neutre porté sur les listes. Confirmé par l'assemblée des délégués d'arrondissements et élu par le Conseil d'État, le nouveau président décréterait les élections pour la reconstitution des Chambres législatives et démissionnerait pour permettre à l'Assemblée Nationale de procéder à l'élection du président définitif.

Ce compromis reflétait dans tous ses aspects les tiraillements qui avaient présidé à son élaboration et à son acceptation. Le principe de l'élection du Président de la République par le Conseil d'État avait toujours été rejeté en bloc par l'opposition qui le considérait comme illégal et contraire aux voeux du peuple. Par contre, des élections présidentielles par les Chambres n'étaient possibles qu'autant que le Parlement fût restauré. Or les élections législatives qui, selon la Constitution, ne peuvent être tenues que dans une année paire, trois mois après avoir été ordonnées par le président, n'avaient pas été décrétées. Le Conseil d'État demeurait donc le seul corps habile à procéder à l'élection du Chef de l'État.

La double élection du président provisoire par l'assemblée des Délégués et par le Conseil d'État était un moyen terme trouvé par la commission Forbes pour contenter tant soit peu l'opposition. Le président Borno qui plus d'une fois avait réaffirmé sa décision formelle de ne pas briguer un troisième terme ne fit aucun obstacle à Eugène Roy dont le nom figurait sur la liste des opposants[5]. Il déclara au contraire ce candidat acceptable pour lui et son parti. Le président du Comité fédératif ayant vainement sollicité de la Commission communale la mise à sa disposition de la salle des fêtes de l'hôtel de ville «pour l'élection du président provisoire», les trente-quatre délégués,après avoir reçu l'autorisation de Mme Taldy, se réunirent le 20 mars à Parisiana où ils formèrent un Bureau présidé par Etzer Vilaire, assisté du Dr Price Mars et de Jacques Roumain comme premier et deuxième secrétaire.

Au dépouillement du scrutin, le citoyen Eugène Roy est élu à l'unanimité des membres. Le résultat du vote est accueilli par les cris de *Vive Roy !* poussés frénétiquement par l'assistance et par la foule houleuse qui se pressait au dehors. Le calme rétabli, le président de l'Assemblée désigna quelques membres pour aller notifier à Eugène Roy le choix des délégués du peuple. Au bout d'une demi-heure, le nouvel élu, nerveux, les yeux vifs, le visage crispé par l'émotion, pénétrait dans la salle. L'assistance entonne l'hymne national. Eugène Roy jure «de respecter et de faire respecter les clauses du plan de la commission Hoover, de convoquer le peuple dans ses comices et de rentrer dans la vie privée aussitôt que les Chambres auraient donné un chef à la nation». Concluant le compte rendu de cette journée mémorable, le journal *La Presse* observait : «Depuis tantôt quinze ans, c'est pour la première fois que la joie s'est vue sur tous les visages»[6].

L'opposition exultait et déclarait Eugène Roy régulièrement et définitivement élu président provisoire, ayant rallié les suffrages des vrais représentants de la nation. C'était froisser l'orgueil de Borno qui, s'appuyant sur la Constitution, n'avait cessé de reconnaître au seul Conseil d'État le droit d'élire son successeur. Le 24 mars, dans une dépêche aux préfets de la République,le ministre de l'Intérieur Delva faisait savoir que M. Eugène Roy n'était «qu'un simple candidat et non le candidat neutre unique que le Conseil d'État devait élire le 14 avril». Par conséquent, le gouvernement considérait comme nulle la prétendue élection faite par les délégués. Cette circulaire traduisait l'irritation de Borno et sa volonté de conduire les événements selon ses vues.

Le Département d'État, déterminé à soutenir le plan de la Commission Forbes, annonça que le gouvernement américain ne reconnaitrait d'autre président que M. Eugène Roy. Un communiqué du Haut Commissaire Russell, daté du 12 avril, rappela le choix fait par la nation le 20 mars et déclara qu'il était du devoir du Conseil d'État «de parfaire le plan (de la commission) le 14 avril, par l'élection de M. Eugène Roy».

Le point de vue de Washington s'était publiquement et fermement exprimé. Face à cette semonce, il ne restait plus qu'à s'incliner.

Tel n'était point le sentiment des conseillers d'État qui, devant les tergiversations du chef de la nation, et sachant que le vote du 14 avril pouvait constitutionnellement porter au pouvoir un président définitif, commençaient à manifester une certaine indépendance envers Borno et se hasardaient à manoeuvrer selon leurs propres options. Des citoyens autrement dynamiques que Roy avaient en effet présenté leur candidature devant le Conseil d'État, sans songer au tort qu'une telle attitude causait aux intérêts nationaux. Dans l'opposition, on s'inquiétait de ces combinaisons politiques et on accusait Borno de vouloir secrètement basculer Roy afin de se faire réélire ou d'amener au pouvoir un candidat de son choix. L'énergique réaction de Borno après la publication du manifeste des conseillers dissidents montre que sa résolution finale était bien d'assurer l'élection de Roy, suivant le plan de la commission Forbes... Se retranchant derrière la circulaire présidentielle du 24 mars adressée aux préfets, certains conseillers d'État avaient, en effet, dans une déclaration écrite, pris publiquement position contre le plan de la commission. Réunis le 12 avril au Palais National, ils avaient, au cours d'un entretien pathétique, informé Borno qui avait donné son accord au plan Hoover, qu'ils n'éliraient pas Eugène Roy[7]. Le président s'était alors empressé de publier le lendemain un arrêté ajournant le Conseil d'État, à cause d'une «effervescence dangereuse créée par des passions aveugles et par une complète méconnaissance des nécessités de l'heure».

Dans sa proclamation du 14 avril, il précisa que l'ajournement de la session du Conseil d'État n'avait eu d'autre but que de «poser formellement devant la nation le problème de l'élection du président, afin que soit fixée la responsabilité des événements futurs» et réaffirma le droit absolu du Conseil d'État de procéder librement à l'élection présidentielle.

Le 16 avril, les conseillers qui au nombre de douze avaient signé le manifeste furent révoqués et remplacés par des citoyens dont le vote en faveur d'Eugène Roy était certain[8]. Un arrêté de chômage pour le 21 avril fut pris le même jour, en raison du choix qui avait été fait de cette date pour l'élection présidentielle.Le lundi 21 avril, au cours d'une séance solennelle de vingt minutes, présidée par le conseiller Camille Léon, le Conseil d'État, s'inclinant devant la lettre constitutionnelle, élisait unanimement le citoyen Eugène Roy Président de la République pour une période de six ans. Mais il avait déjà été admis par toutes les parties que le nouvel élu ne serait qu'un président temporaire.Le public, maintenu par la police hors de la salle des séances, laissa éclater sa joie en criant *Vive Roy !* Accompagné du lieutenant Louis Romain, attaché à la personne du président provisoire, le chef du protocole Léon Laleau présenta à celui-ci les félicitations de Borno. Au cours de la tournée triomphale qui suivit, on put entendre à l'adresse du nouveau président des vivats qui depuis huit ans n'avaient jamais été aussi nourris. Dans l'après-midi, il recevait à sa villa de Pétionville[9] la visite du général Russell et du Chargé d'affaires des États-Unis et donnait le lendemain une brillante réception en l'honneur du Conseil d'État.

Les efforts opiniâtres et persévérants de la Commission Forbes pour donner satisfaction aux deux parties n'avaient pas été vains. Bien imbue de la situation et malgré son désir de protéger les fonctionnaires américains, elle avait su «restaurer l'édifice national, sauvegarder notre dignité, ménager notre hypersensibilité»[10]. Après avoir remercié le président Borno et les représentants des groupements fédérés de leur esprit de conciliation, elle avait, le 17 mars, par le croiseur *Rochester* qui l'avait amenée, quitté Haïti emportant avec la reconnaissnce du peuple haïtien la bannière de la manifestation du Sacré-Coeur portant l'inscription :

LIBERTÉ ! JUSTICE ! JÉSUS SAUVE HAÏTI !

que lui avait remise en hommage Mme Perceval Thoby, présidente de la Ligue patriotique des Femmes. À son retour aux États-Unis, elle allait, dans un rapport préliminaire, soumettre au président Hoover les mesures essentielles qu'il serait urgent pour le gouvernement américain de prendre, afin de permettre à la République d'Haïti de recouvrer son autonomie. Et parmi ces mesures : la suppression du poste de Haut Commissaire et son remplacement par celui de Ministre plénipotentiaire et la remise rapide mais graduelle au gouvernement haïtien des services administratifs dirigés par les Américains. Approuvé par le président des États-Unis, ce rapport sera le document de base qui guidera Hoover et son successeur dans les étapes successives de la désoccupation américaine d'Haïti.

Les derniers jours de la présidence de Borno sont secoués par une vague d'incendies qui déferle sur la capitale, jetant le trouble dans tous les coeurs et recréant le climat de tension et d'inquiétude que l'avènement à la présidence d'Eugène Roy avait sensiblement dissipé.

Deux jours avant les élections, le samedi 19 avril, le feu éclate à la maison Bacha, sise à l'angle de la Grand'rue et de la rue des Fronts-Forts et occupée par trois locataires dont le syrien Laham et sa famille. Le jour même des élections, un nouvel incendie se déclare rue

Tiremasse au Bel-Air. Onze maisons et vingt maisonnettes sont consumées. Le lendemain, en pleine nuit, des jets de flammes qui fusent au Poste Marchand et au Bel-Air annoncent que de nouveaux incendies ont éclaté. Au cours de cette nuit, on appréhende, rue du Magasin de l'État, le nommé Eugène Clarisse dit La Place, portant un revolver, une bouteille de pétrole et des allumettes.

Les demeures des autorités de l'Occupation ne sont pas épargnées. Dans la soirée du vendredi 25 avril, le feu consume à Pacot la grande villa d'Albert Miot occupée par le colonel Cutts, commandant du Corps des marines stationnés en Haïti. Le 28, quatre tentatives d'incendie ont lieu dans divers quartiers de la ville. C'est d'abord à Pacot, dans la maison Abel Léger habitée par le quartier-maître de la Garde d'Haïti, le lieutenant-colonel Jeter R. Horton. Des torches d'un genre inusité dans le pays sont trouvées dans la cour de l'immeuble. À la rue des Fronts-Forts, un individu est arrêté avec un bidon de kérosène et des allumettes. À l'église Saint-Joseph, on découvre un autre tapi derrière le maître-autel, guettant sans doute le moment propice pour effectuer sa détestable besogne. Enfin dans la matinée du 30 avril, dix-sept ans après son inauguration, le théâtre Parisiana, ce haut-lieu des plaisirs délectables et qui avait servi de cadre à tant de manifestations civiques et patriotiques, disparaît dans les flammes. Le feu a éclaté sous la scène, et en moins d'une heure, a détruit entièrement le fragile édifice de bois.

La population est affolée. Port-au-Prince paraît abandonné à son sort. Un tardif communiqué de la Garde d'Haïti informe que des mesures draconiennes seraient prises contre les incendiaires. Entre-temps, les habitants de la cité se sont concertés pour monter la garde autour de leurs demeures. Des pompiers volontaires s'offrent pour aider à combattre les sinistres. Mais on se perd en conjectures sur l'identité des meneurs de ce jeu macabre et sur les mobiles qui les guident. Certains prétendent que ces incendies criminels sont l'oeuvre de politiciens qui «étant contre les élections législatives, voudraient donner l'impression à l'étranger que le pays est bouleversé et qu'on est à la veille de regrettables événements»[11]. D'autres, devant l'incapacité des autorités de mettre un terme à cette situation angoissante, n'hésitent pas à dire qu'on se trouvait en présence d'un réseau «bien entraîné et supérieurement outillé dont la maîtrise et la témérité révèlent la certitude qu'elle a de son impunité»[12]. De là à imputer au gouvernement ces actes criminels, il n'y avait qu'un pas.

Borno frémit d'indignation. Le 3 mai, il lance une proclamation où, bouillonnant d'exaspération, il se défend d'être l'instigateur des derniers incendies et accuse ceux qui... «après avoir dans leurs journaux ignobles agoni d'injures les conseillers d'État pour irriter leur amour-propre et les pousser ainsi à ne pas élire le citoyen Eugène Roy à la présidence de la République» sont aujourd'hui «furieux de cette élection constitutionnelle qui renverse leurs calculs fondés sur un gouvernement provisoire à caractère révolutionnaire qu'ils avaient eu la folle naïveté de décréter le 20 mars dernier...» et propagent que «c'est mon gouvernement qui fait allumer l'incendie à Port-au-Prince».

«Mais qui donc, poursuivait Borno, peut ne pas songer... aux menaces catégoriques prononcées devant la commission Forbes ? Qui donc peut oublier que certains leaders de l'opposition ont déclaré à cette commission que si le Conseil d'État élisait le nouveau président, la terre d'Haïti serait à feu et à sang ? Et maintenant que le Conseil a nommé Eugène Roy, voilà que les menaces commencent à se réaliser. Et c'est le gouvernement que l'on ose accuser de réaliser des menaces qui furent dirigées contre sa politique ! Quelle dérision !»

Haussant le ton, le président terminait sa proclamation par cette péroraison cinglante :

"Les incendiaires de la capitale, on les trouvera bientôt, j'en garde l'assurance, dans les rangs des politiciens de sac et de corde, bénéficiaires de tous les désordres de notre passé, dilapidateurs des douanes, dilapidateurs des emprunts de tous genres, assassins du président Leconte et de ses pauvres soldats-paysans, fils d'incendiaires ou incendiaires eux-mêmes dont Port-au-Prince, les Cayes, Gonaïves et Petit-Goâve ont gardé le souvenir horrible. Si jusqu'à cette heure la main de la justice ne les a pas pris au collet, c'est parce qu'ils pratiquent avec supériorité l'art de se cacher dans l'ombre. Mais le châtiment doit venir.

"Je les dénonce à la Nation"[13].

Borno n'avait pas hésité cette fois à se faire accusateur, lui qu'on n'avait cessé d'accuser de tous les forfaits. Excédé par tous les ennuis, par toutes les déceptions dont on l'avait abreuvé, il avait voulu se venger en frappant fort, et ses accusations aussi graves que précises avaient eu le don de porter à la réflexion ceux qui se sentaient visés et d'établir son innocence. Cette proclamation qui éclatait comme un coup de tonnerre à quelques jours de son départ du Palais National eut un retentissement énorme. Il se trouva pour admirer son courage beaucoup de ceux qui pourtant n'avaient pas apprécié sa politique gouvernementale... Et comme par enchantement, les incendies cessèrent, et la population rassérénée se prépara à accueillir dans l'allégresse son nouveau président.

Le jeudi 15 mai, c'est le jour tant attendu de l'effacement d'un régime impopulaire et l'arrivée au pouvoir d'un homme qui semble incarner toutes les aspirations du peuple haïtien. À la séance grandiose et solennelle qui se déroule au Conseil d'État, le président Eugène Roy prête le serment constitutionnel "d'observer et de faire observer fidèlement la Constitution et les lois du peuple haïtien..." Au discours du président de l'Assemblée nationale, Camille Léon, il répond en réaffirmant le but précis de son administration : la reconstruction des institutions nationales[14]. Après le Te Deum entonné à la cathédrale pour saluer son avènement, on entreprend la tournée traditionnelle dans les quartiers populaires.

Une foule compacte s'est massée devant le Palais National où va s'opérer la passation des pouvoirs. Quand à la suite de cette poignante cérémonie l'ex-président Borno paraît sur le péristyle du Palais, il est accueilli par des huées. Bravant la multitude, Léon Laleau, chef du Protocole, crie : *Vive Borno !* Il est conspué par la foule qui reprend de plus belle ses imprécations à l'adresse de l'ancien chef d'État. Sur le parcours menant à sa résidence de Pétionville, les invectives pleuvent, des pierres sont lancées. Les policiers ont toutes les peines du monde à le protéger.

Huit jours après cette journée si affligeante pour lui, le président Borno, accompagné du général Russell et de deux officiers américains, se rendait au camp d'aviation de Chancerelles et, avec son fils Henri, s'embarquait pour les États-Unis à bord d'un avion de la Pan American Airways[15].

Quelques mois avant l'expiration de son mandat, Borno dans un message au Conseil d'État avait dressé le bilan de son administration :

- Pose des assises du régime économique et financier de la République.

- Établissement, en attendant la frappe de la monnaie nationale, d'un instrument d'échange à l'abri des fluctuations de l'agiotage.

- Fixation d'une politique douanière plus conforme aux intérêts du travail indigène.

- Développement des moyens de communication, de l'enseignement agricole, de l'enseignement professionnel, de l'éducation de la jeunesse.

- Instauration d'un organisme judiciaire plus favorable à l'activité de la magistrature.

- Sûreté et stabilité fournies à la propriété immobilière pour encourager le développement du crédit agricole et foncier.

-Vulgarisation de l'hygiène et multiplication des secours médicaux dans tout le pays.

- Contribution à la continuité de l'ordre sous l'égide d'une force armée nationale complétée, munie de son cadre suffisant d'officiers haïtiens[16].

L'énoncé de ces résultats n'était pas du bluff et reflétait peu d'exagération. Haïti, au départ de Borno, se trouvait dotée de certaines structures administratives propres à lui assurer un développement progressif. Trop de défaillances morales découlant d'un système politique aux concepts pernicieux s'étaient toutefois mêlées aux efforts accomplis. L'oeuvre de rénovation établie sur des fondements aussi aléatoires était à l'avance compromise. Reconsidérée, plus tard, sous l'angle d'un nationalisme plus positif et poursuivie avec une égale détermination, cette méritoire tentative d'organisation de l'État, qui s'était effectuée à l'ombre d'un pavillon étranger, eut certainement conduit à la régénération du pays... Mais c'eût été compter sans les méfaits de la politique.

~ * ~

Âgé de 70 ans, le nouveau chef d'État qui, dans sa profession de courtier, avait toujours joui d'une réputation de sérieux et d'honnêteté, s'est armé de toute sa bonne volonté pour mener à bien la mission pour laquelle il avait été fait appel à lui. Durant sa présidence temporaire, Eugène Roy se trouvera plus d'une fois placé devant des sollicitations extrêmement périlleuses venues de certains amis qui, manoeuvrant pour leurs propres intérêts, voulaient lui faire admettre qu'ayant été constitutionnellement élu pour six ans, il n'existait aucune incompatibilité à ce qu'il remplisse ce mandat dans son intégralité. On ne peut pas dire que le président Roy ne se soit pas laissé tenter par toutes les raisons spécieuses invoquées par son entourage, puisque, assez indécis sur le parti à prendre, il recourut à l'avis de quelques-uns de ses amis dont il était sûr de l'intégrité et du désintéressement. L'opinion de Félix Courtois, chef de Division aux Relations Extérieures, qui lui avait recommandé de fermer l'oreille à toutes propositions intéressées et de se cantonner dans les strictes limites de la tâche qui lui avait été confiée, semble l'avoir déterminé à renoncer irrévocablement au mandat de six ans que lui avait conféré le Conseil d'État. Cette résolution courageuse l'absout des quelques petits écarts qu'on aurait pu avoir à lui reprocher dans l'accomplissement de sa délicate mission.

Le 15 mai, le Conseil d'État est ajourné et reconstitué le 3 juin.Présentée par l'Exécutif, la nouvelle loi électorale qui garantissait la liberté et l'honnêteté des élections est votée par le Conseil. Les élections législatives, fixées au 14 octobre, ont lieu dans la plus parfaite discipline et dans l'engouement de tout un peuple heureux de montrer à ses détracteurs quelle pouvait être sa conduite lorsque, guidé par des leaders honnêtes, il lui était laissé la possibilité d'affirmer sa volonté[17]. Ces élections, considérées à juste titre comme l'une des plus exemplaires qui se soient déroulées en Haïti, donnaient au peuple, privé depuis plus de treize ans de son droit de vote, des représentants qui étaient l'expression réelle de ses voeux. À eux allait être imposée la redoutable obligation de pourvoir le pays d'un chef qui serait l'élu de la nation.

Deux événements d'une certaine importance se produisent avant ces élections présidentielles fixées au 17 novembre : la venue de la Commission Moton et le départ du Haut Commissaire Russell. Composée de cinq membres et présidée par l'éducateur noir Robert Moton, directeur de l'Institut Booker Washington, la commission Moton était arrivée en Haïti le 15 juin, chargée par le président Hoover d'enquêter sur les questions relatives à l'éducation en Haïti. Ses investigtions semblent avoir été consciencieuses, et les critiques formulées contre le Service Technique de l'Agriculture et de l'Enseignement Professionnel passées au crible. Des redressements et suggestions furentt sans doute exprimés dans le rapport remis par la Commission au président des États-Unis au terme de sa mission[18]. Aucune rectification cependant ne fut apportée à l'oeuvre de Freeman[19].

Désirant maintenir le statu quo au sein du Service Technique, le Département d'État demanda au Chargé d'affaires américain en Haïti de recommander, pour remplacer Freeman, son plus proche collaborateur, le sous-directeur du Service Technique, M. Carl Colvin. L'intervention inopportune du gouvernement américain dans une question aussi délicate provoque une crise au sein du gouvernement haïtien. Le ministre de l'Agriculture Damoclès Vieux, estimant que Colvin ne réunissait pas les conditions voulues pour exercer cette fonction, se déclare opposé à cette promotion. Ses collègues se solidarisent avec lui : le Cabinet dut donner sa démission. La nomination de Colvin resta en suspens. Il ne continua pas moins à exercer durant quelques mois son contrôle sur un service public qui n'avait pas encore été remis au gouvernement haïtien et sur une École qui avait momentanément cessé de fonctionner.

En juin 1930, le président Hoover nomme, ainsi que l'avait recommandé la Commission Forbes, une personnalité civile, M. Dana C. Munro, chef du service des affaires latino-américaines au Département d'État, comme Ministre des États-Unis en Haïti. Il remplaçait le général John Russell, Haut Commissaire américain, qui, au lendemain des élections législatives auxquelles il s'était toujours opposé, avait définitivement quitté le pays, après un long et très controversé proconsulat. Le 16 novembre, M. Munro présentait ses lettres de créances au président Roy. Des rapports diplomatiques normaux étaient ainsi renoués entre Haïti et les États-Unis.

Le Conseil d'État dissous,le Palais Législatif a retrouvé sa physionomie d'avant l'Occupation. Au Sénat a été élu président Fouchard Martineau, assisté des docteurs Hector Paultre et Justin Latortue comme premier et deuxième secrétaire. Le premier député de Port-au-Prince, Joseph Jolibois fils, préside la Chambre, assisté des députés Dumarsais Estimé et Salnave Zamor fils. Le 17 novembre, comme prévu, à l'issue d'une solennelle cérémonie religieuse qui avait eu lieu à la cathédrale, pour attirer sur les Chambres reconstituées les lumières de l'Esprit-Saint, l'Assemblée Nationale se réunit en vue de procéder à l'élection présidentielle. Le député Pierre Juvigny Vaugues, prenant la parole, demande que la séance soit renvoyée au lendemain 18 novembre, jour anniversaire de la victoire de Vertières. Sa requête est appuyée par les sénateurs David Jeannot et Charles Fombrun. Toute frissonnante de ferveur nationaliste, l'assemblée donne son acquiescement à la motion Vaugues.

Le lendemain, la bataille pour le fauteuil présidentiel s'ouvre, ardente, au sein de l'Assemblée Nationale[20]. Neuf candidats briguent la suprême magistrature de l'État. Au troisième tour du scrutin, la lutte se circonscrit entre trois candidats : Sténio Vincent (25 voix), Seymour Pradel (20 voix) et Price-Mars (5 voix). Ce dernier retire sa candidature. Au quatrième tour, Vincent réunit trente suffrages et Pradel dix-neuf. Se levant de son siège, Pradel s'avance vers son compétiteur plus heureux et lui donne une longue accolade. Ce geste spontané soulève les applaudissements de toute l'assistance. Il est environ deux heures de l'après-midi. Les cris de *Vive Vincent !* se prolongent jusqu'à la rue de la Révolution.

Sur la demande du président de l'Assemblée Nationale, le président élu gravit la tribune et prête le serment constitutionnel. Dans la brève allocution qu'il adresse ensuite aux membres de l'Assemblée Nationale, il promet de "poursuivre la libération de notre territoire" et d'être "un défenseur intraitable de l'ensemble des intérêts matériels et moraux de la République". À sa sortie du Palais

Législatif, il reçoit pour la première fois les honneurs de l'hymne présidentiel et regagne, après une tournée en ville, sa maison de Pétionville[21].

Dans l'après-midi, la transmission des pouvoirs a lieu au Palais National. Le sénateur Télémaque remet au président Roy la réponse de l'Assemblée Nationale à son message de démission. Dans cette réponse, l'Assemblée déclare qu'il a "bien mérité de la patrie". À l'issue de la cérémonie, sous les acclamations de l'immense foule massée sur la place Louverture, se mêlant aux décharges d'artillerie du fort National, les deux présidents quittent le palais dans la même voiture pour se rendre à leur résidence de Pétionville. L'espoir est dans tous les coeurs. La victoire finale n'est plus lointaine.

Le *Te Deum* traditionnel d'entrée en fonction du chef de l'État est chanté à la cathédrale le 23 novembre. Le nouveau président a renoncé au trône présidentiel qu'une ancienne coutume réservait au Président de la République, et c'est très démocratiquement assis sur une simple estrade, encadré des anciens présidents Légitime et Roy, qu'il prête attention à l'allocution de bienvenue de l'évêque-coadjuteur, Monseigneur Le Gouaze...

Notes

1 Immeuble naguère occupé par les Bureaux de l'Université d'Haïti.

2 Siège actuel de l'Institut Haïtiano-Américain.

3 Dantès Bellegarde : *La Résistance Haïtienne*, p. 160.

4 François Dalencour : *Précis méthodique d'Histoire d'Haïti*, p. 182.

5 Les 5 noms portés sur la liste de l'opposition étaient les suivants : Dr Félix Armand, Ernst Douyon, Dr Price Mars, Fouchard Martineau et Eugène Roy.

6 *La Presse*, 21 mars 1930.

7 H. Pierre-Antoine : *Le Passé ! Le Présent ! L'Avenir !*, pp. 16 à 20.

8 Voici le nom des conseillers réfractaires qui furent révoqués : Frédéric Robinson, Gesner Beauvoir, Emmanuel Tribié, Damase Pierre-Louis, Edmé Manigat, Étienne Bourand, Charles Rouzier, Léonce Borno, Auguste Magloire, Georges Léon, Hermann Pasquier, Évrard Léger.

9 Cette maison située à l'angle nord-ouest des rues Ogé et Magny a été récemment démolie.

10 Hogar Nicolas : op.cit. p. 255.

11 *La Presse*, 30 avril 1930.

12 *La Presse*, 2 mai 1930.

13 *Le Moniteur*, 1er et 5 mais 1930, Nos 37 à 39.

14 Pendant la prestation de serment de Roy, un commencement d'incendie avait éclaté dans les toilettes du Conseil d'État. Avant que s'ensuivît une panique, on s'était vite rendu maître du feu.

15 *La Presse*, 24 mai 1930. - Après une escale à New York, il gagnera la France.

16 Paul Th. Romain : *L'Organisation administrative en Haïti et l'administration américaine*, p.107.

17 Au cours de la campagne électorale, le R.P.Mondésir s'était porté comme candidat au Sénat. Pour la première fois un religieux haïtien sollicitait les suffrages de ses compatriotes; mais le scrutin ne lui sera pas favorable.

18 La Commission Moton, repartit le 9 juillet.

19 Après avoir démissionné, Freeman s'était embarqué en avril 1930 à bord d'un navire de la ligne hollandaise. Des mesures d'ordre extraordinaire avaient été prises pour la circonstance. En vain, car personne, pas même les étudiants, n'esquissa la moindre manifestation hostile. Il mourra peu de temps après à Puerto-Rico.

20 Le journal *Le Nouvelliste* avait eu l'initiative de faire radiodiffuser la séance de l'élection présidentielle.

21 Cette maison, aujourd'hui démolie, occupait l'emplacement de l'immeuble de la rue Ogé portant le numéro 24.

LA DIFFICILE LIBÉRATION

À son entrée au Palais National, Sténio Vincent qui a franchi le cap de ses 56 ans a déjà accompli une carrière administrative bien remplie. Dès l'âge de 16 ans, il obtenait après concours le poste de secrétaire à l'Inspection scolaire. Aux différentes charges qu'il avait occupées, tant dans la diplomatie qu'à l'Instruction publique, à la Justice, au parlement ou comme membre de cabinet ministériel, il s'était révélé un fonctionnaire honnête et compétent, réellement dévoué à la chose publique. Son passage à la mairie de Port-au-Prince en 1908 avait contribué à le grandir dans l'estime du peuple, en raison de ses nombreuses entreprises d'urbanisme et des notables améliorations qu'il avait apportées à l'assainissement des quartiers de la capitale. Polémiste redoutable, il avait fondé successivement trois journaux et apporté une brillante collaboration au *Matin*, sans avoir cessé de fréquenter le temple de Thémis où ses plaidoyers attiraient le grand public.

Dilettante de nature et peu attiré par l'argent, il semblait n'attacher qu'une valeur relative aux jouissances matérielles. Philosophe idéaliste doué d'une intelligence pénétrante et d'un esprit sarcastique, il donnait souvent l'impression d'être un désabusé. Sa réputation comme homme politique devait s'en ressentir et ses faiblesses attribuées à son apparent dégoût des choses. Pourtant, il savait réagir quand il jugeait les réactions opportunes, mais refusait de s'illusionner. C'est peut-être là le fond de ce caractère quelque peu énigmatique à qui les épithètes les plus flatteuses comme les moins élogieuses ne furent pas ménagées.

Est-ce ce prétendu scepticisme qui le porta toute sa vie à demeurer un célibataire irréductible ? Dans ce domaine si particulier, il serait hasardeux et même osé de spéculer ou d'opiner, et on ne saurait faire injure à un esprit aussi lucide de s'être montré minable en la circonstance. Favorisé par un physique avantageux et doué d'une voix sonore qui se pliait à l'interprétation du doux et du grave et s'imprégnait d'un «chic d'outre-mer», il ne dédaignait pas le beau sexe. Si on ne lui connaît pas de conquêtes illustres, on sait toutefois que ses amitiés galantes furent nombreuses et que là, comme sur d'autres terrains, il s'astreignait peu aux rigueurs du conformisme.

À ses côtés, sa soeur Résia, qui avait vécu aux États-Unis et avait regagné le pays dès son accession au pouvoir, remplira avantageusement le rôle de Première Dame. Pour la première fois, on verra un chef d'État haïtien associer à ses devoirs de mandataire de la nation, la femme la plus proche de lui, en lui confiant une tâche qui s'identifiait à ses aspirations féminines : le développement des oeuvres de bienfaisance sociale.

Le sénateur Fouchard Martineau, président du Sénat, et le député Joseph Jolibois Fils, président de la Chambre, seront les premiers à recevoir la visite du nouveau président. Quelques jours après son installation, il invite à déjeuner les membres du Corps Législatif et rend visite au sénateur Pradel qui avait été son compétiteur le plus redoutable. À ses confrères de la presse, il offrira une réception au Palais et leur promettra à cette occasion de «garantir la pleine liberté de la presse». Les «jeudis de la presse» institués à son initiative et qui s'apparentaient aux conférences de presse d'aujourd'hui, n'auront toutefois pas longue vie.

Porté au timon des affaires par une assemblée législative qui avait tenu à ne pas décevoir le peuple en élisant un citoyen dont le nationalisme fervent et les attaches dans les milieux prolétariens étaient notoires, Vincent comprit qu'il lui fallait, dès le début, faire valoir sa renommée et se pencher aussi sur le sort des masses dont la plupart des gouvernements antérieurs s'étaient fort peu souciés.

Son premier geste en faveur des déshérités sera un don de 5,000 gourdes qu'il chargera le président de la Commission communale de répartir entre les pauvres désignés par le curé de la cathédrale et les pasteurs des églises Sainte-Trinité et Saint-Paul. Pour la Noël et le jour de l'an, il fera, avec le concours de plusieurs amis, servir aux sans-travail un appétissant pot-au-feu. Gratification présidentielle, souvent renouvelée dans la suite, que la ferveur populaire désignera sous le nom de *bouillon Vincent*... Autre geste de solidarité sociale, l'adoption par le chef de l'État de trois orphelins qui avaient perdu leurs parents à Marchaterre et dont l'éducation fut confiée à l'oeuvre de la Crèche.

Le président Vincent avait juré d'accélérer le processus de libération totale du pays conformément aux recommandations de la Commission Forbes. Ses démarches pressantes aboutissent, dès le 4 décembre 1930, à "l'haïtianisation" du département militaire du Centre. Accompagné du ministre de l' Intérieur, M. Auguste Turnier, il se rend à Hinche, berceau de sa famille, pour procéder à l'installation du capitaine D.P. Calixte comme commandant de ce département militaire. En janvier et décembre 1932 seront tour à tour haïtianisés les départements militaires de l'Ouest et du Sud.

La prise en charge par le gouvernement haïtien des services civils encore sous l'emprise étrangère n'allait cependant pas se réaliser aussi rapidement que le souhaitaient le peuple haïtien et particulièrement ses représentants qualifiés, les membres du Parlement. Le président Vincent avait opté pour la négociation appuyée sur des accords partiels. C'était, selon lui, la politique la plus rationnelle à suivre, eu égard au courant impérialiste notoire du gouvernement du président Hoover. Le Corps Législatif n'était pas de cet avis et réclamait de l'élu du 18 novembre l'abrogation unilatérale de la Convention de 1915 et la libération immédiate du territoire national. C'était faire preuve d'intentions patriotiques assurément louables, mais qui n'étaient point en accord avec l'évidente réalité. Dans la succession des étapes qui devaient conduire à la libération, jamais la puissance occupante n'accepterait en effet de donner l'impression de se soumettre à une pression quelconque. Le retour à la direction administrative haïtienne des services de l'État que le Traité de 1915 avait placés sous le contrôle direct des Américains devait également être son oeuvre et porter le sceau de son agrément. Aucune exigence impérieuse, si légitime fût-elle, n'avait la chance d'être satisfaite[1]. Malgré les conjonctures nouvelles, l'esprit colonialiste ne s'était pas assoupli chez les fonctionnaires américains, et la plupart d'entre eux ne manquaient pas, lorsque s'offrait l'occasion, de souligner qu'en dépit de tout ce qui s'était dit dans les hautes sphères, ils étaient encore les maîtres et tenaient à le rester jusqu'au bout.

L'incident Thoby-Duncan illustre cet état d'esprit.

Les commissions présidentielles de trois employés haïtiens nouvellement nommés aux Travaux Publics avaient été acheminées par le ministre des Travaux Publics, M. Perceval Thoby, à l'ingénieur en chef de la D.G.T.P., M. Duncan, pour être remises aux intéressés. Se retranchant derrière l'article 4 de la loi organisant la Direction Générale des Travaux Publics[2], Duncan refuse de les recevoir et en informe le ministre américain, M. Dana Munro, qui l'autorise à retourner les commissions au Ministre des Travaux Publics. Pas plus l'invocation des ordres de M. Munro, que les démarches impératives de son subordonné ne parvinrent à porter le ministre Thoby à reprendre les commissions.

Au sein du département, cet incident déclenche une vive agitation. Pour protester contre l'attitude de l'ingénieur en chef, ingénieurs haïtiens et personnel administratif des Travaux Publics suspendent le travail. Se joignent à eux, les employés du Service des Télégraphes et Téléphones et ceux de l'administration postale. Le différend paraît s'accentuer...

En hâte, le Secrétaire d'État des Relations Extérieures, M. Pauléus Sannon, se rend au siège de la Légation américaine pour informer le ministre Munro de la dégradation de la situation. Lorsque ce dernier apprend que le mouvement de grève commençait à s'étendre à d'autres services dirigés par les Américains, il accepte, sur la proposition du ministre Sannon, d'inviter sans délai l'ingénieur Duncan à remettre les commissions présidentielles aux bénéficiaires considérés comme "se trouvant dans une situation spéciale"[3]. La crise était dénouée.

Les officiels du Traité taxèrent M. Munro de faiblesse. À leurs yeux, il aurait dû simplement s'appuyer sur la loi organique de la

D.G.T.P. qui justifiait la position de l'ingénieur en chef. Pourtant, en tenant compte de la politique d'haïtianisation déjà amorcée et en s'inspirant de la courtoisie qui en pareille circonstance était de mise, s'agissant d'un acte administratif déjà signé du Président de la République, transgresser les règlements devenus anachroniques d'une loi qui avait été élaborée avec l'intention de maintenir la D.G.T.P. sous le contrôle de l'occupant, n'était pas bien blamâble. Une renonciation à toute objection et un accommodement entre les parties[4] eussent été moins maladroits et plus dans la note. Mais il semblait, pour les officiels américains, que leur omnipotence dût être préservée jusqu'au terme de leur mission, et le blâme encouru par le ministre Dana Murnto montre que c'était bien là leur volonté.

Le premier Cabinet du gouvernement du 18 novembre où rayonnaient des personnalités d'une haute valeur politique et morale n'avait pas seulement à faire face aux visées excessives de l'occupant. Il était de plus tiraillé par les incitations de ceux qui réclamaient l'haïtianisation immédiate des services publics et l'application sans délai de l'ensemble du plan Forbes. Six mois après avoir reçu l'investiture du chef de l'État, les membres du Cabinet ministériel se voyaient obligés, devant leur impuissance à surmonter les difficultés, de remettre leur démission. Le président Vincent ne put que déplorer cette décision de ses collaborateurs immédiats, mais tint à leur manifester sa gratitude en les recevant à déjeuner au Palais. M. Perceval Thoby qui, à l'endroit de l'ingénieur en chef des Travaux Publics avait eu une attitude fière et digne, reçut une lettre de félicitations du Sénat[5].

Les négociations entreprises en vue de "dégager le pays sans heurt de l'emprise étrangère" n'avaient toutefois pas été interrompues et aboutissaient à la signature, le 5 août 1931, par le ministre des Relations Extérieures Abel N. Léger et le ministre des États-Unis Dana G. Munro, d'un accord permettant la remise aux autorités haïtiennes de la Direction Générale des Travaux Publics, du Service National d'Hygiène et du Service Technique de l'Agriculture et de l'Enseignement Professionnel. Heureux résultat que les négociateurs haïtiens n'avaient pas pu étendre au domaine des finances, le gouvernement américain tenant à maintenir le régime de tutelle et n'ayant accepté que l'abrogation des modalités irritantes qui avaient été imposées au gouvernement haïtien par les arrangements des 24 août 1918 et 3 décembre 1919.

Ce fut précisément ce demi-succès qui déconcerta l'aile avancée du nationalisme militant. Tant au parlement que dans la presse frondeuse, l'accord exécutif du 5 août est attaqué et "mis en pièces". On accuse le gouvernement d'avoir, au cours des discussions, fait peu de cas de la souveraineté nationale.

De son côté, le président Vincent ne pensait pas avoir démérité du peuple haïtien, et c'est pourquoi, désirant donner un certain éclat aux manifestations qui devaient marquer l'haïtianisation des administrations obtenue par l'accord du 5 août, il décréta le 1er octobre 1931 jour chômé pour les bureaux publics et procéda dans la matinée de ce jour à l'installation du personnel dirigeant des nouveaux services haïtiens. Assisté de son conseil de gouvernement, il se rendit à pied au Palais des Ministères, acclamé par la foule. Au département des Travaux Publics, il remit la direction de ce service à l'ingénieur Lepelletier Jeannot qui reçut en même temps le titre d'ingénieur en chef. La veille, l'ingénieur G.A. Duncan et ses collaborateurs américains, après avoir présenté leur démission au Président de la République, avaient fait visite au ministre des Travaux Publics, M. Ernest Douyon, pour prendre congé de lui. Au *Moniteur* avait paru un arrêté réorganisant la D.G.T.P., conformément à l'accord du 5 août.

Le même jour fut installé comme directeur du Service d'Hygiène le docteur Rulx Léon et comme directeur de l'Hôpital Général, le docteur Léon Moise. À la tête du Service National de la Production agricole et de l'Enseignement rural (S.N.P.A. et E.R.) qui avait succédé au Service Technique de l'Agriculture, furent placés l'agronome Schiller Nicolas nommé directeur technique et M. Auguste Turnier nommé directeur administratif. Les assistaient, l'agronome Louis Déjoie, responsable de l'extension agricole et MM. Maurice Dartigue et André Liautaud, chargés de l'enseignement rural et de la station expérimentale. M. Hermann Doret fut installé comme directeur de l'Enseignement professionnel, service qui avait été rattaché au département du Travail et dont le siège se trouvait dans le nouveau bâtiment de la place de la cathédrale[6].

La réorganisation du Service Technique de l'Agriculture, par arrêtés des 24 et 30 septembre 1931, remettait en question le sort des étudiants de l'École Centrale d'Agriculture qui s'étaient mis en grève contre leur directeur et dont le mouvement, bien vite canalisé par les politiciens, avait conduit à l'effondrement du système politique instauré par Louis Borno. La réouverture prochaine de l'École Centrale avait été annoncée, et malgré les longs mois de lutte endurés par les grévistes et les souffrances physiques et morales qu'ils avaient supportés, l'autorité supérieure ne se montrait pas disposée à leur permettre de reprendre leurs cours.

Au député Édouard Piou qui à la Chambre des Députés menait la bataille en faveur des étudiants, le ministre de l'Agriculture, le Dr A.V. Carré, répondant à son interpellation, avait déclaré qu'il "n'existait plus de grévistes et qu'il n'y avait que des étudiants qui attendaient la réorganisation de l'École Centrale" pour se faire inscrire. C'était lui signifier que dans les vues du gouvernement, les grévistes qui désiraient réintégrer Damien devraient se résoudre à refaire leurs études. Étaient-ils victimes de l'antipathie du chef de l'État qui, à l'époque du déclenchement de la grève, l'avait désapprouvée ou constituaient-ils un précédent dangereux pour un pouvoir qui déjà laissait apparaître un certain autoritatisme ? La cause avait été entendue, le ministre de l'Agriculture l'avait péremptoirement proclamé. À la reprise des cours, on compta 40 étudiants en première année et 10 en deuxième, ce qui laisse présumer que dans l'ensemble les anciens grévistes avaient préféré renoncer à leurs études agronomiques. La frustration, pour ces artisans indirects de la victoire, était complète.

Le 10 janvier 1932, sur convocation de l'Exécutif, et conformément au voeu de la Constitution de 1918[7], se réunissent les assemblées primaires appelées à élire les députés du peuple et les conseillers communaux et à statuer sur les amendements proposés à la Constitution, selon la loi du 24 juillet 1931. Bien des membres de l'ancienne Chambre dont la popularité auprès de leurs mandants était réelle, mais qui avaient montré à l'égard du pouvoir une fière indépendance, ne retrouvent pas leur siège. On conclut à la déloyauté des élections. La Constitution du 15 juillet 1932 élaborée par les membres du Sénat et les représentants de la nouvelle Chambre ne fut pas moins un acte d'autorité souveraine. Le président Vincent devait plus tard se plaindre des restrictions apportées par la nouvelle charte à ses "prérogatives présidentielles", et des difficultés qui en résultaient pour lui dans la conduite de la barque de l'État[8].

Bien des décisions adoptées par l'Exécutif et qui avaient été assimilées par l'opposition à des atteintes aux libertés publiques avaient déjà fait l'objet d'acerbes récriminations. En avril 1931, à la suite de la publication jugée subversive de son Manifeste, l'autorisation de fonctionner donnée à la Ligue Nationale des Sans-Travail, présidée par Saturnin François, lui avait été retirée[9]. Quelques mois plus tard, un avis du département de l'Intérieur informait que l'Union Patriotique "dont les buts précis étaient déterminés par les statuts, s'étant transformée en association politique... (était) et (demeurait) dissoute". En dépit des protestations de l'administrateur-délégué , Me Antoine Rigal, adressées au préfet de la capitale, le droit de réunion antérieurement reconnu à l'association fut définitivement supprimé.

Le gouvernement pensait avoir de bonnes raisons de durcir sa position, ne pardonnant pas au Corps Législatif et à l'opposition d'ignorer ses embarras et de méconnaître ses efforts. Une amère contradiction avait fini, en effet, par s'établir entre l'Exécutif et le Législatif - celui-ci soutenu par les ardents leaders de l'opposition - quant à la politique à adopter pour parvenir à la reconstitution intégrale de la souveraineté nationale. Au Sénat et à la Chambre, les résolutions se succédaient, dénonçant la Convention et réclamant le retrait immédiat des forces occupantes. Cette politique d'accélération du processus de libération avait pourtant été, dans les premiers jours, celle du gouvenement du 18 novembre. Dans une lettre adressée aux honorables membres de la Chambre des Députés, le ministre des Relations Extérieures les avait informés des démarches entreprises auprès du Département d'État par le gouvernement haïtien en vue du départ sans délai des Américains, démarches qui s'étaient heurtées à un refus formel.

Dans une conversation avec le chef de la Chancellerie haïtienne, M. Pauléus Sannon, le ministre américain Dana Munro avait fixé sa position relativement à la désoccupation en déclarant qu'il était prêt à renoncer à l'exercice des droits que lui conférait le Traité du 16 septembre 1915 "aussi rapidement et aussi complètement" qu'il pourrait être prouvé que "les obligations de l'emprunt achetées sur la foi et sur le crédit des stipulations du traité" seraient garanties[10]. C'était donc à travers la dette contractée par Haïti en 1922 que le Département d'État entendait prolonger la présence américaine sur le territoire haïtien, même en acceptant à renoncer à sa mainmise sur les services administratifs. État de fait inéluctable que le président Vincent avait dû accepter et qui l'avait déterminé à adopter la politique de négociations, sans pour autant renoncer à dénoncer à l'occasion la "dictature financière" qui pesait sur le pays. Le chef de l'État se savait donc indemne de tout reproche. L'incompréhension de ses détracteurs le jette dans l'absolutisme.

Le 17 août 1932, l'état de siège est déclaré sur toute l'étendue du département de l'Ouest. Nouvelle désignation de la loi martiale, l'état de siège, autorisait les mêmes mesures exceptionnelles, mais revêtait une appellation qui semblait le distinguer du régime spécial mis en application par l'Américain et qui avait été à la source de tant de méfaits et d'abus. Dans un communiqué, le département de l'Intérieur motivait cette mesure de l'Exécutif en raison de "l'agitation croissante de l'esprit public par suite des activités subversives signalées à la charge de certains meneurs professionnels et les excès persistants et criminels d'une certaine presse". Ce sont en effet les journaux d'opposition qui seront les principales victimes de l'état de siège. Joseph Jolibois fils, directeur du *Courrier Haïtien*, Louis Callard, directeur du *Pays*, Henri Durand, directeur de *l'Homme Libre*, sont arrêtés et déférés à la justice pour affronts au chef de l'État et leurs organes de presse interdits jusqu'à nouvel ordre. Sont également suspendus, *La Bataille*, *Le Peuple*, *La Libre Tribune*, *L'Opinion* et *L'Action*.

Au Palais Législatif, la réaction est instantanée.Un comité est formé à la Chambre pour enquêter sur l'interdiction des journaux suspendus. Au Sénat, les pères conscrits émettent le voeu que l'arrêté de l'état de siège soit rapporté, la situation politique ne leur paraissant pas "revêtir le caractère de gravité qui justifiait cette mesure susceptible d'entraver l'oeuvre de la libération nationale".

La présentation à l'Assemblée Nationale du traité relatif au contrôle financier et à l'haïtianisation de la Garde d'Haïti, signé le 3 septembre 1932 par le ministre haïtien des Relations Extérieures, M. Albert Blanchet, et le ministre des États-Unis, M. Dana Munro, donnera une nouvelle fois l'opportunité au Corps Législatif de témoigner son désaccord avec la politique gouvernementale. À la séance extraordinaire du 15 septembre 1932, l'Assemblée Nationale vote la conclusion du rapport de la commission parlementaire chargée d'étudier le traité et qui l'avait rejeté. Dans sa proclamation du 16 septembre, le Président de la République, après avoir énuméré les raisons qui avaient motivé la signature du Traité du 3 septembre, lequel, selon lui, avait, après de laborieuses négociations,concrétisé "la liquidation méthodique et définitive" de la Convention de 1915, déplorait la décision de l'Assemblée Nationale. Il s'en remettait maintenant, concluait-il, "au jugement du peuple haïtien officiellement averti..."[11]

Il fallait bien pourtant, par un arrangement entre les deux gouvernements, établir les indispensables bases d'accommodement capables de mettre un terme aux atermoiements qui entravaient l'oeuvre de libération. Les négociations entre le gouvernement haïtien et la Légation américaine reprennent aussitôt. Elles aboutissent à l'Accord du 7 août 1933 conclu entre M. Albert Blanchet et M. Norman Armour qui, en octobre 1932, avait succédé à M. Dana Munro comme ministre plénipotentiaire des États-Unis. Cet accord de 27 articles prévoyait l'haïtianisation, dès le 1er janvier 1934, des douanes et de l'Administration générale des Contributions placées sous la dépendance du ministre des Finances, mais soumises au contrôle de l'Inspection des recettes relevant du Bureau du Contrôleur américain. Par ailleurs, la fonction de Conseiller financier était supprimée et remplacée par celle de Représentant fiscal comportant des attributions plus souples de contrôle de la dette publique. De plus, l'amortissement total de l'emprunt de 1922 fixé à 1952 était reporté à 1944, et la possibilité de racheter par anticipation les obligations de l'emprunt, reconnue au gouvernement haïtien. Enfin était consacrée la désoccupation militaire du territoire par la remise de la Garde d'Haïti aux officiers haïtiens, prévue pour octobre 1934.

Le gouvernement haïtien considérait l'Accord du 7 août comme une étape, prélude à des résultats encore plus positifs. Jugeant que la soumission de ce traité à la sanction de l'Assemblée Nationale se traduirait par un nouvel insuccès, il se détermina à y passer outre et à le mettre immédiatement en application, prétextant qu'il s'agissait d'un accord exécutif, genre de convention qui échappe à la ratification des Chambres[12]. Il est indéniable que l'Accord du 7 août n'entrait pas dans cette catégorie de traités, compte tenu des modifications qu'il apportait à la Constitution. De plus, la sanction législative avait toujours été reconnue comme obligatoire par le droit public haïtien pour la validation de tout accord international. C'est pourquoi, en dépit des résultats apparemment heureux enregistrés, l'acte du 7 août n'obtint pas l'approbation du secteur nationaliste. On lui reprochait particulièrement le maintien du régime de tutelle et le prolongement de "la mainmise américaine au-delà de 1936, jusqu'à l'extinction de la dette haïtienne de 1922»[13].

Profitant d'une tournée dans le Nord, le président Vincent saisit l'occasion d'ouvrir devant le peuple haïtien "le dossier de la libération nationale". Dans son discours du 14 octobre 1933 prononcé au Cap-Haïtien, il défendit d'estoc et de taille l'acte du 7 août et se plut à en dégager la portée et le sens. "Entre cette diplomatie romantique que l'on nous proposait, proclama-t-il, et qui nous condamnerait à barboter pendant des années dans le maquis des discussions interminables et inutiles, et une politique de résultats immédiats, je n'avais pas à hésiter : j'ai choisi cette dernière..."[14].

L'année suivante, il prend l'initiative de provoquer une rencontre au sommet avec le nouveau président des États-Unis, M. Franklin

Delano Roosevelt, dont la bonne volonté et la politique d'amitié entre les peuples d'Amérique s'étaient déjà hautement exprimées. De ce face à face, il attendait les résultats les plus satisfaisants pour l'accélération du mécanisme de la libération nationale.

Le 22 mars 1934, le président Vincent s'embarque sur le paquebot *Haïti* de la Colombian Line[15]. En plus de la propagande en faveur des produits nationaux qu'il se proposait de mener, il espérait obtenir du président des États-Unis la fin du contrôle financier que, dans une lettre du 16 novembre 1933, il avait sollicitée de lui. Ce dernier point était étroitement lié au rachat de la Banque Nationale de la République d'Haïti qui demeurait, selon Vincent, "le seul moyen sûr de nous dégager définitivement et sans délai des liens politiques de l'emprunt de 1922"[16]. Au cours des conversations y relatives, le président Roosevelt voulut bien donner son agrément à sa demande en se promettant de porter la National City Bank of New York à souscrire à cette cession. Solution que le chef d'État haïtien voudra tenir pour un nouveau succès de sa politique internationale.

Le contrat de vente signé le 12 mai 1934 par le gouvernement d'Haïti et les propriétaires de la B.N.R.H. consacrait le rachat de l'institution par l'État haïtien[17]. Mais contrairement aux termes de la proclamation du 20 mai du Président de la République, cette cession, quoique constituant un jalon non négligeable de l'haïtianisation, "n'allait produire dans l'immédiat aucun effet sur le plan de la gestion des finances haïtiennes, ne comporterait aucune modification du régime du contrôle financier"[18]. Jusqu'au remboursement intégral de l'emprunt 1922, la Banque Nationale, devenue propriété de l'État haïtien, et administrée par deux directeurs haïtiens et quatre directeurs américains, continuerait à rester assujettie au contrôle des fonctionnaires américains.

Tel qu'il avait été réalisé, le rachat de la Banque ne pouvait en rien inquiéter les créanciers de l'emprunt 22 que l'Accord du 7 août, par la clause du maintien du contrôle des douanes, préservait de toute fâcheuse occurrence. Il ne contrariait non plus en aucune manière l'expansion en Haïti de l'influence américaine qui déjà reposait sur de solides fondements. Par contre, il servait admirablement les nouvelles tendances de la politique extérieure des États-Unis, cette politique de "bon voisinage" avec les autres États du continent, si chère au président Roosevelt. Tenant à montrer le prix qu'il y attachait et à témoigner aux Haïtiens sa sympathie envers leurs souhaits majeurs, et désirant en même temps s'associer à la satisfaction du gouvernement haïtien qui avait jugé le contrat de vente du 12 mai comme un des effets concrets des échanges de vues qui s'étaient déroulés à Washington, il résolut de se rendre en Haïti pour une solennelle réconciliation. L'entrevue au Cap-Haïtien des deux chefs d'État eut lieu le 5 juillet 1934, dans une atmosphère d'euphorie générale. À l'*Union-Club* où le président Roosevelt avait été reçu par le Corps Législatif et les membres de la société capoise, il déclara que la date de la libération du territoire haïtien serait avancée de deux mois.

Le 24 juillet, au siège de son département, Léon Laleau, ministre des Relations Extérieures, signait, au nom du Président de la République, avec M. Norman Armour, ministre des États-Unis à Port-au-Prince, l'accord fixant les nouvelles dispositions intervenues à la suite de l'entrevue du 5 juillet, ainsi que le protocole de l'évacuation définitive du territoire haïtien par les forces américaines.

Notes

1 "Même en tenant compte des soucis patriotiques de nombre d'entre eux, remarque objectivement Pauléus Sannon dans la préface de *Six Mois de Ministère en face des États-Unis* (p.III), je ne puis m'empêcher d'ajouter que nos parlementaires commirent alors une grave erreur psychologique. Le Gouvernement des États-Unis pouvait, dans le règlement de la question du Traité tout accepter, sauf de prendre vis-à-vis de nous et aux yeux du monde, une attitude de vaincu ou de coupable, l'attitude de quelqu'un qui se serait introduit chez autrui sans droit ni qualité, et qui se retirait penaud, l'oreille basse, sur un geste du maître du logis. Ce n'était pas compter avec l'orgueil d'une grande puissance ni avec l'idée passablement exagérée que le yankee se faisait du bien dont nous étions, dans son opinion, redevables à l'Intervention".

2 Selon l'article 4, seuls les ingénieurs devaient être nommés par le Président de la République, les employés ne pouvant recevoir que des lettres de service.

3 H. Pauléus Sannon : *Six mois de ministère en face des États-Unis*, pp. 53 à 61.

4 Ce à quoi finalement fut acculé Dana Munro.

5 Voici quels étaient les membres du cabinet démissionnaire : J. Adhémar Auguste, Auguste Turnier, H. Pauléus Sannon, Dr A.V. Carré, Perceval Thoby.

6 Le même jour repartirent pour les États-Unis les fonctionnaires américains qui avaient appartenu à ces différents services, et parmi eux Duncan et Colvin.

7 L'article 34 de la Constitution de 1918 prévoyait que les députés étaient élus pour deux ans et étaient indéfiniment rééligibles.

8 La Constitution plébiscitaire de 1918 qui portait l'estampille de la puissance occupante, avait été jugée incompatible avec la situation nouvelle. Pour doter la nation d'une charte répondant aux voeux réels du peuple haïtien, les constituants de 1932 s'étaient inspirés de la Constitution de 1889 qui, pendant plus de vingt-cinq ans, avait régi le pays et avait donné les preuves d'une bonne adaptation aux réalités politiques haïtiennes.

9 *Le Moniteur*, 16 avril 1931.

10 *La Petite Revue*, juin 1931.

11 Sténio Vincent : *En posant les Jalons*, II, p. 145.

12 "La diplomatie américaine, dit Me Émile Cauvin, connaît une classe particulière de traités qu'elle appelle *Accords Exécutifs* et qui n'est pas débarrassée d'une certaine obscurité. Ce sont en général ceux qui concernent l'exécution des traités précédemment conclus. Et le pouvoir exécutif américain les met en application sans la sanction législative". Émile Cauvin : *Un désastre - L'Accord du 7 août 1933*, p. 17.

13 Émile Cauvin : op. cit. p. 11.

14 Sténio Vincent : op. cit. II, p. 256.

15 Il rentrera en Haïti le lundi 23 avril par le même steamer qui l'avait emmené aux États-Unis. Le ministre de l'Intérieur avait été délégué par lui pour présider en son absence le Conseil des Secrétaires d'État.

16 Sténio Vincent : op. cit. III, p. 43.

17 D'abord rejeté sans discussion par le Sénat, le contrat de rachat de la Banque Nationale, modifié par la loi du 28 mars 1935, ne sera sanctionné que le 21 mai 1935.

18 Joseph Châtelain : *La Banque Nationale de la République d'Haïti...*, p. 197.

LES FEUX DE L'AURORE

La prochaine prise en charge des services américains de la Garde d'Haïti par des officiers haïtiens avait porté à hâter le recrutement et la formation des futurs cadres militaires. Dès cette époque s'était établi un plan de déplacement des officiers américains vers les États-Unis et de leur remplacement par des Haïtiens. Seuls seraient maintenus jusqu'au dernier moment les officiers américains occupant les postes-clés.

En octobre 1930, une nouvelle classe de 44 cadets avait été recrutée pour parer aux nécessités d'une relève qui se faisait pressante. L'École Militaire avait rouvert ses portes, quartier du Sacré-Coeur, dans un immeuble en briques, appartenant à M. Stéphen Archer[1]. Le 18 août 1931, ils reçoivent leurs diplômes et sont graduellement commissionnés aspirants-officiers[2]. La même année, une autre classe de quarante cadets est constituée. L'École Militaire avait entre-temps changé de local et logeait au bois Saint-Martin, dans le bâtiment en briques qui avait été construit à l'usage d'une école industrielle. Le cadre des instructeurs de l'École s'était lui-même profondément modifié. En 1931, seuls le directeur de ce centre d'enseignement militaire et son officier exécutif étaient de nationalité américaine. Le 31 juillet 1933, trente-huit des cadets admis à l'École en 1931 sont gradués et commissionnés sous-lieutenants. Dès le lendemain, une nouvelle classe de cadets - la huitième - composée de 50 jeunes gens, était reçue à l'École Militaire. Ils obtinrent leurs brevets d'officiers le 1er août 1934. 199 officiers haïtiens avaient, à cette date, été intégrés dans les cadres de la Garde d'Haïti. Ainsi se trouvait complété l'effectif des officiers du terroir appelés à succéder à l'élément étranger.

Le 1er août 1934, le colonel Démosthènes Pétrus Calixte, commandant du département militaire du Centre, est nommé commandant de la Garde d'Haïti et le colonel Jules André appelé aux fonctions d'assistant-commandant et de chef d'État-Major. À la tête de l'Intendance générale de la Garde est placé le colonel Maurice Lafontant. Le major Carlos Perez, promu colonel, est nommé directeur du Service de Santé et le major Luc. B. Oriol, chef de la Police de Port-au-Prince.

Aux postes de commandants des départements militaires sont nommés à Port-au-Prince, le colonel Henri Clermont, au Cap-Haïtien, le colonel Kébreau Dévesin, aux Cayes, le colonel Alexandre Joseph, aux Gonaïves, le colonel Gustave Laraque[3] et à Hinche, le major Saint-Firmin Jean.

L'officier sur lequel s'était porté le choix du chef de l'État pour présider aux destinées de la jeune armée haïtienne, le colonel D.P. Calixte, n'était âgé que de 38 ans. Doué d'une forte personnalité et tout entier tourné vers ses devoirs militaires, le colonel Calixte engagé à 19 ans dans la Gendarmerie d'Haïti, deux mois après l'intervention américaine, s'était fait remarquer par son assiduité et sa conduite exemplaire dans tous les postes qu'il avait successivement occupés. Commissionné second lieutenant en 1920, capitaine en 1926, major et commandant du département du Centre en 1931 et colonel en 1933, il avait gravi les échelons militaires, distingué par sa seule compétence et le constant dévouement dont il faisait preuve pour l'épanouissement de l'organisation à laquelle il appartenait. Jouissant de la confiance de ses supérieurs et bénéficiant de l'ancienneté de sa carrière, il avait paru le mieux qualifié pour recevoir les rênes de notre petite armée au départ des Américains. À son poste de Commandant, il devait faire belle figure, inspirant le respect par son prestige personnel, jusqu'à ce qu'il se fut trouvé impliqué dans une ténébreuse affaire où devait se briser sa carrière militaire.

Quelques mois avant les fêtes de la libération nationale, se déroule à l'église du Sacré-Coeur de Turgeau la cérémonie de consécration d'Haïti et de son drapeau au Sacré-Coeur de Jésus. C'était la façon pour le gouvernement et l'Église d'Haïti de témoigner à Dieu leur reconnaissance à l'occasion du retrait du territoire haïtien des forces de l'occupation américaine. Porté par les cadets de l'École Militaire, le drapeau qui avait été confectionné par une militante nationaliste, Mme Franck Chenet, et offert par le Président de la République, est déposé par le Secrétaire d'État des Cultes, M. Léon Laleau, entouré de ses collègues du gouvernement, au pied de la statue du Sacré-Coeur. Après avoir béni l'emblème, l'archevêque de Port-au-Prince, Monseigneur Le Gouaze, prononce un sermon des plus émouvants. "Minute que rendit encore plus auguste, écrit *Le Temps-Revue*, la majesté de la liturgie catholique associée aux pompes militaires"[4].

Les réjouissances de la libération furent encore précédées d'un événement qui, par l'atmosphère de fête qu'il créa dans la cité, était comme un avant-goût des moments d'exaltation qu'on se préparait à vivre : la visite à Port-au-Prince, sous les ordres du contre-amiral John Hallegan, de 29 unités détachées de la flotte américaine qui, à la suite des grandes manoeuvres navales, s'était rassemblée dans la baie des Gonaïves.

À la garden-party donnée dans les jardins du Palais National en l'honneur des amiraux et officiers de la flotte, le chef de l'État, secondé par sa soeur Mademoiselle Résia Vincent, fit à ces derniers l'accueil le plus affable et le plus chaleureux. On dansa sous la pergola, "tandis que, glissant sur la façade blanche du Palais, le jeu des projecteurs des unités navales se laissait admirer dans le soir". À bord du porte-avion *Saratoga*, battant le pavillon amiral, le contre-amiral Hallegan devait en retour offrir à la société port-au-princienne une réception fort réussie.

Cette visite d'amitié des bateaux de guerre américains suscita durant les cinq jours qu'ils passèrent dans la rade de Port-au-Prince une animation réellement débordante. Magasins de souvenirs et vendeurs de curiosités étaient à leurs plus beaux jours. Par les rues imprégnées de relents d'alcool, les matelots en goguette déambulaient en chantant de vieux airs du Far-West. "Et que dire, relate le *Temps-Revue*, de l'éclosion spontanée des bars et dancings, ces derniers jetant le pittoresque éclat de leurs burlesques flonflons dans le grave quartier des banques et du négoce". Le grand émerveillement fut le spectacle, le soir, de ces immenses traînées lumineuses qui sillonnaient silencieusement le ciel port-au-princien... "Ajoutant à l'illumination que leurs lumières piquaient dans notre vaste baie, poursuit le *Temps-Revue*, les gros navires de guerre américains promenaient tous les feux de leurs puissants projecteurs sur le ciel nuageux de mai, à la grande stupéfaction des simples, devant le fantastique spectacle de cette cavalcade d'apocalypse"[5].

Avec l'approche de la date de l'évacuation du territoire par les troupes d'occupation, les cérémonies mondaines organisées pour saluer le départ des officiels américains se multiplient : dîner d'adieu du ministre des États-Unis au chef des forces d'occupation, le général Little, réception de hauts gradés de la Garde d'Haïti au général Vogel, commandant de ce corps, et à son état-major...

Le mercredi 1er août 1934, en présence d'une affluence considérable réunie devant les tribunes du Champ-de-Mars, se déroule la cérémonie de transmission des pouvoirs du chef américain de la Garde au nouveau commandant haïtien[6]... Dans la loge officielle, le Président de la République, accompagné des membres de son cabinet ministériel et des présidents de la Chambre des Députés et du Sénat. À ses côtés, le brigadier-général Little et les généraux Vogel et Clarke[7].

C'est sous les accents guerriers des "Vautours du Six Décembre" que débute la revue militaire. Mais pour le défilé, la musique entame la célèbre marche française "Sambre et Meuse" et termine par un pas redoublé de Luc Jean-Baptiste.

De brèves mais suggestives allocutions furent prononcées pour la circonstance. Après avoir remercié le général Vogel pour l'oeuvre qu'il avait accomplie dans la Garde d'Haïti et félicité le nouveau commandant des troupes, le président Vincent déclara que le pays n'entendait pas "être une nouvelle fois déçu et humilié" et qu'à l'oeuvre de reconstruction nationale, il intégrait et le chef de la Garde et l'ensemble des hommes faisant partie de son organisation. En réponse, le colonel Calixte prit l'engagement solennel de "servir le pays et (le) gouvernement en soldat loyal et dévoué, de maintenir la discipline dans le corps de la Garde et de faire le sacrifice même de (sa) personne, lorsque les intérêts du gouvernement et ceux de la collectivité le commanderont". La remise par le président de la cravate de commandeur de l'ordre Honneur et Mérite au nouveau chef de l'armée clôtura l'impressionnante manifestation.

Dans l'après-midi, salué sur le quai, par un bataillon de la Garde d'Haïti, le général Clayton B. Vogel s'embarquait pour les États-Unis.

Le lendemain 2 août, anniversaire de la mort du leader nationaliste Georges Sylvain, une messe de requiem est célébrée à la cathédrale. Frappé en pleine bataille, il demeurait, en ces jours d'exaltation patriotique, avec Charlemagne Péralte, Élie Guérin et Auguste Albert, tombés comme lui face à l'occupant, l'un des grands absents. En hommage au fervent patriote, le Président de la République se rendit personnellement à la cérémonie funèbre, en y conviant les membres et les hauts fonctionnaires de son gouvernement[8].

Les jours qui suivirent le départ du général Vogel furent marqués par l'accélération de l'embarquement des dernières troupes américaines qui se trouvaient encore en Haïti. Participaient à cette opération d'évacuation les transports *Château-Thierry* et *Argonne* et le navire de ravitaillement *Bridge*, sous le commandement du contre-amiral Petingill. Un certain rapprochement, celui qui naît d'une séparation sans retour, s'était subrepticement opéré entre la population et ceux qui, pendant si longtemps, s'étaient considérés comme ses maîtres, mais dont le comportement à son égard s'était durant les derniers mois étonnamment assoupli. Si dans l'ensemble les Haïtiens étaient fiers d'avoir retrouvé leur souveraineté, beaucoup cependant, soucieux de l'avenir, se demandaient si la paix serait maintenue, si n'allait pas se réveiller pour provoquer un autre genre de tristesse, le vieux démon des luttes fratricides. Aucun juron, aucune provocation, aucun quolibet ne fit cortège aux marines au moment de leur départ. On semblait avoir oublié les avanies endurées durant dix-neuf années et les sévices dont ces mêmes marines, aujourd'hui débonnaires et complaisants, s'étaient trop souvent rendus coupables.

Eux aussi, ils paraissaient attristés de quitter un pays auquel ils avaient fini par s'accommoder et où pour eux il avait fait bon vivre. On vit même, beaux joueurs, tout un contingent de marines s'embarquer sur le *Bridge* au son d'*Angélique ô !* la chanson satirique, célèbre pendant l'occupation, et qui, à mots couverts, invitait les envahisseurs à regagner leur patelin.

14 août 1934 ! C'est l'après-midi. Au quartier général du corps des Marines du Champ-de-Mars[9] sur le perron duquel ont pris place le Président de la République et le Commandant de la Brigade d'occupation, entourés d'officiels du gouvernement et de hauts gradés du Marine Corps, va se dérouler l'acte symbolique de la désoccupation militaire du pays. La place s'est remplie d'une foule considérable qui délire de joie. Au grand mât, le drapeau étoilé descend pour la dernière fois. Alors s'approche un petit caporal, escorté de deux soldats, qui fixe à la drisse le drapeau bleu et rouge et allègrement le hisse au chant de la *Dessalinienne* ponctué d'une salve d'artillerie. Les applaudissements crépitent, les avertisseurs d'auto résonnent. Tout un peuple clame son enthousiasme et sa fierté. Ému mais satisfait, le président Vincent "se dérobe aux ovations".

Le lendemain, le général Little, chef des forces d'occupation, escorté d'un bataillon de la Garde d'Haïti, se rendait sur le wharf pour s'embarquer à bord de l'*Argonne* avec les derniers marines. Sur le quai où lui furent offerts, ainsi qu'à Mme Little, de nombreux bouquets, il reçut les adieux de M. Joseph Titus, ministre de l'Intérieur, de M. Norman Armour, ministre des États-Unis, et des membres de la colonie américaine. Ce départ tant souhaité marquait la fin de "la douloureuse épreuve". Maintenant pouvaient s'ouvrir les festivités de la Libération.

À minuit, un coup de canon parti du fort National annonce la venue de ce mardi 21 août 1934 que depuis de longs jours la nation se préparait à célébrer dans la plus vive ferveur et la plus grande allégresse... Pour le Te Deum de la Libération, la cathédrale de Port-au-Prince a revêtu ses plus beaux et plus riches ornements. Autour du Président de la République, ont pris place dans le chœur le corps diplomatique, les officiels du gouvernement et les membres du haut état-major de la Garde d'Haïti. On y remarque les membres de la délégation dominicaine envoyée par le président Trujillo pour représenter son pays aux fêtes de la Libération : M. Jacinto Peynado, vice-président de la République Dominicaine, M. Pina Chevallier, ministre de l'Intérieur et trois officiers[10]. Au Te Deum, l'archevêque prononce un de ses plus éloquents discours. À l'issue de la cérémonie, au son des grandes orgues vibrant avec éclat, l'assistance se retire. Soudain, dans le ciel azuré, une fusée éclate et libère, soutenu par un parachute, un pavillon aux couleurs nationales. Les ovations montent vers le cher emblème.

Dans Port-au-Prince pavoisé, le président fait sa tournée triomphale. "Jamais et plus légitimement peut-être, remarque le *Temps-Revue*, nos couleurs n'avaient été plus à l'honneur. Tous les seuils en étaient fleuris"... Halte aux monuments de Dessalines, de Toussaint-Louverture et au Mausolée des Pères de la Patrie.

Dans la cour des casernes Dessalines qui pendant dix-neuf ans avaient symbolisé l'occupation militaire du pays, le président, environné d'une multitude qui grossit de minute en minute, se dirige vers le sémaphore commémoratif, malheureusement inachevé[11]. Avant de hisser le drapeau national, il se tourne vers la foule et, refoulant son émoi, prononce une retentissante allocution qui sera considérée comme l'Acte de la seconde Indépendance :

Au nom du peuple haïtien, dont jamais, autant que ce matin, je ne me suis senti, aussi intégralement, l'interprète et le mandataire autorisé, s'écria-t-il de sa voix ferme et chaude, - *devant les trois Pouvoirs de l'État réunis, dans une même pensée de foi patriotique, pour marquer solennellement le point de départ d'une nouvelle Histoire de ce pays fondée sur une nouvelle et impérieuse discipline nationale - en présence des Représentants des Puissances amies, témoins attentifs de nos efforts, de nos réalisations et de nos espérances, - au nom de tous ceux qui, pieusement, sont morts pour la Patrie haïtienne - au nom de tous les grands Ancêtres qui, il y a cent trente ans, l'avaient édifiée, cette Patrie, dans le fracas des balles et des mitrailles et dont les ombres augustes, désormais consolées, planent, à cette minute d'allégresse unique, sur nos foules émues et recueillies, - au nom des générations de demain qui se passeront successivement les flambeaux de la vie nationale et qui, emportées, elles aussi, dans la course accidentée et ininterrompue de l'Humanité vers le Progrès, la Justice et la Vérité, éclaireront mieux, sans doute, les chemins de notre Avenir, - je suis heureux et fier d'arborer aujourd'hui notre beau drapeau rouge et bleu sur ces casernes Dessalines qui symbolisaient jusqu'ici la longue et douloureuse épreuve de la Nation.*

Qu'il s'élève à jamais dans la pleine lumière de notre ciel et qu'il soit dorénavant l'emblème respecté d'une petite Nation ayant la volonté de vivre, la volonté de vivre comme toutes les sociétés normales et organisées, c'est-à-dire dans la Liberté par l'Ordre, et dans le Travail sous l'égide salutaire de la paix publique! ...

VIVE HAïTI INDÉPENDANTE !

Après quoi, saisissant la drisse, et dans un profond recueillement suivi d'une clameur immense mêlée d'applaudissements frénétiques, il fit monter l'emblème de la patrie jusqu'au faîte du monument.

À la réception du Palais qui suivit cette mémorable manifestation, le colonel Calixte, commandant de la Garde, remet une épée d'honneur au président d'Haïti, chef suprême des forces de terre et de mer de la République et prête, tant en son nom qu'en celui des officiers de la Garde, un solennel serment d'allégeance à sa personne. À la splendide parade militaire qui succéda et clôtura la cérémonie, *Dix Huit Cent Quatre* fut "plus que jamais allègrement joué et applaudi"...

Dans l'après-midi, un brillant cinq à sept offert en l'honneur de la délégation dominicaine, réunissait dans les jardins de la Présidence le monde officiel et la gentry port-au-princienne, auxquels s'étaient joints les anciens présidents Borno et Roy... Et plus tard, pendant qu'au cercle Bellevue on fêtait les hôtes dominicains, qu'au cercle Port-au-Princien le bal de la Libération connaissait un extraordinaire entrain, le peuple de la capitale s'émerveillait de la "féerie lumineuse" qui s'étalait dans les moindres recoins du Champ-de-Mars et éclatait en foyers rutilants sur la façade des édifices publics.

Durant toute la soirée, des feux d'artifice lancés des tribunes du Champ-de-Mars illuminèrent le ciel de la capitale d'éblouissantes arabesques. Une impressionnante retraite aux flambeaux, exécutée par les soldats de la Garde et suivie par une foule enthousiaste, mit fin à cette grande journée de ferveur patriotique.

Après dix-neuf années d'occupation étrangère, le peuple haïtien se retrouvait enfin face à lui-même. Le régime hybride haïtiano-américain avait vécu. Dans la presse, on n'en finissait pas d'exulter : "Nous ne respirerons plus désormais leur odeur, écrivait Franck Condé dans la *Relève*, cette odeur de tabac prince Albert ou de crayon neuf. Et ce sera tant mieux... Leurs étoiles ne brilleront plus sur nos têtes. Notre ciel n'en sera que plus beau..."[12].

Finies maintenant les fêtes de la Libération. Mais un défi restait à relever. Affranchi de ses tuteurs, le peuple haïtien allait-il pouvoir conduire sa destinée ? Beaucoup en doutait... Se vouer à l'immense tâche de redressement qui s'offrait aux élites impliquait le ralliement des bonnes volontés, le renoncement à l'individualisme et le souci obsédant du bien public. À ce compte seulement le défi serait relevé et renversée la thèse si chère aux racistes de l'incapacité du noir à se gouverner.

Saurait-on le comprendre ?

Notes

1 Cet immeuble sis à l'angle des avenues Jean-Paul II et M porte aujourd'hui le numéro 1 et abrite le collège Nicolas Copernic.

2 Faisait partie de cette promotion Paul E. Magloire qui en 1950 deviendra Président de la République.

3 Le district de Port-de-Paix relevait du département militaire de l'Ouest dont le siège était aux Gonaïves. En 1934, ce dernier département devint le département militaire de l'Artibonite et du Nord-Ouest. Le département militaire de Port-au-Prince reçut alors l'appellation de département militaire de l'Ouest.

4 *Le Temps-Revue*, 4 avril 1934. Cette cérémonie avait eu lieu le lundi 2 avril.

5 *Le Temps-Revue*, 26 mai 1934.

6 À minuit, au quartier général, s'était opérée, émouvante et simple, la relève de garde de l'officier américain par un officier haïtien...

7 Le major Thomas S. Clarke U.S.M.C. servait comme assistant-commandant et chef d'état-major de la Garde d'Haïti, au grade de Brigadier-Général.

8 Quelques semaines après les fêtes commémoratives de la désoccupation, le gouvernement fera des funérailles nationales à Charlemagne Péralte qui était resté seize années sans sépulture. "Le corps du héros qui avait été enterré par les Américains dans une fosse de 12 pieds de profondeur, fut découvert à Chabert... sur l'indication d'un ancien gendarme qui avait participé à la mise en terre". - *La Relève*, Novembre 1934, No 5, p. 29. La cérémonie aura lieu au Cap-Haïtien le 26 novembre

1934, en présence du Président de la République, de Mme Masséna Péralte, mère de Charlemagne, et de toute la ville du Cap accourue pour rendre un ultime hommage au héros martyr.

9 Immeuble occupé aujourd'hui par les bureaux de l'Ambassade de France.

10 Le 18 octobre 1933, avait eu lieu à Ouanaminthe la première entrevue Vincent-Trujillo, prologue au nouveau règlement de la question des frontières.

11 La partie supérieure du Sémaphore est constituée du grand mât métallique que les Américains avaient installé à leur quartier-général de la rue Cappoix.

12 *La Relève*, septembre-octobre 1934, Nos 3 et 4, p. 48.

QUATRIÈME PARTIE

LES TRAVAUX ET LES JOURS
D'UNE MÉTROPOLE OCCUPÉE

PHYSIONOMIE DE PORT-AU-PRINCE
DANS LES ANNÉES 1922 À 1934

Malgré l'omniprésence américaine, Port-au-Prince, dans les premières années de l'administration de Borno, est encore une ville sale dont la vue choque les voyageurs venant de l'extérieur. "Il est sale de ses habitants dont la majorité est en guenilles... écrit avec un peu d'outrance, il faut le dire, un publiciste du temps, sale dans ses rues avec des bouches d'égout exhalant du poison, sale dans ses maisons délabrées qui menacent à chaque instant d'ensevelir les passants. Il n'y a pour rincer l'oeil, comme on dit, que sa ceinture de montagnes bleues"[1].

C'est surtout lorsque les trombes de pluie s'abattent sur la ville que Port-au-Prince offre un aspect vraiment pitoyable. En un clin d'oeil les galeries des maisons du Bord-de-Mer sont submergées par une eau boueuse et les rues transformées en canaux où glissent les autos. Incapables d'affronter les flots tumultueux, les tramways s'immobilisent au milieu de la chaussée. Pendant la durée de l'averse, le transport en commun est virtuellement suspendu.

Les nuits port-au-princiennes ne sont pas plus attrayantes. Dès neuf heures du soir, les maisons s'endeuillent et c'est le silence du tombeau. Au quartier commerçant, un petit café reste ouvert, tristement illuminé et sans clients. Dans certains quartiers populaires, chevaux, ânes, boeufs, cabris envahissent peu à peu la voie publique pour se repaître de l'herbe des rigoles, tandis que s'attaquant aux tas d'immondices d'où monte la pestilence des déchets de cuisine, cochons gras ou squelettiques entament un repas princier qu'ils poursuivront toute la nuit.

Avec raison, les habitants de la capitale s'étonnent qu'après huit ans d'occupation étrangère, les conditions hygiéniques prévalant à Port-au-Prince soient demeurées si précaires. Curieusement cependant, des visiteurs étrangers, surtout américains, n'éprouvent pour la ville que sympathie et admiration. Après un séjour effectué à Port-au-Prince au début de 1924, le journaliste Henry E. Armstrong écrivait dans le *New York Times* que les rues "sont dans un parfait état de propreté. La principale artère commerciale est presque aussi large que Wall Street à New York, avec une surface unie et solide... Les boutiques et les magasins n'ont pas progressé du même pas que les rues. Il n'y a pas de vitrines, il n'y a pas d'étalages savants de marchandises. Les affaires se font comme au bon vieux temps, dans des maisons en maçonnerie construites pour la fraîcheur et le farniente..."[2].

De son côté, l'américain de couleur, W.B.T. William, délégué par le gouvernement américain pour s'informer des conditions de notre enseignement public, et qui séjourna en Haïti vers la même époque, traduit ainsi ses propres impressions : "Port-au-Prince, la capitale, est une belle ville, avec beaucoup de milles de bonnes rues et un nombre de belles maisons, écoles et églises. Parmi les constructions, on remarque l'imposante cathédrale et le beau Palais présidentiel"[3].

Ces bienveillants témoignages ne reflétaient-ils pas tout bonnement le désir de leurs auteurs de souligner les bienfaits de l'occupation américaine ?...

À la vérité, dès la stabilisation du gouvernement de Borno, un louable effort pour s'atteler à l'amélioration du visage de la capitale s'amorce résolument.. Défense de circuler en guenilles ou dans des tenues contraires à la décence. Défense d'aller nu-pieds et obligation de porter chaussures ou sandales, pantoufles ou espadrilles, sauf aux campagnards à qui est laissée la faculté de se chausser de sapattes[4].

Dans le but de protéger la ville contre les incendies et de lui permettre de présenter "un aspect conforme à son importance et à son développement", Charles de Delva, maire de la capitale, prend l'arrêté du 13 janvier 1925 interdisant de construire autrement qu'en maçonnerie, béton armé ou fer dans tout le secteur de la capitale limité par l'emplacement de "l'ancienne ville" coloniale. Pour une meilleure administration urbaine, et à l'instar de l'Église qui l'avait scindé en paroisses, *l'Essor* proposait que l'on divise Port-au-Prince en arrondissements qui seraient administrés par des maires-adjoints relevant du maire principal[5]. Suggestion heureuse qui n'a été que récemment et timidement appliquée.

Dans le secteur privé, la volonté de remodeler l'aspect de la ville n'est pas moins manifeste. La Compagnie nationale de Construction, fondée en 1923, et sur laquelle on avait compté pour voir Port-au-Prince gagner en esthétique, ferme ses chantiers après quelques mois d'activité. L'érection des immeubles de commerce et des maisons particulières ne ralentit pas pour autant. Ceux qui peuvent s'offrir pignon sur rue ont à leur choix des professionnels de renom, comme les architectes Léon Mathon, Georges Baussan, Léonce Maignan ou les ingénieurs Hermann Doret, Daniel Brun, Pierre Nazon, Luc Chancy...

Frappé du progrès réalisé en peu de temps, un publiciste observait : "Les ruines en bordure de la rue, qui attestent le sacrilège de notre centenaire de guerre civile et d'incendies, ces ruines se couvrent de jolies maisons en briques ou en ciment armé... Il y a tant de nouvelles constructions à Port-au-Prince, celles qui sont achevées et celles qu'on a entamées, que le voyageur qui n'a pas revu la capitale depuis dix ans peut bien se demander si le capitaine de son bateau ne s'est pas trompé de port..."[6].

Cette impulsion, fruit des efforts conjugués du gouvernement, des occupants et des particuliers pour une capitale sinon imposante, mais simplement vivable, se maintiendra jusqu'au départ des Américains.

Notes

1 *L'Essor*, 19 septembre 1923.
2 *Le Temps*, 14 avril 1924.
3 *Le Temps*, 25 avril 1924.

4 *Le Moniteur*, 15 mai 1924, No 38.
5 *L'Essor*, 26 juillet 1926.
6 *L'Essor*, 16 janvier 1925.

LES TRANSFORMATIONS DE LA SOCIÉTÉ PORT-AU-PRINCIENNE

L a politique de coopération franche et loyale inaugurée par Borno a amené une certaine amélioration dans les relations entre Haïtiens et Américains. Pourtant, ce changement n'est qu'illusoire, car ce qui demeure l'élément fondamental de la conscience des occupants, c'est leur mépris de la race. Si fonctionnaires civils et officiers supérieurs, par diplomatie ou nécessité administrative, exprimaient dans leurs rapports avec les autorités haïtiennes une certaine cordialité, les femmes américaines qui n'avaient nulle raison de se dérober, ne se gênaient guère pour afficher leur dédain et leur supériorité. Il arrivait que ce mépris des maîtres éclatât spontanément, par des propos ou par des gestes dont les auteurs se souciaient peu des résonances qu'ils produisaient dans les coeurs haïtiens. C'est Russell, co-responsasble des destinées du pays pendant huit ans, qui ne craint pas un jour d'avancer sentencieusement que "le peuple haïtien a la mentalité d'un enfant de sept ans"... C'est le Dr Cumberland, conseiller financier du gouvernement qui, parlant des Haïtiens, émet cette appréciation injurieuse : "Ils ont une dysenterie de paroles et une constipation d'idées"[1]. Les Haïtiens dont la fierté n'avait pas sombré dans la débâcle souffraient de se voir ainsi traités et réagissaient en repoussant tout contact avec l'occupant. D'autres par contre, cultivant la blancomanie américaine et renonçant à tout orgueil racial, continuaient à ne voir dans l'Américain qu'un sauveur et se livraient sans vergogne à son endroit aux pires platitudes.

...L'autorité supérieure américaine ne s'était pas arrêtée, depuis l'intervention de 1915, de publier avis et recommandations obligeant les membres des forces d'occupation au respect et à la protection dus à la population civile. Ces sages mesures ne se révéleront dans la pratique qu'un rempart factice aux abus que la plupart des officiers et soldats d'une armée d'occupation se croient autorisés à commettre, n'ignorant pas l'insignifiance du châtiment qu'en pareil cas on leur inflige généralement. Le trait suivant illustre le comportement brutal dont pouvait faire montre tout membre de l'occupation américaine et les suites décevantes qui presque toujours en découlaient.

La petite Christiane Bonhomme, fillette de souche paysanne au teint de marabout, le visage innocent respirant la candeur, avait été placée en service par ses parents à l'hôtel Excelsior, propriété de Mme Lily Rouzier. Ayant eu une altercation avec le maître d'hôtel, elle l'avait, par bravade enfantine, menacé de jeter du verre pilé dans sa nourriture. Propos que le maître d'hôtel s'était hâté de rapporter à sa patronne. Celle-ci réprimande la petite servante et la prévient qu'à cause de ses mauvaises intentions, elle allait la faire incarcérer.

Ces paroles avaient été entendues par le lieutenant de police O'Donnel qui résidait à l'hôtel. Il fait croire à l'enfant qu'il a été chargé de la conduire au Bureau de la Police, mais la rassure en lui promettant, avec l'astuce qu'on suppose, toute sa protection. L'ayant prise dans sa voiture, il l'emmène au Bureau et l'enferme dans une cellule. Après quelques minutes, il l'en tire et lui demande de remonter dans son auto. La voiture file alors en direction de la plaine du Cul-de-Sac. Près d'un fourré désert, elle s'arrête. O'Donnel en sort et commande à la fillette de le suivre. Christiane refuse. Il l'empoigne en lui disant de se déshabiller. L'enfant se débat. Alors le lieutenant la précipite par terre et, la maîtrisant, assouvit sur elle sa passion. Cet inique acte de violence accomplie, O'Donnel ramène la petite servante dans sa voiture et regagne la ville. Au Champ-de-Mars, il l'abandonne en lui disant: Allé la caille ou !

Tandis qu'effarouchée, la robe tachée de sang, la fillette racontait sa mésaventure aux passants, un officier de la Gendarmerie qui l'avait entendue alla prévenir le chef de la Police. Celui-ci fit amener la petite

Christiane, et constatant le forfait dont elle avait été victime, ordonna de l'acheminer à l'hôpital.

Informé de cet acte odieux, le Haut Commissaire décida d'ouvrir une enquête publique. Mais en même temps, toute une série de manoeuvres étaient mises à exécution pour noyer l'affaire. La somme de 200 dollars est proposée aux parents de la petite victime pour acheter leur silence. Des démarches sont entreprises auprès des directeurs de journaux pour qu'aucune note concernant cet honteux incident ne paraisse dans leur feuille. On alla jusqu'à accuser calomnieusement certaines personnes de vouloir, par leurs interventions embarrassantes, troubler l'harmonie entre les autorités haïtiennes et américaines.

Jugé par une Cour martiale, O'Donnel fut reconnu coupable et inculpé de viol sur la personne d'une mineure de 12 ans. Cependant le jugement qui avait suivi l'imputation officielle du crime ne fut pas publié. Certains journaux de la capitale avancèrent qu'O'Donnel avait été acquitté. Peu après son jugement, il partait pour les États-Unis rejoindre le poste où, semble-t-il, il avait simplement été transféré[2]...

Dans cette ambiance délétère, le cafard reste le compagnon fidèle de ceux qui ne peuvent s'arracher aux nostalgiques souvenirs. On aimerait trouver un quelconque motif de satisfaction, par exemple, fonder son espoir sur une jeunesse qui demain, tenant les leviers de commande, consolerait les aînés des temps amers qui leur avaient été imposés. Hélas ! pour beaucoup, la jeunesse n'apportait que déception, et il est piquant de lire ce qu'à l'époque un aîné certainement peu indulgent pensait de ses cadets :

"Ah! jeunesse, désespoir du pays ! Car ceux qui vont mourir n'entendent plus les vibrations de votre âme. Vous ne voulez plus du reste supporter une discipline. Les conseils de papa ?... C'est du vieux jeu. L'école ?... Elle vous ennuie et vous n'achevez pas les classes imparfaitement suivies. Les livres ?... Mais vous ne les comprenez pas... Le respect familial ?... Ah! là, là... La Patrie ?... Ah! mon Dieu, voilez-vous la face.

"Aussi, la jeunesse dans son ensemble ne représente plus rien. Elle est incolore et inodore. Et c'est là mon chagrin. Les exceptions ne forment qu'une élite minoritaire... Il faut se représenter ce que deviendra cette armée trop nombreuse de médiocres et de déclassés qui couvre déjà de ses vagues denses les avenues de notre démocratie en déséquilibre. Que seront, d'autre part, ces pères de famille incapables de gagner le pain de la femme et des petits et de quelle manière remplaceront-ils ceux qui inéluctablement marchent vers les ténèbres éternelles?"[3].

Désappointement aussi du goût littéraire que montrait le public qui lit et qui va au théâtre. Dans ce domaine, les clercs n'hésitaient pas à proclamer que le recul était patent et donnaient pour preuve l'engouement que connaissaient les "fêtes théâtrales" aux pièces ineptes et la désaffection qui accueillait un drame d'Isnardin Vieux ou de Charles Moravia joué presque toujours devant des fauteuils vides.

Mais c'est sur le terrain de l'accoutrement vestimentaire que Port-au-Prince allait prendre une physionomie vraiment nouvelle et en cela, l'influence des occupants serait prépondérante. Les mêmes bien pensants se rebiffaient en criant au "débraillé" et en condamnant sans rémission ceux qui se laissaient entraîner sur cette pente néfaste. On évoquait le "bon ton" que nous avions accoutumé de pratiquer en y mettant même quelque vanité et on observait avec tristesse la perte lente du sens de l'élégance, du bon goût, du chic...

"Actuellement, se lamentait un de ces défenseurs obstinés des traditions d'avant 1915, certains s'en vont par les rues, au théâtre, sur le land, au dancing, au magasin, presque partout, à demi-vêtus. C'est la dernière mode, mais c'est aussi abominablement bête. On relègue la veste dans l'armoire, comme un vêtement inutile; on se passe de faux col et de la cravate... On porte une chemise spéciale à col bas et large ouvert sur la poitrine, sans doute pour y montrer les duvets. On se débarrasse surtout du chapeau devenu chose encombrante sous notre soleil. Ajoutez les souliers bas sans talons, à semelles caoutchoutées et pour la suprême élégance de cette tenue de portefaix les manches retroussées jusqu'aux coudes pour avoir l'avant-bras nu, et vous aurez vu un de ces types façonnés selon la pure méthode militaire, du moins, ils le croient"[4].

À ce débraillé de la tenue s'ajoute celui du langage. On essaie

~ La Commission présidentielle américaine au Champ-de-Mars ~

~ Les cinq membres de la Commission Forbes s'entretenant avec les manifestants devant l'hôtel Excelsior ~

~ Après son élection à Parisiana par l'Assemblée des délégués, Eugène Roy fait un cordial salut à la foule massée devant l'édifice ~

~ Le président provisoire Eugène Roy reçu par le président Borno au Palais National ~

~ À la sortie de Borno du Palais Présidentiel, Léon Laleau
bravant la multitude hostile ~

~ Le président Eugène Roy recevant les honneurs militaires à son entrée au Palais National le 15 mai 1930 ~

~ Sténio Vincent, président de la République d'Haïti (1930-1941) ~

~ Entouré des anciens présidents Légitime et Roy, le président Vincent à l'issue de la première cérémonie funèbre célébrée depuis l'Occupation en mémoire de J.J. Dessalines ~

~ Dans la loge officielle des tribunes du Champ-de-Mars, le président Vincent encadré du général Clayton B. Vogel et du brigadier-général Louis McCarthy Little, le 1er août 1934 ~

~ Le général Vogel fait son speech d'adieu ~

~ Le président Vincent attachant le ruban de l'Ordre Honneur et Mérite
au cou du colonel Calixte ~

~ Le président Vincent salué à son arrivée au quartier général des Marines, le 14 août 1934 ~

~ Le drapeau national flottant seul au grand mât du
quartier général des Marines ~

~ Départ des dernières troupes de l'armée expéditionnaire américaine ~

d'imiter les maîtres jusque dans leur façon de s'exprimer, en adoptant leur ton nasillard et leurs expressions familières. Autre signe des temps : le français toujours à l'honneur dans la conversation des jeunes filles est abandonné par elles pour le créole.

Ces tendances sont symptomatiques d'une assimilation qui progresse et dont était d'abord victime la bourgeoisie traditionnelle. S'en allaient à la dérive les "belles manières" dont s'enorgueillissait cette élite qui elle-même les avait empruntées "aux vieilles sociétés raffinées d'Europe auxquelles le traditionnalisme des usages confère une autorité sans rivale en la matière"... Le mal pourtant n'est pas général, et en attendant l'apparition de l'Indigénisme qui va sonner le ralliement autour des valeurs culturelles nationales, beaucoup d'intellectuels dans leur sphère d'action crient "gare aux égarés".

"L'une des formes de la lutte difficile que nous menons contre l'absorbtion étrangère, écrivait l'un de ces derniers dans *l'Essor*, doit précisément consister à maintenir intégrale notre personnalité nationale. N'est-ce pas la détruire que d'adopter des moeurs qui ne dérivent pas de nos origines et sont à l'encontre de notre idéal social ?"[5]

À côté de ceux qui résolument se sont mis dans le vent du négligé, les mordus de la distinction et de la bonne éducation n'entendent toujours se vêtir que de drap. "Lorsque, déclarait sentencieusement *l'Essor*, la température est par trop inclémente, on admet à la rigueur la suppression du gilet, encore que cela nuise à la correction de l'ensemble"[6]. Veston léger, pantalon de toile ou de flanelle blanche ne sont acceptés que pour la villégiature. Arbitres attitrés de l'élégance, ces incorruptibles refusent de souscrire à toute déviation. Arrière le "col mou", pratique pour l'été, mais qui tient du laisser-aller et de plus adhère au cou dès la moindre transpiration. Arrière les pantalons d'une largeur ridicule qui dissimulent la chaussure et flottent "autour des jambes maigres ou grasses comme des étendards". Par contre, on admettait le port du smoking croisé, rejeton mondain du veston croisé, qui venait de faire son apparition.

Les critiques de la mode féminine ne sont pas moins acerbes. "Depuis quelque temps, faisait remarquer un des nombreux censeurs de la nouvelle mode, nous avons observé un très grand relâchement dans le costume des femmes chic du pays. Elles suivent, disent-elles, les modes parisiennes et américaines. Mais ont-elles compris que la parisienne qui se coupe les cheveux, qui déambule à travers les rues à peine vêtue, n'est pas la parisienne de la bonne société... La femme-enseigne de Paris est celle qui donne le ton ici. C'est pourquoi nous nous proposons de faire ressortir le bon goût de celles de nos femmes et demoiselles chic qui se modèlent plutôt sur leurs cousines de l'étranger qui ne sont pas gens de boulevard en étalant ici les laideurs de la femme à peine vêtue, de la femme qui fume et de la femme qui se dit "garçonne"...[7].

Pour les traditionnalistes et les protecteurs de la vertu féminine, la nouvelle mode peut en effet paraître osée. Ce qui la caractérise : son négligé très prononcé. Véritable gaine qui moule les formes, la robe courte, largement décolletée et privée de manches permet de découvrir des bras nus et des jambes garnies de "bas chair". La nouvelle ligne féminine reflète la tendance des femmes éprises de liberté et, de l'avis des modistes, paraît désormais bien ancrée dans les moeurs.

À côté de ce goût pour la simplification à outrance de l'habillement féminin, on note chez certaines femmes le désir de se faire belles en se vêtant d'une manière qui ne déroge pas trop aux canons traditionnels. Ainsi, la pélerine courte ou longue confère un chic indiscutable à celles qui la portent. C'est la folie du jour. On constate aussi un véritable emballement pour la dentelle, garniture dont la vogue avait notablement baissé. On en recouvre les capelines d'été, et, en bordure des châles de voile rose nouvellement créés, on fait courir de nombreux rangs de valenciennes froncées... On revient également au chignon. Ce n'est certes pas le madras de grand'mère,mais une sorte de turban fait d'un soyeux foulard et qui confère de l'élégance à celles qui s'en coiffent.

Le chapeau-cloche qui avait cessé d'être en faveur reprend vogue avec l'apparition des cheveux courts auxquels il s'adapte à merveille. Cette dernière coiffure dite "à la Ninon" ou "à la garçonne" et qui consiste à porter les cheveux coupés courts et à avoir la nuque rasée, n'a pas bien sûr, à cause de son côté révolutionnaire, rallié les suffrages des bien pensants. On la trouve trop effrontée. Pour s'en moquer, on aimera désigner par "le temps des petites têtes", l'époque malheureuse qui en avait vu la naissance. La nouvelle coiffure, qui en réalité n'était pas plus provocante qu'une autre, gratifiait les femmes d'une séduction simplement neuve. Les cheveux coupés pouvaient être frisés pour faire nuageux, simuler un chignon, dégager le visage ou l'encadrer. Pour répondre au goût du jour, des coiffeurs déjà très en vogue aménagent dans leur salon de coiffure un espace réservé aux dames. San Millan rebaptise son salon "À la Ninon". Au Petit-Four, face au café Saint-Louis, le coiffeur Ti John Harris ouvre le sien sous l'appellation de "La Garçonne".

Pour protéger des ardeurs du soleil les minois ainsi remodelés, l'ombrelle de velours délicatement ornée fait son apparition. Quoique de dimension minime, elle n'ajoute pas moins à la coquetterie des femmes.

Ironie des choses, cette évolution dans l'habillement produit chez les vacanciers de Pétionville où se livrait une impitoyable course au luxe, un effet des plus bénéfiques. Finies aujourd'hui les belles "madames" allant en robe de soie ou de crêpe de Chine, à la provision des légumes et des fruits à la Tête de l'Eau. Cédant à la tendance nouvelle, elles ont échangé leur accoutrement de ville contre une tenue moins coûteuse et plus en harmonie avec la vie campagnarde.

Les outrecuidances de la mode féminine ne devaient pas manquer, bien sûr, de soulever la réprobation du clergé, alors si prompt à sauvegarder les règles de la moralité publique. Dans une circulaire aux curés, l'archevêque de Port-au-Prince, Mgr Conan, demande aux femmes de ne pas se présenter à l'église et surtout à la table-sainte dans une tenue immodeste. Pour prêter main forte à cette recommandation de l'autorité ecclésiastique, une vraie police formée de boys-scouts et d'enfants de chœur sera établie dans les églises. À toutes celles dont la toilette était jugée inconvenante, l'entrée du saint-lieu était interdite.

Cette révolution vestimentaire était liée à une évolution des mœurs que l'on constatait dans les rapports sentimentaux entre jeunes gens et jeunes filles. Le flirt n'est plus ce jeu innocent auquel on s'adonnait dans un coin du salon en se contant fleurette, tandis que les mamans devisaient non loin sur les soucis du ménage. Aujourd'hui on va hardiment jusqu'aux "baisers brûlants" assortis de susurrantes adresses de la jeune fille à son copain pour des cadeaux de parfum, de rubans, de bas de soie... Entre jeunes, les conversations osées se donnent libre cours. Volontiers on s'entretient sans la moindre gêne de "ce qui ne doit pas être désiré lorsqu'on n'a pas reçu l'anneau au pied de l'autel". Un publiciste de l'époque ne s'étonnait pas que dans ces conditions "l'oie blanche fût devenue un oiseau des temps préhistoriques". Un autre, Émile Brisson, observait avec amertume l'affaiblissement du désir de mariage chez la jeune fille. "Le mal est plus grand qu'on ne le pense, écrivait-il, car à part la pudeur qui sombre, la perversité et la sensualité qui s'étalent effrontément, ces jeunes filles, ces élégantes à rebours qui, sous le dernier cri, découvrent leur plastique anémiée de tropicales, perdent leur idéal le plus cher : créer un foyer. Si nous n'y prenons garde, tout cela nous mènera à l'abîme où s'engloutira notre personnalité nationale"[8].

De son côté, le père Béranger, célèbre prédicateur, s'en prenait du haut de la chaire sacrée, à la "démission des parents", conséquence évidente du relâchement de la moralité. Aujourd'hui, clamait-il, les parents ont perdu toute action sur leur progéniture dont ils ignorent la fréquentation. Filles et garçons vont où bon leur semble, s'empoisonnant le corps et l'esprit. C'est l'anarchie... Considérations alarmantes et certainement exagérées que la désinvolture de l'occupant avait contribué à créer dans l'esprit de ceux qui demeuraient incapables de s'associer à toute forme d'américanisation.

La prostitution, on l'imagine, vit ses beaux jours. Le soir, le tableau d'une petite femme du peuple debout sous la galerie d'une maison de commerce, faisant la causette avec un homme qu'elle a rencontré pour la première fois et qui lui propose d'être son ami d'une heure est fait courant. À partir de 1923, la prostitution exotique s'installera à Port-au-Prince, battant en brèche les cocottes indigènes. Des maisons de plaisir pudiquement dénommées "dancings", dont celle des soeurs Ohlrich sera la première à prendre pied à Martissant, s'ouvriront un peu partout au Bord-de-Mer et dans les quartiers interlopes, attirant non seulement la clientèle américaine mais nombre d'Haïtiens de tout âge avides d'expérimenter les charmes de ces nouvelles prêtresses de Cythère... Qui étaient ces dernières ? Des filles de joie dominicaines qu'affriolait la présence de l'occupant et dont le nombre ira en croissant.

Devant le nouvel "abaissement moral" provoqué par l'invasion des catins venues de l'Est, l'autorité ecclésiastique en la personne de l'archevêque Conan se verra forcée d'élever encore la voix pour demander aux familles de réagir et pour dénoncer le danger que représentaient les dancings. Dans sa lettre pastorale aux curés de la capitale, Monseigneur demandera de "prendre les mesures nécessaires aux fins d'enrayer le fléau".

Il semble que vers la fin des années vingt, cette active campagne contre le dérèglement des moeurs, jointe aux troubles qu'avait commencé à susciter la prochaine vacance présidentielle, ait porté ses fruits. Dans le journal *La Presse*, un noceur déconfit disait ainsi sa déconvenue :

"Décidément, les dancings sont morts. La Pudeur offensée cruellement s'est vengée et nos professeurs de vertu, que le bruit des baisers et les gais éclats de rire empêchaient de dormir, sont maintenant satisfaits et se reposent de leur sommeil béat de bourgeois épais, lourd de regrets inavoués et de désirs inassouvis.

"Tristes désormais, par les nuits clairdelunées, les rues longues et vides, et froides, où ne résonne plus sur l'asphalte que le pas précipité d'un passant attardé ou le lourd cahotement d'une charette de nuit.

"Et les grands soirs sont vides, vides de rêves, vides de beauté, et la ville n'est plus qu'un immense cimetière où veillent ces deux enfants jumeaux et terribles: le Silence et la Mort... car hélas! les dancings sont morts"[9].

Face à cette remise en question des habitudes et du comportement, une heureuse initiative comble de joie ceux qui déploraient la perte d'autorité des parents : l'institution de la fête des Mères. Dans son journal *Le Temps*, Charles Moravia demande l'adoption d'un jour consacré à honorer les mamans. Cette suggestion est approuvée par les autres journaux, et le dimanche 30 juin 1929 est choisi pour célébrer cette fête. Aux boutonnières, roses rouges ou blanches sont arborées. Dans l'après-midi, des concerts animés par la fanfare de la Centrale, par celle du lycée Pétion et par la Musique du Palais apportent leur note de joie à la célébration de la première fête des Mères.

Si la présence américaine avait nettement influencé la manière de s'habiller des Port-au-Princiens et mis au rancart certains tabous moraux, elle n'était pas parvenue en revanche à inculquer au peuple de la capitale l'esprit de discipline qui fait la force et le bonheur de la République étoilée. Brossant dans *La Petite Revue* un tableau des pratiques habituelles haïtiennes du début des années trente, Jean Dissy, un des noms de plume de Frédéric Doret, directeur de la revue, signalait trois observations qu'il avait faites et qui fixaient selon lui le niveau d'indiscipline des Port-au-Princiens.

C'était d'abord le parfait désordre remarqué dans les rues, où piétons et automobiles circulent pêle-mêle et où chacun entend demeurer maître du pavé. C'était ensuite la confusion qu'il était aisé de noter à certaines audiences du tribunal. "On y entre comme on veut, observait Jean Dissy. Les assistants debout se pressent comme harengs en boîte. Chacun manifeste librement ses sentiments et c'est le public qui par ses remous d'opinion, juge le procès..." Enfin était évoquée comme trait caractéristique des moeurs port-au-princiennes, l'anarchie qu'on enregistrait souvent au Palais Législatif où un député qui voulait gagner une partie n'avait qu'à y donner rendez-vous à son bataillon de manifestants. "Ce n'est pas une Chambre de représentants auxquels le peuple a délégué ses pouvoirs pour discuter ses intérêts en son nom, constatait Jean Dissy, c'est une foire où le peuple mettant de côté ses propres députés, vient discuter lui-même ses affaires avec ses passions et l'aveuglement qu'elles procurent. Dans cette pagaille, le dernier mot reste à ceux qui crient le plus fort"[10].

Le changement de gouvernement relance le processus d'affranchissement sexuel amorcé sous Borno.Les dancings ont rouvert leurs portes et même prolifèrent. En février 1932, l'administration communale doit prendre un arrêté interdisant aux tenanciers de bars où se pratique l'amour vénal de s'établir en pleine ville.Trois mois leur sont accordés pour gagner la périphérie. La banlieue ouest prend le nom de "frontière", à cause de la délimitation qu'elle marquait pour les nombreux dancings qui étaient venus y élire domicile et où évoluaient les putains dominicaines.

On note aussi à cette époque une recrudescence de crimes passionnels. C'est un jeune homme qui zigouille sans sourciller son copain pour les beaux yeux d'une "pangnole". C'est un amoureux qui, exaspéré par les obstacles rencontrés, expédie ad patres l'auteur de sa dulcinée. C'est un mari jaloux qui, pour se venger des infidélités de sa chère moitié, la taillade à coups de ciseaux. C'est encore une jeune fille qui, voulant mettre fin aux souffrances que lui a causées l'abandon de son fiancé, se suicide en absorbant une forte dose d'essence de noyau...

Aux cérémonies religieuses, la gent féminine s'entête à venir les bras nus ou en robes décolletées. Une circulaire du nouvel archevêque, Mgr Joseph Le Gouaze, demande aux curés d'interdire par des moyens énergiques l'entrée des églises aux dames et demoiselles qui faisaient fi de la "décence".

Le charme féminin se voit heureusement mieux apprécié de l'écrivain journaliste Luc Dorsinville qui, en 1931, institue les concours de beauté.Le comité formé de Mme Clément Magloire, présidente, de Mme Edmond Mangonès, vice-présidente, et de Claire Denis, secrétaire, consacre l'élection de nos trois premières reines de beauté : mesdemoiselles Margot Thybulle, Lucienne Saint-Aude et Marie-Henriette Roy.

Dans le domaine intellectuel, des représentantes du beau sexe se font tout aussi bien valoir. En 1933, Georgette Justin, fille de M. Joseph Justin, ancien directeur de l'École de Droit, reçue licenciée en Droit, prête serment comme avocat du barreau de Port-au-Prince. L'année suivante, c'est au tour de Madeleine Sylvain et de Denise L. Roy d'être consacrées défenseurs de la veuve et de l'orphelin.

Contrairement au président Borno qui se contentait de Pétionville pour "changer d'air", le président Vincent, quand surviennent les chaleurs estivales, ne craint pas de grimper bien au-delà et d'aller à Kenscoff et même à Furcy. On constate une tendance marquée de la bourgeoisie aisée à suivre son exemple. De jolis cottages commencent à s'élever sur les mamelons solitaires des Sourçailles. Parmi les diplomates accrédités en Haïti, le Ministre de France, M. de Sillac, se montre le plus enthousiasmé du sortilège de Kenscoff. Sur le chemin de Trou Mantègue, il fera jeter à ses frais un pont en bois qui tenait encore jusqu'à ces derniers temps.

Notes

1 *La Poste*, 1er décembre 1924
2 Les principaux points de l'affaire O'Donnel sont tirés de *l'Essor* des 13 septembre, 25 novembre, 16 décembre 1926 et 21 janvier 1927.
3 *L'Essor*, 13 mars 1923.
4 *L'Essor*, 22 décembre 1923.
5 *L'Essor*, 22 décembre 1923.
6 *L'Essor*, 3 septembre 1924.
7 *L'Essor*, 1er mars 1923.
8 *L'Essor*, 7 février 1925.
9 *La Presse*, 26 octobre 1929.
10 *La Petite Revue*, 15 juin 1931, No 201.

URBANISME, PLACES PUBLIQUES
ET MONUMENTS

Vingt-sept ans après la promulgation de la loi du 29 septembre 1899 qui fixait les limites de Port-au-Prince, l'arrêté du 26 août 1924 établit les nouvelles frontières de la capitale, les précédentes s'étant trouvées dans l'intervalle largement dépassées. Par ces nouvelles dispositions, la ville allait doubler de superficie et s'étendre sur 1,487 hectares. L'extension normale du Port-au-Prince du XXème siècle paraissait assurée.

Les nouvelles limites assignées par l'arrêté du 26 août étaient les suivantes. Au nord, à partir du pont de Chancerelles, la ligne prend la direction nord-sud, suit les sinuosités du chemin de Delmas jusqu'au carrefour conduisant au chemin de Prédailler, atteint la route de Pétionville, traverse Bourdon pour aboutir à la source de Turgeau. Delà elle rejoint la route de Desprez dont elle suit le tracé, passe par le Carrefour-Feuilles, la source Martelly, le fort Mercredi et parvient à la source Leclerc. Côtoyant l'aqueduc, elle atteint la source de Diquini et bifurque jusqu'au monument de Thor pour s'arrêter au rivage de la mer. Les parties qui s'étendaient de ces limites à une distance d'un kilomètre constituaient les banlieues de la ville et seraient administrées par le Conseil communal[1].

Jusqu'ici, aucun recensement officiel des habitants de la capitale n'a été tenté. Parfois, des statisticiens improvisés parviennent en usant de procédés ingénieux à un dénombrement des habitants, sans doute assez proche de la vérité. Alphée Alphonse, ancien magistrat communal, en se référant aux déclarations de naissance et de décès enregistrées par les officiers de l'État-Civil de Port-au-Prince, a pu trouver qu'au 31 décembre 1918, la population de la capitale se chiffrait à 76.879 âmes et que dix ans après, elle était de 91,225 habitants[2].

La voirie laisse encore beaucoup à désirer. Si les rues du Bord-de-Mer sont maintenant presque en totalité bétonnées, à l'inverse, les quartiers résidentiels de Turgeau, Bois Verna, Peu-de-Chose ne sont toujours desservis que par des rues poudreuses, dentelées de pierres acérées, souvent défoncées et lavées par les averses. L'unique tonneau d'arrosage du Service Technique n'arrive que très parcimonieusement à obvier aux multiples inconvénients que présente un tel état de choses. En 1924, est mis en service un rouleau compresseur à gazoline de 10 tonnes qui vint s'ajouter au rouleau à vapeur qui servait à la réparation des rues. Autre acquisition d'importance, un nouvel équipement pour l'épandage de l'asphalte. Dans différents quartiers sont aussitôt entamés des travaux de revêtement de la chaussée. En 1925 sont tour à tour asphaltées l'avenue Dessalines, l'avenue de Turgeau, la rue Boyer, la rue du Dr Audain, la rue de Bellevue, la rue de l'Enterrement et l'allée nord du Champ-de-Mrs. L'année suivante, l'ancienne place Pétion, la place Tousaint-Louverture, les rues du Magasin de l'État, de l'Égalité et Cappoix reçoivent leur couche d'asphalte. Dans cette dernière rue, on remplace le pont métallique étroit qui enjambait le Bois-de-Chênes, par un drain en béton embrassant toute la largeur de la voie.

En 1929, le nouveau système d'asphaltage, dit par pénétration, et qui consistait à imprégner le macadam de bitume, est utilisé pour la première fois pour le revêtement de la rue John-Brown, secteur compris entre le carrefour du Chemin des Dalles et celui de la rue Bazelais (Martin Luther King). Ce procédé s'étant révélé plus résistant que l'asphaltage simple sera définitivement adopté. De 1920 à 1930, douze kilomètres de rues auront été asphaltés et quarante-quatre kilomètres macadamisés[3].

Pour les besoins du trafic et pour assurer en même temps le développement de certains quartiers trop enclavés, de nouvelles rues sont percées. À l'initiative des héritiers Saint-Cyr, la ruelle Saint-Cyr aboutissant au Champ-de-Mars est ouverte en 1924. De même est livrée à la circulation une nouvelle voie reliant Lalue au Bois Verna. Dans le quartier tout neuf du Bas-Peu-de-Chose, de nombreuses rues sont percées. Quelques-unes débouchent sur la rue de l'Égalité (Mgr Guilloux), d'autres sur le vaste terrain donné par M. Jérémie pour l'établissement d'une place publique[4]. On procède à l'élargissement et au prolongement de plusieurs voies et à l'embellissement de certaines autres. Les rues Saint-Honoré, de la Réunion et de la Révolution sont, parmi d'autres, ornées d'arbres que l'on plante des deux côtés de la chaussée.

Toujours dans le domaine de la voirie, le département des Travaux Publics entreprend en 1929 l'asphaltage de la route menant à Pétionville. Ce n'est plus un lieu de campagne où l'on allait se délasser des fatigues de l'année ou se protéger de la chaleur parfois accablante de Port-au-Prince. Pétionville est maintenant une petite ville en pleine évolution, une petite ville de luxe, "où l'on étale ses ors, ses oripeaux et ses flammes". Ville particulièrement appréciée des gens aisés qui en grand nombre s'y sont fixés, et aussi du président Borno qui y a sa demeure. Pétionville sera la première cité à être dotée d'une voie asphaltée de première classe la reliant à la capitale.

Les travaux débutent en janvier et durent cinq mois. Ils auront coûté 274.988 gourdes et 20 centimes[5]. Large de cinq mètres, avec des accotements pour piétons et animaux,la chaussée a été pourvue d'un revêtement résistant propre à supporter un trafic intense. Aux tournants dangereux, ont été installés des parapets de protection en toile métallique à grosses mailles. Des flamboyants aux fleurs éclatantes ont été plantés tout le long de la voie, et on présume qu'ils contribueront, dans quelques années, à faire de la route de Pétionville une des plus belles des Antilles.

Si en matière de revêtement des rues, les Travaux Publics pouvaient être fiers de leurs réalisations, il ne demeurait pas moins vrai que ces travaux n'avaient pas été exécutés avec toute la technique qu'exige la construction parfaite d'une chaussée. Pas de trottoirs, pas même de caniveaux ni de bordures, pas de canaux souterrains pour l'écoulement des eaux de ruissellement. Cette absence de drainage des nouveaux quartiers devait aggraver une situation qui affectait depuis des décades la population de Port-au-Prince et que la construction du réseau d'égouts du Bord-de-Mer par le concessionnaire Berlin n'avait que superficiellement améliorée... Aussi, les journaux ne cessaient-ils de réclamer l'adoption d'un programme de construction d'égouts collecteurs pour mettre un terme aux pertes enregistrées à chaque averse diluvienne.

En 1926, les Travaux Publics élaborent un plan de drainage de tout le territoire de la ville et de sa banlieue. À l'aide de photos aériennes, de cartes militaires et de relevés spéciaux, on a pu établir "une carte suffisamment exacte indiquant toutes les eaux des ravines tributaires du versant de provenance des eaux traversant Port-au-Prince". Il fut aussi reconnu que le lit du Bois-de-Chênes constituait le meilleur collecteur susceptible d'assurer le drainage efficace de tout le secteur ouest de la capitale.

La même année, les chantiers sont ouverts. Les eaux de la ravine de Babiole sont canalisées vers le Bois-de-Chênes par les drains de Turgeau. Celles de la ravine Desprez sont également captées et, par les drains de la rue Charles Cameau, amenées à un canal à ciel ouvert puis déversées dans un conduit de 600 mètres de long aboutissant au Bois-de-Chênes.

À la rue Oswald-Durand et à la rue Saint-Honoré, on effectue la mise en place de drains d'un diamètre convenable. Dans certains quartiers, les larges et profonds fossés de drainage à ciel ouvert, aussi désagréables à la vue que dangereux pour les passants et les propriétés riveraines, sont remplacés par des drains de 42 pouces de diamètre et recouverts d'une dalle de béton. À Lalue et à Turgeau, ainsi qu'au rond-point du monument de Dantès Destouches où se sont réalisés ces travaux, la disparition des fossés a permis un sensible élargissement de la chaussée. À la fin des années vingt, vingt-six kilomètres de drains en béton armé avaient été posés pour l'amélioration du système d'évacuation des eaux de la capitale.

Jusqu'à l'avènement au pouvoir du président Borno, nuls travaux d'embellissement des places publiques ne sont entrepris. Les allées centrales du Champ-de-Mars et de la place Geffrard disparaissent sous les halliers. La place Pétion s'est transformée en un champ d'herbes sauvages. À la place Louverture, les palmiers mis en terre présentent un aspect des plus minables, par manque d'entretien.

À partir de 1924, les responsables de l'urbanisme recommencent à s'intéresser au Champ-de-Mars, le principal jardin public de la ville. Autour du monument de Dessalines, on élève une clôture circulaire décorative qui prend la place de l'ancienne grille métallique. Un jardin d'agrément est aménagé au pied de la statue[6]. Le nouveau kiosque à musique en béton armé est achevé et inauguré en mai 1926. Il porte le nom du grand compositeur Occide Jeanty. Les bancs en ciment offerts par des commerçants et qui devaient l'entourer ne sont pas acceptés, l'ingénieur en chef, F.H.Cooks, ayant trouvé déplacées les réclames commerciales des donateurs portées au dossier des bancs. La surface environnant le nouveau kiosque est nivelée, gazonnée et plantée de nombreux sabliers. Quant à l'ancien kiosque métallique, il est démonté et envoyé aux Gonaïves. Plus à l'est, on élève une vasque ornée d'un jet d'eau. Un système adéquat d'arrosage est enfin installé.

Avec l'exécution de ces travaux, le réaménagement de la partie centrale du Champ-de-Mars est achevé. C'est maintenant un beau parc où il fait bon venir se détendre et jouir de la musique les jours de concert... Dans les autres secteurs de la place, des aménagements sont entamés. Entre autres travaux d'importance, l'embranchement du Bois-de-Chênes qui longeait le Champ-de-Mars à l'est du Palais National est comblé, permettant enfin la jonction de cette place avec sa voisine, la place Louverture.

De lourdes menaces planent sur la place Geffrard. En 1927, l'administration communale forme le projet de la transformer en parking. L'année suivante, c'est à la Chambre de Commerce de solliciter la cession de ce square pour l'érection de ses locaux. Ce projet est vivement combattu par *Le Nouvelliste*. En 1929, on se décide enfin à laisser à la vieille place Geffrard ses attributs de lieu de détente de la population. Le plan dressé par la section de génie des Travaux Publics pour sa transformation envisage son nivellement en vue de permettre l'aménagement d'un square ouvert. On procède à l'enlèvement des grilles. L'élégant kiosque en fer est déboulonné et transporté à Jérémie. Des trottoirs en béton de 2 mètres 50 sont construits. Çà et là émergent des massifs de plantes ornementales qui apportent leur note de fraîcheur et de gaieté au quartier des affaires.

Le déplacement du marché en Haut a rendu disponible toute l'étendue du terrain qui, du temps de la colonie, constituait la place de l'Intendance. Les pouvoirs publics s'empressent de faire main basse sur la partie nord de la place, afin d'y ériger une école industrielle. Le même sort est réservé à la place Sainte-Anne qui se voit amputée d'une bonne part de sa superficie pour servir de site à une école du même genre. Cette politique de démembrement des places publiques est sévèrement critiquée par la presse qui réclame au contraire plus d'espaces verts pour l'agrément de la population.

La partie laissée libre de l'ancien marché en Haut bénéficie d'une disposition nouvelle. Des allées y sont tracées qu'on revêt de graviers. Des pelouses sont aménagées et des arbres décoratifs plantés tout autour de la place. Par décret municipal du 12 juin 1929, le nouveau parc est baptisé place Alexandre Pétion[7].

Aux autres places publiques, on n'apporte que de légères améliorations : à la place Louverture, de nouveaux palmiers sont plantés pour remplacer ceux qui avaient péri, faute de soins.

Toutefois, une des plus anciennes places publiques de Port-au-Prince et qui heureusement avait gardé, quoiqu'elle ne fût devenue qu'une savane, les proportions que lui avait données en 1751 M. de Verville, ingénieur du roi, la place Pétion, ci-devant place du Gouvernement, est modifiée radicalement. Cette transformation rentrait dans le plan d'érection, dans l'axe de la place, d'un mausolée destiné à recevoir les restes des Pères de la patrie haïtienne : Dessalines et Pétion. Ce monument devait concrétiser "la reconnaissance des Haïtiens" et être "pour les générations du présent et de l'avenir, selon les vues du gouvernement, comme un signe de rappel à la pratique salutaire des hautes vertus dont l'abandon nous fut si funeste".

Pour répondre au plan d'aménagement, on débarrasse la place de tout ce qui s'y trouvait. Sont tour à tour démolis, l'Autel de la Patrie, construit sous Salomon, le monument de Pétion érigé par les soins du président Nord Alexis en 1903[8] et le caveau du président Hyppolite.

L'exhumation des restes du président Pétion et du président Riché, du sarcophage où ils avaient été placés, confiée à l'entreprise Sydney Paret, eut lieu dans l'après-midi du 5 janvier 1924, en présence des membres des trois pouvoirs de l'État. Du quotidien *l'Essor*, on extrait la relation de cette émouvante cérémonie :

"Le cercueil (de Pétion) dont le couvercle tenait à peine, une fois tiré de l'antique tombeau, fut ouvert sans difficulté... Rien que des ossements recouverts de chaux... Le crâne s'est assez bien conservé. Les machoires gardent intactes toutes les dents...

"Le double cercueil de Riché n'était pas dans un état décent. Cependant ses restes étaient encore en bon état de conservation : le crâne en parfaite condition porte des cheveux en certains endroits. L'habit militaire richement galonné dont il était revêtu est reconnaissable. Ses escarpins sont retrouvés. Le bandeau est toujours fermement appliqué sur l'oeil droit, sans que l'étoffe qui a gardé totalement sa teinte révèle aucune trace d'usure. Sous les mains rigides, se retrouve la Constitution de 1846, les pages liées et à peine jaunies.

"À l'ouverture du sarcophage de la fille de Pétion, on trouva le cercueil où repose Célie d'apparence peu rassurante, et les restes dans un état de conservation relative. Le crâne est bien à sa place et quand on enlève le suaire épais qui recouvre (le corps), on est étonné de voir les lambeaux de la robe qu'elle portait"[9].

Le lendemain dimanche, le nouveau cercueil en acajou entièrement doublé de zinc du Fondateur de la République est mis dans un corbillard richement paré. Le cortège se forme et prend la direction de la cathédrale. À l'issue de la cérémonie funèbre, on se rend au cimetière Sainte-Anne. Le Secrétaire d'État des Finances et du Commerce, M. Auguste Magloire, prononce un discours. Le cercueil est ensuite déposé dans le mausolée de marbre blanc qu'avait fait ériger le président Hyppolite et où depuis 1892 reposaient les cendres de l'Empereur[10].

Pendant toute l'année 1925, les travaux se poursuivent sur l'ancienne place Pétion. De spacieuses allées sont tracées. Pelouses, massifs, plates-bandes sont aménagés. Un beau grillage entoure la place : c'est celui qui clôturait le côté est du Champ-de-Mars. Sur un socle auquel donnent accès quatre escaliers avec rampe en béton se dresse le mausolée lui-même, oeuvre de l'architecte Léonce Maignan. Simple dans son architecture, il ne comporte qu'une salle, au milieu de laquelle a été installé, surélevé de deux degrés, l'ancien sarcophage en marbre de Pétion où seront placés les cercueils des deux héros.

Les travaux d'exhumation des restes de Dessalines, commencés le 30 décembre 1925, devaient se prolonger plus qu'il n'avait été prévu, par suite de grosses difficultés rencontrées pour l'ouverture du caveau. Le lendemain, on parvenait dans la matinée, à mettre à découvert "une planche en acajou de 80 cm de long. Cette planche formait côté d'un coffre long de 80 cm, lequel contenait les débris d'un crâne... quelques dents et de la poussière d'os mêlé à de la terre... L'acajou du coffre complètement vermoulu s'effritait sous les doigts..."[11]. La Commission spéciale qui avait été formée pour rédiger le procès-verbal de constat mit les restes dans un drapeau national et les enferma dans un coffret.

La veille avait été retiré du caveau de Dessalines le cercueil de Pétion qu'on avait ensuite déposé provisoirement à la sacristie de l'église Sainte-Anne[12]. Les restes de l'Empereur vinrent l'y rejoindre. Le lendemain, les deux coffres étaient enlevés de la sacristie et placés dans le caveau de la famille Louis Benjamin.

Dans la matinée du 2 janvier 1926, en présence des membres de la Commission spéciale, les cercueils sont scellés. Ils sont en acajou, doublés à l'intérieur de feuilles de cuivre. Leur dimension est de 36 pouces de long, 11 de large et 14 de haut. Ils ont été garnis et décorés par l'entreprise Antoine Audain. "Sur chacun des coffrets, le nom des héros simplement. Pas de grade, pas de titre. Deux épaulettes et des étoiles d'argent divisionnaires rappellent seules que les deux hommes durent leur grandeur par les succès remportés sur les champs de batille pour l'indépendance nationale"[13].

Les cercueils sont amenés à l'ancienne cathédrale d'où, le lendemain, ils sont enlevés pour être transportés à la nouvelle église métropolitaine. À l'issue de la messe suivie d'absoute qui a été chantée par Mgr l'Archevêque, le char funèbre, décoré aux couleurs nationales, et où ont été déposés les deux cercueils, s'engage dans la rue Docteur-Aubry et par les rues Pavée et Geffrard, débouche sur la place Toussaint-Louverture. Un long cortège le suit, formé des officiels du gouvernement et de l'occupation, des membres du Corps diplomatique et d'une foule de citoyens de toutes les couches sociales. Devant le Palais National, arrêt de deux minutes. Arrivé à la place du Mausolée où déjà se trouvaient les autorités ecclésiastiques, on pénètre par la barrière est. Les coffrets sont portés par quatre aspirants-officiers. Suivent à pied, le président et Madame Borno, les membres du Cabinet, les officiels du Traité. Soudain montent les notes émouvantes de la sonnerie aux morts. Les coffrets recouverts d'un drap de soie bleu et rouge sont ensuite soulevés par les officiers et placés dans le sarcophage. Le président reçoit du doyen du Tribunal de première instance, Me Rodolphe Barau, une copie certifiée conforme des deux procès-verbaux de constat dressés par la commission spéciale, et pieusement la dépose dans le sarcophage, à côté des restes de Dessalines. L'archevêque récite les prières de circonstance et la cérémonie s'achève par l'éloquent discours que le Président de la République, debout devant la porte d'entrée du Mausolée, adresse à la nation. Le nouveau parc, encadrement prestigieux digne du lieu de repos des Pères de la Patrie, et dont la construction n'avait coûté que 75.000 gourdes[14], reçoit le nom de place de l'Indépendance.

Par arrêté communal du 2 février 1928, d'autres places publiques, ainsi que les allées traversant ces places, reçoivent leur appellation officielle. Le Champ-de-Mars est baptisé place Dessalines. Ses principales avenues reçoivent les noms de George Washington, de Simon Bolivar et de Vertières. Pour perpétuer le souvenir de la visite à Port-au-Prince de celui qui le premier avait franchi l'Atlantique en avion, l'allée qui va du nord-ouest au sud-est de la place Louverture, en partant de la rue Mgr Guilloux pour aboutir au rond-point nord-est du Palais National, est dénommée Avenue Charles Lindbergh.

L'année 1922 voit l'inauguration de deux monuments dédiés à des personnalités qui s'étaient illustrées dans des domaines bien différents. Le dimanche 9 juillet, en présence du président et de Madame Borno, est solennellement dévoilé le buste de Toussaint-Louverture, oeuvre de Normil Charles, qui se dresse face au Palais National. M. Caïus Lhérisson, initiateur du projet, fait l'éloge du Précurseur. Concert dans l'après-midi offert par la musique de la Gendarmerie, lancement dans la soirée de feux de bengale et de feux d'artifice clôturent cette belle journée.

Le vendredi 3 novembre 1922, à l'issue d'une messe de requiem dite à son intention, a lieu l'inauguration du buste du docteur Dantès Destouches qui de son vivant s'était tellement dépensé pour le bien des déshérités. Le monument, également oeuvre du sculpteur Normil Charles, est formé de deux éléments et domine la rue où vécut le dévoué médecin et qui porte son nom. Le dévoilement accompli, le monument est remis à la ville de Port-au-Prince.

En mai 1927, un troisième buste est dévoilé, celui de l'ancien et zélé curé de Sainte-Anne, Mgr Joseph Bauger. Le monument élevé par les soins du Comité composé de Vilius Gervais, Édourd Estève et Jérémie et érigé sous la direction de l'architecte Léonce Maignan, orne un des coins de la place Sainte-Anne. Le buste est encore une oeuvre de Normil Charles qui, la même année, partira pour les États-Unis, travailler à l'exécution du monument aux soldats noirs morts pendant la Grande Guerre[15].

Une belle réalisation au bénéfice de l'urbanisme et qui traduisait la réelle détermination, dans les hautes sphères, d'oeuvrer pour l'embellissement progressif du cadre urbain : la construction du quai de Port-au-Prince. "C'est par un sourire, écrivait un périodique de l'époque, que Port-au-Prince accueillera le voyageur".

Depuis la fin des travaux en 1929, le rivage sordide qui côtoyait le quartier commerçant dans le voisinage du grand wharf a fait place en effet à un quai de 200 mètres de long sur 5 mètres de large et qui comporte "une surfce en béton armé supportée par des palplanches du côté de la mer, et par des pieux de soutènement sur la face opposée". Une esplanade capable d'accueillir plus de 300 voitures le jouxte à l'est. Qu'il débarque par la jetée ou par le quai, aucune image insolite ne blesse plus les yeux du voyageur. Le coquet Bureau du Port, les bureaux de la douane, ceux du magasin de l'État, toutes ces constructions récentes et fonctionnelles lui font un tableau qui l'impressionne favorablement.

En 1927, l'administration communale, de concert avec le service du génie municipal, s'attaquera au problème des marchés de la capitale dont l'organisation et l'exploitation laissaient énormément à désirer. L'action communale allait d'abord s'exercer sur le marché en Haut dont la pouillerie, en plein centre de la ville, constituait un outrageant défi à l'urbanisme. Après avoir projeté l'érection d'une grande halle pour abriter vendeurs et acheteurs, la Mairie préféra s'arrêter sur une décision qui n'allait pas manquer de déclencher les récriminations les plus diverses : la suppression pure et simple du marché en Haut.

Par son communiqué du 5 juillet 1927, la Commission communale informe qu'à partir du 7, le marché de la place de la cathédrale était provisoirement transféré au marché Debout de la place Sainte-Anne. La première réaction part des campagnards qui pour exprimer leur opposition à se rendre au Morne à Tuf, portent leurs produits au marché Vallière. Certaines marchandes, refusant d'abandonner les lieux, s'éparpillent dans les rues avoisinantes et dressent leurs éventaires sous les galeries des maisons. "C'est une cohue, se plaint *l'Essor*, un étalage de bobottes, de tablettes et de figues, et par dessus le marché, de gros mots tels que Notre-Dame n'a jamais entendus".

Tandis que les boutiquiers du Morne à Tuf, dans la perspective d'une relance de leurs affaires, manifestent leur joie de la résolution municipale, les commerçants de la place de la cathédrale, dans une pétition au Conseil communal, déplorent au contraire cette décision, appuyant leurs plaintes d'objections plutôt spécieuses. Après avoir signalé la paralysie et même la faillite que le déplacement du marché avait causées aux commerçants de la place de la cathédrale et à ceux des rues Bonne-Foi, du Peuple, des Fronts-Forts et de l'Abreuvoir, ils évoquaient la misère qui en était résulté pour eux et le sort qui était réservé à leurs enfants pour "n'avoir pas eu la fréquentation scolaire suffisante". Ils sollicitaient pour finir le rétablissement du marché sur son ancien site, solution qui tout en les satisfaisant, contribuerait, selon eux, à servir les intérêts de la Commune dont les recettes seraient préservées.

La réponse du Conseil, accommodée d'arguments irréfutables, est nette et catégorique : "Au temps où la ville de Port-au-Prince n'avait pas atteint son développement actuel, faisait-il remarquer, le voisinage des trois marchés de la place de la Cathédrale, de la place Vallière et de la Croix-des-Bossales était compréhensible. Mais aujourd'hui que la ville s'est développée au point que les nouveaux quartiers créés se trouvent à une énorme distance des centres desservis par ces trois marchés, l'équité administrative commande qu'ils soient aussi pourvus du confort auquel leurs habitants ont droit en leur qualité de contribuables... L'intérêt de la collectivité, concluait le Conseil, (devait primer) sur l'intérêt particulier de quelques-uns"[16].

Il fallut bien à chacun se rendre à l'évidence, d'autant plus qu'avec l'ouverture des chantiers de l'école industrielle sur une portion du terrain de l'ancien marché, tout espoir de revenir sur le passé était définitivement perdu. Cette victoire de l'urbanisme débarrassait la cathédrale métropolitaine d'un voisinage affligeant qu'elle n'avait que trop longtemps supporté.

Était aussi voué à la disparition, le marché Debout dont une bonne partie de l'emplacement avait été choisie pour servir de site à une école primaire professionnelle. En avril 1929, le marché est provisoirement transporté non loin du fort Sainte-Claire, sur un terrain assez spacieux, voisin de la mer et séparé de la Maison Centrale par la rue dite Sénèque Pierre. Ce déplacement du marché Debout était réellement une mesure transitoire, l'Édilité ayant déjà projeté, suivant son plan de décentralisation des centres d'approvisionnement, l'érection d'un marché au faubourg Salomon, pour remplacer celui de la place Sainte-Anne. Dans le même ordre d'idées, l'établissement d'un marché aux poissons dans la zone du fort Sainte-Claire avait été aussi décidé. Le 4 décembre 1929, entre la Société générale d'Entreprises S.A., représentée par Édouard Estève et Ernst Cords et la Commission communale de Port-au-Prince, est signé le contrat de construction du marché Salomon.

À ses débuts, l'apport du gouvernement du 18 novembre 1930 au développement de l'urbanisme est plutôt mince. Toute l'attention de la nouvelle équipe gouvernementale est fixée sur les questions délicates relatives à la prochaine libération du territoire. À côté des travaux ordinaires d'entretien toutefois, quelques projets d'une certaine importance démarrent, tels celui de l'érection à la Saline de la première cité ouvrière ou celui de la construction de la nouvelle route carrossable Port-au-Prince - Pétionville par le Canapé-Vert. Pour faciliter l'accès de la capitale au nord, l'arc de triomphe en maçonnerie, élevé sous Hyppolite par Montbrun Élie et devenu gênant pour le trafic, est démoli et la chaussée élargie.

Concernant le drainage, le canal à ciel ouvert longeant au nord le cimetière et qui s'était révélé incapable de contenir les eaux du Bois-de-Chênes lors des pluies torrentielles, est entièrement reconstruit. Le nouveau canal pourvu de radiers de protection mesure trois mètres de profondeur.

Une des plus longues artères de la capitale, la rue de l'Égalité, voit son appellation... révolutionnaire céder la place au nom d'une honorable personnalité religieuse qui avait été le véritable organisateur de l'Église d'Haïti après le Concordat : Mgr Alexis Jean-Marie Guilloux. C'est sur la demande du Comité haïtien de l'Alliance française, présidé par Caïus Lhérisson, que le conseil communal fait droit, en décembre 1933, à cette requête. La bénédiction par Mgr Le Gouaze de la plaque de marbre portant le nom de Monseigneur Guilloux a lieu le dimanche 24 décembre 1933. Au cours du concert donné à cette occasion au kiosque Occide Jeanty, le lieutenant Luc Jean-Baptiste, chef de la musique de la Garde, reçoit une médaille de l'Alliance française de Paris.

Les travaux d'embellissement du Champ-de-Mars, suspendus depuis trois ans, sont repris en février 1932. La partie de la place limitrophe du Palais à l'ouest est transformée en un agréable bosquet de palmiers, de bambous et de flamboyants, au centre duquel on élève une pergola de 30 mètres de long sur 10 mètres de large. Des colonnes en béton supportent une charpente métallique où bientôt viendront s'entrelacer des plantes grimpantes. Bancs accueillants et confortables, pièce d'eau centrale ornée d'un motif décoratif agrémentent le petit édifice d'où rayonnent vers les trottoirs de pourtour six allées bordées d'hibiscus.

En 1934, les premiers lampadaires à canalisation électrique souterraine sont installées au Champ-de-Mars. Quatre de ces lampadaires comportant trois globes sont placés au rond-point du monument de Dessalines, et trois lampadaires simples, autour du jet d'eau.

Les jardins de la place Sainte-Anne qui se trouvaient dans un état d'abandon quasi total sont entièrement refaits. Des massifs de roses, d'hibiscus et de crotons ornent maintenant les quatre pelouses qu'un arrosage régulier maintient en état.

Au nombre des travaux municipaux entrepris durant les premières années du gouvernement de Vincent, la restauration de la Terrasse de la rue Docteur Aubry, compte parmi les plus utiles et les mieux réalisés.

Cette terrasse élevée en 1789 par les soins de Barbé de Marbois et qui devait servir de décor au palais projeté de l'Intendance, n'était plus qu'une verrue. On s'inspira des estampes de Ponce, destinées à la "Description de la Partie française de l'Ile de Saint-Domingue" de Moreau de Saint-Méry, pour la reconstituer, telle qu'elle était à l'origine. Murs de soutènement, balustrades, fontaines et perron central à double rampe furent scrupuleusement rétablis dans leur forme première. La petite guérite placée sous le perron et qui, du temps de la colonie, servait de corps de garde aux archers préposés à la surveillance du marché, fut réparée et pourvue d'un parquet en béton.

En vue de l'aménagement de l'esplanade, la clôture qui masquait la cathédrale fut démolie, ce qui permit de doter l'édifice sacré d'un nouveau perron plus en harmonie avec le style de la façade et d'établir au centre de l'esplanade un coquet parterre entouré d'allées voiturables et éclairé la nuit par quatre lampadaires. Aux côtés nord et sud du terre-plein furent construits deux escaliers pour en faciliter l'accès.

Notes

1 *L'Essor*, 30 avril 1934 - Bulletin de Statistiques, Exercice 1943-1944 No 2, pp. 10 et 11.

2 *L'Essor*, 14 février 1929.

3 D.G.T.P. : *Les Travaux Publics d'Haïti*, p. 23.

4 Cette donation était la première du genre enregistrée dans l'histoire sociale d'Haïti - *L'Essor*, 10 juillet 1926.

5 D.G.T.P. : *Rapport annuel, Ex. 1928-1929*, p. 96.

6 Dans la nuit du 28 au 29 juin 1929, le monument de Dessalines fut l'objet d'une indigne profanation. Après avoir barbouillé de blanc la statue, les profanateurs ajustèrent au bras droit qui brandit le sabre un tonnelet de bière soutenu par un cordon de moustiquaire. En signe de réparation, le Président de la République, son épouse et ses ministres vinrent le lendemain déposer des gerbes de fleurs au pied de la statue. Pendant toute la journée, de nombreuses associations se firent le pieux devoir de fleurir le monument. L'enquête, comme il fallait s'y attendre, ne parvint à rien élucider.

7 En 1924, l'ancienne place Pétion, à l'ouest du palais présidentiel, avait été désaffectée. Depuis lors, aucune place ne portait le nom du Fondateur de la République.

8 Il sera donné à l'Amicale du lycée Pétion qui le reconstituera à l'entrée du bâtiment de sa bibliothèque, derrière la cathédrale. Depuis 1981, il se dresse sur la place Saint-Pierre de Pétionville.

9 *L'Essor*, 8 janvier 1924.

10 Les restes de Riché et de Célie Pétion furent placés provisoirement dans la chapelle du cimetière Extérieur. Quant à la dépouille mortelle d'Hyppolite dont "il restait très peu de choses", elle fut déposée dans le caveau de son fils Chéry Hyppolite, au cimetière Extérieur.

11 Rapport du 11 janvier 1926 sur l'exhumation des restes de Dessalines et de Pétion, par MM. Paul Borno et Georges Th. Lafontant - *Le Moniteur*, 25 janvier 1926, No 7.

12 Évoquant des motifs liturgiques, le curé de Sainte-Anne, le père Benoît, s'était opposé à ce qu'on place les cendres de Pétion dans l'église même, parce qu'il devait y célébrer un mariage. Les commissaires estimèrent la raison insuffisante, et peu s'en fallut que l'incident ne dégénérât en esclandre.

13 *L'Essor*, 4 janvier 1926.

14 Rapport annuel de la D.G.T.P. pour l'exercice 1925-1926, p. 58.

15 *La Petite Revue*, Mai 1927.

16 Bulletin de la Commune de Port-au-Prince, 1er octobre - 31 décembre 1927.

ÉDIFICES PUBLICS

Peu de réalisations remarquables concernant les édifices publics au début du gouvernement de Borno. Place Sainte-Anne, on élève en 1923, le bâtiment en béton et maçonnerie du tribunal de paix de la section sud. On s'attelle à la même époque à un travail de plus grande envergure, celui du remplacement du toit en ardoises de la cathédrale métropolitaine qui faisait eau, par une nouvelle toiture en fibro-ciment. La partie du toit en béton fut consolidée et l'enduit extérieur très crevassé et qui par endroits s'était détaché, fut entièrement repris. De beaux vitraux viendront plus tard animer les fenêtres des nefs, travail délicat qui s'accomplira impeccablement.

La mise en chantier, en juin 1924, du Palais des Finances marque le début des travaux d'exécution des édifices publics de grande classe. Grâce aux valeurs obtenues en vertu du crédit extraordinaire du 28 mai 1924 et des sommes prélevées sur les fonds de réserve du Receveur général et mises à la disposition de la D.G.T.P., l'édification du bâtiment marche rapidement. Dès le 1er décembre 1925, l'Administration des Finances pouvait laisser ses locaux de la rue du Centre pour s'y installer. Prirent également possession des appartements qui avaient été aménagés à leur intention, les services du Conseiller financier et Receveur général, ceux du département du Commerce et ceux de l'Enregistrement et de la Conservation des hypothèques. Le 3 janvier 1926, à l'issue de la cérémonie de translation des restes de Dessalines et de Pétion au Mausolée, a lieu l'inauguration du bâtiment. En présence du couple présidentiel, des officiels du gouvernement et de l'occupation et du Conseiller financier, le Dr Cumberland, Mgr Conan procède, du haut de l'escalier du pavillon central, à la bénédiction de l'édifice. Le discours de M. Émile Marcelin, ministre des Finances, clôture la cérémonie.

À partir du deuxième semestre de 1925, "l'allocation des fonds qui avaient été mis en réserve pour le règlement de réclamations contre l'État et qu'on n'avait pas employés"[1], permet d'accélérer et d'étendre le programme de construction des bâtiments publics. On note dès cette époque, en effet, un remarquable essor dans l'édification des bâtiments de l'État qui va de pair avec celle des constructions privées. La brique qui jusqu'alors avait été préférée au bloc de ciment voit, par suite d'une production insuffisante, diminuer sa popularité au profit du matériau concurrent. Pour alimenter régulièrement ses chantiers, les Travaux Publics font l'acquisition de quatre moules capables de produire chacun 800 blocs de ciment par jour. Le prix de revient du bloc se révèle nettement inférieur à celui de la brique. Dans la suite, les Travaux Publics feront appel à un matériel de construction perfectionné et utiliseront pour la première fois en Haïti des matériaux nouveaux tels que béton imperméable, celotex, marches en acier pour escalier... De grands projets seront réalisés dans des proportions inconnues jusqu'ici. Plus tard, délaissant le mur de béton armé ou de maçonnerie de pierre recouverte d'enduit, on adoptera un type de construction entièrement nouveau et plus économique : la brique armée. Dans ses principales caractéristiques, renseignait le Bureau de génie des Travaux Publics, "la structure en brique armée est à peu près similaire à celle du béton armé, excepté que pour la première, on substitue au béton des briques enrobées dans un mortier".

Le premier projet à profiter des nouvelles dispositions financières est celui de l'École Centrale d'Agriculture dont la construction entrait dans le cadre de la politique de développement agricole vivement préconisée par le gouvernement et les officiels du Traité. En mars 1925, la première pierre est solennellement posée par le Président de la République. Le bâtiment va s'élever sur la vaste propriété de Damien, voisine du bourg de la Croix-des-Missions. On entame d'abord l'aile droite qui, en décembre de l'année suivante, sera achevée, en dépit des difficultés d'approvisionnement en matériaux de construction de ce grand chantier en pleine campagne. Le Service Technique y prend logement, ainsi que les différentes sections de l'École Centrale. Après un répit d'une année, l'aile gauche est attaquée. Terminée en avril 1929, elle accueille les bureaux du Service Technique qui se trouvaient encore disséminés dans différents locaux à travers la ville.

Située dans une position qui rend son aspect frappant, l'École Centrale d'Agriculture, oeuvre de l'architecte Léonce Maignan, du Service des Édifices publics des Travaux Publics, est un bâtiment d'une très belle architecture. Long de plus d'une centaine de mètres, il comporte un rez-de-chaussée et deux étages. Les murs en maçonnerie et briques sont recouverts de stuc à l'extérieur et de plâtre à l'intérieur. Les cloisons en latte métallique sont soutenues par des traverses de bois, le tout recouvert de plâtre. Les boiseries sont en cyprès de Louisiane séché à l'air. La toiture en amiante repose sur une ossature en acier... L'École Centrale d'Agriculture qui abrite de nos jours le Ministère de l'Agriculture, est restée un des bâtiments publics les plus imposants d'Haïti[2].

D'une exécution tout aussi remarquable, le Quartier Général de la Gendarmerie d'Haïti dont on entreprend la construction en 1925 sur un terrain situé à l'est de la place Toussaint-Louverture. Le 6 janvier 1927, en présence du Président de la République, de ses ministres et du Haut Commissaire Russell, le nouveau bâtiment, également oeuvre de l'architecte Maignan, est béni par le curé de la cathédrale, le père Richard. Élément important de l'ensemble des édifices publics prévus pour l'environnement du Palais National, il a bénéficié d'une attention spéciale des bureaux du Génie municipal. Mesurant 36 mètres de longueur sur 15 mètres de largeur, il est en maçonnerie à deux étages, avec galerie en béton sur trois façades. D'une architecture plutôt simple, il n'offre pas moins un aspect des plus agréables.

Les jardins de la Présidence sont à cette époque embellis et gratifiés de pergolas où vont s'agripper des bougainvillées aux nuances rutilantes. Le modeste hôpital militaire construit dans la cour de la caserne Dartiguenave accueille ses malades dans les premiers jours de 1927. C'est plutôt une infirmerie d'une capacité de vingt lits et qui comporte deux chambres privées pour officiers. Il est le premier bâtiment public à avoir été pourvu d'une couverture en feuilles d'amiante. La même année 1927 voit l'inauguration le 16 mai du Bureau des Télégraphes et Téléphones, à l'angle des rues Pavée et Républicaine, celle le 30 octobre du bâtiment de l'École de Médecine, celle le 1er novembre des entrepôts et du Bureau administratif de la Douane et la mise en chantier, place de l'Indépendance, du Palais de Justice en février, et des Magasins généraux de l'État au bas de la rue Macajoux, en octobre. Détail technique digne d'être signalé en raison de sa nouveauté : l'aération des dépôts de la Douane est assurée par d'énormes ventilateurs mobiles installés aux baies aménagées dans le toit.

De tous les édifices inaugurés au cours de l'année 1927, le bâtiment de l'École de Médecine reste le plus remarquable. Mis en chantier en novembre 1926, il était achevé en moins d'un an. Les professionnels de la construction étaient unanimes à reconnaître que par la perfection de l'exécution, le bâtiment de l'École de Médecine, long de 48 mètres et large de 16, conçu et dessiné par l'architecte Maignan, pouvait être considéré comme une illustration des progrès réalisés dans l'art de construire en Haïti.

L'année suivante sortent de terre les murs du Bureau du Port qui sera achevé en avril 1929. L'érection de cet édifice d'un "dessin élégant" complétait l'exécution du plan d'aménagement du site portuaire conçu par le gouvernement.

Un rêve "depuis longtemps caressé par la population de la capitale et dont la réalisation devait répondre à l'une des nécessités primordiales de cette ville", l'édification de l'Hôtel de Ville de Port-au-Prince, se concrétise enfin. C'est sur le terrain faisant l'angle sud-est de la Grand'rue et de la rue Pavée qu'avait d'abord été projeté la construction de la Maison communale; mais l'emplacement s'étant révélé trop exigu, on fit choix du terrain communal sis à la rue du Quai et anciennement occupé par la maison Reinbold et Co et divers fermiers. Sous la direction de l'architecte Georges Baussan qui en avait dessiné le plan, assisté de l'ingénieur Pierre Nazon, les travaux de l'Hôtel de Ville s'ouvrent le 16 décembre 1925. Poursuivis avec célérité pendant deux ans, ils s'achèvent aux derniers jours de 1927. Le 2 janvier 1928, dans l'après-midi, c'est la cérémonie d'inauguration. Au bas du grand escalier s'est rangée la foule des invités, tandis que sur la galerie centrale ont pris place les personnages officiels. Après les discours du président de la Commission communale, M. Charles de Delva, et celui du Secrétaire d'État de l'Intérieur, M. Charles Fombrun, l'archevêque de Port-au-Prince bénit l'édifice. La cérémonie s'achève par la réception offerte dans la salle des fêtes et la visite du bâtiment.

Le plan initial de l'édifice n'a pourtant pas été réalisé. Il comporte encore "deux grandes ailes, la décoration intérieure et des combles dont il résulte un ensemble majestueux"[3]. Tel qu'il se présente, le bâtiment avec ses 47 mètres de long, ses 14 mètres de large, ses 15 mètres de haut et son architecture qui se rapproche du style néo-classique, ne présente pas moins un fort bel aspect. Il n'aura coûté que 50,000 dollars aux contribuables.

Le vieux projet de construction d'un Palais de Justice digne de la capitale d'Haïti prend corps en 1927. On lui destinait à l'origine le terrain vague de la rue du Centre, ancien site du Sénat de Boyer[4]. Cédant à l'idée qui avait fini par s'imposer de créer dans le voisinage du Palais présidentiel le quartier de l'Administration, on préféra se rabattre sur une position très convenable, située au sud de la nouvelle place de l'Indépendance, mais qui était occupée par des propriétaires de maisonnettes de piteuse apparence. Grâce à de nouvelles allocations de fonds, des dédommagements sont versés à ceux qui se trouvaient installés sur les lieux à titre de propriétaires ou de fermiers, ce qui permit de disposer d'un terrain de 99 mètres de l'est à l'ouest et de 66 mètres du nord au sud.

Dans l'après-midi du dimanche 6 février 1927 se déroule, en présence de Mr et Mme Louis Borno et du vicaire-général de l'archidiocèse, le père Le Gouaze, qui va en faire la bénédiction, la cérémonie de pose de la première pierre du Palais de Justice. Elle porte l'inscription : *Palais de Justice - Première Pierre posée le 6 février 1927 par Son Excellence Louis Borno, Président de la République*". C'est le plus grand projet de construction civile entrepris par la D.G.T.P. Les travaux placés sous la direction de l'ingénieur des Travaux Publics François Georges avancent rapidement. De nouveaux crédits pour l'achèvement du bâtiment sont accordés sans réticence.

Le dimanche 30 septembre 1928, l'archevêque de Port-au-Prince bénit l'édifice qui est solennellement inauguré par le président Borno. Prennent successivement la parole, l'ingénieur en chef, M. Duncan, le Secrétaire d'État des Travaux Publics, M. Léonce Borno et le Secrétaire d'État de la Justice, M. Arthur Rameau.

Le Palais de Justice est, après le Palais National, "le plus bel édifice public de la République au point de vue technique et architectural". De style renaissance française, il est l'oeuvre de l'architecte Léonce Maignan. Le bâtiment comporte un étage avec un rez-de-chaussée et un sous-sol. À la façade principale de 72 mètres 50 de long se rattachent trois ailes arrière. L'aile centrale de 20 mètres de long sur 10 mètres de large, où sera installé le Tribunal de 1ère Instance, peut contenir 224 auditeurs. Elle ouvre sur un vestibule auquel donne accès un large escalier défendu par deux majestueux lions en bronze[5].

Les portes et fenêtres sont en cyprès désséché à l'air et les panneaux intérieurs en acajou du pays. Des décorations en plâtre pratiquées à l'intérieur et à l'extérieur du bâtiment en rehaussent la splendeur. Le montant total des dépenses, y compris le coût de l'emplacement, de l'installation électrique et du mobilier se chiffre approximativement à 1.900.000 gourdes[6].

Au tribunal de Cassation est réservé l'aile gauche, au Tribunal Civil le centre, au Tribunal de Commerce et aux parquets de ces tribunaux l'aile droite. À l'étage prennent logement le Tribunal d'Appel, la bibliothèque, la Chambre de délibérations du Tribunal de Cassation, les bureaux du doyen du Tribunal Civil, du bâtonnier, des juges des référés et des juges d'instruction. Au sous-sol ont été aménagées la salle de délibérations des jurés, la salle de repos des juges et la salle des prévenus.

À partir de 1930, la grave dépression commerciale qui jette la perturbation dans l'économie de nombreux pays et en premieu lieu dans celle des États-Unis, ne manque pas de frapper la petite Haïti. La baisse des revenus de l'État qui en résulte entraîne la réduction sensible des allocations accordées aux Travaux Publics. Durant plusieurs années, cette situation se prolongeant, aucune mise en chantier de bâtiment public important ne s'effectuera. C'est ainsi que jusqu'à la désoccupation, on ne relève, sous le gouvernement de Sténio Vincent, aucune érection notable d'édifice public à la capitale. Mais les activités intenses dans le domaine du bâtiment qui avaient marqué la deuxième moitié de la décennie vingt et avaient permis à l'ouvrier haïtien de se familiariser avec les méthodes modernes de construction, avaient nanti ceux-ci de solides qualifications. Conséquence heureuse qui, dans les années à venir, devait fort opportunément se répercuter sur la manière de bâtir en Haïti.

Notes

1 D.G.T.P. *Les Travaux Publics d'Haïti*, p. 9.
2 En 1988, l'aile nord s'est trouvée la proie des flammes. Cette aile, dont les murs avaient résisté à l'incendie, a depuis été entièrement restaurée.
3 Bulletin de la Commune de Port-au-Prince, Janvier-Mars 1928, p. 30.
4 Emplacement de la Bibliothèque Nationale.
5 Ils décoraient auparavant la partie du Champ-de-Mars qui faisait face aux Tribunes.
6 *L'Essor*, 1er octobre 1928.

ÉCLAIRAGE ET DISTRIBUTION DE L'EAU

Port-au-Prince subit encore les ennuis causés par l'explosion, le 15 décembre 1921, d'une des chaudières de l'usine électrique de Bizoton. Deux sources d'approvisionnement qui se relaient continuent à lui fournir l'énergie électrique. L'usine de Bizoton envoie le courant pendant la journée et la nuit à partir de 22 heures; celle de la HASCO l'après-midi et le soir, lorsque la consommation est plus intense.

Le 1er septembre 1923, le nouvel équipement de l'usine érigée non loin des ruines du fort Sainte-Claire est mis en service. Il comprend deux unités diesel d'une capacité de 275 kilowatts chacune et deux autres unités pouvant êtres mises en marche en cas de besoin. Une nouvelle ligne de distribution a été installée sur poteaux en acier. Au 19 octobre, le transfert des services à l'usine du fort Sainte-Claire était terminé et l'usine de Bizoton mise hors d'état de fonctionner. En août avaient été promulgués par décret présidentiel les règlements concernant la distribution de l'énergie électrique à Port-au-Prince et au Cap-Haïtien. Suivant ces règlements, l'énergie électrique pour l'éclairage et la force motrice, distribuée à 2.300 volts, devait être réduite à 110 et 220 volts pour la consommation des abonnés.

L'éclairage des rues est assuré par 115 lampes à incandescence de 1.000 bougies, 165 de 600 bougies, 86 de 250 bougies et 20 de 50 bougies. Aux abonnés, l'électricité est fournie sans interruption, mais ces derniers se plaignent de ce que le prix du kilowatt est plus élevé qu'à Cuba et aux États-Unis.

En 1929, un consortium étranger, la United Utilities and Service

Corporation de Philadelphie devient propriétaire des deux usines de Port-au-Prince et du Cap. M.Davidson est placé à la présidence du Conseil d'Administration en remplacement de M. Elliott. M. Bléo est maintenu à la vice-présidence et M. Georges N. Léger nommé conseiller. Diminution du tarif et installation d'une nouvelle dynamo, tels furent les résultats satisfaisants qu'apporta aux abonnés de la Compagnie d'Éclairage électrique le changement de propriétaires.

En 1933, nouveau contrat entre le gouvernement haïtien et la Compagnie électrique, en vue d'une utilisation plus avantageuse pour le pays et les consommateurs de l'énergie électrique. Selon le nouvel arrangement, la compagnie bénéficiait d'une prolongation de la concession, mais devait alimenter à ses frais les rues de Port-au-Prince, de Pétionville et du Cap et ajouter aux lampes existantes 300 nouvelles lampes. Elle abaisserait graduellement son tarif qui, à partir de 1936,serait de 12 centimes or pour l'éclairage et de 9 centimes or pour la force motrice. Le personnel de la compagnie serait exclusivement haïtien, à l'exception du directeur, de son secrétaire particulier et du surintendant des usines de Port-au-Prince et du Cap. À l'expiration de la concession, tout le matériel reviendrait à l'État[1].

La capitale ne cessant de s'agrandir et sa population de s'accroître, le problème de son approvisionnement en eau ne finit jamais de se poser. Les sources d'alimentation étant nombreuses et pour la plupart inexploitées, cette question ne présente encore aucun caractère alarmant, et l'on sait gré à l'administration de son souci de satisfaire les besoins à mesure qu'ils se font plus impérieux[2].

En 1923, l'agrandissement du réservoir de Bellevue est achevé et le captage de la source de Chaudreau terminé. Les travaux réalisés à Bellevue font passer la capacité du réservoir de 50.000 à 140.000 gallons. L'aqueduc de Leclerc en ciment armé de 30 pouces de diamètre qui amenait en ville les eaux provenant des sources Leclerc et Diquini voit son débit augmenter avec l'apport des eaux de Chaudreau. En 1927, le Service hydraulique remplace l'aqueduc en maçonnerie par des tuyaux en fonte.

Pour satisfaire le besoin en eau des quartiers pauvres, on y installe neuf fontaines automatiques. Conçues pour réduire le gaspillage d'eau, elles permettent d'obtenir le précieux liquide "en tournant la poignée d'une pompe rotative communiquant avec une chambre close où une provision d'eau est constamment maintenue par soupape flottante".

Nouvel agrandissement en 1926 du réservoir de Bellevue obtenu en surélevant les murs. La réserve d'eau est portée à 260.000 gallons provenant du débit nocturne de la source de Turgeau amené par un tuyau d'alimentation de 8 pouces. L'année suivante, en lieu et place de l'ancienne conduite en maçonnerie, des tuyaux de fonte sont posés pour canaliser les eaux de la source Plaisance-Cerisier.

En vue d'arriver à un contrôle plus efficace de la consommation hydraulique, on décide d'adopter le compteur d'eau à placer sur les prises des abonnés. La première année, on procède à l'installation de 1.305 compteurs, nombre qui s'élèvera à 2.400 l'année suivante et à 2.520 l'année d'après. Certains organes de presse, comme *Le Nouvelliste* et *Le Journal Médical Haïtien* du Dr François Dalencour, s'élèvent contre l'emploi de ce système de contrôle. À la vérité, la vérification de la consommation d'eau par le compteur devait se révéler dispendieuse et inopérante. Après seulement quelques années d'utilisation, le compteur fera place au tarif fixe.

À Bourdon est mis en chantier un réservoir de 3,400 mètres cubes, pouvant contenir 930.000 gallons d'eau et destiné à emmagasiner pendant la nuit les eaux des sources Plaisance et Cerisier. Le réservoir à deux compartiments mesurera à son achèvement 55 mètres de long, 16 mètres de large et 4 mètres de profondeur. La mise en service en janvier 1929 du réservoir de Bourdon amène la suppression du vieux réservoir de Piny devenu sans objet.

Au cours de l'année 1929, le Service hydraulique fait l'acquisition d'un réservoir en acier d'une capacité de 2.000.000 de gallons, destiné à emmagasiner le débit nocturne des sources Leclerc, Chaudreau et Diquini. Le montage à Bolosse de ce réservoir, le plus grand de tous ceux construits jusqu'alors, s'achèvera en moins d'un an. En septembre 1930, il est mis en service. Un tuyau-mère de douze pouces, traversant la Grand'rue et la rue Macajoux, relie le système de

Bolosse au réservoir Nord Alexis du Bel-Air.

Ces différents travaux exécutés presque sans trève durant la présidence de Louis Borno témoignent de l'efficacité et du dévouemennt dont faisaient preuve les planificateurs de la distribution de l'eau à Port-au-Prince. Avec l'arrivée de Vincent au pouvoir, cet esprit persistera, mais gêné par la récession économique, ne pourra donner toute sa mesure. Au départ des Américains, seulement la source Mascaron aura été captée au lieudit Tête de l'Eau, dans les hauteurs de Pétionville. À Port-au-Prince, les travaux hydrauliques se circonscriront à la construction d'un réservoir de 480 mètres cubes attenant au réservoir de Bellevue à Pacot et alimenté par les eaux de Turgeau.

Notes

1 Rapport annuel de la D.G.T.P., Exercice 1932-1933, p. 51.
2 Les bureaux du Service hydraulique étaient logés près de la cathédrale, dans les anciens locaux de la Police Administrative. En 1928, ils seront transférés à la rue des Miracles dans l'immeuble qui avait abrité l'Imprimerie nationale (occupé aujourd'hui par la Division d'Hygiène publique). Remis au Service d'Hygiène, l'ancien local du Service Hydraulique sera réaménagé et, viendra s'y installer, le Centre de Santé de la Cathédrale.

TRANSPORT ET COMMUNICATIONS

À l'avènement de Borno à la présidence, 596 véhicules à moteur circulent dans les rues de Port-au-Prince. Ce parc automobile déjà assez important pour l'époque détermine les responsables de la circulation à renforcer le contrôle de la locomotion automobile en plaçant à certains carrefours de la ville des agents chargés de régler la circulation. Dans cette même perspective seront élaborés de nouveaux règlements, plus précis et plus détaillés, embrassant, outre ceux de la circulation, l'immatriculation des véhicules et la délivrance du permis de conduire. Vers la fin des années vingt, commencera à fonctionner à la Garde d'Haïti un service d'inspection des véhicules où étaient principalement examinés freins, cornet et phares. À partir de cette époque, la remise de la licence fut assujettie à des épreuves sévères auxquelles furent soumis les aspirants "chauffeurs", et parallèlement, on put constater une notable diminution des accidents.

Le développement du parc automobile d'année en année marque bien l'engouement du public pour ce mode de déplacement rapide et... prestigieux. Parmi les marques les plus recherchées vient d'abord la Ford, avec 120 unités enregistrées à Port-au-Prince en 1926, puis la Buick, avec 113 unités et la Dodge, avec 83 unités[1]. En 1929, le nombre d'automobiles privées enregistrées à la capitale se chiffrait à 769, celui des autos publiques à 259, celui des autos officielles à 194 et celui des camions à 83[2].

Aux raisons pratiques qui portent les uns et les autres à devenir propriétaires d'une automobile, s'ajoute également l'envie de s'évader qu'assure l'extension du réseau routier. Après l'asphaltage de la route de Pétionville, est entamée la construction de la route de Kenscoff, longue de 16 kilomètres, qui est bénie par l'archevêque-coadjuteur de Port-au-Prince le 30 avril 1930 et ouverte le même jour au trafic.

Bien avant cette utile réalisation, un étranger, M. Tebelfoss, avait, sur une Chevrolet, accompli en septembre 1925, la prouesse d'arriver pour la première fois, par une piste à peine tracée, jusqu'à Kenscoff, pittoresque village juché à 1.400 mètres d'altitude[3]. En 1927, M. Philipps renouvelle cette performance. Sur une Oldsmobile, il parcourt le trajet Pétionville-Kenscoff en deux heures et cinq minutes[4]. Voici comment la presse relatait ce sensationnel exploit :

"Avant-hier, une Oldsmobile appartenant à Marcel Gentil, partie à Pétionville avec comme passagers le propriétaire, MM. Perry et A. Braun, a atteint Kenscoff, conduite par M. Philipps, chef de garage de la West Indies, en deux heures et cinq minutes. Cette randonnée audacieuse a été fêtée par les grands propriétaires de la station d'été. Arrivée à Kenscoff chez Simon Vieux, constat signé par Serge Vaillant. Le trajet s'est fait sans pannes, avec trois gallons de gazoline. Il n'y a été ajouté ni huile, ni eau pendant tout le trajet aller et retour.

"Départ de chez Dereix à 2 heures 45. Arrivée à Pétionville à 4 heures 5. Entrée à Port-au-Prince par le Champ-de-Mars et constat signé par le Président de la République".

Bien sûr, en pareille circonstance, la publicité commerciale ne perdait pas ses droits. Et c'est pourquoi la relation de ce véritable raid se terminait par ces compliments tout-à-fait mérités du reste :

"Hommage à la solidité et à la résistance des pneus Good Year utilisés pour tenter ce trajet auquel ont renoncé maints automobilistes des plus hardis. La voiture Oldsmobile, produit par la General Motors, est exposée à la West Indies Trading Co"[5].

La même année, une Buick conduite par Francis Plunkett, procureur à la maison Robelin, réussit la troisième et périlleuse ascension de Kenscoff. Mais ce sera l'américain Anton Kneer qui, toujours en 1927, battra le record de temps en couvrant en 35 minutes, à bord d'une Overland, le parcours Port-au-Prince - Kenscoff[6]. Enfin, au cours de cette même année 1927 qui s'était révélée l'année des grandes performances automobiles, l'un des vainqueurs de la route de Kenscoff, Philipps, établissait le record de longue distance en parcourant sur une Buick le trajet Port-au-Prince - Santo Domingo en 7 heures et 50 minutes[7].

Ces engins magnifiques qui font la fierté de leurs propriétaires ne sont pas parvenus cependant à détrôner le cheval qui continue à prêter ses inestimables services à ceux qui doivent se déplacer à travers la ville sans avoir à faire face à d'onéreux débours. En 1923, 260 voitures publiques ou buss et 540 voitures privées ou buggies sillonnent les rues de la capitale[8]. Le transport public urbain est encore presque entièrement assuré par les buss, mais le gros ennui qu'avaient à supporter journellement les usagers de ce mode de transport, c'était l'indiscipline des cochers qui, se moquant du tarif officiel des courses, leur créait mille misères. Ces voitures publiques par ailleurs étaient loin d'offrir un confort tant soit peu acceptable. "Le buss serait l'idéal, faisait remarquer un habitué désappointé. Il n'occasionne guère d'accident et nous épargne du sens unique. Mais le buss port-au-princien est une vieille roulotte qui sur les crevasses de la rue transforme en saint Guy le plus sec des humains"[9].

Nulle amélioration dans le service du "petit train" que l'on continue à utiliser, malgré sa lenteur proverbiale, par habitude et surtout pour la modicité de son tarif.

En 1925, se lançant une nouvelle fois dans une entreprise qui pour ses prédécesseurs s'était soldée par une faillite, Félix Déjean établit un service d'autobus destiné à relier au centre-ville les quartiers de Lalue, du Bois-Verna et du Bois-de-Chênes. On ignore malheureusement ce qu'il advint de cette tentative.

L'organisation d'une vraie "ligne" de taxis ne semble avoir vu le jour qu'en 1928. C'est cette année-là, en effet, que, sans doute après entente, des propriétaires d'automobiles mettent à la disposition du public un certain nombre de voitures affectées au service du transport des voyageurs de 6 heures du matin à 6 heures du soir. Le tarif, de la rue Quai au Petit-Four, était de 25 centimes. Au-delà du Petit-Four et dans toutes autres directions, le prix de la course était fixé à 75 centimes[10].

L'irruption de cette nouvelle organisation sur le marché du

transport urbain fait apparaître la compétition. On prévoit déjà le moment où les buss ne seront plus dans Port-au-Prince qu'un vieux souvenir, comme les fiacres de Paris, puisque leur tarif est de cinq centimes supérieur à celui des "autos de la ligne", plus rapides et plus confortables.

Deux mois plus tard, l'équilibre est rétabli. En présence des recettes insignifiantes réalisées, les propriétaires de la "ligne" relèvent le prix de la course en la fixant indistinctement à 50 centimes pour tous les déplacements à travers la ville. Cet essai de normalisation du prix du transport n'amène aucun changement au comportement des "chauffeurs" qui, pour la plupart, par une bizarrerie qu'on s'explique difficilement, manifestent envers les voyageurs une incorrection égale à celle des cochers. "Certains chauffeurs commencent à faire parler d'eux, se plaignait-on dans la presse. Ils sont plus exigeants et plus grossiers que les cochers. Ils refusent de véhiculer le piéton quand ils sont à leurs affaires. Ils exigent un tarif extra quand ils arrivent au but, refusent de la monnaie, etc. Impertinents et audacieux, ils sont menaçants et atrabilaires"[11].

Déjà s'organise le transport en commun par véhicules à moteur des voyageurs habitant la banlieue port-au-princienne. Sur le parcours Port-au-Prince - Pétionville, un camion appartement à Pépé Delva fait le trajet aller et retour. Le circuit Port-au-Prince - Carrefour est lui-même desservie par une ligne de camions dont le propriétaire est Christian Cameau.

Onze lignes étrangères de navigation assurent les liaisons maritimes entre la capitale et les ports extérieurs. Ce sont la *Royal Netherland's Steamship Co*, appelée aussi *Ligne Hollandaise*, qui dispose pour Haïti de cinq navires; la *Compagnie Royale Néerlandaise de Navigation*; la *Compagnie Générale Transatlantique*; la *Horn Line*, avec deux bateaux; la *Panama Railroad Steamship Line* qui avec ses quatre navires met Port-au-Prince en communication avec New York en moins de quatre jours; la *Colombian Steamship Company Inc.*; l'*Aluminium Line*; le *Royal Mail Steamship Packet and Co*; la *Lone Star Steamship and Co*; la *Likes Brothers Steamship*; enfin la *Hamburg Amerika Linie* qui après onze ans d'inter-ruption reprend en 1926 le service de ses steamers sur les côtes d'Haïti.

Premiers pas vers la structuration du transport maritime national par bateau à moteur : en février 1930, l'*Albatros*, mesurant 96 pieds de long sur 22 de large, premier navire à moteur haïtien, construit aux Cayes par les frères Bonnefil, exécute son voyage inaugural à Port-au-Prince[12].

C'est par l'expédition du courrier par avion que débute l'organisation du transport aérien. En 1925, à la suite des démarches du directeur de l'Administration postale, M. André Chevallier, le corps d'aviation des Marines accepte de se charger du transport interurbain de la correspondance.

Deux ans plus tard, la *West Indian Aerial Express*, nouvellement installée à Port-au-Prince, inaugure sur la ligne Port-au-Prince - Santo Domingo, son vol hebdomadaire de transport de passagers sur un aéroplane de quatre places. La mise en service de deux appareils de dix places, les plus gros de la compagnie, avec possibilité de vols bihebdomadaires, était envisagée pour un proche avenir. Le représentant de la compagnie garantissait "la solidité de ses machines et l'habileté des pilotes qui rendront les voyages absolument sans danger"[13]. La *West Indian Aerial* n'allait pourtant pas pouvoir maintenir longtemps sa présence en Haïti. Son champ d'exploitation était trop limité et ne s'étendait qu'à Cuba et à la République Dominicaine. Elle cèdera la place à la *Nyrba Air Lines* qui fusionnera plus tard avec la *Pan American Airways*. Dotée d'appareils Fokker F7 à long rayon d'action, la Pan American était en mesure de relier Port-au-Prince non seulement aux Antilles, mais aussi au continent américain. En septembre 1929, accompagné de son épouse, le colonel Charles Lindbergh inaugure au Bowen Field le service aérien reliant Port-au-Prince aux principales villes des Antilles.

C'est à partir de 1922, qu'est mis en application le programme de développement intensif des communications téléphoniques. En juin, débute l'exploitation du téléphone automatique. Très apprécié du public, le nouveau système atteint en peu de temps la limite de sa capacité. Il faudra recourir à l'acquisition d'équipements additionnels pour satisfaire les demandes. On profitera de l'opportunité pour adopter le système d'appel à quatre chiffres. Deux ans plus tard, le

Central atteint encore une fois sa capacité maximale. Une nouvelle expansion est projetée. En huit ans, le nombre des abonnés au téléphone passe de 104 à 195. Pour la communication à longue distance, on entreprit "le remplacement du circuit à fil unique par retour à la terre par des circuits métalliques en fil de cuivre"[14].

Le développement du système téléphonique exigeait pour un fonctionnement normal du service des locaux plus appropriés que ceux où avaient d'abord été installés les délicats appareils du téléphone automatique. Ces locaux se trouvaient à l'étage du Service Hydraulique[15]. En 1926, à l'angle de la Grand'rue et de la rue Pavée, on entame l'érection d'un bâtiment entièrement en béton armé, pourvu de portes et fenêtres en acier pour loger non seulement le Central du téléphone automatique, mais aussi les bureaux du Service des Télégraphes et Téléphones. Au mois de mai de l'année suivante, le bâtiment était achevé et officiellement inauguré par le Président de la République.

Le même jour, était solennellement ouvert au public les bureaux de la *All America Cables*. Avec l'installation à Port-au-Prince de cette importante compagnie de communications interocéaniques, Haïti se trouvait pour la première fois reliée aux États-Unis par un câble américain. Les locaux sont bénis par l'internonce Caruassa, assisté de Mgr Conan. Des bureaux de la compagnie, le Président de la République transmet un message au président des États-Unis. La compagnie française des câbles sousmarins qui jusqu'alors assurait seule les communications intercontinentales de la République d'Haïti, fut autorisée, après convention avec le gouvernement haïtien, à continuer ses opérations en Haïti, moyennant le versement de 35.000 dollars. En 1929, elle fusionnera avec sa concurrente.

Toujours en 1926, est inaugurée à Port-au-Prince la première station de radiodiffusion d'Haïti. Dans la cour du Palais des Ministères, on a érigé deux tours en acier de 150 pieds de haut et placées à 200 pieds l'une de l'autre. Elles soutiennent l'antenne appelée à rayonner et à capter les ondes électromagnétiques. Le matériel de transmission fourni par la Western Electric Co a été installé dans le bâtiment construit à cette fin dans la cour des

Ministères. À la nouvelle station ont été assignées les lettres H H K. Le rapport annuel des Travaux Publics pour l'exercice 1925-1926 en donne les raisons : "H H ont été choisies pour la République d'Haïti en conformité des recommandations du Bureau International de Télégraphe, lit-on dans le rapport. La lettre K a été adoptée comme étant la plus satisfaisante au point de vue euphonique dans les deux langues anglaise et française"[16]. Un officier de la Gendarmerie d'Haïti, ingénieur en radiophonie, a la responsabilité du service de radio.

Le 22 octobre 1926, la station de radiodiffusion est inaugurée par le président Borno. Au studio provisoirement aménagé dans une pièce du Palais des Ministères, il prononce une allocution qui est suivie d'un programme musical commenté par le speaker de la station, M. Georges Lafontant, et animé par la Musique de la Gendarmerie, le pianiste Lamothe, le violoniste Valério Canez accompagné au piano par Christian Baptiste et la chorale des soeurs de Saint-Joseph de Cluny.

La HHK qui travaille sur 830 kilocycles et sur une longueur d'onde de 361 mètres ne présentera au début qu'un programme bihebdomadaire diffusé le vendredi de 8 heures à 9 heures du soir. "Musique et causeries sur des sujets intéressant Haïti et ses relations avec le monde, préparées par la D.G.T.P., le Service d'Hygiène, le Bureau du Conseiller financier et le Service Technique d'Agriculture", et farcies d'une bonne dose de propagande américaine, figuraient à ce programme. Une émission spéciale en créole, portant sur des thèmes instructifs, élaborée par le Service d'Hygiène et le Service Technique, était diffuée tous les samedis de 6 heures 45 à 7 heures 15 du matin. L'installation au Champ-de-Mars d'un récepteur et d'un puissant haut-parleur, mis en service le 24 décembre 1926, permettra à ceux qui ne pouvaient se payer le grand luxe de s'offrir un "poste de radio", de venir se régaler les vendredis soir des programmes toujours bien agencés de la HHK.

En 1929, légère amélioration dans l'horaire de la diffusion. En dehors du programme régulier du vendredi, une émission ne comportant que de la musique enregistrée est offerte tous les jours aux auditeurs de 12 heures 15 à 12 heures 45, le dimanche et les jours fériés exceptés. L'année suivante, nouveau jalon : la station d'État HHK inaugure ses émissions commerciales. Par contrat avec deux maisons du Bord-de-Mer, elle s'engage à programmer une publicité hebdomadaire, respectivement d'une demi-heure et d'une heure. À cette date, la HHK a déjà atteint un rayonnement assez considérable. Ses émissions ne couvrent pas seulement Haïti,mais sont encores reçues et appréciées par bien des pays. Des lettres du Canada, de Puerto Rico, de Cuba, du Vénézuela, de la Jamaïque, des États-Unis et de la République Dominicaine en témoignent[17].

Dès le début des années trente, le buss talonné par "la ligne" subit une sérieuse désaffection. Stéphen Alexis, alias Agathon II, en est apitoyé et ne peut se retenir, avec les supporters du traditionnalisme, de dire son chagrin : "L'automobile est reine maintenant, écrit-il. D'un train lent, les vieux buss s'en vont. Que sont devenues les élégantes voitures que tiraient les magnifiques bêtes racées et piaffantes ? Sans gloire, elles achèvent dans une remise sentant le ranci, ou dans une vieille cour vague, leur malheureux destin. Délabrées, les vieilles voitures rêvent de la fragilité des splendeurs humaines. Les fringants chevaux eux-mêmes ont disparu de la circulation et même les automédons.[18].

Déconvenue encore plus amère, la mise au rancart en 1932 du tramway port-au-princien. Neuf ans après cette disparition que la liquidation de la P.C.S. avait entraînée, Pierre Mayard ne s'en consolait pas et sous le titre "Adieu ti train rue Mirac la", l'exprimait dans le Temps-Revue en de touchants accents :

> *"Toi aussi tu t'en vas pour ne plus revenir.*
> *"Tu me laisses tout seul avec des souvenirs,*
> *"petit "train" de mon coeur, et ta grèle fumée*
> *"et ta triste chanson que j'avais tant aimée,*
> *"petit train de mon coeur ! Je t'entendais souvent*
> *"passer dans mon quartier : tu sifflais dans le vent*
> *"pour dire : "Me voici" ! Pauvre vieux, ta venue*
> *"ne changeait rien dans la ruelle ou l'avenue.*
> *"Parfois, tu déraillais, ou bien tu t'arrêtais*
> *"sans trop savoir pourquoi. Et puis tu repartais*

"dans un suprême effort de ta pauvre carcasse,
"courageux toujours, si drôle, si cocasse,
"petit "train" de mon coeur qu'on ne prenait jamais..."[19]

Expansion du réseau aérien, voilà encore ce qui marque le début de la décennie trente. En 1931, en effet, la Pan American Airways remplace ses avions Fokker par des hydravions Sikorsky 543 de treize places, avec départ quotidien vers la Floride et Puerto Rico. L'année suivante, la Pan American met en service sur la ligne d'Haïti un "avion géant" Sikorsky de 44 places, l' "American Clipper". En raison de l'adoption par la compagnie de l'hydravion comme appareil de transport aérien, une base d'amerrissage avec chalet d'accueil est aménagée sur l'emplacement où finit la rue des Casernes, en bordure de la mer, qui prend le nom de *Sea-plane base*[20]. Le choix de cet endroit avait été fort critiqué, à cause de la proximité de l'usine à mantègue et des maisonnettes du bidonville des Pisquettes. Au premier amérrissage de l'American Clipper à Port-au-Prince, le 11 octobre 1932, le président Vincent honore l'appareil d'une visite.

Le vol inaugural de l'American Clipper marquait les débuts d'un service hebdomadaire régulier rayonnant de Miami sur les Antilles. "Ce premier voyage, informait un chroniqueur du *Temps-Revue*, a inauguré pour les Antilles ce qui est actuellement le service le plus complet et le plus luxueux dans le monde pour le transport commercial régulier. Ce type (d'appareil) est le plus grand construit en Amérique et aussi le plus grand dans le monde pour le service commercial régulier[21].

Poursuivant ses efforts en vue d'une amélioration constante de ses services, la Pan American qui depuis 1929 avait pris en charge le transport de la correspondance, crée, en coopération avec la Eastern Air Line, un nouveau service postal aérien qui permet aux lettres postées dans la matinée à Port-au-Prince d'être à New York le lendemain à 5 heures du matin.

En relation avec les progrès de l'aviation et l'extension du réseau des lignes de communication aérienne, trois événements se produisent qui vont faire date en Haïti.

Vainqueur de l'Atlantique qu'il a traversé pour la première fois à bord de son monoplan, le "Spirit of St-Louis", dans des conditions combien téméraires et hasardeuses, Charles Lindbergh est déjà une personnalité célèbre lorsque le président Borno l'invite à visiter Haïti. Avant même son arrivée, par arrêté du 2 février 1928, une des allées de la place Louverture est dénommée avenue Charles Lindbergh. Un nouvel arrêté, deux jours plus tard, lui confère le titre de "citoyen honoraire" de Port-au-Prince.

Le 6 février 1928, dès midi, les abords du camp d'aviation de Chancerelles sont en pleine animation. Voitures et piétons s'y acheminent pour assister à l'arrivée du héros du jour. À 2 heures moins 5, le "Spirit of St-Louis" émerge de l'azur. "L'avion fut signalé au sud, lit-on dans *l'Essor.* Il vint par le nord-ouest, survola la rade à faible hauteur, gagna la ville du côté du morne l'Hôpital, traversa Port-au-Prince lentement et vint survoler l'aérodrome par le sud, après avoir tenté une escalade du ciel en verticale"[22].

Le "Spirit of St-Louis" s'est posé sur la piste. Lindbergh apparaît dans la carlingue. Il est salué par une salve d'applaudissements. Vêtu d'un costume civil gris ardoise, il est accueilli à sa sortie de l'avion par le Haut Commissaire Russell qui le conduit vers l'estrade où se tenaient le président Borno et sa suite. Celui-ci lui serre chaudement la main en lui souhaitant la bienvenue et lui remet une décoration. Gracieuses et souriantes, des jeunes filles s'approchent et lui présentent un magnifique bouquet de roses.

Lindbergh a pris place dans la voiture de Russell. C'est maintenant la tournée à travers les rues décorées. Chez le Haut Commissaire dont il sera l'hôte[23], il reçoit ses admirateurs. Le président de l'USSH lui offre un coupe-papier d'acajou "renfermant une parcelle de l'ancre de la Santa-Maria avec l'inscription : Colomb 1492 - Lindbergh 1927"[24]. La journée du lendemain se passe en réceptions et visites.

Ne voulant pas se prêter à la propagande américaine que le séjour de Lindbergh ne manquerait pas d'aviver, les nationalistes se sont interdits toute participation aux manifestations et ont invité la population à garder elle aussi ses distances. Au fait, la visite de Lindbergh à Port-au-Prince, quoique chaleureusement fêtée dans les

~ Remise à un officier du « Bridge » du pavillon américain qui flottait
au mât du quartier général des Marines de la rue Cappoix ~

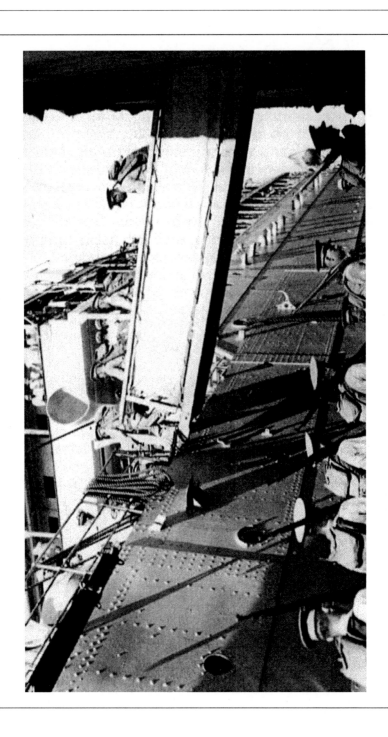

~ Une compagnie de Marines embarquant sur le transport « Argonne » ~

~ Le dernier navire affecté à l'évacuation des Marines, le « Bridge »,
tourne pour prendre le large ~

~ 21 août 1934 : le président Vincent devant le monument de Dessalines avec la délégation dominicaine ~

~ Au pied du Sémaphore, le président Vincent criant : «Vive Haïti indépendante !» ~

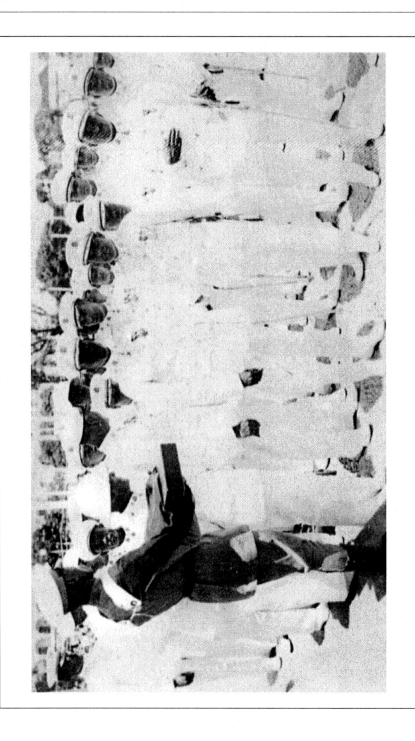

~ Le commandant de la Garde d'Haïti, accompagné du haut État-Major, s'apprête à remettre une épée d'honneur au président de la République ~

~ Vue aérienne du centre de Port-au-Prince en 1928 ~

~ Un quartier en pleine évolution dans les années vingt : le Bas Peu-de-Chose ~

~ La banlieue Est de Port-au-Prince, future zone résidentielle des quartiers de Bourdon et du Canapé Vert, sous la présidence de Borno ~

~ Un secteur du centre historique de Port-au-Prince au début des années trente ~

~ Un aspect de la rue Bonne-Foi dans les années vingt ~

~ La rue du Quai, la plus large de la capitale, en 1929 ~

~ La rue Pavée en 1925 ~

~ Les nouvelles allées du Champ-de-Mars en 1928 ~

milieux américains et gouvernementaux, ne recueillera pas un vrai succès de foule.

Le 8, c'est le départ. À 6 heures du matin, Lindbergh est déjà à l'aérodrome où le président Borno lui souhaite une heureuse traversée. "À 6 heures et demie, précédé d'une escadrille de six biplans, relate *l'Essor*, son avion roula jusqu'au bout ouest du terrain et s'éleva en prenant la direction de l'est. Il fit ensuite une courbe élégante, passa sur l'aérodrome aux applaudissements enthousiastes de la foule et alla survoler Port-au-Prince de l'ouest à l'est, suivi à distance des six biplans rangés en groupe de trois. Il reparut du côté de la mer, survola une deuxième fois l'aérodrome, tourna à l'est et, suivi des avions, disparut en direction nord-ouest"[25].

26 avril 1932, nouvelle affluence à l'aérodrome de Chancerelles. C'est pour accueillir cette fois un aviateur du pays, Léon Désiré Paris, le premier haïtien à réaliser sur son avion personnel, le "Toussaint-Louverture", la traversée New York - Port-au-Prince. À 5 heures 30 de l'après-midi, l'avion s'immobilise sur la piste. Avec son compagnon de route, Jules Charleston, Paris est salué par le capitaine Durcé Armand et le lieutenant Roger Villedrouin, représentant le Président de la République. Sont aussi présents pour le féliciter et l'applaudir, le président de la Commission communale, le président de l'USSH, des journalistes, des parents, des amis, d'anciens professeurs et la foule qui grossit à vue d'oeil. Il est conduit triomphalement jusqu'à l'hôtel Excelsior.

Le lendemain, à bord du "Toussaint-Louverture", il offre une exhibition aérienne à Port-au-Prince... Réceptions et hommages se succèdent. Un message de la Chambre des Députés déclare qu'il a "bien mérité de la Patrie". À la soirée théâtrale organisée en son honneur à Variétés, il est présenté au public par le Dr Price-Mars. Les recettes de la soirée sont affectées à l'acquisition d'un parachute qui sera offert à l'aviateur, car c'est sans cet accessoire qu'il pilote son avion.

Quelques semaines après son retour, Désiré Paris est intégré dans la Garde d'Haïti et nommé 1er lieutenant. Il ne tardera pas à démissionner parce que ses nouvelles occupations ne cadraient pas avec le choix qu'il avait fait de l'aviation[26].

Troisième événement aéronautique mémorable : le 12 juin 1933, le "Columbia" qui avait été le second avion après le "Spirit of St-Louis" à traverser l'Atlantique, atterrit au camp d'aviation de Chancerelles, après avoir accompli en vingt heures le parcours New-York - Port-au-Prince presque sans arrêt. Un contretemps l'avait en effet obligé à se poser à la Grande Saline, d'où il avait repris son vol, sitôt les difficultés surmontées.

Le pilote du "Columbia", Errol Boyd, le co-pilote, Robert G. Lyon et Harold P. Davis, un ami d'Haïti qui avait fait le voyage avec Boyd, sont conduits à l'Hôtel de Ville où le maire Frédéric Duvigneaud leur souhaite une cordiale bienvenue. Reçus plus tard au Palais National, ils sont décorés par le Président de la République de l'ordre Honneur et Mérite. Boyd rendra au chef de l'État sa politesse en l'invitant à une promenade à bord du "Columbia". Le président Vincent n'avait encore jamais expérimenté l'ivresse des vols aériens.Il accepta volontiers. Accompagné du magistrat communal, il survola Port-au-Prince et ses environs, et à sa descente du "Columbia", se déclara satisfait de son baptême de l'air.

Le but du raid New-York - Port-au-Prince de Boyd avait été d'étudier les possibilités de faire de la capitale d'Haïti le point de rayonnement de lignes commerciales vers d'autres villes des Antilles et de l'Amérique du Sud. La perspective était séduisante et ne paraissait pas illusoire. Impuissante cependant à résister aux forts courants contraires, elle ne devait pas se matérialiser.

Concernant la radiodiffusion, la station HHK subit elle aussi les contrecoups des événements politiques de 1930 et de la dégradation économique. Au début de l'année, les programmes commerciaux et de vulgarisation sont supprimés. Après bien des démarches, la publicité commerciale est reprise en mai 1931, avec la participation de plus d'une trentaine de maisons de commerce. De même se multiplient les heures d'émission qui ont lieu maintenant les lundi, mercredi et vendredi, de 7 heures 30 à 10 heures du soir.

L'année suivante, les allocations budgétaires qui lui étaient fournies ayant été supprimées, la station se voit obligée de réduire ses émissions radiophoniques et de ne transmettre que le vendredi, de 8 heures à 9 heures p.m. Les seules ressources commerciales de la station ne lui viennent que de la radiodiffusion des tirages mensuels de la Loterie nationale et de l'allocation accordée par le Service d'Hygiène. Cependant, les premiers essais de propagande gouvernementale par voie des ondes s'amorcent. De temps à autre, la station entretient ses auditeurs "des efforts du Gouvernement pour améliorer la situation économique et résoudre les questions nationales". Certains discours et cérémonies officielles sont aussi radiodiffusés. La proclamation du 2 janvier 1932 du Président de la République, prononcée au studio de la station, est retransmise à la satisfaction des auditeurs. L'inauguration de la salle des maires à l'Hôtel de Ville, la commémoration, place Louverture, de la mort du Précurseur, les séances du congrès des avocats tenu au Palais de Justice du 16 au 19 mai 1934 seront les premiers événements saillants de l'actualité à bénéficier des honneurs de la radiodiffusion.

À la veille du départ des Marines, la station de radio-télégraphie NSC, propriété du gouvernement américain, établie en 1919 au bois Saint-Martin, est remise au gouvernement haïtien le 14 août 1934. Administrée désormais par la D.G.T.P., elle est rebaptisée *Station HHH*. Sa commercialisation effective date de cette époque[27].

À signaler enfin, toujours sous le rapport de la communication radiotélégraphique, l'installation à Port-au-Prince de la *RCA Corporation of America* qui ouvre son trafic commercial le 1er juillet 1932.

Notes

1 Clément Célestin : *Annuaire Général d'Haïti*, p. 153.
2 Bulletin de la Commune de Port-au-Prince, Avril-Juin 1929, p. 18.
3 *La Petite Revue*, No 66, p. 190.
4 *La Petite Revue*, février 1927.
5 *L'Essor*, 17 janvier 1927.
6 *La Petite Revue*, juillet 1927.
7 *La Petite Revue*, mai 1927.
8 Clément Célestin : *Bulletin de Renseignements, d'adresses et de réclames*, p. 113.

9 *L'Essor*, 24 août 1928.

10 *L'Essor*, 7 août 1928.

11 *L'Essor*, 11 octobre 1928.

12 *La Petite Revue*, février 1930.

13 *L'Essor*, 1er septembre 1927.

14 D.G.T.P. *Dix ans de travaux publics en Haïti (1920-1930)*, p. 40.

15 Aujourd'hui Centre de Santé de la Cathédrale.

16 Rapport annuel de la D.G.T.P. Exercice 1925-1926, p. 105.

17 Rapport annuel de la D.G.T.P. Exercice 1929-1930, p. 177.

18 *La Presse*, 24 avril 1931.

19 *Le Temps-Revue*, 24 mai 1941.

20 Emplacement de l'ancien Casino International.

21 *Le Temps-Revue*, 14 octobre 1932.

22 *L'Essor*, 6 février 1928.

23 La résidence de Russell se trouvait à la villa "Le Hasard", oeuvre de l'architecte Léonce Maignan, avenue Christophe, magnifique échantillon du style gingerbread, malheureusement démoli aujourd'hui.

24 *La Petite Revue*, mars 1928.

25 *L'Essor*, 8 février 1928. Dans le *New York Times*, Lindberg a porté ce jugement sur la Citadelle Laferrière qu'il avait survolée: "Les seuls monuments que je connaisse qui puissent lui être comparés sont les anciennes pyramides du Mexique. Ces ruines haïtiennes et mexicaines sont ce que j'ai vu de plus impressionnant".- *La Petite Revue*, Mars 1928

26 Retourné aux États-Unis en octobre 1932, il revint à Port-au-Prince en 1935. Il réintégra l'armée et parvint au grade de major. Retraité en 1965, il mourut à New-York en mai 1983. Il repose au cimetière de Port-au-Prince (Renseignements aimablement fournis par l'ingénieur Georges Dalencour).

27 Les deux pylones cylindriques en acier qui servaient à supporter les antennes mesuraient 375 pieds de haut et étaient distants l'un de l'autre de 500 pieds. Ils constituaient le trait caractéristique du quartier de *Sans Fil*. Devenus inopérants, ils ont été démolis.

LES INCENDIES

Malgré la tendance nettement marquée de faire appel aux matériaux résistants pour la construction des immeubles, la ville de Port-au-Prince reste encore très vulnérable au feu, et c'est pourquoi secteur public et secteur privé ne marchandent pas leurs efforts pour assurer à la ville une protection toujours plus efficace contre les incendies.

En 1922, un groupe de philanthropes dote Port-au-Prince d'une pompe électrique contre le feu. L'année suivante, le service d'incendie acquiert un équipement neuf et élève un hangar à la station des pompiers pour garer son matériel. Les acquisitions successives porteront en 1925 le nombre des appareils mobiles de lutte contre les incendies à cinq.

Une nouvelle signalisation des zones sinistrées par la sirène d'alarme de la Police est adoptée. Elle consiste en l'émission d'un certain nombre de coups de 40 secondes pour chacune des trois grandes zones de la ville. On se plaindra de l'utilisation intempestive de la sirène qui parfois se mettait à hurler dès qu'à l'horizon apparaissait la moindre fumée. Ce qui, bien sûr, dérangeait tout le monde et provoquait inutilement l'agitation.

Le premier gros sinistre des débuts de l'administration de Borno, celui du mercredi 14 mars 1923, éclate au dépôt de kérosène et d'huile lourde de la Texas Company, établi rue du Quai presque à l'angle de la rue des Fronts-Forts, non loin du magasin Édouard Estève. C'est l'heure du lunch. Le bureau de la Texas est fermé; mais deux soudeurs ont été autorisés à rester pour achever un travail. Soudain, c'est le jaillissement des flammes du dépôt où se trouvaient emmagasinées 6.000 caisses de matière inflammable. L'incendie se propage rapidement, attisé par le vent d'ouest qui souffle avec intensité.Dans le fracas des bonbonnes qui sautent et le lugubre crépitement des flammes, le commandant de la Gendarmerie, le général MacDougal, s'empare d'une lance et marche vers le brasier, suivi de quatre officiers américains auxquels se joignent des pompiers et quelques cadets et gendarmes. À ce moment se produit une soudaine explosion. Deux américains sont renversés ainsi qu'un sergent haïtien qui tombe suffoqué. La lutte contre le feu se poursuivra durant toute la nuit et jusqu'au lendemain.

La Texas Co en permettant à des ouvriers, qui devaient d'ailleurs mourir asphyxiés, de travailler seuls dans un bâtiment où étaient entreposés des milliers de caisses de matière inflammable, ne sera pas tenue pour unique responsable du sinistre. On accusera aussi le gouvernement de Dartiguenave qui, deux ans auparavant, "malgré les cris de la presse et de la population, avait, par son ministre de l'Intérieur, enjoint le maire de tolérer en plein centre d'affaires des dépôts de matières combustibles, tels que celui de la Texas Company et de la West India Oil Co"[1].

L'incendie du 20 janvier 1925 qui éclate au dépôt de coton du magasin Oloffson Lucas et Co, situé au bas de la rue Bonne Foi, fait plus d'un millier de sans-abri, car le feu s'est propagé dans le bidonville du Wharf-aux-Herbes tout proche, détruisant des dizaines de cahutes. En visite à Port-au-Prince, le grand orateur libanais Habib Estéphano s'associera aux malheurs des victimes du 20 janvier en donnant une conférence à leur profit.

Un dépôt de pétrole, celui de la maison Oloffson Lucas, situé à la Croix des Bossales, est encore la cause de nouveaux malheurs. L'incendie qui se déclare dans cet entrepôt le 2 avril 1926 à 8 heures du soir, détruit la partie la plus intéressante du quartier de la Croix des Bossales. Durant plus de trois heures, le bas de la ville reste éclairé par les lueurs tragiques de l'explosion de centaines de fûts de gazoline.

Le samedi 11 février 1928, autre sinistre provoqué par l'inflammabilité du pétrole. Des tonneaux de gazoline au nombre de

1,800, arrimés dans la cour de la douane, s'embrasent, déterminant un incendie des plus violents, ponctué de fortes déflagrations. Beaucoup de colis de marchandises qui n'avaient pas encore été entreposés sont consumés par le feu. Parmi eux, douze automobiles dans leur emballage de planche. Seront également détruits une pompe électrique du service d'incendie, une locomotive de la PCS, le poste de police du wharf et le magasin touristique de Mme Clément Magloire.

Ces incendies successifs dus presque tous aux moyens précaires utilisés pour stocker l'essence, finissent par retenir l'attention des pouvoirs publics sur la nécessité de mettre à exécution le projet de construction d'entrepôts dans la périphérie de Port-au-Prince. Le Conseil d'État qui a pris la question en main vote le 13 août 1928 la loi sur l'établissement des zones d'emmagasinage des combustibles inflammables à déterminer dans chaque ville par arrêté présidentiel. Ce sera la région de Bizoton, et plus particulièrement le littoral du quartier de Thor, qui sera choisi pour abriter les dépôts des deux grandes compagnies distributrices de gazoline à Port-au-Prince, la Texas Co et la Shell. Les travaux de montage des citernes métalliques débuteront sans tarder. Dès avril 1930, on pouvait parler des "installations impressionnantes" de la Shell à Thor : 6 citernes dont la plus grande avait une capacité de 1,000,000 de gallons.

En 1930, la Compagnie des Pompiers de la capitale, placée sous la dépendance de la Garde d'Haïti, disposait d'un matériel qui lui permettait désormais de lutter avec efficacité contre le feu. Ce matériel, elle le devait d'abord au Conseil communal présidé par Edmond Mangonès qui l'avait pourvue d'une pompe à vapeur autrefois tirée par deux chevaux, ensuite au groupe de philanthropes qui l'avait dotée d'une pompe électrique et enfin à l'administration du maire Charles de Delva qui lui avait fait don de deux pompes à vapeur remorquées par deux tracteurs automobiles.

La période d'agitation et d'effervescence qui précède le départ de Borno du pouvoir met à rude épreuve l'efficience de la compagnie des Pompiers. Aux mois d'avril et de mai 1930, une série d'incendies mystérieux éclate à Port-au-Prince. La disparition à Pacot de la villa occupée par le colonel R.M.Cutts, commandant du corps des marines stationnés en Haïti, et celle du théâtre Parisiana au Champ-de-Mars seront, parmi bien d'autres, celles qui plongeront le plus dans l'émoi la population de la capitale. Pendant cette période éprouvante, où les pompiers étaient harcelés par d'incessants appels au feu, la présence à leurs côtés d'un groupe de jeunes gens qui s'étaient constitués en pompiers volontaires leur sera d'un grand secours.

Passés ces moments troublés et jusqu'au départ des marines, peu d'incendies importants, sauf celui de la nuit de Noël 1932 qui détruit le club Américain de Turgeau. Cet immeuble, appartenant à Madame Ida Faubert, avait été donné par le Corps Législatif au président Salomon, père de la poétesse, à titre de récompense nationale.

Au retrait des troupes d'occupation en 1934, le Service d'Incendie qui relevait du sous-chef de la Police de Port-au-Prince, passe sous la direction de M. Georges Élie qui en assurait la bonne marche depuis de nombreuses années. "Quatre pompes automobiles à vapeur, un jeu complet de pompes automobile Ford, un jeu complet de pompes automobile Chevrolet, un jeu complet d'extincteurs Dodge à produit chimique et deux camions porte-tuyaux d'une capacité de charge de 2,000 pieds de tuyaux à ajouter aux 500 pieds de tuyaux transportés par d'autres engins et aux 2,500 pieds de tuyaux utilisables, tenus en réserve à la station d'incendie"[2], tel était l'ensemble du matériel dont disposait à cette époque le Corps de Pompiers. Que d'efforts s'étaient accomplis, depuis l'effacement des Pompiers libres, pour doter le service d'incendie de la capitale d'un équipement enfin suffisant !

Notes

1 *L'Essor*, 15 mars 1923.
2 *Histoire de la Garde d'Haïti*, p. 125.

HYGIÈNE ET SANTÉ PUBLIQUE

En dépit de la volonté des occupants d'aider le gouvernement à résoudre les problèmes cruciaux de l'hygiène publique, il est curieux de se rendre compte combien la question des "malingreux", porteurs pour beaucoup d'entre eux de germes nocifs, n'arrive à trouver aucune solution. C'est sans trève et à longueur d'années que la presse signale la présence de ces indésirables dans tous les quartiers de la ville et sollicite pour eux l'attention des pouvoirs publics. "Port-au-Prince est devenu un vrai Lazaret, une grande cour des Miracles", observait *l'Essor*. Les pauvres, les malingreux sont à toutes les encoignures, dans toutes nos églises. Et nous avons des hospices, nous avons des hôpitaux..."[1]. Le journal priait la Commune de les prendre en charge pour la sauvegarde de la santé de la population.

Cinq ans plus tard, situation apparemment toujours immuable puisqu'on pouvait lire dans la même feuille : "Il fallait voir ce matin le triste défilé des infirmités ambulantes. Plaies béantes, bras en écharpe crasseuse, pieds contournés clopant et béquillant à grand peine. Ils revenaient de Saint-Antoine, et c'est ainsi presque tous les jeudis... Une des plaies de ce Port-au-Prince qu'on veut rendre beau et digne des touristes,ce sont nos malingreux. Quel beau spectacle à offrir à ceux qui nous visitent!"[2].

Dans d'autres domaines toutefois, l'hygiène publique continue à marquer des progrès. En 1923, on construit un égout hydraulique, le deuxième de la ville, pour l'évacuation des W.C. publics situés place de la Cathédrale. Autre réalisation des plus utiles et des plus bénéfiques, l'aménagement en 1929 de vespasiennes sous les tribunes du Champ-de-Mars et, place Louverture, non loin du quartier général de la Garde d'Haïti.

On se décide enfin, toujours au nom de l'hygiène, à s'occuper de la gent canine dont on se plaignait si souvent des méfaits. C'est par une disposition législative que la circulation des chiens qui pouvait "constituer un danger public" est réglementée. La loi du 4 août 1926 stipulait entre autres que tout chien devait porter, attachée à un collier, une plaque ayant tous les signes de contrôle fixés par la Gendarmerie, sous peine d'être capturé et remis à la fourrière de la Commune. Si après un délai de 48 heures l'animal n'était pas réclamé, la Commune en disposerait selon ce qu'aurait décidé le Service d'Hygiène. Renforçant ces mesures légales, l'arrêté communal du 15 septembre 1926 fait obligation à tout propriétaire ou possesseur de chien de le faire museler et de le tenir en laisse pour avoir le droit de circuler avec l'animal dans l'enceinte ou dans la banlieue de la ville. Des peines étaient prévues pour les contrevenants[3].

Quoique exprimant le souci de protéger la santé de la population, ces règlements furent accueillis avec peu d'enthousiasme, en raison des obligations qu'ils créaient aux propriétaires de chiens. Les plus fortunés, les plus raisonnables d'entre eux s'y astreignirent, en sorte que seuls tombèrent dans les rets des traqueurs de la Commune les roquets mal aimés ou qui n'avaient pas de maîtres.

Produit de ces inflexibles injonctions, un personnage émerge qui aura ses heures de célébrité... Pour prêter main forte au règlement communal, il fallait d'implacables bourreaux sur qui l'amitié de l'espèce canine pour l'homme n'exerçait nul effet. *Ti Marcelin* s'offrira volontiers pour cette ingrate tâche et deviendra la terreur des chiens de la ville. "S'il y a un type populaire à Port-au-Prince, remaquait *l'Essor*, c'est bien Ti Marcelin... Il touche 25 centimes par tête de toutou et roule auto du matin au soir... Le chien vu, il donne ordre de stopper. Flegmatique, il descend, prépare son filet et vlan ! ...Mais les toutous sont bien vengés. Ti Marcelin leur casse les reins à coups de bâton, il les asphyxie dans des cages en bois à l'aide du mauvais gaz que dégage sa voiture, mais la plèbe le méprise souverainement, et les chiens patentés et muselés hurlent à ses quatre cylindres et à lui aussi, assis philosophiquement à la porte de sortie, les pieds nus et brinquebalants, un vieux pantalon noir retroussé, vulgaire et conquérant"[4].

Le City General Hospital qui depuis 1915 a pris les rênes du vieil Hôpital militaire est resté le centre hospitalier le plus important de la capitale. Coiffé par le Service d'Hygiène, il bénéficie de toute l'attention de l'administration américaine. En 1925, le dispensaire nouvellement achevé est mis en service, grand bâtiment en bois et béton où prennent également logement les bureaux administratifs,le laboratoire et la bibliothèque. L'établissement est dirigé par trois médecins américains : un directeur administratif, un médecin-chef du laboratoire et un médecin-chef du service oto-rhino-laryngo-ophtalmologique. Une moyenne de 3,000 malades y reçoit mensuellement des soins gratis.

Créé pour desservir les malades de la classe nécessiteuse, l'hôpital n'admet pas moins des patients de la classe aisée, séduits par l'outillage moderne dont ont été pourvus la plupart des services. Les médecins de la capitale maugréeront contre cette situation abusive qui leur causait des préjudices. En 1923, tenant compte de leurs doléances, le Service d'Hygiène ouvre à l'Hôpital Général un service payant de consultation et d'hospitalisation. Les malades de toutes les catégories sociales ne continuèrent pas moins à s'y amener pour recevoir des soins sans bourse délier. S'estimant frustrés dans leurs revendications, les médecins haïtiens ne cesseront, jusqu'à l'haïtianisation du Service d'Hygiène, de protester contre la concurrence des médecins de l'Hôpital Général et la "subalternisation" des jeunes médecins haïtiens employés dans les hôpitaux.

Le premier Centre de Santé appelé à décongestionner l'Hôpital Général est établi en 1929 dans les anciens bureaux du Service Hydraulique, près de la cathédrale. On y soignera surtout la clientèle enfantine et scolaire, ainsi que les parturientes.Le Centre de Santé sera aussi le port d'attache des infirmières-visiteuses, service qui venait d'être créé et qui devait pleinement justifier sa raison d'être. Y sera aussi installé le Bureau d'Inspection médicale scolaire de Port-au-Prince, dirigé par C. Van Norten.

La même année, l'ancien centre d'entraînement de Beudet, appelé Camp général Russell, abandonné depuis peu par la Garde d'Haïti, est converti en asile pour les personnes atteintes de démence. Elles y recevront des soins qui, même insuffisants, leur avaient pourtant toujours été refusés.

Le nombre de professionnels pratiquant la science d'Esculape s'est considérablement accru. Dotés de qualifications que leur ont procurées des études médicales sérieuses et pour certains d'entre eux, des stages de perfectionnement dans les centres hospitaliers de l'étranger, ils professent dans leurs cliniques installées chez eux et sont en général bien appréciés de leur clientèle. Rue Pavée, sont établis, parmi les plus renommés, les docteurs Félix Armand, Horace Périgord et M. Civil; à la Grand'rue, le Dr Lamartine Camille; à la rue du Centre, les docteurs Charles Annoual, Daniel Domond, V. Bouchereau et S. Laurenceau; à la rue de la Révolution, les docteurs Benony Hyson et J.C. Dorsainvil; à la rue Bonne Foi, le Dr Mahotière; à la rue de l'Égalité, le Dr Gaston Dalencour; à la rue Saint-Cyr, le Dr François Dalencour; au Champ-de-Mars, le Dr Paul Salomon; au Chemin des Dalles, les docteurs Justin Dominique et Arthur Holly; à Turgeau, les docteurs Isaie Jeanty et Charles Mathon.

Parmi les dentistes on trouve, installés à la rue Pavée, les docteurs E. Daniel, Volney Rouzier, R.D. Ewald, J. Rousseau; à la rue de l'Égalité, le Dr S.M. Bastien; à la rue du Centre, le Dr S. Holly; à la Grand'rue, le Dr E.H. Mercier; à la rue des Césars, le Dr E.N.Péan; au Chemin des Dalles, le Dr Jules Thébaud.

Le principal centre chirurgical privé où opèrent des médecins dont le renom continue de grandir est encore l'hospice Saint-François de Sales. Au nombre des chirurgiens qui y pratiquent des interventions souvent remarquables figurent les docteurs Armand, Beauvoir, Domond, Périgord, F. Dalencour, Annoual, et parmi les plus jeunes, les docteurs Pierre Bourand, Joseph Buteau, Civil. Grâce aux efforts du docteur Félix Coicou, l'Asile Français commence aussi à s'imposer comme centre chirurgical où opère, entre autres chirurgiens, le Dr Domond. En 1927, des journaux signalaient l'issue heureuse d'une intervention chirurgicale, l'hystérectomie totale d'une femme, mère de plusieurs enfants, pratiquée pour la première fois en Haïti à l'Asile Français par le Dr Léon Moïse[5]. Enfin, au Centre d'Assistance médico-chirurgicale qui s'efforçait de faire bonne figure dans cette branche de la thérapeutique médicale, les docteurs Annoual, Bouchereau et Lechaud réussissaient des opérations que l'on croyait impossibles.

Ces interventions délicates qui confirmaient la science et l'adresse des chirurgiens haïtiens encourageaient de plus en plus les malades à se confier au scalpel de leurs compatriotes médecins, plutôt qu'à celui des chirurgiens des grands centres étrangers à qui on s'était toujours adressé pour les situations jugées délicates.

Le développement de la science médicale suscite l'organisation de congrès de médecins qui, grâce aux savantes communications présentées, contribuent à élargir le champ de la connaissance médicale. Le premier congrès de médecins préparé par la Société de Médecine d'Haïti, présidée par le docteur Lélio Hudicourt, est inauguré solennellement par la Société le 4 juillet 1927. L'année suivante a lieu un deuxième congrès qui se déroule du 2 au 4 mai. En 1929, troisième congrès de médecins dont les assises se tiennent du 24 au 26 avril dans les locaux nouvellement achevés de l'École de Médecine.

Le plus grand centre de recherche de microscopie clinique est resté le laboratoire Léon Audain, situé à Lalue, et que dirige le Dr Brun Ricot. Il est pourvu d'instruments modernes de toute précision. Mais offrent aussi aux patients toutes les garanties requises pour des analyses médicales sûres et correctes, les laboratoires des pharmacies Séjourné, Parisot, Buch et ceux des docteurs Pressoir, Coicou, Lemcké...

Buch, un pharmacien allemand établi à Port-au-Prince, eut le mérite d'appliquer à Haïti certains procédés utilisés dans son pays et qui permettaient de réduire sensiblement le prix des médicaments. On doit aussi à Emmanuel Day, professeur de pharmacie à l'École de Médecine, d'avoir orienté ses recherches vers la phytothérapie. À son laboratoire fondé quelques années plus tard seront préparées de nombreuses spécialités à partir de remèdes populaires.

Nombreuses les pharmacies de la ville qui se flattent de disposer sur leurs rayons des moindres spécialités et surtout de pouvoir exécuter les ordonnances médicales les plus compliquées. Joseph Bourraine, Dr Lamartine Camille, Paul Zenon ont leur officine à la Grand'rue; Frémy Séjourné et Lebon Chevallier sont installés à la rue Roux; Marc Leys et Elvire Bayard, à la rue du Centre. Emmanuel Day est à la rue des Césars, Wilhelm Buch à la place Geffrard, Léon Gustave, au Chemin des Dalles.

Une originale campagne en vue de la propagation de l'hygiène par le cinéma débute en 1932. Chaque lundi soir, dans l'un des quartiers populeux de la ville, sont projetés pendant deux heures des films sur l'hygiène, commentés en créole par Théophile Salnave.

Poursuivant l'exécution du plan d'amélioration des services de l'Hôpital Général, le gouvernement dote cet établissement hospitalier d'une maternité de huit chambres pourvues chacune d'une toilette, qui est ouverte aux parturientes au cours de l'année 1934.

Est fondée en 1932 à la rue Cappoix, la Maison de Santé de Port-au-Prince comportant les sections de médecine générale, d'obstétrique, d'ophtalmologie et de chirurgie. Les hospitalisés pouvaient se faire soigner par un médecin de l'établissement ou par un professionnel de l'extérieur. Les consultations des malades externes avaient lieu tous les jours, matin et après-midi.

Au cours de l'année 1933 survient un événement assez extraordinaire qui, au sein du public comme dans le cadre du monde médical, allait susciter les interrogations et les interprétations les plus diverses. Voici comment le fait est rapporté par la *Petite Revue* :

"Isméon Dauphin, habitant une des sections rurales de Marigot, voulant se débarrasser à 60 ans d'un vieil asthme qui devient de plus en plus redoutable, prend de la graine de ouari pendant cinq jours à dose raisonnable et, impatient, au sixième double la dose. Aussitôt, il se sent comme foudroyé, fait une fièvre de cheval et perd complètement la vue. Cinq jours après, la température revient à la normale, mais durant deux mois, il éprouve de fortes démangeaisons sur tout le corps et la peau tombe par larges pellicules. Puis la vue revient et Isméon constate que de noir qu'il était, il est devenu blanc rosé, rougissant à la moindre contrariété. Un journaliste lui ayant demandé s'il était content de sa transformation, il a répondu judicieusement : "Ni content, ni fâché, car c'est l'oeuvre de Dieu. Je ne suis content que d'une chose : c'est que je suis débarrassé de mon asthme..."[6]

Amené à Port-au-Prince, le modeste paysan de Marigot est l'objet de la curiosité générale.Il est traqué comme une bête étrange. Examiné par plusieurs médecins,aucun d'entre eux ne parvient à diagnostiquer ce cas pathologique vraiment curieux. Cependant, des analyses pratiquées au laboratoire du Service Technique révèlent "une forte proportion d'acide cyanhydrique dans la graine de ouari" qui présenterait également des propriétés radioactives.

Dans son discours d'ouverture du Congrès des Médecins de mai 1933, le président Vincent, sur le ton ironique qui lui est cher, se fait l'écho de cette affaire sensationnelle. L'événement bientôt dépasse nos frontières. Le nom d'Isméon Dauphin fait le tour de la presse étrangère. Il est invité à se rendre aux États-Unis où son cas fait l'objet de multiples investigations. Peu après son retour au pays, il est présenté à Santo-Domingo à un groupe de médecins de renom par le Dr Gousse. Du jour au lendemain, Isméon Dauphin est devenu célèbre... grâce à une humble légumineuse dont les vertus dermatologiques semblent n'avoir jamais été réellement définies par la science médicale. Ce qui porte à réfléchir, c'est que le cas de Dauphin ne se soit pas renouvelé...

L'accord du 5 août 1931 entre le gouvernement haïtien et le gouvernement des États-Unis avait mis fin, à partir du 30 septembre 1931, aux services des ingénieurs prévus à l'article VIII du Traité de 1915 pour l'hygiène publique. À la date du 1er octobre 1931, le gouvernement haïtien était censé assurer de plein droit l'administration du Service National d'Hygiène et d'Assistance Publique. Cet accord n'allait pourtant pas englober les services d'hygiène répartis sur toute l'étendue de la République, les Américains tenant à garder sous leur contrôle sanitaire les régions où, en attendant la conclusion d'un protocole de désoccupation, séjournaient leurs troupes. C'est pourquoi fut créée la *Mission Scientifique Américaine*

(M.S.A.), chargée d'assumer les services "d'assainissement et de chloruration des eaux" des villes de Port-au-Prince, de Pétionville et du Cap-Haïtien et de leurs environs. Cette mission qui comprenait trois officiers américains du Service médical proposés par le gouvernement américain et nommés par le président d'Haïti et six auxiliaires médicaux tirés de la marine des États-Unis,entreprendra ses activités le 26 décembre 1931 et y mettra fin au départ des occupants.

Notes

1 *L'Essor*, 1er avril 1924.
2 *L'Essor*, 4 juin 1929.
3 Certains prétendaient que la levée de boucliers contre le fidèle ami de l'homme était due au fait que les Américains supportaient difficilement l'aboiement des chiens la nuit. D'autres pour se moquer, déclaraient que les chiens ne pouvant s'habituer à voir l'étranger fouler le sol des Aïeux, aboyaient à l'américain,comme ils aboient à la lune.
4 *L'Essor*, 13 juillet 1928.
5 *L'Essor*, 26 septembre 1927.
6 *La Petite Revue*, Juin 1933, No 248.

L'ENSEIGNEMENT

Les deux plus anciens et plus prestigieux établissements d'enseignement supérieur, l'École de Médecine et de Pharmacie et l'École de Droit changent en 1926 de ministère de tutelle. Du Département de l'Instruction Publique, ils sont respectivement transférés au Département de l'Intérieur, section du Service national d'Hygiène, et au Département de la Justice. Pour justifier ce changement, le gouvernement avait fait valoir les "facilités diverses" qu'offrait le Service national d'Hygiène publique pour "le fonctionnement d'un enseignement médical moderne". On peut tout aussi bien présumer qu'en encourageant le gouvernement à édicter la loi du 16 juillet 1926 sur le transfert de l'École de Médecine au Département de l'Intérieur, les occupants visaient à placer la vieille Alma Mater sous la dépendance du Service d'Hygiène américain. Sujétion qui finalement devait se révéler payante,car alors qu'on s'était toujours plaint de l'abandon systématique où était laissée l'École de Médecine depuis l'occupation, on ne fut guère surpris de l'intérêt qu'elle parut soudainement présenter aux Américains, dès la promulgation de la loi de 1926. Renonçant à faire main basse sur l'École de Médecine, ils s'étaient résolus, puisqu'ils la patronnaient, à lui apporter au moins le concours qu'ils lui avaient toujours refusé. Pendant qu'au Département des Travaux Publics était ouvert un crédit de 60,000 dollars pour la construction du nouveau bâtiment de l'École de Médecine et un autre de 10,000 dollars pour son ameublement, aux États-Unis, la Fondation Rockefeller votait un subside de 30,000 dollars destiné à l'achèvement de l'édifice et à l'entretien de neuf boursiers haïtiens dans les grands centres hospitaliers américains[1].

La construction du bâtiment ira vite. Moins d'un an après la pose de la première pierre qui avait eu lieu le 8 novembre 1926, en présence du Président de la République, de l'Archevêque de Port-au-Prince, du Haut Commissaire américain et de plusieurs autres personnalités officielles, l'École de Médecine était inaugurée dans l'après-midi du lundi 3 octobre 1927, devant les mêmes dignitaires.

L'arrêté du 9 septembre 1926, réglementant les cours à l'École de Médecine et fixant les conditions en vue de l'obtention des grades de docteur en médecine, de docteur en chirurgie dentaire, de pharmacien et de sage-femme, avait assuré à l'établissement une organisation plus homogène. Son annexion au Service d'Hygiène, quoique très critiquée par nombre de nationalistes, devait pourtant contribuer à développer l'enseignement médical.Outre l'aide fournie par la Fondation Rockefeller et la Croix-Rouge Américaine, le Service d'Hygiène s'appliqua de son côté à mettre ses ressources à la disposition de professeurs et d'étudiants et à leur permettre d'entreprendre des recherches médicales poussées. Tant à l'École de Médecine, à l'École d'Art dentaire qu'à l'École de Pharmacie, les résultats de cette coopération se révélèrent tangibles. L'enseignement médical connut un essor qui fut présenté comme un des résultats les plus précieux de "la collaboration franche et loyale".

La loi du 16 juillet avait transféré l'enseignement du Droit au Département de la Justice, le législateur ayant jugé que cet enseignement avait sa place normale au Département de la Justice où pouvait "être établi un contrôle plus efficace des études juridiques". Cette mutation n'allait avoir que peu de résonance sur le déroulement des études juridiques, celles-ci étant dispensées par un corps professoral hautement qualifié. Seuls faits saillants touchant l'École de Droit : son installation en janvier 1928 dans l'ancien local du quartier général de la Gendarmerie[2] et, concernant les étudiants, la présence parmi eux de mademoiselle Yvonne Mathon, première étudiante en Droit de l'École[3].

Le 3 février 1927, l'École des Sciences Appliquées fête avec éclat le vingt-cinquième anniversaire de sa fondation. Sans bruit, elle poursuivra sa route, dédaignée des occupants qui n'avaient contre sa méthode d'enseignement aucune critique à formuler, et fière du palmarès de ses vingt-cinq années d'efforts persévérants.

Encouragés par les dispositions gouvernementales qui étaient à la coopération, les dirigeants américains dont le dessein primordial sur le terrain éducatif était la prise en charge de tout le système scolaire haïtien, cherchaient plus que jamais à s'infiltrer partout où des défaillances patentes pouvaient motiver leur velléité de réorganisation. Combattus dans leurs prétentions par les centres d'enseignement qui devaient leur survie au dévouement et à la compétence d'une longue lignée de professeurs du terroir, ils se trouvèrent à l'aise pour agir là où rien avant eux n'avait existé. La création en 1923 du Service Technique d'Agriculture avait des objectifs utiles qui visaient à l'expansion des connaissances agricoles dans le peuple. Mais son but véritable était d'assurer à l'occupant le contrôle de l' instruction publique haïtienne. Il ne ménagera pas les efforts ni ne lésinera pas sur les moyens pour faire des centres scolaires placés sous sa direction des modèles du genre. On assistera à cette discrimination insolite: "des écoles haïtiennes auxquelles on refusait toutes les améliorations et des écoles américaines qui avaient tout l'argent que désirait le directeur du Service Technique"[4].

En 1924 est fondé par les Américains le premier centre d'enseignement agricole à niveau supérieur, l'*École Centrale d'Agriculture*. Elle s'établit à Thor, dans l'immeuble qui avait été construit sous Nord Alexis pour servir d'asile d'aliénés[5] et où logeait la ferme-école de Thor. Cette école organisée et administrée par le Service Technique du département de l'Agriculture que dirigeait l'ingénieur américain Geo Freeman, était appelée à devenir "la pépinière d'où sortiraient nos futurs agriculteurs diplômés".

En septembre 1926, l'École Centrale se transporte à Damien. Deux ans plus tard, c'est la sortie de la première promotion. Le 16 juin de l'année suivante est inauguré le grand et superbe bâtiment destiné à loger l'École Centrale d'Agriculture, mais qui ne tardera pas à être presque entièrement occupé par les différents bureaux du ministère de l'Agriculture. L'érection de cet édifice majestueux consacré à l'enseignement agricole était un symbole sur lequel on était en droit de fonder tous les espoirs. "Cette oeuvre essentielle de l'enseignement agricole, avait souligné le président Borno dans son speech inaugural, cette oeuvre vitale a désormais un foyer stable, un centre de rayonnement qui dominera dans l'avenir toutes les luttes politiques et s'imposera au respect de tous". Vision généreuse qui devait hélas! bien trop tôt s'évanouir.

Par suite du nouveau plan d'enseignement primaire et professionnel arrêté par le Service Technique, les deux écoles professionnelles fondées en 1918, l'École du Bâtiment et l'École Industrielle, et qui avaient été placées sous la direction de l'École des Sciences Appliquées, sont réunies en 1925 à l'école primaire-supérieurre professionnelle J.B. Damier de la rue Montalais pour former l'*École Industrielle J.B. Damier.* En février 1925, Joseph Chancy, nommé directeur du nouvel établissement, est installé par le Dr Colvin, directeur de l'enseignement professionnel. L'École qui jusqu'ici n'était accessible qu'au côté sud par un étroit couloir eut désormais son entrée sur la rue Montalais, par suite de l'acquisition qui fut faite d'une propriété qui en masquait la façade. De nouveaux cours furent ajoutés au programme, parmi lesquels le cours de linotype dispensé par le professeur Franck Chenet. Celui-ci s'était spécialisé à New-York dans cette méthode alors toute nouvelle de composition typographique.

D'autres écoles du même modèle sont mises en chantier. Sur la propriété vacante de l'ancien marché en Haut, face à la cathédrale, on construit un grand bâtiment de 55 mètres de long sur 31 mètres de large et 14 mètres de haut, comportant un sous-sol, un rez-de-chaussée et un étage et pouvant accueillir 1,200 élèves[6].

Place Sainte-Anne, un bâtiment du même type de construction, mesurant 214 pieds de long sur 55 pieds de large, avec toiture en aissantes de bois créosoté est érigé. Prévu pour 750 élèves, l'édifice est aménagé de façon à ce qu'on y tienne des cours du soir. Ainsi, 1,500 élèves pourront y recevoir l'instruction[7].

Sur le côté ouest de l'avenue Dessalines, à mi-chemin entre la gare du Nord et le Pont-Rouge, une nouvelle école industrielle voit le jour. Construite en briques armées avec toiture en aissantes créosotées, elle comprend neuf salles de classe, une bibliothèque, une salle de clinique, un cabinet de toilette et un cabinet d'offices. Dans des constructions isolées, élevées dans l'arrière-cour, sont logés les ateliers pour l'enseignement professionnel[8].

Une école construite sur le même plan est érigée au bois Saint-Martin[9]. Enfin au portail Saint-Joseph, l'*École Victorin Plaisance* qui n'était qu'une simple école primaire est transformée en école primaire professionnelle.

En 1930, en dehors de l'*École Élie Dubois*, un total de six écoles professionnelles fonctionnait à plein rendement à la capitale, fournissant l'instruction et une profession à plusieurs centaines de jeunes haïtiens. À l'école industrielle de la place de la cathédrale étaient inscrits 596 garçons et 513 filles travaillant séparément. L'école de la place Sainte-Anne était fréquentée par 753 garçons, celle de l'avenue Dessalines par 513 garçons, celle du bois Saint-Martin,par 513 garçons également et celle du portail Saint-Joseph par 190 filles[10].

Placées par la loi du 24 juillet 1924 sous la supervision du Service Technique, la très ancienne *École Centrale des Arts et Métiers* de la rue du Magasin de l'État, affectée à l'enseignement professionnel des petits déshérités, reçoit d'appréciables transformations. Avant son incorporation au Service Technique, elle offrait une situation dont la précarité n'avait pas manqué de frapper un visiteur : "... Des petits êtres noirs de peau et noirs de linge tant ces derniers étaient sales, regardaient la blancheur de mes poignets avec des yeux avides. Ils tapaient, qui sur du cuir dans la section de la cordonnerie, qui sur du fer à la forge. Quelques autres, une quinzaine, gisaient sur les briques dures d'un bouge auquel on donne pompeusement le nom d'infirmerie..."[11].

La réorganisation entreprise en octobre 1924, sous le contrôle du mécanicien et industriel Wilhelm Wendt, nouvellement nommé à la direction de la Centrale, embrassa d'abord l'amélioration des conditions sanitaires et la remise en état des locaux. Un outillage de type moderne fut ensuite installé dans les ateliers et un nouveau programme d'enseignement adopté. Mis en peu de temps sur un pied de fonctionnement convenable, l'établissement apporta des changements heureux au sort des 300 petits miséreux qui y logeaient et qui purent désormais bénéficier d'une préparation suffisante pour exercer plus tard un métier.

Malgré le bilan apparemment spectaculaire de la réorganisation de l'enseignement professionnel opérée par les Américains, les résultats pratiques devaient s'avérer plutôt minces. Trop d'entités spécifiques à la culture et à la mentalité du peuple haïtien avaient été négligées ou méconnues. Après l'effacement de Freeman, le gouvernement se verra forcé de soumettre le Service Technique dont l'utilité restait évidente à une réforme de structure qui sera menée par une commission d' "experts" haïtiens.

Aiguillonné par la relative expansion des affaires, l'enseignement commercial poursuit son envolée. L'une des plus anciennes écoles de commerce, l'École Spéciale de Sténo-Dactylographie de Marcel Robin, est reconnue d'utilité publique par arrêté du chef de l'État. Des écoles d'enseignement commercial récemment ouvertes accusent une clientèle déjà nombreuse. Au Petit-Four, les Cours de Sténo-Dactylo de Raoul Jean-Marie, diplômé de l'Académie Sténographique de Paris, comptent à leurs palmarès plus de 150 diplômés. Aussi fréquentées l'École de Comptabilité de E. Mathelier, sise à la rue des Casernes, spécialisée dans la méthode de comptabilité américaine, l'École de Comptabilité de M. Fortin, l'École de Commerce de Sténio Vincent, au Poste Marchand, où sont étudiées non seulement la comptabilité, mais aussi toutes les matières connexes aux opérations commerciales.

L'*École Normale d'institutrices*, créée en avril 1914, et qui avait de justesse échappé à l'emprise américaine, voit ses assises se consolider et son prestige se renforcer par la réforme que le ministre Charles Bouchereau y opère en 1923. Sous la direction d'une Française, Marguerite Marodon, diplômée de l'École Nationale de Sèvres, et qui plus tard épousera un Haïtien, M. René Lerebours, l'École assure avec soin et compétence la préparation des futures maîtresses de l'enseignement primaire. À l'école d'application, dite École Annexe, rattachée à l'établissement, les normaliennes s'entraînent à la pratique de la pédagogie. En 1931, la Normale d'Institutrices sera transférée de la propriété Audain qu'elle occupait, à la propriété voisine d'Achille

Barthe de la rue Cappoix qu'elle gardera durant plusieurs années[12].

Fondée en 1932, l'*École Normale d'Instituteurs*, dirigée par Damoclès Vieux, laissera le local qu'elle occoupait provisoirement à Saint-Louis de Gonzague pour se loger plus confortablement, place de la cathédrale, dans l'immeuble construit pour le Service Technique.

Aucun problème particulier ni de changement important dans l'enseignement secondaire congréganiste. Dans l'enseignement laïque libre, on note l'ouverture en octobre 1926, à l'étage de la maison Baker, angle rue des Miracles et Grand'rue, de l'*Institut Tippenhauer* fondé par l'ingénieur Harry Tippenhauer. L'année suivante, l'institution se transporte à la rue Lamarre et inaugure en 1927 le cours de rhétorique et en 1928 le cours de philosophie. L'effectif de l'école atteint cette année-là 225 élèves.

Au lycée Pétion, Damoclès Vieux succède en 1922 à Hermann Héreaux à la direction de cet important centre national d'enseignement.

Voit le jour en 1923 le projet de construction d'un grand bâtiment scolaire destiné à loger l'*École primaire Jean-Marie Guilloux* des frères de l'Instruction Chrétienne de la Grand'rue. Un accord intervient entre le Grand Orient d'Haïti et le département des Travaux Publics, par lequel le Grand Orient accepte d'échanger le terrain, voisin de la cathédrale, qui lui appartenait et où s'élevait une construction inachevée, contre un immeuble devant servir de loge à ériger aux frais de l'État, sur un terrain qu'il possédait rue du Magasin de l'État[13]. Les murs déjà existants furent incorporés au nouveau bâtiment d'école.

Une avance faite par la Direction principale des frères, jointe au versement d'une allocation de 50,000 gourdes de la Commune, permet de hâter l'achèvement des travaux. Le 13 mai 1924, Mgr Conan bénit les locaux en présence du président Borno et de ses ministres... Avec ses deux étages, ses douze salles de classe "spacieuses, bien éclairées et bien aérées" permettant de recevoir 5 à 600 élèves, l'École Jean-Marie Guilloux est devenue la plus grande école publique du genre en Haïti.

Parmi les écoles primaires privées récemment fondées, se distinguent par leur sérieux et la qualité de leur enseignement, l'Institution Sainte-Philomène de la Grand'rue, dirigée par les demoiselles Dupé et l'École Veuve Auguste Paret, au bas de l'avenue John-Brown.

Au Morne à Tuf, Édouard Beaubrun continue avec le même désintéressement la belle oeuvre qu'il avait entreprise en 1916 en donnant gratuitement le pain de l'instruction à plus de 150 enfants pauvres des deux sexes. Sur la butte par contre, l'École de la Mutualité Scolaire du Bel-Air, dirigée par Enys Barrau, et qui accueille 73 filles et 49 garçons, avec une moyenne de présence de 85 élèves, fait face à de gros problèmes et n 'arrive pas à fonctionner comme il le faudrait : l'école manque de maîtresses, le mobilier scolaire est presque inexistant et le local tombe en ruine.

Avec l'arrivée au pouvoir de Sténio Vincent en 1930, une réaction contre certaines réformes scolaires d'inspiration américaine estimées inefficaces se manifeste ostensiblement. En 1931, par décision des Chambres législatives, l'École de Droit, rattachée sous Borno au département de la Justice, est ramenée au département de l'Instruction Publique. L'École de Médecine est provisoirement maintenue sous la tutelle du Service d'Hygiène. On se plaît à signaler parmi ses récents diplômés, Yvonne Sylvain, la première haïtienne docteur en médecine et Marcelle Hakime, la première femme dentiste.

En vertu du contrat du 7 décembre 1931, passé entre le Secrétaire d'État des Travaux Publics, René T. Auguste, et le Conseil d'administration de l'École des Sciences Appliquées composé des ingénieurs Louis Roy, Frédéric Doret, Pierre Éthéart, René Durocher et M. Dantès Bellegarde, l'école est rattachée à la Direction Générale des Travaux Publics devenue haïtienne. Elle est désormais dirigée par un Conseil de cinq membres, dont trois désignés par le Président de la République et tirés des cadres des Travaux Publics, et les deux autres par la Société civile de l'École des Sciences Appliquées. Cette mesure qui tendait à assurer les destinées de l'institution ne devait être que passagère.

Autre réforme... en profondeur, celle du Service Technique de l'Agriculture que les arrêtés des 24 et 30 septembre 1931 réorganisent suivant la nouvelle optique gouvernementale. Voulant en effet porter l'accent "sur la production proprement dite et les travaux pratiques plutôt que sur la recherche"[14], le Gouvernement de la République changera la dénomination de Service Technique de l'Agriculture contre celle de Service National de la Production Agricole et de l'Enseignement rural (S.N.P.A. et E.R.), et celle d'École Centrale d'Agriculture en celle d'*École Pratique d'Agriculture*. En octobre 1931, l'École rouvre ses portes avec un effectif de cent étudiants, dont cinquante pour la section agricole et cinquante pour la section normale. Jusqu'en août 1943, elle sera considérée comme une branche du Service national de la Production agricole et de l'Enseignement rural.

Le *Petit Séminaire-Collège Saint-Martial* s'agrandit par la construction en 1930, à l'angle des rues Geffrard et Pavée, du bâtiment de l'Amicale où sera rangée la précieuse bibliothèque de cette association. Trois ans plus tard, on met la main aux travaux de transformation de la maison des pères, bâtiment en grande partie en bois, qui datait de 1872. Le nouveau visage du vieil édifice est une réussite : un grand building de deux étages entourés de galeries spacieuses bordées de balustres, qui domine la rue des Miracles.

En 1932, un noviciat des soeurs s'ouvre au Pensionnat Sainte-Rose de Lima à Lalue.

L'Institut Tippenhauer, grâce aux succès récoltés aux examens officiels, s'épanouit remarquablement. Le besoin d'une annexe se faisant sentir, la direction prend à bail l'ancienne Maison de Santé du Dr Audain à la rue Cappoix où avait logé la Normale d'institutrices et y installe l'annexe en janvier 1932. Sous la direction de Henri Odeïde, cette branche de l'Institut connaîtra à son tour un développement prodigieux.En peu de temps, elle arrivera à dépasser l'effectif de la maison principale. Aux cours classiques, le professeur Tippenhauer ajoutera des cours de comptabilité, de sténo-dactylo et de langues, qui contribueront à étendre le rayonnement de l'établissement.

Le prestige attaché au diplôme du baccalauréat qui consacre, à la suite d'examens officiels, la fin des études secondaires, ne cesse d'augmenter. L'annonce par le ministre de France au département des Relations Extérieures, de l'assimilation reconnue du certificat haïtien d'études secondaires au baccalauréat français en vue des études universitaires, ne fait que l'accroître. Une performance rarement atteinte est enregistrée aux examens de juillet 1930 : le pourcentage d'admis aux bachots première et deuxième partie est de cent pour cent. En conséquence, la session extraordinaire de cette année se trouva sans objet. Les candidats avaient-ils bénéficié, sans le savoir, d'une prédisposition favorable des examinateurs à leur endroit, eu égard au déroulement heureux des événements politiques de l'époque ?...

Les aspirants au bachot ne sont encore qu'en petit nombre. Un périodique de 1932 indique, par écoles, le nombre de ceux qui, à la session ordinaire du baccalauréat première et deuxième partie de cette année, avaient eu à subir ces épreuves si redoutées. Pour la rhéto, et la philo, le lycée Pétion avait respectivement présenté 26 et 23 candidats, le Collège Saint-Martial 18 et 8, Saint-Louis de Gonzague 18 et 8, l'Institut Tippenhauer 27 et 16, l'Institution Marat Chenet, 11, le Collège Guy Bonnet 2, l'Institut Alfred Viau 1, Élèves libres 23 et 8[15]. Au cours de cette session, Yolande Benedict, élève de l'Institut Alfred Viau, subit avec succès les épreuves de la rhéto. Événement marquant, car c'était pour la première fois qu'une jeune fille briguait le bac.

La réforme opérée au sein de l'ancien Service Technique avait déterminé la désaffectation des deux écoles industrielles de la place de la cathédrale et de la place Sainte-Anne. Dans les locaux de cette dernière se casent deux écoles primaires, dont l'école congréganiste Mère Eustochie... On notera également l'ouverture en octobre 1931 d'un établissement scolaire qui jouira d'un certain éclat, l'École Nouvelle de Mme Maud Turian.

Dans l'enseignement des arts d'agrément, deux noms à retenir, celui de Marcelle Appolon, directrice d'une école de travaux d'art qui présentera les travaux de ses élèves à diverses expositions, et celui d'Annette Merceron, directrice des Cours de Danse et de Gymnastique, qui avait étudié en Suisse la gymnastique et les danses plastiques.

Notes

1 Ces boursiers étaient les docteurs Jules Thébaud, Nélaton Camille, Joseph Perrier, Civil, Pierre Bourand, Lafleur, Pétrus, Joseph Buteau et Louis Hyppolite.

2 Ancienne "maison Bellegarde" qui a été démolie pour faire place au building de l'Administration Générale des Impôts.

3 Elle ne terminera pas ses études juridiques, puisque la première licenciée en Droit sera Mlle Georgette Justin.

4 Dantès Bellegarde : *Un Haïtien parle*, p. 247.

5 Aujourd'hui local de l'École Mixte de Thor.

6 Aujourd'hui l'École République du Vénézuela.

7 Aujourd'hui Lycée Toussaint-Louverture.

8 Bâtiment occupé aujourd'hui par les soeurs salésiennes.

9 Ancien siège du Service des Transmissions de l'Armée, détruit par un incendie.

10 On n'a pas trouvé de statistiques pour l'École J.B. Damier.

11 *L'Essor*, 11 juin 1924.

12 Emplacement occupé aujourd'hui par le Lycée du Cent-Cinquantenaire.

13 Dans "Port-au-Prince - Documents..." Mgr Jan rapporte p.165 qu'il semblerait "qu'à l'époque où le Grand Orient avait posé les fondations de la loge future, Mgr Ribault y avait jeté des médailles de Saint-Benoît en vue de confondre un travail qui était un défi à l'Église, à cause de sa proximité avec la cathédrale".

14 Bulletin No 1 de l'Université d'Haïti, juin 1950, p. 205.

15 *La Petite Revue*, juillet 1932.

ASSOCIATIONS ET INSTITUTIONS

Dans son discours de réception au Club-Union, prononcé le 22 septembre 1928, Auguste Magloire, ancien Ministre d'Haïti à Londres, évoquant les circonstances qui avaient favorisé la naissance du *Parti Progressiste*, avance ces propos : "L'opinion de M. Borno était que, au milieu des circonstances défavorables qui avaient rendu possible l'intervention américaine, il valait mieux, plutôt que de lui tourner le dos, tenter une collaboration dont il était possible qu'il sortît quelque progrès au bénéfice de l'ordre public, de la situation financière et du développement des forces nationales. Dès lors, le programme du parti "progressiste" était trouvé, le parti lui-même existait virtuellement; l'idée et la formule de "progrès" étaient à la base de cette collaboration"[1].

Beaucoup plus un rassemblement de partisans professant les mêmes idées qu'un parti étroitement structuré et organisé suivant une philosophie politique bien définie, le parti Progressiste avait été institué en 1925, afin de maintenir dans l'union et la discipline les amis du gouvernement, tous ralliés à l'idée de coopérer avec l'Américain pour l'établissement de l'ordre et "le développement des forces nationales". À cette action qui formait "le fond du programme auquel Borno avait attaché son nom", on avait voulu opposer un courant qui excluait le principe de toute ingérence extérieure, partant celui même de l'intervention dans laquelle les partisans du régime tentaient de s'organiser. Ce mouvement qui prétendait que "le pays n'avait que faire des États-Unis, de leur concours, de leur voisinage, de leur protection, de leurs finances..."[2] se réclamait du plus pur nationalisme.

Contre pareille présomption, le Parti Progressiste s'évertuera à démontrer que par l'action logique, pratique et progressiste du gouvernement, nul ne saurait mieux que lui revendiquer l'étiquette nationaliste.

À l'instar des grands clubs politiques londoniens qui sont "les centres d'activité, les foyers de propagande sociale" des partis auxquels ils sont affiliés, le *Club-Union* est constitué le dimanche 29 mai 1927. Quartier général du Parti Progressiste, mais également association politique, littéraire et sportive,le Club-Union se proposait d'être le lieu de réunion, où, amis et partisans du gouvernement, mûs par la même ferveur patriotique, travailleraient dans un cadre accueillant et sympathique, à l'épanouissement des idées-maîtresses de la politique gouvernementale. La séance a lieu au local provisoire du club, maison Nérette à Peu de Chose[3]. Sont déclarés membres fondateurs, le Président de la République, les Secrétaires d'État, les Conseillers d'État, les membres de la Commission communale, le Préfet de Port-au-Prince. Pour devenir membres du club, les fonctionnaires publics devaient verser 5% de leurs appointements comme droit d'entrée et 2% comme cotisation.

À cette même séance est constitué le Bureau définitif. Au dépouillement du scrutin, Jules Lizaire est proclamé président, Auguste Scott vice-président, J. Salgado trésorier, Édouard Baussan, Dr Justin Dominique, Michel Beauvoir, Edmé Manigat conseillers. Le président Borno qui avait tenu à assister à l'élection du Comité d'administration, ne perdra pas l'occasion en se retirant d'avertir ses collègues "qu'il n'était pas en leur compagnie le président de la République, mais un ami"[4].

Le 3 août suivant, dans les salons de la villa Myosotis, se déroule la soirée dansante inaugurale du Club-Union. Le président et Madame Borno laissent le bal à minuit, mais la réception se poursuivra jusqu'à 4 heures du matin. Désirant pallier le côté jusqu'alors trop exclusivement politique du club, le Bureau inaugurera le 1er octobre 1927 les "samedis dansants" du Club-Union. En 1929, sous la présidence de Charles Rouzier et la vice-présidence d'Édouard Baussan, le local du club est transféré avenue Boyer, dans une spacieuse maison en bois où il s'installe définitivement[5].

Autre initiative gouvernementale prise dans le dessein d'exalter le patriotisme et le dévouement à la chose publique, la création le 26 mai 1926, de l'Ordre national Honneur et Mérite dont la forme de la décoration et les conditions dans lesquelles elle serait délivrée ne seront déterminées que par arrêté présidentiel du 26 février 1932.

En 1924, vient s'aligner à côté de l'Union Patriotique, une nouvelle association politique, la *Ligue Haïtienne pour la Défense des Droits de l'Homme et du Citoyen*. Présidée par L. Caïus Lhérisson, avec comme vice-président le Dr Horace Périgord, la ligue se donnera pour fins de défendre les droits des citoyens et ceux de la nation haïtienne, de soutenir les principes de liberté, d'égalité et de justice et de contribuer à "l'établissement entre les nations et entre les classes sociales des rapports basés sur le Droit et la Justice".

Les interventions de cette association ne semblent pas avoir eu beaucoup d'échos, ni celles de l'*Union de Défense Sociale* fondée le 24 septembre 1926 avec Fleury Féquière pour président et le Dr J.C. Dorsainvil pour vice-président. Le but de cette dernière association était de travailler à l'avancement et à la défense des intérêts des classes laborieuses.

Au fort des bouleversements politiques qui marquent la fin du régime de Borno, apparaissent quatre associations politiques, l'*Union Nationaliste*, présidée par Perceval Thoby, la *Ligue Anti-Impérialiste d'Haïti*, présidée par Henri Rosemond, le *Parti National Travailliste* et la *Ligue d'Action Constitutionnelle*. Plus que les trois premières, cette dernière association exercera une influence stimulante dans le déroulement des événements décisifs de l'époque. Formée en octobre 1929 et composée d'éminents citoyens parmi eux, Sténio Vincent, Seymour Pradel, Dantès Bellegarde, elle se donnera pour tâches de veiller à l'application de l'amendement constitutionnel interdisant le troisième terme et de réclamer le retour des Chambres législatives et la réintégration du pays dans son entière souveraineté.

En ces temps où le déclenchement de la grève de Damien a pour la première fois mis la jeunesse estudiantine en vedette, les associations de jeunes à tendance politique foisonnent : *Union*

Nationale des Jeunes, Ligue de la Jeunesse Patriote Haïtienne, Collaboration Patriotique des Jeunes... Elles se fédèrent bientôt et font choix de Jacques Roumain comme président d'honneur et de Justin D. Sam comme président.

À la fin de 1924, une tentative nettement révolutionnaire s'opère au sein de l'*Association des Travailleurs*. Tirant la sonnette d'alarme, *l'Essor* en des termes imprécatoires dénonce les idées osées qu'un groupe d'individus entraînés apparemment par un disciple de Karl Marx, s'étaient autorisés à propager dans le monde ouvrier.

"(Encore récemment, l'Association des Ouvriers) ne s'occupait, écrit le journal, que des intérêts sociaux et économiques du prolétariat haïtien. Mais voilà que trompée par un petit bourgeois agité — fruit sec et transfuge de l'Élite quant aux idées et par simple calcul — l'Association des Ouvriers a lancé à la fin de la semaine passée un "appel" politique aux "camarades"[6]. L'Internationale est donc chez nous... (Loin d'incriminer ces pauvres ouvriers, ayons plutôt l'oeil sur) ceux-là de la bourgeoisie qui trompent le gros peuple depuis cinquante ans, qui autrefois agitaient le spectre des préjugés sociaux devant la masse ignorante, afin de la pousser armée contre ses chefs naturels de la classe intellectuelle, mais qui aujourd'hui, ne pouvant plus faire le même jeu, changent de tactique, essayant de capter la confiance des humbles en rédigeant pour eux des adresses politiques et en leur demandant de jouer un rôle qu'ils ne sont pas préparés à remplir..."[7].

Pour la première fois peut-être en Haïti, la presse alliée au pouvoir essayait d'assimiler à une tentative de chambardement politique un appel qui de toute évidence n'avait voulu envisager, en dehors des problèmes politiques de la nation, que "le péril économique qui (menaçait) la Démocratie ouvrière et rurale". Cette algarade de *l'Essor* que personne n'avait prise au sérieux n'eut aucune suite. On vit au contraire se multiplier les essais amorcés sous Dartiguenave par les travailleurs, en vue de se constituer en syndicats pour défendre leurs intérêts professionnels. La seule année 1927 enregistre la naissance de trois syndicats : celui des tailleurs, présidé par Joseph St-Cloud, celui des typographes, présidé par Louis M. Joseph et celui des cordonniers, présidé par J.B. Océan Pierre-Paul.

Chez les éducateurs, le besoin de se regrouper pour assurer leur participation aux mouvements revendicatifs qui se préparent ne se fait pas moins sentir. L'*Association des Membres du Corps Enseignant*, fondée en 1894, et qui avait cessé toute activité, se reconstitue en décembre 1928. Caïus Lhérisson,directeur du Collège Louverture, est élu président et Mme René Lerebours vice-présidente.

Même désir de s'associer chez les avocats et chez les disciples d'Esculape. En 1928, une *Société d'Études Juridiques* est constituée. On en confie la présidence à Me Hermann Chancy. À l'initiative du docteur Justin Dominique, directeur de l'École de Médecine, la *Société de Médecine d'Haïti* est fondée en mars 1927 et placée sous la présidence du Dr Lélio Hudicourt. Certains médecins refuseront toutefois de s'y inscrire parce que, selon eux, cette société, de par sa formation, demeurait "une société américaine, fondée par des Américains avec le concours de quelques médecins haïtiens placés sous le contrôle du Service d'Hygiène américain".

La présence de l'étranger sur le sol de la patrie devait, par une ironie des choses, susciter chez les Haïtiens bien des élans patriotiques. Face au désarroi, à "l'anarchie morale où se débattait péniblement le pays", la fondation d'une société d'histoire s'était présentée comme une nécessité impérieuse "pour conjurer une crise dont la gravité (s'accentuait) chaque jour et qui, en se prolongeant, (menaçait) de miner les fondements mêmes de notre nationalité". L'histoire, "source unique d'où découlent et où se renouvellent... (les) légitimes et indestructibles aspirations nationales", allait permettre à l'Haïtien de retrouver la foi et de se consacrer, le coeur plus léger, à la lutte "contre les causes de désorganisation et d'absorption"[8] avec lesquelles il se trouvait confronté.

Le dimanche 23 mars 1924, se déroule à la Bibliothèque de l'Amicale du lycée Pétion la cérémonie d'inauguration de la *Société d'Histoire et de Géographie d'Haïti*, fondée en décembre 1923. Au discours d'ouverture du président de la société, Horace Pauléus Sannon, suivent la conférence du Dr Jean Chrysostome Dorsainvil sur les origines du Vaudou et celle de Jean-Joseph Vilaire sur Boisrond

Tonnerre, lue par Etzer Vilaire. Une importante exposition de manuscrits et d'objets historiques avait été organisée pour la circonstance. En plus des 230 documents présentés, toute une série de portraits des principaux fondateurs de l'Indépendance et des personnalités qui avaient marqué dans notre histoire, peints par l'artiste Goldman, captait l'attention des visiteurs[9].

On retrouvera cette même quête d'idéal chez certains jeunes de 1926 qui, voulant joindre leurs actitvés pour atteindre aux valeurs esthétiques et morales, se réunissent en cercle d'études. La perspective d'une oeuvre de jeunesse catholique s'offre à leur esprit. Ils s'adressent au vicaire-général de l'archidiocèse, l'éloquent et cultivé père Le Gouaze, qui consent à devenir leur conseiller et leur aumônier : l'*Association Catholique de la Jeunesse Haïtienne* était née. Piété,étude, action, voilà en quoi se résumait le programme de l'association. Les réunions se tenaient à l'archevêché. D'abord bimensuelles, elles deviendront par la suite hebdomadaires. En dehors des cours qui s'y donnaient, des causeries sur des sujets d'ordre social, politique, économique ou religieux y étaient assez souvent faites par les membres. Dans la suite, des personnalités intellectuelles comme Constantin Benoit, Gervais Jastram, Félix Magloire, Alfred Viau, Montrosier Déjean, Klébert Cantave, Félix Soray, Léon Bance, accepteront de bon gré à prononcer des conférences sous les auspices de la jeune association. À son actif, l'ouverture d'un cours du soir à l'intention des adultes analphabètes — l'École Mgr Bauger — la constitution d'une bibliothèque publique et la création d'un bulletin miméographié, *Haïti-Catholique*.

En avril 1929, l'Association Catholique de la Jeunesse Haïtienne qui comptait un embranchement à Jacmel et à Jérémie et dont le Bureau de Port-au-Prince était formé de Franck Sylvain, président, Roger Dorsinville, vice-président et Max Gédéon, secrétaire-général, tient son premier congrès. Les séances ont lieu, le matin à Parisiana et à l'Asile Français l'après-midi. Au cours de ce forum, les membres de l'association, par l'organe de leur vice-président, réitèrent "à ceux qui veulent à tout prix le plaisir partout et en toutes choses", leur détermination à ne pas "changer l'esprit austère de l'association pour en faire une société littéraire et mondaine". Semblable velléité ne pouvait séduire tout le monde. C'est pourquoi l'association ne franchit jamais les limites d'un petit cénacle de jeunes doctrinaires, épris d'idéal.

Sous l'impulsion des frères Windsor et Seymour Day, la *Mission Patriotique des Jeunes* est fondée en 1930 et placée sous la présidence d'André Momplaisir et de Seymour Day. La devise de l'association : "Sacrifice, Dévouement, Abnégation". Instruire le peuple des faubourgs par des meetings éducatifs et par la création d'écoles du soir, tel était le programme de ces jeunes que l'inconstance des masses traumatisait. L'action de l'association auprès de ces concitoyens abandonnés à leurs instincts se révélera concluante, surtout par la création d'écoles du soir réparties dans les quartiers les plus populeux. On notera le même "dévouement", la même "abnégation" dans les filiales de province qui compteront à leur actif de tangibles réalisations dans l'ordre éducatif et social.

Autre association animée du même esprit, le *Cercle Notre-Dame du Perpétuel Secours* créé en 1929 au Bel-Air par Caïus Lhérisson, afin d'apprendre "à mieux se connaître, à s'estimer mutuellement et à travailler pour que le quartier retrouve sa splendeur d'autrefois".

Le Scoutisme qui, sous Dartiguenave, n'avait fait qu'une brève apparition, remonte à la surface en 1924. L'animateur Yves Clainville Bloncourt fonde la troupe *Les Éclaireurs d'Haïti*, formée de jeunes élèves de Saint-Martial et de Saint-Louis. L'effectif de la troupe atteint bientôt les 300. Le chef Bloncourt institue les excursions hebdomadaires, d'une durée de trois heures, qui ont lieu les samedis matin.

Lorsque en 1927 éclosent de nouvelles associations de boys-scouts, la troupe des Éclaireurs, malgré ses brillants débuts, s'était déjà éclipsée... Le dimanche 20 février 1927, au presbytère de la cathédrale, le drapeau de *Sentinelle Club*, association de boys-scouts présidée par Alphonse St-Cloud, avec Maurice Clermont comme secrétaire, est béni par le curé, le père Richard. Dans la matinée, se déroule au Ciné-Variétés la cérémonie d'inauguration de l'association. Le même jour, l'*International Boys-Scouts d'Haïti* d'obédience épiscopalienne, reçoit la bénédiction du bishop Carson en la chapelle de l'Ascension de Thor. Placée sous la direction du scoutmaster Félix Dorléans, l'association aura son quartier général à Turgeau.

Dès leur fondation, ces deux associations de jeunesse manifestent une vitalité extraordinaires. L'annonce par Alphonse Saint-Cloud de l'affiliation officielle de Sentinelle Club au Bureau International de Londres est fêtée aux Caves de Bordeaux par un dîner de 75 couverts. L'intérêt pour cette association d'entraide collective s'accroît dès ce moment. Les boys-scouts de Sentinelle sont reçus par le Président de la République qui, après avoir assisté à leurs évolutions sur la pelouse du Palais, offre une petite réception en leur honneur. Au Champ-de-Mars, ils présentent au public une grande exhibition d'athlétisme et de culture physique qui est très applaudie. Le gros exploit qui achèvera de consacrer leur dynamisme et leur performance sera le fameux raid à pied qu'ils exécuteront de Port-au-Prince à Port-Salut. Partis au nombre de huit du poste de police du portail Léogane le lundi 19 septembre à 3 heures de l'après-midi, ils atteignent Port-Salut le mercredi 28 septembre à 6 heures du soir. Au retour, ils battent leur propre record en parcourant la même distance en huit jours, après avoir séjourné deux jours aux Cayes, sur invitation des Éclaireurs de cette ville[10].

Comme dans toute organisation où l'esprit de compéttion peut engendrer la zizanie, les deux associations scoutes n'allaient pas maintenir entre elles des rapports cordiaux. Après avoir contesté le mérite des routiers de Sentinelle dont le raid dans le Sud n'était pas, à ses yeux, comparable à celui qu'avaient auparavant effectué de Port-au-Prince à Port-de-Paix quatre des Boys-Scouts d'Haïti, le scoutmaster Félix Dorléans fit savoir que seule l'association scoute qu'il dirigeait avait été reconnue par l'International of Boys-Scouts de Londres. C'était la cassure. Les frères ennemis ne feront plus désormais que cavaliers seuls.

Dans le domaine artistique, la *Société de l'Orchestre Symphonique Haïtien*, créée en 1922 par Sylvain Peters, se produit pour la première fois à Variétés le 16 décembre de la même année. "C'est un début bien marqué, et on peut fonder des espérances", opine un organe de presse. Sous les auspices de la même société, un choeur mixte est constitué.

Une autre association artistique, la *Société Philharmonique Orpha*, présidée par le pianiste Jules Héraux, voit le jour le 27 décembre 1924, dans les salons de Mme Vve C. Dasque. Elle aura le mérite de grouper des artistes musiciens qui souffraient de leur isolement.

Les travaux de construction de la bibliothèque de l'Amicale du Lycée Pétion, interrompus depuis plus d'une année, sont repris en juin 1922, sous la direction de l'ingénieur Daniel Brun. Les Travaux Publics remettent à l'Amicale le grillage qui avait servi de clôture au monument de Dessalines au Champ-de-Mars. Il sera utilisé pour enclore le terrain de la bibliothèque. En 1926, le bâtiment est achevé. C'est un coquet édifice que l'on doit au courage et à la persévérance du Dr Brun Ricot, de Seymour Pradel et de leurs amis. Asile de recueillement et d'études. Aux deux extrémités de la salle de lecture, d'une sobre élégance, et largement aérée, s'ouvrent d'un côté le carré du bibliothécaire, de l'autre une pièce d'isolement pour les chercheurs. Du plancher au plafond, adossés aux parois, des rayons où déjà ont été rassemblés plus de 3,000 volumes.

Première bibliothèque nationale créée à Port-au-Prince, la *Bibliothèque de l'Amicale du lycée Pétion* est officiellement inaugurée le 18 mai 1926. Faute de disponibilités pécuniaires pour rétribuer un personnel à plein temps, la bibliothèque ne sera ouverte au public que trois fois par semaine, les lundi, mercredi et vendredi, de 4 heures à 7 heures du soir. Pour une cotisation mensuelle d'une gourde et le dépôt d'une caution de cinq gourdes, le lecteur pouvait emporter avec lui l'ouvrage qui lui faisait besoin.

L'achèvement de la bibliothèque de l'Amicale mettait une touche particulière dans ce coin de la cité où elle s'élevait et où semblait souffler l'esprit. Dantès Bellegarde l'exprime en termes heureux :

L'élégant bâtiment de la Bibliothèque Amicale "se dresse, écrit-il, au milieu de la place Élie-Dubois, ayant au nord le lycée de Port-au-Prince, au sud l'école primaire Jean-Marie Guilloux, en face la cathédrale. Devant lui s'élève le monument d'Alexandre Pétion, héros de l'indépendance nationale, fondateur de la République et créateur de l'enseignement secondaire haïtien. Et tout cet ensemble forme un impressionnant symbole. N'est-il pas en effet hautement symbolique que la religion et l'instruction,sous ses deux formes principales — primaire et secondaire — soient associées aux deux noms glorieux de Pétion et d'Élie Dubois et groupées ainsi autour de ce petit temple élevé au Livre émancipateur de l'esprit, fondement de la démocratie ?"[11]

En 1923, l'embryon de bibliothèque formé, dix ans auparavant, par le frère Ernest à Saint-Louis de Gonzague, avait reçu une salle où étaient venus se grouper volumes et documents. Avec la *Bibliothèque haïtienne des pères du Saint-Esprit*, déjà bien pourvue de livres précieux et rares, la bibliothèque des frères n'allait pas tarder, grâce à des legs et à des dons importants, à posséder, comme cette dernière, une des plus riches collections d'ouvrages, de journaux et de documents concernant Haïti et son histoire.

Deux autres bibliothèques, celle de la *Société Biblique et des Livres Religieux d'Haïti* et la *Bibliothèque Moderne la Liseuse* de la rue Pavée complètent à Port-au-Prince la liste de ces institutions vouées au triomphe de la culture et du savoir.

À Turgeau, un américain, H.P. Davis, grand collectionneur d'objets et de documents historiques, était parvenu à constituer chez lui un véritable petit musée où l'on pouvait voir, entre autres pièces importantes, l'original de la capitulation de Rochambeau en novembre 1803 et une des épées de Faustin 1er[12]. On ignore le sort qui fut fait dans la suite aux collections historiques de H.P. Davis, ainsi qu'au répertoire — si jamais il eut existé — des objets et documents de ce musée embryonnaire.

Sous le rapport des institutions de bienfaisance, l'*Association des Dames de Saint-François de Sales*, placée sous la présidence de Mme Veuve Gauthier Ménos, continue avec un inlassable dévouement à prêter ses efforts et son concours au développement de l'Hospice Saint-François de Sales. Avec le Dr Paul Salomon, directeur des services médicaux, l'établissement connaît des progrès marquants. Tour à tour sont créés les services de gynécologie, d'oto-rhino-laryngologie,d'ophtalmologie et de radiologie. L'acquisition par l'hospice de l'ancien laboratoire du Dr Audain décuple la confiance qu'il inspirait à la population.

À l'*Asile Français*, autre établissement hospitalier soutenu par les membres de l'association à laquelle il est rattaché, un dispensaire est ouvert au public en 1923 sur l'initiative du Dr Félix Coicou.

En octobre 1922, l'*Hospice communal* construit pour héberger vieillards, infirmes et incurables, est achevé. L'administration en est confiée aux soeurs de la Sagesse et la partie clinique au Dr Annoual. Au rez-de-chaussée du bâtiment principal, le vestibule et le réfectoire, et aux ailes latérales, les dortoirs séparés des hommes et des femmes. À l'étage logent les bonnes soeurs. Dans la cour, des parterres, des espaces gazonnés et des massifs de fleurs. À l'ouverture, l'établissement accueille 87 deshérités des deux sexes qui vont y recevoir soins et assistance. Ce nombre allait bien vite se multiplier, justifiant avec éloquence le but humanitaire de l'institution.

L'aménagement de l'ancien camp général Russell de *Beudet* en asile d'aliénés s'achève en 1927. La plupart des malades mentaux qui traînaient leurs misères dans les rues de Port-au-Prince y seront internés. Cependant, les moyens thérapeutiques nécessaires à leur traitement manquaient désespérément, de sorte que les hospitalisés de Beudet ne bénéficieront que de soins relatifs.

Malgré le soutien de ses quarante-quatre dames patronnesses et le dévouement de la directrice, Mme Sylvie, l'oeuvre de *la Crèche* que préside Mme Tancrède Auguste, ne parvient qu'avec peine à faire front aux exigences journalières.. Cinquane-trois enfants y sont vêtus, nourris et instruits. L'esprit de sacrifice, joint au désir d'épargner à une partie de l'enfance malheureuse les tristesses de l'adversité, sauvera l'oeuvre.

Sous l'impulsion d'un groupe de jeunes filles de la société port-au-princienne, une nouvelle institution appelée à soulager les misères de l'enfance, les *Pupilles de Saint-Antoine*, prend naissance le 10 juin 1926. Elles élisent comme présidente Madeleine Sylvain. Le dimanche 6 février 1927, on inaugure dans le quartier de Saint-Antoine le local qu'elles projettent de consacrer à leurs pupilles. Bientôt y seront organisés des cours classiques et ménagers pour les enfants des deux sexes.

S'attaquant elle aussi à la protection de l'enfance abandonnée, l'Église Épiscopale fonde un orphelinat et une *Maison des Enfants* pour les jeunes deshérités.

On ne saurait passer sous silence les effets bienfaisants de l'oeuvre de la *Mutualité Scolaire du Bel-Air* sur la population estudiantine de la butte. Près de dix ans après la fondation de l'oeuvre par L. Caïus Lhérisson, la fréquentation scolaire du Bel-Air qui était de 150 enfants était passée à 800 écoliers sachant lire et écrire. Sous la présidence de Lélio Louissaint, juge de paix de la section Est, la Mutualité, en dépit des difficultés, poursuivait avec persévérance le but qu'elle avait toujours souhaité atteindre : la scolarisation de tous les enfants du plus vieux quartier de Port-au-Prince.

On verra à cette époque la compassion port-au-princienne s'étendre d'une manière effective aux animaux. En effet, en juin 1927, quelques dames haïtiennes au coeur compatissant se groupent pour redonner vie à l'ancienne *Société Protectrice des Animaux*. Leur première démarche pour sensibiliser le public à l'amour des bêtes sera d'organiser au Champ-de-Mars une grande parade d'animaux domestiques, à l'issue de laquelle des prix seront décernés aux plus beaux spécimens.

Le 6 janvier 1923, pour la fête des Rois, le nouveau local du *Cercle Port-au-Princien*, sis au sud-est du Champ-de-Mars, est inauguré par une grande soirée dansante... La bourgeoisie port-au-princienne avait désormais bien à elle son nouveau centre de distraction et de réunion.

La colonie étrangère assez nombreuse à la capitale, et qui elle aussi désirait créer un cercle pour "favoriser les relations sociales entre les membres" et meubler agréablement leurs heures de loisir, forme, le 25 février 1928, par acte notarié passé au rapport de Me Louis Vilmenay, le *Pétionville-Club*. Sont choisis pour assurer la présidence et la vice-présidence de l'association MM. Ralph Barnes et B.W. Dorch. Sans manifester vis-à-vis des Haïtiens la même intransigeance que l'American Club, le nouveau cercle montrera cependant peu d'enthousiasme à favoriser leur participation à ses activités.

Toujours vivants, les petits cercles de quartier dont certains d'entre eux, comme le *Petit Cercle*, présidé par Félix Carrié, le *Cercle Les*

Papillons, présidée par Jules Corvington, le *Cercle Muguet*, présidé par Roger Mangonès, témoignent d'une élévation d'esprit qui n'exclut ni la mondanité, ni la plus cordiale camaraderie. D'autres associations de jeunes à caractère plus spécifiquement littéraire prennent naissance : *Sylvania*, présidée par Voltaire Freycinet, *Printania* qui ne dédaignera pas les jeux sportifs, *Dessalinia*... Et parmi les associations de jeunes filles, le cercle *Fémina* dont Esther Jean-Louis assure les destinées, le cercle *Primavera* qui en 1928 se verra forcé de se dissoudre, à cause... "de la situation sociale actuelle".

En 1932 naît le premier *parti Communiste Haïtien*. Parmi ses fondateurs, Phito Marcelin, Christian Beaulieu, le pasteur Félix Dorléans Juste Constant et Étienne Charlier qui venait d'obtenir son doctorat en Droit à Paris. La publication de l'Analyse-Schématique 32-34 , rédigée de concert par Jacques Roumain et par Étienne Charlier qui en avait écrit la partie relative à l'économie, fait connaître l'existence du parti. Roumain a en effet signé son texte "Pour le Comité Central du Parti communiste d'Haïti"[13]. Le parti qui était parvenu à fonder quelques cellules en province et même à s'infiltrer au sein de certaines couches paysannes va se voir énergiquement combattu par le pouvoir central. Il ne lui restera qu'une alternative : entrer dans la clandestinité. Pour quelque temps, le péril rouge était écarté.

Parallèlement à cette organisation qui n'était pas restée indifférente à l'éveil patriotique suscité par la présence des impérialistes yankees sur le sol national, un mouvement plus intégralement nationaliste et dont les racines plongeaient dans les entrailles du peuple avait débuté. Il avait hérité des idées avancées des fondateurs de la *Revue Indigène* qui s'était érigée en "rempart contre l'américanisation de nos valeurs", et dont Louis Diaquoi et Carl Brouard étaient les porte-parole autorisés. Fondée en 1927, la Revue Indigène préconisait le rejet de tout ce qui, dans les cultures d'outre-mer, tendait à dévaloriser la culture haïtienne et recommandait pour le renouvellement de notre littérature l'adoption de thèmes qui mettaient en relief les beautés du pays haïtien.

Projetant plus en avant leur pensée, les tenants de la nouvelle école firent une place privilégiée au folklore comme "facteur déterminant de notre renaissance littéraire". Ils rejoignaient ainsi le Dr Jean Price-Mars qui, dans son ouvrage "Ainsi Parla l'Oncle", paru en 1928, avait révélé les richesses du folklore haïtien. Carl Brouard, chef littéraire de l'*École des Griots*, définira la position du groupe, tandis que les frères Abderhaman (Lorimer Denis et François Duvalier), sous la rubrique "Bric à Brac", publieront une série de chroniques littéraires à caractère social où étaient mises en valeur les idées prônées par le nouvel évangile.

L'étude du folklore dans ses multiples dimensions sollicitait une incursion dans l'anthropologie. Pour certains essayistes du groupe, la question de race revêtait dès lors une importance primordiale. L'Alma Mater, en l'occurrence l'Afrique lointaine,remise en honneur, devint le dénominateur commun de toutes les aspirations socio-raciales. Cette tendance débouchera sur une entité subjective, le noirisme, qui, transposée plus tard sur le plan politique, réclamera le pouvoir pour les seuls héritiers des spécificités raciales africaines...[14]

La *Société de Législation* qui avait sombré sous les contrecoups de la politique, renaît de ses cendres en avril 1934. Le nouveau Bureau formé de Léon Nau, président, Émile Cauvin, secrétaire-général et Delattre Maignan, trésorier, lui imprime une bénéfique impulsion.

Pour la première fois dans l'histoire sociale du pays, les malheurs de l'enfance nécessiteuse finissent par émouvoir les pouvoirs publics, et c'est sur la Saline, le bidonville le plus infect de la capitale, que Mademoiselle Résia Vincent, sur la demande du Président, va se pencher pour apporter aux habitants de ce quartier et plus particulièrement à leur progéniture, un peu de réconfort et de consolation. Au local de l'École Industrielle de l'avenue Dessalines, proche de la Saline, elle aménage une cantine à l'intention des enfants de cette zone qu'elle a pris à sa charge. Ce sera posé le premier jalon d'une oeuvre sociale exemplaire qui avec le temps s'amplifiera.

En vue d'aider au fonctionnement des diverses oeuvres de charité que le gouvernement se proposait de fonder, la *Loterie Nationale* est créée en février 1931. Par contrat avec l'État, la direction en est confiée à Édouard Estève et Raphael Brouard.

En ce qui concerne les bonnes oeuvres, l'initiative privée ne se laissait pas damer le pion, et tandis que les enfants nécessiteux de la Saline étaient placés sous la protection de la soeur du Président de la République, ceux des Pisquettes, du marché Saint-Louis et du fort Sainte-Claire se voyaient inopinément aidés, choyés, par les dames de l'oeuvre des *Pupilles de Sainte Thérèse de l'Enfant-Jésus*, fondée en 1932 par Mgr Le Gouaze pour les secourir. En janvier 1933, dans la cour des Établissements Nadal de la rue Américaine, on inaugure une école créée à leur intention.

Désireux de leur côté de venir en aide aux écoliers sous-alimentés et leur offrir "un peu d'air pur", le docteur Rodolphe Charmant et son épouse fondent l'*Association des Dames haïtiennes pour les Colonies de vacances*. En août 1930, un premier groupe d'écoliers débiles choisis par l'association sont reçus pour les vacances d'été par des familles en villégiature à Pétionville. Soutenue par de nombreux zélateurs, l'oeuvre, "sérieusement organisée pour la santé physique et morale des enfants du peuple" allait rapidement s'épanouir et faire beaucoup de bien.

Est inaugurée à Haitiana, en mai 1934, la *Ligue Féminine d'Action Sociale* qui se donne pour présidente Mme Auguste Garoute. Oeuvre d'entraide sociale, la Ligue, dont l'action se poursuit encore de nos jours, s'intéressera à l'émancipation civile et politique de la femme et créera pour la jeunesse démunie diverses écoles pour sa formation et son éducation.

En 1932, le chapitre de la Croix-Rouge Américaine, établi à Port-au-Prince en 1917 et dirigé par William Bléo[15], reçoit l'ordre de cesser ses activités. Sur la proposition de ce dernier et avec l'approbation du chef de l'État, le Dr Rodolphe Charmant est désigné pour mettre sur pied une *Croix Rouge Haïtienne*.

Le 29 mai 1932, au Ciné-Variétés, la nouvelle institution est inaugurée en présence du Président de la République. Le Dr Charmant est proclamé président du Conseil d'administration. La fondation de la Croix-Rouge Haïtienne mettait un terme à une situation qu'en ces temps de lutte pour la libération nationale, il eut été pénible et humiliant de laisser se prolonger. En ne se dérobant pas à leurs devoirs d'entraide et de solidarité, en ne se remettant pas entièrement à la générosité d'une institution étrangère pour parer aux éventuelles calamités publiques, en accueillant avec sympathie l'oeuvre naissante, le gouvernement et le peuple haïtien s'étaient simplement montrés conséquents avec eux-mêmes. L'année même de sa fondation, par arrêté présidentiel, la Croix-Rouge Haïtienne était déclarée oeuvre nationale d'utilité publique, consécration officielle qui allait lui permettre de s'affilier à la Ligue Internationale des Sociétés de Croix-Rouge.

Nouvelle oeuvre de fraternité humaine, la fondation au bois Saint-Martin, en 1932, par le Dr Félix Coicou, du *Dispensaire Émilie Séguineau*. Aidé de deux médecins et d'une infirmière, le Dr Coicou ne cessera, pendant des années, d'apporter à la population interlope de la région, les soins qui soulagent.

Autre association de boys-scouts : les nouveaux *Éclaireurs d'Haïti*, fondée en avril 1931, sous le parrainage de la Ligue de la Jeunesse Haïtienne et placée sous la présidence de François Hérard. Des associations scoutes qui s'étaient formées antérieurement, seule semblait encore témoigner d'un certain dynamisme, la *Sentinelle d'Haïti*. En janvier 1931, les boys-scouts d'Alphonse Saint-Cloud se font une nouvelle fois applaudir à l'occasion d'une exhibition d'exercices athlétiques et militaires offerte par eux devant les tribunes du Champ-de-Mars.

À l'initiative du journal *Le Matin* et des acteurs de la Renaissance et sous le patronage artistique de Mme Carmen Brouard et de Ludovic Lamothe, se constitue en octobre 1930, la *Société du Théâtre National* "pour aider les artistes et acteurs à vivre de leur métier". Bel exemple de solidarité dont on ignore malheureusement les démarches concrètes.

Le prochain départ des Américains amène des changements importants dans certaines associations mondaines étrangères. En 1933, l'American Club de Port-au-Prince fusionne avec le Club de Pétionville. Les deux associations adoptent la dénomination commune de *Club de Pétionville* et se donnent pour président M. Edgar Elliott.

Sur les associations mondaines locales, le retrait de l'occupation produira peu d'effets. En juillet 1931, a lieu le renouvellement du Comité de direction du Club-Union que l'effacement de Borno de la scène politique ne semble pas trop ébranler. Clément Magloire est élu président et Léon Laleau vice-président. Le président Vincent qui tenait à ne pas dédaigner la compagnie des gens du monde, évitera cependant de s'aventurer dans les salons du Club-Union dont son prédécesseur avait été le fondateur. Par contre,il ne refusera pas d'honorer de sa présence le bal annuel du cercle Port-au-Princien où la high-life de la capitale lui prodiguera les congratulations d'usage.

Notes

1 Auguste Magloire : *Louis Borno, son oeuvre et le Parti Progressiste*, p. 7.

2 Auguste Magloire : op. cit.pp. 8 et 9.

3 Immeuble de l'avenue Christophe portant le no 157 et occupé aujourd'hui par l'Institut d'Éducation familiale et sociale.

4 *L'Essor*, 30 mai 1927.

5 Cette propriété est occupée aujourd'hui par les cinq immeubles portant les numéros 23, 25, 27, 29 et 31 à l'avenue Jean-Paul II, ci-devant Boyer.

6 Cet "appel" paru dans *La Poste* du 18 décembre 1924, comportait plus d'une soixantaine de signatures dont la première était celle de Perceval Thoby. Était-ce lui le "fruit sec et transfuge de l'Élite" désigné par le journal ?

7 *L'Essor*, 22 décembre 1924.

8 Bulletin de la Société d'Histoire, mai 1925, No 1. Discours d'inauguration de H.P. Sannon, pp. 1 à 3.

9 *L'Essor*, 24-25 mars 1924.

10 Voici les noms de ces huit intrépides routiers : Lucien Lamarre, Notzer Danbreville, Michel Métellus, Clermeil Baroulette, Michel Victor, André Innocent, Roger Fidélia et Siméon Théodore.

11 Dantès Bellegarde : *Pour une Haïti Heureuse*, II, p. 387.

12 *L'Essor*, 24 mai 1922. L'acte de capitulation de Rochambeau fait aujourd'hui partie de la collection de M. Constantin Mayard Paul.

13 *Trente ans de Pouvoir Noir*, Collectif Paroles, p. 228.

14 *Trente Ans de Pouvoir Noir*, Collectif Paroles, p. 130.

15 La Croix Rouge américaine logeait dans l'immeuble appartenant à Paul Auxila, situé à l'angle des rues Pavée et du Magasin de l'État et qui abrite de nos jours les bureaux de l'Électricité d'Haïti.

FINANCES, COMMERCE ET INDUSTRIE

La loi du 31 juillet 1922 met un terme à une situation anormale qui, dans le monde bancaire, n'avait que trop duré. Elle sanctionnait le contrat de transfert de la Banque Nationale de la République d'Haïti à la National City Bank of New York qui depuis 1919 détenait la totalité des actions de cet établissement financier. C'est le 18 juillet précédent, qu'entre le gouvernement haïtien représenté par le Secrétaire d'État des Finances et du Commerce, M. Louis Ethéart, et M. Walter F. Voorhies, vice-président adjoint de la National City Bank, agissant au nom de la National City Co, société financière américaine affiliée à la N.C.B., avait été signé le contrat qui consacrait la prise en main officielle de la B.N.R.H., ancienne société française par ses vrais propriétaires. Cet accord était l'aboutissement de longues négociations qui, sous Dartiguenave, avaient débouché, le 20 février 1922, sur la signature d'un contrat de transfert qu'aucune loi n'avait cependant sanctionné.

Par le nouveau contrat, la Banque Nationale,constituée en société anonyme haïtienne et devenue une filiale de la National City Bank, conservait les privilèges accordés à l'ancien établissement et n'était soumise qu'à des modifications concernant certaines dispositions du contrat de concession de 1910.

Comme l'avaient prévu l'ancien ministre américain Bailly-Blanchard et l'ancien conseiller financier Ruan, le transfert de la BNRH sollicité avec insistance par le Département d'État allait considérablement favoriser l'influence et les intérêts des Américains dans le pays, ainsi que "l'entrée triomphale" en Haïti du capital américain[1]. La décision adoptée, le 26 mai 1925, en conseil des Secrétaires d'État et avec l'accord du Conseiller financier W. Cumberland, de nommer la National City Bank agent fiscal du gouvernement haïtien,viendra renforcer la soumission de la Banque Nationale aux vues intéressées des banquiers de Wall Street.

Le transfert de la BNRH avait placé l'institution dans une situation financière des plus confortables. Son capital effectivement versé avait doublé en passant à 2,000,000 de dollars, et selon ses prévisions, les divers dépôts qu'elle recueillerait allaient lui permettre de disposer de valeurs de plus en plus importantes pour ses opérations annexes de banque et ses opérations de crédit[2]. Cependant, usant dans sa politique de prêt d'une circonspection calculée, son apport au développement de la production nationale devait se révéler déplorablement faible. Jusqu'à son rachat par le gouvernement haïtien, elle sera plus intéressée à satisfaire les besoins du trust bancaire mondial dont elle faisait partie, "plutôt que les exigences spécifiques du Gouvernement et des affaires en Haïti"[3].

Aux derniers maquignons du Bord-de-Mer, connus sous le nom de banquiers, la stabilisation du change, but de la réforme de 1919, et l'organisation de la nouvelle banque portent un coup mortel. Peu aimés de leurs clients, en raison des profits souvent immoraux qu'ils réalisaient à leurs dépens, ils disparaissent sans laisser le moindre regret.

Depuis le départ de l'American Foreign Banking Corporation, la seule concurrente de la Banque Nationale de la République d'Haïti est restée la succursale de la Royal Bank of Canada, installée à Port-au-Prince en 1919. Dirigée par MM. O.J. Brandt[4] et Le Sauteur, la Banque Royale s'est en peu de temps acquis une place honorable sur le marché.Dans l'après-midi du 27 février 1926, elle inaugure son nouveau local de la place Geffrard, construit par l'ingénieur Daniel Brun, assisté de trois contre-maîtres étrangers. C'est en petit la reproduction fidèle de l'édifice à New York de la Banque Royale du Canada[5].

Pendant les deux mandats présidentiels de Borno, le revenu public soumis à de perpétuelles fluctuations n'apporte aucune stabilité à l'assiette économique du pays. La réforme de l'administration financière avait doté Haïti d'un système de recouvrement qui, aussitôt mis en application, avait montré son efficacité. Dès l'exercice 1923-1924, les recettes publiques avaient accusé un accroissement notable. La production étant restée stationnaire, seul bénéficiait de la nouvelle organisation financière le trésor public dont les fonds liquides malheureusement étaient mal utilisés. L'avènement de Borno à la présidence avait coincidé avec une hausse considérable du café et du coton. Cette situation privilégiée n'apporta que peu d'améliorations au standard de vie de l'Haïtien, car les fonds perçus, au lieu d'être consacrés au développement économique étaient employés à payer de massives importations et à couvrir des dépenses budgétaires exagérées. À la suite de l'emprunt contracté par la Banque en 1922, les conseillers financiers, "s'inspirant de la crainte d'une chute verticale" des revenus de l'État, adopteront une politique d'amortissement anticipé qui consistait à s'emparer des excédents budgétaires pour constituer une réserve liquide dont l'improductivité demeurait une absurdité.

En 1926, le Bureau du Conseiller financier entreprendra de propulser davantage les revenus de l'État en modernisant le tarif douanier. Le nouvel aménagement du tarif fut cependant marqué par l'adoption de mesures tout à fait malencontreuses. Des produits importés de première nécessité furent lourdement taxés. Il en résulta une sensible augmentation du coût de la vie que le consommateur dut accepter, ne pouvant se passer d'un produit indispensable à sa subsistance. Ainsi, malgré les progrès apparents, le revenu par tête d'habitant n'accusait aucun accroissement notable.

La modification du régime de taxation des recettes internes, entreprise en 1928 par le Conseiller financier, toujours dans le dessein de revigorer la politique fiscale, si elle contribua effectivement à augmenter les recettes publiques, apporta des troubles assez importants sur le plan social. La loi du 14 août 1928 taxant la production d'alcool destinée à la consommation locale devait être à la source de grosses perturbations économiques. "Les propriétaires de petites distilleries, explique Kethly Millet, ne pouvant pas faire face à ces nouvelles obligations , ferment leurs guildives, faute de trouver des avances pour payer la taxe et effectuer la transformation de matériel exigé par le service des Contributions"[6]. L'opposition s'empressera de se saisir de cette situation pour accentuer l'animosité des couches sociales défavorisées contre le gouvernement.

La chute vertigineuse des cours en bourse à Wall Street les 4 et 29 octobre 1929 ouvre l'ère des années de dépression économique. L'effondrement du commerce extérieur qui suit, joint aux difficultés surgies après la rupture des relations commerciales franco-haïtiennes consécutive à l'échec des tentatives de la France de se faire rembourser les titres de l'emprunt 1910 en francs-or, trouve la République d'Haïti en pleine difficulté financière. La crise s'accroît avec la baisse des recettes douanières qui se traduit par des déficits annuels inquiétants. "Après un relèvement enregistré durant les exercices 1932-1933 et 1933-1934, signale Joseph Châtelain, les disponibilités du trésor allaient subir des diminutions considérables et disparaître entièrement à la fin de l'exercice 1941-1942"[7].

Durant ces années d'organisation financière, que l'autorité américaine s'efforce de réaliser avec soin et assiduité, tout en veillant à en faire profiter les grands intérêts financiers et commerciaux des États-Unis, le commerce traîne, languit et arrive difficilement à s'équilibrer. L'impossibilité d'accéder au crédit bancaire qui n'est accordé qu'à très peu de chefs d'entreprise, la plupart de nationalité étrangère, gêne énormément l'expansion des affaires. De temps en temps, des faillites retentissantes qu'on ne peut pas toujours attribuer à l'instabilité du marché haïtien, sont enregistrées. En janvier 1928, à la requête de la Dutch Bank Co, ayant son siège social à Berlin, créancière de la firme allemande Oloffson, Lucas et Co pour une somme de 16,000 livres sterling, le tribunal de 1ère Instance de Port-au-Prince prononce la faillite de ladite firme "pour faux connaissements délivrés depuis environ deux ans et demi, s'élevant approximativement à 1,125,000 dollars"[8]. Lucas est arrêté à Berlin et Oloffson qui essayait de s'enfuir en Dominicanie est appréhendé, ainsi que le procureur de la firme.

Pressé par d'impérieuses sollicitations, le gouvernement rétablit officiellement l'immigration orientale. À la séance du 30 avril 1928, le Conseil d'État vote le projet de loi de l'Exécutif rapportant la loi qui interdisait le séjour de la République d'Haïti aux Levantins, "les nécessités d'ordre économique et politique qui avaient fait prendre l'ancienne loi n'existant plus". Le commerce syrien s'en trouva raffermi. Par contre, les tentatives d'immigration d'autres ressortissants étrangers sont énergiquement combattus par la presse, porte-parole du sentiment public. En août 1926, des "Bohémiens" débarqués d'un steamer hollandais sont parqués devant le bureau du Port. Les journaux poussent des cris d'alarme au sujet de la présence de ces immigrants qui n'apportent au pays que leur dénuement. Protestations aussi contre l'envahissement graduel des Chinois refoulés de la République Dominicaine, et dont se fait l'écho la Ligue des Droits de l'Homme.

Le commerce ne demeure pas moins dominé par l'élément étranger. À Port-au-Prince se sont formées sept Chambres de Commerce qui en principe ont pour mission "d'éclairer le gouvernement sur les questions intéressant le commerce et l'industrie". Ce sont les Chambres de Commerce haïtienne, américaine, française, italienne, allemande, anglaise et syrienne. La Chambre de Commerce haïtienne instituée par arrêté du 20 novembre 1907 a son siège à la rue du Magasin de l'État. Édouard Estève la préside avec Simon Vieux et I.J. Bigio comme vice-présidents, Dantès Bellegarde comme secrétaire et Eugène Le Bossé comme trésorier.

Assez curieusement, la grosse industrie est demeurée à l'état stationnaire, et depuis l'installation de la Hasco aux portes de la capitale, aucune nouvelle usine d'importance ne s'est établie à Port-au-Prince. Seule connaît une expansion remarquable l'industrie du tabac. En 1924, la fabrique de cigarettes La Nationale, dirigée par W. Dorch et D.F. Brown et pourvue d'une machinerie moderne, s'établit à la rue du Magasin de l'État. Malgré ses prétentions à conquérir le marché, elle ne réussira pas à détrôner la Manufacture Haïtienne de Tabac de Pantaléon Guilbaud qui, avec son personnel de 240 employés et son équipement mécanique sophistiqué, entend pulvériser toute concurrence. Sachant l'impact psychologique qu'une publicité originale peut exercer sur le public, Pantal ne lésine pas sur les moyens pour faire à ses produits la réclame la plus tapageuse. Promener sur des voitures métamorphosées en bateaux ses cigarettières qui, tout en chantant le refrain à la mode :

Bat'bas messieurs

Bat'bas

Pantal cé haïtien

lançaient des petits paquets de cigarettes aux oisifs accourus pour les applaudir, tel était le genre de publicité qu'il aimait utiliser et qui, en vantant ses produits, avivait en même temps sa popularité dans le milieu.

Parallèlement à l'extension de l'industrie du tabac se développe la culture de cette plante qui, quoique demandant des soins spéciaux, se passe de terre arrosée. Les régions de Plaisance et de Saint-Michel de l'Attalaye sont déjà couvertes d'immenses plantations de tabac. À l'entrée de Pétionville, sur la vaste propriété Dorch, des milliers de plants de cette solanacée sont mis en terre.

Des dépenses excessives résultant de son inaptitude à contrôler ses largesses et de son goût du plaisir finiront par saper les assises de la florissante industrie qui avait fait de Pantaléon Guilbaud le roi du tabac. Pour renflouer la Manufacture mise au bord de la faillite, il s'associera à la firme syrienne Gébara qui quelques années plus tard en deviendra l'unique propriétaire.

L'Usine à Glace de Port-au-Prince de la rue du Magasin de l'État, communément appelée la Glacière, passe, en 1923, en mains étrangères. Sur 300 actions, 200 sont achetées par une compagnie américaine. L'installation d'une machinerie moderne permettra à l'usine de fournir 35 tonnes de glace par jour.

Formée en 1928 et présidée par un américain, M. Spaks, la société anonyme la Brasserie La Couronne, qui sera aussi désignée sous l'appellation de Brasserie Nationale, met en chantier, à proximité de la Glacière, une construction de quatre étages pour abriter ses installations. L'année suivante, la bière Suprême, préparée par la Brasserie La Couronne, est lancée sur le marché. Cette apparition d'une bière locale sera saluée comme une étape importante de l'industrialisation du pays.

Avec la fondation en 1929, par Daniel Brun, Armand Mallebranche et Philippe Charlier de la Fabrique Haïtienne de Mosaïques, une entreprise industrielle nationale prend naissance qui va marquer dans l'évolution de la construction en Haïti. La mosaïque désormais mise à la portée des grands et des petits constructeurs, les parquets en mosaïques aux riches coloris vont se multiplier et constituer un élément essentiel de décoration des intérieurs.

L'industrie naissante du tourisme grandit, sans vraiment faire l'objet d'aucune organisation réelle. En février et mars 1926,on note l'arrivée dans la rade de Port-au-Prince des paquebots *Mergantic* de la White Star Line, *California* de la ligne Cunard et *Montroyal* de la Canadian Pacific Railroad Co, qui déversent dans les rues de la capitale des centaines de touristes. À partir de 1928, des lignes de navigation intéressées aux croisières touristiques, telles que la Cunard, la All America, la Royal Mail, organisent des saisons d'hiver. Du 5 décembre 1928 au 6 avril 1929, plus d'une trentaine de "bateaux touristes" visitent Port-au-Prince. À l'initiative de L.H. Doret, est constituée en janvier 1929 une Agence de Tourisme présidée par Raphael Brouard et dirigée par Charles Dupuy[9].

Autre industrie embryonnaire et qui dans moins de dix ans connaîtra une extraordinaire extension, celle de la figue-banane. Au mois de juin 1928, s'effectue par la Carribbean Trading Co le premier embarquement de figues-bananes à destination des États-Unis.

Le commerce piétine, mais refusant de perdre espoir, certains commerçants s'efforcent d'enjoliver leur magasin, de disposer la marchandise de façon à porter le client à s'intéresser aux divers articles exposés. "On se plaint que la publicité ne soit pas encore entrée dans nos moeurs commerciales,observait *l'Essor*. Et pourtant on a aujourd'hui à Port-au-Prince, dans tous les genres, de très belles installations commerciales qui rivalisent de goût raffiné et d'exquise élégance. On ne peut pas ne pas avoir les yeux délicieusement flattés, on ne peut pas ne pas se sentir terriblement alléché par le charmant coup d'oeil qu'offrent aujourd'hui les salles de vente de nos grands magasins où l'art le plus délicat a présidé à l'agencement des rayons, où chaque objet placé où il doit l'être attire la bourse comme l'aimant le fer"[10].

Le même journal signalait la décision qu'avaient prise les propriétaires de bon nombre d'établissements commerciaux de la Grand'rue, de rester ouverts le soir. Projetant leurs vives clartés sur le trottoir, ces établissements attiraient acheteurs et badauds. Animation inaccoutumée qui laissait à l'observateur l'illusion d'être autre part qu'à Port-au-Prince où généralement on ne trouvait plus rien à acheter après 5 heures du soir.

L'effort pour allécher le client se retrouvait dans la forme de publicité imaginée par certains commerçants pour assurer le succès des liquidations saisonnières. Des voitures décorées de drapeaux multicolores parcouraient les rues de la ville tout en distribuant à grand renfort de musique populaire des feuillets détaillant les marchandises en liquidation. Devant le magasin pavoisé se dressait un immense et attrayant placard publicitaire où étaient proposées les bonnes affaires dont pouvait profiter le client.

Les expositions permanentes d'automobiles dans un cadre circonstancié, voilà qui concourait encore à exciter la convoitise de tout éventuel acheteur. Dans la "halle" de Joanny Cordasco située à l'angle des rues Pavée et Mgr Guilloux, la West Indies Trading Co établira un salon d'automobiles où s'alignaient, étincelantes, les autos des marques qu'elle représentait. Le décor d'oriflammes et de plantes, la lumière qui le soir rutilait, tout cela contribuait à faire pour les Pontiac et les Buick de la West Indies la plus efficace réclame.

Dans ce Bord-de-Mer animé, où les établissements commerciaux se succèdent sans interruption, un fait saute aux yeux : la quasi inexistence du gros commerce national. Aucun nom haïtien parmi les négociants consignataires. Dans le commerce d'exportation, seulement trois maisons haïtiennes : la maison Alix Roy, sise à la rue Bonne-Foi, la maison Joseph Dufort, rue du Quai et la maison D. Bourand, rue des Césars. Un peu plus nombreux les établissements nationaux s'occupant de la vente de comestibles. Parmi les plus importantes, la maison Simon Vieux, à l'angle de la Grand'rue et de la rue Bonne-Foi, celle d'Alfred Vieux, rue Traversière, celle d'Albéric

Berthomieux, à l'angle des rues Courbe et des Césars, celle de Joseph Bourelly, rue Traversière. Presque pas d'Haïtiens dans le négoce des tissus, si l'on excepte Maurice Étienne et Joseph Poujol, tous les deux établis à la rue du Magasin de l'État. Dans la quincaillerie, on relève les noms d'Auguste Gabriel, installé à l'angle de la rue des Fronts-Forts et de la rue du Magasin de l'État, de Gardiner et Co, rue Républicaine, de Clément Célestin, rue Courbe, et dans le négoce des matériaux de construction, ceux d'Édouard Estève et Co et de Léonce Peloux, établis rue du Quai. Dans la bijouterie, seulement Mme Brouard, rue Pavée.

Une présence haïtienne plus remarquable se constate dans le secteur de la cordonnerie, fief traditionnel des commerçants italiens. Ernest Camille, Lahens Millien, Hyppolite Jeudy sont parmi les cordonniers haïtiens les plus appréciés du Bord-de-Mer. Tout aussi marquante cette présence haïtienne dans les librairies et papeteries, dans les pharmacies et dans les petites industries telles que boulangeries, carrosseries, chapelleries, chaudronneries, ébénisteries, fabriques d'eaux gazeuses. La première boucherie moderne du pays, on la doit à un esprit progressiste du terroir, Edgard Renaud, qui en 1924 ouvre à la Grand'rue, en face du restaurant Dereix, le Marché Crystal. Viande de boeuf, de porc, de mouton, crustacés, charcuterie y sont débités dans des conditions rigoureusement hygiéniques.

Aux injonctions communales qui, au nom de l'urbanisme, obligent les marchandes des centres d'approvisionnement publics à transporter leurs éventaires dans des lieux qui souvent ne leur plaisent pas, s'ajoute une prescription à l'exécution de laquelle le président Borno lui -même attachait une haute importance, celle d'abolir une fois pour toutes le marché du dimanche. Peu à peu s'était relâchée cette réglementation déjà vieille de quelques années et qui d'ailleurs n'avait jamais été entièrement respectée. En portant les marchands à observer le repos dominical, le président estimait qu'il était du devoir de l'élite de "contribuer à l'éducation du peuple" et de lui faire comprendre la nécessité qu'il y avait pour lui de s'accorder un jour de repos réel. Sollicitude présidentielle qui ne sera guère appréciée à sa juste valeur.

...La politique de bon voisinage inaugurée par le nouveau président des États-Unis Franklin D. Roosevelt et que celui-ci veut effective, sa "sympathie envers les aspirations nationales haïtiennes", aboutissent, sur le plan bancaire, à l'acquisition par le gouvernement haïtien de la B.N.R.H. Ouvertes à la fin de 1933, les négociations pour le rachat de l'institution prennent fin cinq mois plus tard. Le contrat du 12 mai 1934, signé entre le gouvernement haïtien et les propriétaires de la BNRH et qui ne sera sanctionné qu'en mai de l'année suivante, consacre la vente de l'entreprise à l'État haïtien pour la somme de 1,000,000 de dollars. Cette cession n'allait cependant entraîner aucune modification essentielle, ni dans la gestion des finances publiques, ni dans l'administration de la Banque elle-même dont la direction serait assurée par deux directeurs haïtiens et quatre directeurs américains. La BNRH n'allait pas non plus cesser d'être la succursale de la NCB qui détenait une grande partie de fonds haïtiens inemployés, ni de rester sous le contrôle du gouvernement américain jusqu'au remboursement de l'emprunt 1922. En attendant pour la BNRH de devenir "une vraie banque de développement économique et commerciale", comme le souhaitait le président Vincent, voeu qui ne pourrait se concrétiser que par une opération de rachat de l'Emprunt 1922, l'État haïtien se contentera de percevoir les bénéfices auxquels lui donnait droit sa qualité de propriétaire de l'institution.

Par suite de la récession économique, de certains désaccords survenus au sein du Conseil d'Administration et de la fin prochaine de l'Occupation, la plus importante firme commerciale américaine établie à Port-au-Prince, la West Indies Trading Co, distributeur exclusif pour Haïti des produits de la General Motors, liquide ses affaires. Lui succède une nouvelle société commerciale, la Société Haïtienne d'Automobiles (SHASA), formée de Marcel Gentil, ancien Sales Manager de la West Indies, de Philippe Charlier, Daniel Brun, Armand Mallebranche et Fortuné Bogat. Le garage moderne annexé au magasin passe aux mains d'Arnold Braun. La nouvelle maison qui s'est installée dans les anciens locaux de la West Indies Trading Co et qui travaillera dans les mêmes articles, entame ses activités le 15 juin 1932.

L'immigration chinoise qui avec le temps s'était considérablement étendue et posait maintenant des problèmes d'intégration assez difficiles à résoudre, est brusquement freinée. En novembre 1932, plus de deux cents ressortissants du défunt Céleste Empire sont expulsés. Sur le plan commercial, on assiste à un autre envahissement asiatique qui, celui-là, paraît irrésistible. La ville est en effet inondée de produits "made in Japan" dont la mauvaise qualité explique les bas prix auxquels ils sont écoulés. Situation évidemment peu rentable pour le pays, car l'importation croissante des marchandises japonaises en Haïti ne trouvait pas de réciprocité au Japon pour les denrées haïtiennes.

Au début de 1933, un gros scandale secoue le Bord-de-Mer. Une affaire de contrebande s'étendant sur plusieurs années est découverte et amène l'emprisonnement des frères Zrike, de nationalité américaine mais d'origine syrienne, et la mise sous scellés de leurs magasins et dépôts. Un personnage auquel on ne pouvait pas s'attendre à voir mêlé à pareil scandale, le directeur de la douane lui-même, l'américain David Perkins Johnson, est à son tour impliqué et appréhendé. À la Chambre Haute, le sénateur Hudicourt, considérant l'immoralité du fait reproché à l'un des plus importants officiels du Traité, présente une résolution et obtient l'urgence relative au voeu que le peuple haïtien reprenne en main l'administration de ses finances. Le voeu est adopté à l'unanimité.

Entre-temps, Johnson avait été déposé en prison et une commission d'experts-comptables avait été formée pour examiner la comptabilité des frères Zrike. Le Département d'État qui avait été saisi de la question avait informé le Département de la Justice qu'il se ferait représenter par un "avocat spécial" au procès Johnson. Mais le déroulement de l'affaire devait s'écourter. Ayant reconnu sa culpabilité, Johnson proposa, pour mettre un terme au scandale, de restituer à l'État les valeurs détournées. Ce qui fut agréé. Remis en liberté, l'ancien directeur de la douane de Port-au-Prince regagnait promptement son pays.

Rien de remarquable sur le plan industriel dans les années qui précèdent la désoccupation, sinon l'établissement par les frères Noloa, non loin du camp d'aviation, d'une petite fabrique d'allumettes, et l'installation par Eugène Le Bossé d'une station thermale à Terre-Neuve. L'eau puisée des sources était mise en bouteille et livrée sur la marché de Port-au-Prince. À signaler aussi la chapellerie de Clarence Mevs qui, en 1931, lance un chapeau de paille indigène, le casque Charlemagne[11], qui sera considéré comme "le dernier cri de la saison".

En 1934, l'Usine à Glace et la Brasserie Nationale fusionnent. C'est pour la nouvelle entreprise un départ plein de promesses. En revanche, frappée par une taxation excessive, l'industrie du tabac régresse dangereusement et surprend le Roi du Tabac en pleine déconfiture. Mais Pantal qui n'entend pas perdre son trône lance une nouvelle marque de cigarette, la *Nous-là*. Ce sera l'ultime tentative de survie d'un rude travailleur qui avait toujours fait sien le dicton "Vouloir c'est pouvoir".

La première fruiterie de Port-au-Prince est ouverte en mars 1932 à la rue Pavée par François Jean-Charles, le propriétaire de l'ancien hôtel Saint-Charles de Bizoton-les-Bains. Pourvu d'une riche variété de légumes et de fruits, il arrivera à l'établissement d'être en mesure d'honorer d'assez fortes commandes et de pouvoir approvisionner à la fois en oranges, citrons, figues-bananes, choux et tomates plusieurs navires en station dans la rade.

L'industrie touristique prend un tournant décisif. En 1931, Sylvio Cator, le champion du saut en longueur de renommée internationale, organise sur de solides bases le premier bureau du Tourisme. Mais c'est la commercialisation de la figue-banane qui connaîtra l'extension la plus remarquable. 1933 marque les débuts de l'intensification de la culture de ce produit comestible qui jusqu'alors se pratiquait sur faible échelle. Le gouvernement qui voulait profiter de la baisse des récoltes de banane à la Jamaïque pour faire de cette denrée un nouveau produit d'exportation de base, recommande aux préfets de former dans chaque commune de leur circonscription une association de planteurs de figues-bananes.Dès l'année suivante, les résultats de cette active campagne se traduiront par l'expédition, en octobre 1934, de 24,000 régimes, rien qu'à Port-de-Paix et au Cap-Haïtien.

Notes

1 Joseph Chatelain : op. cit., pp. 185 et 187.

2 Alain Turnier : *Les États-Unis et le Marché Haïtien*, p. 269.

3 Alain Turnier : op. cit., p. 270.

4 En 1928, à la suite de la faillite Oloffson Lucas, O.J. Brandt abandonnera son poste à la Banque Royale pour se lancer dans l'industrie. Détenteur de la moitié des actions de la société de l'Usine à Mantègue que gérait l'entreprise défaillante, il prendra la direction de l'usine avant d'en devenir bientôt le propriétaire.

5 La Banque Royale du Canada était précédemment logée angle rues Bonne Foi et Courbe, dans l'immeuble occupé aujourd'hui par la maison Vital.

6 Kethly Millet : *Le Paysan Haïtien et l'Occupation américaine*, p. 114.

7 Joseph Châtelain : op. cit. p. 158.

8 *L'Essor*, 13 janvier 1928.

9 *La Petite Revue*, février 1929.

10 *L'Essor*, 6 novembre 1926.

11 En hommage à Charlemagne Péralte.

ACTIVITÉS INTELLECTUELLES

L'intelligentsia haïtienne qui dans le passé était parvenue, en dépit d'obstacles divers, à produire des oeuvres valables, ne réclamait pour continuer à s'épanouir qu'un soutien matériel et moral que ceux qui se rangeaient au nombre des intellectuels étaient pourtant loin de se croire obligés de lui prêter. Comment à ce propos ne pas mentionner la tentative du Dr François Dalencour de créer la collection historique en 20 tomes d'une trentaine de volumes dénommée "Histoire de la Nation haïtienne" ? Cette oeuvre devait être "un témoignage certain de la robustesse de la vitalité haïtienne". La réalisation intégrale d'un si beau projet, auquel d'éminents écrivains s'étaient engagés à apporter leur collaboration, exigeait la constitution d'un important fonds d'investissement ou l'apport d'une subvention spéciale des pouvoirs publics. L'absence de toute aide financière devait porter un coup mortel à l'oeuvre, et seulement quelques volumes de cet ambitieux projet purent voir le jour.

Afin de stimuler la production littéraire et faciliter l'impression de manuels scolaires, Sténio Vincent en 1928 exposera à la Chambre de Commerce d'Haïti un projet vivement soutenu par Dantès Bellegarde et Antoine Rigal, de fondation d'une Société haïtienne d'Imprimerie. Pour le malheur de l'intellectualité et des masses du pays, ce projet n'eut pas de suites... Plus favorisés, les professeurs haïtiens et étrangers de l'École Centrale de Damien, qui avaient la possibilité de publier leurs cours aux frais du Service Technique, laisseront au bénéfice de la collectivité un ensemble d'ouvrages universitaires sur l'agriculture et l'élevage, dont quelques-uns sont de véritables traités.

Pour les écrivains que les risques de l'impression à compte d'auteur paralysent, les colonnes de journaux restent la seule voie propre à leur permettre de véhiculer leur pensée. On assistait parfois dans la presse à de retentissantes controverses, comme celle qui mit aux prises trois historiens de renom, Louis Émile Élie, Pauléus Sannon et Antoine Michel, à propos d'un épisode de la guerre du Sud de 1800. Dans une série d'articles dont la publication s'étendra sur pas moins de trente-quatre livraisons, Antoine Michel donnera la réplique à Louis E. Élie et s'appliquera à réfuter ses assertions.

En 1933, Charles Fernand Pressoir lance, pour affriander les lecteurs, l'idée d'une "matinée du livre" qu'il organise à l'imprimerie La Presse, à l'occasion de la sortie de son recueil de poèmes "Au rythme des Combites". Cette manifestation artistique et littéraire se déroule à l'étage de l'imprimerie où est présentée une exposition de tableaux et d'ouvrages haïtiens. 325 exemplaires de l'oeuvre de Pressoir sont placés en cette matinée.

Un des passe-temps intellectuels les plus appréciés de l'époque est la conférence qui se donne le plus souvent sous l'égide d'une association littéraire, artistique ou scientifique. Les conférences organisées par la Société d'Histoire et de Géographie d'Haïti et prononcées à la Bibliothèque de l'Amicale du lycée Pétion par des conférenciers tels que Adam Michel, Dr Price-Mars, Dr Clément Lanier, Candelon Rigaud, Duraciné Vaval, Gustave Vigoureux, Dr Catts Pressoir... sont suivies par un public attentif et comblé.

Au local vétuste de l'École de Droit où se donnaient également des conférences fort goûtées, on viendra applaudir Jean Brierre pour son émouvante causerie sur "Le Petit soldat de l'Arsenal", le jeune essayiste René Victor, pour sa conférence sur la civilisation africaine, le Dr Price-Mars, pour sa docte étude sur "Justin Lhérisson, poète et historien des moeurs", Luc Grimard pour sa causerie sur "La dernière heure de Toussaint-Louverture"....

De temps en temps, des intellectuels étrangers de passage à la capitale, offrent à la population lettrée des entretiens très courus. En décembre 1924, le distingué conférencier syrien, le Dr Habib Estéphano, donne au club syrien, à l'intention de la colonie levantine, une conférence qui sera suivie d'une deuxième prononcée à Parisiana pour le grand public...

Débarque à la capitale en novembre 1927, le journaliste, romancier et diplomate français, Paul Morand, qui voyage pour situer quelques scènes de son prochain livre. Les milieux intellectuels lui font bon accueil. Il est déclaré hôte d'honneur de la ville de Port-au-Prince. L'ouvrage, *Magie Noire*, dont une partie de l'action se déroule en Haïti paraitra l'année suivante. Pour les Haïtiens, ce sera une déception, car l'auteur y fait montre, à l'endroit d'Haïti et de son peuple, d'une patente improbité intellectuelle. À Paris, le ministre d'Haïti, le colonel Nemours, se retire du Comité France-Amérique, pour protester contre l'appréciation flatteuse qui avait été faite de l'ouvrage de Morand par la commission de lecture.

En 1934, l'économiste français Raymond Renaud qui était venu se documenter pour la préparation de sa thèse sur le régime foncier en Haïti, prononcera à Haitiana une conférence sur "la législation financière haïtienne".La même année, Auguste Viatte, docteur ès-lettres et professeur à l'Université Laval de Québec, donnera à Port-au-Prince une série de conférences dont la première, sur la "Renaissance catholique dans la vie et dans la littérature françaises" sera prononcée au presbytère du Sacré-Coeur, la deuxième sur "la poésie française contemporaine" à Hatiana, la troisième sur les "Équipes sociales" à l'archevêché et la dernière sur les raisons qui incitent "les écrivains français d'aujourd'hui à voyager", à l'École de Droit.

Stimulés par la présence de leurs compatriotes sur le sol d'Haïti, plusieurs écrivains américains visitent également le pays pour s'informer de la situation haïtienne et des résultats obtenus par l'administration américaine. Le plus célèbre d'entre eux, William Seabrook, après un assez long séjour en Haïti, fera paraître en 1929 *Magic Island*, ouvrage qui connaîtra aux États-Unis un gros succès de librairie et sera traduit en plusieurs langues. L'atmosphère politico-sociale du pays sous Borno y est assez bien rendue. Cet effort d'objectivité ne se retrouve pas en revanche dans la partie du livre consacrée aux spécifités ethnologiques haïtiennes, qui est manifestement altérée par la soif de sensationnalisme de l'auteur.

LA PRESSE

Dans les premières années du gouvernement de Louis Borno, la plupart des journaux qui, sous Dartiguenave, formaient la presse port-au-princienne sont toujours sur la brèche. Presse point du tout libre : pas moins de quatre lois restrictives seront édictées de 1922 à 1929, en vue de limiter la liberté d'expression du quatrième pouvoir. Des nombreux journalistes qui, en dépit de tout, n'entendaient pas renoncer à déverser leur bile sur ceux qu'ils rendaient responsables de maintenir le pays dans la soumission, Joseph Jolibois fils, à lui seul, connaîtra la prison à huit reprises.

Dans la série des revues scientifiques et littéraires, on retrouve *La Petite Revue* fondée en avril 1919 par Frédéric Doret. D'abord hebdomadaire, puis bimensuelle, elle publie des articles généraux et un résumé d'informations de grand intérêt sur les multiples aspects de la vie haïtienne. Elle assumera la publication en feuillets détachés des deux premiers tomes de l'Histoire d'Haïti du père Adolphe Cabon.

En juillet 1922, Émile Cadet fait paraître la *Revue Commerciale* qui sera administrée par Gustave Kolbjornsen. La revue qui traitait surtout de questions agricoles et industrielles aura une vie éphémère.

Fémina, la revue trimestrielle du cercle féminin du même nom, fondée en 1923 par Anna Augustin, ne durera elle aussi que très peu de temps.Camille Munier en était la directrice.

Les Annales de Médecine Haïtienne, que fondent en mars 1923 les docteurs Félix Coicou et Victor Boyer, traduisent la vitalité que montrait la science médicale haïtienne, alors en pleine efflorescence. Les Annales prenaient place à côté de *Haïti Médicale* et du *Journal*

Médical Haïtien qui s'étaient signalés à l'attention de l'intellectualité par les remarquables études scientifiques parues dans leurs colonnes[1].

Mai 1925 voit l'apparition du *Bulletin de la Société d'Histoire et de Géographie d'Haïti*, fondé par le Dr Catts Pressoir, et qui atteindra son rythme normal de parution à partir de juin 1931, en sortant tous les trois mois. Le Bulletin, devenu entre-temps Revue, bénéficiera de la collaboration de nombreux historiens et de chercheurs qui avaient à coeur, en se penchant sur le passé d'Haïti, de redonner confiance au pays. Parmi eux, Pauléus Sannon, Antoine Michel, Dr Price-Mars, Clément Lanier, Dr Rulx Léon, Candelon Rigaud, auxquels s'adjoindront des historiens étrangers de valeur tels que Gabriel Debien, Blanche Maurel...

Malgré la censure et le climat de suspicion où baigne la presse, des jeunes, frais émoulus du lycée ou du collège, et qui tiennent comme leurs aînés à faire entendre leurs voix, à se jeter dans le mouvement de controverses et de contestations qui agite le pays, s'assemblent, se découvrent journalistes et réussissent à trouver l'appui financier qui leur permet de sortir une revue.

En mai 1924, prend naissance la revue mensuelle *Junia*. Placée sous la direction d'un comité formé de Max Pierre-Noël, André Cauvin et François Georges, elle marquera très peu son passage et ne manifestera aucune orientation particulière, malgré le vent qui, dans les rangs de la jeunesse intellectuelle haïtienne, tournait alors résolument en vent de fronde.

En juin 1925, entre en scène un autre organe de jeunes, le mensuel *La Nouvelle Ronde*, dirigé par Auguste Bellegarde, et qui n'était nullement — la rédaction se hâtait d'en avertir les lecteurs — "une continuation de l'ancienne"[2]. Quel était le but des animateurs de la revue ? ... S'affirmer, provoquer "le ralliement des énergies nouvelles... troubler la fête (enfin) en tentant de ramener ici le culte — non point exclusif — mais fervent de l'art". Vraiment brillante la galerie des collaborateurs où l'on relève les noms d'Étienne Charlier, de Yves Destouches, Georges Castera, Louis Garoute, Max Hudicourt, René Salomon, Constant Hollant, Antonio Vieux, Camille Large, André Liautaud, Daniel Heurtelou, Philippe Thoby-Marcelin. Tenant la rubrique : "En marge de nos aînés", ces trois derniers s'y révéleront des critiques littéraires remarquables, éloignés de toute complaisance. Il est décevant qu'une revue d'une si belle tenue n'ait pu sortir que onze numéros.

Paraît le 1er septembre 1925 une nouvelle revue de jeunes, le mensuel *Le Glaneur*, avec pour directeur Georges Honorat et pour secrétaire Dumarsais Estime. À la table de rédaction, des plumes dont l'un des soucis est de ne pas infliger à la langue de Molière des balafres trop profondes. Ils se nomment Félix Diambois, Yovanne Thomas, René Salomon, Louis Raymond, Victor Duncan et Joseph Salomon. Dans la société de l'époque bien des anomalies sautaient aux yeux, auxquelles les clercs négligeaient d'accorder la moindre attention. Bondissant comme un fauve, Dumarsais Estimé sort un article où il s'en prend sans ménagement à l'ordre social bourgeois établi dans le pays et qui faisait fi des aspirations du "pays réel". L'article eut un énorme retentissement, mais coûta à l'auteur sa chaire de mathématiques au lycée Pétion. À la suite de quoi, Le Glaneur se retira de l'arène.

L'année suivante paraît *Le Feu*, autre revue de jeunes. À la rédaction, des écrivains qui commençaient à se faire un nom dans les lettres haïtiennes : Antonio Vieux, Daniel Heurtelou, André Liautaud, Candelon Rigaud, Émile Roumer, Philippe Thoby-Marcelin. Leur ambition littéraire n'était pas démesurée. Ils ne souhaitaient qu'une chose : que les clameurs s'apaisent pour permettre aux antagonistes de "regarder passer les enthousiastes (qu'ils étaient) et qui en pleine tourmente (voulaient) créer des oeuvres d'art pour l'éternelle fierté de la libre Haïti"[3]. Aspirations légitimes, inhérentes à la générosité et au fol enthousiasme de la jeunesse...

En marge de cette floraison de jeunes publications paraît en 1927, fondé par Amilcar Duval, le bimensuel *L'Oeuvre*. Revue politique et littéraire, L'Oeuvre tiendra très peu de temps.

Deux ans plus tard, en 1929, un nouveau groupe de jeunes, mûs par le même élan d'espérance et de foi, crée *La Pensée Haïtienne*, revue mensuelle illustrée dont la direction est confiée à Martial B. Coulanges. Le nombre et la qualité des écrivains qui s'étaient promis d'apporter leur collaboration à la revue, Max Dorsinville, Léon Laleau, Philippe Thoby-Marcelin, Étienne Bourand, Carl Bouard, Thomas Lechaud, Dantès Bellegarde, présageaient pour La Pensée Haïtienne un avenir prometteur. Faute d'encouragement et de moyens pécuniaires, la revue n'aura qu'une très brève existence.

Parmi les périodiques de jeunes qui voient le jour durant la présidence de Borno, deux d'entre eux se recommandent à l'attention par le souffle nouveau qu'ils apportent à la littérature haïtienne. Assez singulièrement, ils paraissent au même moment, en juillet 1927, *La Trouée*, sous la direction de Richard Salnave (en fait de Jacques Roumain) et *La Revue Indigène*, sous celle d'Émile Roumer. D'incontestables talents, Max Hudicourt, Daniel Heurtelou, Jacques Roumain ... prêteront à La Trouée une collaboration fort appréciée, tandis qu'à La Revue Indigène, ces deux dernièrs écrivains et leurs amis Normil G. Sylvain, Antonio Vieux, André Liautaud, Philippe Thoby-Marcelin, Carl Brouard, répandront des idées qui étaient la négation de tout ce qui constituait les préoccupations esthétiques des écrivains des générations précédentes. Malgré le "cohérent effort de pensée" manifesté dans les deux périodiques, leur durée devait être éphémère, mais le message transmis, surtout par La Revue Indigène, devait exercer sur une importante partie de l'intellectualité haïtienne une influence décisive et profonde.

Plus audacieux que les animateurs de La Trouée qui n'avaient pas osé rompre entièrement avec "les écrivains partisans de la routine traditionnelle", les fondateurs de La Revue Indigène déclarèrent, dans une prise de conscience nationale, rejeter les thèmes "d'une littérature d'évasion au profit d'une littérature spécifiquement haïtienne". Dès lors se trouvait doctrinalement posé le principe d'une révolution spirituelle agressivement nationaliste et qui exprimait, avant Denis et Duvalier, "les tendances d'une génération". De cette détermination de changement naissait l'Indigénisme, caractérisé, ainsi que l'énonçait Normil Sylvain, par "un parfum plus accentué d'haïtiennité".

Lorsque sort des presses de l'Imprimerie de Compiègne en 1928 le livre du Dr Price-Mars *Ainsi Parla l'Oncle*, la Revue Indigène avait déjà cessé d'exister, mais les idées avancées professées par la revue demeuraient plus que jamais vivaces, et l'ouvrage de Price Mars apparaîtra comme la cristallisation d'un mouvement né des aspirations de toute une jeunesse intellectuelle traumatisée par la présence de l'occupant et assoiffée de renouvellement. Le climat politique et social des années 1929 à 1931 devait apporter un ralentissement à l'expansion du mouvement indigéniste qui cependant, dès 1932, avec l'apparition du *Groupe des Griots*, connaîtra un nouvel essor.

La présence d'une force armée étrangère sur le sol de la patrie, les liens sans nulle équivoque qui unissent les envahisseurs au pouvoir central expliquent l'exaspération d'une presse d'opposition dont l'anti-américanisme était toutefois moins virulent que son hostilité vis-à-vis du gouvernement... Fondé par Joseph Jolibois fils, *Le Courrier Haïtien* soutient avec la même ardeur que sous Dartiguenave son combat pour le rétablissement intégral de la souveraineté nationale.

Esprit admirablement cultivé autant que polémiste fougueux, Charles Moravia qui, dans les premières années de l'Occupation, exaltait le rapprochement haïtiano-américain, a délibérément fait volte-face, et le voici dans *Le Temps* qu'il a fondé avec Denis St-Aude en décembre 1922, pourfendant avec la même passion la "collaboration franche et loyale".

Dans la même lignée, l'irréductible Louis Édouard Pouget qui lance en juillet 1922 un quotidien au titre apparemment neutre, *La Poste*. Avec Constantin Henriquez, il y répand toute l'animosité qu'éveillait en lui la politique gouvernementale. Ce qui valut au journal des interdictions temporaires, jusqu'à sa disparition en 1926, à la suite d'une condamnation prononcée par la Cour prévôtale américaine.

Comme les deux feuilles précédentes, l'*Haïtien* fondé en 1926 par J. Charles Pressoir et administré par le Dr Catts Pressoir connut des éclipses plus ou moins longues, en raison des fréquents démêlés qui survenaient entre l'autorité et la direction du journal.

Le Petit Impartial qui paraît le 5 décembre 1927 et que dirige George J. Petit lequel, sous Dartiguenave, avait, dans Le Courrier Haïtien , montré toute la mesure de son nationalisme, ouvre, dès les premières livraisons, un feu nourri sur le régime de Borno. En juillet 1930, le journal qui paraissait trois fois par semaine, devient l'organe de la Ligue de la Jeunesse patriote haïtienne. Louis Diaquoi en prend la direction générale, Jacques Roumain et Antonio Vieux, la direction littéraire. Le nombre des collaborateurs s'accroît alors dans de notables proportions. Paul Lizaire, Max Vieux, Carl Brouard, Max Bissainthe, Pierre Hudicourt, Yves Dépestre, Jean Fouchard, Roger Dorsinville, François Duvalier, Michel Roumain viennent y exprimer leurs espoirs, leurs désillusions ou leurs revendications. Max Bissainthe qui signait Aristobule et tenait la chronique "Les Propos du flanéologue" pense que Le Petit Impartial "eut une part considérable dans la formation de cet esprit révolutionnaire que l'on trouve, depuis, chez les jeunes"[4].

Connu pour la violence de ses articles et pour son allergie native à toute idée de collaboration, Élie Guérin qui s'était vu obligé de fermer *La Nation*, fondée en 1920, relance le journal au début de 1927. Il y reprend la lutte contre Borno et l'occupation américaine. Fermée une nouvelle fois, La Nation reparaît en avril 1929 sous la codirection d'Élie Guérin et de Georges J. Petit et draine vers sa salle de rédaction la plupart des collaborateurs du Petit Impartial qui avait été frappé de suspension provisoire.

En février 1930, se lance en plein dans la mêlée le tri-hebdomadaire *Jeune-Haïti* dirigé par Max Charlmers et Maurice Clermont. Le j ournal qui avait été fondé "en vue de luttes politiques" se trouvera bientôt incapable de poursuivre la bataille.

La grande presse formée des quotidiens *Le Nouvelliste*, *Le Matin* et *L'Essor*, tient son rang de façon honorable. Avant tout, organes d'informations, on décèle toutefois par les idées qu'ils formulent dans leurs éditoriaux leur nuance politique. Si Le Matin et L'Essor affectent une nette tendance à épauler la politique gouvernementale, Le Nouvelliste, dont le propriétaire, Ernest Chauvet, est le gendre de Stéphen Archer, candidat malheureux aux dernières élections présidentielles, témoigne, sans manifester le déchaînement passionnel de la plupart des feuilles d'opposition, d'une indépendance qui souvent débouchera sur la contestation.

En 1922 reparaît le quotidien *Le Ralliement* de Léonidas Laventure, qui deviendra l'organe du parti du gouvernement, le Parti Progressiste

85. HAITI – PORT-AU-PRINCE – Le Quartier du Lycée National
et la Bibliothèque de son Amicale
The National Lycea and the Library of its Association

Collection Thérèse Montas

~ Le quartier du Lycée Pétion. À droite, la bibliothèque de son Amicale ~

~ Monument du docteur Dantés Destouches après son inauguration ~

~ Monument de Toussaint-Louverture, aujourd'hui disparu, érigé place Louverture ~

~ Le nouvel aménagement du rond-point de la statue de Dessalines ~

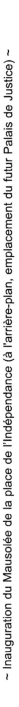

~ Inauguration du Mausolée de la place de l'Indépendance (à l'arrière-plan, emplacement du futur Palais de Justice) ~

~ Le quai de Port-au-Prince en 1929 ~

~ L'ancienne et la nouvelle cathédrale surplombant le marché En Haut ~

~ Le marché En Haut en 1925, sur l'ancienne place de l'Intendance ~

~ Le président Borno et les ingénieurs et architectes du gouvernement ~

~ Le Palais des Finances en 1926, bureau du Ministre des Finances et du Conseiller financier ~

~ Professeurs, personnel et étudiants de l'École Centrale de Thor (1925). Assis au centre, le directeur George Freeman ~

~ L'École Centrale de Damien à son achèvement en 1929 ~

~ Le nouveau quartier général de la Garde d'Haïti ~

~ L'Hôtel de Ville et sa façade néo-classique ~

Haïtien. *L'Information*, dirigée par Louis Delva, prend rang, en octobre 1926, dans la presse... d'information, mais également gouvernementale. Verront aussi le jour des feuilles d'orientation plutôt incertaine : *Le Républicain*, bihebdomadaire fondé en mars 1926 et dirigé par Dominique Bernard, et *La Voix du Peuple* parue en juin 1929 et dirigée par Évrard Léger et Thoby Vieux.

La Presse, "l'organe d'informations générales" qui va faire date et dont la parution constituera un événement journalistique, sort son premier numéro en août 1929. Pour doter le pays d'un organe de presse moderne, équipé d'un matériel d'imprimerie dernier cri comportant presses électriques, linotypes et atelier de photogravures, les fondateurs-propriétaires, Edmond Mangonès et René Auguste, n'ont pas ménagé leurs efforts. Le journal est imprimé aux ateliers de l'Imprimerie La Presse, rue Pavée[5], "société commanditée par Alexandre Villejoint et Seymour Pradel". Dirigée par Placide David et administrée par Leroy Chassaing, La Presse va s'imposer sans tarder à l'attention du public fasciné par le nombre de pages du nouveau quotidien (huit) et par les illustrations dont il gratifie parfois les lecteurs. Des écrivains de belle eau, Dantès Bellegarde, Clément Lanier, Thomas Lechaud, Dr Price-Mars, Edgard Néré Numa, J.C. Dorsinvil, Stéphen Alexis... étendent sa réputation. En peu de temps le journal accusera plus de 5,000 abonnés, nombre qu'aucun organe de presse n'avait atteint auparavant.

Ceux des journaux et revues qui, contrairement au Matin, au Nouvelliste, à l'Essor, à la Presse, à la Poste, au Courrier Haïtien ne disposent pas de leur propre presse, se font imprimer dans l'une ou l'autre des nombreuses imprimeries établies sur place : l'imprimerie l'Abeille et la Compagnie Lithographique d'Haïti, rue Américaine, l'imprimerie Centrale, place Geffrard, l'imprimerie Edmond Chenet et l'imprimerie du Commerce, rue Bonne-Foi, l'imprimerie Auguste Héreaux, rue du Centre, l'imprimerie Nationale[6], rue Férou, l'imprimerie Chéraquit, rue Docteur-Aubry, l'imprimerie Modèle, avenue John-Brown, l'imprimerie Moderne, Chemin des Dalles.

... Le changement de gouvernement, en novembre 1930, entraîne quelques rectifications dans la ligne de pensée de certains organes de presse. Le Nouvelliste qui, sous Borno, était resté à l'écart de l'orthodoxie du régime, rejoint Le Matin et L'Essor qui s'étaient placés dans le sillage de la nouvelle équipe gouvernementale. À leur côté prend rang *Haïti-Journal*, "quotidien d'information et de défense des intérêts haïtiens", fondé en janvier 1930 par Sténio Vincent, alors candidat au Sénat et à la présidence de la République.

Entre les propriétaires de La Presse, le quotidien illustré de la rue Pavée, un désaccord survient. Le journal qui, en l'absence de René Auguste, malade en Suisse, avait soutenu la candidature de Seymour Pradel, discontinue ses tirages, par suite du ralliement d'Auguste au nouveau gouvernement. Léon Laleau qui après l'élection de Vincent avait été appelé à la direction de Haïti-Journal, se voit également chargé de la direction de l'imprimerie La Presse qui assurait l'impression de ce quotidien. Brillamment rédigé par des collaborateurs qui ont nom Roussan Camille, Jean Brierre, Félix Morisseau-Leroy, Jean Fouchard, Pierre Mayard, Marcel Salnave, Jacques Carméleau Antoine, tous des jeunes que le radicalisme de son fondateur avait séduits, Haïti-Journal se classe dès ses débuts parmi les feuilles les plus lues et les plus répandues de la grande presse.

L'arrivée du nationalisme au pouvoir n'apporte presque pas de trêve à l'action journalistique antigouvernementale. Celle-ci prend seulement un autre visage. Si la presse d'opposition du temps de Borno, à l'exception du Courrier Haïtien de Joseph Jolibois fils, s'est en effet volatilisée, d'autres journaux sont créés pour contrecarrer la politique de la nouvelle administration.

En 1930 paraît le trihebdomadaire *Le Pays*, fondé par Louis Callard, "journal populaire" qui, en attendant de s'insurger contre la tendance à l'absolutisme du président Vincent, adopte une position nettement hostile à l'égard du processus de désoccupation mis au point par les gouvernements haïtien et américain. Le même esprit se manifestait, parfois avec véhémence, dans le bihebdomadaire *Le Peuple*, "journal de la masse", fondé en mars 1930 et dirigé par l'ardent pamphlétaire Georges J. Petit; dans *L'Action* qui en 1930 avait remplacé *Le Petit Impartial* et que dirigeait le même Georges J. Petit; dans *Jeune Impartial*, hebdomadaire fondé en mai 1930 par Max

Charlmers, l'ancien directeur de *Jeune Haïti*; dans *La Libre Tribune* de Castera Délienne qui paraît en mai 1931; dans *Le Travailleur*, "journal d'action économique et politique", fondé en juillet 1931 et dirigé par Max Hudicourt; dans *L'Homme Libre* "journal politique" fondé en octobre 1931 par Max Charlmers et qui, après une éclipse, reparaît l'année suivante sous le même nom et sous la direction du poète des "Roses Rouges", Louis Henri Durand; dans *La Bataille*, hebdomadaire politique, littéraire et social, fondé par Jean Brierre en février 1932; dans l'hebdomadaire *Le Centre*, fondé en septembre 1932 et dirigé par Max L. Hudicourt et Lys Dartiguenave et dans *L'Ordre*, fondé en octobre 1932 par Stéphen Alexis.

Plus nuancée et plus souple dans son attitude, mais ne renonçant pas à exercer ses critiques sur les affaires de l'État, la presse indépendante où se rangent *Le Temps* de Charles Moravia qui cesse de paraître en 1932, le trihebdomadaire *L'Opinion* que fonde Damase Pierre-Louis en juillet 1930, l'hebdomadaire "politique, littéraire et artistique" *Le Rappel*, fondé en février 1931 par Paul Savain et le quotidien *L'Action Nationale* de Julio Jean-Pierre Audain qui succède en novembre 1931 à *La Réaction*, hebdomadaire qu'avait fondé le même Jean-Pierre Audain en octobre 1930.

Relativement peu nombreuses et presque toujours éphémères les feuilles nouveau-nées qui se sont rangées sous la bannière du nouveau régime : le bihebdomadaire *Le Papyrus*, journal "politique et humoristique" que crée Léopold Pinchinat vers la fin de 1933 et dont Philippe Thoby-Marcelin sera un "collaborateur assidu", *La Libre Parole*, parue en 1930 et dirigée par Charles Oriol, *Oedipe*, fondé en août 1931 et dirigé par Auguste Magloire, *L'Heure* qui paraît en 1933 sous la direction de Luc Dorsinville et l'hebdomadaire *Le Devoir*, fondé en 1931 par Ernst Léon et Joseph Séjourné.

Concernant les revues, le déclin est manifeste. Quand paraît en janvier 1931 *Quo Vadis Haïti ?*, magazine illustré créé par Félix Magloire, aucune des revues de jeunes qui avaient répandu autour d'elles de si vifs éclats sous Borno n'était arrivée à tenir bon. *Quo Vadis Haïti ?* elle-même devait connaître une bien brève existence.

Aura lui aussi une courte vie l'hebdomadaire *La Semaine*

Humoristique que fait paraître Marceau Désinor en mai 1932. Il s'était adjoint la collaboration de l'artiste français Ralph Cataly pour l'illustration des textes du magazine.

En juillet 1932, Charles Moravia qui avait fermé le quotidien *Le Temps*, crée l'hebdomadaire *Le Temps-Revue* dont la direction passera l'année suivante à Luc Grimard en attendant qu'il en devienne le propriétaire. Les essais, les articles littéraires, économiques et scientifiques et surtout les remarquables études historiques, signés par des écrivains aussi distingués que Félix Viard, Fleury Féquière, Frédéric Burr-Reynaud, Caïus Dautant, Placide David, Stéphen Alexis... feront le succès de la revue.

1932 voit enfin apparaître un périodique de jeunes, politique et littéraire, *La Relève*, "uniquement intéressé à aider ce pauvre peuple haïtien à prendre conscience de lui-même..." Fondée par Jacques Carméleau Antoine, la revue se dote d'une rédaction brillante d'où se détachent, parmi les aînés, Thomas Lechaud, Dr Price-Mars, Richard Constant, Stéphen Alexis, Léon Laleau, Max Hudicourt, et au nombre des plus jeunes, Edner Brutus, Jean Fouchard, René Piquion, Philippe Thoby-Marcelin, Daniel Heurtelou, Alix Mathon, Anthony Lespès, Jules Blanchet, Franck Condé, Max H. Dorsinville... Ces derniers qui pour la plupart prétendaient avoir trouvé en Sténio Vincent "l'avocat de leur cause", imprimeront une allure très conservatrice au nouvel organe. Seule revue littéraire de son temps, La Relève fera figure de porte-flambeau d'une partie appréciable de la jeune intellectualité haïtienne des années trente.

Contre les journalistes accusés d'écrits répréhensibles, la loi réagit avec sa sévérité habituelle. Comme sous Borno, beaucoup de journalistes qui se laissent aller dans leur prose à une virulence décrétée inadmissible par le pouvoir, connaissent les rigueurs du cachot. Parmi les plus célèbres, Joseph Jolibois fils, Louis Callard, Louis Henri Durand, Damase Pierre-Louis, Georges J. Petit... Ceux qui savent argumenter sans mettre en cause la responsabilité du gouvernement ne sont pas inquiétés, et Charles Moravia pourra en toute quiétude poursuivre dans *Le Temps*, sous le titre fracassant "Il faut fermer Damien", sa campagne contre l'ancien fief des occupants.

Le mouvement spirituel des *Griots* qui débute en 1932 et dont le barde gonaïvien Louis Diaquoi fut le premier chef, doit s'accommoder, en attendant de fonder son propre organe, des colonnes de journaux et revues pour professer et vulgariser sa doctrine. Carl Brouard, Lorimer Denis, François Duvalier, Clément Magloire fils en sont les principaux protagonistes. Ce mouvement devenu bien vite École, et qui prônait l'utilisation des thèmes folkloriques pour revivifier notre littérature, ne conquiert pas la sympathie de l'élite bourgeoise. Pour s'imposer, l'enseignement des Griots se transformera en une véritable lutte qui s'étendra au triple domaine culturel, politique et social.

Bientôt, commenceront à paraître des oeuvres, fruits de l'intégration de jeunes écrivains aux directives nouvelles. En 1931, Louis D. Hall livre au public *À l'Ombre du Mapou*. Deux ans plus tard, Lorimer Denis, François Duvalier et Arthur Bonhomme font paraître *Les Tendances d'une Génération*, tandis que côté poésie, Charles Fernand Pressoir publie *Au Rythme des Combites*, côté roman, Jean-Baptiste Cinéas donne son premier roman paysan, *Le Drame de la Terre*.

Notes

1 À ces périodiques s'ajoutera en janvier 1927 le *Bulletin de la Société de Médecine d'Haïti*, organe de la dite société.
2 Allusion à *La Ronde*, revue littéraire qui parut de 1898 à 1902.
3 *L'Essor*, 18 octobre 1926.
4 Max Bissainthe : *Dictionnaire de Bibliographie Haïtienne*, p. 824.
5 Immeuble occupé aujourd'hui par l'Imprimerie La Phalange.
6 En 1932, une décision officielle groupera les deux grandes imprimeries de l'État, l'Imprimerie Nationale et celle du Service de l'Enseignement professionnel en un seul établissement qui sera désigné sous le nom d'*Imprimerie de l'État*.

LE CULTE CATHOLIQUE

Étendant les liens qui, depuis 1860 unissent la République d'Haïti au Saint-Siège, le Souverain Pontife Pie XI institue, le 17 octobre 1930, la Nonciature Apostolique d'Haïti. Au début de 1928, le Chargé d'Affaires, Mgr Cogliolo, avait transféré de la Madeleine à la maison Paul Painson à Lalue[1], le siège de l'Internonciature. Dans le même immeuble sera établie la nouvelle Nonciature.

La plus grande église d'Haïti, la cathédrale métropolitaine de Port-au-Prince, bénéficie en 1923 d'une réfection totale de sa toiture. Les travaux qui débutent en septembre s'étendent jusqu'en mai de l'année suivante. Les ardoises de la partie du toit qui recouvre la grande nef sont enlevées et remplacées par des plaques de fibro-ciment. On procédera au reconditionnement de la toiture des basses-nefs qui elles-mêmes conserveront leurs ardoises originelles.

L'église mère qui depuis sa mise en service en 1914 n'a toujours pas reçu les honneurs de la Consécration, ne continue pas moins de s'embellir, grâce aux soins du clergé paroissial et aux dons des fidèles. Aux piliers du transept sont fixés des socles en granit rose, dons respectifs de M. Eugène Dufort, de la famille Simon Vieux, de M. et Mme Hénec Dorsinville et d'un anonyme. Sur ces socles sont placées les statues de sainte Thérèse, de sainte Rose de Lima, de Notre-Dame de l'Assomption et de Notre-Dame des Victoires.

En 1924, l'édifice religieux est doté de grandes orgues. Fabriquées par la maison Cavaillé Coll de Paris, elles sont inaugurées le 30 mars, le jour de la consécration épiscopale de Mgr Jean-Marie Jan qui, alors curé de la cathédrale, s'était démené pour réunir la valeur nécessaire à leur fabrication. Quatre ans plus tard, l'église métropolitaine servira de cadre aux cérémonies du sacre d'un autre évêque, Mgr Joseph Le Gouaze, nommé coadjuteur de Mgr Conan. Émouvantes et grandioses comme le sont toujours les manifestations religieuses de ce genre, elles auront lieu le 18 décembre 1928, sous la présidence de Mgr Conan, évêque consécrateur, assisté de Mgr Pichon et de Mgr Jan.

La cathédrale archiépiscopale est pourvue en 1928 de son maître-autel définitif, véritable chef-d'oeuvre de marbre blanc et de bronze[2]. Ainsi se trouvait-elle prête désormais à recevoir l'huile sainte de la consécration. Les cérémonies de sa dédicace se dérouleront le jeudi 13 décembre 1928, dans les splendeurs de la liturgie romaine, en présence des évêques de l'Église d'Haïti, du Président et de Madame Borno, des officiels du gouvernement et d'une multitude compacte de fidèles.

Profitant largement du zèle du clergé et des paroissiens, l'église du Sacré-Coeur de Turgeau qui chaque jour gagnait en beauté et en fini, se voit pourvue en 1926 d'un autel majeur, "tout brillant de la blancheur éblouissante de ses marbres et de l'éclat de ses riches dorures". Le jour de la fête du Sacré-Coeur, il est bénit par le vicaire général, le chanoine Le Gouaze. Auparavant avaient été installés aux deux côtés de la rotonde du choeur, deux beaux autels de marbre blanc et de bronze doré. Le dimanche 10 octobre 1927, ce sera la bénédiction de l'orgue, bien modeste échantillon du roi des instruments de musique, mais qui pour la petite église du Sacré-Coeur convenait à merveille. Dans la même paroisse sera bénite en avril 1930 par le curé, le père Joachim Guillas, qui en avait conçu le projet et l'avait mis à exécution, la grotte de Turgeau, érigée non loin de la source et dédiée à Notre-Dame de Lourdes.

L'église Sainte-Anne du Morne-à-Tuf dont le clocher était jusqu'ici resté muet au grand désappointement des paroissiens, est enfin pourvue de ses cloches. Le dimanche 27 octobre 1924, au cours d'une cérémonie religieuse qui a réuni dans le sanctuaire de Sainte-Anne le Président de la République et une foule immense de fidèles,

Marie, Joseph et Alexis, bien installés dans leur beffroi, sont bénits en présence de deux cents parrains et marraines. L'année suivante, le curé de la paroisse, le père Benoît, procède à la bénédiction de la statue de saint Joachim, époux de Sainte-Anne, don de Mme G. Munier et d'un groupe de fidèles.

Le vieil établissement scolaire dirigé par les pères du Saint-Esprit, le Petit Séminaire-Collège Saint-Martial, voit un rêve longuement caressé se changer enfin en heureuse réalité : la pose de la première pierre de la nouvelle chapelle. Cet événement religieux s'accomplissait quelques années seulement après que le collège, mis en présence de difficultés apparemment insurmontables, s'était trouvé à la veille de fermer ses portes. La bénédiction de la première pierre a lieu le dimanche 26 novembre 1923, dans l'après-midi. Les travaux de construction de la chapelle dont le plan a été conçu par le frère Leu, religieux spiritain de Saint-Martial, sont confiés aux Travaux Publics. Environ un an après l'ouverture des chantiers, la chapelle était prête pour son inauguration... C'est un bel édifice en ciment armé et en briques, d'une dimension de 35 mètres de longueur sur 30 mètres de largeur et capable de contenir au moins cinq cents personnes.

Dédiée à Notre-Dame des Victoires qui en 1841 avait donné "son champ d'apostolat à la jeune congrégation des Missionnaires du Saint Coeur de Marie, fondée par le vénérable père Libermann", la chapelle est solennellement bénite et livrée au culte le 25 janvier 1925. À la cérémonie, la foule des grandes circonstances se pressant autour des parrains et marraines, parmi lesquels le chef de l'État donnant le bras à Mme Vve Tancrède Auguste. En 1928 sera dévoilée la plaque en marbre posée à l'intérieur de la chapelle et gravée à la mémoire du père Tisserand, petit-fils de Bauvais, et l'un des fondateurs de la Congrégation du Saint-Esprit et du Saint Coeur de Marie. Au panégyrique fait par le père Adolphe Cabon succède un concert spirituel brillamment exécuté par la chorale de l'établissement.

La tradition des concerts spirituels du Séminaire avait débuté l'année même de l'inauguration de la chapelle, à l'occasion du soixantième anniversaire de la fondation du collège Saint-Martiel. Durant deux heures, l'assistance ravie d'admiration et d'extase s'était laissé charmer par la musique de Bach, de da Vittorio, d'Alain, de Honegger... Élargir le cercle des horizons religieux, tout en élevant le niveau des préoccupations intellectuelles et morales, tel était le but des concerts spirituels donnés, sous la baguette du père Commauche, dans le cadre agréable de la chapelle de Notre-Dame des Victoires. Cette tradition allait s'étendre sur de nombreuses années. L'engouement pour les séances de musique religieuse du Séminaire portera la direction de la station de radiodiffusion HHK à retransmettre pour la première fois sur les ondes le concert spirituel offert par la maîtrise de Saint-Martial le 12 juillet 1927.

Des chapelles rongées de vétusté sont reconstruites. En 1925, la chapelle en bois de l'Hôpital Général fait place à un bâtiment en béton armé de 9 mètres sur 25, érigé par les soins de la Direction Générale des Travaux Publics. Est bénite en 1922 la nouvelle chapelle de Saint Louis de Turgeau, oeuvre de l'ingénieur Frédéric Doret, qui remplace l'ancienne construction en bois. L'aumônier, le père Schneider, fait l'éloge du groupe de dames patronnesses, présidé par Mme Edmond de Lespinasse, qui l'avait aidé à rebâtir la chapelle.

En janvier 1926, on inaugure dans la populaire paroisse de Saint-Joseph les grandes missions paroissiales que deux missionnaires rédemptoristes belges, les pères Manise et Léon se sont donné à coeur de prêcher à travers le pays. Elles allaient maintenir dans l'esprit d'un grand nombre de catholiques une ferveur religieuse qu'en ces temps d'affligeante démoralisation ils étaient les premiers à rechercher. Ces missions prêchées par des prédicateurs zélés et persuasifs devaient se solder par des résultats fructueux.

Le dimanche de Pâques 1926, la mission prêchée en la paroisse de la cathédrale se termine par une manifestation religieuse organisée pour la glorification du Christ. À l'issue de la procession qui avait parcouru plusieurs rues de la capitale, le grand Christ porté sur un brancard couvert de fleurs est déposé sur une estrade face à la place de la cathédrale où se tenait une marée humaine. À l'allocution prononcée par le père Manise, la foule répond par des vivats à l'adresse du Christ rédempteur, de l'archevêque et du clergé. Et soudain, comme pour exprimer la volonté du peuple haïtien d'associer dans une même ferveur Dieu et Patrie, fusent, ponctuées par les accords de la *Dessalinienne*, les cris de *vive Haïti !* répétés avec frénésie.

À la suite de cette grandiose manifestation, l'autorité ecclésiastique décide l'érection, dans le voisinage de la cathédrale, d'une croix commémorative à laquelle serait fixé le grand Christ qui avait été porté en triomphe par la population de Port-au-Prince. Ce mémorial de l'inoubliable procession qui avait couronné la mission prêchée en 1926 par les rédemptoristes à la cathédrale se dresse aujourd'hui au sud de la façade principale de l 'église métropolitaine.

C'est à la paroisse du Sacré-Coeur que se clôturent au mois de mai les exercices de la grande mission interparoissiale dont le père Manise avait été l'âme. Et comme pour la cathédrale, fut conçu et adopté par le clergé du Sacré-Coeur le projet d'ériger un calvaire commémoratif du passage des rédemptoristes. Il s'élève tout près de l'église, face à l'encoignure de la rue José Marti et de l'avenue Jean-Paul II.

Cette dévotion religieuse que l'on retrouvait même parmi les jeunes s'exprimera une nouvelle fois lorsque, au cours de la réunion mensuelle des membres de la Jeunesse Catholique Haïtienne tenue en la chapelle de l'archevêché le 1er juillet 1927, le père Le Gouaze consacrera officiellement l'association au Sacré-Coeur et bénira le drapeau de la J.C.H.

L'avènement à la présidence de Louis Borno intensifie la campagne nationaliste anti-cléricale qui avait débuté sous Dartiguenave. Les moindres faits et gestes des prêtres sont suspectés d'américanisme. On ne pardonne pas, surtout aux séculiers, de maintenir avec le Président de la République des relations cordiales par trop apparentes. À cette guerre ouverte alimentée par les accusations les plus graves, se joint une campagne tout aussi violente pour l'instauration d'un épiscopat national. Soutenu par Jolibois, Victor Cauvin mène cette campagne dans *La Poste* avec une intraitable virulence. L'épiscopat qui se savait victime d'une funeste incompréhension, en raison des rapports déterminés par le Concordat qui l'unissaient au gouvernement haïtien et qu'il avait pour devoir de maintenir, se refusait à toute polémique, se bornant à de simples et rares mises au point par la voie des journaux. La campagne ne faiblissait pas pour autant. En 1928, elle se poursuivra plus ardente, dans *Le Nouvelliste* et *Le Petit Impartial* qui accableront de reproches et de torts le clergé catholique, englobant dans leur réprobation les membres des congrégations religieuses.

En décembre 1924, débarquent à Port-au-Prince les délégués de la National Catholic Welfare Council de Washington, le R.P. Burke, secrétaire-général de la N.C.W.C. et le père Mc-Gowan. Chargés de recueillir toute la documentation voulue en vue de permettre à la hiérarchie catholique américaine d'apporter à l'Église d'Haïti l'appui et le concours dont elle était capable,ils parcoururent la plus grande partie du pays et accumulèrent des informations qui allaient leur permettre d'entreprendre aux États-Unis une campagne bénéfique à Haïti.

L'arrivée prochaine de la Commission d'enquête présidentielle provoque, dès les premiers jours de 1930, les plus grands remous dans le pays. Le National Catholic Welfare Council a envoyé en Haïti M. William Montavon pour d'importants contacts avec la hiérarchie épiscopale. Il trouve un épiscopat déjà décidé à "se solidariser avec la nation haïtienne dans ses revendications pour la liberté". Par ses interventions personnelles et directes, il encourage les évêques dans leur détermination.

Devant la Commission Forbes, l'archevêque de Port-au-Prince, Mgr Conan, déclara qu'il avait toujours cru nécessaire pour l'Église de se tenir en dehors des divisions qu'avaient fait naître chez les Haïtiens la Convention de 1915 et l'occupation américaine. Cependant, "ministres d'une Église qui considère l'occupation d'un pays libre par une autre nation comme un événement anormal et douloureux auquel on doit travailler à mettre fin le plus tôt possible, sachant, au surplus, combien ce cher peuple souffre en sa dignité nationale d'être tenu en tutelle, de tout coeur nous faisons nôtres ses souffrances, ses plaintes et ses espérances"[3]. Ce fut à peu près dans les mêmes termes et dans le même esprit que les autres membres de l'épiscopat formulèrent leur déclaration devant la Commission.L'évêque du Cap, Mgr Jan, devait terminer la sienne par ces propos formels : "Notre plus grande récompense serait de contribuer aussi à établir et à fortifier l'ordre nouveau que votre Commission vient inaugurer"[4].

La mission de William Montavon ne s'était pas seulement circonscrite à des rencontres avec le clergé. Son action généreuse auprès des Commissaires, et en particulier auprès de MM. James Kerney et Élie Vézina, les deux membres catholiques de la Commission, avait assuré en grande part le succès des réclamations haïtiennes auprès de la Commission Forbes.

L'action de l'Épiscopat en la circonstance ne resta pas non plus sans effet. Si elle contribua à éclairer la commission sur les souffrances profondes du peuple haïtien blessé dans sa fierté nationale et sur son désir irrévocable de reprendre son indépendance politique et administrative, elle amena surtout la réconciliation de l'Église avec les patriotes catholiques qui, devant le long et lourd silence du clergé "avaient pu croire à son indifférence ou même à son hostilité"[5].

À la fin de 1930, grand revirement au sommet de la hiérarchie catholique en Haïti et à la Nonciature Apostolique. Accablé par l'âge et par les soucis, Mgr Julien Conan, archevêque de Port-au-Prince depuis vingt-sept ans, offre sa démission au Souverain Pontife qui le nomme archevêque titulaire de Séleucie. Lui succède le 9 décembre 1930, Mgr Joseph Le Gouaze qui occupait le poste de coadjuteur avec future succession.

Simple dans son comportement, mais ferme dans ses résolutions, doué par ailleurs d'une éloquence persuasive que ponctuait un sourire engageant, le nouveau métropolitain avait tous les dehors d'un prince de l'Église. Son charme prenant, ses manières affables, l'indéfinissable onction de son regard, de ses gestes et de sa voix devaient lui gagner bien des sympathies et contribuer, après l'épiscopat discuté de son prédécesseur, à assurer à l'Église d'Haïti de belles années de paix et de fructueux apostolat.

On enregistre à la même époque l'arrivée de Mgr Joseph Fietta, internonce en Amérique Centrale, nommé par le Saint-Siège premier titulaire de la nonciature nouvellement créée à Port-au-Prince à la place de l'ancienne internonciature.

Les gros succès obtenus par les rédemptoristes dans les missions prêchées à travers le pays, la reconnaissance et l'affection agissante des fidèles qui en ont résulté, le voeu du clergé de les garder comme auxiliaires dans sa tâche d'évangélisation, ont déterminé la Congrégation du Très Saint Rédempteur à établir une maison en Haïti. C'est sur un monticule d'où s'offre à la vue un panorama incomparable, dans une région encore peu habitée et qu'on appelle Carrefour-Feuilles, à cause de l'abondante et verdoyante frondaison qui s'y étale, que les pères rédemptoristes érigent leur couvent. Placé sous l'invocation de saint Gérard Majella, le bâtiment, vaste quadrilatère bordé de galeries généreuses, est bénit le dimanche 25 mai 1930, par l'archevêque de Port-au-Prince, assisté de son coadjuteur. Le président Roy est présent, lui-même accompagné de deux de ses ministres.

Leur pied à terre assuré, les pères rédemptoristes entament dès l'année suivante, et à quelques pas de leur monastère, l'édification de l'église Saint Gérard. Dans l'après-midi du 8 mars 1931, Mgr Le Gouaze procède à la bénédiction solennelle de la première pierre de l'église. En moins de six mois, les ingénieurs-architectes Daniel Brun et Pierre Nazon, remettent au supérieur des rédemptoristes, le père Ernest Manise, un gracieux édifice en briques et maçonnerie, juché à plus de cinquante mètres au-dessus de la ville de Port-au-Prince et que Mgr l'archevêque bénit, avec la solennité requise, le 16 octobre 1931, en la fête du titulaire. Pas riche l'intérieur du saint lieu, mais exhalant "sécurité pour l'âme et joie pour le coeur"... "Un maître-autel en granit rouge, deux autels latéraux en bois sculpté, le banc de communion en chêne du pays... 300 chaises déjà disposées, un petit Chemin de Croix, une tribune, une installation d'éclairage"[6] composent l'ameublement. Le nouveau sanctuaire de Saint-Gérard allait, dix-huit ans durant, garder son caractère d'église non paroissiale. À son ombre, de nombreuses oeuvres sociales n'allaient pas moins éclore et un bien spirituel se répandre dans tous les alentours.

En 1932, le futur évêque des Gonaïves, le père Paul Robert, est nommé curé du Sacré-Coeur de Turgeau. Trois ans plus tard, il institue la messe dominicale de 7 heures du matin consacrée aux hommes, et au cours de laquelle des thèmes religieux de grand intérêt sont traités à leur intention. On verra certains dimanches, le président

Vincent s'amener à cette messe sans se faire annoncer et participer en toute simplicité aux différentes phases de la célébration eucharistique. En 1933, l'archevêque de Port-au-Prince confie à l'église du Sacré-Coeur la garde d'une relique insigne de Sainte Thérèse de l'Enfant-Jésus remise par le Saint Père Pie XI. La réception solennelle de la relique a lieu le 2 janvier, jour anniversaire de la naissance de la petite sainte de Lisieux. Le reliquaire est déposé sur une colonne placée dans la chapelle de la rotonde est de la façade de l'église et où trône une grande statue de la sainte. Pendant longtemps, une messe sera dite chaque lundi à son autel.

La même année, deux ecclésiastiques de grand mérite, les pères Pierre-Marie Sauveur et Athanase Créac'h, sont installés respectivement comme curés des deux plus anciennes paroisses de la capitale, après celle de la cathédrale, les paroisses de Saint Joseph et de Sainte Anne. Ils laisseront le souvenir de missionnaires exemplaires, voués tout entier au salut des âmes.

Minée par les averses persistantes de l'été 1931, la petite chapelle de Delmas s'effondre. Avant la fin de l'année elle sera reconstruite. À la périphérie opposée, Mgr Le Gouaze bénit en 1933 la nouvelle chapelle de Notre-Dame du Mont-Carmel de Bizoton, érigée non loin du fort démantelé de Bizoton.

En cette première moitié de la décennie trente, l'Église catholique a recouvré tout son rayonnement auprès des différentes couches sociales de la capitale. Si son apparente neutralité face aux épineuses questions soulevées par la présence de l'étranger sur le sol national lui avait valu la désaffection des patriotes intransigeants, elle n'avait pourtant jamais vu se diluer l'attachement à son endroit de l'ensemble des fidèles. Se sentant lavée de tout soupçon par les dépositions des évêques devant la Commission Forbes, la voici redevenue "notre sainte Mère l'Église" et orientant les esprits et les coeurs. Le gouvernement lui-même n'échappe pas à cette emprise que maintenait avec adresse le nouvel archevêque. À la Fête-Dieu de 1931, Résia Vincent, aidée des Noëlistes, fait dresser un magnifique reposoir au Palais National.

Le cinquantenaire du miracle de 1882 et de l'intronisation de l'image de Notre-Dame du Perpétuel Secours dans la chapelle de Saint François du Bel-Air, donne lieu à une manifestation religieuse comme on en n'avait jamais vu d'aussi grandiose depuis les funérailles de Mgr Guilloux.

La journée du dimanche 18 décembre 1932, dernier jour du triduum qui avait été prescrit par Mgr l'Archevêque, se déroule comme une journée d'apothéose. Après la grand'messe pontificale chantée le matin à la cathédrale, en présence de tous les évêques d'Haïti et du Président de la République, ce fut dans l'après-midi la grande procession organisée pour porter le tableau de Notre-Dame du Perpétuel Secours. La longue théorie n'avait pas fini de laisser la chapelle de Saint François que les premiers fidèles qui en formaient la tête commençaient à se grouper sur la place de la cathédrale. "Et ce fut, relate *La Petite Revue*, à 30,000 personnes, parmi lesquelles S.E. le Président de la République avait tenu à se trouver, afin d'augmenter l'éclat de cette manifestation de la reconnaissance nationale, que Mgr Le Gouaze, plus ému qu'il ne pouvait le dire, adressa du haut de la Terrasse un vibrant discours dont on gardera longtemps le souvenir à Port-au-Prince. Après quoi, 30,000 têtes s'inclinèrent devant l'ostensoir d'or traçant dans le soir descendu l'immortel signe du pardon'"[7].

Notes

1 Cet immeuble qui fait face à la chapelle des soeurs de St-Joseph de Cluny est occupé aujourd'hui par la Crèche Saint-Michel et porte le numéro 128.

2 Pour les détails autour des travaux d'édification, d'ameublement et de restauration de la cathédrale, voir la plaquette de l'auteur intitulée : "La Cathédrale de Port-au-Prince - Histoire d'une construction".

3 Mgr Jean-Marie Jan : *Collecta*, III, pp. 355-356.

4 Mgr Jean-Marie Jan : op. cit. p. 356.

5 Dantès Bellegarde : *Un Haïtien parle*, p. 245.

6 Mgr Jean-Marie Jan : *Port-au-Prince - Documents...*, p. 440.

7 *La Petite Revue*, février 1933, No 238, pp. 308-309.

LES RELIGIONS RÉFORMÉES

Douze ans après la mort de l'évêque Jacques Holly, l'Église Orthodoxe Apostolique Haïtienne, affiliée depuis 1915 à l'Église Protestante Épiscopale des États-Unis, est enfin dotée d'un responsable en la personne de l'évêque Harry Roberts Carson, archidiacre de la zone du canal de Panama, consacré évêque d'Haïti le 10 janvier 1923 dans l'église St-John The Divine de New-York. Il est intronisé le dimanche 18 février suivant à l'église Sainte-Trinité de la rue des Casernes. Le nouvel évêque trouvera dans le révérend Georges E. Bénédict un collaborateur zélé qui, en janvier 1928, sera promu archidiacre du département de l'Ouest et doyen de la cathédrale et du séminaire de théologie.

"Le nouvel évêque, déclare Catts Pressoir, penchait pour la Haute Église, cette fraction de l'Église anglicane qui, selon le pasteur Bost, attache une plus grande importance aux formes catholiques du culte qu'à son caractère évangélique..."[1]. C'est avec Carson, en effet, qu'on introduit pour la première fois à l'église l'image de la Vierge Marie, qu'on fait réciter la salutation angélique. Le rituel est lui-même modifié au point que la tendance sera désormais de souligner dans la désignation de l'Église son caractère catholique mais non romain. Ces changements révolutionnaires n'iront pas sans heurter la conscience de bien des fidèles de l'Église Orthodoxe qui restaient attachés aux formes traditionnelles du culte, et on verra bon nombre d'entre eux adhérer à l'Église baptiste plutôt que de se conformer au rituel imposé par l'évêque.

En 1925, le bishop Carson consacre ces modifications

fondamentales en promulgant une nouvelle Constitution qui, selon lui, "mettait l'Église dans son vrai jour". À partir de ce moment, l'Église Orthodoxe Apostolique Haïtienne devint officiellement l'Église Épiscopale d'Haïti[2].

L'évêque Carson devait se révéler "un administrateur remarquable, aussi bien dans le domaine temporel que dans le domaine spirituel". Il méritera le titre de grand bâtisseur pour avoir doté non seulement Port-au-Prince, mais bien des localités de l'arrière-pays d'églises, de chapelles et d'écoles.

Le dimanche 4 mai 1924, il pose la première pierre de l'Église de l'Épiphanie à la Croix des Martyrs. L'année suivante elle est livrée au culte. À Thor, sur la route de Carrefour, la coquette chapelle de l'Ascension est érigée et dédicacée le 21 décembre 1926.

Ce qui faisait le plus besoin à l'Église Épiscopale, c'était une cathédrale que l'évêque désirait faire ériger dans une position centrale. L'ancienne et vaste propriété de Joute Lachenais de la rue Dantès-Destouches est achetée et le plan du nouveau sanctuaire dessiné par un architecte américain. Dans l'après-midi du 8 février 1925, se déroule, présidée par Mgr Matthews, évêque de New Jersey, la cérémonie de pose de la première pierre du temple. En raison de l'absence de Mgr Carson retenu par la maladie, le pasteur Jones prononce le sermon de circonstance. Le président Borno a décliné, sans doute pour des motifs religieux, l'invitation qui lui a été formulée, mais le général Russell est présent, ainsi que de nombreux officiels américains.

Les chantiers confiés à l'architecte Daniel Brun ne connaîtront une intense activité qu'à partir de 1927. Le samedi 2 juin 1928, la cathédrale achevée était livrée au culte, et le lendemain, l'évêque Carson y célébrait le premier office religieux. La dédicace de la nouvelle église n'aura lieu que le 6 janvier 1929, sous la présidence du primat de l'Église Protestante Épiscopale, John Gardner Murray et en présence de trois autres évêques américains.

Désirant s'adjoindre des auxiliaires efficaces pour l'aider à l'éducation religieuse de la jeunesse, Mgr Carson encourage les religieuses épiscopales de la Congrégation de Sainte Marguerite à s'établir en Haïti. En 1926, deux d'entre elles viennent sonder les possibilités d'installation, et l'année suivante les soeurs de Sainte Marguerite, au nombre de quatre, prennent possession d'une maison que Mgr Carson avait fait construire pour elles sur une partie de la propriété de la mission, à l'angle des rues Montalais et Pavée.

Malgré la vive impulsion donnée par l'évêque Carson pour imbriquer l'Église Épiscopale à l'enseignement anglo-catholique, malgré son indifférence, sinon son aversion envers les autres communautés évangéliques, il ne parviendra à aucun rapprochement avec l'Église romaine locale. Cette dernière, retranchée derrière l'anathème fulminé par Rome dès la naissance de l'Anglicanisme, garda ses distances et ne continua à voir dans l'Église Épiscopale qu'une Église schismatique, avec laquelle nulle relation n'était de mise.

La longue attente du concours promis à l'Église Baptiste par la American Baptist Home Mission Society prend fin en 1925, avec l'arrivée en Haïti du pasteur A. Groves Wood envoyé comme surintendant. La Lot Carey de Washington qui n'avait jusqu'ici apporté aux églises baptistes haïtiennes qu'une aide plutôt fictive se retira. Il ne semble pas cependant que l'Église Baptiste de Port-au-Prince qui était autonome et que dirigeait le pasteur Lucius Hyppolite ait bénéficié du concours de la Home Mission. Ce dernier vivait uniquement, dit Catts Pressoir, "des allocations que lui donnait l'Église, du revenu des terres héritées de son père et de ses appointements de professeur d'anglais au lycée Pétion"[3]. Ses efforts d'évangélisation n'aboutirent jamais au succès qu'il escomptait. L'Église ne reprit souffle que lorsqu'elle commença à s'intéresser aux paysans de la périphérie pour lesquels furent ouvertes quelques stations rurales. À la mort du pasteur Hyppolite en 1927, le nombre des membres communiants de l'Église Baptiste de Port-au-Prince qui, à un certain moment était tombé à moins de cinquante, atteignait presque la centaine.

Entre le Comité de l'Église Méthodiste Wesleyenne Indépendante de Port-au-Prince et le pasteur Arthur Turnbull qui, après avoir été réintégré par le Comité des Missions de Londres dans le cadre des pasteurs, avait pris la direction effective de l'Église Méthodiste de

Port-au-Prince, le schisme se consomme. Trop vive était la mésentente entre les deux parties et trop irréductibles leurs positions. Le dimanche 23 septembre 1928, à l'initiative des familles J. Charles Pressoir, Henri Bonhomme et Catts Pressoir, on célèbre dans la maison de J. Charles Pressoir à l'avenue John-Brown, le premier culte de l'Église Méthodiste Libre. Plus tard, l'étage de la maison des époux V.R. Domond à la rue du Centre sera choisi comme lieu fixé pour le culte. Soupçonnant l'influence nocive que pourraient exercer sur le gouvernement, dont le chef n'avait aucune sympathie pour les protestants, ceux qui s'opposaient à la formation du nouveau groupement, le Comité de l'Église Méthodiste Libre ne sollicita aucune demande de reconnaissance. Les membres de la nouvelle Église ne continuèrent pas moins à s'adonner à leurs activités cultuelles, "heureux de se retrouver enfin maîtres de leurs destinées spirituelles".

Le pasteur Thomas Kennedy à qui sont confiées en 1922 les rênes de la Mission Épiscopale Africaine, achève la construction de l'église saint Paul, étend la superficie de la propriété et met en chantier un nouveau presbytère pour remplacer celui qu'avait dangereusement endommagé l'explosion d'août 1912. Il laisse Haïti en août 1930, rappelé par ses supérieurs.

En 1926, prend pied sur les rives d'Haïti le premier missionnaire pentecôtiste, un belge converti du nom de Van Alken. Il est hébergé par Mme Christian Mevs dans sa maison de la rue du Centre. Tout en s'adonnant à sa profession de tailleur, il commence à prêcher et recrute ses premiers adeptes. Un de ceux à qui il avait dès le début de sa mission conféré le baptême, Joseph St-Juste, poursuivit les réunions de prières après son départ. La rencontre de ce dernier avec le pasteur haïtien Joseph Paulcéus de l 'Église de Dieu en Christ de Memphis, aboutit à la fondation officielle, le 13 janvier 1929, de l'Église Pentecôtiste de Dieu en Christ de Port-au-Prince, qui relevait de l'Église de Memphis. Le lieu de réunion des membres de la nouvelle église n'était qu'une tente qui se dressait sur un terrain acheté par St-Juste au haut de la rue des Césars, en plein Bel-Air. Il entreprendra bientôt de la remplacer par un bâtiment en maçonnerie.

À Paulcéus et St-Juste s'était joint Jacques Vital-Herne, un ancien diacre de l'Église Épiscopale. Paulcéus qui avait pris le titre d'évêque le consacra pasteur. La maison de la deuxième avenue de Bolosse qu'ils habitaient en commun devint le deuxième lieu de réunion de la jeune Église pentecôtiste. En juillet 1929, Joseph St-Juste qui avait déployé une grande activité pour l'implantation du nouveau culte était à son tour consacré pasteur.

Le mouvement pentecôtiste dut accomplir de persévérants efforts avant d'arriver à inspirer confiance. Sa méthode d'évangélisation toute particulière et qui reposait sur l'impétuosité des prédications et sur des phénomènes d'excitation allant du tremblement de tout le corps au vomissement[4] rendait les curieux perplexes et les disposait plutôt à la moquerie. Ce sera par l'adhésion massive de certaines couches populaires à la nouvelle doctrine que les églises pentecôtistes finiront avec le temps par s'imposer.

Les adventistes gagnent du terrain. Nommé en 1918 par la Conférence Générale des Adventistes du 7ème Jour, le pasteur André Roth organise la Mission Adventiste Haïtienne. En 1923, celle-ci fait l'acquisition d'un terrain à la rue de la Réunion pour l'édification d'un temple et d'une école. Construit sous la direction d'un ingénieur adventiste américain , C.J. Forter, le bâtiment est inauguré le 22 février 1929.

Leurs belles manières, leur souci de l'hygiène, la considération qu'ils montraient pour les métiers manuels gagnèrent aux adventistes l'admiration de bon nombre de personnes. Aux assemblées qui se tenaient deux ou trois fois par semaine au temple de la rue de la Réunion, les adeptes venaient en foule pour entendre les sermons et chanter les cantiques, tandis que restaient massés à l'entrée des désoeuvrés, futurs convertis.

L'extension lente et sûre des religions réformées n'allait pas sans inspirer de l'inquiétude aux esprits. "De grâce, ne laissez pas le protestantisme et l'adventisme s'emparer de l 'âme de nos garçons de cour et de nos servantes!"[5] Cette exhortation trouvée par hasard dans un périodique de l'époque exprime clairement la crainte qu'éprouvaient les catholiques face à une situation qu'ils ne pouvaient pas empêcher.

Se trouve toujours en bonne position, le Grand Orient d'Haïti qui ne compte pas moins de cinq loges à Port-au-Prince: L'Amitié des Frères réunis No 1, L'Étoile d'Haïti No 5, Le Mont-Liban No 22, Les Coeurs Unis No 24 et les Admirateurs de la Vérité No 47. En 1923, Périclès Tessier succède à Antoine Rigal comme Grand Maître de l'Ordre.

Par suite de l'arrangement intervenu entre le Gouvernement et le Grand Orient, les Travaux Publics entament la construction de la nouvelle loge du Grand Orient sur la propriété qu'il possédait rue du Magasin de l'État. La nouvelle construction qui s'élève sur les bases de l'ancien bâtiment et qui servira de local au Grand Orient d'Haïti en même temps qu'à l'Amitié des Frères réunis, est inaugurée dans l'après-midi du dimanche 23 décembre 1923. Bel immeuble, d'une architecture simple, mais fonctionnelle et qui relève le quartier, depuis longtemps considéré comme le centre de la Franc-Maçonnerie. À la rue Monseigneur Guilloux, face à l'Hôpital Général, les Travaux Publics, entreprennent également l'érection de la loge L'Étoile d'Haïti. Sous les auspices du Grand Orient, le bâtiment est inauguré le 19 octobre 1924.

C'est en 1932, au début du gouvernement de Vincent, que l'École Sainte-Trinité de la mission épiscopale, fondée en 1913 pour l'instruction des petites filles pauvres de la paroisse, reçoit le nom d'École Grace Mereit Stewart, en mémoire de l'épouse du major R. Stewart qui lui-même avait fait don de 10,000 dollars pour l'érection d'un autre bâtiment. Les religieuses du couvent de Sainte-Marguerite s'occupèrent de sa nouvelle organisation. Le 1er mai 1930, sur la propriété de la rue des Casernes avait eu lieu la bénédiction d'une construction destinée à abriter la Maison des Enfants, oeuvre qui depuis 1924 était principalement soutenue par le Bishop's Guild of Help, présidé par Mrs John Russell, épouse du Haut Commissaire. À peu près à la même époque, Mgr Carson fit ériger un évêché dans les hauteurs de Turgeau, grâce à un don princier du primat de l'Église Protestante Épiscopale, Mgr John Gardner Murray.

L'Église Méthodiste Libre qui pour des raisons qu'elle pensait fondées, n'avait pas voulu dévoiler son existence sous l'administration de Borno, fait parvenir, le 12 octobre 1931, au ministre des Cultes du nouveau gouvernement, M. Abel Léger, le texte d'une Constitution de l'Église datée du 30 septembre 1931 et rédigée par J. Charles Pressoir. Cette première démarche est couronnée de succès, et dans l'Exposé Général de la Situation, le ministre parle "avec bienveillance" de la nouvelle Église. Après son départ du ministère, "une atmosphère d'hostilité et même de malveillance contre cette Église"[6], dit Catts Pressoir, s'installa au département des Cultes. Jusqu'en 1946, l'Église Méthodiste Libre sera tenue en suspiscion par ce département qui ne reconnaissait pas à ses ministres "le caractère sacerdotal requis par les lois". Les activités évangéliques de l'Église Méthodiste Libre ne ralentirent pas pour autant, et grâce au zèle de ses membres fondateurs qu'une génération de jeunes collaborateurs allait venir seconder, elle arrivera à se maintenir honorablement sur la brèche, malgré l'ostensible animosité des uns et des autres.

À peine fondée, l'Église de Dieu en Christ fait face à un schisme. "Vexé des critiques que St-Juste lui avait faites à propos d'un rapport à l'Église mère", le pasteur Vital-Herne se sépare de St-Juste, entraînant avec lui quinze membres de l'Église. Avec ces derniers, il fonde en mai 1933 l'Association Cultuelle Le Tabernacle qui à la suite d'un rêve fait par Vital-Herne, changera de nom pour celui d'Église de Dieu. À l'aide de l'assistance financière reçue de l'évêque de l'Église de Dieu des États-Unis à laquelle il s'était affilié, il put organiser son église sans avoir à se préoccuper de besoins matériels. Secondé par son épouse née Jémina Najac, il donnait ses sermons en plein air, dans une ambiance survoltée, jusqu'au jour où, grâce à l'appui de l'Église mère, il acquit une assez grande propriété située à la rue des Abricots, face à l'Asile Français. Il installa son église dans un hangar en bois trouvé sur la propriété et qui avait abrité une fabrique de vermicelle[7]. À partir de ce moment, l'Église de Dieu connut une extension croissante.

Notes

1 Catts Pressoir : *Le Protestantisme Haïtien*, II, pp. 50-51.

2 De 1927 à 1940, la République Dominicaine fut rattachée au Diocèse d'Haïti et placée ipso facto sous la juridiction de l'évêque Carson.

3 Catts Pressoir : op. cit. II, p. 129.

4 Catts Pressoir : op. cit. II, p. 290.

5 *L'Essor*, 19 août 1926.

6 Catts Pressoir : op. cit. II, p. 79.

7 Catts Pressoir : op. cit. II, p. 293.

LES BEAUX-ARTS

Dans le domaine des beaux-arts, même pauvreté sous Borno que sous la présidence de Dartiguenave. Les esprits, préoccupés sans doute par les grands remous politiques, paraissent se désintéresser des arts plastiques. Pourtant, l'activité artistique n'a pas tari, mais les artistes ne semblent cultiver leur art que pour leur seul agrément.

Dans l'art sculptural un nouveau venu a surgi : Antoine Derenoncourt. Évoluant dans le sillage de Normil Charles, il a déjà à son actif quelques oeuvres "bien pensées et pleines de vie", dont un Dessalines équestre assez bien travaillé. On lui devra dans la suite quelques oeuvres, tel le buste de Mgr Guilloux qui orne le petit square de la cathédrale, où s'affirme davantage son talent. Essor que la Faucheuse, hélas interrompra sans pitié.

Est-ce le succès recueilli en novembre 1931 par l'exposition au cercle Bellevue des travaux d'inspiration locale du peintre américain de couleur William Edward Scott, destinés à l'Exposition Universelle de Chicago, qui détermine les peintres du terroir à vaincre leur réticence et à oser affronter les appréciations du public ? Sans doute, car presqu'à la même époque, Mme Duraciné Vaval et Michelet Giordani révèlent leur talent en exposant leurs toiles, la première à sa villa de Peu-de-Chose, le second au Club-Union. Vingt-quatre ans après la première exposition de peintures haïtiennes organisée en 1907 par l'éducatrice Isabelle Laporte, sous le patronage du Comité Haïtien de l'Alliance Française, un artiste étranger prenait l'initiative de monter en Haïti une nouvelle exposition de peintures. Cette décision combien opportune le placera d'emblée à l'origine du mouvement artistique qui suivit et qui, revigoré en 1945 par Dewit Peters, allait produire des chefs-d'oeuvre qui honoreront l'art haïtien.

Au début de 1932, est inaugurée, au Club-Union, une exposition des oeuvres artistiques et picturales de Mme Clément Magloire, de Mme Germaine Chenet et de Mlle Claire Denis. Édouard Preston, "primitif sans génie", exposera lui aussi durant cette période, ainsi que Yvonne Sylvain, ancienne élève de Normil Charles, dont le talent de portraitiste était réel. C'est aussi à cette époque que viendra s'établir en Haïti le peintre dominicain Xavier Amiama qui, d'abord professeur de peinture, se vouera dans la suite à "la vulgarisation des paysages de nuit".

De tous ces artistes, Pétion Savain fils dont la touche de ses débuts rappelait celle de Goldman, mort en octobre 1930 d'un cancer au visage, apparaîtra comme le plus doué et le plus original. Influencé par l'humanisme prolétarien qui, dans les lettres haïtiennes, avait, dès 1927, commencé à se substituer à l'humanisme bourgeois, Savain projettera sur ses toiles cette attention bienveillante qu'on se décidait enfin à porter aux besogneux des villes et des campagnes.

Du 12 au 16 avril 1932, il expose dans la grande salle de bal du cercle Port-au-Princien trente-huit oeuvres comprenant aquarelles, huiles et dessins qui soulèvent l'admiration. Malgré louanges et compliments, la vente est plutôt dérisoire.

En juin 1933, vernissage de tableaux d'un peintre russe, Daniel Yassilieff, qui a lieu au cercle Port-au-Princien. Parmi les oeuvres exposées, beaucoup de paysages haïtiens. L'année suivante, Pétion Savain décide encore d'affronter le public. Au cercle Port-au-Princien, il expose, du 20 au 25 juin, des toiles qui marquent déjà une certaine évolution vers un réalisme plus accentué. Comme pour sa précédente exposition, le nombre d'acquéreurs demeure restreint.

Artiste authentique, il ne renonce pas à produire, et de 1931 à 1939, on ne relève pas moins de huit vernissages de ses tableaux. Le plus fécond et le plus remarquable des artistes peintres des années 30, Pétion Savain contribua dans une large mesure à maintenir "le goût de la bonne peinture parmi la jeunesse"[1]. Son apport au développement de l'art haïtien reste incontestable.

Notes

1 Philippe Thoby-Marcelin : *Panorama de l'Art Haïtien*, p. 28.

LA VIE SPORTIVE

Borno fut le premier chef d'État à visiter le parc Leconte et à s'intéresser d'une manière effective aux activités sportives. Sous son gouvernement, le sport prend définitivement son essor. Par arrêté présidentiel du 28 décembre 1923, l'Union des Sociétés Sportives Haïtiennes (U.S.S.H.) est déclarée d'utilité publique "pour avoir inculqué à la jeunesse haïtienne le goût du sport". Au sein de l'association cependant, l'union qui aurait dû être sa boussole ne régnait pas toujours, et on verra en 1927 le président André Chevallier se retirer de l'USSH, excédé par la division et les luttes qui s'y donnaient libre cours. À la suite de quoi Emmanuel B. Armand sera élu président du Conseil de l'Union par une majorité de 19 voix des 30 et plus de délégués qui avaient répondu à la convocation.

Les prises de contact avec les associations sportives internationales se multiplient et débouchent sur l'affiliation de la République d'Haïti aux fédérations internationales de foot-ball, d'athlétisme et à l'Union Internationale de Tir. L'admission d'Haïti à ces associations sportives d'outre-mer lui vaudra de participer à des joutes où il lui arrivera de récolter des succès éclatants.

Dans les écoles, la pratique du sport s'intensifie. La gymnastique y est à l'honneur. Dans l'après-midi du 11 décembre 1928, se déroule au parc Leconte la première parade scolaire sportive jamais enregistrée en Haïti. Sous la direction de Robert de Paris à qui avait été confié le soin d'organiser le sport dans les écoles, 1,200 enfants des écoles primaires de Port-au-Prince exécutent des exercices de gymnastique et d'assouplissement à la grande satisfaction des nombreux spectateurs[1].

Le foisonnement des clubs sportifs est la preuve de l'emballement qui se manifeste à cette époque pour toutes les disciplines sportives. En 1926, on n'en comptait pas moins d'une trentaine, rien que pour la capitale. On verra cet enthousiasme s'étendre au beau sexe, par la fondation en juin 1924 de l'*Union Sportive Féminine* qui aménage sur une propriété du Chemin des Dalles un terrain de sport pour ses membres.

Le "lawn tennis" demeure le sport de l'élégance et des belles manières, celui qui n'est pratiqué exclusivement que par la bourgeoisie. À ce jeu de patriciens, le Palais National donne volontiers le ton, et les parties de tennis jouées dans les jardins de la demeure présidentielle amènent sous les pergolas et sur les vertes pelouses tout le gratin port-au-princien.

"Quand je dis de cette partie de tennis... qu'elle évoquait une opérette sur une scène d'un hectare, écrit l'écrivain américain William Seabrook, je ne songe point à un opéra-bouffe ou comique, mais plutôt à de l'Offenbach ou du Strauss modernisé. C'était plus gai, plus coloré, plus kaléidoscopique que tout ce que j'avais accoutumé de voir dans les réunions officielles...

"... Le tennis était joué très sérieusement sur six courts à la fois, dont la plupart avec des doubles. Les chaises répandues sur la pelouse, en longues rangées irrégulièrement disposées, étaient occupées par les femmes qui regardaient le jeu. Des hommes et des jeunes filles en costume de tennis attendaient, assis sur l'herbe, que vint leur tour de jouer...

"M. Borno ne tarda pas à paraître, simple, mais plein de dignité, tête nue, en costume bleu sombre. Précédé de dix pas par le lieutenant Berthol, il descendit l'escalier en causant avec deux membres de son cabinet, dont l'un très noir et l'autre mulâtre. Une demi-douzaine de ministres, d'hommes politiques et de chefs de bureau suivaient, en causant aussi, par petits groupes. La foule se tenait cérémonieuse et tranquille, les militaires au garde-à-vous et quelques jeunes femmes saluant de révérences au passage du président. Mais quand celui-ci fut rendu près des tennis courts, toute cérémonie fut laissée de côté. Causant de droite et de gauche, il fit signe aux joueurs de continuer leur partie..."[2].

Des championnats sont régulièrement mis sur pied. En 1925, participaient au championnat de tennis discuté sur le land de l'International Athletic Club pour l'obtention de la coupe Peter Dawson, le *Tennis Club de Mariani*, le *Saint-Marc Tennis Club*, le *Club Américain*, l'*International Athletic Club* et le *Tennis Club de Port-au-Prince* qui venait d'aménager son land sur une partie du terrain du parc Leconte. En 1928, la finale du championnat de tennis en vue de décrocher la coupe Garcia Mello se déroule sur le court du *Country Club de Mariani*.

Parfois, des exploits sportifs se réalisent et provoquent un retentissement international, tel celui accompli en octobre 1927 par l'aviateur allemand Otto Ritcher qui avait entrepris de battre le record mondial de 115 heures en restant 140 heures au volant d'une Chrysler. Il est accueilli en triomphe au parc Leconte où le préfet Clément Magloire et Hermann Corvington, membre de la Commission communale, procèdent aux constatations légales[3].

En vain les Américains tentent-ils d'acclimater le polo, un de leurs sports de prédilection, aux moeurs sportives haïtiennes. Le déroulement du championnat annuel de polo pour l'obtention de la coupe Russell draine cependant devant les tribunes du Champ-de-Mars pas mal de badauds qui y viennent bien plus pour meubler leur désoeuvrement que pour se divertir. Les seules équipes à participer à ce championnat sont celles de la Gendarmerie d'Haïti et du Marine Corps.

À l'inverse, la boxe que les occupants avaient relancé en 1921 marque des progrès évidents, surtout à partir de la deuxième moitié de la décennie vingt. Un nom domine cette période : Thomas Guerrier. Le 8 juin 1928, au Ciné-Variétés, a lieu la rencontre sensationnelle qui oppose l'haïtien Thomas Guerrier dit le Sénégalais, 139 livres, champion de Camaguey, au jamaïcain B. Walker, champion de la Guinée anglaise. Le match de 10 rounds de 2 minutes se termine par la victoire de Guerrier.

Le même mois à Variétés, il affronte Kid Norfolk, 143 livres, champion de Sainte-Lucie, qui compte à son actif 35 victoires sur 37 rencontres. Au troisième round, Guerrier le met knock-out. Il est porté en triomphe de Variétés à sa demeure, suivi de plus d'un millier d'admirateurs.

Les victoires se succèdent. En août 1928, toujours à Variétés, il triomphe au sixième round du boxeur cubain Young Smith. Deux mois plus tard, il bat au dixième round le boxeur dominicain Octavio Almonte, dit Toro Islemo. L'année suivante, il entreprend une tournée des Antilles anglaises. À Trinidad, il triomphe par knock-out au troisième round, du champion des Antilles britanniques et lui ravit son titre.

À la salle d'armes Saint-Michel, dite *salle Barthe*, dirigée par Périclès Tessier, un petit nombre d'amateurs du fleuret continue à croiser les fers. Sport prestigieux et très admiré, mais dont la popularité est loin d'atteindre celle du foot-ball, l'attraction sportive préférée des Port-au-Princiens. Ils s'y passionnent d'autant mieux que les compétitions internationales vont se multiplier et qu'il adviendra que les deux formations en présence égalisent et que même parfois la sélection nationale soit victorieuse.

D'ardentes parties se livrent sur l'un ou l'autre des trois terrains de foot-ball de la capitale : le land Dessalines du Pont-Rouge, l'ancien champ de course du Champ-de-Mars et le parc Leconte. Pour le déroulement du championnat de foot-ball 1924-1925, on doit recourir à l'utilisation de deux terrains, celui du parc Leconte et celui du Pont-Rouge, tant nombreuses étaient les équipes à y participer. Celles dont on ne finit pas de s'amouracher et qui déclenchent le déferlement vers les pelouses de jeu, de la foule la plus enthousiaste et la plus colorée qui soit ont pour nom le *Violette Athletic Club*, l'*Union Sportive Haïtienne*, le *Velox Sportif Club*, le *Racing Club Haïtien* et *Jeunesse Sportive Haïtienne* qui, malgré sa "jeunesse", se classera championne d'Haïti en 1924.

Ils sont nombreux les joueurs qui font belle figure sur le terrain et à qui le public voue son admiration : Philippe Kieffer, Lucien Régnier, Sylvio Cator, Léon Chipps, Franck Cardozo, Wesner Appollon, Joseph Deeb, Édouard Cassagnol, Élie Villard, A. Painson, Philippe

Régnier, René Lavelanet, Édouard Jourdan, P. Yacinthe V. Bernadotte...

En fait de matches internationaux, les joueurs haïtiens n'ont eu jusqu'ici à se mesurer qu'avec des équipes de navires de guerre étrangers en visite à la capitale. La victoire facile et fort compréhensible récoltée le plus souvent par l'équipe nationale lors de ces compétitions soulève l'enthousiasme du public haïtien dont le chauvinisme sportif va en 1925 être mis à rude épreuve.

Pour la première fois, le team national affronte une sélection étrangère bien entraînée, l'équipe de la Jamaïque, dont on dit qu'elle a toujours été victorieuse chez elle et dans les Antilles. Le 22 mars 1925, plus de 4,000 spectateurs ("public énorme" dit le journal d'où est puisée cette information) se pressent sur la petite tribune de bois du parc Leconte et tout autour du terrain. On relève la présence du Président de la République, de Mgr l'archevêque et des officiels américains. La partie est arbitrée par M. Williams, sous-directeur de la Banque Nationale. Tout le monde est confiant. La victoire des Jamaïcains par 2 buts à 1 est une surprise douloureuse. On mise sur le match de revanche. Cette fois encore, malgré le dévouement du gardien Lewonis, Haïti est battue par 3 buts à 0. Les organisateurs du tournoi sont pris à partie. On va même jusqu'à faire de la défaite haïtienne une affaire de classe, sinon de peau, des joueurs émérites, prétendent certains, ayant été écartés parce que habitant les bas quartiers, au profit des joueurs de la haute[4]... Le troisième match consacre l'échec total de l'équipe haïtienne. Elle est vaincue par 1 but à 0. Au tournoi retour qui se déroule en décembre 1926 à Kingston, la sélection haïtienne n'est pas plus heureuse et la Jamaïque l'emporte par 3 matches gagnés, 3 nuls et 2 perdus.

Au challenge des Antilles discuté en 1926, l'équipe haïtienne aura la satisfaction de vaincre l'équipe curaçaolaise. Les deux premiers matches joués les 24 et 31 janvier au parc Leconte se terminent par les scores respectifs de 1 à 1 et 1 à 0 en faveur de Curaçao. Un incident malheureux éclate lors du troisième match, après un but de Cator sur penalty qui égalise le score. Les Curaçaolais abandonnent le terrain. Le président de l'Union curaçaolaise présente des excuses au président de l'U.S.S.H., André Chevallier. Au match final du 14 février, Haïti remporte la victoire par 2 buts à 0.

Déjà très en vogue à Port-au-Prince, l'athlétisme voit redoubler sa faveur avec le retour en Haïti du jeune Louis Déjoie, champion universitaire du saut à la perche en Belgique[5]. De nouvelles associations sportives où se pratique cette discipline sont créées. Au *stadium Henriquez*, dirigé par l'athlète Constantin Henriquez, gymnastique suédoise et sports athlétiques sont enseignés à toute une jeunesse avide de faire étalage de gros biceps. Plus tard seront fondés le *Climax Athlétic Club* présidé par M. Charlmers et l'*Association d'Athlétisme et d'excursion*, patronnée par le Dr Pétion Savain.

Au parc Leconte, grande réunion d'athlétisme en février 1924 pour commémorer le vingtième anniversaire de l'Union Sportive Haïtienne. Le président Borno y assiste et offre une coupe en argent et des objets d'art. À ce great-event, André Théard, dans les 100 mètres plat, et Sylvio Cator, dans le saut en hauteur et le saut en longueur, se révèlent les meilleurs. La participation d'Haïti aux prochains jeux olympiques de la VIIIe Olympiade est alors sérieusement envisagée. Mais le Conseiller financier se montre réticent. Avant d'autoriser le décaissement des fonds nécessaires, il entend contrôler lui-même la performance des athlètes. Un nouveau meeting olympique a lieu au Champ-de-Mars, sous la direction du président du Comité olympique haïtien, André Chevallier. Au sautoir de 7 mètres de long aménagé face aux tribunes, Cator fait un bond extraordinaire et se retrouve au sol à 35 cm. de la fosse à sable. Par ce saut de 7 mètres 35, il battait le record de France de l'époque, mais se donnait en même temps une entorse au pied qui devait l'handicaper durant toute sa carrière sportive. Théard de son côté parvenait à égalité avec le record de France en parcourant les 100 mètres en 10 secondes 4/5.

La preuve de l'efficacité était acquise, et ce fut avec le plus profond enthousiasme que quelques semaines plus tard, le public saluait le départ de ces champions pour Paris où, avec Emmanuel B. Armand et l'équipe de tir de la Gendarmerie, ils allaient représenter les couleurs haïtiennes aux jeux de la VIIIe Olympiade.

En regard des résultats enregistrés par les athlètes concurrents aux épreuves d'athlétisme qui s'étaient déroulés au stade de Colombes,ceux obtenus par nos athlètes furent plutôt modestes. Seulement aux 100 mètres plat, André Théard parvenait en quart de finale. Aux épreuves de saut en hauteur, de saut en longueur et de saut à la perche, Haïti devait faire meilleure figure en se classant troisième.

Ce sera surtout aux épreuves de tir à la cible que l'équipe de la Gendarmerie composée de Henri Clermont, Ludovic Augustin, Destin Destiné, Astrel Roland, Ludovic Valborge, Dupré Clément, Métellus Saint-Éloi et Arthur Saint-Fort, sous la direction du général Mac-Dougal, recueillera les plus brillants succès. Déjà au concours préolympique de Reims, l'équipe haïtienne de tir qui utilisait de vulgaires springfields, alors que les autres équipes de tir se servaient de fusils appropriés, avait semé la confusion en se classant première. Aux épreuves définitives disputées les 26 et 27 juin au champ de tir de Châlons-sur-Marne, l'équipe haïtienne qui avait été la révélation de ce tournoi obtint aux 400 et 600 mètres additionnés la deuxième place, derrière les États-Unis et devant la France. À la dernière épreuve des 800 mètres, la France réussissait à égaliser avec Haïti et réalisait comme sa concurrente un score de 646 points.

À la fête des champions organisée après les jeux par l'Union Sportive Bergeraçoise, Sylvio Cator devait accomplir une série d'exploits qui font regretter sa pâle participation aux jeux officiels. Aux 100 mètres plat qu'il parcourt en 11 secondes, il gagne la première place. Aux épreuves de saut en hauteur, un bond de 1 mètre 80 lui vaut encore la première place. Enfin en franchissant 7 mètres 43 aux épreuves de saut en longueur, il bat le champion de France qui n'avait pas été au-delà de 7 mètres 11. Prouesses sensationnelles qui hélas ne pouvaient pas figurer au palmarès des Jeux Olympiques de 1924.

Au retour des athlètes, l'accueil de la population et de tous les clubs en tenue sportive, bannières déployées, est des plus chaleureux. À l'équipe de tir on réserve une réception encore plus enthousiaste. Du wharf à la caserne, 10,000 manifestants l'acclament. Couverts de fleurs et arborant fièrement leurs médailles, les tireurs défilent, encadrés par toutes les sociétés sportives et suivis de plus d'une centaine de camions et d'autos.

Aux Haïtiens qui avaient tant soif de prestige pour leur patrie enchaînée, les performances de l'équipe de tir et celles de Cator et de Théard apportaient un inappréciable réconfort. Ces deux derniers n'avaient d'ailleurs pas fini d'étonner leurs admirateurs... L'année suivante, à la fin du championnat olympique de Londres auquel Cator, engagé trop tard, n'avait pas pu concourir, il entame une tournée sportive dans plusieurs villes d'Europe où il se classe parmi les premiers sauteurs du monde. Théard qui poursuivait ses études universitaires en France, profite de sa présence en Europe pour participer aux plus célèbres championnats du vieux continent. Aux épreuves des championnats internationaux d'athlétisme de Stamford Bridge en 1925, il est classé deuxième dans la course de 100 yards où il arrive à 1/2 yard du gagnant, l'américain Murchinson, ancien finaliste des jeux de Paris. La même année, au stade Pershing de Paris, il gagne en 10 secondes 3/5 le record de France des 100 mètres et en 16 secondes 1/5 celui des 150 mètres. À Charlottenburg, en Allemagne, il est aussi vainqueur à la finale des 100 mètres. En 1927, au stade de Rome, en présence de la famille du Duce, il enlève le titre de champion des jeux universitaires internationaux en parcourant les 100 mètres en 10 secondes 5/10, ratant de 1/10 le record du monde. Il renouvelle les mêmes exploits d'abord à Budapest, puis à Vienne, et en 1928, au stade de Colombes où il est une nouvelle fois proclamé champion mondial universitaire.

Cette même année, Cator fait exulter Haïti. Aux Olympiades d'Amsterdam, il se classe deuxième aux épreuves de saut en hauteur, tandis que son camarade Théard arrive en quart de finale... Ce n'est qu'un prélude. À l'issue des jeux, il réussit un exploit qui frappe le monde entier d'admiration. Dans l'après-midi du 9 septembre 1928, au meeting post-olympique de revanche organisé à Colombes par le Stade Français, il réalise, à la sixième tentative de la finale, un saut fantastique de 7 mètres 93, pulvérisant le record mondial et se classant ainsi recordman du monde du saut en longueur. Quelques semaines plus tard, Théard réussira un exploit presque aussi sensationnel en battant, au meeting post-olympique du stade de Jean Bouin, Ralph Gordon qui avait été classé deuxième aux jeux d'Amsterdam.

À son retour de Colombes, Cator est accueilli au quai par une foule immense. Partout sur son passage, des acclamations frénétiques. À l'initiative du supporter sportif André Chevallier, une souscription est ouverte dont le profit servira à l'acquisition d'une automobile qui sera offerte au champion du monde. Rentré au pays en 1931, ses études universitaires achevées, André Théard recevra un accueil tout aussi enthousiaste.

Tout comme son prédécesseur, le président Vincent s'intéressera beaucoup au sport. En 1931, il assiste sous une averse torrentielle à un match très animé qui opposait le Racing au Violette. Quelques mois plus tard, il est présent aux premiers jeux floraux organisés par le conseil Chevallier. Le 26 mai 1932, il préside au parc Leconte les cérémonies commémoratives du XXe anniversaire de la fondation de l'U.S.S.H. En 1933, il remet à l'U.S.S.H. une magnifique coupe destinée à servir d'enjeu pour le championnat d'Haïti. Le Conseil de l'Union la baptise *Coupe Vincent*.

En vue d'encourager le sport féminin, André Chevallier inaugure, le 4 décembre 1932, un nouveau terrain de sport, le *Stade Dessalines*, sur l'emplacement de l'ancien land Dessalines. Le projet prévoit l'aménagement de terrains pour les différentes disciplines sportives et la construction d'une piscine. En avril 1934, le XXXe anniversaire de l'inauguration de la pelouse de jeu du land Dessalines y est commémoré par un brillant meeting d'athlétisme, au cours duquel les athlètes féminins se font remarquer par leur agilité et leur grâce.

À la Xe Olympiade tenue à Los Angeles en 1932, Haïti fait encore acte de présence. Et c'est pour conquérir de nouveaux lauriers. Le 8 septembre au meeting post-olympique de Soldier Field de Chicago, devant 100,000 spectateurs, Sylvio Cator bat encore une fois le record olympique du saut en longueur que détenait Ralph Gordon, en faisant un bond de 24 pieds et 7 pouces 1/2. Il reçoit une médaille d'or de la Fédération sportive américaine...

Malgré les crises sporadiques qui secouent l'U.S.S.H., la passion des Port-au-Princiens pour leur sport favori, le foot-ball, n'est pas émoussée. En mars 1932, les tournois internationaux de foot-ball reprennent. Au parc Leconte, le jusqu'ici invincible All Jamaica est battu par le Racing par 4 à 1, fait match nul avec le Violette et perd par 4 à 1 devant la sélection haïtienne. En revanche, au Tennis Club de Mariani, les Jamaïcains gagnent les cinq parties disputées. En juillet 1933, nouvelle victoire du team haïtien qui bat l'équipe Dolores de Santiago de Cuba.

En 1934, Haïti participe pour la première fois aux épreuves pour l'obtention de la Coupe du Monde de football. En vue du tournoi Haïti-Cuba qui, dans le cadre des rencontres éliminatoires, aura lieu à Port-au-Prince, de grands travaux de réaménagement s'ouvrent au Parc Leconte. Le terrain est agrandi et porté à 110 mètres sur 73. Une nouvelle tribune en bois de 500 places est érigée, au centre de laquelle on installe une loge présidentielle. Les anciennes tribunes sont consolidées et cinq nouvelles issues du parc sont aménagées. Au chalet, on annexe une salle de réception.

Le tournoi est un échec cuisant. Dès le premier match, le onze national cubain bat l'équipe haïtienne par 3 à 1, fait match nul à la deuxième rencontre et marque en sa faveur le score mirobolant de 6 à 0 à la dernière rencontre. Haïti est en deuil...

Auprès des classes aisées, le tennis est toujours en haute estime. Peu avant le départ des marines, MM. W.H.Williams, Charles Van Watershoot, Walter Hirsh, Jules Phipps, Ernst Lemké fondent le *Tennis Club de Turgeau*. Le nouveau club s'installe sur la propriété de l'ancien club Américain et aménage trois courts pour l'agrément de ses membres. En juillet 1934, le champion de tennis français Henri Cochet rencontre sur le land du club de Turgeau les meilleures raquettes du terroir, MM. Coroneos,Watershoot et Cardozo. Les parties sont arbitrées par le général Little. Cochet triomphe à toutes les rencontres.

Après une mémorable tournée de boxe en Amérique Centrale, Thomas Guerrier regagne son pays en mars 1931. Il est à son zénith. Son match en octobre 1932, avec Meliton Aragon, champion sud-américain qui le met knock-out au septième round marque le déclin de sa carrière sportive.

Paraît sur le ring à cette époque le pugiliste dominicain Papacito qui se fera un nom dans l'expansion de la boxe en Haïti. Sa victoire en décembre 1932 sur le boxeur péruvien Granda, au cours d'un match que l'on considéra comme le plus important jamais disputé dans le pays, établit sa renommée.

Notes

1 *L'Essor*, 10 décembre 1928 - *La Petite Revue*, janvier 1929.
2 William Seabrook : *L'Île Magique*, pp. 177-178-182.
3 *L'Essor*, 23 octobre 1927.
4 *L'Essor*, 27 mrs 1925.
5 La plupart des informations concernant l'athlétisme nous ont été aimablement fournies par l'ancien champion des 100 mètres plat, M.André Théard.

HÔTELS, BARS ET RESTAURANTS

Toujours active la vie de café et pleine de charme pour ceux qui aiment le bon vin, les amis et... les potins. La coopération franche et loyale a déterminé la présence plus assidue dans les cafés-restaurants d'une clientèle composée de militaires américains de tous grades qui s'y amènent pour se divertir et bien sûr pour déguster la *Goutte d'or* de Barbancourt ou le *Nectar* de Gaetjens, et aussi pour observer la faune haïtienne des cabarets à laquelle ils ne sont pas fâchés de tenir, momentanément, compagnie. Cette faune, elle est vraiment curieuse et réunit tout ce qui insuffle vie et diversité à la capitale : les vedettes de la politique, les don Juan, les dilettantes, les prétentieux, les snobs, les épicuriens de tous les mondes et de tous les partis.

La plupart des grands cafés-restaurants, sans compter les restaurants chinois, ont toujours leur enseigne au Bord-de-Mer : *Aux Caves de Bordeaux*[1], propriété du père Dereix, où le menu est copieux et varié, le *Bar de l'Hôtel de France* où le patron Patrizi ne sait plus qu'inventer pour satisfaire les gourmets et maintenir l'ambiance chaude et souriante de son établissement, *Chez Dereix*[2], le café-restaurant d'André Dereix où le moins qu'on puisse dire, c'est qu'on y mange et boit bien, le *Restaurant Saint-Joseph* d'Acéphie Louis où à l'heure du déjeuner vient se restaurer le petit monde des employés de commerce et de banque...

Au Champ-de-Mars, au coin de l'avenue Magny[3], *Eldorado* maintient sa vogue d'autant mieux que son propriétaire, le marseillais Frédéric Gairaud, bohème pas trop près de ses sous, et en plus de cela le coeur sur la main, accepte volontiers de ses clients les arrangements les plus larges pour le paiement de leurs consommations. De l'autre côté de l'avenue Magny, le *Bar Terminus* des époux Widmaier est l'oasis où dès l'après-midi on vient se rafraîchir, blaguer et... voir les passants. À l'angle de la rue Lamarre, Hubert Steele, le glacier par excellence du *Bar de l'Hôtel Ansonia*, bénéficie d'une clientèle de choix, non seulement pour la suavité de ses glaces aux multiples parfums, mais aussi à cause de son luxueux billard autour duquel aiment à se retrouver les meilleurs "billardiers" de la ville.

Sur sa propriété du Petit-Four, Maurice Buteau a ouvert *Aux Cosaques*, sympathique estaminet que fréquentent les hommes politiques mécontents et désenchantés du cercle Bellevue et qui, depuis la fermeture de leur club par les instances supérieures, sont bien aise de s'y rencontrer. Toujours au Petit Four, le centre des quartiers élégants, c'est aussi *La Rotonde*[4], où l'on trouve à savourer, dans des espaces joliment aménagés, les plats les plus succulents et les meilleurs alcools du pays et de l'étranger.

Et pour les bambocheurs, amateurs d'amours tarifées, voici *Latino*, le fameux café d'Annacius Innocent de la rue du Magasin de l'État, où triomphent le charleston et le fox-trot et où le samedi soir l'établissement fait florès. Les prêtresses de ces lieux chauds étant pour la plupart des filles de la République voisine qui n'ont pas leurs pareilles dans l'art d'assouvir les instincts de la clientèle, les habitués se hâtent-ils, pendant l'escale des navires de guerre américains, de s'esquiver devant marins et marines qui entendent être alors les maîtres des lieux et les seuls à faire la noce.

Pour celui qui tient à se soustraire à l'ambiance parfois nocive et déprimante de la capitale, rien de mieux que d'aller vider un verre à *Sea-Side-Inn*[5], le cabaret à la mode de Martissant, cette banlieue encore si agréable de Port-au-Prince... "À deux milles de la ville, dépeint un habitué dans *le Temps*, et sur le rivage de la baie, se trouve cet établissement tenu par un français, une vieille maison, but de promenade, avec des jardins tropicaux au bord de la mer dont le bleu surpasse celui de la prunelle humaine..."[6].

Avec la prise en charge en 1932 du café-restaurant par Pierre Patrizi, Sea-Side-Inn se transforme en cabaret de grande classe. La mode est maintenant d'y aller le samedi soir. Avant le bal animé par le jazz Scott, l'acteur français Ralph Cataly et sa troupe donnent une représentation théâtrale où se font applaudir Jane Verneuil, Aline Mercier, Georges Dupont, Daniel Heurtelou... Les autres jours de la semaine, le client est invité à déjeuner à l'Hôtel de France, mais à dîner à Sea-Side-Inn, au son de la bonne musique dispensée par l'orthophonique.

Poussant plus loin les transformations, la nouvelle direction inaugure la même année un genre nouveau très prisé à Paris, le café-concert. Sea-Side-Inn s'éclipse pour une dénomination plus dans la note parisienne et devient *Trocadéro*, géré par une superbe italienne, Madame Marion.

De nouveaux cafés-restaurants, excellents et confortables, font leur apparition. À la Grand'rue, face aux Caves de Bordeaux, Emmanuel Florvil qui se veut comme tous les Haïtiens dignes un patriote intégral,ouvre *Aux Caves d'Haïti* qui se créera bien vite une clientèle nombreuse, à cause de ses menus corrects et pas chers. Au Champ-de-Mars, à côté du bar Terminus, le cabaret *Moulin-Bleu*, réplique éloignée du Moulin-Rouge de Pigalle, ne parviendra guère, en dépit des efforts de ses propriétaires,Ralph Cataly et Jane Verneuil, à atteindre la renommée de son émule parisien[7].

Plus fréquenté sera le café-restaurant *Chez Kahl*, appelé aussi *Terrace Garden*, sur la place de Pétionville. Service et consommations en tout point excellents vaudront au patron de fructueuses recettes. Au-delà, en pleine montagne, dans la station estivale de Kenscoff qui commençait à révéler ses charmes, Maurice Buteau inaugurera un bistrot qui portera le même nom que son café du Petit-Four. Les frileux lui voueront la plus profonde gratitude pour les calories bienfaisantes que leur apportaient le whisky, le cognac, le rhum et toute la gamme des apéritifs dont l'estaminet ombragé de grands pins était toujours pourvu. Plus au coeur de l'agréable village, le père Dereix avait ouvert un hôtel-restaurant-dancing qui, durant de nombreuses années, sera le pôle d'attraction de toutes les activités mondaines de cette station d'été.

Les capitalistes haïtiens, plus intéressés à se constituer des rentes par l'acquisition de maisons de rapport, de titres de l'État ou par des prêts hypothécaires, ne se décident pas encore à construire des hôtels de classe pour loger les touristes dont le nombre cependant s'accroît sensiblement. À la capitale, toujours rien que de petits établissements hôteliers qui ont certes leurs attraits, mais font plutôt figure de pension de famille. Vers 1922, Henri Rouzier devient le directeur-propriétaire de l'*Hôtel Bellevue* du Champ-de-Mars et y transporte la *Pension Rouzier* qu'il dirigeait. Dans l'immeuble voisin situé à l'angle de la rue Saint-Cyr, les demoiselles Rouzier inaugurent l'*Hôtel Excelsior* où, entre autres voyageurs célèbres, logeront les membres de la Commission Forbes et le sénateur américain William King[8].

Au Chemin des Dalles, dans la grande villa en bois qui avait été la résidence du commerçant Jules Laville et où avait fonctionné l'hôtel Métropolitain, Mme Mac-Ferlane ouvre l'*Hôtel des Antilles* qu'affectionneront particulièrement les Américains.

En juin 1930, le plus chic et le plux luxueux hôtel de Port-au Prince, *Splendid-Hôtel*, est inauguré dans l'élégant quartier de Peu-de-Chose. Maria Fraenckel qui l'a conçu et va le diriger a réuni dans un magnifique immeuble d'une blancheur immaculée, oeuvre de l'architecte Georges Baussan, tous les menus attraits propres à créer pour le voyageur une ambiance exotique et confortable. Veillant au maintien de sa classe, l'établissement sera pendant longtemps le lieu de descente favori des plus hautes célébrités internationales de passage à Port-au-Prince.

Notes

1 Emplacement actuel du débit d'alcool Vabre et Séjourné à la Grand'rue.

2 Emplacement de l'ancienne maison Mohr à la rue Bonne-Foi.

3 Immeuble naguère occupé par l'entreprise de pompes funèbres Pax Villa, puis par la Maison du Tourisme.

4 Sur son emplacement se trouve aujourd'hui la station-service Esso du Petit-Four.

5 L'emplacement de Sea-Side-Inn est occupé aujourd'hui par le Château Royal Disco Restaurant qui fait face à l'ancien hôtel Simbi.

6 *Le Temps*,14 avril 1924.

7 Le Moulin Bleu occupait l'immeuble en bois, aujourd'hui en ruine, sis à l'avenue Magny et portant le numéro 3. L'entrée du cabaret, surmontée de la représentation d'un moulin à vent peint en bleu, donnait sur le Champ-de-Mars.

8 Leur interdiction de séjour ayant été rapportée à l'avènement de Vincent, le sénateur King et son épouse visitèrent Port-au-Prince en 1931 où ils furent grandiosement reçus.

LES DIVERTISSEMENTS BOURGEOIS

Il n'y a pas à s'illusionner. Malgré la politique de coopération inaugurée par Borno, les rapports sociaux entre occupants et occupés ne manifestent dans l'ensemble aucune réelle cordialité. Le corps des Marines, avant tout force armée d'occupation, aura à coeur de conserver ses distances avec la population, laissant aux hauts gradés et aux personnalités civiles américaines le rôle d'établir avec le monde officiel et mondain les indispensables contacts sociaux. Cloisonnement souhaité et entretenu par toute la colonie américaine et qui la préservait de toute possible mésaventure sociale avec les Haïtiens, fussent-ils du plus haut échelon de la bourgeoisie traditionnelle. La dérogation au principe du compartimentage était mal ressentie par le corps colonial, surtout par les Américaines, on ne peut plus à cheval sur ces règles. Ceux parmi les occupants qui, de par leurs fonctions, entretenaient avec les Haïtiens des relations amicales par trop ostensibles, étaient traités de *têtes crépues*[1], quolibet dont bien sûr ils se souciaient fort peu.

Le grand lieu de rencontre de la colonie américaine est le club de Turgeau où n'a accès aucun Haïtien, pas même le chef de l'État[2]. Nous devons à William Seabrook, observateur perspicace du comportement souvent "stupide, illogique et confus" de ses compatriotes, un charmant tableau d'une après-midi au Club Américain :

"... Plus tard, écrit-il, M. Goss vint nous prendre (lui et sa femme Katie) pour aller au club américain de Turgeau. C'était le jour des enfants, et les petits américains s'étaient répandus sur la pelouse avec leurs nurses, tandis qu'une musique jouait dans la pergola. Le général Russell était déjà sur le court, jouant brillamment contre un adversaire...

"Je fis une partie de tennis avec un major de l'armée coloniale, pendant que M. Goss et Katie rejoignaient sur la terrasse les femmes de divers officiers et fonctionnaires. Au coucher du soleil, la musique joua l'hymne national haïtien. Tous les petits se levant aussitôt prirent le garde-à-vous avec une crânerie charmante. Tous les adultes, y compris le général et le major, firent de même, et les officiers qui jouaient au tennis s'interrompirent pour saluer. Songeant alors à la situation des aristocrates d'Haïti - lesquels se voient fermer les sacrées portes du club américain - je me demandais si me trouvant moi-même dans une telle situation, cette gracieuse démonstration d'estime m'eût donné quelque apaisement"[3].

Plus chanceux, les yankees ne souffrent pas du même traitement de l'élite bourgeoise haïtienne. À Bellevue, le club le plus fermé de la ville, on ne posait à l'admission des Américains que la seule condition de ne pas s'y présenter en tenue militaire. Le même Seabrook fait un tableau on ne peut mieux brossé d'une réception donnée à Bellevue en l'honneur des officiers de l'escadre royale de Suède qui mouillait dans la rade. Il reflète l'éclat que revêtaient ordinairement les réunions dansantes de ce haut-lieu de la mondanité :

"Quand le soir qui suivit, relate-t-il, nous arrivâmes à Bellevue, n'eût été la peau foncée des invités, nous aurions pu croire, par une nuit de gala, à quelque club de Nice ou de Cannes ou de la Nouvelle Orléans. Des limousines se pressaient à la porte, et les policiers contenaient la foule des curieux qui alllongeaient la tête à se démonter le cou pour voir l'élégante élite d'Haïti descendre de voiture sur le trottoir recouvert d'une toile et gravir, sous un dais rayé, les marches du perron.

"Hors à Paris, au foyer de l'Opéra, pendant la guerre, je n'ai vu nulle part rien de si brillant, de si cérémonieux et de si gai à la fois que le tableau offert à notre vue par la grande salle de bal, tandis qu'arrêtés à la porte nous cherchions notre hôte.

"Là s'assemblait l'aristocratie indigène d'Haïti, se réunissait en un cercle intime ce qu'elle possède d'intelligence, de richesse et de beauté. Spectacle plein d'intérêt quand on songeait que ces gens, dans le court espace d'un siècle, s'étaient élevés de l'esclavage à leur situation présente..."[4].

Depuis que le Headquarter du Marine Corps a fait obligation aux marines de regagner leurs casernes au plus tard à minuit, on ne note plus, passée cette heure, de frasques de soldats en ribote. Effets des plus heureux sur la vie de nuit qui a repris son cours et maintient parfois jusque très tard une certaine animation dans les quartiers où fonctionnent cafés et salles de spectacle.

Dans les sphères gouvernementales, tous les efforts sont coordonnés pour porter la population à oublier que Port-au-Prince est occupé. Madame la Présidente s'y associe en activant le rythme de la vie sociale et en offrant les jeudis au Palais National un thé sans cérémonie. Cette réunion mondaine très animée débutait dans les jardins de la Présidence et se poursuivait dans la salle des bustes où, décrit Seabrook, Madame Borno, "pâle mulâtresse d'âge moyen, plutôt jolie dans sa robe de crêpe georgette, garnie de perles, était assise à côté d'une grande table où un essaim de jeunes filles servaient du thé à qui venait en demander et offraient de petits sandwishes, des gâteaux et des macarons. Maîtres d'hôtels et domestiques en livrée de style anglais, circulaient avec des plateaux chargés de champagne. Un buffet était dressé dans un coin où se trouvait, entre autres choses excellentes, une carafe d'un rhum de vingt-deux ans, que je dégustai dans de petits verres avec Ash Pay Davis et Freddie Cook..."[5]. Cette société qui, malgré les humiliations de l'heure, se livrait avec tant d'aimable désinvolture à la joie de vivre et qui, à certains égards, paraissait à Seabrook plus civilisée que la sienne[6], avait-elle conscience de son insouciance ? Telle était pourtant la réalité.

Bien sûr, le Tout-Port-au-Prince ne demandait pas mieux que de marcher sur ces traces, assoiffé qu'il était de s'arracher aux tristesses du moment et de s'offrir "quelques pépites de joie". Et parce que précisément les dirigeants conviaient à cette détente et aux manifestations sociales, la vie mondaine devait s'affirmer bien plus brillante sous l'administration de Borno que sous celle de son prédécesseur.

Le grand compositeur qui dans les premières années de l'occupation avait tellement comblé de joie les mélomanes, Justin Élie, part avec sa famille se fixer à New York en 1922. Il va y conquérir une renommée continentale et y trouver la consécration de sa nouvelle musique. À l'apogée de sa gloire en 1929, le *Washington Hérald* pouvait écrire que le rythme échevelé de la musique de Justin Élie dépassait en puissance celui de Strauss et de Gershwin et qu'à l'heure présente, il était "le plus considérable des compositeurs latino-américains"[7]. Miné par le surmenage, il mourra à New York le 31 décembre 1931. À ses funérailles célébrées à la cathédrale de Port-au-Prince, Occide Jeanty, son confrère et ami, obtiendra la faveur de diriger la musique et de jouer le morceau qu'il avait composé pour la circonstance. Des centaines de témoignages de condoléances à l'adresse du peuple haïtien et de son gouvernement afflueront de divers pays.

Justin Élie parti pour l'étranger, bientôt suivi de Franck Lassègue qui comme lui avait su "parfumer sa musique de l'âme populaire haïtienne"[8], les auditions musicales des grands musiciens du terroir entrent en veilleuse. Décidément peu communicatif, Ludovic Lamothe se referme sur lui-même et n'offre qu'à ses amis des auditions intimes. Le public ne sera pas pour autant privé de séances musicales, mais ce seront surtout les artistes étrangers qui les animeront.

Pour servir de cadre à la projection de films cinématographiques, aux représentations théâtrales et aux manifestations sociales de tous genres, les principales salles sont encore Parisiana et Ciné-Variétés. En 1924, par suite d'une entente amiable, Lily Taldy résilie le contrat d'association qui la liait au Ciné-Variétés et prend la direction et l'exploitation de Parisiana. André Chevallier resta seul à Variétés dont la direction passera en 1928 à Mme Mac-Intosh.

S'il faut en croire Flip, le critique théâtral du journal *l'Essor*, le théâtre haïtien qui sous Dartiguenave avait connu un renouveau appréciable, manifeste un déclin inquiétant. Auteurs et acteurs semblent maintenant incapables de déployer aucun talent.

"L'acteur ne se respecte plus, écrit Flip. Il ne se pose plus en beau tragédien ou en touchant lyrique. Il s'est transformé en histrion qui mime vulgairement et qui braille le roturier créole du peuple.

"L'auteur ne travaille plus sa pièce dans le but d'en faire un chef-d'oeuvre si possible. De dramaturge, il est tombé au rang d'assembleur de scènes burlesques et de gros mots... Le secret du triomphe est désormais dans l' esprit d'un Pollux Paul, d'un Salnave, d'un Rey, et pourquoi ne pas le dire, dans celui d'un Charles Moravia et d'un André Chevallier diminués. Charles Moravia et André Chevallier écrivent pour battre monnaie et pour attirer la foule bête... Mon Dieu ! c'est à en pleurer...'"[9].

Cette dernière sortie du critique de *l'Essor* visait le drame historique en trois tableaux, *L'Amiral Killick*, que Charles Moravia et André Chevallier avaient présenté pour la première fois, le 2 avril 1923, sur la scène du Ciné-Variétés. Dans l'interprétation figuraient Maurice Laudun, dans le rôle de l'amiral Killick, Sterne Rey, Prophète, Clément Coicou, Arsène Coicou, Paul Savain, qui comptaient parmi les meilleurs acteurs de l'époque. Malgré la valeur évidente de la pièce, Flip reproche aux auteurs le procédé déplaisant d'utiliser le créole pour souligner un trait et provoquer le rire. "Le héros est diminué!", concluait-il désespérément[10].

Le genre théâtral qui dans le passé avait valu tant de déboires à Léon Laleau, la revue, est repris par André Chevallier qui avait de l'humour et maniait bien l'ironie. Le 30 septembre 1923, il donne à Variétés le sketch-revue intitulé *Chut !* Le succès est total. Chacun reçoit sa part, depuis le président de la République jusqu'à Chevallier lui-même, en passant par Pantaléon Guilbaud et ses cigarettes, Dantès Bellegarde et la S.D.N., Fernand Hibbert et ses simulacres, Léon Laleau et sa danse des vagues, Louis-Henry Durand et ses élans lyriques, le général Mac-Dougal et sa gendarmerie... Les acteurs Lily Taldy, Paul Savain, Mme Lerebours, ont fort bien tenu leur rôle. À propos de cette oeuvre spirituelle et charmanate, mais parfois finement méchante, Flip n'élève qu'une critique... elle-même truffée de malice : l'absence, dans cette galerie de personnalités et d'institutions célèbres, du Marine Corps qui pourtant tenait une place si considérable dans notre vie de peuple... *Minisse*, désopilante comédie du même auteur, jouée deux mois plus tard à Variétés est également bien accueillie du public

La Renaissance est restée la seule troupe à présenter assez régulièrement des pièces théâtrales. Ses représentations ne sont pas toutes des succès. Elles contribuent néanmoins à maintenir dans le public le goût de l'art dramatique. *Fistibal révoqué*, "macaquerie" de Christian Coicou (Flip dixit), est un échec. Mais la comédie *Une chambre à deux lits*, jouée à Parisiana et la reprise dans la même salle de *L'Oracle* de Massillon Coicou, avec Clément Coicou, Sterne Rey, Jérôme Salomon, Antoine Hérard, puis de *Mackandal*, drame historique d'Isnardin Vieux, sont chaleureusement applaudis. Les plus gros succès de la troupe resteront *L'École Mutuelle* et *L'Empereur Dessalines* de Massillon Coicou, *Les Hommes Nouveaux* de Pollux Paul, *Un Duel sous Blanchelande* et *La Fille de l'Empereur* de Liautaud Éthéart.

En mars 1929, Renaissance inaugure à Variétés une série de soirées "ciné-théâtrales", au cours desquelles la projection d'un film cinématographique est suivie de la représentation d'une pièce jouée par les acteurs de la troupe.

La fin de la décennie vingt verra la création de deux pièces à succès, *Anacaona*, émouvant poème dramatique en vers, en trois actes et un tableau, de Frédéric Burr-Reynaud et Dominique Hyppolite, représentée à Variétés le 19 février 1927 et où se surpasseront Wanda Wiener, Denise Éthéart, André Gerdès, Georges Dupont, et *Le Forçat*, comédie dramatique en 4 actes de Dominique Hyppolite, jouée dans la même salle, le 1er juin 1929, et brillamment interprétée par André Gerdès, Paul Savain, Clément Coicou, René Isidore, Lya Dougé et Esther Glémaud... Bref, en fait d'oeuvres dramatiques, bilan plutôt modeste, où se côtoient le meilleur et le pire.

Même indigence, relevée à l'égard des récitals de chant. Le public manifestant peu de disposition pour ce genre de concert, les vrais artistes ne se hasardent pas à se produire devant une salle vide. Déçue de ses insuccès auprès du public port-au-princien, la cantatrice Attala de Pradines repart pour Cuba où son rayonnement était depuis longtemps bien assis. Malgré le talent évident du chansonnier Alain

~ Le Palais de Justice de Port-au-Prince, inauguré le 30 septembre 1928 ~

~ Entrée principale du Palais de Justice ~

~ Une halte sur la route de Pétion-Ville avant son asphaltage ~

~ Le transport « fret et passagers » par camion-automobile dans les années vingt ~

~ L'actif port de Port-au-Prince sous la présidence de Borno ~

~ La villa « Le Hasard », résidence du Haut Commissaire Russell, où séjourna Lindbergh ~

~ Le colonel Charles Lindbergh, accompagné du Haut Commissaire Russell, quittant l'Hôtel de Ville après la réception offerte en son honneur par la Commission communale ~

~ Lindbergh assistant à une parade militaire organisée en son honneur ~

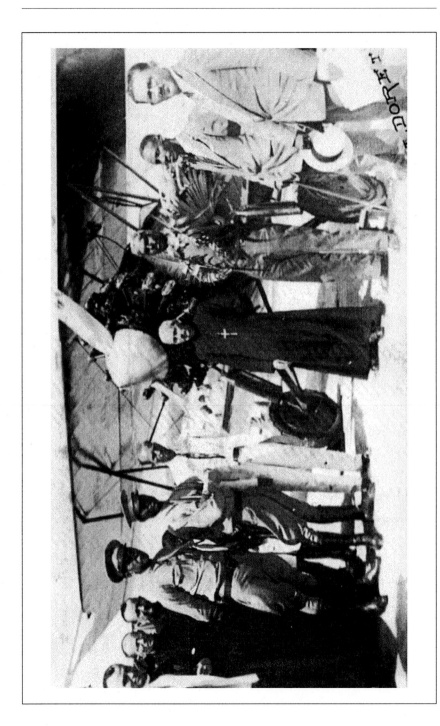

~ Accueil de Léon Désiré Paris à son atterrissage à Chancerelles ~

~ Incendie du dépôt de matières inflammables de la Texas Company à la rue du Quai en 1923 ~

~ Incendie du ciné-théâtre Parisiana dans la matinée du 30 avril 1930 ~

~ La compagnie des Pompiers de la capitale en 1929 ~

~ Le nouveau dispensaire de l'Hôpital Général ~

~ Le bâtiment de l'École de Médecine ~

Laraque, ses soirées artistiques ne sont pas toujours des succès et, pour ne pas s'évader de la scène, il se voit obligé de faire front aux caprices du publlic. À un de ses récitals donné à Parisiana, assisté de Jeanne et de Wanda Wiener, il obtient de chaleureux applaudissements pour ses monologues comiques et ses spirituelles et délicieuses chansonnettes. Quelques mois plus tard, la soirée récréative et musicale qu'il donne de concert avec le pianiste Arthur Balmir se déroule dans une salle très clairsemée.

Pourtant, on salue avec enthousiasme le retour au pays de Carmen Brouard après un séjour de dix ans en France où elle a étudié au Conservatoire de Paris. Son premier concert à Parisiana, le mercredi 9 octobre 1929, soulève les bravos unanimes de l'assistance pour sa brillante interprétation au piano des oeuvres des meilleurs maîtres. Avec le même brio, elle exécute "Rêverie", exquis et langoureux morceau de sa composition.

Les plus grandes soirées artistiques et récréatives des années vingt, celles qui projetteront le plus d'éclat, on les devra à la présence sur la scène de troupes et d'artistes étrangers qui toutefois, malgré l'interprétation presque toujours parfaite de leurs différents modes d'expression artistique, n'arriveront pas toujours à conquérir l'audience du public.

Durant la même année 1923, on enregistre le passage de deux chanteurs de l'Opéra Comique de Paris, le ténor Saint Aubry et la soprano Mme Claudia Berger, et de trois jeunes musiciens colombiens, les frères Hernandez, dont les instruments de musique n'étaient rien de moins que surprenants. Avec une parfaite dextérité, ces derniers exécutent la *Dessalinienne* en tapant sur des bouteilles, et de leur scie musicale, ils tirent les accents les plus harmonieux.

En 1925, les chansonniers montmartrois Lucien Boyer et Paul Chaubert, se produisent à Variétés qui fait salle comble à chacun de leurs récitals. Alertes, entraînantes, mélodieuses, parfois égrillardes, toujours spirituelles, leurs chansons sont exécutées avec une performance qui charme les auditeurs. "Ça c'est Paris", "Viva Mussolini!" seront leurs plus francs succès.

Stimulée par le triomphe qu'avaient récolté les artistes chansonniers de Paris, Lily Taldy montera, avec l'aide de Mme Sylvie, Serge Vaillant et Pétion Savain une revue montmartroise qui sera jouée à Parisiana et sera bien reçue du public.

Inconstance de ce public qui ne fait pas bon accueil à Edmond Vallée de l'Odéon et à Raymond Presles du Gymnase qui pourtant sont des artistes authentiques, mais dont le répertoire n'est pas truffé de cette légèreté et de cette gaudriole dont raffolent les Haïtiens ! Les quelques représentations qu'ils offrent seront de vrais régals artistiques qui, en dehors de celles réservées aux écoliers, ne se dérouleront presque toujours que dans une salle quasiment vide.

Même insuccès pour le ténor dominicain Polanco et son compatriote le trompettiste Garcia, au récital donné par eux à Parisiana.

En revanche, le célèbre chœur russe de 18 membres, *Les Cosaques du Kouban*, dirigé par Michel Afanassiew, obtient dès sa première représentation un succès fulgurant. Il débute à Parisiana le jeudi 30 avril 1925, devant une salle archicomble, éblouie par la beauté du décor qui chatoie de couleurs vives et par la parfaite interprétation des différents points du programme. Chansons, mélodies, barcarolles, exécutées par des voix impeccables; tours d'adresse surprenants réalisés avec des poignards; danses folkloriques russes d'une chorégraphie sans bavures, toutes ces parties du programme concourront à faire du spectacle un régal tel qu'on n'en avait encore jamais vu en Haïti.

On aura le plaisir l'année suivante de voir évoluer sur la scène de Parisiana deux danseuses russes, les jumelles Gloria et Gracia Terassow, et quelques mois plus tard, les *Tchuprinin*, petite troupe russe composée d'une ballerine et de deux danseurs.

1926 comptera parmi les années les plus riches en spectacles animés par des artistes étrangers. En avril, on relève le passage sur la scène de Variétés de la cantatrice espagnole Margot de Campos, puis de la danseuse parisienne Odette Grandin. Au mois de juin, le diseur belge, Carlo Litten, magicien de la déclamation, offrira à Parisiana, puis au cercle Bellevue, des récitals de poésie d'une haute qualité et qui seront très applaudis. En juillet, ce sera à l' excellent violoniste cubain Luis de Varona, accompagné de son épouse pianiste, de donner quelques beaux concerts à Variétés. Parisiana accueillera en septembre le violoniste français Lucien Duvillard qui recueillera quelques succès, et le mois suivant, les artistes lyriques italiens Consuelo, Eugenio Presto et Mme Consuelo Escriche qui eux aussi bénéficieront d'une présence de salle convenable.

1927 voit l'arrivée de nouveaux artistes russes, le *Choeur Ukrainien*, composé de 14 chanteurs des deux sexes, sous la direction de Serge Alguin et dont les spectacles d'art donnés à Parisiana seront de parfaites réussites. On fait bon accueil à la troupe *Navarro-Amarutain* qui gratifie le public de séances de prestidigitation, de télépathie, de tirs de précision, genre de spectacle dont il était sevré depuis quelque temps. À Variétés, Yola et Paul, le couple de danseurs des Folies-Bergères sauront, par l'exécution sans faille de danses modernes et acrobatiques, se faire chaleureusement applaudir.

Dans le domaine si gracieux de la danse, des épreuves tout à fait inattendues sont parfois proposées, qui soulèvent la curiosité et l'intérêt du public. Aux sons de deux orthophoniques de la West Indies jouant sans arrêt à tour de rôle, le danseur parisien Maurice entame au Ciné-Variétés ses 50 heures de danse d'affilée, interrompue toutes les trois heures pour un massage de trois minutes. Il tiendra sa gageure.

Invité par Madame Taldy, l'athlète Fred Verdun reprend à chacune de ses séances d'exhibition athlétique données à Parisiana, l'engagement de verser 1,000 dollars à qui serait capable d'exécuter les mêmes démonstrations athlétiques que lui. À sa grande satisfaction, il ne trouvera pas d'émules.

Presque pas de visites d'artistes étrangers en 1928, s'il faut excepter celle, en décembre, de l'artiste française Henriette Perret[11], dont les récitals peu goûtés valent à l'élite bourgeoise le blâme du *Matin*, et celle de trois artistes parisiens de caf-conc' qui eux obtiennent un extraordinaire succès. Le talent d'imitateur de personnages célèbres du chansonnier Charles Fallot, la voix mélodieuse et argentine de la chanteuse Milly Rex, le jeu délicat du compositeur Paul Chaubet, procurent au trio des recettes appréciables.

Le dernier groupe d'artistes étrangers à séjourner à la capitale sous Borno sera la grande compagnie d'automates et de variétés dirigée par Albert Caballero. Nombreux seront les adultes à venir, accompagnés de leur progéniture, applaudir les exploits sensationnels des ventriloques et des poupées parlantes de la troupe.

Salles de théâtre autant que salles de cinéma, les deux principales salles de spectacle de Port-au-Prince continuent à projeter pour les passionnés du septième art les grandes productions cinématographiques américaines et européennes. Parisiana, la plus belle et la plus ancienne salle de la ville, est approvisionnée par les maisons Aubert, Phocéa et Pathé, les plus réputées du monde cinématographique. Les séances de cinéma ont lieu les mardi, jeudi et dimanche et font affluer une clientèle dont le plaisir semble être la seule préoccupation de la directrice, Mme Muffat Taldy. *Le Fauteuil 47*, *La Femme et le Pantin*, *L'Homme à l'Hispano*, *Koenigsmark*, *La ruée vers l'Or*, *Rue de la Paix*, *Le Rêve*, tous ces titres magnifiques qui passent en 1928 sur l'écran de Parisiana et dont la plupart sont aujourd'hui considérés comme des classiques de l'art cinématographique, prouvent combien était judicieuse la sélection des films destinés aux spectateurs de Parisiana.

Le Ciné-Variétés, alimenté lui aussi en films par de grandes maisons françaises, offre ses séances de cinéma les mardi, mercredi, vendredi et dimanche. Toujours en quête d'améliorations, la direction Mac-Intosh-Chauvet procédera en 1929 à une transformation de la salle, réalisation qui sera marquée par la projection, le dimanche 22 décembre, de la magnifique bande cinématographique *Ramona*. Peu avant, avait connu un vrai triomphe, le film religieux *La Rose effeuillée*, retraçant la vie de la petite Thérèse Martin qui s'était consacrée à Jésus et ne désirait vivre et mourir que pour lui. Succès qui traduit le fonds religieux qui imprégnait l'âme haïtienne et son respect des valeurs morales.

Au Ciné-Galant de la Grand'rue, propriété de M. Kenny, les séances de cinéma ont lieu presque tous les jours. C'est un des rares cinémas de quartier à avoir tenu bon. Mais il n'allait pas tarder à fermer à son tour, faute de recettes suffisantes.

Contre les films jugés immoraux, la campagne menée par le clergé et les familles n'a pas fléchi, et en 1928, un avis du département de l'Intérieur menacera d'enlever la patente "aux salles de cinéma qui projettent des films dangereux pour la moralité publique et susceptibles de pervertir la jeunesse"[12].

Les distractions bourgeoises sous Borno, on serait incapable de les désigner toutes, car souvent elles ne sont le délassement que d'un nombre restreint d'individus, d'un groupe d'intimes, heureux de se distraire entre eux. On ne saurait cependant ne pas mentionner certains passe-temps qui, même s'ils ne se rangent pas au nombre des divertissements les plus courus, demeuraient toutefois pour beaucoup, sujets de récréation, telle la célébration au Champ-de-Mars, le 1er mai 1927, de la première fête des fleurs depuis celle qui avait été organisée le 1er mai 1916. Plusieurs familles de la bourgeoisie port-au-princienne s'étaient mises en frais pour participer honorablement au cortège. Des motifs floraux bien agencés, représentant qui un berceau, qui une corbeille, qui une auto, qui un cygne, qui un oeuf de Pâques... défileront au Champ-de-Mars en présence d'une foule considérable qu'avait attirée ce divertissement plutôt rare.

En créant à Bizoton la première station balnéaire pour l'agrément des Port-au-Princiens, François Jean-Charles avait été un pionnier. Vers 1925, l'agronome jamaïcain E.N. Bailey aménage à Cottes Plage un nouveau bain de mer qui bien vite aura la faveur de tous ceux qui raffolaient des plaisirs de la plage. La dénomination de *Bailey's Beach* évoquera le charme des grèves argentées, le sortilège des étendues marines et créera un engouement mondain auquel bien peu échapperont. Au début des années trente, la mode sera de pousser un peu plus loin et de se rendre à la *Mer Frappée*, à mi-chemin entre Mariani et Merger, plaisir qui ne sera donné qu'aux heureux propriétaires de voitures automobiles. Se mettant au diapason du goût nautique des snobs, Pantaléon Guilbaud inaugurera un service de promenade dans la baie de Port-au-Prince, les dimanches et jours fériés, à bord de la vedette capitonnée, *Pantaléon Guilbaud*. Initiative qui pendant un certain temps fera sensation.

... Le 30 avril 1930, cent quarante ans après l'embrasement de la

Comédie de Port-au-Prince, Parisiana brûle à son tour et s'effondre dans une apothéose d'étincelles. Sans se laisser abattre par ce désastre, Lily Taldy qui n'entend pas renoncer au spectacle, s'adresse encore une fois à l'administration communale pour la location du sous-sol des Tribunes du Champ-de-Mars. Bail qui lui est accordé sans réticence. Elle confie à l'ingénieur Luc Chancy le soin de réaménager ce rez-de-chaussée des Tribunes où avait pris naissance le Ciné-Variétés. Le jeudi 6 novembre 1930, avec la projection du film *Parce que je t'aime*, la nouvelle salle de spectacle qui porte un nom bien dans le contexte patriotique de l'époque, HAITIANA, est inaugurée. *La Presse* la décrit en ces termes :

"Du sous-sol infect et malsain des tribunes, Taldy a fait une coquette salle de cinéma, la plus belle que nous ayons encore eue. L'écran est situé entre quatre colonnettes corinthiennes enguirlandées de fleurs. Les places du balcon sont protégées par une balustrade en béton armé d'un style rare. Excellente lumière de projection; musique agréable d'un puissant orthophonique. Le parquet en déclivité permet de voir l'écran de n'importe quelle place. Haitiana : résurrection revue et corrigée de Parisiana"[13].

Description quelque peu complaisante qui n'empêche que le Ciné-Variétés, malgré ses humbles proportions, ne demeure, depuis la disparition de Parisiana, la première salle de spectacle de la capitale... Au début de 1931, Serge Vaillant succède à Mme Mac-Intosh à la direction de ce ciné-théâtre devenu propriété des frères Goldenberg. Variétés jouit alors d'une popularité que la modeste salle n'avait jamais connue auparavant. La diversité de ses spectacles qui semble répondre admirablement à la vocation de son appellation, lui conquiert d'unanimes sympathies. De toutes parts en effet, que des éloges que rend bien ce quatrain quoique médiocrement ciselé :

> *Samedi, venez tous à Ciné-Variétés*
> *Le rendez-vous de l'art, de la gaieté,*
> *Des chansons et des vers; le salon où l'on cause*
> *Où tout devient charmant, où l'on voit tout en rose*[14].

On ne continuait pas moins à déplorer l'inexistence d'un vrai théâtre, et ce dut être pour les amants de l'art une nouvelle fort réjouissante que celle qui se répandit vers le milieu de 1932 de la constitution d'un syndicat formé de MM. Estève, Reinbold, Aggerholm et Daniel Brun, en vue de l'édification d'un théâtre municipal...

En 1930, à la suite de la levée officielle de l'interdit qui avait frappé le cercle Bellevue, celui-ci rouvre ses portes avec un nouveau Bureau formé de Georges Baussan, président, Volney Rouzier, vice-président et Luc Chancy, trésorier. La tradition des soirées dansantes intimes du premier samedi du mois est reprise à la grande satisfaction des membres. Le smoking blanc devient obligtoire aux bals du cercle.

La distinguée pianiste Carmen Brouard qui avait convolé en justes noces avec le jeune écrivain Jean Magloire, avait ouvert une école d'art qui bien vite conquit la confiance des parents. À la première audition de ses élèves en piano, donnée en janvier 1931, dans les salons de M.et Mme Raphael Brouard, les invités sont charmés de constater la bonne préparation des élèves et la belle ordonnance des danses rythmiques des enfants de la classe de solfège. Ces auditions annuelles seront données dans la suite à Variétés, puis à Paramount et obtiendront un succès mérité.

À son retour de Paris où elle s'était perfectionnée dans l'art du chant, la grande cantatrice, Mme Thérèse Vieux Clesca, donne à Variétés, avec le concours de Maria Éthéart, d'Odette Chevallier, de Ludovic Lamothe et de Valério Canez, un récital de chant qui est très chaudement applaudi. À la fin du concert, la cantatrice dont l'intonation n'avait plus rien à envier à celles des véritables professionnelles du chant, reçoit les hommages du président Vincent et le témoignage de reconnaissance de toute une salle en délire.

C'est avec la même exaltation que sera salué son récital donné quelques mois plus tard à Haitiana, avec le concours de Mme Lucie Défly, de Mlles Éthéart, Chevallier et Polynice et des époux Valério Canez. Le même enthousiasme se manifestera aux auditions de ses élèves, régals artistiques qui le plus souvent étaient offerts au cercle Bellevue.

Une autre vedette dont le talent s'exerçait surtout dans la déclamation, Jacqueline Wiener Silvera, donnait des galas artistiques auxquels participaient Charles de Catalogne, Odette Jean-Joseph, Odette Chevallier et Mme Lucie Défly... Et dans ce tour d'horizon des gloires musicales de la première moitié des années 30, pourquoi ne pas mentionner d'autres artistes qui, quoique moins douées, demeuraient cependant les ferventes adeptes de la musique, cet art si difficile à maîtriser. Clémence Chéraquit, Marie Moïse, Georgette Molière, Thérèse Souffrant, comptaient parmi celles dont les efforts méritoires dans ce domaine n'étaient pas toujours méconnus.

La compagnie d'art dramatique Renaissance brille de ses derniers feux. Des avatars divers vont la porter avant longtemps à s'éclipser de la scène. Parmi ses dernières pièces à succès, *Patrie quand même* de Paul Savain, reprise plusieurs fois à Variétés.

Bel accueil également à la pièce en trois actes de Annie Desroy, pseudonyme de Mme Étienne Bourand, *La cendre du Passé*, qui est jouée pour la première fois à Variétés en janvier 1931, précédée d'un lever de rideau de Léon Laleau, *Les Petites Marionnettes*.

Dans l'ordre des succès théâtraux de l'époque, il convient de citer *Maître Bolbec et son Mari* de Louis Verneuil et Georges Berr, jouée à Variétés avec Jacqueline W. Silvera et Charles de Catalogne dans les deux principaux rôles, *La Maison cernée* de Pierre Frondaie et *Son Mari* de Paul Géraldy, interprétées par les mêmes acteurs, *Le Rosaire*, interprétée par Jacqueline W. Silvera et son groupe, *L'Imprévu*, comédie d'Étienne Bourand, reprise à Haitiana et jouée par les anciennes élèves de l'École Normale, *Les Romanesques* de Rostand, *La Fille bien gardée* et *Embrassons-nous Folleville* de Labiche.

Dans le genre revue, André Chevallier soumet aux feux de la rampe *La Revue du Champ-de-Mars*, petit "kodackage" en deux actes avec décors du peintre Rodriguez. Le public toujours friand de papotages, fait un accueil chaleureux à la pièce.

C'est au début de 1932 que le couple d'artistes français Jane Verneuil et Ralph Cataly, l'esprit rempli des trépidations de la vie artistique parisienne, arrivent à Port-au-Prince, bien décidés à y répandre l'atmosphère de Paris et à y acclimater les multiples attractions qui font la renommée de la Ville Lumière. Ils débutent à Variétés par un récital de chansons françaises qui fait salle comble.

Deux jours après, ils présentent, toujours à Variétés, avec le concours d'André Gerdès, leur première pièce théâtrale, *Le Court Circuit*, vaudeville d'un comique hilarant.

En avril, ils interprètent sur les planches de Ciné-Variétés, la revue humoristique locale *Sous les Cocotiers* qui fait courir le Tout-Port-au-Prince et qui connaitra plusieurs reprises. Très belle salle également pour la représentation de *Nounouche et la peur des coups*, jouée par les Cataly, secondés par le groupe d'artistes haïtiens qu'ils avaient réunis et qui allaient constituer la troupe Cataly.

Au Moulin-Bleu, élégant cabaret montmartrois que Ralph Cataly ouvre en 1933 au Champ-de-Mars, un théâtre de verdure est aménagé qui servira de cadre à plusieurs manifestations artistiques. Y sera applaudi le spectacle excellemment interprété par les élèves de Mme Maud Turian, offert en juillet 1934, à la proclamation des grandes vacances d'été.

L'année 1933 verra aussi l'interprétation sur la scène, de plusieurs sketches à caractère historique rédigés sur la demande des dames des Pupilles de Saint-Antoine qui avaient désiré évoquer quelques "Visions d'Histoire", au bénéfice de leur oeuvre. Avec le beau talent qu'il commençait à montrer, Charles de Catalogne interprétera "les personnages de Santiague et de Rochambeau dans les deux sketches écrits à cette occasion par Luc Grimard et celui de l'abbé Coisnon dans *Les Fils Ambassadeurs*, de Jean Brierre". Plusieurs autres sketches, dont *L'Impossible Bonheur* de Frédéric Burr-Reynaud, seront également présentés en cette circonstance.

Malgré l'éducation plus qu'insuffisante des Haïtiens dans le domaine des arts, et qui trop souvent se traduit par une absence quasi générale de spectateurs, lors de grandes manifestations artistiques, les vedettes étrangères ne renoncent pas à visiter de temps en temps la capitale, quitte à se contenter de maigres recettes, par amour pour l'art... et le risque. Placées toutefois sous le patronage d'un club mondain, les soirées artistiques avaient plus de chance de retenir l'attention.

En 1930, on note le passage d'une troupe brésilienne d'opérettes qui donne quelques représentations à Variétés. Au mois d'août de l'année suivante, gros succès à Variétés du spectacle *Ça c'est Paris !*

réalisé par le metteur en scène Ernst von Lubtisch qui s'était inspiré de la comédie de Meilhac Halevy, *Réveillon*. Au son d'une musique de circonstance, défilent devant les spectateurs, tout ce que Paris compte de beauté, de grandeur, de sentimentalité, de joie, de liesse et d'amour, sans parler des grands restaurants, des boîtes de nuit, des jazz, des p'tites femmes... La même année, le réputé violoncelliste tchèque, Rogunil Sykora, assisté de Ludovic Lamothe et de Mme Défly, offre à la salle des frères Goldenberg une série de concerts très applaudis.

Peu réussis les quelques récitals donnés en 1932 par la cantatrice Lolita Cuebas et le concert offert à Paramount l'année d'après par le violoncelliste Zimbalist, accompagné au piano par Th. Saidenberg. *Haïti-Journal* s'apitoie sur ces insuccès immérités. Par contre, le concert donné au cercle Port-au-Princien en février 1934, par le violoniste panaméen Alfredo de Saint-Malo, lauréat du Conservatoire de Paris, avec le concours de Mme Lucie Défly et de Georgette Molière, obtient un éclatant succès.

En 1932, nouveau tournant pour le Ciné-Variétés où s'installe un homme d'affaires dynamique, Lucien Lafontant. Il rebaptise la célèbre petite salle d'un nom déjà prestigieux et qui rappelait le triomphe d'Hollywood dans le domaine cinématographique. Le 18 décembre 1932 en effet, le *Ciné-Paramount* ouvre ses portes avec la projection du *Lieutenant Souriant*, comédie musicale d'Ernst von Lubtisch, dont le rôle principal est tenu par l'acteur déjà consacré, Maurice Chevalier au côté de Claudette Colbert. Quelques mois après, la salle sera exhaussée et prendra les proportions de la façade actuelle.

Invention déjà ancienne, mais dont les débuts avaient été pénibles, le cinéma parlant avait fini par se faire admettre, en dépit des réticences de certains producteurs mondiaux, inquiets de voir s'affaiblir le "pouvoir suggestif" des images. Première étape du parlant, le film sonore dont une réalisation, *La Rhapsodie Hongroise*, est pour la première fois projetée sur l'écran d'Haitiana en mai 1931[15]. Le 11 février 1932, Variétés projette le premier film "extra sonore" jamais vu en Haïti, *Le don Juan de Broadway*, "luxueuse et artistique revue en couleur avec chants, danses, effets de bruits"[16]. Mais ce sera à Haitiana que le parlant français fera son apparition pour la première fois avec

L'Étrangère qui sera suivie d'autres films parlants de haute qualité, *La douceur d'aimer, Le Mystère de la Villa Rose, Barcarolle d'amour...*[17]

Les productions muettes dont certaines étaient de vrais chefs-d'oeuvre tiennent encore l'affiche. Haitiana fait salle comble à chaque représentation de *Sans Famille*, de *Judex*... Dans le domaine du parlant, les gros succès de la salle des Tribunes seront : *Après l'amour*, avec 22 représentations, *Accusés, levez-vous*, 18 représentations, *Occupe-toi d'Amélie, Les Croix de bois...*

Au Ciné-Paramount, toute une série de productions cinématographiques remarquables, telles que *Tarzan l'homme singe, Une petite femme dans le train, Le Petit Café, La grande mare, Une heure près de toi, La Reine Christine, La Veuve joyeuse, C'est en flânant dans Paris, Simone est comme ça...* succéderont au *Lieutenant Souriant*, consacrant la notoriété de la nouvelle salle. *La Lettre*, film dont la musique d'accompagnement est de Justin Élie, connaîtra de nombreuses projections.

Progrès notable : dès 1933, le septième art se prête volontiers, quoique timidement encore, aux actualités locales et à la propagande gouvernementale. Le 1er janvier 1934, on projette à Haitiana le film des troupes haïtiennes en manoeuvres et le reportage d'une cérémonie officielle à laquelle assistait le chef de l'État. Son image est ovationnée par les spectateurs[18].

Le samedi 27 mars 1933, Daniel Heurtelou et André Liautaud font représenter au Ciné-Paramount, en présence du Président de la République, et face à une salle comble, leur *Biguine-Revue* qui sera un des tout premiers succès de théâtre de la nouvelle salle. Brillante interprétation de Carmen Bonamy, Laura Nadal, May Bermingham, Odette Lafontant, Mercédès Théard, Emmanuel Cameau, Max Reiher, Gérard Destouches, Pierre, Ernst et André Liautaud, Daniel et Roger Heurtelou, sur une mise en scène de Ralph Cataly. "Traits un peu trop appuyés de certains portraiturés", opine le *Temps-Revue*. Là résidait peut-être tout le succès de la pièce.

L'année suivante, dans *L'Avocat* de Brieux, joué à Paramount pour clôturer le Congrès des Avocats qui s'était tenu à Port-au-Prince du 16 au 19 mai, Charles de Catalogne qui interprétait le principal rôle, et dont le talent d'acteur se précisait de plus en plus, est vivement applaudi.

Un divertissement dont on avait depuis longtemps perdu le souvenir, les courses de chevaux, fait sa réapparition en 1931. À l'initiative du Polo Club de Port-au-Prince, des courses de chevaux ont lieu sur le terrain vague jouxtant la piste du camp d'aviation de Chancerelles. Le goût marqué du public pour cette nouvelle distraction sera à l'origine de la création, quelques années plus tard, du *Jockey Club d'Haïti*, société qui se consacrera à l'organisation technique des courses à l'hippodrome de Chancerelles et à l'amélioration de la race chevaline en Haïti.

Notes

1 William Seabrook : *L'Île Magique*, p. 180.

2 Le Club Américain occupait l'emplacement du Tennis Club de Turgeau de l'avenue Jean-Paul II, qui alors appartenait à Mme Ida Faubert, et sur lequel s'élève aujourd'hui le building d'une compagnie de téléphonie cellulaire.

3 William Seabrook : op. cit. pp. 146-147.

4 William Seabrook : op. cit. pp. 154-155.

5 William Seabrook : op. cit. pp. 183.

6 William Seabrook : op. cit. pp. 183.

7 Les Cahiers de la S.N.A"D. — Entracte, no 2, pp. 33-34.

8 Il alla se fixer à Paris où il mourut en 1940.

9 *L'Essor*, 6 avril 1923.

10 *L'Essor*, 6 avril 1923.

11 Elle restera en Haïti et deviendra l'épouse du poète Louis Duplessis Louverture.

12 *La Petite Revue*, décembre 1928.

13 *La Presse*, 8 novembre 1930.

14 *La Presse*, 31 mars 1931.

15 *La Petite Revue*, juillet 1931.

16 *Haïti-Journal*, 10 février 1932.

17 Quelques "films parlants" anglais avaient été présentés au public à Ciné-Variétés peu avant. Cf. *Le Nouvelliste*, 23 janvier 1945. Lettre de G.M. Taldy au journal.

18 *Le Temps-Revue*, 6 janvier 1934.

LES DIVERTISSEMENTS POPULAIRES

La chanson satirique populaire continue à fleurir. Conscients cependant des écueils que présente le genre, les chansonniers sont circonspects et n'osent trop se hasarder. Comme pas mal de vedettes du monde politique, artistique et journalistique, Candio, le prince de la chanson créole, a délibérément tourné le dos à la collaboration. Le voici maintenant, nationaliste sincère et passionné, totalement engagé dans le combat pour la réintégration de la souveraineté nationale. Aimé de l' élite aussi bien que de la foule, c'est toujours dans une salle vibrante d'enthousiasme et de ferveur patriotique, mais tout aussi prompte à s'esclaffer de rire, qu'il donne ses festivals de chansons où les personnalités des milieux politiques et celles des hautes sphères de l'Occupation sont finement et subtilement fustigées. De son riche répertoire, *Bat bas, Ça qui fait ça douce con ça, Nap pédalé, Ou mett di'l lan point dé, Cé la rage, Metté frein, Qu'est-ce qui frappe à ma porte ?* sont parmi ses gros succès.

Les autorités devaient prendre ombrage de tant de popularité... corrosive, et pendant un certain temps, Candio sera réduit au silence. La présence de la Commission Forbes en Haïti le pousse à reprendre contact avec son public. À Variétés, il chante avec le succès habituel, la chanson alors interdite, *Sénateur King*, et sa nouvelle création *Ou pap repédalé*, dont le refrain est repris en chœur par la salle entière. Bientôt sera sur toutes les lèvres le fameux couplet qui concrétisait si parfaitement le sentiment de tout un peuple et que nul n'osera censurer :

Avec la foi, l'espérance, le travail et l'union
À bas l'Occupation !
Yes, sirs, sauté, pompé
Haïti restera nation.

Dans le genre monologue, très prisé du public, Sterne Rey, le roi du rire, s'est acquis une belle renommée. Ses monologues créoles dits avec un art consommé de la mimique déchaînent toujours l'hilarité générale. Dieudonné Poméro qui commence à se tailler une réputation dans ce genre, se fait lui-même très applaudir dans les monologues qu'il débite avant les représentations théâtrales ou aux entractes.

Un des grands lieux de divertissement populaire de la ville est le *Luna Park*, établi dans la périphérie du Champ-de-Mars. Des attractions s'offrent à la délectation de grands et petits : guignol, carrousel, balançoires, miroirs déformants, montagne russe, baraques de jeux divers et un bar de premier ordre. Ouvert tous les soirs, c'est cependant en fin de semaine que s'intensifie la liesse à Luna Park.

Le cirque est demeuré l'un des plaisirs favoris de la population, et l'arrivée à la capitale des acrobates et des forains est toujours saluée avec transport. Durant les années vingt, cirques et troupes d'acrobates visitent régulièrement Port-au-Prince. En 1928, le plus important cirque jamais venu en Haïti, le cirque Urrutia, s'installe au Champ-de-Mars et va pendant des semaines drainer sous son chapiteau des milliers de spectateurs ravis d'assister à des démonstrations acrobatiques sensationnelles et aux incroyables performances des animaux dressés. La ménagerie du cirque, peuplée d'animaux rares tels que lions, tigres, ours, panthères, zèbres, éléphants, singes et le fameux Samson, lion majestueux de 400 kilos, est à elle seule tout un spectacle. Jusqu'à la fin de l'occupation, bien d'autres cirques viendront dresser leurs chapiteaux dans les espaces vagues du Champ-de-Mars, mais aucun d'eux ne parviendra à offrir des programmes comparables, quant à la qualité, à ceux du cirque Urrutia.

Autre divertissement du même genre, mais bien plus rare celui-là : les chiens savants. Sur la scène de Ciné-Variétés, le professeur

Murnier présente au public sa petite troupe de chiens savants qui "conduisent des limousines et pilotent des avions, dansent la rumba et jouent de la castagnette à ravir même une argentine ou une andalouse, se moquent enfin des sauts périlleux"[1]. Les spectateurs leur font fête ainsi qu'à leur patient dompteur.

En dehors des concerts publics offerts les dimanche et jeudi au Champ-de-Mars par la Musique du Palais, plus de ces concerts populaires qui dans le passé apportaient tant de joie, de lyrisme et de charme aux populations démunies... Légère amélioration à cette situation lamentable, l'installation d'un haut-parleur au côté nord-ouest du kiosque du Champ-de-Mars, qui permet la diffusion quotidienne des émissions de la station HHK. Le public qui s'amène volontiers pour entendre le programme n'est cependant pas celui des quartiers populaires. À partir d'août 1927, les auditions musicales offertes les jeudis par la Musique du Palais sont "radiofusées" et retransmises par la HHK. N'en jouiront bien sûr que les heureux possesseurs de postes récepteurs.

Disparus aussi les cinémas de quartier. Le peuple se rabat sur les séances de "cinéma gratis" données dans les salles ou en plein air à l'occasion de certaines fêtes nationales. Le pouvoir, qui connaît l'impact de ce merveilleux divertissement sur les couches populaires, en profite pour se montrer prévenant à leur endroit. En décembre 1923, à l'occasion des fêtes de fin d'année, le président Borno fait distribuer 2,000 tickets d'entrée à quatre séances cinématographiques de Variétés.

Le carnaval lui-même, d'essence nettement populaire, va subir une forte déviation. Relégué au second plan, le carnaval populaire qui était tombé en pleine dégénérescence fera place au carnaval bourgeois auquel les tenants du pouvoir consacreront des efforts soutenus pour l'organiser et l'imposer. Copie fidèle des défilés carnavalesques des milieux occidentaux, le nouveau carnaval de Port-au-Prince sera considéré comme un progrès évident. Le peuple y trouvera certes à admirer et à se réjouir, mais seulement en spectateur passif.

Dès 1924, l'accent est porté dans la presse conservatrice sur ce que va être désormais la grande fête du carnaval port-au-princien.

"Notre carnaval est en plein progrès, observait *l'Essor*. L'évolution du carnaval est déjà loin du stade africain. Elle promet du splendide dans les années à venir"[2].

Nouveauté du carnaval de l'année suivante : l'apparition des chars-réclames au défilé des trois jours gras. Cette initiative revenait à Pantaléon Guilbaud qui en avait conçu l'idée. Parmi les plus beaux chars commerciaux, ceux de la Manufacture de Tabac de Guilbaud, des maisons Kawas et Talamas, du garage Kneer.

En 1926, même programmation que pour le carnaval de l'année précédente. Au cours du défilé survient un incident tout à fait inattendu : un groupe masqué du cortège se met à manifester contre la réélection. Il est promptement dispersé par la police.

La campagne visant à éliminer le carnaval populaire n'a pas fléchi. On continue à dépeindre en des termes méprisants ce carnaval "qui depuis une quinzaine d'années est alourdi de cette excroissance hideuse que constituent des gens qui s'en vont les pieds nus, sans aucun déguisement, offrant par des contorsions indécentes, le spectacle le plus immoral"[3].

En 1927, fort de l'expérience acquise dans la préparation du carnaval des deux années précédentes, l'Édilité de Port-au-Prince prend l'initiative "d'une organisation spéciale et plus grandiose du carnaval". À cette fin, un comité de 30 notables est formé, "auquel sera dévolu le soin d'élaborer un programme bien ordonné et de l'exécution duquel devra dépendre la pleine réussite des fêtes projetées"[4]. À la Presse et au Commerce, le président de la Commission Communale, Charles de Delva, lance un appel pour l'aider "à régénérer le carnaval lui donnant plus de distinction et plus de décence". Le parc Leconte est désigné comme lieu de rassemblement des chars et des groupes à pied.

Une des grandes innovations du carnaval 1927 sera le choix d'une compagne en chair et en os à donner au mannequin de paille figurant le Roi du carnaval. C'est Camille Duplessis, future madame Gontran Rouzier, qui reçoit le sceptre et devient ainsi la première reine élue du carnaval port-au-princien.

Ce carnaval 1927 sera une réussite. Durant les trois jours gras,

~ L'Institution Saint Louis de Gonzague vers 1925 ~

~ Chapelle de l'Institution Saint Louis de Gonzague ~

~ L'Observatoire de St-Martial dans la décennie vingt ~

~ La chapelle Notre Dame des Victoires du Collège Saint-Martial en 1925 ~

~ La cathédrale épiscopale Sainte-Trinité livrée au culte le 2 juin 1928 ~

~ Nouvelle façade de la Banque Nationale de la République d'Haïti dans les années vingt ~

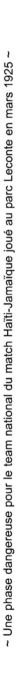

~ Une phase dangereuse pour le team national du match Haïti-Jamaïque joué au parc Leconte en mars 1925 ~

~ L'équipe de tir de la Gendarmerie d'Haïti aux jeux de la VIIIe Olympiade ~

~ Le recordman Sylvio Cator debout près de la voiture que lui ont offerte ses admirateurs ~

~ Le cercle Bellevue au temps de son épanouissement dans le quartier de Bellevue qui l'avait vu naître ~

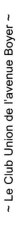

~ Le Club Union de l'avenue Boyer ~

~ Les pergolas du Palais National, cadre agréable des garden-parties de la présidence ~

~ La bar Terminus du Champ-de-Mars ~

~ Le Splendid-Hôtel dans les années qui suivirent son inauguration en 1930 ~

Port-au-Prince, entièrement soumis à ses souverains éphémères, verra défiler dans ses quartiers l'éblouissant cortège de Leurs Majestés Carnaval, formé de nombreux chars offerts par les maisons de commerce et dont les plus impressionnants étaient ceux de Pantaléon Guilbaud. Pas moins de onze autos décorées chargées d'ouvriers et d'ouvrières de la Manufacture Haïtienne de Tabac, précédaient et suivaient les deux principaux chars de la Manufacture. Les Tribunes du Champ-de-Mars, éclairées d'ampoules multicolores, laissaient éclater leurs vivats les plus frénétiques pour saluer le passage de la première reine du carnaval et des chars magnifiques qui lui faisaient cortège. "Ils se répètent (les applaudissements), écrit *l'Essor*, et se poursuivent durant tout le défilé, au Champ-de-Mars et en ville. C'est le délire. Port-au-Prince devient un vaste amphithéâtre"[5].

À l'issue du défilé du dernier jour, la Reine assiste à l'autodafé de Sa Majesté Carnaval et est ensuite reçue par le président de la Commission communale. Elle est fêtée à Eldorado et au cercle Bellevue. Au marché Vallière, on permet au peuple de célébrer à sa manière le carnaval en se livrant impétueusement à la coudiaille.

Pour récompenser la reine d'avoir volontiers offert durant trois jours ses attraits à la congratulation de ses nombreux sujets, des cadeaux de prix lui sont remis, dont une Victrola Orthophonic, offerte par la West Indies et un chèque de 50 dollars donné par la Colombian Line.

Le mécanisme est trouvé et mis au point. Tous les carnavals qui suivront seront calqués sur celui de 1927 qui était apparu "comme une attestation de nos possibilités". En 1928, c'est au tour d'Amy Richardson de régner sur son peuple d'arlequins et de pierrots. Mais cette année, le vieux carnaval qui refuse de mourir reprend ses droits et montre comment demeurait inséparable à la joie du peuple ce carnaval populaire dont la musique et les danses parlaient à son âme. Après le défilé devant les tribunes, la bande Orthophonic d'Hiram Dorvilmé, la seule qui en dépit des vicissitudes avait su garder son cachet traditionnel, vient se ranger sur l'esplanade. Le roi Ménos Sauvaget, le manteau richement pailleté, la couronne de carton scintillant de verroteries, exécute une danse qui jette la foule dans l'exultation. Elle lui fait une formidable ovation.

Aider le carnaval populaire à se réhabiliter n 'est cependant pas le souci des hautes sphères. On félicite plutôt les "mascarons" de leur aptitude "à s'adapter au progrès réalisé par la baguette magique de la Commission communale qui rêve pour Port-au-Prince d'un carnaval uniquement citadin"[6]. Durant les jours gras de 1929, on verra encore la grande multitude se presser devant les tribunes et tout au long du parcours du défilé, pour applaudir Sa Gracieuseté la Reine Sabine Pinckombe, resplendissante dans sa tenue soleil, ses dames d'honneur Rolande Héraux et Delna Thébaud et ses ravissants pages Jacqueline Martin et Marie Vieux. Parmi les chars qui lui font une brillante suite, celui des familles Holly et Sada (Boule de neige), celui de la famille Serge Vaillant (Éventail), ceux de la Manufacture de Tabac de Pantaléon Guilbaud. La fête se termine comme de coutume par l'autodafé, devant les tribunes du Champ-de-Mars, de Sa Majesté Carnaval. Élias Noustas, sous le déguisement de Charlie Chaplin, exécute mille farandoles autour du roi brûlant.

La saison des festivités carnavalesques trouve, l'année suivante, le pays en pleine effervescence. Malgré les efforts du gouvernement et de la Commission communale, le carnaval est boycotté. Delna Thébaud qui avait été élue Reine du Carnaval 1930 se voit forcée de renoncer à sa couronne. Durant les jours gras, de nombreux groupes se réunissent dans les églises pour prier en vue de la libération du pays. Au Bord-de-Mer, les magasins restent ouverts toute l'après-midi. Au bal traditionnel du marché Vallière, le *bonsoi-dame* est donné dès 9 heures du soir.

À l'initiative de Frédéric Duvigneaud, maire de la capitale, un essai de démocratisation du carnaval bourgeois est tenté en 1931, par l'institution des reines de quartier. La ville est divisée en cinq zones dont chacune aura sa reine. Nombreuses les maisons de commerce et les bonnes volontés individuelles qui participent aux frais d'organisation des fêtes carnavalesques. Odette Jean-Joseph, la reine du quartier de Lalue, trône sur une somptueuse conque marine. Esther Glémaud, reine du Morne-à-Tuf, monte un magnifique char figurant un paon à la queue en éventail. La reine du quartier du

Centre, Lucienne Douyon, a pris place sur un char qui représente un dragon cornu et ailé. Carmen Leblanc, reine du Bel-Air, monte un char qui est la reproduction miniature de la Manufacture haïtienne de Cigarettes de la firme Gébara. À l'abri dans sa grotte d'Anacaona, voici enfin Léone Acloque, reine du quartier de Saint-Joseph. À toutes ces beautés éclatantes et radieuses, la foule ne ménage pas son admiration et ses bravos et fait une ovation indescriptible au char figurant le *Serment des Aïeux*.

Moins collet monté que son prédécesseur, le président Vincent se fera le plaisir de prendre part à la liesse populaire en assistant, des Tribunes du Champ-de-Mars, au défilé du lundi. Le lendemain, il manifestera sa joie de recevoir au Palais National les reines et leurs suivantes et ne dédaignera pas le soir de faire une apparition au bal de clôture du carnaval à l'Hôtel de Ville. Fait notable à signaler : l'admission de l'Orthophonique G.B. d'Hiram en queue de cortège. On n'avait pas voulu, comme précédemment, ignorer le souhait du peuple de participer à sa façon à la fête populaire des jours gras. Sa satisfaction fut énorme et se traduisit par un regain de ferveur envers un Chef qui acceptait de s'intéresser aux ébats populaires.

En 1932, succès très limité du carnaval. Le Conseil communal nouvellement installé n'a le temps de presque rien préparer, et la seule reine élue, Gabrielle Cauvin, ne parvient pas, malgré son charme évident, à faire revivre les jours fastes du dernier carnaval.

Innovation dans le choix des reines du carnaval 1933. Renonçant à ses prérogatives d'organisatrice des élections, la Commission communale laisse au Ciné-Paramount et à la Presse de Port-au-Prince le soin de les élire. Après une lutte serrée, la gracieuse Lucienne Saint-Aude est élue reine de Paramount et la non moins charmante Lise Bouchereau, reine de la Presse. Le carnaval 33 sera un succès. Certains n'hésiteront pas à le considérer comme "le plus splendide qu'il nous ait été encore donné d'admirer en Haïti". Le cinéaste Heyman, envoyé par la compagnie Paramount, fixe sur ses pellicules le déroulement de ces fêtes somptueuses.

Aussi admirable et plein de gaieté, le carnaval de 1934 qui préludait aux fêtes de la libération du territoire. Antonine Débrosse,

Mercédès Théard, Myrzil Arnoux, respectivement reines des sections nord, centre et sud de la ville, "entraînent par leurs grâces éblouissantes, Port-au-Prince à leurs chars". La méringue primée, *Nibo*, de Ludovic Lamothe, contribua beaucoup à l'éclat de ce carnaval de la libération.

Le carnaval rural dénommé *rara*, qui se prolonge jusqu'au dimanche de Pâques et contre lequel le gouvernement de Borno avait sévi, reçoit l'autorisation de reprendre ses évolutions, à condition de ne pas pénétrer dans les agglomérations urbaines.

Dans le dessein de multiplier les délassements populaires, le Conseil communal institue les séances de projections cinématographiques réservées aux habitants des zones défavorisées de la ville. La première séance a lieu à la Saline, devant une grande affluence de spectateurs. Le même souci de créer des divertissements sains au bénéfice des économiquement faibles se manifestera dans le clergé. Dans la cour du presbytère de Sainte-Anne, le chanoine Benoît installe un cinéma gratis qui fera la joie des résidents de ce grand quartier populaire du Morne-à-Tuf, si privé de distractions.

Du même côté que Sténio Vincent dans la lutte anti-impérialiste, Candio se met tout naturellement dans son sillage à son avènement au pouvoir. On conçoit que le fond de ses nouvelles chansons soit tout à fait à l'opposé de ce qui, sous Borno, constituait leur essence. Forme sans doute inconsciente de propagande gouvernementale, les récitals dont il gratifie les populations laborieuses. Place Sainte-Anne, il est l'objet d'ovations enthousiastes pour ses compositions *Sténio Vincent et sa politique*, *Cé tout' moune et cé pas pèson*, *Ça'm tendé n'an jouroumou* qui célèbrent le nouvel hôte du Palais National. Théophile Salnave qui s'est engagé dans la même voie commence lui aussi à se faire une renommée. Son allure de bon vivant ne semble pas entièrement étrangère à la sympathie dont il se voit entouré.

En 1931, et à quelques mois d'intervalle, Port-au-Prince reçoit la visite de deux cirques. L'un d'eux, le cirque Dunbar Schweger, se classe parmi les meilleurs qui se soient produits.

Qui l'eût cru ? Le divertissement le plus populaire, celui qui, en cette fin d'occupation, s'est imposé à toutes les couches sociales, est un petit jouet venu de France et qu'on nomme *yo-yo*. Qui n'a pas son yo-yo n'est pas à la page. "Les rues abondent de grandes personnes porteuses de yo-yo, observe spirituellement *Le Temps-Revue*... Les menuisiers en fabriquent en masse : en acajou, en chène, en gaiac. Yo-yo dans les familles, dans les rues, à l'école, au Palais, à l'église. Le yo-yo avec ses deux palettes rondes triomphe partout. Il a conquis tous les cœurs et domine tous les esprits"[7].

Heureux temps où, malgré les incertitudes de l'avenir, on pouvait le considérer bien en face... en faisant, à l'aide d'une ficelle, descendre et monter son yo-yo !

Notes

1 *Haïti-Journal*, 22 juin 1932.
2 *L'Essor*, 5 mars 1924.
3 *L'Essor*, 19 janvier 1927.
4 Bulletin de la Commune de Port-au-Prince, 1er janvier - 31 mars 1927.
5 *L'Essor*, 2 mars 1927.
6 *L'Essor*, 15 février 1929.
7 *Le Temps-Revue*, 3 juin 1933.

BIBLIOGRAPHIE

I.- Journaux

1. *Le Nouvelliste* (1915 à 1917 – 1930 à 1934).
2. *Le Matin* (1915 à 1917 – 1930 à 1934).
3. *Le Quotidien* (1916).
4. *L'Évolution* (1917).
5. *Bleu et Rouge* (1917-1918-1922).
6. *L'Essor* (1917 à 1929).
7. *L'Informateur Haïtien* (1919).
8. *Le Courrier du Soir* (1919 à 1921).
9. *Le Courrier Haïtien* (1920-1931).
10. *La Poste* (1923 à 1926).
11. *Le Temps* (1924-1930).
12. *La Presse* (1929 à 1931).
13. *Haïti Journal* (1934).
14. *Panorama* (Numéro de Noël 1984).

II.- Publications officielles

1. *Le Moniteur* (1915 à 1934).
2. *Rapport de M. Louis Borno à S.E.M. le Président de la République d'Haïti*, Tome I, Imprimerie Nationale, Port-au-Prince, 1918.
3. *Livre Bleu d'Haïti*, Klebold Press, New York, 1920.
4. *Documents Diplomatiques, Affaires Diverses*, Relations Extérieures, Port-au-Prince, 1921-1922.
5. *Inquiry into Occupation and Administration of Hayti and the Dominican Republic*, 2 Vol. Government Printing Office, Washington, 1922.

6. *Les Travaux publics d'Haïti* (D.G.T.P.)- (1920 à 1930).
7. *Rapport annuel de l'Ingénieur en Chef des T.P.* (1920 à 1934).
8. *Rapport annuel de la Garde d'Haïti* (1927 à 1934).
9. *Rapport annuel du Service national d'Hygiène publique* (1925 à 1930).
10. *Rapport annuel du Service Technique du Département de l'Agriculture et de l'Enseignement Professionnel.* (1924 à 1930).
11. *Bulletin de la Commune de Port-au-Prince* (1918 à 1929).
12. *Bulletin de l'Université d'Haïti*, No 1, Juin 1950.
13. *Histoire de la Garde d'Haïti*, préparée par le Grand Quartier Général de la Garde d'Haïti, 1934. (Texte miméographié)
14. *Éducation Physique et Sport*, Bureau Central de l'Éducation physique, Port-au-Prince, 1941.
15. *Recueil des Lois du Service National d'Hygiène.*

III.- Annuaires, bulletins et revues

1. CÉLESTIN (Clément) : *Annuaire général d'Haïti* (1926).
2. CÉLESTIN (Clément) : *Bulletin de renseignements, d'adresses et de réclames* (1923).
3. *Bulletin de l'Association Amicale du Petit Séminaire – Collège Saint Martial*, 1920, Nos 1 et 2.
4. *Bulletin du Bureau d'Éthnologie*, Série II, No 9.
5. *Revue de la Société Haïtienne d'Histoire et de Géographie* (1925).
6. *La Petite Revue* (1919 et 1920) – (1925 à 1934).
7. *Le Temps* (1932 à 1934).
8. *La Relève* (1934 – 1936).
9. *Entracte. Les cahiers de la S.N.A.D.* (1951).

IV.- Ouvrages généraux

1. AUDAIN (Julio Jean-Pierre) : *Les ombres d'une politique néfaste*, Imprenta Arana, Mexico, 1976.
2. BELLEGARDE (Dantès) : *Pour une Haïti heureuse*, 2 vol. Chéraquit, Port-au-Prince, 1929.
3. BELLEGARDE (Dantès) : *La résistance Haïtienne*, Beauchemin, Montréal, 1937.

4. BELLEGARDE (Dantès) : *Un Haïtien parle*, Chéraquit, Port-au-Prince, 1934.

5. BELLEGARDE (Dantès) : *Histoire du peuple Haïtien*, Held S.A. Lausanne, 1953.

6. BISSAINTHE (Max) : *Dictionnaire de Bibliographie Haïtienne*, The Scarecrow Press, Washington, 1951.

7. CAUVIN (Émile) : *Un désastre – L'accord du 7 Août 1933*, Imprimerie Haïtienne, Port-au-Prince.

8. CHARLMERS (Max) : *Le cri de ma génération*, V. Valcin, Port-au-Prince.

9. CHATELAIN (Joseph) : *La Banque Nationale, son Histoire, ses Problèmes*, Held S.A., Lausanne, 1954.

10. CORNEVIN (Robert) : *Le Théâtre Haïtien*, Leméac, Québec, 1913.

11. DALENCOUR (Dr. François) : *Précis méthodique d'Histoire d'Haïti*, Chez l'Auteur, Port-au-Prince, 1935.

12. DANACHE (Berthomieux) : *Le président Dartiguenave et les Américains*, Imprimerie de l'État, Port-au-Prince, 1950.

13. DELINCE (Kern) : *Armée et politique en Haïti*, L'Harmattan, Paris, 1979.

14. DESQUIRON (Jean) : *Haïti à la Une*, Tome II, L'Imprimeur II, Port-au-Prince, 1994.

15. DESQUIRON (Jean) : *Haïti à la Une*, Tome VI, L'Imprimeur II, Port-au-Prince, 1997.

16. DUMERVE (Constantin) : *Histoire de la musique en Haïti*, Imprimerie des Antilles, Port-au-Prince, 1968.

17. DUVIVIER (Ulrich) : *Bibliographie générale et méthodique d'Haïti*, 2 Vol, Imprimerie de l'État, Port-au-Prince, 1941.

18. GAILLARD (Roger) : *Les cent jours de Rosalvo Bobo*, Presses Nationales, Port-au-Prince, 1973.

19. GAILLARD (Roger) : *Premier Écrasement du Cacoïsme*, Le Natal, Port-au-Prince, 1981.

20. GAILLARD (Roger) : *La République autoritaire*, Le Natal, Port-au-Prince, 1981.

21. GAILLARD (Roger) : *Hinche mise en croix*, Le Natal, Port-au-

Prince, 1982.

22. GAILLARD (Roger) : *Charlemagne Péralte le Caco*, Le Natal, Port-au-Prince, 1982.

23. GAILLARD (Roger) : *La Guerilla de Batraville*, Le Natal, Port-au-Prince, 1983.

24. HEINL (Robert Debs and Nancy Gordon) : *Written in Blood*, Houghton Mifflin Co. Boston, 1978.

25. JAN (Mgr Jean-Marie) : *Port-au-Prince, Documents pour l'histoire religieuse*, Henry Deschamps, Port-au-Prince, 1956.

26. JAN (Mgr Jean-Marie) : *Collecta III*, Henri Deschamps, Port-au-Prince, 1958.

27. JOLIBOIS fils (Joseph) : *L'Accord du 7 Août 1933*, Imprimerie Le Courrier Haïtien, Port-au-Prince, 1933.

28. LÉON (Dr. Rulx) : *La législation de l'Hygiène, de l'Assistance Publique, de l'Enseignement et de l'Exercice de la Médecine en Haïti*, 5 fascicules, Imprimerie de l'État, Port-au-Prince.

29. MC CROCKLIN (James H.) : *Garde d'Haïti (1915-1934)*, The United States Naval Institute, Annapolis, Maryland, 1956.

30. MAGLOIRE (Auguste) : *Louis Borno, son Oeuvre et le Parti Progressiste*, Imprimerie du Matin, Port-au-Prince.

31. MATHURIN (Dr. Augustin) : *Assistance sociale en Haïti (1804-1972)*, Imprimerie des Antilles, Port-au-Prince, 1972.

32. MILLET (Kethly) : *Les paysans Haïtiens et l'occupation américaine (1915-1930)*, Collectif Paroles, La Salle, Québec, 1978.

33. MORAL (Paul) : *Le paysan Haïtien*, Maisonneuve et Larose, Paris, 1961.

34. NICOLAS (Hogar) : *L'Occupation américaine d'Haïti – La Revanche de l'Histoire*, Industrias Gráficas, España, Madrid.

35. PARET (Timothée) : *Dans la Mêlée*, Jouve et Cie, Paris, 1932.

36. PAUL-MAURICE : *Politique d'Organisation et de Progrès ou Aperçu du Programme du Président Borno*, Chéraquit, Port-au-Prince 1925.

37. PIERRE-ANTOINE (H) : *Le Passé ! Le Présent ! L'Avenir !*, Port-au-Prince.

38. PIERRE-PAUL (Antoine) : *La Première protestation armée contre l'intervention américaine de 1915 et 260 jours dans le maquis*, Panorama,

Port-au-Prince, 1968.

39. PRESSOIR (Dr. Catts) : *La Médecine en Haïti*, Imprimerie Modèle, Port-au-Prince, 1927.

40. PRESSOIR (Dr. Catts) : *Le Protestantisme Haïtien*, 2 Vol. Imprimerie du Séminaire Adventiste, Port-au-Prince, 1977.

41. ROLAND (Astrel) : *Le Naufrage d'une Nation*, Laprairie, Québec, 1981.

42. ROMAIN (Paul Th) : *L'Organisation Administrative en Haïti et l'Administration Américaine*, Port-au-Prince, 1929.

43. SANNON (H. Pauléus) : *Six mois de Ministère en face des États-Unis*, Auguste Héreaux, Port-au-Prince.

44. SAVAILLE (Rulhière) : *La grève de 29*, Les Ateliers Fardin, Port-au-Prince, 1979.

45. SCHMIDT (Hans) : *The United States Occupation of Hayti (1915-1934)*, Rutgers University Press, 1971.

46. SEABROOK (William) : *L'Île magique*, Firmin-Didot, Paris, 1929.

47. SYLVAIN (Georges) : *Dix années de lutte pour la Liberté (1915-1925)*, 2 Vol, Henri Deschamps, Port-au-Prince.

48. THEZAN (E.) : *Le Cheval de Troie – L'Accord du 7 Août 1933*, Imprimerie Haïtienne, Port-au-Prince.

49. THOBY-MARCELIN (Philippe) : *Panorama de l'Art Haïtien*, Imprimerie de l'État, Port-au-Prince, 1956.

50. TRUJILLO (Rafael Leónidas) : *Évolution de la démocratie dans la République Dominicaine*, Sección de Publicaciones, San Cristóbal, 1955.

51. TURNIER (Alain) : *Les États-Unis et le marché Haïtien*, Imprimerie Saint-Joseph, Montréal, 1955.

52. VIEUX (Constant) : *Du Passé vers l'Avenir*, Auguste A. Héreaux, Port-au-Prince.

53. VILLARD (Suirad) : *Devant la Nation*, Auguste A. Héreaux, Port-au-Prince, 1926.

54. VINCENT (Sténio) : *En posant les jalons*, 5 Vol. Imprimerie de l'État, Port-au-Prince, 1939 et 1945.

55. VORBE (Charles) : *Économie et Finances Haïtiennes. Comment les*

restaurer ? Edmond Chenèt, Port-au-Prince.

56. WIRKUS (Faustin) : *Le Roi Blanc de la Gonave*, Payot, Paris, 1932.

57. *Trente Ans de Pouvoir Noir en Haïti*, Collectif Paroles, Payette et Simms Inc. Saint-Lambert, P.Q. 1976.

V.- Divers

1. SYLVAIN (Georges) : *Journal* (manuscrit).

2. *Critique de l'Accord Américano-Haïtien du 7 Août 1933* (American Civil Liberties Union), Imprimerie Haïtienne, Port-au-Prince.

3. *1888-1983 – Un siècle de constitutions Haïtiennes*, Le Petit Samedi Soir, Les Ateliers Fardin, Port-au-Prince, 1985.

4. *Une Oeuvre de Pitié sociale : les Cantines scolaires* (Comité de la Caisse des Écoles), Port-au-Prince, 1919.

5. *25ᵉ anniversaire de la fondation de l'École des Sciences appliquées (3 Février 1902-3 Février 1927)*, Chéraquit, Port-au-Prince, 1927.

6. *Les Noces de Diamant de l'École Normale d'Institutrices (1914-1974)*, Presses Nationales d'Haïti, Port-au-Prince.

7. TIPPENHAUER (Harry) : *Institut Tippenhauer (1926-1932)*, La Presse, Port-au-Prince, 1932.

8. *Église Épiscopale d'Haïti, (1861-1961)*, Théodore, Port-au-Prince, 1961.

9. *Du Passé… au Présent (Soixante ans d'activités théâtrales-Hommage de la SNAD)*, Port-au-Prince, 1949.

10. *Statuts du Cercle Port-au-Princien*, Port-au-Prince, 1934.

~ Page ci-contre : Plan de la ville de Port-au-Prince en 1927 ~

TABLE DES ILLUSTRATIONS

3. La section d'artillerie du Camp du parc Leconte.
4. Visite de Dartiguenave au Camp militaire du parc Leconte.
5. La première et la quatrième compagnie de soldats de la gendarmerie d'Haïti.
6. Le président Dartiguenave et sa suite regardant les manœuvres des gendarmes au Camp du parc Leconte.
7. Un bataillon de la Gendarmerie d'Haïti présentant les armes dans la cour de la caserne Dartiguenave.
8. La prison de la rue du Centre après son agrandissement par l'incorporation de l'ancien bâtiment du commandant de l'arrondissement.
9. Les schooners « Le Progrès », « L'Indépendance » et « Haïti » ancrés à la base aéro-navale de Bizoton.
10. Hydravion de la base aéro-navale de Bizoton.
11. Le nouvel Orchestre du Palais sous la direction de Montrevil Belliot.
12. L'escadre formée de navires de la flotte américaine de l'Atlantique dans les eaux de Port-au-Prince.
13. Des rebelles cacos sous la surveillance de gendarmes haïtiens.
14. Le président Dartiguenave et quelques-uns de ses proches collaborateurs à son bureau du palais présidentiel de la rue Cappoix.

Cahier III

1. Le président Dartiguenave et les membres de son Cabinet sur les marches du Palais National entourés d'officiels et de militaires américains.
2. Participants à la manifestation organisée à l'occasion de l'arrivée de la Commission McCormick.
3. La Commission McCormick au Palais National.
4. Accueil au quai de Port-au-Prince du Haut Commissaire américain John Russel par le maire de la capitale, M. Edmond Mangonès.
5. Vue aérienne du secteur est de la ville de Port-au-Prince en 1920.
6. La route de Martissant au temps de la présidence de Dartiguenave.
7. Les sous-bois de Mariani dans les années vingt.
8. Le quartier de Bolosse en 1915.
9. La villa Morel à Peu de Chose (architecte Léon Mathon).

10. Le Grand Hotel de France : vues intérieures.
11. L'église Saint-Joseph reconstruite.
12. Le ciné-théâtre Parisiana : vue de la salle et de la scène.
13. Le Ciné-Variétés et ses fondateurs.
14. La Fête des fleurs à Port-au-Prince en 1916.

CAHIER VI
1. Mardigras dansant au son des vaccines.
2. Un Roi de carnaval et sa suite.
3. La foule s'amenant devant les tribunes un jour de fête.
4. Une fête populaire devant les tribunes du Champ-de-Mars.
5. Panorama de Port-au-Prince en 1928.
6. Louis Borno, président de la République d'Haïti (1922-1930).
7. La président Borno se rendant à la Cathédrale après sa prestation de serment.
8. Les abords du Palais National le 15 mai 1922.
9. Les invités se dirigeant vers le Palais pour la cérémonie de la passation des pouvoirs.
10. Bataillon de la Garde d'Haïti en formation dans la cour de la caserne Dartiguenave.
11. Le Corps de police de Port-au-Prince.
12. Le dock de Bizoton, quartier général des Garde-Côtes.
13. Canot à moteur des Marines, en patrouille dans la rade de Port-au-Prince.
14. La promotion de 1926 de l'École Militaire.

CAHIER VII
1. Façade sud-ouest du Palais National en 1925.
2. Palais National : coin d'un des salons.
3. Palais National : la salle du Conseil des conseillers d'État.
4. Palais National : le salon privé de Madame la Présidente.
5. Palais National : la salle à manger.
6. La compagnie de la Garde du Palais présidentiel (18e compagnie).
7. Le président Borno et le haut commissaire Russell en conversation avec des amiraux de la flotte américaine.
8. Le président Vasquez à l'issue de sa visite au Mausolée des Pères de la Patrie.

14. Départ des dernières troupes de l'armée expéditionnaire américaine.

Cahier IX

1. Remise à un officier du « Bridge » du pavillon américain qui flottait au mât du quartier général des Marines de la rue Cappoix.
2. Une compagnie de Marines embarquant sur le transport « Argonne ».
3. Le dernier navire affecté à l'évacuation des Marines, le « Bridge », tourne pour prendre le large.
4. 21 août 1934 : Le président Vincent devant le monument de Dessalines avec la délégation dominicaine.
5. Au pied du Sémaphore, le président Vincent criant : Vive Haïti indépendante !
6. Le commandant de la Garde d'Haïti, accompagné du haut État-Major, s'apprête à remettre une épée d'honneur au président de la République.
7. Vue aérienne du centre de Port-au-Prince en 1928.
8. Un quartier en pleine évolution dans les années vingt : le Bas Peu-de-Chose.
9. La banlieue est de Port-au-Prince, future zone résidentielle des quartiers de Bourdon et du Canapé Vert, sous la présidence de Borno.
10. Un secteur du centre historique de Port-au-Prince au début des années trente.
11. Un aspect de la rue Bonne-Foi dans les années vingt.
12. La rue du Quai, la plus large de la capitale, en 1929.
13. La rue Pavée en 1925.
14. Les nouvelles allées du Champ-de-Mars en 1928.

Cahier X

1. Le quartier du Lycée Pétion. À droite, la bibliothèque de son Amicale.
2. Monument du docteur Dantés Destouches après son inauguration.
3. Monument de Toussaint-Louverture, aujourd'hui disparu, érigé place Louverture.
4. Le nouvel aménagement du rond-point de la statue de Dessalines.
5. Inauguration du Mausolée de la place de l'Indépendance (à l'arrière-plan, emplacement du futur Palais de Justice).

Cahier XI

Cahier XII

2. Chapelle de l'Institution Saint Louis de Gonzague.
3. L'Observatoire de Saint-Martial dans la décennie vingt.
4. La chapelle Notre Dame des Victoires du Collège Saint-Martial en 1925.
5. La cathédrale épiscopale Sainte-Trinité livrée au culte le 2 juin 1928.
6. Nouvelle façade de la Banque Nationale de la République d'Haïti dans les années vingt.
7. Une phase dangereuse pour le team national du match Haïti-Jamaïque joué au parc Leconte en mars 1925.
8. L'équipe de tir de la Gendarmerie d'Haïti aux jeux de la VIIIe Olympiade.
9. Le recordman Sylvio Cator debout près de la voiture que lui ont offerte ses admirateurs.
10. Le cercle Bellevue au temps de son épanouissement dans le quartier de Bellevue qui l'avait vu naître.
11. Le Club Union de l'avenue Boyer.
12. Les pergolas du Palais National, cadre agréable des garden-parties de la présidence.
13. La bar Terminus du Champ-de-Mars.
14. Le Splendid-Hôtel dans les années qui suivirent son inauguration en 1930.

• Plan de la ville de Port-au-Prince en 1927, levé par la Direction Générale des Travaux Publics.

TABLE DES MATIÈRES

Imprimé au Canada   Printed in Canada